"城乡档案记忆工程推进机制研究"，国家社科基金重点项目，编号 14ATQ009。

国家社科基金丛书
GUOJIA SHEKE JIJIN CONGSHU

城乡档案记忆工程
推进机制研究

Research on the Advancing Mechanism of the Urban
and Rural Archives Memory Project

丁华东　著

人民出版社

目　　录

绪　　论

习近平总书记在2016年哲学社会科学座谈会上指出:"历史表明,社会大变革的时代,一定是哲学社会科学大发展的时代。当代中国正经历着我国历史上最为广泛而深刻的社会变革,也正在进行着人类历史上最为宏大而独特的实践创新。这种前无古人的伟大实践,必将给理论创造、学术繁荣提供强大动力和广阔空间。这是一个需要理论而且一定能够产生理论的时代,这是一个需要思想而且一定能够产生思想的时代。我们不能辜负了这个时代。"①习近平总书记的重要讲话对广大哲学社会科学工作者具有重大的思想指导意义和方向引领价值。作为哲学社会科学工作者共同体成员的档案学研究者,在当代中国的伟大社会变革中,如何"以我们正在做的事情为中心,从我国改革发展的实践中挖掘新材料、发现新问题、提出新观点、构建新理论,加强对改革开放和社会主义现代化建设实践经验的系统总结";如何"提炼出有学理性的新理论,概括出有规律性的新实践"②,需要我们每一位研究者深入思考、积极探索,以推动档案学理论创新与实践发展。

---

① 习近平:《在哲学社会科学工作座谈会上的讲话》,人民出版社2016年版,第8页。
② 习近平:《在哲学社会科学工作座谈会上的讲话》,人民出版社2016年版,第21—22页。

一、由理论探索走向实践关怀

科学研究永无止境,是一个认识不断深化、不断拓展的过程。英国科学哲学家卡尔·波普尔(Karl Popper)曾说:"科学和知识的增长永远始于问题,终于问题——越来越深化的问题,越来越能启发新问题的问题。"①随着层次不断深化的科学问题的解决,人们的科学认识从事物的现象逐步深入到本质;同时,人们也在不断地关注现实问题,将科学认识、科学理论运用于社会实践,在实践检验中丰富和发展理论。本书的初衷与进一步探索就是源于档案记忆理论研究深化及其引发的对实践问题的关注。

(一)档案记忆理论研究的兴起

20世纪90年代以来,随着社会记忆理论的发展、后现代理论的兴起、电子文件的出现、"世界记忆工程"的实施,档案记忆理论探讨日渐成为档案学研究的时代主题和发展方向,成为当代档案学发展的重要学术增长点。

1996年,在第十三届国际档案大会上,加拿大档案学家特里·库克(T.库克,Terry Cook)指出:"档案不仅涉及政府的职责和保护公民的个人权益,而且更多地还应为他们提供根源感、身份感、地方感和集体记忆";今天,"全世界的档案人员,仍然在建造记忆宫殿",我们"在建造记忆宫殿时是如何反映广泛的社会现实的呢? 档案人员自觉不自觉地采用什么样的设想、理论、概念、策略、方法和实践呢?""我们需要更好地理解记忆的政治功能以便更好地确定未来方向"。② 在这些富有启发性思想的引导下,我国部分档案学者开始积极关注并探讨档案记忆问题或者说档案与社会记忆的关系问题,逐步推动

---

① [英]卡尔·波普尔:《猜想与反驳——科学知识的增长》,傅季重、纪树立等译,上海译文出版社1986年版,第318页。

② [加拿大]特里·库克:《1898年荷兰手册出版以来档案理论与实践的相互影响》,黄霄羽译,国家档案局、中央档案馆编:《第十三届国际档案大会文件报告集》,中国档案出版社1997年版,第144页。

我国档案学研究"走进记忆之门"。

在档案记忆研究开始以来的 20 年间,我国档案学者与国际档案界相呼应,充分运用社会学、历史学、文化学等领域的理论观点和思想资源,不断丰富研究内涵,使其呈现出蓬勃发展、方兴未艾的态势:一是学术共同体不断壮大。高校教师、高校研究生、实践部门人员广泛参与,档案记忆观得到越来越普遍的支持。二是研究主题不断拓展。从早期较多关注档案与社会记忆关系、档案记忆属性、档案与社会记忆建构等问题,向关注档案记忆性质与结构,档案与社会记忆传承、建构和控制,档案与国家、民族认同,数字档案资源建设、国家档案记忆资源构建,档案记忆研究学术坐标和研究纲领等逐步延伸。三是学术活动日益频繁。据不完全统计,2000 年以来,中国人民大学信息资源管理学院、上海大学图书情报档案系、四川大学历史文化学院、南昌大学人文学院、山东大学历史文化学院等都曾举办过以档案记忆为主题的学术论坛、学术讲座。四是科研课题不断增多。在国家社科基金项目、省市哲社规划项目等课题立项中,都有相关课题立项,其中国家社科基金立项课题有"'城市记忆'档案文献资源整合研究"(2006)"档案与社会记忆研究"(2010)"社会记忆视野下的重大事件档案管理机制与资源开发利用模式"(2012)等。五是研究成果逐年递增。据中国知网(CNKI)数据显示,截至 2017 年底,以篇名"档案记忆"为检索词的学术论文,其直接检索结果为 775 篇,其中,1996 年 3 篇,2004 年 22 篇,2010 年 51 篇,2015 年 85 篇,2017 年 137 篇,逐年增幅明显,显示出学术的累积与放大效应。

档案记忆理论研究将历史、现实和未来的思考融为一体,深化了档案与社会的关联。它不只是一种学术观点,更具深远意义的是,它意味着档案学理论范式的转型。

(二)对档案记忆理论的探索与认识

课题组成员从 2006 年起就一直关注并积极投入档案记忆理论研究,根据多年的研究积累,综合档案学界的观点,我们对档案记忆理论形成了一些基本

性认识,概括起来主要有以下几个方面:

其一,档案是社会记忆的一种独立形态,具有社会记忆的质性和质态,是一种文本、刻写(录)或存储的社会记忆。档案既在社会记忆系统之中,可以作为社会记忆传承、建构、控制的要素媒介,具有社会记忆的传承、建构、控制功能;同时,它也是一种特定形态的社会记忆,是人类一个独立的"记忆储存系统"。在社会、国家、民族、家庭的历史记忆和身份认同中,档案含有"集体记忆的关键",是一种珍贵的记忆资源。

其二,档案是社会记忆传承体系的构成部分,档案管理是社会记忆传承的制度性安排。档案作为社会记忆的文本形态,是"保护过去、记录现在和联系未来的桥梁",地位独特。从社会"记忆制度"看,档案管理即是国家传承社会记忆的一种制度性安排;档案馆作为社会记忆"存储库"和"记忆场",也是社会记忆的制度性设置。档案管理的发展意味着档案记忆制度的发展和完善,也意味着人类利用档案来储存和传承社会记忆能力的增强。

其三,档案是社会记忆的建构资源和建构结果,建构社会记忆是档案工作的本质和社会职责。档案(档案管理)对社会记忆的建构具有双重性,一方面,档案记忆是社会记忆的重要建构性资源,具有触发、描述、证实、纠正、形象展示、张扬等建构功能;另一方面,档案留存又是社会记忆的建构结果,档案管理潜含着社会记忆建构的内在机制。因此,档案管理既是"参与"社会记忆建构的活动,自身也是社会记忆的建构性行为,是内在建构与外在建构的统一。

其四,档案是社会记忆控制的"结构性媒介",档案记忆控制具有必然性、内在性、合法性、正当性。档案既是社会记忆的控制对象,也是社会记忆的控制手段、控制工具,已渗透到社会各种活动主体和活动内容之中,是社会记忆控制的一种结构性媒介,它通过塑造人们的社会历史意识来规范人群行动。档案记忆控制对维护人类尊严、提高民族国家认同、彰显政权合法性、保持社会秩序稳定等都具有重大意义,是建立在事实和良知基础上对记忆权力正当性的维护。

其五,档案在社会记忆传承、建构、控制中的能量释放与能力体现受资源、主体、媒体、情境等多种因素的影响。档案记忆的传承、建构和控制联结着历史记录和现实需求、客体潜能和主体意愿，潜含着权力和利益。影响档案记忆能量释放与能力体现的具体因素包括档案资源量、主体需求、主体能力、社会权力结构、现代传媒、社会情境等，它们对档案再现历史、延传过去、塑造人们的社会历史意识都产生着极为深刻的影响。

（三）档案记忆理论研究引发的实践关怀

上述研究成果为我们深度开展档案记忆理论研究提供了学术积淀，同时也引发我们对档案实践创新发展的思考。

问题一：城镇化发展中档案部门如何主动融入城乡社会建设

党的十八大以来，新型城镇化建设已成为我国经济社会发展的重要战略。十八大报告提出："坚持走中国特色新型工业化、信息化、城镇化、农业现代化道路，推动信息化和工业化深度融合、工业化和城镇化良性互动、城镇化和农业现代化相互协调，促进工业化、信息化、城镇化、农业现代化同步发展。"2013 年召开的十八届三中全会将"坚持走中国特色新型城镇化道路，推进以人为核心的城镇化"作为深化改革的重大举措。同年 12 月，全国城镇化工作会议又进一步强调"要传承文化，发展有历史记忆、地域特色、民族特点的美丽城镇"；"要体现尊重自然、顺应自然、天人合一的理念，依托现有山水脉络等独特风光，让城市融入大自然，让居民望得见山、看得见水、记得住乡愁；要融入现代元素，更要保护和弘扬传统优秀文化，延续城市历史文脉"。[①] 新型城镇化战略的推进，是对传统以牺牲历史文化和乡村记忆为代价的粗放型城镇化建设道路的"纠偏""扬弃"，对深化城镇化建设内涵提出了更高的要求。在城镇化建设发展中，如何克服城镇化过程中对乡村历史文化和乡村记忆的破坏；如何建设有历史记忆的美丽城镇；如何延续历史文脉，让城镇居民"望得见山、看得见水、记得住乡愁"，等等，都是社会转型发展时期提出的时代性

[①] 《中央城镇化工作会议在北京举行》，《人民日报》2013 年 12 月 15 日。

课题。作为以保护传承社会记忆为天职的档案部门和档案工作者,面对城镇化建设中乡村记忆的破坏,我们怎能无动于衷? 在新型城镇化建设中如何发挥档案部门更加积极的作用,不能不引起我们的思考。2014 年 6 月,中国民协、中国摄协、中国文学艺术基金会共同组织实施"中国传统村落立档调查"项目,"入村进乡,盘清村落的文化家底,为传统村落建立档案"。① 建设部门、文化部门已积极行动起来,档案部门怎么办?

问题二:城市档案记忆工程的建设经验如何进一步推广

面对中国经济社会的飞速发展和城市建设的日新月异,为保护、传承、积累城市记忆,再现城市原貌,2002 年青岛市档案局(馆)率先提出实施"城市记忆工程",在其示范效应带动下,北京、上海、天津、重庆、武汉、广州、沈阳、太原、长沙、福州等城市相继开展了"城市记忆工程","他们将记录重大活动、城市变迁与抢救性收集城市记忆档案资源相结合,将城市记忆档案资源建设与开发并举,取得了显著成果"。②

"城市记忆工程"对城市档案资源建设的积累积聚、开发利用、传播展示等进行了积极的探索,为完整记录和追寻城市发展的历史轨迹积淀了宝贵经验,受到档案界广泛肯定和高度评价。国家档案局副局长段东升指出:"从记忆的角度来看待档案,为我们分析、研究档案和档案工作提供了一种新的视角、新的方法。用'记忆'诠释档案起码有三个现实意义:一是可以增强公众保护档案的自觉意识,且更容易拉近档案与公众的联系;二是可以增强社会和公众对保全档案文献遗产的责任感;三是有助于档案部门拓宽档案资料收集工作的视野。"③由此,我们产生两点思考:一是城市记忆工程如何持续下去,才能够成为档案工作的"新常态",而不是为了"赚眼球"的短命工程? 二是城市记忆工程的建设经验如何进一步推广,特别是由城市推广到更为广阔的乡村? 我国农村档案工作基础本已薄弱,在新农村建设和城镇化建设的双重作

---

① 《留住乡愁　文化立档》,《中国社会科学报》2014 年 7 月 11 日。
② 刘守华:《留住城市记忆,我们大有可为》,《中国档案》2008 年第 1 期。
③ 郭红解、邹伟农主编:《城市记忆与档案》,学林出版社 2011 年版,第 133—134 页。

用下,大量的乡村记忆、民间记忆正在流失,档案部门能否运用城市记忆工程建设经验,抢救、保护和传承乡村记忆?我们在城市记忆保护中可以大有作为,在乡村记忆保护中岂能失语!青岛市档案局副局长杨来青就曾提出,按照城乡统筹发展的指导思想,还需要打破单纯记忆城市忽略农村的观念,逐步面向农村开展"记忆工程",推进"城市记忆"和"农村记忆"的协调发展。①

问题三:档案记忆理论如何为城乡档案记忆工程提供实践指导

李正风指出:"一种科学观念和科学理论被接受,或者最终被接受,并不完全凭借强势的社会权力和动人的语言修辞,最终是依靠这种科学观念或科学理论所蕴含的,并以一定方式得以展现的改造客观世界和人的生活世界的现实力量。"②档案记忆理论研究虽然取得显著进展,但其实践生命力还有待进一步验证,还需要为档案工作实践提供更强有力的指导。有学者就质疑:"如今档案学研究热点纷呈……如档案记忆观,被认为是一种新的思维方式和管理理念,是当代档案管理的一种新范式,但档案工作层面则对此无所适从"。③ 2011年以来,以"浙江记忆"为标志,我国部分省市已将城市记忆工程推广到农村,开始实施"乡村记忆工程""城乡记忆工程";笔者也曾断言,城市记忆工程是将社会记忆理论运用于实践、思考档案实践活动的鲜活案例,是开展档案记忆传承、建构、控制、保护研究的实践载体,因此,城乡档案记忆工程能否有序得到开展,能否成为档案部门传承建构社会记忆的亮点工程,都有待档案记忆理论研究的关注和思考。

薛匡勇认为,"如若冀望城市记忆工程能闪耀出更加夺目的光芒,或有赖于职能部门赋予城市记忆工程以更为宏大的使命,或有赖于学术界揭示出城

---

① 杨来青:《青岛市档案馆"城市记忆工程"的实践与思考》,郭红解、邹伟农主编:《城市记忆与档案》,学林出版社2011年版,第166页。

② 李正风:《科学知识生产方式及其演变》,清华大学出版社2006年版,第48页。

③ 徐欣云:《文化遗产、集体记忆与学科范式——中外档案学经典著作的当代价值》,中国人民大学信息资源管理学院、《档案学通讯》杂志社、中国档案学会编:《回望经典:中外档案学的比较与借鉴》(第三届中国档案学博士论坛文集),2014年。

市记忆工程所蕴含的更为丰富的时代内涵"。① 我们希望本课题研究能够推动城乡档案记忆工程的持续发展,深化城乡档案记忆工程的现实成效;同时,也希望能够揭示城乡档案记忆更为丰富的时代内涵,促使档案部门在乡村记忆保护传承中发挥更加积极的建设性作用。

二、主要概念与理论基础

在科学研究中,研究主体对研究对象(客体)的认识和把握并不简单是对客体的直接反射,而是主体依据自身既有的认识尺度和认识图式(如概念、理论、例证、储存的心象等)对客体进行的判断、推理、分析、阐释。"科学中的观察是'理论负载的'"②。英国人类学家拉德克利夫—布朗(Alfred Radcliffe-Brown)更进一步指出:"一种理论是由一系列分析概念构成,这些概念应该是根据具体的现实来定义,而且彼此在逻辑上也应该是相互关联的。"③因此,科学研究不仅需要选择理论作为分析工具,而且还需要对相关概念进行界定,以维护概念表达之间的逻辑联系,确保研究内容的明确性与可理解性。

(一)主要概念

本书涉及范围广泛,使用概念相对较多,如社会记忆、历史记忆、文化记忆、城市记忆、乡村记忆、档案记忆、档案记忆资源、社会工程、社会记忆工程、档案记忆工程、城市记忆工程、乡村记忆工程、城乡记忆工程、城乡档案记忆工程、记忆资源、记忆开发、记忆展演等。在此,我们先就三组主要概念进行说明和定位,其他概念结合研究内容进行解释。

---

① 薛匡勇:《城市记忆工程及其走向探析》,《浙江档案》2012 年第 12 期。
② [英]巴里·巴恩斯等:《科学知识:一种社会学的分析》,邢冬梅、蔡仲译,南京大学出版社 2004 年版,第 3 页。
③ 王铭铭主编:《西方人类学名著提要》,江西人民出版社 2006 年版,第 303 页。

1. 社会记忆——档案记忆——档案化记忆

"社会记忆"源于法国社会学家莫里斯·哈布瓦赫（Maurice Halbwachs）的集体记忆概念。1925年，哈布瓦赫首次开创性地提出并研究了"集体记忆"（Collective Memory）。他认为集体记忆不是一个既定的概念，而是一个社会建构的概念，是"同一社会中许多成员的个体记忆的结果、总和或某种组合"。[①]集体记忆需要在群体的互动中才能不断得到强化。

哈布瓦赫之后，经过巴里·施瓦茨（Barry Schwartz）、保罗·康纳顿（Paul Connerton）、扬·阿斯曼（Jan Assmann）、阿莱达·阿斯曼（Aleida Assmann）、雅克·勒高夫（Jacques Le Goff）等众多社会学、人类学、文化学、历史学等领域学者的研究，集体记忆的思想得到推广，并延伸、发明出社会记忆、历史记忆、文化记忆等概念，其中以社会记忆概念使用最为广泛。德国学者哈拉尔德·韦尔策（Harald Welzer）将社会记忆定义为"一个大我群体的全体成员的社会经验的总和"。[②] 我国台湾学者王明珂研究员认为社会记忆是指"所有在一个社会中藉各种媒体保存、流传的'记忆'"。[③]

集体记忆、社会记忆、历史记忆、文化记忆表达的内涵虽各有侧重，但我们认为它们都是性质相同的概念，所强调的都是社会群体（一个大我群体或社会）对过去历史、文化、传统的回忆或保留下来的过去知识。课题研究中我们将以"社会记忆"作为基本概念，同时吸收其他概念所表达的学术思想。

"档案记忆"是从社会记忆视角看待和认识档案的一种提法和称谓，就如同人们从信息学视角看待和认识档案所提出的"档案信息"一样。档案记忆可以简单地表达为档案是社会记忆的一种形态、一个类别、一种资源。它既融汇在社会记忆之中，又是社会记忆的独立组成部分，与文物记忆、口承记忆、仪

---

① ［法］莫里斯·哈布瓦赫：《论集体记忆》，毕然、郭金华译，上海人民出版社2002年版，第70页。

② ［德］哈拉尔德·韦尔策编：《社会记忆：历史、回忆、传承》，季斌等译，北京大学出版社2007年版，"社会记忆"（代序）第6页。

③ 王明珂：《历史事实、历史记忆与历史心性》，《历史研究》2001年第5期。

式记忆、其他文本记忆(典籍)、实物遗迹记忆等分别构成社会记忆的专有形态。由此,"档案化记忆"是指将各种社会记忆形态通过录音、录像、拍摄、数字化等方式转化成为档案形态加以留存的社会记忆。

2. 乡村记忆——乡村记忆资源——乡村档案记忆资源

"乡村记忆"今天已成为时尚概念和金字招牌,被广泛使用:有散文集(如刘家科的《乡村记忆》、赵德印的《乡村记忆》、周佩红的《我的乡村记忆》、乔忠延的《乡村记忆》);有诗歌(2012年9位新乡土诗人掀起名为"乡村记忆"诗歌接力);甚至还有"南京乡村记忆农产品有限公司"、山东烟台市"乡村记忆楼盘",等等,既是文学观念、生活概念,更是学术概念。

乡村,亦即农村、村落、乡里、乡镇,是以从事农业为主要生活来源、人口较分散的地方。美国人类学家 R. 芮德菲尔德(罗得菲尔德,Robert Redfield)指出,"乡村是人口稀少、比较隔绝、以农业生产为主要经济基础、人们生活基本相似,而与社会其他部分,特别是城市有所不同的地方"。① 乡村记忆是社会记忆的重要组成和重要形态,它是以乡村(具体为村落、村镇、乡镇、宗族等)为空间范围和群体框架而构成的集体记忆或社会记忆。

乡村记忆与社区记忆、村落记忆、民间记忆、乡土记忆等概念存在内在关联性,性质一致。由于乡村是以村落、乡镇社区为典型表现形式,为避免"乡村"的宽泛,一些学者在研究中多采用"社区记忆""村落记忆"或"农村社区记忆"来指称乡村记忆。由于乡村是指县城以下的广大地区,远离政权政治中心,往往被视为"民间社会",因此乡村记忆也被视为民间记忆的主要构成或民间记忆的力量来源。由于传统中国社会被称为"乡土社会",乡村是数千年中华文化形成和发展的社会根基,当代中国的传统文化也主要留存于乡村,因此人们往往用"乡土记忆"来表达乡村记忆的性质和特征。对于这些概念,

---

① [美]R.D.罗得菲尔德等编:《美国的农业与农村》,安子平、陈淑华等译,农业出版社1983年版,第312页。

我们将以"乡村记忆"为基本概念,其他概念根据表达语境灵活选用。

乡村记忆既可以是表达与城市记忆相对应的抽象概念,也可以是表达特定村落空间范围内社会记忆的具体概念。乡村记忆具有丰富多样的形态表现,如口传乡村历史、民俗仪式表演、生产生活方式、各种建筑遗迹以及乡村图集文献等,它们都是乡村历史、文化、生产、生活记忆的承载体(媒介)。"乡村记忆资源"即是指乡村中留存积淀下来的各种记忆承载形态的总和。与此相关联,将乡村中各种记忆形态转化为档案方式加以保护、积累、传承,我们称之为"乡村档案记忆资源",是乡村记忆档案化积存的结果。对乡村各种记忆形态加以档案化保护传承,是开展城乡档案记忆工程的主要方式和内容。

3. 城市记忆工程——乡村记忆工程——城乡档案记忆工程

"城乡档案记忆工程"是个合成概念,它关联到记忆工程、社会记忆工程、档案记忆工程、城市记忆工程、乡村记忆工程、城乡记忆工程等一组概念,需要我们对其内涵、使用缘由,以及这些概念间的关系作一解释。

城乡档案记忆工程源于城市记忆工程,2002 年青岛市档案局(馆)率先发起实施"城市记忆工程"后,得到全国各地积极响应,其中大多数城市称"城市记忆工程",也有称"城市记忆开发工程"(上海市)或"城市数字记忆工程"(重庆市、广州市)等。2011 年,浙江省将城市记忆工程推广到全省,称"浙江历史文化记忆工程",简称"浙江记忆工程"。浙江省辖各市县在实施过程中,或称"城乡记忆工程"(宁波市)、或称"乡村记忆工程"(嘉兴市);浙江省档案局也推出"浙江乡村记忆网",评选公布了二批"乡村记忆示范基地"。在其他地区,也有推出乡村记忆工程的地市,如江西上饶市档案局的"上饶记忆"中就包含有"乡村记忆"的板块。因为这些城市记忆工程、乡村记忆工程或城乡记忆工程都是由档案部门发起实施的,所以我们一般称之为"档案记忆工程"。

如果我们把"(社会)记忆工程"理解为反映特定地区历史面貌和社会变迁的历史、文化、社会活动的记录、保护与传承行为,那么,我们可以发现当今社会有三个层面的记忆工程:广义层次的社会记忆工程是指包括文化遗产保护工程、非物质文化遗产保护工程、传统古村落保护工程、国家影像工程、中华再造善本工程等在内的各种文化保护工程,虽然没有打上"记忆"的标记,但都属于国家范围内的历史文化保护行动。中义层次的社会记忆工程是指带有"记忆"名称的,包括文化、文物、图书、建筑等部门开展实施的记忆工程,如山东省委宣传部等 9 部门实施的山东"乡村记忆工程"、山西省委宣传部等部门联合实施的山西"历史文化记忆工程"、成都市"历史文化记忆工程"、"口述景德镇'城市文化记忆工程'"、山西高平广播电视台开展的"乡村记忆"纪录片拍摄、中央电视台拍摄的"记住乡愁"大型纪录片等活动。狭义层面的社会记忆工程即是由档案部门实施的社会记忆工程。

本书的研究范围和对象不是单纯在某些地区实施的"城乡记忆工程",也不是"城市记忆工程"和"乡村记忆工程"的合称,而是指在乡村以及由乡村转变的城镇(城市)开展的各种档案记忆工程。考虑到"乡村记忆工程"稍显狭隘,无法涵盖一些新兴城镇(市)开展的档案记忆工程,而社会记忆工程又显得宽泛,所以选用了"城乡档案记忆工程"这一概念,其意涵我们将在第三章作详细阐释。在行文中为表达的简便,根据上下文语境,我们有时简称为城乡记忆工程、乡村记忆工程、档案记忆工程或记忆工程。

美国社会学家、符号互动论的代表人物布鲁默(Herbert Blumer)认为,人文社会科学中的概念都是"触引性的概念",它们没有界定清晰的定义或度量准则,对研究者来说只起到引导性作用,令他们知道自己研究的对象和路向。[①] 我国科学哲学研究专家李伯聪教授在《工程哲学引论》一书中也指出:"为了弥合本书对工程的学术定义和日常语言用法之间的差距,在行文时往往不得不根据上下文的不同情况而灵活地选择和使用工程、劳动、生产、消费、实践、造物、用物、人工活动等不同的术语,从而打破和失去学术著作在术语使用上的严格统一性和一致性,这实在是令人遗憾的事情,然而却又是无可奈何

---

① 谢立中主编:《西方社会学名著提要》,江西人民出版社 2001 年版,第 312 页。

的事情。"①因此,研究论述中,我们既要注意概念使用的稳定性,也要注意不同语境下概念使用的灵活性。

(二)理论基础

从当代社会科学研究总体上看都是跨学科的,是运用多学科知识对社会现象进行的分析和阐释。但作为一项严谨研究,我们也需要指明其主要的理论选择和理论工具,以明确表达我们的立场观点和探索方向。

1. 档案管理理论

档案管理理论是关于档案管理活动的总体性、宏观性理论问题和档案管理基本方法、原则的理论学说。它伴随着档案学的产生而产生,并随着档案学的研究而不断发展。

档案学最早出现于欧洲。1571 年德国档案学家亚克伯·冯·拉明根(Jakob Rammingen)在海德尔堡出版的《综合报告——怎样才能算一个完美的登记室》和《登记室及其机构和管理》两部专著,是世界上最早出现的档案学专著。19 世纪末到 20 世纪 30 年代,西欧档案学者先后出版了一批比较有分量的档案学著作,如荷兰档案学家缪勒(Samuel Muller)、斐斯(Johan Feith)、福罗英(Robert Fruin)的《档案的整理与编目手册》(1898)、英国档案学家谢拉里·詹金逊(Hilary Jenkinson)的《档案管理手册》(1922)等,标志着档案管理理论的初步形成。

我国档案学起步于 20 世纪 30 年代南京国民政府时期的文书档案改革运动和对明清内阁大库档案整理。其中周连宽的《县政府档案处理法》(1935)、《档案管理法》(1947)、何鲁成的《档案管理与整理》(1938)、傅振伦的《公文档案管理法》(1946)、殷钟麒的《中国档案管理新论》(1949)等"十三本旧著",代表了当时档案学理论的最高成就,也初步形成了一套"中国化"的档案

---

① 李伯聪:《工程哲学引论——我造物故我在》,大象出版社 2002 年版,第 11—12 页。

管理知识或理论体系。

新中国成立后,20世纪50—60年代,我国老一辈档案学家在吸收借鉴前人成果并结合档案工作实践的基础上,将档案管理理论凝练为"六大环节"(包括档案的收集、整理、鉴定、保管、利用、统计)或"八大环节"(另加"检索""编研"两个环节)理论;80年代,又引鉴信息论、系统论和控制论的思想,将其归结为"三大子系统"(实体管理、信息开发、信息反馈),为总体上把握档案管理提供了系统化的理论指导。新世纪以来,档案学界围绕档案信息整合、集成、开发、开放,档案信息化、电子文件管理、数字档案馆建设等前沿问题进行了多方面探讨,推动了档案管理理论的发展,使其具有更鲜明的时代内涵。

档案记忆工程就是档案部门运用档案管理理论所开展的有目的的乡村记忆保护传承行为,档案管理理论是城乡档案记忆工程研究的学科理论基础或者说"本位理论",这一点我们需要有"理论自信"。一方面,我们需要认识到档案管理理论有能力支撑城乡档案记忆工程的建设和发展,自觉并充分运用档案管理的基本思想、原则和方法,深化对乡村记忆收集、整理、开发、传播的研究;另一方面,我们也需要认识到,城乡档案记忆工程的开展无论是对象还是工作内容都不同于传统的档案管理,它涉及对乡村记忆的"有形化""档案化""数字化"过程,涉及乡村记忆的形象展示过程,更涉及乡村记忆与乡村认同过程,还需要我们运用其他理论加以阐释。

2.社会记忆理论

社会记忆理论不是关于社会记忆的某种单一理论观点,而是有关社会记忆问题研究多种思想观点的集合。它形成于哈布瓦赫的集体记忆理论,后经过社会学、文化学、历史学等多学科的发展而不断丰富。其中:哈布瓦赫在《论集体记忆》等著作中,重点探讨了集体记忆是如何被社会所建构的。他认为每一个集体记忆都需要得到在时空被界定的群体的坚持,群体对过去的建构主要是由现在的关注所形塑的。哈布瓦赫之后,美国文化人类学家保罗·康纳顿在《社会如何记忆》一书中,着重探讨并揭示社会记忆得以传播和保存的手段,提出"有关过去的形象和有关过去的回忆性知识,是在(或多或少是仪式的)操演中传送和保持的"①;社会学家巴里·施瓦茨通过分析亚伯拉罕·林肯形象的重构,提出集体记忆是"累积性建构",也是"穿插式建构";德国文化学者扬·阿斯曼、阿莱达·阿斯曼等提出并探讨"文化记忆理论";法国历史学家皮埃尔·诺拉(Pierre Nora)提出"记忆场"理论,雅克·勒高夫提出"记忆制度"演变的思想;美国历史学者沃尔夫·坎斯特纳(Wulf Kantsteiner)提出将社会记忆看作文化生产和消费的过程,主张采取媒体研究法。这些研究跨越学科边界,为社会记忆研究开辟了广阔的空间。

社会记忆理论产生以来,虽未进入学术主流话语,但"记忆分析的范式已经开始具有半自主的动力"②,成为社会、文化、历史、传播等问题研究的一种解释范式。随着"社会记忆"概念的普遍运用和解释的多元化,社会记忆理论渐进形成三种基本研究取向(或切入式研究传统),即①主体取向,或记忆群体取向,从不同群体来区分社会记忆,如家庭记忆、社区记忆、村庄记忆、组织记忆、宗教记忆、民族记忆、国家记忆等,重点探究群体成员共享往事的过程和结果,群体主体被视为记忆的"社会框架";②客体取向,或记忆对象取向,从记忆内容来区分社会记忆,如传说记忆、人物记忆、事件记忆、活动记忆等,重点探究人们对过去的人物、事件、活动保持怎样的记忆以及形成这种记忆的社会动因;③中介取向,或记忆媒介取向,从记忆媒介来区分社会记忆,如口述记忆、仪式记忆、文献记忆、器物遗址记忆等,重点探讨这些媒介中留存、传承了什么样的社会记忆。三种取向构成社会记忆理论研究的整体图景和各自的学术坐标点。

档案是"社会记忆的最直接、最典型的形式"。③ 自档案学运用社会记忆理论解释档案现象以来,如前所述,我们对档案记忆已经形成了一些基本观点

---

① [美]保罗·康纳顿:《社会如何记忆》,纳日碧力戈译,上海人民出版社2000年版,"导论"第4页。

② 郑广怀:《社会记忆理论和研究述评——自哈布瓦赫以来》,豆瓣,[EB]https://www.douban.com/note/56013548/.[2010-01-07]。

③ 孙德忠:《社会记忆论》,湖北人民出版社2006年版,第131页。

和认识。城乡档案记忆工程是档案部门开展的乡村记忆保护传承行动,我们有必要运用社会记忆理论来深刻阐释记忆工程的内在机制,在实践中丰富和发展档案记忆理论,也在实践中深化城乡档案记忆工程建设。

3. 社会工程理论

工程活动是人类改造世界的实践活动。传统上,人们对工程的研究多集中于"实际的改造世界的物质实践活动",即"自然工程",涉及的内容主要包括"调查工程的约束条件、确定工程的目标、设计工程(的)方案、作出明智的决策、预见工程的后果等"。① 随着人类认识世界和改造世界的发展,人类改造社会世界的实践活动也逐步由物质生产领域向整个社会生活领域扩展,出现了越来越多有目的、有意识地改造社会关系、组织社会管理的活动,这类活动被人们称为"社会工程"。1979 年,钱学森在《组织管理社会主义建设的技术》一文中,就把"组织和管理社会主义建设的技术叫做社会工程"。②

工程与项目、自然工程与社会工程等概念在使用上的区分,我们将在后文结合相关讨论展开,这里要重点说明的是,20 世纪 90 年代以来,人们对社会工程给予了高度的关注和探讨,"社会工程学作为一种自然科学与社会科学、理论科学与技术科学之间的交叉学科或学科群,它越来越受到学术界的跨学科视点的关注而逐渐成为一门显学"。③ 学者对社会工程的内涵、范畴、本质、思维、伦理、价值等基本问题;对社会工程与社会制度、社会结构、社会管理、社会规划等关系问题;对社会工程结构、规划、设计、组织实施、评估、创新等实践问题进行了多方面的深入思考、分析和阐发,这些思想、观点和论述共同汇聚成为社会工程理论。其代表性成果有王宏波的《社会工程研究引论》,田鹏颖的《社会工程哲学引论》《社会工程哲学》《马克思与社会工程哲学》,等等。

---

① 李伯聪:《工程哲学引论——我造物故我在》,大象出版社 2002 年版,第 5 页。
② 钱学森、乌家培:《组织管理社会主义建设的技术——"社会工程"》,《经济管理》1979 年第 1 期。
③ 唐魁玉:《方兴未艾的社会工程学研究——2007 年国际社会工程与管理暨第二届社会工程理论与方法研讨会综述》,《辽东学院学报》2007 年第 3 期。

王宏波认为,社会工程思维的核心是"社会模式的创造性设计","它体现了科学规律与客观环境及其实际情况的统一"。①

宽泛一点说,社会工程理论包括工程哲学、社会工程哲学、工程社会学等方面的研究成果;狭义一点说,社会工程理论主要是指社会工程哲学、工程社会学的相关理论。从活动性质看,城乡档案记忆工程也属于社会工程范畴,运用社会工程理论,对我们认识和把握记忆工程实质、分析记忆工程的价值与伦理、剖析记忆工程的结构等都具有重要理论指导价值;对我们运用工程思维,在深刻把握人与自然、人与人、人与社会关系的基础上,科学合理地规划、设计、组织实施记忆工程,也具有重要的实践指导价值。社会工程理论是我们分析把握城乡档案记忆工程管理运行和社会支持机制的理论基础。

三、研究思路与研究方法

城乡档案记忆工程是乡村记忆保护传承的新实践,无论从社会记忆视角还是从社会工程视角开展研究,对档案学界都是新领域、新探索。在课题研究中,我们将遵循并采用以下的思路与方法。

(一)研究思路

1. 以新型城镇化建设为时代背景,以乡村记忆保护传承为旨归

城镇化是影响新时期中国社会发展的重大课题。李克强总理在多个场合都曾反复强调城镇化的重要性及其发展趋势,2012 年 11 月,在会见世界银行行长金墉时,李克强总理指出:"中国已进入中等收入国家行列,但发展还很不平衡,尤其是城乡差距量大面广,差距就是潜力,未来几十年最大的发展潜力在城镇化。"②在学术界,一些学者甚至将新型城镇化视为推动中国发展、实

---

① 王宏波:《社会工程研究引论》,中国社会科学出版社 2007 年版,"前言"第 2 页。
② 李克强:《未来几十年最大发展潜力在城镇化》,《上海证券报》2012 年 11 月 30 日。

现社会经济结构转型的必由之路。"一定程度上甚至可以说,新型城镇化救中国。"①由此可见,国家决策层和理论界都对新型城镇化建设寄予厚望,都在把新型城镇化作为国家未来发展的"大战略"加以推进,可以预见,新型城镇化将是未来几十年中国社会建设发展的主旋律。

新型城镇化将农村与城市紧密关联起来。城镇化对乡村文明的冲击与破坏、对乡村记忆的割裂与阻断已成为不争的事实,乡村文化、乡村记忆的保护不仅关系到乡村社会的转变,更关系到城镇、城市社会的未来。在新型城镇化背景下,乡村记忆的保护传承已成为当前社会发展中的重大现实性课题。正是鉴于这一现实,我们开展"城乡档案记忆工程推进机制研究",其目的和宗旨就是推动乡村记忆的保护传承。

目前,学术界还缺乏一个整体性概念来统括社会记忆的"保护""传承""建构""控制"四种行为机制,四者彼此互含,但功能有别,难以相互取代。为使表达简便、丰富,且具有更强目的性,我们暂用"保护传承"来统摄四者,同时根据表达语境,适当拆分。

2. 以档案部门为行为主体,以相关记忆工程和文化遗产保护经验为借鉴

我们的研究对象和范围为"城乡档案记忆工程",主要包括档案部门开展的"城乡记忆工程"和"乡村记忆工程",不包括在一些大中城市开展的"城市记忆工程"。城乡档案记忆工程的推进主体我们定位为档案部门。目前,浙江、福建、江西、四川等一些市县档案部门都在积极推动这项工程的发展,为本书研究提供了现实基础、实践经验和分析对象。我们认为,社会是梯度发展的,今天在东部地区遇到的问题今后在西部会更加突出,今天在东部地区开展的行动今后也将会在中西部出现,以保护社会记忆为天职的档案部门和档案

---

① 吴殿廷等:《中国新型城镇化战略及其推进策略》,东南大学出版社 2014 年版,代前言"新型城镇化救中国?"。

工作者应该做好思想、理论、经验和制度准备,在保护传承乡村记忆方面不仅要"大有可为",更应该"大有作为"。

当然,作为一项研究,我们的眼光不能仅停留在基层档案部门开展的档案记忆工程上,还要"眼观六路、耳听八方",充分吸收、参照、借鉴文物、文化、建筑、图书馆等领域开展的各类记忆工程,以及文化遗产保护的研究成果与实践经验,丰富我们的材料范围、思想资源和思考深度。一是吸收借鉴档案部门开展或参与的"世界记忆工程"、国家记忆工程、城市记忆工程的理论研究和实践探索成果,这类记忆工程在实践主体、目的、方式上与城乡档案记忆工程具有同质性,甚至在实施对象和范围上也存在一定重叠性和交叉性,可以纳入分析范围,一并思考;二是吸收借鉴文化、文物、图书馆等领域开展的国家记忆工程、城市记忆工程、乡村记忆工程等方面的理论研究和实践探索成果,这类以"记忆"命名的工程与城乡档案记忆工程在实施理念、目标、方向等方面具有同质性,在实施对象和方式上也存在交叉性和互用性,可以作为我们研究的参照;三是更广泛地吸收借鉴文化、文物、图书馆、城乡建设等部门开展的物质文化遗产保护、非物质文化遗产保护、古村落保护、古遗迹保护工程等方面的理论研究与实践探索成果,这类工程虽未以"记忆"命名,但与城乡档案记忆工程在性质上也具有一定的同质性(都关涉到社会记忆或历史文化保护),在方式、措施、机制上可以相互启发和学习。

3. 融合"城市记忆工程"的三种研究路线,做到解释性与施策性并重

自 2002 年"城市记忆工程"项目发起以来,档案界对其展开了一定探讨,基本形成三个方面的研究路线:一是将城市记忆工程与城市文化、城市发展关联起来,探讨和思考城市记忆工程在传承城市文脉、延续城市发展轨迹、满足市民认同感和归属感中的重要作用;二是将城市记忆工程与档案文献资源关联起来,探讨和思考城市记忆工程中的档案文献资源整合、资源开发、工作组织和社会协调,以积极推进工程深化;三是将城市记忆工程与我国档案事业发

展关联起来,探讨和思考城市记忆对档案事业发展的积极影响和促进作用。

这三条研究路线涉及文化传承—实践措施—事业发展,将城市记忆工程发展与城市文化传承、档案工作实践、档案事业发展关联起来,基本上涵盖了城市记忆工程研究的主要内涵,对本课题研究具有启发价值:一方面,我们要探讨城乡档案记忆工程对乡村记忆保护传承的价值和意义,探讨如何推动城乡档案记忆工程的持续开展,这是一条基本主线;另一方面,我们也要探讨和思考城乡档案记忆工程推进实施过程中的内在和外在机制,将理论与实践融合起来,为城乡档案记忆工程推进提供思想引导、理论基础、经验提炼和政策建议;同时,我们还要由此探讨和思考在社会发展"新常态"下,档案部门如何加强自身能力建设,更好地融入社会建设,展示自身力量和影响,推动档案事业发展。

"说理胜于施策。"虽然本书带有一定的应用性和对策性特征,但我们仍不放弃解释性取向。"解释世界与改造世界是一个过程的两个阶段。只有先解释了世界,才能够改变世界。如果尚不能解释世界,又如何改变世界?"①"机制"研究与"策略"研究不同之处,就在于"机制"研究带有更多分析性、解释性意味;当然,在研究过程中我们也需要根据具体内容提出策略性、对策性思考,努力将解释性(说理性)研究与施策性研究结合起来。

(二)内容框架设计

1. 对推进与推进机制的认识

"推进"一词在今天的政府文件、咨询报告和学术研究中是一个"高频词",如"推进城乡一体化进程""全面深化改革扎实推进""全面推进依法治国"等。推进意味着对事物的运动状态施加影响,使其继续朝正确方向加速运动,所表达的意涵具体包括:①工作原来有基础,已经开始,而不是停留在规划阶段;②工作的方向是正确的,需要继续保持和深化;③工作开展得还不够

---

① 陈嘉明:《如果不能解释世界,何以改变世界?》,《中国社会科学报》2014 年 7 月 7 日。

到位、不够彻底,影响不够深刻,存在惰性或制约障碍;④对原有工作在速度上要加快、在力度上要加强、在范围上要扩大、在效度上要提高,促使其快速发展、成长或前进。

"机制"原义是指机械系统中各个零件或部件之间的组合、关联、制约的方式和原理。早期多用于生物学、医学,后来逐步向伦理学、社会学、管理学、文化学、政治学等领域延伸,来阐明特定对象各个结构要素之间的相互联结、相互制约以及依据特定目标实现整体功能的方式。机制可以根据系统的构成要素、运行状况、运行阶段、运行要求等加以划分,如系统的动力机制、整合机制、运行机制、维护机制、控制机制、协调机制、评价机制、监督机制、决策机制、管理机制、服务机制等,当然也包括推进机制。正是由于"机制"使用的灵活性、动态性(弹性)和系统性,所以我们经常把"体制机制"作为一项工作乃至社会事业改革发展的重要着力点和抓手。

推进机制既可与"生成机制""动力机制""运行机制"等相关联,说明系统(事物)产生、发展、深化的运动过程和运动要求;又可作进一步解析,如内在机制与外在机制、投入机制与评价机制、协调机制与支持机制等。我们用"推进机制"来探讨城乡档案记忆工程建设,就是要探索发现城乡档案记忆工程建设推进中的各种要素及其相互作用关系,探讨并思考推进城乡档案记忆工程建设发展的条件、方式、手段和策略等。

2. 对城乡档案记忆工程推进机制的解析

城乡档案记忆工程推进机制需要我们将社会记忆理论、社会工程理论与城乡档案记忆工程实践结合起来加以分析和解构。其中以下两个观点对我们的分析尤其具有启发价值。

一是扬·阿斯曼在《文化记忆》中指出:

> 假如巩固群体身份认同的知识没有存储于文字中的可能性,那么它只能存储于人的记忆中。这类知识要实现其在建构统一体、提供行动指南方面(即规范性的和定型性的)的推动力,就必须首先具

备这三个作用:存储、调取、传达,或者说是:诗的形式、仪式的展演和集体成员的共同参与。①

二是中国工程院院士殷瑞钰等在《工程哲学》中指出:

> 为了实现工程系统的功能要求,有效地推进工程化进程,工程系统应形成以工程过程分系统为核心,以工程战略—组织协调—工程过程分系统为主线,以工程技术、工程管理、评估控制分系统为支撑的有机整体,以及以工程战略分系统为第一层次,工程技术、组织协调和评估控制分系统为第二层次,工程过程和工程支持分系统为第三层次的递解结构。②

根据上述两种观点,结合具体实践,我们可以把城乡档案记忆工程的"推进机制"具体解析为资源集成机制、资源开发机制、记忆展演机制、场馆建设机制、管理运行机制和社会支持机制六个方面。这六种机制从内到外,构成完整的体系或运作过程,能够较为全面地反映城乡档案记忆工程建设发展中涉及的各种构成与运行要素及其相互作用关系。用社会拟剧论的观点看,资源集成如戏剧素材,资源开发如剧情编制,记忆展演如戏剧表演,记忆场馆如演出剧场,组织管理如剧团运作,社会支持如观众与环境,共同组成完整的戏剧演出活动。

需要说明的是,各种机制之间的关系并非彼此孤立,而是交合重叠的,只是因为分析需要才将其剖解开来。心理学家冯特(Wilhelm Wundt)说心理生活是一个紧密的整体,只是为了研究的方便,才把它们孤立开来③,城乡档案记忆工程推进机制研究也是如此。

3.研究章节安排

本书共分十章,其中:第一至三章,重点介绍和分析各类社会记忆工程开

---

① [德]扬·阿斯曼:《文化记忆》,金寿福、黄晓晨译,北京大学出版社2015年版,第51页。

② 殷瑞钰、汪应洛、李伯聪等:《工程哲学》(第二版),高等教育出版社2013年版,第222页。

③ 参见杨鑫辉主编:《西方心理学名著提要》,江西人民出版社1998年版,第48页。

展情况、新型城镇化建设与城乡档案记忆工程推进必要、城乡档案记忆工程本体阐释与推进方向等，为探讨城乡档案记忆工程推进机制提供实践背景、现实背景和研究对象等方面的基本理论铺垫。第四至九章，重点探讨城乡档案记忆工程推进的资源集成机制、资源开发机制、记忆展演机制、场馆建设机制、管理运行机制和社会支持机制，由内而外，逐层展开，是对"推进机制"的系统剖析和深入阐述；第十章重点对城乡档案记忆工程建设中档案部门的能力建设和能力提升进行分析，以说明在新的社会发展形势下档案部门如何强化自身建设，适应社会发展需求，是对"推进机制"的延伸思考。各章内容的逻辑结构如图1所示。

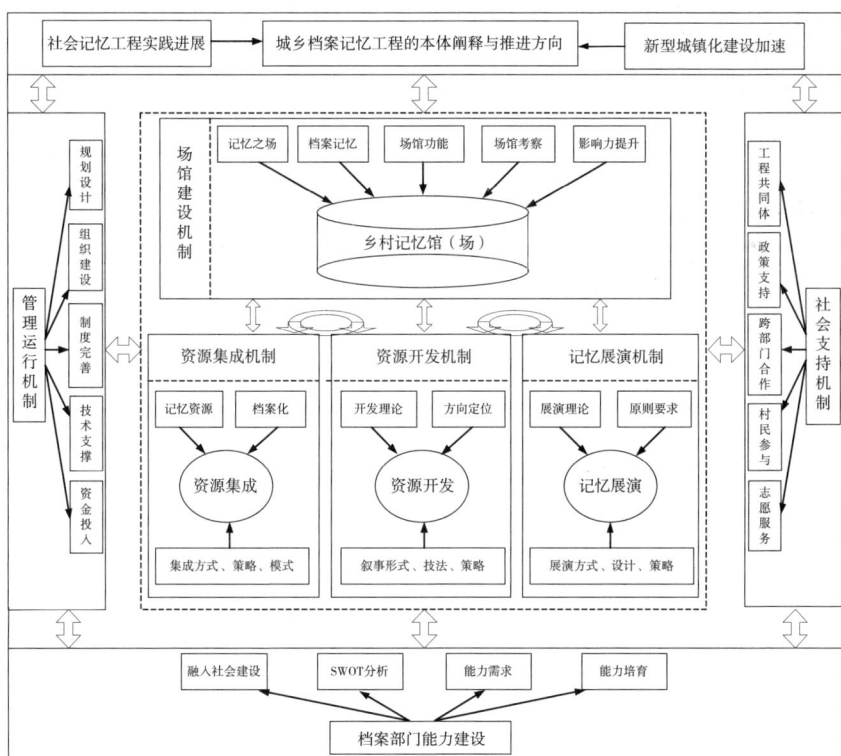

图1　研究内容逻辑结构图

研究中我们努力做到理论与实践相结合、微观和宏观相结合、内部机制和外部机制相结合,使课题研究能展开、可深化、有归依。

(三)研究方法

研究方法是人们解决科学问题所采取的一些基本手段、途径和规则,任何一项研究都离不开方法的支撑,当然,研究方法的选用也需根据各学科、各课题的特点、性质、对象来选择。本书采用的研究方法主要有以下五种。

1. 理论分析法

理论分析是运用现代科学理论对研究对象、研究问题进行阐释的方法。我们在理论运用上主要以档案管理理论、社会记忆理论、社会工程理论为基础,需要说明的是:其一,这三种理论也只是概称或抽象的结果,必然会涉及诸多具体的理论、观点和表述。比如档案管理理论,涉及档案实体管理理论和档案信息管理理论,或者更具体地说涉及档案收集、整理、鉴定、保管、保护、开发、利用等理论;社会记忆理论,也会涉及社会记忆建构理论、社会记忆操演理论、社会记忆控制理论、社会记忆再生产理论、记忆场理论、文化记忆理论等,内涵丰富。其二,除了这三种理论之外,还会涉及工程哲学、现代项目管理学、文化遗产保护、文化生态学等方面理论。其中工程哲学是社会工程哲学形成的基础,可以归入社会工程理论范畴,但又具有一定独立性,可以相互参鉴、综合运用;现代项目管理理论与社会工程密切关联,工程与项目彼此渗透互含,理论各有侧重,但也相互融合;文化遗产保护、文化生态学与社会记忆保护传承密切关联,可以彼此互观。本书在吸收运用多学科思想资源和理论成果的基础上,对城乡档案记忆工程进行具体阐释,发掘发现其中所隐含的各种要素及其相互关系,达到对其推进机制的分析和思考。

2. 调查研究法

调查研究是社会科学基本的研究方法,被广泛采用。经济史研究专家傅衣凌先生一直强调要"把活材料与死文字两者结合起来",就是强调要"接触社会、认识社会"。本书在运用调查研究法时,主要采用以下三种方式:一是实地调研,课题组先后到浙江省档案局(馆);浙江省嘉兴市平湖县档案局(馆),平湖县鱼圻塘村、龙萌村、乍浦镇;湖州市长兴县档案局(馆),长兴县长中村、徽州庄村、高家墩镇等地考察城乡记忆工程开展情况和乡村记忆馆建设情况,获得第一手研究材料。二是案例分析,选择浙江乡村记忆工程、山东"乡村记忆工程"、山西"乡村文化记忆工程"、福建"乡村记忆档案"示范项目等为具体案例,并对其中的典型建设成果进行剖析,观察、思考其中的运作机制和运行方式。三是网站调研,通过浏览中外各类社会记忆工程网站,把握社会记忆工程的建设举措、资源类型、展示方式、组织运行,分析城乡档案记忆工程的建设背景、建设思路、建设方式和建设策略,深化问题思考。

3. 比较分析法

比较分析法是对两个或两个以上的事物或对象加以对比,以探求其中相似性与差异性的一种分析方法。社会学家迪尔凯姆(Emile Durkheim)认为,比较分析有助于解决社会(科)学的基本理论问题,只有将不同社会中的同样现象加以比较,才能揭示这些现象的多样性和不同发展方向。他还强调指出:"比较社会学不是社会学的一个特别分支,只要它不再是专注于描述,而注重研究事实,它就是普通社会学了"。① 本书重点将城乡档案记忆工程与其他领域开展的国家记忆工程、乡村记忆工程、物质文化遗产保护工程、非物质文化遗产保护工程、古村落保护工程等进行比较,发现其中的同质性与差异性,探讨城乡档案记忆工程开展的独特方式,以及档案部门在乡村记忆保护传承中的独特优势与责任,为城乡档案记忆工程推进机制研究提供现实立足点和角色依据。

---

① ［法］E.迪尔凯姆:《社会学方法的准则》,狄玉明译,商务印书馆1995年版,第150页。

4.专家咨询法

专家咨询法是一种高端的研究方法,简单说是与相关专家交流,向专家请教,听取专家指导性意见建议的方法。本书采用的是广义专家咨询法,咨询对象主要有三方面专家:一是(社会)记忆学者。通过参加相关学术研讨会、论坛、工作坊,以及个别访谈等方式,听取记忆、社会记忆研究专家对城乡记忆工程的认识与理解,探讨城乡档案记忆工程推进机制的构成,寻找理论突破点。二是档案学者。利用学科资源优势,与档案学者广泛交流,探讨城乡档案记忆工程开展的社会背景与社会意义,思考把握其推进方式和要求。三是档案部门实践专家。结合实地调研,与实践部门领导、专家进行交流,了解实践部门在推进城乡档案记忆工程建设中采取的措施和实践思考,体察档案部门专家对城乡档案记忆工程的真实感知,为课题研究提供实践素材和发展思考。课题研究在推进机制解析、框架设计及内容论述中,许多地方都潜含着专家学者的真知灼见,是课题研究顺利开展的保障力量之一。

5.课题研讨法

本书在研究中与教育教学、人才培养、学术活动等相连接,通过多种形式对课题研究内容开展交流讨论,集思广益,拓展思维。一是与本科生课程教学相结合,开设"档案与国家记忆"新生研讨课,集中研讨档案与国家记忆资源、社会记忆工程、国家记忆与国家认同等议题,吸取学生的思想"火花",丰富对社会记忆、记忆工程的感性认识;二是与研究生课堂教学相结合,设定专题,采用"头脑风暴"方式,开展课堂讨论,让研究生谈认识、提建议,提高理论思维深度;三是与学生社会实践培养相结合,通过开展学生联合大作业、暑期社会实践、周末校园文化活动等课外培养实践,将社会记忆理念和行动融入其中,以"小项目"反观"大工程";四是与学术活动相结合,多次组织开展不同层次、不同范围、不同主题的学术交流会、汇报会和讨论会,交流研究心得体会,逐步完善课题研究内容。上述方法是将课题研究融于日常教学科研,在提高人才培养质量的同时,也在某种程度上获得了社会学"常人方法论"的社会认知。

四、理论意义与实践价值

城乡档案记忆工程是在新的社会发展时期和新的历史条件下开展的乡村记忆保护传承行动,它不仅理念、视角新颖,而且内涵、方法、手段上也与传统档案工作不同,是档案学研究的时代性课题。开展本课题研究,对推进城乡档案记忆工程建设发展、拓展档案事业发展新空间、丰富档案记忆理论研究等都具有重要的理论意义和实践价值。

1.为档案记忆工程提供认识和理解支持

梁漱溟先生在《乡村建设理论》开篇就谈认识问题的重要性:"我们要解决的是社会问题,社会问题与自然界的问题不同。自然界像是静的,而我们人是动的,仿佛可以由我们来摆布他,他听我们摆布。社会则不然,他沿着过去历史向前演变,时时刻刻在变化中,而不是静的";"不过人类历史不完全是机械的,我们于中可以有反省、有自觉、有料度,因其大势之所趋,从而为之所解决社会问题的办法,要不外如是而已。这样,认识问题的工夫就更紧要,并且要本着历史的眼光去观察认识"。①

新世纪以来,随着社会发展和社会变革的加剧,我国档案部门从社会记忆角度思考档案工作发展的意识进一步增强,在积极参与"世界记忆工程"的同时,也相继组织实施了"国家记忆工程""城市记忆工程""乡村记忆工程""数字记忆工程"等多层次、多形式的档案记忆工程建设项目。各类项目实施,标志着档案事业的新发展,同时也给档案界提出了一系列新问题:档案部门为什么要开展各类档案记忆工程? 开展各类档案记忆工程的理论依据是什么? 档案部门在传承、建构社会记忆过程中扮演着什么样的角色? 需要采取哪些措

---

① 　梁漱溟:《乡村建设理论》,上海人民出版社 2011 年版,第 8 页。

施、途径、办法推动档案记忆工程的持续发展？等等。面对实践发展，档案学理论研究能否作出积极有效的理论应答，不仅关系到档案记忆工程的实践意义能否被社会理解，关系到档案记忆工程能否长期开展下去，更关系到档案学研究是否成熟、是否有解释力。社会学家郑杭生曾说："中国社会学必须根植于转型中的中国社会，才有可能具有中国特色。能否从自己特有的角度如实地反映和理论地再现这个转型过程的主要方面，是中国社会学是否成熟的标志。中国社会学离开转型社会的实际，就会成为无本之木，无源之水。"①因此，面对"生机勃勃"的档案记忆工程，档案学理论需要作出积极回应，对其背景、意义、结构、功能、运行推进机制等进行阐释，为社会各方面认识理解档案记忆工程提供理论和思想引导。

2. 为城乡档案记忆工程推进提供道路探寻

王宏波认为"社会工程活动以解决社会问题为出发点和最终的落脚点"，"从社会问题进入政策问题是社会工程问题界定的关键环节"。② 由此社会工程研究也成为科学知识转换为制度政策的实践活动。李永胜指出：社会工程研究是综合运用人类所创造的多种科学知识，面向现实社会结构，进行制度规划和政策设计，建构新的社会模式的活动。"从人类知识形态的存在形式角度看社会工程研究，它是科学知识由理论形态向应用形态转换的复杂活动，也是人们依据科学知识原理不断探索和建构更加合理完善的社会制度模式的创造性实践活动。"③开展城乡档案记忆工程推进研究也是旨在为工程建设发展提供政策、制度、方法、手段的思考和参考，如马克思所言，我们不仅要认识世界，关键是要改造世界。

乡村记忆不仅以无形的"思念"存在于我们的"心"中，而且还以有形的

---

① 郑杭生：《中国社会学年鉴（1979—1989）》，中国大百科全书出版社 1989 年版，第 25 页。

② 王宏波：《社会工程研究引论》，中国社会科学出版社 2007 年版，第 67—74 页。

③ 李永胜：《社会工程研究是一项复杂的知识转换活动》，《西安交通大学学报》（社会科学版）2007 年第 6 期。

"资源"方式存在于乡村社会中,可以为我们捕捉、收集、保管、开发、展示、传承;当然,我们也需要对其保存、传承的方法加以研究。保罗·康纳顿曾说:"研究记忆的社会构成,就是研究使共同记忆成为可能的传授行为";①哈拉尔德·韦尔策也指出"必须继续寻觅跨学科地认识社会回忆和社会传承实践的方法"。② 特里·库克曾提醒人们:全世界的档案工作者今天仍在建造"记忆宫殿",我们需要对如何建构"记忆宫殿"进行思考。

本课题研究可以为档案部门推进城乡档案记忆工程、构筑"记忆宫殿"提供道路探索,其实践意义表现在:一是汲取更丰富的社会记忆思想,领会乡村档案资源在乡村记忆中所具有的独特价值,为构筑社会记忆提供思想动力;二是总结档案记忆工程的建设经验,对档案记忆工程研究成果进行知识整理和凝练优化,促进相关知识与经验的交流;三是从档案管理、社会记忆、社会工程理论出发,分析城乡档案记忆工程的推进机制,思考档案收集、鉴定、整理、保管、利用等各环节同社会记忆的内在关联,为乡村记忆保护传承实践提供理论支撑、实践参考和方法思考。

3. 为档案部门主动融入城乡社会建设提供路径思考

新型城镇化是一项巨大的社会系统工程,需要社会各方面广泛参与,其中也离不开档案部门的力量。一方面,档案部门要具有主动融入城乡社会建设的意识和责任,不能游离于新型城镇化建设之外,要做"局内人"而不是"局外人",要做促进者、建设者,而不是旁观者、回避者。在中共中央、国务院印发的《国家新型城镇化规划(2014—2020 年)》中,将"文化传承,彰显特色"作为新型城镇化建设的指导思想,提出要"根据不同地区的自然历史文化禀赋,体现区域差异性,提倡形态多样性,防止千城一面,发展有历史记忆、文化脉络、

①　[美]保罗·康纳顿:《社会如何记忆》,纳日碧力戈译,上海人民出版社 2000 年版,第40 页。

②　[德]哈拉尔德·韦尔策编:《社会记忆:历史、回忆、传承》,季斌等译,北京大学出版社2007 年版,"社会记忆"(代序)第 9 页。

地域风貌、民族特点的美丽城镇,形成符合实际、各具特色的城镇化发展模式"。如何建设、发展"有历史记忆"的美丽城镇,为档案部门融入城镇化建设提供了历史机遇和广阔空间。另一方面,档案部门融入城乡社会建设需要抓手和平台,需要与新型城镇化建设有序对接,发挥优势,展示能力和成效。新型城镇化必然带来社会空间、社会结构与生活方式的变革,造成历史文化传统的隔断,如何重塑社会记忆,提高民众根源感、认同感摆在我们面前,档案部门需要在实践创新中提高自身贡献力和影响力,增强社会记忆的建构能力。

实践证明,城乡档案记忆工程是档案部门主动融入城乡建设发展、参与社会重点项目建设的"作战航母"。本书研究有助于探讨完善城乡档案记忆工程推进机制,转变传统档案工作理念和方式,为档案部门融入城乡社会建设发展提供路径思考。我国社会工程研究专家田鹏颖指出,社会技术创新是社会技术创新者价值的理论展现,或者至少蛰伏着创新者的价值观。而研究者的任务,就是寻找这些价值观,以便在政策制定者的价值观对研究者限制之前,就对他们有所认识。① 对社会科学家而言,"这不仅是一项道德任务,而且还是一项专业性的任务"。②

4. 与乡村文化遗产保护理论和实践研究呼应对接

面对乡村社会变迁和城镇化建设加速带来的传统历史文化流失,20 世纪80 年代以来,我国先后加入联合国《保护世界文化和自然遗产公约》和《保护非物质文化遗产公约》;而且先后颁布了《中华人民共和国文物保护法》(1982年颁布,后多次修改)、《中华人民共和国非物质文化遗产法》(2011)、《国务院办公厅关于加强我国非物质文化遗产保护工作的意见》(国办发[2005]18号)、《国务院关于加强文化遗产保护的通知》(国发[2005]42 号)等法规文件,加强对文化遗产、非物质文化遗产和古村落的保护。与此同时,先后实施

---

① 田鹏颖:《社会工程哲学引论》,人民出版社 2006 年版,第 129 页。
② [美]R.K.默顿:《科学社会学》,鲁旭东、林聚任译,商务印书馆 2003 年版,第 113 页。

了文化遗产保护工程、非物质文化遗产保护工程、历史文化名城（街区、村镇）保护工程、传统古村落保护工程等文化保护工程；相关传统文化保护传承研究也在社会学、文化学、人类学等学科得到广泛展开。

浙江省文化厅原副厅长、文物局局长鲍贤伦认为，文化遗产保护的理论与实践始终处于不断丰富、完善和进步的过程中。文化遗产作为体现人类主体价值观和文明理念最丰富的载体、最具象的符号，其价值也在面对迅猛发展所带来的压力以及与当代社会的相互作用和不断磨合中日益突出，并深广地影响着不同意识形态社会中人们的行为准则和目标。文化遗产保护既是一种态度或行为方式，也是一门科学。今天的文化遗产保护已经演变为开放的复杂系统，涉及社会经济发展的各个方面，必须依靠跨学科、跨行业、跨部门、跨国界的通力合作，理论研究和科学技术在文化遗产保护中的支撑和引领作用已越来越明显，需求也越来越迫切。[1]

文化遗产保护（包括物质文化遗产和非物质文化遗产），特别是乡村传统文化遗产保护与乡村记忆密切关联。中国美术学院院长许江指出：文化遗产的保护，其意义绝不在于所谓物质与非物质的指认与分类，更在于认清这个"物"及其在历史上的生动存在，并尽可能地将它依然活着的上下游关系、那生动的"造化之链"一道加以保存维护。造化之链使得造物各有其历史的深度，造物背后是人的生活方式。看起来我们是在保存一种"物"，实质上是在保存这种"物"的存在方式。[2] 许江所说的"造化之链"是否可以理解为"社会记忆""历史记忆"，或者至少与社会记忆存在联系，没有记忆，如何发现或存在"造化之链"。

关于城乡档案记忆工程与文化遗产保护工程的关系，我们后面还要做更细致的比较分析，这里我们想重点说明的是（乡村）文化遗产保护是一项共同

---

[1]　郑巨欣主编：《历史与现实——文化遗产保护及发展国际学术会议论文集》，山东画报出版社 2013 年版，序二。

[2]　郑巨欣主编：《历史与现实——文化遗产保护及发展国际学术会议论文集》，山东画报出版社 2013 年版，序一。

的事业,需要档案学者的参与,从自身的学科视野为乡村文化遗产保护提供理论与实践思考。

5. 为档案记忆理论创新发展提供实践范例

唯物辩证法认为理论与实践是相互制约、相互促进的辩证统一关系:一方面,理论对事物本质和规律的认识,可使实践主体增强对客体的认识,并自觉地按照客观规律去从事改造世界的活动,提高实践的合目的性;另一方面,实践是理论认识的来源、归宿、检验标准和创新动力,实践产生的问题促使理论主体去探索和创新,推动理论发展。习近平同志指出:"问题是创新的起点,也是创新的动力源。只有聆听时代的声音,回应时代的呼唤,认真研究解决重大而紧迫的问题,才能真正把握住历史脉络、找到发展规律,推动理论创新。"①

20 世纪 90 年代以来,从社会记忆理论视角思考档案和档案工作的学者不断增多,形成了一批有影响的研究成果,如特里·库克的《铭记未来——档案在建构社会记忆中的作用》《四个档案范式——1840 年以来西方档案观念与战略的变化》,弗朗西斯·布劳因(Francis X.Blouin)的《档案工作者、中介和社会记忆的创建》,欧文斯(Brian O.Owens)的《档案馆:记忆的中心和传承者》,大滨彻也的《档案能再现我们社会的记忆吗?》,等等。但纵观这些成果,可以发现其反思性和批判性有余,而建设性和实践性不足,还需要我们立足于新的档案实践,观察新现象,解答新问题,推动档案记忆理论研究的创新和深化。

城乡档案记忆工程的开展,是在社会记忆思维引导下开展的社会记忆保护传承行为,具有明确的目的性,为我们考察档案记忆理论的应用提供了具体分析对象,也为档案记忆理论研究提供了实践基础和创新动力。我国认识论专家夏甄陶指出:"人们为了实现某个特殊的具体目的而制订实践计划,是一

---

① 习近平:《在哲学社会科学工作座谈会上的讲话》,人民出版社 2016 年版,第 14 页。

种创造性的实践理性思维活动。计划并不仅是图纸、模型、数字表、说明书、工作日程等等的简单总和,这一切只不过是计划的外表形式。每一项具体计划,都是在科学知识或理论的指导下,通过实践理性思维创造出来的一定的思想组合体系。它是对主体和客体以及手段进行科学的严密的分析和综合的结果。"①因此,我们"必须把科学知识生产的实践活动纳入到人类社会生产体系之中予以考察,必须把科学实践纳入到与人的再生产、物质的再生产和知识的再生产之间的相互依存的关系中予以考察"②,观察思考城乡档案记忆工程实践中所潜含的社会记忆传承、建构、控制、保护功能,分析阐发城乡档案记忆工程实践中对社会记忆的生产和消费、分享和展演、乡村记忆场馆建设等一系列新问题,创造更具有实践指导价值的档案记忆理论。城乡档案记忆工程是档案记忆理论运用、检验和发展的鲜活场域和现实课题,如果我们把城乡档案记忆工程解释透彻,档案记忆理论就能扎下根,有依托,能发展。

6. 在社会记忆研究中提升档案学地位

社会记忆研究具有融合力和跨学科的潜力。20 世纪 80 年代以来,在社会学、人类学、历史学、政治学、伦理学、民俗(族)学、哲学、文学、思想史、影视传媒等领域,人们不仅频繁使用集体记忆、社会记忆、历史记忆、文化记忆、民族记忆、媒介记忆等概念,而且各领域学者或阐释社会记忆内涵,或运用社会记忆理论解释发生在历史时空与当下情境中的事件,形成了许多富有启发性、影响性的成果。如保罗·康纳顿的《社会如何记忆》、哈拉尔德·韦尔策主编的《社会记忆:历史、回忆、传承》、阿维夏伊·玛格利特(Avishai Margalit)的《记忆的伦理》、雅克·勒高夫的《历史与记忆》、扬·阿斯曼的《文化记忆:早期高级文化中的文字、回忆和政治身份》(简称《文化记忆》)、阿莱达·阿斯曼的《回忆空间:文化记忆的形式和变迁》(简称《回忆空间》)、皮埃尔·诺拉主

---

① 夏甄陶:《认识论引论》,人民出版社 1986 年版,第 139 页。
② 李正风:《科学知识生产方式及其演变》,清华大学出版社 2006 年版,第 53 页。

编的《记忆之场：法国国民意识的文化社会史》(简称《记忆之场》)、王明珂的《华夏边缘：历史记忆与族群认同》、景军的《神堂记忆》、陈蕴茜的《崇拜与记忆——孙中山符号的建构与传播》、孙德忠的《社会记忆论》、赵静蓉的《文化记忆与身份认同》等。有学者认为，记忆让不同学科中一系列现象有了新的结合方式，包含了诸多不同意义的概念，具有高度的灵活性，而且通过符号化的建构，为各学科间的相互认知、交流和建构提供了必要条件。阿莱达·阿斯曼说："并不是在这么一个大概念之下，所有小概念的区别就消失了，只是强调这些来自不同领域的概念具有共同性，而这些共同性正好是在'记忆'这个大概念中才被发现的。有了这个大概念，才能进行命题类推法，才能研究它们的共同点，这是之前完全无法想象和做到的。"①

档案学自"走进记忆之门"以来，已成为社会记忆研究的一支重要力量，其研究成果不仅推动了档案记忆理论范式的形成与发展，也确立了自身在社会记忆研究中的学术坐标与学术地位。在社会记忆研究的三种取向中，档案记忆研究是从中介角度切入社会记忆研究的，"从中介的角度切入社会记忆研究，这就是档案记忆研究在社会记忆理论研究框架中的坐标点或立足点"；"社会学、人类学可以从主体的角度探讨和研究社会记忆，历史学、文化学可以从客体的角度观察和分析社会记忆，那么档案学就一定可以从中介的角度来思考和理解社会记忆"，这是"媒体研究"的共同点。②

今天，档案记忆理论研究已"登堂入室"，占有"一席之地"，这块理论阵地我们不能丢；不仅如此，我们还要进一步提升地位和影响力，形成自身的话语权。通过对(城乡)档案记忆工程推进的研究，不仅可以贡献社会记忆新思想，而且还可以贡献社会记忆保护传承新实践，而这恰恰是社会记忆研究的初衷。

---

① 冯亚琳、[德]阿斯特莉特·埃尔主编：《文化记忆理论读本》，余传玲等译，北京大学出版社 2012 年版，第 127 页。
② 丁华东：《档案与社会记忆研究》，人民出版社 2016 年版，第 66 页。

第一章　社会记忆工程：从国际社会延展到中国乡村

费孝通先生说："文化得靠记忆，不能靠本能，所以人在记忆力上不能不力求发展。我们不但要在个人的今昔之间沟通桥梁，而且在社会的世代之间也得筑通桥梁，不然就没有了文化，也没有了我们现在所能享受的生活。"①记忆是人类"智慧之母"和"生存进化之本"，无论对个人、对民族，还是对国家、对人类社会，都具有极其重要的意义。然而人类记忆十分脆弱，极易遭受自然和人为的破坏而逐渐消逝，特别是伴随着农业文明向工业文明、信息文明的加速转型，如何构筑社会世代之间的沟通桥梁，保证文化血脉代际流动的畅通，已成为现代"人类社会在演化过程中要解决的诸多问题中的首要问题"。② 为此，20 世纪 90 年代以来，从国际社会到各国政府都在采取积极行动，保护传承人类记忆、国家记忆、民族记忆乃至地方记忆，拯救濒临危亡的集体记忆。正如扬·阿斯曼所言："根源于我们正在经历的时代大变革，以回忆概念为核心，正在形成一个全新的文化科学范例，受其影响，不同的文化现象和领域呈现出不同于之前的格局。换句话说，有关记忆与回忆的工程正在进行当中。"③

---

① 费孝通：《乡土中国　生育制度》，北京大学出版社 1998 年版，第 19—20 页。

② ［法］雅克·勒高夫：《历史与记忆》，方仁杰、倪复生译，中国人民大学出版社 2010 年版，第 111 页。

③ ［德］扬·阿斯曼：《文化记忆》，金寿福、黄晓晨译，北京大学出版社 2015 年版，"前言"第 1—2 页。

一、世界记忆工程的全球影响

"世界记忆工程"也称"世界记忆工程项目""世界记忆遗产保护工程",是联合国教科文组织(UNESCO)于1992年启动实施的国际性文献遗产保护行动计划,旨在对具有世界、地区和国家意义的文献遗产,特别是濒危文献遗产,通过最佳技术手段进行抢救和保护,从而使人类的记忆得到更加完整的保护和利用。世界记忆工程实施二十多年来,已经取得了举世瞩目的成就和广泛的国际影响,不仅有效推动了世界各国对正处于逐渐老化、损毁、消失等濒危珍贵文献遗产的抢救与保护,更重要的是为全球范围内文献遗产保护树立了标杆,确立了新的保护方向和目标。

国际档案理事会是世界记忆工程的重要发起成员,世界记忆工程所涉及的文献遗产虽然包括档案馆、图书馆、博物馆等机构保存的各种文献遗产,但就其关注对象而言,主要针对手稿、各种介质的珍贵文献以及口述历史记录等,特别强调其唯一性,入选《世界记忆名录》的文献遗产多为原始记录性较强的珍稀档案文献,因此,世界记忆遗产也被称为"世界档案(文献)遗产"①,世界记忆工程也相应地称为"世界档案记忆工程"。世界记忆工程为世界各国档案事业发展注入了新思想,也为档案记忆工程实施提供了合法性基础,对档案记忆工程推进具有示范、导航和引领意义。

(一)世界记忆工程的发起与组织实施

1. 世界记忆工程的发起与目标

世界记忆工程发起的源头可以追溯到20世纪70年代末。1978年11月28日联合国教科文组织大会第20次会议通过了《关于保护档案文献遗产的建议》,该建议认为文化遗产除了不可移动文化遗产外,还包括文献形态的可

---

① 陈文海:《世界文化遗产导论》,长春出版社2013年版,第298页。

移动物品,即作为记录和传递知识、思想的文献遗产,如具有特殊意义的文件档案、照片、电影胶片、录音录像带、机读记录和手稿、古版图书、古籍抄本、现代图书等出版物,这些出版物正面临着各种风险和保护困难,必须重视保护。基于这种认识,1992 年在联合国教科文组织和国际档案理事会(ICA)的共同努力下,"世界记忆"(Memory of the World)工程作为"世界遗产工程"的延伸项目开始启动实施。联合国教科文组织认为:"世界记忆即文献遗产。它是全人类以文献形式保存和收集的记忆,是世界文化遗产的重要构成,记载了人类社会的重大变革、人类的重大发现和重大成果,是历史赋予全世界、今人和后代的共同的文化财产。"①

世界记忆工程的工作目标有四个方面:①保护。采用最适当的手段保护具有世界意义的文献遗产,并鼓励对具有国家和地区意义文献遗产的保护。②利用。使文献遗产得到最大程度、不受歧视的平等利用。③产品销售。开发以文化遗产为基础的各种产品并广泛推销(赢利所得用于文献遗产保护)。④认识。提高世界各国对文献遗产,特别是具有世界意义文献遗产的认识。这四个目标不仅同等重要,而且互为补充。

2. 世界记忆工程的组织机构

为了保证世界记忆工程的顺利进行,联合国教科文组织成立了相应的管理机构,形成国际咨询委员会、地区及国家委员会、秘书处三级管理机构。

(1)国际咨询委员会。作为联合国教科文组织的常设机构,由 10—15 名委员和一定数量观察员组成。委员由联合国教科文组织总干事任命,以个人身份参加委员会工作。国际咨询委员会作为第一级管理机构,其主要任务是:评价并选择进入《世界记忆名录》的文献遗产;修订《文献遗产保护指南》;筹集资金,并向建议的项目划拨资金;从入选《世界记忆名录》中除名;与地区

---

① 转引自周耀林:《"世界记忆工程"背景下〈中国档案文献遗产工程〉的政策审视与推进》,《回顾与展望:2010 年全国档案工作者年会文集》(上)。

级、国家级委员会协调等。国际咨询委员会下设有事务局、负责发明与提供保存技术的技术委员会、负责行销推广的行销委员会、负责初步审核登录名录的登录委员会。1993 年,第一次国际咨询委员会在波兰普图斯克召开,制定了组织架构和行动计划,同时与国际图书馆联合会、国际文献协会合作,罗列须保存的馆藏或资料库。

(2)地区及国家委员会。包括地区委员会和国家委员会。地区委员会是一个合作组织,是两个或两个以上国家基于地理位置、相同文化、利益或基于联合国教科文组织区域办事处设立的区域性组织,是国际咨询委员会的补充。国家委员会是由联合国教科文组织各国全国委员会建立和认可的。地区及国家委员会的主要职责包括:与地区和国家的非政府组织密切合作,帮助建立地区和国家记忆名录;监督、协调和管理地区和国家级记忆工程及其活动的进展情况;负责筹集和管理世界记忆工程地区或国家项目的资金;等等。目前,亚太地区、非洲地区、拉美及加勒比海地区已经建立世界记忆工程地区委员会;共有 76 个国家建立了世界记忆国家委员会,其中非洲地区 11 个,阿拉伯地区5 个,亚太地区 16 个,欧洲及北美地区 23 个,拉美及加勒比海地区 21 个。

(3)秘书处。负责世界记忆工程及其基金的行政管理工作。其具体任务包括:向世界记忆工程国际咨询委员会提供秘书服务;建立并维护《世界记忆名录》,并负责相关资料的归档,如标准、提名、登录等;管理工程的日常活动;管理世界记忆工程基金;管理下属委员会;定期向联合国教科文组织总干事提交日常报告等。①

3. 世界记忆工程的标志

2009 年,国家咨询委员会确定了世界记忆工程的标识,其设计者是德国图像设计师海科·胡恩纳考普夫(Heiko Huennerkopf)。该标志的使用提高了

---

① 参见周耀林:《档案文献遗产保护理论与实践》,武汉大学出版社 2008 年版,第 367—370 页;陈文海:《世界文化遗产导论》,长春出版社 2013 年版,第 298—304 页。

文献遗产的知名度，也提醒着人们对珍贵而易遭受破坏的文献遗产的尊重与保护。世界记忆工程地区委员会、国家委员会以及入选《世界记忆名录》文献机构、入选《世界记忆名录》的文献遗产均可使用世界记忆工程标志。地区委员会、国家委员会及入选文献机构使用的标志包括三部分：由殿堂象征、联合国教科文组织的全名以及纵向虚线构成的教科文组织标识；世界记忆工程新标识；标准行文格式："国名＋国家委员会"或"地区名＋地区委员会"（见图1-1）。而列入《世界记忆名录》的文献遗产使用的标志则由四部分构成：由殿堂象征、联合国教科文组织的全名以及纵向虚线构成的教科文组织标识；世界记忆工程的新标识；入选《世界记忆遗产》的文献遗产名

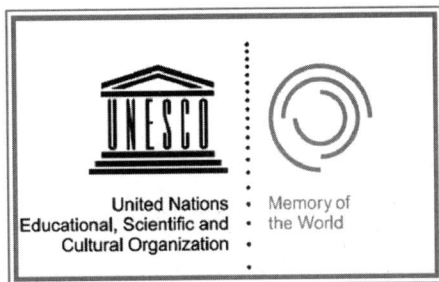

图1-1　世界记忆工程标志

称；标准行文格式：×××年列入《世界记忆工程》。未征得联合国教科文组织书面同意，任何地区、国家、机构和组织不得对标志的内容及其各部分的比例作出任何改动。①

（二）世界记忆工程开展的主要工作

世界记忆工程开展以来，联合国教科文组织及世界记忆工程国际咨询委员会开展了大量卓有成效的工作，推动工程的全面实施。其中包括：制定《保护文献遗产的总方针》《世界记忆工程总章程》等纲领性文件，对世界记忆工程的概况、文献保护与利用、名录建立、基金等方面进行规定和介绍，指导地区和国家记忆工程；设立"消失的记忆""濒危的记忆""目前的活动"三个数据库，收集、收藏由于各种原因导致的无法修复的文件、当前急需得到关注和保护的珍贵文献，以及让人们了解世界图书馆、档案馆、博物馆等文化机构针对

---

① 参见陈文海：《世界文化遗产导论》，长春出版社2013年版，第304页。

文献保护正在进行的活动;创立世界记忆保护基金和"Jikji 世界记忆奖",多方筹措资金,为世界记忆工程文献遗产保护和试点项目提供资金支持;开展世界记忆工程试点项目,与国际组织和文献遗产所有国合作,推动文献遗产保护、宣传和利用的实质性开展;召开世界记忆工程国际咨询委员会、主席团和专家会议,讨论解决世界记忆工程相关问题;等等。现就其中四项重点工作作一介绍。

1. 建立《世界记忆名录》

《世界记忆名录》(Memory of the World Register,又称《世界记忆遗产名录》,以下简称《名录》)是实施世界记忆工程最重要的工作内容和实现工程目标最可见的方式。《名录》收录的文献遗产是由国际咨询委员会推荐,经联合国教科文组织主席批准的具有世界意义的文献遗产。"联合国教科文组织除了看重其必须具有的重要影响力,在时间、地理上的信息含量,以及与重要历史人物相关性之外,教科文组织更注重文献的文化价值和社会意义。另外,档案文献的完整性和唯一性也是决定其是否具有世界意义的主要因素之一。"① 《名录》分为世界级、地区级和国家级三个级别,每两年评选一次,自 1992 年评选以来,至 2017 年底,先后有来自 118 个国家的 429 项文献遗产入选。其中有描述斯堪的纳维亚 12 世纪社会生活的手稿;英国 1215 年颁行的大宪章;第一次提及美洲大陆的《西班牙圣达菲》条约;19 世纪黑奴贸易时期英属加勒比海的奴隶登记名册;1958 年至 1962 年西印度群岛联邦的档案全宗;等等。入选《名录》的文献还包括一些有影响的资料,如古巴电影局在冷战时期所制作的新闻片底片、联合国近东巴勒斯坦难民救济和工程处保留的珍贵图片和影像资料等。② 这些文献遗产跨越时空界线,在人们面前铺展了一部人类文明发展的壮丽史诗。

---

① 参见陈文海:《世界文化遗产导论》,长春出版社 2013 年版,第 305 页。
② 参见陈文海:《世界文化遗产导论》,长春出版社 2013 年版,第 314 页。

《名录》《世界遗产名录》《世界非物质文化遗产名录》并称为联合国教科文组织"三大名录",是世界遗产的有机组成部分。入选《名录》的文献遗产一方面可以使用世界记忆工程标志,提高遗产及遗产珍藏机构的知名度,促进其得到最大限度的利用;另一方面也可以得到世界记忆资金的资助,可以进行各种产品开发,用于商业或非商业性的广泛销售与散发,达到保护与利用相互促进的目的。世界记忆工程鼓励建立地区级、国家级名录,它们与世界记忆名录具有同样重要的意义。

2. 开展世界记忆工程试点项目

为促进世界记忆遗产保护、宣传、利用目标的实现,联合国教科文组织开展了多项具有实践意义的项目,如遗产数字化保护、技能培训活动、市场营销或文献出版、技术手册编写等,旨在以新方法、新思路解决文献遗产的保管利用问题,并开展地区间合作,利用某些特殊项目基金更好地保护和利用文献遗产。世界记忆工程地区级国际合作试点项目包括:拉美及加勒比海图片收藏、奴隶贸易档案、荷兰东印度公司档案、西非明信片、萨那手稿、棕榈叶手稿和Goodwill Patron 项目。

3. 创立世界记忆基金和直指世界记忆奖

世界记忆工程设有世界记忆基金会,由秘书处管理,资助列入《名录》的文献遗产保护,各国的国家委员会、各国政府、非政府组织、国际咨询委员会等都可以提名接受资助的文献遗产。有极少数资金也用于为建议列入《名录》的文献遗产制订管理计划。"正是因为世界记忆工程严密的组织和计划,尤其是资助计划,使得申报《世界记忆名录》具有重要意义。"①

《直指心体要节》(Buljo jikji simche yojeol)是韩国所存的世界上最古老的金属活字本,2001 年列入《名录》。为了纪念这一文献遗产入选《名录》,经韩

---

① 周耀林:《档案文献遗产保护理论与实践》,武汉大学出版社 2008 年版,第367—370 页。

国代表团提议,联合国教科文组织于 2004 年设立"直指世界记忆奖"(UNESCO/ Jikji Memory of the World Prize),奖励那些在文献遗产保护和普及方面作出突出贡献的个人或研究机构。该奖励由韩国政府资助,奖金为 3 万美元,每两年颁发一次,对与联合国教科文组织保持正式联系的成员国政府、国际非政府组织公开,奖励由教科文组织直指奖评审团评选,教科文组织总干事宣布获奖者名单。自 2004 年以来,先后有捷克国家图书馆、奥地利科学院视听资料馆、马来西亚国家档案馆、澳大利亚国家档案馆等获得奖励资助。

4. 举办世界记忆工程国际大会

世界记忆工程举办各种会议商讨解决工程实施中的问题,其中国际咨询委员会从 1993 年开始每两年召开一次会议,国际咨询委员会主席团及其附属机构也定期或不定期地举办世界记忆工程国际会议、世界记忆工程主席团会议、技术小组会议、营销小组会议、名录小组会议等。

世界记忆工程国际大会是世界记忆工程最具影响力的大会,自 1996 年以来,先后举办过五届:第一届,1996 年的挪威奥斯陆会议;第二届,2000 年墨西哥科利马会议;第三届,2008 年澳大利亚堪培拉会议;第四届,2011 年波兰华沙会议;第五届,2012 年加拿大温哥华会议。历届会议主题新颖,富有时代性,在凝聚国际共识、探讨世界文献遗产保护新措施方面发挥着积极性作用。如 2011 年华沙会议的主题为"文化—记忆—身份",主要探讨世界记忆工程在维护集体记忆与身份及其代际传承方面的作用。与会者讨论了世界记忆工程的发展趋势,并针对公众有关"世界记忆工程"在世界文化遗产保护定位认识上的迷惑,提出了诸多可行性建议,以提升世界记忆工程的公共形象。① 再如,2012 年温哥华会议的主题为"数字时代的世界记忆——数字化和保护",主要探讨了"促进数字化创造与保护;保护数字化时代的知识产权;保存科学数据及传统与表演艺术的记录"等议题,对推进文献遗产数字化保护具有里

---

① 王健等:《世界记忆工程 20 年光辉历程》,《中国档案报》2012 年 9 月 14 日。

程碑意义。

（三）世界记忆工程在全球的影响

世界记忆工程覆盖面广泛，其活动范围不只局限于国际层面，还延伸到地区和世界各国，是一项具有多层次、多支柱、体系化的全球性文献遗产保护行动。根据目前世界记忆工程地区委员会设立情况，这里重点介绍已成立地区委员会的亚太、非洲、拉美及加勒比海三个地区世界记忆工程开展情况，简要反映世界记忆工程在全球范围内的推广和影响。

1. 亚太地区世界记忆工程的组织开展

亚太地区共有 43 个国家，地理分布广，各国语言、文化、政治、经济等呈现多元化特征，但都拥有悠久灿烂的历史和极为丰富的文献遗产。1998 年 11月，世界记忆工程亚太地区委员会在北京召开第一次会议，来自澳大利亚、中国、印度、韩国、日本、巴基斯坦、菲律宾、马来西亚 8 个国家的 17 名代表出席会议，标志亚太地区委员会（MOWCAP）的正式成立。亚太地区委员会是加强亚太地区各国文献遗产保护协作、促进世界记忆工程在本地区开展的区域性合作组织，其职责包括：提高文献遗产重要性认识，改善文献利用条件；促进本地区资源最佳利用与共享；鼓励开展国家间合作；鼓励各国成立"世界记忆工程"国家委员会；建立亚太地区文献遗产地区《名录》等。目前，亚太地区有中国、澳大利亚、伊朗、日本、哈萨克斯坦、斐济、吉尔吉斯斯坦、新西兰、菲律宾、马来西亚、蒙古、斯里兰卡、泰国、英属维尔京群岛、东帝汶、印度尼西亚 16 国建立了世界记忆工程国家委员会。

亚太地区世界记忆工程委员会成立以来，采取多种措施保护和利用本地区的档案文献遗产，使亚太地区世界记忆工程成为世界记忆工程的重要组成部分。亚太地区委员会 2005 年起开始建立地区级名录，作为开展文献遗产保护的重要行动。截至 2017 年底，《世界记忆亚太地区名录》共列入亚太地区23 个国家计 47 项文献遗产，其中我国文献遗产 10 项（即《本草纲目》、《黄帝内经》、16 至 19 世纪天主教澳门教区档案文献、侨批档案、元代西藏官方档案、赤道南北两总星图、近现代苏州丝绸样本档案、孔子世家明清文书档案、1693—1886 年清代澳门官方文书、1645—1980 年澳门功德林寺档案和手稿),其他遗产分别来自澳大利亚、柬埔寨、库克群岛、朝鲜、斐济、印度尼西亚、伊朗、日本、老挝、马来西亚、马尔代夫、蒙古、缅甸、新西兰、巴布亚新几内亚、菲律宾、韩国、萨摩亚、新加坡、泰国、乌兹别克斯坦、越南。[①] 亚太地区世界记忆工程交流研讨活动频繁,我国曾多次主办或承办各种研讨活动,宣传、推动世界记忆工程在亚太开展。

2. 拉美及加勒比海地区世界记忆工程的组织开展

1999 年 12 月,为扩大世界记忆工程在拉丁美洲及加勒比海地区的影响,总部设在加拉加斯的联合国教科文组织资讯部门与来自伊比利亚美洲的文献遗产领域专家举行会议,分享本地区急需保护的文献遗产收集信息、研讨世界记忆工程在该地区进展状况与发展前景、磋商世界记忆名录相关申报项目或潜在提名议案、寻求教科文组织之外可以使用的财政支持来源。2000 年 6 月,世界记忆工程拉丁美洲及加勒比海地区委员会(CRALC)在墨西哥帕丘卡成立,计有巴西、智利、厄瓜多尔、牙买加、墨西哥、尼加拉瓜、秘鲁、特立尼达和多巴哥、委内瑞拉等 9 国代表参加,起草了委员会"议事规则"和"章程规则",交换了文献收集、保护与存取方面的信息,并确定了该地区世界记忆工程传播策略。委员会要求每个成员不仅代表自己国家,还有责任努力促使该地区尚未建立国家委员会的国家创建国家委员会。截至 2017 年底,该地区已有 21 个国家成立国家委员会,共有 27 国 77 项文献遗产列入《名录》。但目前该地区尚未建立地区级世界记忆名录,少数群体和亚文化保护面临威胁。

---

① Memory of the World Committee for Asia and the Pacific, UNESCO, [EB] http://www.mow-capunesco.org/core-activities/regional-register/ [2018-04-08].

拉美及加勒比海地区开展了多项记忆工程保护项目,包括:"哥伦比亚——百年建筑摄影项目",重点是对一组 1849 年以来具有拉美特色建筑摄影档案的收藏与展览;"拉美及加勒比海地区摄影集项目",重点是对 3000 份记录拉美及加勒比海地区 19 世纪中期到末期视觉变化摄影图片的保护;"奴隶贸易档案项目",重点是对关于跨大西洋奴隶贸易和奴隶制度原始档案的利用和保护;"伊比利亚美洲的记忆"由 12 个国家图书馆参加,重点收集 19 世纪新闻界 6000 份报纸的标题清单和一些新闻机构信息,整理列入清单的档案,并以微缩胶片和数字形式在国家图书馆间交流利用。①

3. 非洲地区世界记忆工程的组织开展

为促进非洲地区世界记忆工程的开展,2008 年世界记忆工程非洲地区委员会(ARCMOW)成立,并于 1 月 30 日至 31 日在南非共和国茨瓦内(比勒陀利亚)举行第一次会议。除地区委员会外,非洲地区有 11 个国家成立国家委员会,分别是中非共和国、科特迪瓦、刚果民主共和国、肯尼亚、马拉维、马里、毛里塔尼亚、纳米比亚、尼日利亚、塞内加尔、南非。② 截至 2017 年,非洲地区已有 12 个国家的 21 项文献遗产列入《名录》,如安哥拉的"Arquivos dos Dembos/Ndembu Archives";贝宁的"殖民档案";埃塞俄比亚的"国家档案馆和图书馆学会的珍藏";加纳的"荷属西印度公司档案";马达加斯加的"皇家档案(1824—1897)";毛里求斯共和国的"法国占领毛里求斯的记录""契约移民的记录";纳米比亚的"Letter Journals of Hendrik Witbooi";塞内加尔的"Fonds of the 'Afrique occidentale française'""威廉·庞蒂学院论文集""从法属西非收集的旧明信片";南非的"1991—1992 年民主南非公约档案和 1993 年多党谈判进程档案""荷属东印度公司档案""刑事法庭第 253/1963 号案件(国家

---

① 参见周耀林、王倩倩:《拉美及加勒比海地区世界记忆工程的进展与推进》,《2012 年全国档案工作者年会论文集》,中国档案学会编,2012 年 10 月 30 日。

② National Memory of the World Committees, UNESCO, [EB] http://en. unesco. org/programme/mow/national-committees[2018-04-09].

对曼德拉等人)""解放斗争生活档案的收藏""布勒克珍藏";坦桑尼亚联合共和国的"阿拉伯手稿和藏书""德国国家档案馆的记录";等等。① 世界记忆工程非洲委员会的活动目前看到的报道较少,有待持续关注。

(四)世界记忆工程在我国的开展

1.成立世界记忆遗产中国委员会

为配合"世界记忆工程"项目在我国的开展,推动"世界记忆工程"的组织实施,1995 年国家档案局牵头成立世界记忆工程中国委员会。2000 年,为做好中国档案文献遗产申报《名录》的准备工作,国家档案局正式启动"中国档案文献遗产工程"国家重点工程,作为世界记忆工程组成部分,旨在调查、登记我国具有世界文化价值的档案文献,为申报《名录》提供客观依据;同时,也作为我国国家记忆工程的重要组成部分,为有计划有步骤地开展中国珍贵文献遗产抢救和保护提供基础(具体情况将在"国家记忆工程"部分做详细介绍)。2001 年 5 月,国家档案局召开"世界记忆工程暨中国档案文献遗产工程"申报座谈会,通过了《中国档案文献遗产工程总计划》,对我国"世界记忆工程"和"国家记忆工程"的深入开展起到了推动和指导作用。

2.主持或承办世界记忆工程相关会议

我国积极参与世界记忆工程国际咨询委员会及其所属机构、亚太地区委员会工作。1997 年承办世界记忆工程亚太地区第一次专家会议(厦门);1998 年承办亚太地区委员会第一次会议(北京);2005 年承办世界记忆工程国际咨询委员会第七次会议(丽江);2010 年承办亚太地区委员会第四次会议(澳门);2015 年举办"世界记忆工程亚太地区工作坊"(苏州)。

近年来,国家档案局与地方政府、地方档案部门、高校及其他学术机构合

---

① Memory of the World Register, UNESCO, [EB] http://en. unesco. org/programme/mow/register[2018-04-09].

作,举办各种学术会议,研讨《世界记忆遗产名录》申报工作(简称"申遗")。如2013年,国家档案局、福建省人民政府和广东省人民政府等在北京人民大会堂举办"中国侨批·世界记忆工程"国际研讨会,重点宣传介绍福建、广东两省开展侨批档案普查、建档、研究和开发利用等工作;2016年,国家档案局、苏州市档案局举办"世界记忆项目与档案事业发展主题研讨会",探讨交流丝绸档案、工业文化遗产保护等问题,并共同商讨解决如何更好地利用世界记忆项目平台推进档案工作发展。这些学术会议扩大了世界记忆工程的影响力,也为中国档案文献遗产"申遗"提供了智力支持。

3.组织申报《世界记忆名录》

中国积极参与联合国教科文组织世界记忆遗产的申报、评选工作,截至2017年,我国先后有清代内阁秘本档、中国传统音乐录音档案、东巴古籍文献、清代科举大金榜、"样式雷"建筑图档、《黄帝内经》、《本草纲目》、侨批档案、元代西藏官方档案、南京大屠杀档案、甲骨文、近现代中国苏州丝绸档案、清代澳门地方衙门档案13项珍贵文献遗产列入《名录》,每项入选遗产对我国历史文化、国家意识都具有独特的价值和意义。

世界记忆遗产是全人类的记忆遗产,是世界各民族的共同记忆,更是世界各民族保存自身民族特色、文化特性,促进民族长久发展的重要因素。随着世界记忆工程的推进,我国将会有更多的珍贵文献遗产入选《名录》。

二、国家记忆工程的多国展开

在"世界记忆工程"带动下,许多国家开始成立本国世界记忆工程国家委员会,积极参与《名录》申报和世界记忆试点项目,同时积极组织建立本国的记忆遗产名录,实施本国的国家记忆工程(项目)。

从世界范围看,目前各国实施的"国家记忆工程"项目大体上可以归结为四类:第一类为自然延伸型,即在"世界记忆工程"思路和框架指导下,重点开展本国记忆遗产名录的建立和《名录》的申报工作,如"中国档案文献遗产工程"、"韩国档案文献遗产世界记忆工程"、俄罗斯记忆、波兰记忆等,这类国家记忆项目既是"世界记忆工程"的自然延伸,也是国家记忆工程组织实施的重要形式。从目前建立世界记忆工程国家委员会和入选《名录》的文献遗产国看,自然延伸型国家记忆工程较为普遍,这也是世界记忆工程影响力的体现。第二类为独立拓展型,即与世界记忆工程有一定关联,但又突破世界记忆工程的思路和框架,独立开展本国珍贵文献遗产的保护、开发、利用和宣传工作,如美国记忆项目、荷兰记忆项目、新加坡记忆项目、我国国家图书馆"中国记忆"项目,以及加拿大图书档案馆的收集计划、澳大利亚图书馆的多元收集计划、德国国家图书馆的收集计划等。这类国家记忆工程一般由本国的国家级文化事业部门和单位(国家档案局、国家档案馆、国家图书馆管理局、国家图书馆、国家博物馆等)实施,具有"国家级"记忆工程的性质。宽泛地说,这类国家记忆工程还包括由国家级媒体拍摄制作的文献片《国家记忆》或《××国记忆》。第三类为社会组织型,即由高校、学术机构、民间组织和个人开展的以"国家记忆"或"某某国记忆"命名的文献遗产收集、开发、利用、展示项目,如"印度记忆"、"阿根廷记忆"、我国民间组织的"中国记忆"网站等,这类项目内容或按一定专题组织,或较为宽泛,对国家记忆是一种寓意的表达,似乎称"国人记忆"更合适。如果说前三类为文献遗产记忆工程,那么第四类即为非文献遗产型,它一般是由国家(级)文化行政部门或文化事业部门开展的历史文化遗产保护工程(项目),如国家文化遗产保护工程、非物质文化遗产保护工程、传统村落保护工程等,因其保护对象与国家记忆存在性质上的关联性,有时也被人们称为国家记忆工程。鉴于本课题研究对象的特点和前后关联性,本部分我们重点选取美国、荷兰、新加坡、加拿大和中国的独立拓展型国家记忆项目进行考察,兼及我国的自然延伸型项目,而对社会组织型和非文献遗产型项目,在后面的相关内容中再做比较借鉴。

(一)"美国记忆"项目

"美国记忆"项目("American Memory"Project,AMP)萌芽于美国国会图书馆 1990—1994 年的试点项目。该项目第一步是对国会图书馆一些独特的收藏品进行数字化,包含被称"民族记忆"的历史文件、录像档案、录音档案、印刷品和照片档案等;第二步是把数字化的收藏品刻录在光盘上,分发给 44个学校和图书馆使用。项目完成后,国会图书馆在对 44 个使用单位调研后发现,用户的使用热情非常高,尤其是高中教师和学生对这些数字化产品的需求非常迫切,但项目也有明显缺点,即以光盘形式分派这些材料效率低且费用昂贵。

1994 年,互联网开始成为人们知识交流展示的重要工具,美国国会图书馆以此为契机,开始实施国家数字图书馆计划(National Digital Library Program,NDLP),并以试点项目经验为基础,推出美国历史收集行动作为数字图书馆项目的旗号。通过对图书馆部分特色馆藏和其他来源的重要档案文献材料的数字化和网络化,国会、学者、普通公众,甚至全球的网络用户都可以在网上获取数字化的美国记忆资源。1996 年开始,国会图书馆出资 200 万美元开展美国记忆竞赛类活动,参与者包括公众、学者、学术图书馆、博物馆、史学机构和档案机构等(联邦机构除外),任务是对承载美国历史的收藏品进行数字化并上传到"美国记忆"网站(1994 年建)。该活动收集了 23 个数字化文件集合,涵盖面超过 100 个主题,极大充实丰富了美国记忆的内容。

"美国记忆"网站是借助互联网提供免费开放数字记忆资源的多媒体网站①,共收藏有 900 多万份美国历史和文化的文件,包括数字化的书面和口述资料、录音、录像、印刷品、书籍、地图、乐谱等,依据资源的载体格式、主体、创建者、捐赠者等分为 100 多个主题专集,是一个巨大的美国史料数字资源库、"记忆资源库"。其资源建设与利用有以下特色:

---

① "美国记忆"网站,网址:http://memory.loc.gov/ammem/index.html。

1. 资源集成共享程度高

"美国记忆"重在建立数字记忆资源库,并以网站形式展示建设成果。其资源来源于美国国会图书馆(以地理与地图部、印刷品与照片部为主),全国各地图书馆、档案馆、博物馆、高校、历史学会等文化机构以及公民上传的资料,国会图书馆对纷乱的记忆资源进行有序化、系统化整理,实现记忆资源高度集成,任何人都可以浏览网站、下载记忆成果,可以与私人博客建立链接,实现全世界范围内的记忆资源共享。

2. 资源组织方式多元

"美国记忆"资源类型丰富多样,有地图、手稿、录音、录像、照片、口述资料等,并且具有明显的资源特色,其中家族档案和地方史料是数量最为庞大的两个集合,总统、非裔美国人、妇女史等集合也是记忆资源库中独具特色的主题集合。资源组织方式多样,大致分为四种:①按主题,分为 17 个大主题;②按时间,以美洲历史事件分为 8 个历史阶段;③按载体,分地图、手稿、录像、照片、录音、乐谱书籍及印刷品共 7 类;④按地域范围,分为国际、全美国、美国东北部、美国南部、美国中西部、美国西部共 6 类。资源著录全面细致,对每一个主体集合的基本信息、背景信息、索引信息、利用方式等予以详细著录,方便人们理解和使用。

3. 成果应用于学校教育

"美国记忆"资源记录了美国重大历史事件、人物、地点和思想,这些反映美国历史和文化的内容在形塑美国现代社会、服务公众教育和终身学习方面发挥了持久性作用。其项目成果还广泛应用于学校教育,教师非常认可 AMP 所提供的一手资料作为学生教育素材的重要价值,提出一些历史问题,让学生在记忆库中独立搜索、解读并使用这些珍贵材料,不仅提高了学生使用原始材料的意识与能力,也推动了记忆工程价值的实现。

4.公众参与程度高

"美国记忆"是一项全民工程,其建设成果力求取之于民、用之于民,以实现公众的真正参与。项目首先强调跨机构合作,由国会图书馆为主导,借助全民记忆有奖活动带动全国历史协会、高校、档案馆、图书馆参与到资源建设中,极大地扩展了资源的覆盖范围;其次,国会图书馆一直非常重视公众参与,邀请44个机构试用建设成果,设置固定渠道接受公众传输的国家记忆资源,鼓励公众上传家庭档案、口述历史等,体现出"美国记忆"的全民构建性。

5.广度深度不断拓展

"美国记忆"项目是一项动态、不断深入的工程。在"美国记忆"资源库建成以后,一方面国会图书馆即开始推动记忆工程向纵深发展,加强与高校和史学机构合作,着眼于记忆资源的开发,提供更高层次的记忆产品和知识服务;另一方面记忆项目也在全国"遍地开花",各州纷纷开展地区记忆工程,如印第安纳州记忆、墨西哥湾沿岸记忆、加利福尼亚记忆、俄亥俄州记忆等,逐渐形成一个层次分明的全国记忆资源体系(也可理解为"世界记忆工程"的再次延伸,后面结合城市记忆工程作介绍),为国家记忆资源的交流共享奠定基础。

(二)荷兰记忆项目

荷兰国家记忆工程主要有荷兰国家档案馆开展的"'记忆宫殿':荷兰历史馆藏的利用"项目和荷兰皇家图书馆牵头组织的"荷兰记忆"项目。

1."记忆宫殿":荷兰历史馆藏的利用

"记忆宫殿"(Het Geheugenpaleis)项目是2013年由荷兰国家档案馆牵头,与7个社会基金会合作开展的主题历史记忆项目。项目以"记忆宫殿"网络展厅①的

---

① "记忆宫殿"网络展厅,网址:http://www.gahetna.nl/bezoek-ons/tentoonstelling/geheugen-paleis。

形式呈现,其目的是通过讲述故事方式展示荷兰国家档案馆珍贵馆藏,提高公众接触了解馆藏机会,激发公众使用馆藏动力。2013 年首次展览时,国家档案馆选择了 11 个档案故事,运用不同时期多种载体档案材料,与历史学家合作整理,加工成易于接受的档案故事,以档案元素为主线设计展出。目前该项目已开发 35 个主题,以照片档案为主,附有对档案内容的文本介绍及相关背景信息介绍,其特色体现在以下三个方面:

(1)资源开发程度高。"记忆宫殿"展览与普通档案展览(实体档案展览)比较,其突山优势就在于资源开发程度高。荷兰国家档案馆采用"以项目促开发"的策略,围绕一定主题,从不同时期的荷兰历史中挑选不同载体类型的档案材料,并借助历史学家的专业知识,对精心挑选的档案材料进行整理,编纂加工成公众易于接受的档案故事,实现档案内容和意义的再生产;同时,"记忆宫殿"的"眼球捕手"计划把照片和背景档案信息联系在一起,为档案材料中所涉及的内容信息提供背景性、空间性和情境性信息,为档案内容提供一个参照系统,增强档案的可理解性。在"记忆宫殿"中展出的档案,不再是一份孤立的档案信息,而是特定历史时空体系中的一个坐标点。

(2)现代信息技术融入力度大。"记忆宫殿"展览实现了现代信息技术与传统历史档案的完美结合。在材料获取方面,荷兰国家档案馆采用专门软件系统对档案进行数字化,对古老档案材料进行现代化翻译,便于读者阅读;在档案可视化方面,采用虚拟现实技术进行展示,将馆藏设计为一个虚拟的世界地图,图上大陆板块代表不同的馆藏数据库,其中的城市代表档案集群,每一个街区象征一个分馆,而城区中建筑高度也象征着馆藏照片的数量,人们可以身临其境地观看某个摄影师的照片,或者欣赏某个特定主题照片展,并可以通过翻转照片获知照片细节。在参展过程中,档案馆还为每个展厅安装了二维码,访客可以通过手机等移动终端进行扫描,浏览档案馆藏。

(3)用户体验感强。荷兰国家档案馆一直在寻求现代化方式增强利用者对馆藏历史档案触手可及的美妙体验。"记忆宫殿"多方面采用虚拟现实技术、3D 立体效果技术、数字化技术和二维码技术等,增强展览的趣味性、可触性和便捷性,增强用户的体验感。档案馆邀请学生与档案馆工作人员进行讨论,实现工作人员与展览物、参观者与展览物、工作人员与参观者之间的三方交流互动,既提升用户体验,为用户提供个性化服务,又获取参观反馈,便于改进展览内容,为用户提供更好的服务。①

2.“荷兰记忆”项目

“荷兰记忆”(Geheugen van Nederland)项目是由荷兰皇家图书馆牵头实施的数字化项目,旨在借助互联网和数字化技术,建立一个囊括100多家图书馆、博物馆、档案馆珍贵馆藏资源的图片资料库,包括各类照片、雕塑、绘画、青铜器、陶器、现代艺术、邮票、海报和剪报、音像和录音资料等,传承荷兰国家记忆。该项目自1999年开始实施,2012年正式结束,由教育、文化和科学部门资助,得到包括荷兰国家档案馆在内的100多个机构的参与,美国国会图书馆(主要是“美国记忆”中的资源)、日本国会图书馆、大英图书馆等国外文化机构也应邀参与该项目建设。

“荷兰记忆”数字资源庞大,充满了关于荷兰的历史信息,可通过互联网浏览。目前项目网站②展示了133个专题(来自100个机构的133个集合,共833928个对象)和7个主题展览。网站资源以两种方式组织:一是按照著录标题的首字母顺序组织数字资源;二是按照专题类目组织资源,分为历史与社会、艺术与文化、地理与环境、通信与媒体四类。每个照片的展示都详细地著录到标题、创作者、创作时间、内容描述、内容种类、现藏机构、版权、关键词等。资源检索入口醒目、易发现,注意简单检索和高级检索并行,有利于提高资源检索的检全率和检准率。

与国家档案馆的“记忆宫殿”项目相比,“荷兰记忆”项目侧重于构建一个全面的荷兰记忆库或国家记忆信息化平台,较为注重记忆库资源量建设,但记

---

① 参见艾琳·赫里茨,张宁、李飞燕编译:《“记忆宫殿”:荷兰历史馆藏的利用》,《中国档案报》2016年1月21日。

② “荷兰记忆”网站,网址:http://www.geheugenvannederland.nl/。

忆资源开发深度显得不足。①

（三）"新加坡记忆项目"

"新加坡记忆项目"（Singapore of Memory Project，SMP）是由新加坡国家新闻通信与艺术部（MCI）负责，国家图书馆管理局承担，2011年正式发起实施，并与本地及海外图书馆、文化遗产机构和其他研究机构合作推动的全国性文化记忆工程。项目宗旨是"用创意书写着一个个珍惜的记忆，通过展览、影像、壁画等形式活跃在人们的脑海里"。② 项目围绕"将个人、社区、群体或机构组织联系在一起，鼓励社会各方面力量将所有生成的有关新加坡的记忆资源贡献给更多的人，从而培育出属于新加坡的特色记忆文化"这一总体目标，力求实现：①使尽可能多的人参与撰写与他们的家庭、街道、国家和世界历史有关的记忆；②紧密联系当地历史，唤醒生活在这里的居民记忆深处的那些经历，帮助人们增强地方归属感和文化认同感；③保存并向全世界开放新加坡档案记忆资源，以供更多的人欣赏、学习和研究。

目前，新加坡记忆项目的建设内容集中体现在四个网站上，即新加坡官方主推的新加坡记忆门户网站（Singapore Memory Project）和官方博客（Iremember SG），以及两个公益性质的民间记忆网站 Memory of Singapore 和 Remember Singapore。

"新加坡记忆"网站是一个 SMP 的在线存储库，截至2017年12月30日，已拥有1075181条记录，其数据每天都在更新。网站资源主要有两种组织方式：一是按时间，自1811年开始，每十年为一个时间段，按照时间顺序组织记忆资源；二是按地点，SMP 建设者与微软的 Bing 地图开展合作，按照记忆的空间位置组织、展示记忆资源。新加坡记忆捕捉和记录所有关于新加坡的珍贵

---

① 资料来源：Memory of the Netherlands—Online image database of archives，museums and libraries，［EB］http://www.geheugenvannederland.nl/？/en/homepage；周耀林、黄灵波、王倩倩：《"世界记忆工程"的发展现状及其推进策略》，《信息资源管理学报》2014年第2期。

② 资料来源："新加坡记忆"网站，网址：http://www.singaporememory.sg/。

记忆瞬间,不单单是新加坡人的个人记忆,也包括各种组织、协会、公司和团体的共同记忆,每一个创建记忆条目的作者都会记录在门户网站上,并且可以按创建者进行检索。在门户网站上有两个突出部分,分别是"添加你的记忆"和"记忆亮点"(Highlights),新加坡图书管理局会挑选记忆库当中具有代表性的,可以上升为全民性的记忆内容,加入到记忆亮点中来,予以突出强调,引导新加坡国家记忆的构建。

Iremember SG 作为新加坡图书管理局主推的新加坡记忆官方博客,其创办目的在于收集、保留和分享关于新加坡的回忆和故事。"网站不但鼓励公众通过博客上传自己的故事和图像,也网罗不少志愿者,并通过采访年长者,探访即将消逝的地方,记录下这些事物。"①作为新加坡记忆的展示平台,博客分为"关于我们""专栏""过去的活动"。专栏中分别是备忘录、档案记忆、团队介绍、活动预告和SG50。SG50 是新加坡记忆基金持续举办的一个记忆评选活动,旨在展示和奖励伟大的新加坡记忆作品,以激励新加坡记忆项目活动的不断开展,激发民众参与记忆建设的热情。

Memory of Singapore 是一个公益性新加坡记忆网站,包含很多20 世纪60 年代和70 年代初居住在新加坡的人贡献的老照片,它看起来更像是一个专题记忆网站。除了关于我们和留言栏目以外,网站主要设有五个栏目——照片长廊、老街、60 年代的新加坡、英国设立的学校、新加坡的皇家海军记忆。每个栏目都是一个独立的照片库,按照特有的方式进行组织。

Remember Singapore 是 2010 年开始创设的一个非营利性、非政府性的网站,创办目的在于重温新加坡记忆,提醒人们认识到在国家高速发展时期,国家文化遗产和地标建筑也在加速消失。这个网站主要展示文化遗产当中的自然遗产和建筑遗产,以这些物质文化遗产来触发、重构人们的国家记忆。

---

① 杨全龙:《hold 住记忆 年轻人记录新加坡》,[EB] http://blog.sina.com.cn/s/blog_61e0a1d50100xk19.html[2011-09-18]。

新加坡记忆项目总体呈现出以下四个方面特色：

(1)全民记忆。全民参与国家记忆构建是 SMP 的最显著特征。SMP 不仅与 218 个组织(包括图书馆、学术研究机构、遗产机构、公共机构、私人实体和社会公益组织)保持良好的建设合作关系,而且还成立了 181 个记忆资源团队,帮助那些有困难的人记录属于自己的记忆。在 SMP 推进中,公众可以全程参与,如在记忆创建阶段,可以通过门户网站、博客等多种渠道创建账户,提交自己的记忆,也可以报名作为志愿者开展口述访谈,创建记忆条目;在资源共享利用阶段,SMP 面向学校提供培训,推动记忆项目进入校园和社区,并制定个性化的资源服务方式,激发公众参与记忆共建共享的热情。

(2)充分利用现代社交媒体。SMP 注重对现代社交媒体工具的利用,在项目建设初期,新加坡图书管理局就创建了 Blog,并提出"让年轻人记录新加坡"的口号,培育青年人的历史感、根源感、民族感和认同感。在记忆项目推进中,负责团队相继开通 YouTube、Facebook、Instagram、Pinterest 等风靡人群的社交工具,既便于公众创建账户,上传自己的记忆,更便于记忆资源的共享和交流。

(3)重视口述史项目的开展。由于历史原因,在独立过程中新加坡大部分记载国家历史的档案材料分散到其他国家,因此,新加坡十分重视口述历史档案建设。在 SMP 开展过程中,口述史建设是其重要一环,并配套建立了志愿者制度。具有导师资格的人可以招募新一批志愿者进行培训,并组织小型研讨会,举办培训课程讲授如何进行采访和记录记忆,指导、帮助新员工在未来可以从容开展独立访谈和文献记录。这种志愿者制度极大缓解官方机构在口述史建设项目上的资源瓶颈和人力限制,有利于借助社会力量推动口述史项目的建设。

(4)多种项目联合交互。SMP 不仅是一个多机构参与的记忆项目,同时还与新加坡的其他文化遗产项目交互开展,例如 flicker 项目、Heritage Road Show,以及新加坡国家档案馆的口述历史中心、声像档案处、古迹研究处、古迹保存局等开展的工作,这些项目的同时开展,有利于发挥不同机构的资源优势，实现更高层次的记忆资源整合，以构建全民记忆。[①]

（四）加拿大记忆项目

加拿大没有以"加拿大记忆"命名的国家记忆项目，其国家记忆工程是由多个与记忆遗产相关的项目构成，其中主要有加拿大社区记忆项目、加拿大史馆、加拿大信件与照片项目、加拿大军事遗产项目等，这些项目共同形成具有国家意义的加拿大记忆。

1. 加拿大社区记忆项目

加拿大社区记忆项目（The Documentary Heritage Communities Program，DHCP）是加拿大国家图书档案馆主导，与基层社区文件遗产机构协作，旨在确保加拿大记忆被持续记录并可在未来使用的项目，2015年开始实施。项目通过提高地方图书档案馆保护、开放、获取水平和文件遗产的保护能力来支持这些机构的发展，并为地方社区文献遗产提供战略性、可持续性发展的机会。

DHCP的资金来源于国家图书档案馆设立的专项资金（由公共财政和社会捐赠构成，用于资助地方图书档案馆保护地方文献遗产项目），项目制定了严格的资助单位和资助类别，以及严格的申请、审批、跟踪、验收程序，主要向一些私人图书档案机构、家谱协会、历史机构提供资助，不向政府、大学等具备较强人力、物力的机构提供资助。DHCP还注重与加拿大其他文化遗产资助项目联合，为培育地方图书档案馆国家记忆保存能力提供支持。[②]

2. 加拿大史馆

加拿大史馆（Historica Canada，HC）是一个注册的国家慈善组织，致力于

---

① 参见郭云峰：《"新加坡记忆工程"对我国公共图书馆文化资源建设的启示》，《科技情报开发与经济》2013年第16期；陈静：《全民参与式的新加坡记忆工程实施现状及启示》，《北京档案》；*Singapore Memory Project Factsheet*（Jan 2015）。

② 资料来源："加拿大社区记忆项目"网，网址：http://www.bac-lac.gc.ca/eng/services/documentary-heritage-communities-program/Pages/dhcp-portal.aspx。

加强加拿大民众的历史意识和公民意识。2009年,加拿大历史基金会和多米尼加学院合并为加拿大历史研究所,2013年9月正式更名为加拿大史馆。加拿大史馆的目标是创建吸引所有加拿大人,特别是青年人的项目,迄今为止,已经创建了8个项目和4个遗产库。其中"遗产时间"项目是一个运用80余幅插图重建加拿大历史上重要、勇敢、辉煌国家记忆的项目;"加拿大百科全书"项目构建了一个免费的在线资源库,访客达到900多万,提供大量记述加拿大和加拿大人的高质量历史文章;"偶遇"(Encounters)项目为3000多名学生去渥太华参加着眼于具体研究课题的主题研究周;"记忆项目"为退伍军人提供一个分享他们征战记忆的团体和场所,使个人记忆融为国家记忆的一部分;"加拿大通道"项目是一个为新搬迁移民群体提供寻求意见、经验和帮助的平台,也为留住这些群体珍贵的移民记忆提供条件;"公民身份的挑战"项目主要是针对年轻加拿大人开展的特殊项目,通过回答一些类似加拿大历史的问题,重塑加拿大人的公民意识和认同感;"原住民艺术与故事"项目为年轻、有才华的土著社区艺术家提供分享民族记忆的平台;"重大节日纪念"项目旨在重塑公众对加拿大重大历史纪念日的相关记忆,如第一次世界大战记忆和妇女选举记忆等。

加拿大史馆的所有资源均以门户网站①的形式呈现,网站主要分为六个模块:介绍、新闻、项目、遗产库、教育平台和商店。加拿大史馆开设了独立的教育平台,按照教育水平和语言习惯的差异,可以选择不同的渠道进入,现有资源按照主题、项目、地区等方式进行组织,访客可以按主题(项目、地区)等进行浏览。在平台内部,访客可以在平台提供的学习工具的基础上,按照自己的学习习惯、分类方法等创建自己的学习工具,并可将自己的学习成果提交到网站平台,进行交流和分享。

3. 加拿大信件与照片项目

加拿大信件与照片项目(The Canadian Letters & Images Project)始于2000

---

① 加拿大史馆网站,网址:https://www.historicacanada.ca/about。

年 8 月,由马拉斯皮纳大学历史系负责。2013 年,西安大略大学历史系成为项目的合作伙伴。项目着眼于战争记忆的在线归档,通过战争信件和照片向人们展示战争记忆。项目的目标是通过创建一个永久的在线归档平台,用自己的信件和照片来讲述他们自己的故事,这些归档文件保存了加拿大战争中的通信记录、照片和其他个人资料。项目的使命是"通过这个项目可以使加拿大人彼此分享一个国家战争中的人性化一面,使我们更好地了解加拿大在战争期间的斗争、痛苦和快乐。它也将成为过去和现在的所有加拿大人向战争中以任何方式作出贡献的英雄们致敬。在战争期间,每一个信件,每张照片或任何其他与加拿大人相关的东西,都是一个将我们与过去联系在一起的有价值的工具。虽然可能一封信、一张照片提供的信息微不足道,但结合项目中的其他资料,可以展现一个国家在战争中不屈不挠的精神"①。

4. 加拿大军事遗产项目

同加拿大信件与照片项目一样,加拿大军事遗产项目(Canadian Military Heritage Project,CMHP)同样为战争记忆项目,只是两者各有侧重。与一般军事(战争)记忆资源组织方式——大多按战争来组织,在战争集合下,按照人物进行分类,包含有人物介绍(基本信息、参军记录等),人物的信件、照片,以及对相关照片信件的背景信息介绍等——不同,CMHP 虽也以战争作为资源分类标准,但在一级类目下,则是按照战役、兵种、英雄人物、时间线、研究图书馆等主题再次进行分类,对资源进行深入标引,提供多种检索浏览方式。

加拿大这些记忆项目在建设中非常注重项目资源的开放利用、注重与其他机构和个人的合作、注重记忆资源的长期保存,具有一定特色。

(五)中国记忆项目

新世纪以来,我国开展了多种形式的国家记忆工程,既有以"中国记忆"

---

① "加拿大信件与照片项目"网,网址:http://www.canadianletters.ca/。

命名的国家记忆项目,也有"中国档案文献遗产工程""中国善本再造工程""国家影像工程"等未以"(中国)记忆"命名的国家级项目,既是"世界记忆工程"在我国的延伸,也显示出我国国家记忆工程独立开展、全面推进的时代特征。

1. 国家图书馆"中国记忆"项目

"中国记忆"项目是由国家图书馆发起,"以中国现当代重大事件、重要人物为专题,采集或收集口述史料、影像史料以及相关照片、书信、日记、实物等文献资料,形成专题资源库并用于读者服务和开发推广的文献资源建设与服务项目"。① 项目于 2011 年开始构思和策划,2012 年作为国家图书馆重点项目,进入实施实验阶段。至 2017 年底,项目已先后开展了 20 多个专题的资源建设,积累了超过 1800 小时的口述史料和影音文献,建成 6 个资源丰富、载体多样的专题资料库②:包括"我们的文字"、东北抗日联军、蚕丝织绣、中国当代音乐家、大漆髹饰、中国年画等。以"我们的文字"主题为例,内分文字源流、汉字演变、汉字构成、少数民族文字、消失的文字、习俗与崇拜、记录与传播、非遗中的文字八个部分,每个部分进行详细的资料整合、文献考证,以文字介绍、图片展示、影像展示等多种形式集成上线,供用户使用。

"中国记忆"项目也是一个多机构合作的记忆项目。2015 年 12 月,国家图书馆、北京大学图书馆等 29 家公共图书馆在广州发出倡议,共同加强对"记忆资源"的征集、抢救性采访、摸底、编目、推广等工作,共建"中国记忆"。同时,"中国记忆"项目也充分利用现代信息技术,建立中国记忆项目实验网站,中国记忆论坛,中国记忆项目微博、微信公众号等,为公众展示、利用、交流项目成果提供便捷途径。其中中国记忆项目实验网站主要是中国记忆项目成果的展示平台;论坛是公众进行交流和汇集共享记忆资源的重要渠道;微博和

---

① 廖永霞、韩尉:《中国记忆项目资源组织初探》,《国家图书馆学刊》2015 年第 1 期。

② 孙乐琪:《国家图书馆"中国记忆"项目:把文化和历史记录并传承下去》,北晚新视觉,[EB]http://www.takefoto.cn/viewnews-1451505.html.[2018-04-19]。

微信公众号主要是实现实时信息发布,特别是与中国记忆有关的信息推介和发布,以吸引社会公众特别是青年群体参与国家记忆的构建。

2.国家档案局"中国档案文献遗产工程"

为配合世界记忆工程在我国的开展,同时也为提高社会档案文献保护意识,有计划、有步骤地抢救保护中国档案文献遗产,2000年国家档案局正式启动"中国档案文献遗产工程",并成立了由时任国家档案局局长、中央档案馆馆长毛福民担任组长的领导小组;同年,国家档案局成立"中国档案文献遗产工程"课题组,将其作为软科学项目进行研究。2001年,国家档案局、中央档案馆在北京召开"世界记忆工程"暨"中国档案文献遗产工程"申报工作座谈会,会议讨论通过了《中国档案文献遗产工程总计划》,要求各级档案局馆进一步明确遗产工程的目的和意义,切实把遗产申报作为档案保护措施的重要组成部分,把"申遗"与档案抢救工作结合起来,与"世界记忆工程"结合起来,与特藏室建设结合起来,加强与各有关部门的合作,使中华珍贵档案文献遗产得到最大限度的宣传、保护和利用。①

2001年11月,由季羡林先生担任名誉主任的"中国档案文献遗产工程"国家咨询委员会正式成立,并着手开展中国档案文献遗产的申报、评审、公布等工作。2002年至2015年,我国先后评选公布四批共142件/组档案文献入选《中国档案文献遗产名录》。入选《中国档案文献遗产名录》的档案文献是我国档案文献宝库中的重中之重,"中国档案文献遗产工程"国家咨询委员会从中选择具有世界文化价值的档案文献,推荐申报《世界记忆亚太地区名录》和《名录》,使这些档案文献在更广的范围内得到认识和利用。

除国家图书馆"中国记忆"项目和国家档案局"中国档案文献遗产工程"外,我国与国家记忆相关的项目还有:2002年文化部等部门启动实施的"中华再造善本工程"(2005年后改为"中华古籍特藏保护计划")、2013年文化部民

---

① 赵海林:《"世界记忆工程"与"中国档案文献遗产工程"》,《档案》2001年第6期。

族民间文艺发展中心开展的"中国记忆——中国传统文化艺术基础资源数据库"建设、2006 年《CCTV—10 中国记忆》摄制组拍摄制作的 30 集大型电视人文纪录片《中国记忆》、2016 年 CCTV—4 央视中文国际频道推出的创新节目《国家记忆》等,异彩纷呈,我们将在后面的研究中参考借鉴。

三、城市记忆工程的渐次行动

中外对"城市记忆"的关注大体起步于 20 世纪 90 年代。周玮等在《近 20 年城市记忆研究综述》中分析指出:1990—2007 年间,国外城市记忆的相关文献较少,年平均刊出不到 1 篇,且多为论著和书评,2008 年以后不同学科领域对城市记忆研究的关注度呈上升态势。我国的情形也大体相似,据"中国知网"的论文数据统计,1997—2003 年,每年刊出与城市记忆主题相关的论文数量在 10 篇左右;2003—2007 年,年均刊发论文数量继续增加;2008 年以后增幅明显,年均超过 100 篇。[1] 对"城市记忆"研究的学术史考察,可以反映出中外对"城市记忆"理解和认知的时间还不是太长,反映出中外城市记忆工程的开展还较为晚近。在一定程度上也可以说是在世界记忆工程和国家记忆工程的影响推动下,中外才渐次展开"城市记忆"的理论探讨和实践行动。

与世界记忆工程的全球影响和国家记忆工程的多国展开不同,目前开展"城市记忆"("Urban Memory"或"The Memory of the City")工程(项目)的国家还较少,就现有的网络搜寻材料来看,主要集中在美国、中国及其他少数几个国家和地区,其原因值得我们进一步分析。[2] 在开展的城市记忆工程中,从

---

[1] 周玮、朱云峰:《近 20 年城市记忆研究综述》,《城市问题》2015 年第 3 期。

[2] 据我们的初步思考,原因大体有三个方面:一是城市(镇)化转型速度。城市化转型速度越快,对城市传统文化遗产保护的紧迫性越强,城市记忆工程开展的力度就会越大,所以中国高于欧洲,欧洲城市化任务早已完成,当代城市化转型较小。二是文化的异质性。文化同质性强,开展城市记忆的动力相对较弱,可以用国家记忆替代城市记忆;而文化异质性越高,各城市对传统文化资源保护的需求就越大,所以大国高于小国。三是政府及其部门的重视。中央政府及其部门基于申报"世界记忆遗产"的需要,必须相应开展国家记忆工程,而城市记忆工程更多的是地方政府及其部门实施,能否得到重视,各国情况不同。

名称上看主要有两种项目:一种是直接以"城市记忆(工程)"命名的项目,如"青岛城市记忆工程";一种是以地域(一般为州、市或市区)命名的记忆工程项目,如"北京记忆""纽约皇后区记忆项目"等。城市记忆工程开展的国家虽然不多,但城市(地区)数量不少,近年来随着我国城市记忆工程的推进和国内学者的推介,其影响力也逐步提升。本部分先重点介绍美国和我国的城市记忆工程项目,然后对其他国家/地区的城市记忆工程项目作一综合介绍。

(一)美国的城市记忆项目

美国城市记忆工程从建设主体上看,包括地方文化部门、高等院校、学术机构,以及民间团体、社会组织乃至学者组织实施的各种项目,大多以建设主体所在的地区或记忆对象的地域范围命名。通过网络和相关文献的不完全统计,目前开展的城市记忆工程项目有 20 项左右,现就其中较具影响力的四项加以介绍。

1. 纽约皇后区记忆项目

纽约皇后区是美国种族最多元的郡,且随着社会发展还在不断变化。各族群彼此不同,但却紧密联系在一起。皇后区记忆项目(Queens Memory Project)由皇后区图书馆和纽约城市大学皇后学院图书馆特藏部与档案馆合作,于 2001 年前后实施。项目结合了历史和当代摄影、地图、新闻剪报以及当前居民的口述历史,所收集的采访和档案记录都来源于各个小镇和人群,记录和反映各族群和地方的差异及其历史变化,其目的在于记录皇后区的历史,让所有种族和阶层的居民记录他们所生活的城市。至 2012 年,项目已收集与皇后区历史文化相关的数字资源超过 300 份。项目建有"QUEENS MEMORY"网站①,具有在线检索和浏览等功能。其合作单位共有 17 个,包括海湾历史学会、布鲁克林公共图书馆、花旗文化中心、皇后区历史学会、圣约翰大学、皇后

①　皇后区记忆网,网址:http://www.queensmemory.org/。

区博物馆、Santa Ana 公共图书馆、纽约森林山西部网球俱乐部、纽约市图书馆委员会、Godwin-Ternbach 博物馆等。项目特别注重与高校合作,开设口述历史课程、历史讲座、发布电子出版物,网站中有翔实的教育资源,比如课时内容、课时安排等。

2. 缅因州记忆网

缅因州记忆网(Maine Memory Network)是缅因州历史学会的一个项目,由缅因州历史学会建立和管理,旨在为民众提供访问来自全缅因州 260 个组织成千上万历史文献(物)的渠道,并通过数据库来搜索或创建属于自己的图像。该网站于 1999 年启动,2001 年正式推出。缅因州历史学会认为,"最近几年,缅因州发生了巨大的变化,国家的教育和文化机构工作都采用了新的方式","公众有权利在线利用缅因州的资源宝藏"。

缅因州记忆网是缅因州的数字博物馆、档案馆和教育资源库。在缅因州历史学会,缅因州记忆网是数字化部门的一部分,负责所有 MHS(缅因历史学会)网站、多媒体和数字图像处理。数字化部门密切配合教育部门编写教程,为缅因州记忆网的用户开发使用工具。网站允许历史学会、图书馆和其他文化机构上传、记录和管理他们自己的馆藏,可以把本地区的数字资源加入网上数据库;同时网站通过多种方式帮助学校和其他组织学习、传承和分享其本地历史。

2017 年底,网站数据库已经有来自 270 多个特约合作伙伴的 45000 个历史项目,内容涉及信件、日记、笔记、手稿以及其他书面材料;照片、胚乳版画、玻璃板底片、绘画和其他图像;素描、版画、印刷品、名片和其他图形元素;建筑和机械图纸、地图和其他大型文件;服装、工具、家用品、文物和其他博物馆展品;音频和视频文件;等等。这些合作机构代表了缅因州上百个城镇。网站每年接受 500000 名独特的访客,在历史资源集成、文化传承和社会教育上发挥着巨大作用。①

---

① 资料来源:缅因州记忆网,网址:http://www.mainememory.net/。

3. 佛罗里达记忆

佛罗里达记忆项目(Florida Memory)起源于 1995 年佛罗里达州档案馆的"佛罗里达国家档案馆电子图像项目"。1995 年佛罗里达州档案馆根据《图书馆服务与技术法案》(LSTA)获得资金补助,开始对 13000 张照片图像数字化和编目,项目一直侧重照片图像的数字化。1999 年,项目被更名为"佛罗里达记忆",其内涵也有所拓展。

佛罗里达记忆项目主要包括佛罗里达州的摄影集、视频采集、音频采集、收藏、展品、在线课堂六项内容,其使命在于:"选择能够凸显本州历史中重大事件和重要人物的档案进行数字化,并且帮助教育佛罗里达人和其他国家的人,让他们更加了解佛罗里达州的历史和文化。"截至 2017 年底,项目已收藏拥有从国家图书馆和佛罗里达州档案馆收集的 198597 张数字化照片;拥有 246 份来自国家图书馆和档案馆的视频档案;2927 份从佛罗里达州民俗节中收集的音频记录。佛罗里达记忆网每年不仅向公众提供数以千计的照片、历史文献、录音及视频的访问,同时还向学生提供在线展品、教师学习课程及教育资源。①

4. 克利夫兰记忆项目

克利夫兰记忆项目(The Cleveland Memory Project)是由克利夫兰州立大学迈克尔·施瓦茨图书馆和俄亥俄州东北部社区于 2002 年合作推出建设的记忆项目。作为一个跨区域合作项目,项目主要关注克利夫兰和俄亥俄州东北部的历史,旨在为公众提供一个可自由检索的在线收藏,包括数码照片、文本、口述历史、视频及其他当地历史资源的电子资源集合。项目包含了引人入胜的克利夫兰历史记录,是一个巨大的照片档案库、一个虚拟的阅读空间,是"我们"馆藏的陈列柜,也是一个协作努力的成果。其主要收藏包括:①克利

---

① 资料来源:"佛罗里达记忆"网,网址:https://www.floridamemory.com/。

夫兰出版社收藏:包括 500000 张图像的报纸照片档案,记录跨越几十年的当地历史和重大事件;②威尔伯和萨拉·露丝·沃森大桥图书收藏:包括超过 175 本珍本图书和 15 本历史悠久的桥梁照片相册;③克利夫兰工会终端收藏:包括 6000 张关于克利夫兰标志性建筑的视图,从建造它的公司档案室获得;④克利夫兰明信片收藏:包括近 8000 张明信片,记录了克利夫兰历史和生活的各个方面,早在 1898 年由克利夫兰州立大学艺术学院教授沃尔特收集。

克利夫兰记忆网站有两个栏目最为突出:一是"电子书",收藏了关于克利夫兰和俄亥俄州东北部西储区(The Western Reserve Region of Northeastern Ohio)的历史文献,包含了这些地区关于人民、社区、企业和城市景观的丰富历史;二是"网上展览",涵盖了各种各样的局部专题,集中了所有克利夫兰记忆项目中可获得的电子资源,包括照片、电子书、视频等,并且提供了背景信息,使参观者能够更好地理解这些过去的东西对该地区现在生活的意义和价值。①

总体上看,美国的城市记忆项目都有一定的特色内涵和不同风格,但也呈现出一些共同特点:①资源类型多样,内容注重生活化、平民化。各种城市记忆项目网站都能提供经过数字化的纸质档案(包括文书、地图、剪报等)、照片、音频(多为口述历史和访谈)、视频等多种资源类型,部分地区还拥有特色资源形式,不仅记录地区面貌,而且注重记录居民生活的各个方面,突出民众色彩。②注重加强机构合作和公众参与。负责城市记忆项目的历史协会、图书馆、档案馆多通过与其他组织机构(如基金会、高校、地区)合作来获得资源、资金、技术和人力上的支持,并强调公众参与,鼓励当地居民上传资源或录制口述历史。③资源著录信息全面细致,技术标准严格规范。多数项目的收录资源背景信息全面,至少有题名、主题、时间、摘要、来源、贡献者、作者、格式等,部分项目网站提供了详细著录条目、元数据标准等信息供公众下载。④项目网站在提供浏览和检索两种基本功能的基础上,不断开发其他拓展性功能,

---

① 资料来源:"克利夫兰记忆"网,网址:http://www.clevelandmemory.org/about.html。

如提供教育资源、人性化设置和社交媒体工具。⑤不断拓展城市记忆工程的辐射面,深入挖掘留存"记忆"的内涵。除建立网络资源平台外,不少地区还在探索如何进一步拓展记忆工程的深度和广度,思考工程的延续性和持久性。①

(二)我国的城市记忆工程项目

2002 年,青岛市档案局(馆)率先提出"城市记忆工程",通过摄像、照相等技术手段,全面记录 21 世纪初期青岛的城市面貌,并对即将开工建设项目的原貌进行抢救性记录。在其示范效应带动下,北京、武汉等一批大中城市也相继推出"城市记忆工程"项目。据不完全统计,截至 2017 年 6 月 30 日,我国开展城市记忆工程的城市已经达到 82 个,其中直辖市和省会城市 20 个,地级市(含直辖市的区)55 个,县级市 4 个,另有港澳台 3 个(开展的时间进程如图1-2 所示)。从地域分布看,按照东部沿海、中部内陆、西部边远地区、港澳台的划分②,其中东部沿海地区 50 个,中部内陆地区 20 个,西部边远地区 9 个,港澳台地区 3 个(如图 1-3 所示)。在城市记忆工程建设中,我国各级城市记忆工程实施部门由自发走向自觉,不断创新工程建设方式,深化工程活动内涵,为完整记录和追寻城市发展的历史轨迹作出自己的努力。③

---

①　参见韩若画等:《国内外"记忆工程"实施现状综述》,《档案学通讯》2012 年第 3 期。

②　1987 年,国家"七五"计划首次提出我国经济区域按东、中、西三大经济地带或地区的划分方法,东部包括辽、京、冀、津、鲁、苏、沪、闽、浙、粤、桂、琼 12 个省市区,中部包括蒙、晋、吉、黑、皖、赣、豫、鄂、湘 9 个省区,西部包括川、黔、滇、藏、陕、甘、青、宁、新、渝 10 个省区。"七五"以来国家基本上是依照这种划分来制定相关政策措施的。之后的全国"九五"计划和 2010 年远景目标纲要中,国家仍采用这种划分方法。参见张子珍:《中国经济区划分演变及评价》,《山西财经大学学报》2010 年第 2 期。

③　与美国的城市记忆工程以"某某州记忆项目(工程)"命名不同,我国的城市记忆工程多以"城市"命名,而且习惯上称"某某城市记忆工程"或"某某城市记忆工程项目";而且不同于美国各州只有单一的记忆工程项目(只有佛罗里达有"佛罗里达记忆"和"佛罗里达中部记忆"),我国的城市记忆工程往往存在直辖市(省会城市)到地级市(区、县级市)分头实施的情况;另外,我国城市记忆工程多由档案部门组织实施,少部分由图书馆和城建部门开展。

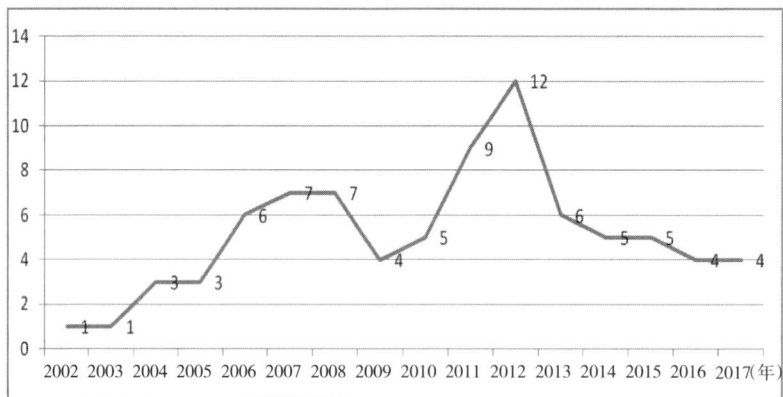

图1-2　我国开展"城市记忆工程"时间进展图

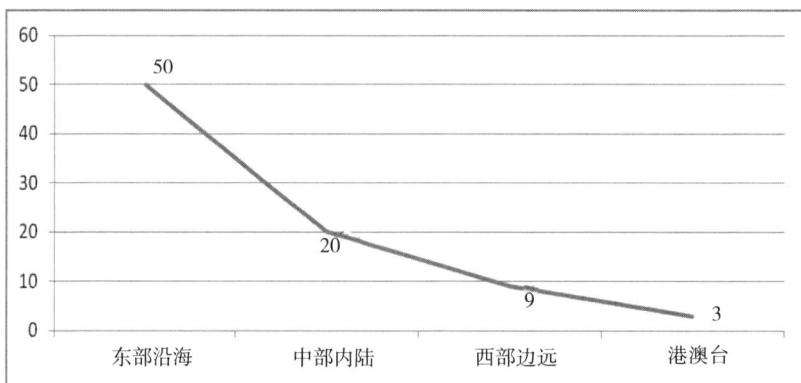

图1-3　我国开展"城市记忆工程"地区分布图

1. 青岛城市记忆工程

2002年,青岛市档案馆提出"城市记忆工程"方案,重点对街道、小区、广场、风景名胜、特色建筑、有悠久历史的机关、团体、企事业单位工作场所等进行抢救性拍摄记录,以留住21世纪初青岛的城市面貌。截止到2006年,"工程"一期计划目标基本完成,共记录形成1752个条目、2万分钟录像、2万张照片①,在国内

---

　　①　杨来青:《青岛市档案馆"城市记忆工程"的实践与思考》,郭红解、邹伟农主编:《城市记忆与档案》,学林出版社2011年版,第162页。

率先形成大规模的城市面貌档案记忆库。

2006 年以后,青岛城市记忆工程不断拓展,内涵不断丰富。一是继续深化城市面貌的拍摄记录,将拍摄对象延伸到全市中小学校、农贸市场和搬迁老企业等。通过自行拍摄、组织专业摄影人士拍摄、征集市民拍摄的照片、录像带等方式,到 2015 年共收集 12 万张照片和 17 万分钟的多媒体档案。① 二是收集具有地区民俗与历史文化特色资料。如开展口述历史记录工作,录像采访被日本从青岛掳走的 25 名劳工幸存者回忆在日本做劳工时的悲惨经历;在全市区域内采集青岛方言,初步建立青岛方言库;面向社会开展经常性的民间档案征集活动,收集反映市民生活的档案资料等。② 三是以城市大型建设活动为主线,接收并收集如 2008 年奥帆赛、青岛客运北站、2014 年世界园艺博览会等全市重点建设项目的珍贵档案。四是实施“城市记忆声像档案文献工程”。五是加强开发利用工作。如 2013 年与《半岛都市》签署战略合作协议,合力促进文化宣传,共同维护社会记忆;多家档案馆联合开展《中山路·老街里记忆》《德国水兵在中国——朱轶杰德国档案文物个人收藏展》等专题展览。目前,青岛市档案馆已建立“青岛记忆”(Qingdao memory)微信公众号,分享青岛历史档案、照片及视频,展现青岛民俗与风貌,并提供检索与查档服务;同时对文字材料、照片、录像资料等进行数字化处理,纳入智慧档案馆数据管理体系。

2. 上海“城市记忆开发工程”

2005 年,上海市在《上海市档案事业发展“十一五”规划》中,明确提出以档案资源抢救、馆藏档案数字化、城市数字记忆、档案开发服务四个子项目,抢救性地收集有关上海城市发展的具有永久保存价值的各种形式的档案资料,完整记录上海城市发展的历史轨迹,为构筑和完善城市记忆、塑造城市文化和

① 范泽龙:《青岛市开展“城市记忆工程”的思考》,《兰台世界》2016 年第 10 期。

② 《青岛市档案局副局长杨来青做客青岛新闻网“民生在线”节目访谈实录》,青岛档案信息网,[EB]http://www.qdda.gov.cn/front/wonder.[2015-04-08]。

城市精神提供服务。2006 年，上海制定并启动"城市记忆开发工程"，作为《上海市档案事业发展"十一五"规划》重点建设项目。工程包括：①加强城市记忆档案资源建设。与有关部门合作，加强对全市重要会议、重要活动、重点建设项目、重大改革等"重字号"工作和著名人物、著名街道、老字号企业等档案的监管、收集、整合。如组织对世博园区、洋山深水港、东海大桥、苏州河综合治理等重点建设项目的档案管理进行指导、检查、验收；对巴金、夏征农、夏衍、王元化等与上海城市发展相关的著名人物的档案资料收集进馆；对上海 286 家老字号企业的档案进行调查、收集、整理和开发等。②举办以城市记忆为主题的系列展览和讲座。在上海市档案馆外滩新馆举办"城市记忆——上海近现代历史发展陈列""上海婚姻习俗展""上海著名街区展"等，以珍贵档案史料和现代展示手段讲述上海城市发展历史和民俗生活；举办东方讲坛"城市记忆·上海的故事"系列讲座，讲述上海百年企业、百年名校、著名人物、城市建设、商业文化、民俗生活等，追寻上海城市发展轨迹。③开发以城市记忆为内容的档案文化产品。推出《城市记忆》系列图书，包括《外滩传奇》《石库门前》《车影行踪》《学堂春秋》《职场丽人》五种；编辑出版《城市记忆》《上海老工业》《上海著名街区》等大型画册，拍摄发行百集电视专题片《追忆——档案里的故事》等，展示传承海派文化。④建设覆盖全市的"城市数字记忆工程"。通过档案资源数字化、档案管理信息化、档案利用服务网络化建设，为社会提供开放式、网络化、便捷的档案信息服务，弘扬上海城市文化和城市精神。目前，"城市数字记忆工程"仍在持续推进中。①

3. "香港记忆"工程

"香港记忆"项目是为响应联合国教科文组织"世界记忆工程"而成立，由康乐及文化事务署、香港赛马会慈善信托基金于 2006 年联合创办，香港大学

---

① 参见上海市档案局：《实施城市记忆工程，服务城市建设发展》，郭红解、邹伟农主编：《城市记忆与档案》，学林出版社 2011 年版，第 150—154 页。

亚洲研究中心（现为香港人文社会研究所）负责具体实施，旨在将散落的历史及文化资料以数字化形式储藏于档案库，并以网站平台形式提供包括文献、图片、海报、录音、电影及录像等形式的史实资料，以唤醒香港市民的集体记忆，增强香港本地人的历史感、归属感，鼓励市民追索过去、思考未来。

香港记忆网主要有三大部分，专题特藏、展览及口述历史。其中专题特藏设有栏目 30 个，展览设有栏目 20 个，均划分为历史和社会、地理和环境、艺术与文化、传播与媒体四个主题。用户可通过浏览个别栏目或通过关键词搜寻资料。口述历史是香港记忆网的重要组成部分，特设有"香港留声"口述历史档案数据库，以口述历史的研究方法记录香港人的生活经验，传承香港文化。内容包括 2008 年至 2013 年内完成的约 120 个录音和录像访谈，受访者来自不同的年代、籍贯、族群、阶层和行业，访谈涉及工业、教育、社区、房屋、文化艺术及社会民生等主题，并由此组建了"七瓜湾——小工业与社区互相依存""衙前围吴氏祖堂""战前女子教育""承教杂记——细说老师百态""香港工业的人情味"五个专题故事，附以文字解说、精选声段和照片，反映昔日香港不同的生活面貌，让读者品析珍贵的集体记忆，思索个人生活与大历史的联系。网站得到包括政府部门、商业机构、民间团体在内的 42 个组织机构的支持，影响广泛。①

（三）其他国家或地区的城市记忆工程项目

其他国家和地区的城市记忆工程项目目前所能收集到的资料相对较少，有以下几个项目值得关注和介绍。

1. 欧洲的"城市记忆"项目

欧洲的"城市记忆"项目是一个城市文化研究和交流项目，旨在重新启动伙伴城市的"城市记忆"，通过重构这些城市特殊的或有参考价值的历史时刻

---

① 资料来源："香港记忆"网，网址：http://www.hkmemory.hk/。

的文化氛围,促进这些城市文化传统的传承。其研究领域非常广泛,"从作为研究基础的文学史到艺术史和理论、音乐、历史、文化、城市中政治精英的生活、文学书信、短篇小说、散文、旅游杂志、论文集、回忆录等"。"项目的主要成果是恢复和保存具有城市文化要素的集体记忆以及留存有这些记忆的城市空间。"①参与项目的年轻作家和研究人员力求开发保存于博物馆、图书馆的相关文件资源,包括照片、音像档案等,构建小型多媒体中心,聚焦城市遗产问题,免费向有兴趣人士或专业人士开放,提供"城市记忆"文化遗产信息,并为中心所在城市未来的项目提供资金支持。所有这些多媒体中心最终将形成由项目合作伙伴创造的"欧洲网络",并将免费向支持和资助青年作家、研究人员的相关机构开放。②

2."大都会·东京记忆"项目

为了让人们能够更好地了解东京这座城市的发展脉络、历史文化,东京都立图书馆开展了"大都会·东京记忆"项目,向民众展示东京都立图书馆中与东京相关文件的图片,这些文件包括东京府以及明治时期以来东京市刊布的、能够了解东京历史文化的宝贵资源,让人们从中感受东京历史的发展历程。

东京都立图书馆开设的"都市·东京记忆"网站以图文结合的形式向人们展示东京的发展变化,是"大都会·东京记忆"项目的组成部分和成果展示窗口。该网站分为三部分:明信片中的东京、书籍中的东京记忆、与东京历史相关的网站链接。明信片过去是与远方亲人朋友沟通情感的最佳视觉媒介,东京的城市景观随着明信片传递给远方的亲人朋友,并作为纪念品留存下来,使引人入胜的东京依然保留在旧明信片中,在"明信片中的东京"中得到重新展现;书籍中的东京记忆则向人们展示了从明治时期到昭和时期在东京都立图书馆书库中所能捕获的反映东京印象的照片、文件。明治时期的铜板插图、

---

① 郭红解、邹伟农主编:《城市记忆与档案》,学林出版社 2011 年版,第 12 页。
② 参见郭红解、邹伟农主编:《城市记忆与档案》,学林出版社 2011 年版,第 12—13 页。

旅游纪念品上的图画书、百货商店和铁路的指南等,都可以让人们了解到那个时候东京的交通、人们的日常生活、娱乐、地震灾后的重建、学校建设、工业发展、城市建设以及在东京举办的活动,对体现那个时代的设计做有趣的发现;与东京历史相关的网站链接则能够让人们集中方便地浏览反映东京城市记忆的外部网站,方便人们更加深入具体地了解东京这座城市的发展及其历史文化,加深人们对这座城市的认知与情感。①

3. 我的伦敦商业街——摄影项目

2016 年,伦敦城市档案馆开展"我的伦敦商业街——摄影项目",希望用照片来记录伦敦商业街及其背后所影射的这座城市的变化,让后人能够更加真切地了解伦敦这座人们曾经生活的城市,了解它的文化。

位于伦敦市区的各种商业街是一个可以让人们购物、吃饭、喝酒或坐下来休憩的地方,尽管它的位置可能一直没变,但随着时间的推移,其建筑物乃至商业街上的活动者却在不断变化。2016 年 8 月,伦敦城市档案馆号召普通民众参与项目活动,用照片记录伦敦商业街的不同建筑风格、人们的活动、节日或重大事件庆祝活动、当地商场,希望借助社会力量,用他们收藏的丰富图像构建一个从 19 世纪中叶到 2016 年英国首都生活视觉的档案记忆库。这些反映伦敦商业街印象的照片通过 Instagram 加以展示,并作为 2016 年夏天伦敦商业街展览中精彩照片的一部分。照片也被分享在 Facebook、Flickr 和 Twitter 页面上,并在图片库 Collage 上永久保存。②

四、乡村记忆工程的中国延展

在国外社会记忆研究中,一些学者也提出并运用"Rural Memory"(乡村记

---

① "都市·东京记忆"网,网址:http://www.library.metro.tokyo.jp/portals/0/tokyo/index.html。

② 资料来源:伦敦政府网,网址:https://www.cityoflondon.gov.uk/things-to-do/london-metropolitan-archives/news-events/Pages/my-london-high-street.aspx。

忆、乡土记忆)、"Country Memory"(乡村记忆)、"Place Memory"(地方记忆)等概念来探讨分析社会问题。从乡村记忆保护传承的社会行动或实践项目看，目前所能见到的独立开展的实践项目只有美国"霍华德乡村记忆工程"(Howard Country Memory Project)①，更多的保护传承行动融汇于地区性记忆工程或村落历史文化保护中。②

新中国成立后，我国社会呈现出典型的城乡二元结构，城乡分化明显。20世纪90年代以来，在农业现代化(新农村建设)、城镇化、工业化、信息化等多重因素的冲击下，乡村社会变化剧增，保护传承乡村记忆日渐急迫。在此情形下，近年来我国一些省市先后提出实施"乡村记忆工程"项目，开展乡村记忆保护行动，如浙江历史文化记忆工程(2011)、江西上饶市的"上饶记忆工程"(2011)、山东乡村记忆工程(2014)、山西乡村历史记忆工程(2015)、天津乡音记忆工程(2014)、中央电视台的《记住乡愁》纪录片(2015)、福建"乡村记忆档案"工程(2016)等。这些乡村记忆保护行动是记忆工程在经由世界记忆工程、国家记忆工程、城市记忆工程之后，在我国的递序展开和自然延伸。在此意义上，我们将本部分标题定名为"乡村记忆工程的中国延伸"，即社会记忆工程在中国乡村的延伸展开。

---

① 霍华德是美国艾奥瓦州东北部的一个县，共有人口约1万人。霍华德记忆工程主要以照片、文字等方式收集当地史料，并开展记录家谱、调查史事的项目活动。2002年，霍华德公共图书馆、绿城公共图书馆和霍华德历史学会共同成立霍华德记忆项目网站，以便保存地方记忆，网站仍在不断更新中，新的内容不断展开。资料来源："霍华德乡村记忆工程"网，网址：ht-tp://www.howardcountymemory.net/。

② 这里有两点可做说明：一是在国外的地区性记忆工程中，也涉及乡村记忆资源的保护传承，只是因为国外，特别是美国的城市化程度高，我们从分析性角度，将其纳入"城市记忆工程"项目中；同样，在我国的地区性记忆工程项目中，也涉及城市记忆资源的保护传承，但我国是传统的农业社会，而且地区性记忆工程的重点在基层乡村，因此我们在分析上将其定位于"乡村记忆工程"。随着城乡一体化的发展，城市记忆与乡村记忆资源不断融合，这也是本课题在名称上将其称为"城乡记忆工程"的原因之一，只是我们关注的对象更多地侧重于乡村。二是国外无论是经济相对发达还是经济相对落后的国家，其社会变迁和城镇化进程都没有当代中国如此剧烈，对乡村记忆开展专门性保护的活动也非如此急迫，因而乡村记忆工程开展相对较少。

（一）浙江历史文化记忆工程

为持续推动浙江文化大省强省建设,2011 年浙江省档案局(馆)决定"十二五"期间在"浙江档案文献遗产工程"(2002)和"百项档案编研精品工程"(2009)的基础上,实施"浙江历史文化记忆工程"(简称"浙江记忆"工程)。《浙江省档案事业发展"十二五"规划》(2011)提出要"以'浙江记忆'工程为抓手,在延续浙江记忆、繁荣浙江文化、弘扬浙江精神中发挥独特作用"。2011 年 11 月,浙江省档案局根据"十二五"规划,出台《关于大力推进档案文化建设的意见》,提出"全面实施浙江记忆工程",重点开展"浙江名人"(当代浙江百行百业著名代表人物)"浙江方言"(浙江方言语音档案总库)"浙江名镇(村)""记忆浙江""浙江之最""浙江老照片""浙江档案文献遗产工程""浙江档案文献编纂""家庭档案""家谱族谱"等十大项目,完成构建浙江记忆名录体系、共建浙江记忆保护网络、搭建浙江记忆利用平台等三大任务,着力打造浙江记忆文化品牌,努力使档案文化建设对经济社会和档案事业发展的提升作用达到新的水平。① 2013 年,伴随浙江省"文化大礼堂"建设,"浙江记忆"工程再度在全省范围内多方面推进,内涵不断丰富,亮点纷呈,成果丰硕。

1. 开展浙江名人建档工作

浙江作为中国东南经济文化名邦,历史沉积深厚,名人荟萃,尤其在当代,浙江的名人更是灿若繁星。2010 年,浙江省档案局即开展为浙江百行百业著名代表人物建档工作,通过收集整理著名人物档案,记录反映新中国成立以来浙江的历史。经过近半年的全省各地各部门各单位逐层推报以及普通市民推荐自荐②,到 2010 年底,全省首批建档候选 1200 人名单终于出炉,作为首批

---

① 《浙江省档案局关于大力推进档案文化建设的意见》(2011 年 11 月 30 日),《浙江档案》2011 年第 12 期。

② 在推报过程中,各级政府高度重视,社会各界人士、专家学者和普通老百姓也积极参与。各地档案部门为了拿出"权威"名单,想出不少办法,有些市搞了专家评审会,有些市还专门出台了推报的二级标准和程序,推报人选名单经党委政府审定后上报。

建档候选人"大名单"。这份名单涵盖了社会生活中的 200 多个行业。"这份大名单中的人物,都是我省(浙江省)百行百业中的著名代表人物",有如全国著名民营企业家鲁冠球、马云等,中国科学院院士谷超豪,国医大师何任,国学大师南怀瑾,新派武侠小说代表作家金庸,著名篆刻艺术家叶一苇等,以及马一浮、马寅初、竺可桢、童第周、蒋筑英、沙孟海、潘天寿、谢晋、夏承焘、叶浅予等 200 多名已故名人。浙江省档案局对这些浙江名人逐步开展建档展示工作,构建有血有肉的"浙江记忆"。①

2. 编纂《记忆浙江》系列丛书

《记忆浙江》系列丛书是由浙江省档案局编辑的年鉴式史书,每年编撰一册,以记载历史的笔法,原始、客观、真实地记录每年度发生在浙江的重大事件和重要人物活动,留下当年的浙江风采及耐人寻味的意蕴,被读者称为"热乎乎的档案"。有记者评价指出:"纵观全书,《记忆浙江·2011》从头至尾都闪烁着档案特有的智慧之光,兼顾了政府记忆与社会记忆,集大事、要事、国事、家事于一体,汇政治、经济、文化、生态、民生于一炉,既有国家战略,也有民生要事,既有政府的大事,也有百姓的小事,从'浙江人经济'的新崛起到智慧浙江的闪光,从政务微博的浙江现象到生态经济、美丽乡村,从《富春山居图》合璧到西湖申遗圆梦等,都以档案的形式被历史存留在案。"浙江大学杨树标教授认为此丛书是"为昨日浙江记录,为明日历史留档"。②《记忆浙江》丛书 2011 年首发,2017 年初已出版至《记忆浙江·2016》。

3. 开展浙江方言语音建档

方言具有独特的语言价值,是一种特殊的民族记忆。浙江地方方言以吴方言为代表,是中国境内最古老的语言之一。2011 年,浙江省档案局(馆)把

---

① 《浙江名人首批建档候选名单出炉》,浙江档案网,[EB] http://www.zjda.gov.cn/art/2011/1/11/art_1378523_12984006.html[2011-01-11]。

② 董颖、李军:《红旗出版社〈记忆浙江·2011〉首发》,《浙江日报》2012 年 1 月 10 日。

浙江方言语音建档确定为抢救性的重点项目,在对浙江方言进行全方位调研的基础上,制订了浙江方言语音建档工作规划,确定了"一个目标、四项任务"和"两个阶段"推进的总体方案①,先试点,后推开。通过方言语音建档,记录了全省 11 个市共 96 种方言语音,顺利建成浙江方言语音档案资料库。② 此外,浙江还开展了为著名镇村、著名企业、老字号、典型家庭等的建档工作。

4. 创建"乡村记忆示范基地"和"企业记忆之窗"

2012 年,浙江省档案局在调研德清县"和美乡风馆"创建思路和经验的基础上,提出建设"乡村记忆示范基地",打造"乡村档案文化阵地"。2013 年浙江省委提出乡村"文化大礼堂"建设,浙江省档案局主动与之对接,借助档案特有的资源优势和记忆功能优势,助力文化大礼堂建设。在全省各级档案部门的指导推动和示范引领下,省档案局先后于 2013、2014 年评选公布两批共115 个"乡村记忆示范点"和 65 个"企业记忆之窗",覆盖浙江全省 11 个地级市,在浙江乡村记忆资源积聚、开发、展示中发挥重要"窗口"和"基地"作用。

5. 建设"浙江乡村记忆"网站

"浙江乡村记忆"网③由浙江省档案局馆 2013 年设计上线,作为乡村记忆工程建设成果的展示交流平台。网站设有"工作动态""理论研究""基地展示""村训家训""村史村情""乡风民俗""崇贤尚德""美好家园""网友投稿""网友留言"等栏目。其中"工作动态"栏目主要上传浙江省各区县"浙江乡村记忆"建设的相关新闻及主题报道;"理论研究"栏目主要上传来源自《人民日报》、央视网评以及专家学者与"乡村记忆"相关的理论性文章;"基地展示"主

---

① "一个目标"即通过对浙江方言的语音、词汇、语法,以及由此延伸的说唱、语音故事、民间歌谣、戏曲等的整理建档,建立浙江方言语音档案资料库;"四项任务"即开展普查、制定文本、制作音档、整理归档;"两个阶段"是通过试点推进和全面实施,完成建档工作任务。

② 参见刘芸:《浙江方言语音建档,留住正在消逝的声音》,《中国档案报》2015 年 12 月 12 日。

③ 目前,该网站处于临时性关闭状态。

要展示介绍"乡村记忆示范基地"的村情和村落记忆,如"九遮村",涉及内容有九遮山的得名来历、九遮物产、九遮山关于范增的传说、范增文化与九遮民俗、寒山子与九遮山等。"村训家训""村史村情""乡风民俗""崇贤尚德""美好家园"栏目涉及浙江乡村历史文化传统和新时代变化。网站除"网友投稿""网友留言"栏目外,还开通"浙江乡村记忆"的新浪微博,推出"随手拍·留住我们的乡村记忆"等活动,增强网站的互动交流功能。

除此之外,浙江省还注重利用档案记忆资源,开发乡土记忆文化产品。如编修村史、家谱,编制"乡村记忆之旅"手册和乡村记忆指南手册,建设"浙江记忆"展厅和社区档案馆,在《浙江档案》上开设"浙江记忆"专栏等;同时各地级市县也开展具有地方特色的乡村记忆工程,使"浙江记忆"工程体现出全省工程、全民工程、基层工程、立体工程等特征。

(二)山东"乡村记忆工程"

面对城镇化和新农村建设中农村地区历史文化遗产资源破坏十分严重的现象,山东省文物局于 2014 年初提出"乡村记忆工程"的基本思路和初步方案,受到省委、省政府的高度重视。2014 年 1 月 17 日,山东省委副书记、省长郭树清在省十二届人大三次会议的《政府工作报告》中明确提出"加强文化遗产保护,实施'乡村记忆工程'"。2014 年 2 月 7 日,山东省文物局、省委宣传部、省精神文明建设委员会办公室、省发展和改革委员会、省财政厅、省住房和城乡建设厅、省农业厅、省文化厅、省旅游局 9 个部门联合下发了《关于实施"乡村记忆工程"的通知》①,对乡村记忆工程建设进行全面部署,正式启动山东"乡村记忆工程"。《2015 年山东省政府工作报告》指出要"加强文化遗产保护,组织实施'乡村记忆'工程,挖掘和利用好丰富的齐鲁文化资源,推动经济文化融合发展",再次强调并推进山东乡村记忆工程的实施。

---

① 《山东省组织实施"乡村记忆工程"有关情况发布》,齐鲁网,[EB] http://www.iqilu.com/html/shouquan/shilu/2014/0213/1864692.shtml[2014-02-13]。

2014 年 2 月 13 日,山东省人民政府新闻办举行新闻发布会,省委宣传部副部长王红勇和山东省文物局局长谢治秀就乡村记忆工程进行全面介绍和说明,对明确实施工程的时代意义,指导工程有计划、有步骤、有目标地开展具有重要作用。谢治秀指出:"乡村记忆工程"是"记得住乡愁""留得住乡情"的载体工程;工程建设的重点是根据不同地区传统文化资源情况及现实条件,对既有文化遗产予以充分保护和利用,在文化遗产和传统乡土建筑富集、保存基础条件较好、文化底蕴深厚的乡村和社区,因地制宜,充分利用当地现有的设施,建设民俗生态博物馆、社区博物馆、乡村博物馆,收集和展览富有地域特色、活态文化特色和集体记忆的文化遗产,包括乡土建筑、街区遗产、农业遗产、农业生产劳作工艺、服饰、民间风俗礼仪、节庆习俗等,实现对文化遗产的整体性和真实性保护。工程涉及四个方面的主要内涵和任务:①保护、征集、整理和展示有地方特色的自然生态,历史建筑和构筑物,传统生产生活用品、生产方式、风俗习惯、传承人口述史等物质和非物质文化遗产。加强文化遗产的抢救性记录工作,建立档案和相关数据库。②充分发挥民俗生态博物馆、乡村(社区)博物馆的社会功能,以"民俗馆""乡情展"的形式,全面记录乡村的沿革、变迁。鼓励和支持传承人、其他文化遗产持有人依托博物馆建设开展传承、传播活动。致力于唤起当地民众传统文化遗产保护意识,形成保护历史文化生态、历史文化遗产的良好社会氛围。③科学宣传民俗生态博物馆、乡村(社区)博物馆的理念,重视民众的参与,培养社区居民的生态文化价值观,提高农民的生态文化素质,引导当地农民开展和参与农业生产活动之外的文化产业等各项经济与社会活动,在不影响文化遗产及其环境风貌和传统价值的情况下,努力丰富、改善和提高当地居民的生活水平。④强化文化展示传播功能,开展相关文化遗产调查研究,搜集物质和非物质文化遗产资料、信息,利用博物馆展示手段向外界宣传,提高资源价值和利用率,向遗产保护的专业化、博物馆化方向发展。①

---

① 《"乡村记忆工程"有关情况新闻发布会》,大众网,http://www.dzwww.com/2014/xcjy/.[2014-2-13]。

山东乡村记忆工程启动以来,在省文物局等部门的共同领导下,工程建设已开展了多项工作。①完成山东乡村文化遗产普查工作,重点对传统乡村文化(风貌)村落街区、乡村(社区)博物馆、传统文化乡镇和传统民居等进行摸底调查,掌握全省具有特色的乡村遗产数量、种类、分布及其存在状态等信息,为工程开展规划与保护方案编制提供基础资料。②开展乡村记忆工程试点工作,在全省范围内择取 24 个遗产资源保存丰富、有代表性的城镇、村落、民居作为工程试点单位,开展保护规划编制、传统民居修缮、乡村记忆博物馆征集布展等工作。截至 2015 年底,邹城上九山村、淄博李家疃村、荣成东楮岛村等一批试点单位保护工作初见成效①,部分传统村落入选中国传统村落名录。③遴选公布第一批乡村文化遗产名单,计 300 家单位,包括传统文化乡镇 7 个,传统文化村落、街区 171 个,传统民居 66 个,乡村(社区)博物馆(传习所)56 个②,实现全省 17 个地市全覆盖。④成立乡土文化遗产保护研究重点科研基地,由山东省文物局具体组织和领导,联合山东建筑大学等科研机构,重点围绕文化遗产保护、利用与传承,以及服务经济社会发展等,开展创新性研究。③

与“浙江记忆”工程不同,山东“乡村记忆工程”由文物部门牵头、多部门联合开展,重点引入“乡村记忆”博物馆的建设思路,因地制宜地实现对乡村记忆的保护和展示,建设原生态的社区博物馆(村落、街区、文化乡镇、乡村博物馆、乡村传习所等),突显出山东“乡村记忆工程”的建设特色。

(三)山西“乡村文化记忆工程”

山西作为华夏文明的重要发祥地,文化富集深厚,除了入选文化遗产名录

---

① 姜瑞丽:《山东“乡村记忆”工程试点投资 1.3 亿元 列入“十三五”规划》,中国山东网,[EB]http://news.sdchina.com/show/3750548.html[2016-3-31]。

② 《山东省公布首批 300 处“乡村记忆”工程文化遗产》,国家文物局网,[EB].http://www.sach.gov.cn/art/2015/5/28/art_723_121247.html[2015-05-28]。

③ 参见张娅:《山东“乡村记忆工程”调研与思考》,上海大学 2016 年硕士学位论文,第 20 页。

和非物质文化遗产名录的文化遗产,还有大量乡村文化记录、场所、实物、活动、技艺、习俗等文化资源散落民间,发掘、保护和利用这些乡村文化资源,是推进城镇化和新农村建设过程中故土留根、文脉传承和记得住"乡愁"的迫切需要。2015 年 1 月 20 日在山西省文化局局长会议上,山西省文化厅正式提出实施"乡村文化记忆工程"构想。5 月 28 日,山西省在临县召开乡村文化记忆工程工作会议,下发《山西省"乡村文化记忆工程"工作方案》和《工作手册》,启动"乡村文化记忆工程"试点工作。

山西"乡村文化记忆工程"的基本任务和总体目标是:"按照试点先行、以点带面、逐步推广的步骤,通过资源调查、分类整理、建立档案、综合利用等途径,保护和展示具有地方特色的文化生态。2015 年,全省 112 个乡镇实施首批工程建设试点,到 2020 年基本覆盖全省,实现每个乡镇都有系统完整、图文并茂的文化发展记录,并依托乡镇综合文化站等设施加以展示;每个县(市、区)都有全面生动、翔实准确的县域历史文化资料数据库,并建立健全保护利用、检查评估、保障措施等长效机制。"①

"乡村文化记忆工程"启动后,各地市积极响应,紧贴实际制定实施细则,扎实推进工程实施。①开展资源普查和建档工作,形成完整准确的文字记录和清晰翔实的影像资料,根据实际情况建立基础档案和数字化档案。②推进乡村记忆工程试点工作,2015 年从全省 11 市中遴选出 112 个文化底蕴比较深厚、文化遗存较多、文化基础设施较好的乡镇作为首批试点单位,2016 年再次遴选 318 个乡镇作为第二批试点单位,开展资源调查、分类整理、建立档案、资源保护和资源展示等工作。②③因地制宜,与时俱进开展工程建设。如忻州市根据自身实际,总结梳理出以佛教文化、黄河文化等为代表的忻州文化,分类指导,寻求突破;襄垣县组建微信团队,建立微信公众平台,开通"文化襄

---

① 张婷婷:《山西启动"乡村文化记忆工程"》,人民网,[EB] http://sx.people.com.cn/n/2015/0522/c189132-24961556.html[2015-05-22]。

② 杨渊、郭志清:《留住乡土文化的根脉——山西"乡村文化记忆工程"现成效》,搜狐网,[EB] http://www.sohu.com/a/77436945_119718[2016-05-26]。

垣"微信公众号,以"唤醒历史记忆,传承文化根脉,繁茂文明枝叶,守护精神家园"为主旨,全方位、立体式地系统推介襄垣文化。④开发乡村文化资源促进经济发展。襄垣县以省级非遗项目襄子老粗布手工制作技艺为基础,建立生产性保护基地,以"公司+农户"经营模式,走原生态纯手工家纺生产之路,年销售收入达到近亿元;芮城县将"乡村文化记忆工程"与"一村一品"创建工作相结合,大力发展地方特色文化品牌,传统布扎、桃木雕刻、剪纸制作渐成规模。①

山西"乡村文化记忆工程"将乡村记忆保护与乡村非物质文化遗产保护紧密结合,显示出与"浙江记忆"工程、山东"乡村记忆工程"的不同之处。工程受到媒体的广泛关注和报道,记者吴玲评价道:"乡村文化记忆"是打捞沉默的声音,寻找丢失的记忆,是历史文化复活的备忘录,是寄托乡情的"活化记忆",是"文化化人"的精彩"活电影",是我们的文化永远泽被后世的根。他为实现伟大的中国梦添彩。②

（四）大型纪录片《记住乡愁》

"多少年的追寻/多少次的叩问/乡愁是一碗水/乡愁是一杯酒/乡愁是一朵云/乡愁是一生情/年深外境犹吾境/日久他乡即故乡/游子你可记得土地的芳香/妈妈你可知道儿女的心肠/一碗水一杯酒/一朵云一生情。"这是百集大型纪录片《记住乡愁》(第一季)的主题曲,道出了萦绕在亿万中国人心头的家乡记忆、乡土情怀和对故园的深深眷念。

《记住乡愁》(第一季)是由中宣部、住房和城乡建设部、国家新闻出版广电总局、国家文物局组织实施,由中央电视台制作的纪录片。该片选取 100 个以上的传统村落进行拍摄,是一部以传统村落为载体,以生活化的故事为依

---

① 杨渊、郭志清:《留住乡土文化的根脉——山西"乡村文化记忆工程"现成效》,搜狐网,[EB]http://www.sohu.com/a/77436945_119718[2016-05-26]。

② 吴玲:《让"乡村文化记忆"为中国梦添彩》,中国文明网,[EB]http://nj.wenming.cn/yc-pl/201501/t20150123_2417432.shtml[2015-01-23]。

托,以乡愁为情感基础,以优秀的传统文化为核心,"梳理传统村落的发展脉络,聚焦海内外华人记忆中的乡愁"的大型文化工程。

党的十八大以来,习近平同志一再强调要保护和弘扬传统优秀文化,要"让居民望得见山,看得见水,记得住乡愁"。为认真贯彻落实党的十八大和习近平同志系列重要讲话精神,在中宣部等部委的直接推动下,百集大型纪录片《记住乡愁》(第一季)于2014年6月正式启动,中央电视台中文国际频道共投入40个摄制组奔赴全国各地采访拍摄,福建、山东、江苏、四川、山西、广西、贵州、江西、河南、湖北10个省区宣传部和电视台也组织专门力量参与部分节目的摄制。①

《记住乡愁》选取100个以上的传统村落进行拍摄,"采取纪实手法,一集一村落、一村一传奇,围绕忠孝勤俭廉,仁义礼智信等中华民族传统美德,讲述一个个生动感人的古今故事。拍摄的传统村落有传承诚信为本、诚实待人村风的重庆黔江区濯水村、山西晋中静升村;有秉持积善成德、助人为乐精神的江西赣州白鹭村、广东潮州文里村;有倡导邻里和睦、守望相助的辽宁阜新查干哈达村、湖南益阳张谷英村;有敬畏自然、崇尚环保的江苏苏州明月湾村、贵州从江岜沙村……每集节目通过记录传统村落村民的发展状况和生活状况,探寻古老文明以怎样的形式活在当下,推动中华优秀传统文化对当今社会人们的道德规范、行为准则产生正面积极的影响"。②

2015年1月1日起,《记住乡愁》(第一季)在中文国际频道(CCTV4)开播,采取季播方式,第一季从1月1日至3月4日播出60集;央视纪录频道(CCTV9)重播,央视综合频道(CCTV1)精选部分节目进行展播;全国各省级卫视及地方频道也安排播出。《记住乡愁》(第二季)同样为60集,作为第一季的延伸,从2016年1月3日起在中央电视台中文国际频道(CCTV4)播出。

---

① 百集大型纪录片《记住乡愁》2015年元旦推出,国际在线,[EB] http://news.cri.cn/gb/42291/2014/12/29/4065s4822168.htm[2014-12-29]。

② 百集大型纪录片《记住乡愁》2015年元旦推出,国际在线,[EB] http://news.cri.cn/gb/42291/2014/12/29/4065s4822168.htm[2014-12-29]。

《记忆乡愁》节目播出后，2015—2016年两年内创下了20亿人次的观看纪录，在海内外华人中引起强烈的反响，各大媒体、专家学者和普通观众对节目给予极高评价。《文汇报》指出："从某种程度上说，100集《记住乡愁》，100个村落故事，其实是一张乡土文化列表，提出了100个围绕'讲仁爱、重民本、守诚信、崇正义、尚和合、求大同之时代价值'的传统文化清单。这种传统文化，可能就隐藏在农村家家户户的楹联上，隐藏在村民代代相传的故事中，隐藏在那些逢年过节才郑重示人的祖训家谱里。而所有的这些，与河流、大树、古井、老屋一样，都是传统村落的组成部分。看到它们，就想到乡愁；记住了乡愁，就是记取了中华传统文化的寻根之路。"①

在总结《记住乡愁》第一季、第二季成功经验的基础上，中央电视台于2017年元月继续推出《记住乡愁》第三季，2017年1月2日起在中央电视台中文国际频道（CCTV4）播出。第三季共60集，以古镇为题，续写乡愁。"一镇一神韵，一镇一味道"，通过讲述一个个鲜活的乡土故事，再次展示中华优秀传统文化活在当下的精神力量。②

乡村记忆工程充分体现乡村记忆保护传承在当代的社会文化价值，反映推进乡村记忆工程的时代必要性。这些记忆工程的经验需要我们总结、提炼、汲取和推广。

五、社会记忆工程的启示与展望

社会记忆工程的相继展开给我们带来许多值得思考的问题，诸如这些记忆工程为什么会出现，如何看待这些记忆工程的社会价值；记忆工程反映出档案事业发展中存在哪些问题，它们能给我们提供哪些实践经验；记忆工程未来

---

① 王彦：《记住乡愁，别忘了文化寻根路》，《文汇报》2014年12月31日。

② 《央视隆重推出〈记住乡愁〉第三季》，央视网，[EB] http://news.cctv.com/2017/01/02/ARTIDF40azGVB880n7l3LzFj170102.shtml[2017-01-02]。另2018年央视再推出《记住乡愁》第四季，延续第三季风格，以古镇为载体，抒写乡愁。2018年1月2日开播，共计60集。在此补加说明。

发展的前景如何,它们需不需要持续开展下去,等等。事实上,自记忆工程实施以来,档案领域就存在不同的声音,有的学者认为"'世界记忆工程'为当代全球档案文献遗产保护提供了一种新的制度和机制,开启了中国档案文献遗产保护的新时代";①也有学者认为城市记忆工程建设更多的只是发挥着拾遗补阙的作用,不应对其发展寄予过高的厚望,应及时纳入常态化的档案工作体系。② 当然,更多学者认为城市记忆是档案部门构筑社会记忆的亮点工程,应当使之常态化,加速推进。这些看法虽然评论的对象略有差异,但都是针对记忆工程而言的,都涉及对记忆工程的态度及其未来发展的考虑,需要我们认真思考和对待,以便确立我们的方向。

(一)国内外有关社会记忆工程的研究

国外记忆工程实践项目开展较多(特别是世界记忆工程、国家记忆工程、部分国家的城市记忆工程),但对记忆工程的专门性理论探讨较少,相关研究主要体现在"城市记忆"的多学科观察思考上。如美国学者马克·克鲁森(Mark Crinson)编写的《城市记忆:现代城市的历史和健忘》(Urban Memory:History and Amnesia in the Modern City)一书,共收录9篇文章,在对"城市记忆"概念给予高度关注的同时,通过艺术、文化、建筑和人类意识等不同视角来研究当代世界的城市空间,并思考如何将这些成果运用到现代主义和后工业时代的城市环境建设中。③ 美国学者阿尔多·罗西(Aido Rossi)在《城市建筑》中借鉴了荣格的"集体无意识"理论,发展出"类推性城市"思想,将城市与人类进行比较,认为"过去与将来之间的统一就存在于城市的概念中,它的作用和发展就如同记忆对于个人生活"。他强调城市是集体生活和记忆的剧场,城市建筑有着独特的历史意义和价值。④ 美国学者克莉丝丁·M.波耶

---

① 周耀林、宁优:《"世界记忆工程"背景下"中国档案文献遗产工程"的推进》,《信息资源管理学报》2014 年第 3 期。
② 薛匡勇:《城市记忆工程及其走向探析》,《浙江档案》2012 年第 12 期。
③ 参见郭红解、邹伟农主编:《城市记忆与档案》,学林出版社 2011 年版,第 11 页。
④ Aido Rossi.The Architerture of the City.Cambridge:MIT Press,1982:131.

（Christine M.Boyer）在《集体记忆的城市：其历史意象与建筑娱乐》①一书中，回顾了传统城市、现代城市、后现代城市被认知、描述、规划的视觉和心理模式，重新划分了城市历史发展的三种地图：艺术品城市、全景城市、奇观城市；她还对当代城市中的历史与记忆作用以及时空概念等进行了哲学批评。② 国外的一些文学作品也在回顾、重温城市特有的记忆，以认识传统和现代并存的城市历史。如土耳其作家奥尔罕·帕慕克（Orhan Pamuk）的《伊斯坦布尔：一座城市的记忆》，凭借独特的历史感和杰出的描写天分，发掘旧地往事的脉络，拼贴出伊斯坦布尔当代的生活。2006 年获得诺贝尔文学奖。③

我国对社会记忆工程的关注和探讨大约起于 20 世纪 90 年代。1992 年，世界记忆工程启动实施后，我国档案界就及时地予以报道。1997 年，随着"中国传统音乐录音档案"第一次入选《世界记忆名录》，国内对世界记忆工程的关注度持续提高。2002 年，青岛市城市记忆工程拉开了档案部门开展城市记忆工程的序幕，由此我们对社会记忆工程的探索不仅在实践层面得以展开，也在理论层面得以展开。20 多年来，我国对世界记忆工程、国家记忆工程、城市记忆工程、乡村记忆工程等（我国还提出数字记忆工程或数字档案记忆工程）都有所探讨，其研究内容主要集中在以下三方面。

1. 记忆工程与传统文化保护

即将社会记忆工程与传统历史文化的保护、传承、发展关联起来，探讨和思考记忆工程在传承人类文化、国家文化、城市文化、乡村文化，延续人类社会发展轨迹中的重要作用。如郭红解在谈到贵州省黔南州和荔波县等档案部门

① 克莉丝丁·波耶现为普林斯顿大学建筑学院的建筑城市学教授，她曾执教于哈佛研究生院、哥伦比亚大学等。Boyer, M.Christine.The City of Collective Memory：Its Historical Imagery and Architectural Entertainments.Cambridge：MIT Press，1994。

② 朱蓉、吴尧：《城市·记忆·形态——心理学与社会学视维中的历史文化保护与发展》，东南大学出版社 2013 年版，第 9—10 页。

③ 参见［土耳其］奥尔罕·帕慕克：《伊斯坦布尔：一座城市的记忆》，何佩桦译，上海人民出版社 2007 年版。

抢救古老的濒临失传的水族文字("水书")和锦屏县几代档案人艰辛征集的7000 余件清朝、民国时代的"山林契约文书"时所言:"从这些普通档案人的'文化行为'上,我们看到了费孝通先生所强调的'文化自觉'。他们矢志不渝地在寻找着久远的历史,竭尽全力地在抢救消逝的文化。而且,这种寻找和抢救并不停留在'文化回归'的层面上,而是一方面'回归'自身文化的源头,同时又以此作为文化'发现'的起点,在抢救保护文化遗产的同时,以档案人的'自知之明'想方设法开发着这些文化资源,'发现'在新的社会环境中,这些文化遗产存在和传承的意义。"①在记忆工程的学术研究和宣传报道中,许多学者、记者都在关注并阐发记忆工程对传统历史文化遗产保护的价值和意义。诸如王玲《浅谈启动城市记忆工程在传承城市历史文化中的作用》、毛纳《捡拾文化归属感——对"城市记忆工程"中文化先决和文化自觉的思考》、黄利莉《留住"昨天"、记录"今天"、服务"明天"——浅谈"城市记忆工程"》、王惠等《"乡村记忆"工程传承历史文脉》、张晓黎《"乡村记忆工程"是保护齐鲁传统文化遗产的创新尝试》、何力迈等《呈现乡村记忆之美——浙江省开展创建乡村记忆示范基地活动》等论文或报道,仅从标题就可看出所要表达的主旨与意涵。许多学者在论述记忆工程的社会功能与时代价值时都将其比喻为"文脉工程",认为记忆工程不仅使破损的传统文化得到修复,克服传统文化遗失带来的历史缺憾,更使传统文化脉络得到梳理与延续。在研究中,一些学者如武汉大学的周耀林、山东大学王云庆等还重点将记忆工程与非物质文化遗产保护关联起来,探讨如何开展"非遗"档案资源的收集保护工作。

2. 记忆工程与档案工作(事业)发展

将社会记忆工程与我国档案工作、档案事业发展关联起来,探讨和思考记忆工程给档案工作带来的巨大影响和促进作用,分析和谋划档案事业的创新发展。其研究内容主要涉及:①从宏观、整体上思考记忆工程对档案工作的影

---

① 郭红解:《档案人的"文化自觉"》,《上海档案》2007 年第 1 期。

响。如赵彦昌的《世界记忆工程与中国地方档案事业发展》、叶琳芳的《"城市记忆工程"对档案工作的影响》、吴新婷的《论"城市记忆工程"对档案工作的拓展》、谢敏的《试论城市记忆工程对档案工作的拓展》、王毅的《探讨城市记忆与档案工作内容的拓展》、佟立娟的《"城市记忆工程"中档案部门角色定位再思考》等论文,从一般性意义上探视城市记忆工程对档案工作的推动与档案部门的角色调整。其中赵彦昌在《世界记忆工程与中国地方档案事业发展》一文中,探讨了世界记忆工程对我国地方档案部门在《中国档案文献遗产名录》申报、地方珍贵档案文献遗产遴选、地方档案文献汇编出版、地方档案工作宣传与展览等方面的强力推动作用,认为世界记忆工程对促进我国地方档案事业发展具有深远影响①。②记忆工程与档案资源建设。2004 年,武汉大学梁广寒的博士学位论文《中国记忆工程文献遗产整合研究》紧扣"创建全面整合中华文献遗产的平台——中国记忆"这一主题,率先提出并运用资源整合的思想,探讨构建中国记忆工程资源整合的理论框架,分析提出中国记忆工程的文献遗产整合方案和优先数字化策略②。2006 年,上海市档案局郭红解的"'城市记忆'档案文献资源整合研究"课题获得国家社科基金立项支持,2012 年通过结项验收。课题对"城市记忆"档案文献资源整合的意义、原则、主体、难点及对策等进行了阐释,提出"城市记忆"档案文献资源整合的理念模式和实施方案。课题最终成果与"档案与城市记忆"论坛论文选编合集出版,书名为《城市记忆与档案》。2008 年国家档案局提出"两个体系"建设以后(2010 年以后改称"三个体系"建设),学者对于记忆工程与档案资源体系建设探讨的成果更多,如尹雪梅等《论"城市记忆工程"对我国档案资源体系建设的推进》、孙晓东《"城市记忆工程"对档案资源建设的影响》、吴建华等《城市记忆工程背景下城市数字档案中心建设研究》、李更发《"城市记忆工程"数字资源库建设研究》等。部分高校和档案部门合作,如山东省档案局与

---

① 赵彦昌:《世界记忆工程与中国地方档案事业发展》,《档案与建设》2017 年第 1 期。

② 梁广寒:《中国记忆工程文献遗产整合研究》,中国档案学研究,[EB]http://weilaiwansui.blog.hexun.com/70434986_d.html[2011-11-19]。

山东大学 2016 年 10 月联合举办"社会记忆视野下档案资源体系建设"高级研修班,探讨档案资源体系建设的新思维和新方向。③记忆工程与档案资源开发利用。如尹雪梅《"城市记忆工程":拓展档案信息资源开发程序的新取向》、宋鑫娜《"保存城市记忆"背景下档案展览工作的创新与发展》、张巍《城市记忆工程中的档案公共服务》等,对记忆工程建设中档案资源开发与利用服务的发展等问题进行探讨。

3. 记忆工程经验介绍与发展对策

即立足社会记忆工程自身,对中外记忆工程开展状况、建设经验等进行调查、介绍、比较、分析,探讨和思考记忆工程未来的发展方向和对策措施。其研究内容主要涉及:①对记忆工程开展状况进行调查分析。如韩若画等《国内外"记忆工程"实施现状综述》、赵新力等《国内外记忆工程的历史与现状》、尹雪梅等《"城市记忆工程"开展现状的调查与分析》、王伟霞的《对"乡村记忆"工程建设现状的思考》等文章,对中外记忆工程开展的整体情况进行描绘和分析,总结出国内外记忆工程实施的三种基本方式(拍摄、编纂、数字化)①和我国城市记忆工程实施的地域分布特征②。②对记忆工程建设经验进行介绍和总结。如国家图书馆"中国记忆"项目中心主任田苗等对"中国记忆"项目的建设构想、资源组织、口述史影像史资源建设、资源推广等进行介绍,既是项目实践的阶段性总结报告,也是项目的"说明书"。③对记忆工程推进提出思考和对策。如周耀林在《档案文献遗产保护的理论与实践》(专著)及有关世界记忆工程的多篇论文中,对世界记忆工程的机构设置、名录体系、实践内涵、建设成效,世界记忆工程在亚太地区、拉美及加勒比海地区及其在我国开展的情况等进行系统梳理和介绍,并对世界记忆工程推进提出自己的看法。再如冯惠玲《档案记忆观、资源观与"中国记忆"数字资源建设》、徐拥军《建设"中

---

① 韩若画等:《国内外"记忆工程"实施现状综述》,《档案学通讯》2012 年第 3 期。
② 尹雪梅等:《"城市记忆工程"开展现状的调查与分析》,《档案管理》2011 年第 5 期。

国记忆"数字资源库的构想》、赵生辉等《"城市记忆工程2.0"理论与实践初探》，对推动记忆工程的提升发展提出建设构想。

记忆工程的理论研究成果一方面为我们分析把握社会记忆工程提供了认识基础，另一方面也为我们探讨研究记忆工程推进提供了思想资源。

（二）社会记忆工程开展的启示

从中外社会记忆工程广泛开展的行动中，我们可以得出以下一些基本性认识。

1. 体现出中外对人类记忆遗产的普遍尊重

文化学者徐友渔（徐川）指出，"记忆是最宝贵的精神财富，不论对个体还是民族，记忆就是历史，记忆就是生命。是否具有健全的记忆，是衡量个人和群体精神状态和精神素质的一个标尺"。[1] 在悠久的人类社会发展进程中，记忆既是过去也是未来，它关乎社会认同，关乎人类前进的方向，是"智慧之母""文化之母""生存进化之本"。在世界各种文化语境中，我们可以发现人们从来不吝对记忆的赞美之词，也从未忽视对记忆的珍视与爱护。"珍视它和呵护它，就是维护我们的尊严和生命。"[2]今天，在全球范围内开展的记忆工程，再次用行动表达和证明在当今社会人们对人类记忆遗产的普遍认同、尊重和爱护。这不仅表现在联合国教科文组织将保护珍贵文献遗产行动定义为"世界记忆工程"名称上，更表现在国际组织、各国政府、专家学者、民间社会对记忆工程的积极倡导、支持和意义表达上。

2004年修订的《国际档案理事会章程》，就开宗明义提出："档案构成国家和社会的记忆，形成国家和社会的认同，是信息社会的基础"，"档案在民主、

---

[1]　徐川：《记忆即生命》，夏中义主编：《人与国家》，广西师范大学出版社2002年版，第6页。

[2]　徐川：《记忆即生命》，夏中义主编：《人与国家》，广西师范大学出版社2002年版，第6页。

问责制和善治中起着非常重要的作用",国际档案理事会(ICA)将致力于保护和增进世界记忆。正是基于这种认识,ICA才与联合国教科文组织一起发起、倡导和积极推动"世界记忆工程"在各国档案、文献领域的开展。"世界记忆工程"的推进实施,进一步唤起社会对珍贵档案文献的关注和重视,并将其保护提高到延续一个国家、地区、城市、乡村"记忆"的层面上来认识,通过实施记忆工程使得这种认识在实践层面得以体现。① 思想和行动总是彼此关联,相互提高。

2. 推进记忆工程是当代社会发展的必然趋势

法国历史学家皮埃尔·诺拉在《记忆之场》"导言"的开篇即言:"历史的演变在加速";"对于这个说法,除了其隐喻意味,还应评估其含义:对象转向最终死亡的过去的速度越来越大,但人们也已普遍意识到对象已经完全消失——这是平衡态的断裂";"不过,当撕裂还能唤起足够多的记忆时,便可提出记忆的具体化身问题";"之所以有记忆之场,是因为已经不存在记忆的环境"。② 当代社会,随着农业文明向工业文明、向信息文明的加速转型与推进,信息化、数据化、网络化已成为现代社会的"新常态",这不仅意味着人类生产生活方式的巨大变革,也意味着记忆环境的变革与断裂。在这样的历史巨变面前,我们可以将记忆工程看成是对"记忆的具体化身"的拯救,是在"断裂还能唤起足够多的记忆时"对记忆的拯救。

德国文化学者扬·阿斯曼则更具体地指明记忆问题受到重视的社会原因。他指出,近年来,以记忆与回忆为题的研究风气方兴未艾,这不是偶然的,其根源在于我们正在经历的时代大变革,其中有三个因素使得记忆这个课题受到空前的重视:一是电子媒介技术开始在人的大脑之外储存信息,正在引发一场文化革命;二是媒介技术使得业已结束的年月得以保存,它至少需要我们

---

① 郭红解、邹伟农主编:《城市记忆与档案》,学林出版社2011年版,第7页。

② [法]皮埃尔·诺拉:《记忆与历史之间:场所问题》,[法]皮埃尔·诺拉主编:《记忆之场:法国国民意识的文化社会史》,黄艳红等译,南京大学出版社2015年版,第3—4页。

不时回忆并以评判的方式予以消化;三是那些仍然健在的、曾经亲历人类历史上最惨绝人寰的罪行和灾难的一代人越来越少了。①

时代的巨大变革引发了阿尔温·托夫勒(Alvin Toffler)所说的人类记忆力革命的"第三次浪潮",催生出保护传承社会记忆的实践工程;同样,记忆工程也需要在时代巨变中深化提速。

3. 社会记忆工程与社会记忆理论相伴成长

20 世纪 80 年代以来,多元文化的兴起、后现代理论的出现、人类记录方式的变革,使社会记忆研究得到了更为广泛的关注,促使社会记忆理论发展成为社会、文化、历史现象的一种重要解释性理论。如扬·阿斯曼所言:"以回忆概念为中心,正在形成一个全新的文化科学范例,受其影响,不同的文化现象和领域——艺术与文学、政治与社会、宗教与法律——呈现出不同于之前的格局。"②

社会记忆理论是社会记忆工程的理论基础和思维导引。20 世纪 90 年代,社会记忆理论被引入档案学、图书馆学、博物馆学等研究领域,人们在普遍认同档案、文献、文物等作为社会记忆承载体的基础上,逐步形成新的研究视野和研究范式。在档案学领域,其直接表现就是"档案记忆观"的形成和凝练,人们不仅认识到档案是社会记忆一种形态、一种资源形式,含有"集体记忆的关键";而且还将档案馆视为"记忆宫殿",将档案工作视为社会记忆传承、建构、控制和保护性工作,将档案工作者视为社会记忆的守护者、社会记忆资源的组织者和构筑者。这些观念的变化及其相关研究成果,为社会记忆工程的开展提供了思想指引和学术解释,使社会记忆工程获得一定的理论支撑。

从另一方面看,记忆工程则为社会记忆理论提供了实践基础和理论动力。

---

① [德]扬·阿斯曼:《文化记忆》,金寿福、黄晓晨译,北京大学出版社 2015 年版,"前言"第 1 页。

② [德]扬·阿斯曼:《文化记忆》,金寿福、黄晓晨译,北京大学出版社 2015 年版,"前言"第 1—2 页。

记忆工程的兴起,不仅激发了学者对记忆工程本身关注的热情,也激发了学者运用社会记忆理论来阐释记忆工程的研究动力。可以说,(世界)记忆工程是促发档案记忆观兴起的社会动力之一,也为社会记忆理论的运用提供了鲜活的实践场域和分析对象。正是在记忆工程实践的推动下,社会记忆理论,尤其是档案记忆理论才具有坚实的实践基础和急迫的现实需求,近年来档案记忆理论的发展充分说明了这一点。

社会记忆理论与社会记忆工程相互促进,相伴成长,是理论与实践的相互影响,也是思维与行为的互动共生。

4. 资源、服务、技术是社会记忆工程的三大核心要素

考察中外各类社会记忆工程,我们可以发现其中都潜含着三大核心要素:资源、服务和技术。世界记忆工程的愿景是"世界的文献遗产是属于全人类的,应得到充分的保管保护。在尊重其特有的文化习俗和实用性的基础上,应可被永久地无障碍访问";其使命是"通过最恰当的技术手段对世界的文献遗产进行保护,促进文献遗产的普及以及在全球提高人们对文献遗产的重要性和保管必要性的认识"。① 其中就包含着这三大核心要素:资源——"世界文献遗产";服务(利用)——"可被永久地无障碍访问";技术——"最恰当的技术手段"。

在记忆工程的三大核心要素中,资源或者说各类记忆资源是记忆工程的对象和基础,包括文献遗产、口述历史、仪式、实物(文物)和地面历史遗存等,记忆工程的任务是将各类资源收集好、保管好、保护好;服务或者说提供利用服务是记忆工程的目的和根本出发点,国外成功的记忆工程都是能够提供远程在线开放式服务的工程/项目,只有有效提供利用才能达到社会记忆的"活化",实现社会记忆的功能;技术是记忆工程实施的条件和手段,今天的记忆

---

① 杨太阳:《世界记忆工程 20 年回顾与展望——联合国教科文组织驻华代表处代表辛格答本报记者问》,《中国档案报》2012 年 4 月 13 日。

工程之所以能够广泛地开展,可以说在很大程度上得益于现代信息技术发展,特别是数字化技术提供的有利条件。"欧美国家利用现代科技对文献遗产进行保护和利用,将文献资料、录音资料、视频资料、照片等进行数字化处理并上传至互联网,使得这些资料可以得到更好地管理与利用。如荷兰皇家图书馆的'荷兰记忆'、意大利的'因特网文化遗产项目'、法国的'文化、科学和教育内容数字化项目'(涉及图书出版、音乐、电影、摄影、图片等)以及欧盟的'2007—2014 文化计划'。"①数字化搭建起资源与服务的新桥梁,也促使资源形式和服务方式的新转变。资源、服务、技术三位一体,是探讨记忆工程推进机制的重要内容。

5.展示出档案部门在社会记忆传承中的角色担当

"联合国教科文组织发起'世界记忆名录'时,旨在唤起人们对世界范围内濒危、散失或正在遭受厄运的文献遗产的关注,而现在则成为一个包含了多种人类记忆的大项目。"②社会记忆工程展现出多元化的社会参与,包括联合国教科文组织、国际档案理事会,各国政府及其部门(文化部、文物局、档案局),各种科研机构、学术机构、企业事业单位和民间团体,如历史研究会、图书馆、档案馆、博物馆、企业等,不过从中我们也能够看到或感知到档案部门(档案局、档案馆)在记忆工程中发挥的突出作用和在社会记忆保护传承中的角色担当,如:国际档案理事会与联合国教科文组织率先发起"世界记忆工程",并推动工程的实施;各国档案部门或独立或合作开展建立属于本国的珍贵档案文献遗产名录体系,构建世界级—地区级—国家级—地方级四级记忆遗产名录体系;地方档案部门或独立或合作开展"城市记忆工程""乡村记忆工程",特别在我国,地方档案部门在这些工程中起到了主导和引领作用。

在记忆工程中,档案部门以自己的行动充分展示出自身作为社会记忆守

---

① 参见谭必勇、张莹:《中外非物质文化遗产数字化保护研究》,《图书与情报》2011 年第 4 期。

② 杨雪:《假如人类失去记忆》,《光明日报》2014 年 6 月 23 日。

护者和建构者的角色,充分展示出"保护社会记忆是档案工作者的天职"的理想信念和历史使命。在本章介绍中,我们虽然从总体上把各类记忆工程,特别是不同部门开展的记忆工程放在一起加以介绍,以反映社会记忆工程的整体实践背景,但从本书的研究对象和目的看,我们将重点聚焦和阐释城乡档案记忆工程的推进机制,这一点必须加以说明。

(三)社会记忆工程的发展展望

对社会记忆工程的未来发展虽然还存在不同的认识,但我们认为在社会急剧转型的时代,无论在广度上还是深度上,它都会呈现出进一步加速推进的态势,其方向和目标我们将在第二章结合城乡档案记忆工程再作深入分析。不过,我们之所以作出这样的推断和预测,是因为当前社会中对社会记忆工程潜存着巨大的推动力。各种社会记忆工程的出发点与推动力会稍有差异,就城乡档案记忆工程而言,除了新型城镇化建设强力推动外(下章重点阐述),其推动力还来自以下几个方面。

1. 乡村发展推动力

20 世纪 80 年代以后,随着联产承包责任制的普遍推行和市场经济的逐步深化,我们乡村社会即开始了继新中国成立以来的新一轮现代化进程。按照社会学家郑杭生先生的观点,这是在中国发生的"真正意义上的社会转型",是"从原有计划经济体制向社会主义市场经济体制转变,农业社会向工业社会转变,乡村社会向城镇社会转变,封闭半封闭社会向开放社会转变,伦理社会向法理社会转变"。① 21 世纪以来,新农村建设和新型城镇化建设的相继实施,更是加快了乡村社会的发展步伐。目前,乡村社会呈现出工业化、信息化、城镇化、农业现代化同步发展、融合发展、交互发展的复杂趋势,其变化速度、广度、深度、烈度均前所未有。

---

① 郑杭生:《改革开放 30 年:快速转型中的中国社会》,《社会科学研究》2008 年第 4 期。

乡村社会转型发展必然对乡村传统历史文化产生巨大冲击,对乡村传统生活生产方式产生巨大影响,人们已经深切感知到这些冲击与影响的后果,并发出了"记住乡愁""建设美丽乡村"的强烈呼声。乡村发展既是城乡档案记忆工程开展的社会背景,也是工程推进内在、现实的推动力,对此我们还需要在后面做更深入的分析和探讨,以认识和理解城乡(档案)记忆工程的发展方向。2017 年,党的十九大提出"乡村振兴"战略,更需要我们思考和探讨乡村记忆的保护传承,积极建设新时代的"乡风文明",提高人民群众的幸福感。

2. 国家政策推动力

近年来,随着新型城镇化建设步伐的快速推进,保护和传承乡村历史文化和乡村历史记忆,已得到党和政府的高度重视,一系列的文件和政策措施都在强调对乡村传统历史文化的保护。如在 2014 年国家出台的《国家新型城镇化规划(2014—2020 年)》中,强调要"发展有历史记忆、文化脉络、地域风貌、民族特点的美丽城镇";2016 年 3 月第十二届全国人民代表大会通过的《中华人民共和国国民经济和社会发展第十三个五年计划纲要》中,提出"实施国家记忆工程";2017 年 1 月,中共中央办公厅和国务院办公厅印发了《关于实施中华优秀传统文化传承发展工程的意见》(中办发[2017]5 号),对"保护传承文化遗产"作出了新部署;2017 年 2 月,在文化部印发的《文化部"十三五"时期文化发展改革规划》中,对"国家记忆工程"实施提出了更为具体的意见,即"依托文物建筑、文化典籍、国家档案等,通过体现中华优秀传统文化、革命文化和社会主义先进文化的代表性文物,分类分批实施国家历史、文化、艺术、科学记忆工程及国家记忆数字化保存行动计划,体现中华民族最深层的精神追求,建立全民共识的国家精神标识"。这些政策措施的出台,必然要通过一定的途径、方式、平台、渠道予以落实、落细、落地,由此也必将成为城乡档案记忆工程加速发展的重要推动力。

3. 理论研究推动力

与国外社会记忆理论研究相比，对记忆工程的关注和探讨是我国的突出特征。学者们不仅在总结和思考记忆工程的建设经验，分析提出记忆工程推进的措施策略，而且还赋予记忆工程更多的社会期待和学术期待。武汉大学"中国记忆与数字保存协同创新中心"首席专家马费成指出："我国数字信息资源长期保护之路任重而道远，需要立足于现实，着眼于未来，构建具有中国特色的数字资源长期保存体系和平台，打造数字时代的'中国记忆'"；"迫切需要我们协同创新，开展数字环境下的'中国记忆'与数字保存研究，产出符合中国国情、学术上有重大突破、理论上有重大创新的成果"。[①] 中国社会科学院副院长李培林在为《中国名镇志丛书》作序时也写道："乡镇是无数中国人生命的底色和成长的摇篮。如何在城镇化建设中，留得住乡愁，记得住乡音，忘不了乡思，事关城镇化进程的人文关怀和文化保护，事关文化血脉的传承。同时，科学记录城镇化进程，反映城镇化成就，也为今后探索城镇化发展规律、积累经验提供了基本素材。"[②]虽然学者各自的研究视野和出发点不同，但都一致性地表达出对实施记忆工程的呼吁和倡导，并逐步汇聚形成强大的学术力量和研究氛围，推动城乡记忆工程向更深层次发展。

4. 媒体宣传推动力

今天，在我们的书籍、报纸、杂志、影视、网络等各种媒体上随时都可以看到有关保护历史文化、传承社会记忆的纪录作品、文学作品、文章、报道、访谈、评论、提案。其中，纪录片有《中国记忆》（2011 年 CCTV - 9 首播）、《中国记忆》（凤凰卫视资讯台制作）、《国家记忆》（2016 年 10 月 CCTV - 4 首播）等；图书有《中国记忆》（《CCTV - 10 中国记忆》摄制组著，上海科学技术文献出版社

---

① 马费成：《数字时代不能没有"中国记忆"》，《中国社会科学报》2014 年 5 月 26 日。
② 李培林：《传承历史文化，留住乡愁记忆》，《光明日报》2016 年 5 月 12 日。

2007 年版)、《记住乡愁(第一季)》(中央电视台编,江西美术出版社 2015 年版)、《乡村记忆》(沈成嵩著,中国农业出版社 2014 年版)、《记住乡愁》(庄乾坤著,山东人民出版社 2014 年版)等;报道、访谈有《新城镇建设不能忽视文脉传承》(记者段丹洁,《中国社会科学报》2017 年 2 月 15 日)、《陈向宏:尊重每个小镇的历史和文化》(记者鲁元珍,《光明日报》2017 年 2 月 18 日)、《文化礼堂:记住乡愁留住乡魂》(记者蒋萍,《文汇报》2016 年 9 月 27 日)、《记住乡愁,不忘本原》(作家郭文斌,《光明日报》2016 年 9 月 9 日)、《呵护古村落文脉的完整与延续》(记者董斌,《光明日报》2016 年 8 月 17 日)等。这些作品或自身就是一种社会记忆工程,或构成社会记忆工程的一个组成部分,或为社会记忆工程宣传呼吁、针砭时弊、建言献策。媒体不仅积极投身于社会记忆保护传承行动,而且以其生动形象、富有情感的历史叙事形式,激发人们对历史记忆的珍视和对现实问题的思考,并由此形成强大的社会舆论力量,成为社会记忆工程"助力者"和"呐喊者",推动人们自觉不自觉地开展社会记忆工程。

记忆连接着过去、现在和未来。处于历史和未来交汇点的当今社会,我们对保护传承社会记忆的时代意义和社会价值的认识会越来越深刻,并越来越自觉地开展和推进社会记忆保护传承的行动,这是历史的必然结果,也是现实的必要要求。

第二章　新型城镇化与城乡档案
记忆工程推进的必要

梁漱溟先生指出："眼前社会事实固须知道,而单看眼前事实是不能够发现他的意义的;要从其来历背景而有以测其前途将要如何才行。"①20 世纪 80 年代以来,随着改革开放的深入推进,我国进入了城镇化快速发展的历史新时期,"城镇化伴随着中国的现代化与社会转型过程,形成了历史潮流"。城镇化既是社会转型的主导力量,也是社会转型的结果和未来中国长期增长、长期发展的主旋律,对中国社会的影响力正日渐加深。美国经济学家、诺贝尔经济学奖获得者斯蒂格利茨(Stiglitz)曾说:影响 21 世纪人类社会进程最深刻的两件事就是美国为首的新技术革命和中国的城市化。② 城镇化连着两头:一头是传统乡村社会的记忆如何保持和传承;另一头是新型城镇社会的记忆中如何融合传统的历史文化元素,建设"望得见山,看得见水,记得住乡愁",具有历史记忆的美丽城镇。在此现实背景下,以城镇化作为乡村社会转型变迁的切入点和关键点,分析探讨我国城镇化发展方向、城镇化对乡村历史文化带来的冲击影响、乡村记忆的流逝与民众对乡愁的呼唤,才能更深刻地认识把握城乡档案记忆工程推进的时代价值和现实必要,也才能"从其来历背景"而探测

---

① 梁漱溟:《乡村建设理论》,上海人民出版社 2011 年版,第 8 页。
② 转引自方创琳等:《中国新型城镇化发展报告》,科学出版社 2014 年版,第 1 页。

其前途方向。

一、新型城镇化与乡村社会变迁的加速

"社会变迁像一条红线一样,贯穿了整个的乡村社会……现代的乡村生活与 10 年前有了明显的不同,将来的乡村生活还会不同于今天。这是社会变迁的结果";"发生在美国的这些变迁也同样发生在其他国家,不发达国家千千万万农民开始进入现代生活"。① 乡村社会既是静止的,又是变动的。费孝通先生说:"我们把乡土社会看成一个静止的社会不过是为了方便,尤其是在和现代社会相比较时,静止是乡土社会的特点,但是事实上完全静止的社会是不存在的,乡土社会不过比现代社会变得慢而已。"② 与传统乡村社会不同,当代中国的乡村社会变化明显在加速,特别是在城镇化、工业化、信息化、农业现代化、经济全球化、政治民主化等各种要素的快速发展和共同推进下,人们常常使用"日新月异""天翻地覆""今非昔比"来描绘和形容当前乡村社会已经发生与正在发生的巨大变化,其中既充满着对发展成就的自豪感,也满怀着对发展问题的深切关怀。

乡村社会变迁是一篇大文章,非一书一章一节能够说得清楚。本章旨在简要阐述新型城镇化发展背景下我国乡村社会所发生的转变及其未来走向,以便探察乡村记忆保护传承遇到的现实困境与急迫需求。

(一)从新农村建设到新型城镇化战略的实施

1. 新农村建设和新型城镇化建设战略的历史背景

乡村社会变迁一直是学术界关注和探讨的问题,社会学、人类学、政治学、经济学、社会史等学科对中国乡村社会变迁都做过非常多的研究。费孝通的

---

① [美]埃弗里特·M.罗吉斯等著:《乡村社会变迁》,浙江人民出版社 1988 年版,第 1 页。
② 费孝通:《乡土中国 生育制度》,北京大学出版社 1998 年版,第 76 页。

《江村经济》(1939),杨懋春的《一个中国村庄——山东省台头》(1945),林耀华的《金翼:一个中国家族的史记》(1948),黄宗智的《华北的小农经济与社会变迁》(1986)、《长江三角洲的小农家庭与乡村发展》(1992),许烺光的《祖荫下——中国乡村的亲属,人格与社会流动》(2001),曹锦清、张乐天等的《当代浙北乡村的社会文化变迁》(2001),等等,都是有较大影响的中国乡村社会研究的社会学、人类学成果,这些成果都或多或少与乡村社会变迁有关。

"社会和社会结构无时无刻不在发生着变化,比较的时间段往往是根据特定的目的而选择的。"①在对中国乡村社会变迁考察中,多数学者以 1840 年鸦片战争为分界点,认为鸦片战争之前的中国是传统的乡土社会,鸦片战争后,中国开始逐步走向现代化道路;②也有学者以 1978 年改革开放为中国乡村社会变革的起点,认为 1978 年以前的乡村社会可以看作传统乡村社会的延续,而 1978 年以后的乡村社会即进入被称为"现代化进程"的现代乡村社会。③ 我国社会学家陆学艺在分析中国农村现代化道路时指出:"站在世纪之交的时间平台上,回眸我国农村的过去经历、展望其未来走向,我们清晰地看到了我国农村现代化的行进轨迹。虽然共和国的诞生,使我国农村现代化迎来了政治的春天,但是真正使农村现代化建设发生转机的还是 1978 年开始的农村改革",这场改革"大大地驱动着我国农村现代化建设进程"。④ 然而,我国农村现代化道路并非一帆风顺,一路"高歌",在经历家庭联产承包责任制全面推行二十多年的繁荣发展之后,反而呈现出某种不协调的局面:一方面农民收入提高、生活改善、现代化步伐在加速;另一方面则是"三农"(农民、农村、农业)发展出现的新困境。解决好"三农"问题成为"工业化、城镇化进程中重大而艰巨的历史任务"。⑤ 为此,国家先后实施新农村建设战略(党的十

---

① 张敦福主编:《现代社会学教程》,高等教育出版社 2001 年版,第 222 页。
② 唐晓腾等:《中国乡村的嬗变与记忆》,中国社会科学出版社 2010 年版,第 9 页。
③ 李庆真:《社会变迁中的乡村精英与乡村社会》,浙江大学出版社 2016 年版,第 4 页。
④ 陆学艺等:《中国农村现代化道路研究》,广西人民出版社 1998 年版,第 2 页。
⑤ 《中共中央国务院关于推进社会主义新农村建设的若干意见》,《建设社会主义新农村大参考》,红旗出版社 2006 年版,第 1 页。

九大提出"乡村振兴"战略)和新型城镇化建设战略,以统筹城乡经济社会发展,促进农村经济社会全面进步,加快农村全面小康社会建设。

2. 新农村建设的实践探索和现实成就

新农村建设是在新的历史时期党和国家解决"三农"问题的重大战略部署,也是国家实施统筹城乡发展、工业反哺农业、城市支持农村的行动纲领。"中央提出'新农村建设'是与时俱进地把其作为解决当前中国非常紧迫的'三农'问题的一个重要举措。"①2005 年 12 月 31 日,中央颁布《关于推进社会主义新农村建设的若干意见》,提出"建设社会主义新农村"的具体政策要求和政策措施;2006 年《中华人民共和国国民经济和社会发展第十一个五年计划纲要》把解决"三农"问题放在各项战略任务首位,要求"坚持统筹城乡经济社会发展,按照生产发展、生活宽裕、乡风文明、村容整洁、管理民主(简称"二十字方针")的要求,扎实稳步推进社会主义新农村建设"。在中央的大力推动和支持下,新农村建设在全国普遍推开。"这是对我们党长期以来特别是改革开放以来重视三农问题的战略思想的继承和发展,是在新形势下加强三农工作、更好地推进全面建设小康社会和现代化建设的战略举措。"②

2006 年以来,在"二十字方针"的指导下,国家和各级地方政府不断加大对"三农"的投入,先后出台并实施了一系列支农、惠农、强农政策:在全国范围取消延续两千六百多年的"皇粮国税",农村义务教育阶段孩子免交学杂费,建立全国农村新型合作医疗制度和医疗救助制度,启动新型农村社会养老保险试点项目、农村大电网项目、农村"村村通"公路项目、农村危房改造项目、农村饮水安全工程,开展新农村建设示范点建设,等等,取得了令人瞩目的巨大成就,使中国农村出现了翻天覆地的变化。新农村建设及其取得的成就成为我国经济社会发展的"稳定器"和"压舱石"。

---

① 温铁军主编:《中国新农村建设报告》,福建人民出版社 2010 年版,第 166 页。
② 《扎实推进新农村建设的重大部署》,《人民日报》2006 年 2 月 22 日。

3. 新农村建设脱离不了城镇化

新农村建设的发展并不意味着"三农"问题已经得到解决。"三农"问题产生的根本在于我国长期以来存在的"城乡二元结构"及其制度性差别,因此,"三农"问题的解决也必然需要一个较长的历史过程。有学者认为由于资源限制,大部分中国农民不可能转移到城市,除非以贫民窟的形式,而这恰恰不可取;回到田园牧歌式的生活时代更不可能,只能是浪漫主义的理想;而新农村建设"作为新时期缓解'三农'困境的国家发展战略的有机部分,既不应该再是工业化原始积累时期从农业提取剩余支持工业、从农业征发劳动力支援城市基本建设所形成的城市本位的城乡二元结构体制,及其在改革中形成的市场经济条件下得以延续的制度路径依赖所推行的城市'化'掉农村、城市去'统'农村,更不可能是一切唯农村是举的保守主义或一切唯农民意愿是从的民粹主义的'三农'本位论"。[1] 新农村建设的发展方向应是城镇化而不是城市化,是通过城镇化使广大农民就地成为城镇居民,而不是大量"涌入"城市。

2012 年,在中国(海南)改革发展研究院"新型城镇化:发展与转型——中改院改革形势分析会"上,中国(海南)改革发展研究院院长迟福林认为,我国已经进入城镇化拉动城乡一体化的新阶段,通过人口城镇化拉动城乡一体化,应当成为城镇化转型发展的重大任务。"中国发展不平衡不协调,最大的还是城乡发展不平衡不协调。"因此,需要统筹推进新型城镇化与新农村建设,通过新型城镇化引导、带动新农村建设,逐步消除城乡二元结构,才是"三农"问题的根本出路。

4. 新型城镇化战略的提出与实施

新型城镇化既是新农村建设的提升,又是新农村建设的拓展,是党和国家

---

[1]　温铁军主编:《中国新农村建设报告》,福建人民出版社 2010 年版,第 2 页。

对新农村建设、传统城市化建设发展的经验总结，也是对建设有中国特色社会主义道路与时俱进的探索深化。2007年，党的十七大报告提出以科学发展观推进新型城镇化，"走中国特色城镇化道路，按照统筹城乡、布局合理、节约土地、功能完善、以大带小的原则，促进大中小城市和小城镇协调发展"。[①] 党的十八大后，中央多次提出要积极稳妥推进城镇化，着力提高城镇化质量，坚定不移地走集约、智能、绿色、低碳的新型城镇化道路，在城镇化发展方向上释放出"转型"的"新信号"。[②]

2014年，国家颁布《国家新型城镇化规划（2014—2020年）》，提出"以邓小平理论、'三个代表'重要思想、科学发展观为指导，紧紧围绕全面提高城镇化质量，加快转变城镇化发展方式，以人的城镇化为核心，有序推进农业人口市民化；以城市群为主体形态，推动大中小城市和小城镇协调发展；以综合承载能力为支撑，提升城市可持续发展水平；以体制机制创新为保障，通过改革释放城镇化发展潜力，走以人为本、四化同步、优化布局、生态文明、文化传承的中国特色城镇化道路"[③]，这既是新型城镇化建设的指导思想，也是对新型城镇化内涵特征的高度概括。《规划》同时提出了未来我国新型城镇化的五大发展目标：城镇化水平和质量稳步提升、城镇化格局更加优化、城市发展模式科学合理、城市生活和谐宜居、城镇化体制机制不断完善，为我国新型城镇化建设提供了目标方向和政策引导。

新中国成立以来，我国城市化[④]发展道路经历了曲折推进的过程，改革开

---

① 胡锦涛：《高举中国特色社会主义伟大旗帜，为夺取全面建设小康社会新胜利而奋斗——在中国共产党第十七次全国代表大会上的报告》，《胡锦涛文选》第2卷，人民出版社2016年版，第632页。

② 参见吴殿廷、杨春志、钱宏胜：《中国新型城镇化战略及其推进策略》，东南大学出版社2014年版，第34页。

③ 《国家新型城镇化规划（2014—2020年）》，人民出版社2014年版，第15—16页。

④ 城市化与城镇化，英文都称Urbanization，既可作为同义语，也可做差别化概念，学术界有些不同看法。粗略地看，20世纪80年代前我们更多称城市化，现在我们更多称城镇化。这里为追溯一下我国城镇化发展早期历程，故用城市化。有学者认为，对城市化、城镇化概念，不必强求统一，关键是要有一个正确的理解和认识，既不把"城市化"片面理解为主要发展大中城市，也不能把"城镇化"片面理解为只发展小城镇。

放后经过不断的政策调整和宏观布局,城市化逐步走向多样、协调、快速的发展道路。2011 年,我国城镇人口达到 7.01 亿人,城镇化率提升到 51.27%,达到世界平均水平。实施新型城镇化是我国经济社会发展的重大战略布局,事关我国现代化建设全局,也是解决农村发展问题的根本途径。"积极稳妥扎实有序推进城镇化,对全面建成小康社会、加快社会主义现代化建设进程、实现中华民族伟大复兴的中国梦,具有重大现实意义和深远历史意义。"[①]

（二）城镇化是乡村社会变迁的主线

郑杭生认为,改革开放后中国社会的转型与变迁是"结构转型和体制转型同步并行,相互交织,涉及社会所有构成要素系统的相应变化与调整,是社会主义市场经济体制逐步确立的过程,也是经济政治和思想文化等领域全面性的社会改革时期"。[②] 在中国乡村社会由传统向现代转型,或者说中国乡村现代化发展的历史进程中,城镇化一直扮演着重要角色,从一定意义上说,城镇化(城市化、都市化)是乡村社会转型变迁的一条重要主线。

1.城镇化是乡村社会现代化发展的方向

现代化最初是指把工业科学技术引入传统的农业社会中所引发的一系列重大变化,这些变化并不仅仅限于工业和经济领域,而是扩散到社会各领域。而现代化理论则对现代化的内涵、特征及其转变有不同的解释。美国社会学家斯梅尔瑟(Neil J.Smelser)将现代化描写成一个复杂的包含了经济、政治、教育、宗教、家庭、社会分层等六个领域的多维度的转变。其中在经济领域意味着技术根植于科学知识、从生计性农业向商业性农业转变、以人力和畜力为能源被机械力所取代、定居的城市方式的扩散和劳动力的空间集中。[③] 美国学者吉尔伯特·罗兹曼(G.Rozman)更是直截了当地指出,所谓走向现代化,就

---

① 《国家新型城镇化规划(2014—2020 年)》,人民出版社 2014 年版,第 3 页。
② 郑杭生:《改革开放 30 年:快速转型中的中国社会》,《社会科学研究》2008 年第 4 期。
③ 参见张敦福主编:《现代社会学教程》,高等教育出版社 2001 年版,第 232 页。

是"从一个以农业为基础的人均收入很低的社会,走向着重利用科学和技术的都市化和工业化社会的这样一种巨大转变"。①

马克思曾指出"现代的历史是乡村城市化"。城镇化是现代文明的标志,而乡村、乡土则代表着一种"落后"。"自鸦片战争以来中国社会的思潮脉络里,就大多数(人)而言,'乡土中国'的含义就意味着'落后'和有待开发。在他们看来,农村的现代化一定意味着彻底告别乡土传统。"②同样,"根据现代化理论以及发达国家的经验,只要农村和农业人口占绝大多数,那么这样的国家就不可能是现代化国家;只要农村人口仍然只单纯从事农业生产,那么他们就不会富裕,谈不上实现农村的现代化"。③ 因此"开发乡村""告别传统",其方向就是要走向城镇化(城市化),实现由乡土文明向城市文明的转变。

2. 城镇化是乡村社会转型发展的重要推动力

"城镇化"是指"人类生产与生活方式由农村型向城市型转化的历史过程,主要表现为农村人口转化为城市人口及城市不断发展完善的过程"。美国新版的《世界城市》提出:"都市化是一个过程,包括两个方面的变化。一是人口从乡村向城市运动,并在都市中从事非农工作;二是乡村生活方式向城市生活方式的转变,包括价值观、态度和行为等方面。"④通过城镇化,让广大农民进入城镇成为市民,可以极大促进农民的思想价值观念、思维方式、生活方式等逐步向现代文明转变,并由此引发农村经济和社会生活的一系列深刻变化和历史性飞跃。《国家新型城镇化规划(2014—2020年)》指出:"随着农村人口逐步向城镇转移,农民人均资源占有量相应增加,可以促进农业生产规模化和机械化,提高农业现代化水平和农民生活水平。城镇经济实力提升,会进

---

① [美]吉尔伯特·罗兹曼:《中国的现代化》,国家社科"比较现代化"课题组译,江苏人民出版社2003年版。

② 张鸣:《中国农村政治:现实与未来走向》,爱思想,[EB]http://www.aisixiang.com/data/6906.html[2005-05-27]。

③ 陆学艺等:《中国农村现代化道路研究》,广西人民出版社1998年版,第6页。

④ 参见唐晓腾等:《中国乡村的嬗变与记忆》,中国社会科学出版社2010年版,第5页。

一步增强以工促农、以城带乡能力,加快农村经济社会发展。"①

3.城镇化是中国农村现代化水平的衡量尺度

在中国乡村社会变迁的历史进程中,城镇化既是乡村转型发展的动力,也是乡村社会现代化发展水平的标志。陆学艺先生指出:在中国农村现代化的第一个阶段(清末—1949年),重点是推动传统农业和封建农村社会向现代城市社会转变,在农业经济之外形成一个相对应的城市经济;第二个阶段(1949—1978年)是以完全集权的计划经济体制实现现代化,完成了由前现代化城市向现代化城市的转变,但也导致城乡隔离,形成了二元社会结构;第三个阶段(1978年以来),中国开始步入比较正常的现代化道路,城市现代化水平不断提高,在经历家庭联产承包责任制、乡镇企业崛起、小城镇建设发展阶段后,正在逐步走向城乡一体化和区域现代化发展阶段。②

城镇化既是导航,也是引擎,是中国乡村未来建设发展的动力,它对乡村社会变迁产生的影响以及所引发的思考是我们关注的重点。

(三)城镇化对乡村社会变迁影响的表现

现在学术界和媒体有一种"乡村衰败"的论调,即认为在国家大力推进城镇化的今天,乡村社会已变得"面目全非",似乎乡村社会正在走向"终结",此论调是不符合历史事实的。我们需要看到伴随着城镇化,乡村社会所发生的巨大变化和取得的巨大成就,也要看到乡村社会发展中存在的问题,认识到乡村社会出现的问题是发展中、前进中出现的问题,同时认识到引发乡村社会变迁的力量不单纯只是城镇化,而是多元力量(新农村建设、经济全球化、市场经济体制、新媒体技术发展、政治民主化、工业化等)叠加,共同推动乡村社会的转型发展。城镇化不仅带来农民身份(由农民向市民)的变化,更重要的是

---

① 《国家新型城镇化规划(2014—2020年)》,人民出版社2014年版,第5页。
② 陆学艺等:《中国农村现代化道路研究》,广西人民出版社1998年版,第3—5页。

引发农民生产生活方式以及人口素质等一系列变化,在乡村社会变迁中处于核心地位,是引发当代乡村社会变迁的主导力量。纵观新中国成立以来的城镇化过程,它对乡村社会变迁的影响主要在以下几方面。

1. 乡村差异化程度逐步加大

中国农村幅员广阔,区域差异较大。不仅南北差异、东西差距较大,即便是同一区域内的不同村落,也因资源禀赋、区域位置、治理水平不同而存在较大差异,发展程度参差不齐。改革开放以来,从总体上看农村是发展了,农民生活有了很大的改善,但并不等于每个农村、每个农民都有这样的改观,事实上农村在区域之间的发展水平相差很大,基本上形成了东、中、西的差别格局。东部地区,如京津唐、长江三角洲、珠江三角洲、闽南三角地带的农村,依托大中城市分布密度大、资源富足、交通便利等优势,乡镇企业和小城镇发展迅速,城镇化程度和规模不断提升,形成区域城市化网络,带动区域社会整体发展。而广大中西部地区,城镇化发展虽然有一定的起步,但限于自然环境和社会环境,小城镇、小城市发展速度相对较慢,"一些地方的城镇化发展尚缺乏必要的产业支撑,存在动力不足问题"[1];与此相关联,这些地方的乡村还处于相对封闭和落后状态。

乡村差异化程度的加大,一方面反映出城镇化建设对乡村社会变迁的影响和拉动作用,另一方面拉大的差距问题也将影响到整个社会的健康顺利运行。"如果对区域发展差别不采取措施加以控制、调节,那么,由于发展起点、基础设施、技术和资金力量以及市场占有情况不同,今后的发展不但不会缩小区域差异,相反会更快地扩大这种差距……会引起很多社会问题,对经济健康发展也不利,必将危及中国农村现代化以至整个国家现代化进程。"[2]

---

[1] 住房和城乡建设部课题组:《"十二五"中国城镇化发展战略研究报告》,中国建筑工业出版社 2011 年版,第 66 页。

[2] 陆学艺等:《中国农村现代化道路研究》,广西人民出版社 1998 年版,第 28 页。

2. 人口流动现象不断加剧

中国传统乡村社会历来"安土重迁",人口流动少。费孝通先生说,乡土社会中的人,"土"是他们的命根子,"以农为生的人,世代定居是常态,迁移是变态"。① 新中国成立初期,农村人口的迁移流动在很大程度上受到限制。尽管在"三反""五反"时期、三年困难时期以及"文革"时期有过几次人口流动,但总体而言基本上处于封闭状态,人口流动规模较小。改革开放后,商品化程度的提高、市场经济的确立以及城镇化发展,为人口的自由流动创造了有利条件,越来越多的农民流出乡村,涌入城市。

改革开放以来,农民进城大体上可以分为两个叠加的阶段:第一阶段是从20世纪80年代末就开始的"民工潮",农民进城主要是从事务工经商等活动,其性质主要是劳务输出,农民进城后的身份和户籍不发生改变。这种状况目前依然存在。第二个阶段是1998年以后,随着国家城镇化的提速,国家采取鼓励和支持农民向城市流动,推进户籍制度改革,放宽中小城市落户条件,使在城镇稳定就业和居住的农民有序转变为城镇居民,越来越多的农民通过购房、征地、就业、乡镇转制等多种方式进城,并由农村户口转为城市(镇)户口,实现身份的转变。

农村剩余劳动力的流出,解决了城市建设发展中结构性劳动力短缺问题,有力促进了第三产业的发展;同时也有效缓解了农村人多地少的矛盾,增加了农民和农村收入,为农业农村发展注入了活力。但大量农村青壮年劳动力不断外流,涌入大中城市及其郊区,农村人口显著减少,带来村落的"空心化"、"空巢化"、乡村资源外流、发展动力不足等问题,其中引发的乡村社会变迁一直是社会学关注和研究的重要问题。

3. 乡村治理结构再次重组

传统中国的社会结构存在既"统一"又"分离"的上下两层:上层是中央政

---

① 费孝通:《乡土中国　生育制度》,北京大学出版社1998年版,第7页。

府,设置有一套自上而下的官僚系统;下层是地方性的管制单位,由族长、乡绅和地方实力派人物控制。新中国成立后,国家逐步建立"公社—生产大队"两级乡村政权,采取党政、行政和经济职能合一模式,使"我国乡村人民变成了世界上组织化程度最高的人民,使我国乡村社会成了组织化程度最高的乡村社会"。① 十一届三中全会后,国家对乡村治理结构和治理模式进行重大改革。1984 年,全国恢复乡、村建制,人民公社更名为乡(镇)政府,生产大队更名为行政村;并根据 1982 年通过的《村民委员会组织法》,在全国农村逐步推行村民自治,形成了乡(镇)、村及村民小组三级组织结构和"乡政村治"的政治治理结构。村党支部是村级组织的核心领导;村民委员会是基层群众性自治组织;农工商联合总公司是一种新型的农村组织形式。村民自治在扩大农村基层民主、组织乡村建设等方面,发挥了积极作用。

随着城镇化的发展和户籍制度改革,目前全国许多地方正在推行"村改居"试点工程,即将村委会改为居委会,建立新型农村社区,实现城乡协调发展。如山东省在《关于大力推进新型城镇化的意见》(鲁发[2009]21 号)和《山东省城镇化发展纲要(2012—2020 年)》(鲁政发[2013]4 号)中,提出要积极推进合村并居,实现农村社区建设的全域覆盖。江苏省张家港永联村也在重新理顺乡村治理结构,实现政府、村经济合作社、企业、社区、组织"五个轮子"一起转。② 诸如此类的乡村治理改革,意味着乡村社会治理结构和治理模式正在发生新的转型。

4.农业产业化显著增强

以一家一户为生产单位的小农经济是中国最为典型的传统生产方式,在中国乡村社会中延续近两千年。新中国成立后,国家通过土地改革和农业合作化运动,实现农业社会主义改造,逐步建立与人民公社和计划经济体制相协

---

① 李永芳:《当代中国乡村变迁研究》,中国文史出版社 2003 年版,第 59 页。
② 胡玲玲:《新型城镇化背景下的乡村治理实践——基于张家港永联村实证研究》,《经济研究导刊》2016 年第 13 期。

调的农业生产经营方式,概括起来就是"三级所有,队为基础"。即农村生产资料分别属于人民公社、生产大队和生产队所有,生产队为基本生产单位。社员(生产队成员)共同劳动、按劳分配,农业生产以农产品(含农林牧副渔)为主。

1978年,家庭联产承包责任制的施行,改变了计划经济时代"一大二公"生产经营模式,实现土地归集体所有,经营由农户家庭独立进行,开启了中国经济体制改革的新时代,广大农村生产持续发展,农产品日渐富足,而且随着农村剩余劳动力的转移,乡镇企业异军突起,成为农民分工分业和致富奔小康的拉动力。

20世纪90年代以后,市场经济的逐步建立、新农村建设和城镇化建设稳步推进,农村生产经营方式出现产业化新趋势,在坚持土地承包权不变的情况下,农民通过租赁经营、科技承包、反租倒包等形式,或"企业+农户"、"市场+农户"、"合作组织+农户"等方式,实现适度规模经营,提高土地的产出率和市场化程度。有学者指出:"农业产业化是农村城镇化的直接动力,农村城镇化是农业产业化的空间载体和依托,农村城镇化与农业产业化的协调发展需要我们选择一条适合我国农村现状的产业化发展道路。"[①]《国务院办公厅关于加快转变农业发展方式的意见》(国办发〔2015〕59号)将"以发展多种形式农业适度规模经营为核心,以构建现代农业经营体系、生产体系和产业体系为重点,着力转变农业经营方式、生产方式、资源利用方式和管理方式",作为今后一段时间农业发展的指导思想,预示着在新型城镇化的推进中,农业产业化将是农业农村发展的方向。

5. 生活商品化水准日渐提高

解放前的中国传统乡村社会男耕女织,自给自足,柴米油盐酱醋茶很少依

---

① 陈柳钦、徐强:《促进农业产业化与农村城镇化的协调发展》,《学习论坛》2005年第2期。

赖市场购买。解放之后，随着生产的发展，人民生活逐步改善，但人们衣食住行的商品化程度仍不高，特别是在计划经济时代，国家生活日用品本身就紧缺，对农村的供应量十分有限。人们从市场购买商品，大多仅局限于布匹、煤油、食盐、食糖、火柴、茶叶、烟草等日常生活用品（许多还受到国家和地方票证的控制），以及锹铲、锄头、犁、斧等简单生产工具。改革开放后，工业化和乡镇企业的快速发展，为农村市场提供日益丰富的生产生活用品，除了衣帽鞋袜等穿戴用品外，"食"的方面有如各种副食品、烟酒茶、农产品；"住"的方面有如各种家具、家电；行的方面有如自行车、农用三轮车、小四轮等。农村生活不仅商品化普及程度提高，而且生活用品的现代化程度也紧跟城市步伐，"三转一响"（自行车、手表、缝纫机和收音机）、"三大件"（电视机、冰箱、洗衣机）、小汽车、电瓶车、空调、热水器、电话、手机、网络等逐步占领农村市场，由时尚到再时尚，不断更新换代。

在城镇化过程中，村民日渐转化为"社区居民"，农民的生活方式日益城镇化、城市化、市场化，不仅日常生活消费品依赖市场，就连传统农民赖以生存的最基本条件——粮食也依赖市场。无论是乡村居民（村居）还是城镇社区居民（城居），生活条件越来越接近，农村道路也日渐硬化，自来水成为标配，农村垃圾集中处理成为常态，显示出农村生活条件的改善，也反映出乡村社会生活方式的历史转型。

（四）"四化同步"与乡村社会变迁再加速

党的十八大报告指出："今后要坚持走中国特色新型工业化、信息化、城镇化、农业现代化道路，推动信息化和工业化深度融合、工业化和城镇化良性互动、城镇化和农业现代化相互协调，促进工业化、信息化、城镇化、农业现代化同步发展。""四化同步"发展理念的提出，是党和国家既立足于我国现阶段的基本国情，又着眼于经济社会发展的未来所做出的重大理论创新和战略布局。党的十九大报告未再多提新型城镇化战略，这是"谋局已定，无需多言"。

工业化、信息化、城镇化和农业现代化作为现代化的重要内容，彼此互为条件、相辅相成。其中"工业化处于主导地位,是发展的动力;农业现代化是重要基础,是发展的根基;信息化具有后发优势,为发展注入新的活力;城镇化是载体和平台,承载工业化和信息化发展空间,带动农业现代化加快发展,发挥着不可替代的融合作用"。① "四化同步"的本质是"四化"互动,是一个整体系统,其中,城镇化是"四化同步"发展的"牛鼻子"。"城镇化不仅为工业化、信息化和农业现代化提供发展平台和空间,工业化、信息化和农业现代化的发展成果最后都要归结和表现为城镇化;而且离开了城镇化,工业化、信息化和农业现代化不仅失去了发展的空间载体和重要依托,也失去了发展的动力支持和价值取向。因此,推进四化同步发展的重中之重就是要抓好城镇化"。②

实现"四化同步"、协调发展,对于破解城乡二元结构、推动经济发展方式转变、实现国民经济持续健康发展,具有重要的现实意义。在"四化同步"新的发展时期,乡村社会如何发展、怎样变迁,我们大体可以做出以下预测。

其一,乡村社会不会终结。城镇化的发展大趋势不可阻挡,但城镇化并不意味着要消灭农村、消灭村庄。中国是传统农业大国,绝大部分土地在农村,很大一部分人口依赖并生存于农村。"事实上就目前我们预见能力而言,农村的存在是长久的,这一点无可置疑。"③对于学术界部分学者"唱衰乡村""乡村终结"的论调,湖南省社会科学院农村发展研究中心陈文胜批评指出,这是某些"城里的还乡团们"戴着有色眼镜,将中国乡村简单地与传统乡村、现代城市甚至是西方样本进行对比的认识,带有某种想象的成分。"随着现代化和城镇化水平的不断提高,从长远来看,乡村必然会成为现代社会具有最美好人居环境的地方。回归乡村、回归自然是人类的天然本性,是人类社会发展的必然趋势。"④

---

① 《国家新型城镇化规划(2014—2020年)》,人民出版社2014年版,第3页。
② 丁兆庆:《"四化同步"发展关键是城镇化》,《学习时报》2014年7月21日。
③ 陆学艺等:《中国农村现代化道路研究》,广西人民出版社1998年版,第26页。
④ 陈文胜:《论城镇化进程中的村庄发展》,《中国农村观察》2014年第3期。

其二，城乡统筹发展步伐会进一步加快。"四化同步"、协调发展，一方面意味着通过农村现代化建设，进一步加快农业发展方式转变，不断增强农业综合生产能力；另一方面也意味着通过以城带乡、以工促农，进一步发挥城镇化和工业化对农业现代化的促进和带动作用，推动城乡一体化发展。在新的历史起点上，国家将会依托城市和工业集聚的人才、资金、技术等方面的优势资源，不断加大强农惠农富农的力度，促进农业生产经营的机械化、产业化、集约化、信息化、生态化，不断提升农业现代化水平；同时通过体制创新和政策引导逐步缩小城乡之间经济、政治、社会、体制以及文化上的差别，减少城乡流动的政策性、制度性障碍，实现城乡之间在生活方式和价值观念上的逐步一致，最终消解城乡分治分割的格局。城乡一体化发展是新时期国家经济社会发展的既定目标导向，其政策实施力度无疑会进一步加大。

其三，乡村社会转型会进一步提速加剧。"四化同步"、协调发展，特别是新型城镇化的大力推进，不仅预示着中国社会转型的进一步加剧，也预示着中国乡村结构、生产方式、生活方式、生活水平将不可避免地会进一步加速改变。经过改革开放以来城镇化建设的探索实践，我国城镇化转型发展的基础条件日趋成熟。"改革开放30多年来我国经济快速增长，为城镇化转型发展奠定了良好物质基础。国家着力推动基本公共服务均等化，为农业转移人口市民化创造了条件。交通运输网络的不断完善、节能环保等新技术的突破应用，以及信息化的快速推进，为优化城镇化空间布局和形态，推动城镇可持续发展提供了有力支撑。各地在城镇化方面的改革探索，为创新体制机制积累了经验。"①在此基础上，我们可以预见，我国农村经济社会发展将会进一步向良性互动的城乡一体化方向发展，农村产业化步伐将会进一步加快，农民"市民化"程度将会进一步提高，传统意义上自给自足或半自给的自然经济条件下的农民将走向"终结"。新型城镇化是一个"规划性社会变迁过程"，凭借人类的经验和智慧，这种规划性将进一步加速国家现代化的进程。

---

① 《国家新型城镇化规划（2014—2020年）》，人民出版社2014年版，第13—14页。

新农村建设和新型城镇化建设是推动我国乡村社会深刻变革的两大"引擎",两者既前后相继,又互相叠加,其巨大影响力和战略意义正在不断释放呈现出来,是我们理解乡村社会转型、变迁的关键,更是我们分析乡村记忆保护传承紧迫性的现实前提。同时,我们也可以看到推进城乡档案记忆工程,正是因应当前乡村振兴战略、新型城镇化发展战略建设的重要举措和具体行动。

二、城镇化对传统乡村历史文化的冲击

今天,人们在探讨乡村历史文化(或称传统文化、传统历史文化①)时往往存在两种不同的态度:一种是对"回潮"的担忧,另一种是对流逝的担忧。所谓对回潮的担忧,即是指在改革开放后随着国家对中国传统文化的解禁和减控,以往被视为"封建残余"的乡村家族文化、宗教文化、地方习俗等在一定程度上得以复苏、恢复,其消极影响备受关注。有学者认为:"特别值得注意的是农村宗族在沉寂多年之后,近年来又重新出现,并再度扮演农村社会自我运行中的重要角色,其消极影响是不能低估的。"②所谓对流逝的担忧,即是指在城镇化、工业化、农村现代化进程中,乡村历史文化逐渐"失序""衰落""凋敝""萧条"。如张鸣指出:"如果说,在改革前,农村的传统文化已经只剩下些残余的话;那么,眼下正在走向衰落的农村,原来的传统基本上已经荡然无存。伦理道德、社会规范、信仰和禁忌,如果还没有消失的话,也正在消失之中。"③

---

①　历史文化、传统文化、传统历史文化三个概念之间交叉重叠,又有差别。传统历史文化既可理解为传统、历史、文化三者的合称,又可理解为传统文化、历史文化的合称;传统文化与历史文化彼此关联,很大程度上是重合性的、同义的,都可以和现代文化、当代文化对称,但传统文化多指延续下来的传统,而历史文化既可以包含延续下来的传统,也包含留存记录下来的历史。学者在使用上或有所侧重,或不作区分。为表达意涵的丰富性和简便性,我们这里用"历史文化",既有历史的成分,也有文化的成分,是延传下来的文化(包括传统),也是历史与文化的合称,这样便于和后文的乡村记忆互释。当然,我们也需要根据语境适当变通使用。

②　李永芳:《当代中国乡村社会变迁》,中国文史出版社 2003 年版,第 10 页。

③　张鸣:《乡村社会的下降线——漫谈中国农村的百年变迁》,《武汉大学学报(人文科学版)》2016 年第 2 期。

在城镇化引发的乡村社会变迁格局中,作为乡村社会重要组成部分(有时被学者视为乡村社会全部)的乡村历史文化也必然存在着由传统向现代的转变,而且这种转变是复杂的、多元的,既有回归也有流逝,既有传承也有创新,既有固守也有改造,既有正功能也有负功能,这是文化时代性、变迁性的内在特征。因此,我们需要辩证看待乡村历史文化的转变,一方面要看到今天乡村文化的新发展、新转型,看到乡村历史文化并未陷入"万劫不复"的境地,"希望的田野"仍有希望;另一方面更要看到城镇化(包含工业化等)给乡村历史文化带来的冲击和破坏,看到乡村历史文化对当今社会的价值及其面临的窘境,认识到乡村历史文化在当代的重要性。

(一)村庄消亡带来的整体性流失

瑞士绘本画家约克·米勒(Jörg Müller)的画册《变动中的乡村》(*The Changing Countryside*),用七张图画反映一个村庄在二十年间是如何由一个宁静的小村庄变成了一个小镇,树木、草地、河湖、山丘逐渐消逝,往昔的山清水秀逐渐被超市、汽车、巨大的广告牌取而代之。该画集中文版"起了一个耐人寻味且非常合乎我们时代的书名——《推土机年年作响,乡村变了》"。[①]

与米勒描绘的情景相似,20世纪80年代以来,随着工业化、城镇化的不断加速和一轮又一轮的开发热潮,许多传统村落逐步纳入城镇化发展规划,城镇在不断扩张,而一座座村落却在推土机的隆隆轰鸣中被夷为平地。"改革开放后的今天,在城市化、工业化浪潮带来农村经济社会快速发展变化的同时,许多几百上千年稳固不变的传统乡土文化,也正压缩在最近二十多年的时间中,在'摧枯拉朽'的推土机轰隆隆的声响中湮灭并迅速瓦解。"[②]

对于村落的消失,媒体上有许多报道,虽然针对的对象(行政村、古村落)、地域和时间不同,但都反映出村落消失令人震惊的速度和强度。

---

① 参见熊培云:《一个村庄里的中国》,新星出版社2011年版,第466页。
② 唐晓腾等:《中国乡村的嬗变与记忆》,中国社会科学出版社2010年版,第2页。

中国文联副主席、中国民协主席冯骥才在参加中国北方村落文化遗产保护工作论坛时指出：古村落消失的速度相当惊人，据国家统计数据显示，2000 年时中国有 360 万个自然村，到 2010 年，自然村减少到 270 万个，十年里有 90 万个村子消失了，一天之内就有将近 300 个自然村落消失，而自然村中包含众多古村落。①

根据住房和城乡建设部统计数据，在过去几十年的工业化、城镇化过程中，传统村落大量消失，现存数量仅占全国行政村总数的 1.9%。专家估计，有较高保护价值的传统村落现存不到 5000 个。②

湖南大学中国村落文化研究中心在田野调查中发现，在长江、黄河流域，颇具历史、民族、地域文化和建筑艺术研究价值的传统村落，2004 年总数为 9707 个，到 2010 年锐减至 5709 个，平均每年递减 7.3%，每天消亡 1.6 个。③

国务院发展研究中心主任李伟曾表示，中国古村落数量从 2000 年到 2010 年消失了数十万个，相当于每天消失 300 个村落。④

从农村规模看，中国基层行政村的数量从 1978 年的 690388 个减少到 2011 年的 589874 个，年平均递减 2956 个。⑤

村落是乡村传统文化的承载体、"文化容器"，也是传统文化的生命体。"皮之不存，毛将焉附"，村落（村庄）都不存在了，乡村历史文化自然也难以生存长久，甚至直接消失。正如冯骥才先生所言："我们历史文化的根在村落里，非物质文化遗产绝大部分在乡村，如果乡村没有了，这些文化遗产会全部

---

① 《古村落消亡速度惊人　加大开发力度就是加大破坏力度》，搜狐文化频道，[EB] http://cul.sohu.com/s2012/diyixianchang54/［2012-6-8］。

② 《古村落消亡速度惊人　加大开发力度就是加大破坏力度》，搜狐文化频道，[EB] http://cul.sohu.com/s2012/diyixianchang54/［2012-6-8］。

③ 《传统村落每天消失 1.6 个　城镇化如何留住文脉》，凤凰文化，[EB] http://culture.ifeng.com/a/20140515/40311131_0.shtml［2014-05-15］。

④ 李燕文、田铁流、孙晓说：《文化留住乡愁复兴"空心村"》，《惠州日报》2015 年 12 月 15 日。

⑤ 蔡杨：《城镇化进程中要保护与发展乡村文化》，《前线》2014 年第 6 期。

消失。这仅仅是一半,另一方面我们的少数民族也大部分在乡村,如果村落没有了,这个民族还怎样生存? 这个民族文化还如何保留。"①

(二)乡村治理失灵带来的保护不力

与乡村消亡相比,更为普遍的是乡村"空心化"或"空巢化"带来的影响。在城镇化进程中,随着城乡差距的拉大,农民的"厌农弃农"情绪有所加重,农村劳动力在20世纪90年代末开始呈现"整体性"转移态势,许多家庭举家外迁,同时伴随越来越多的村民转化为"市民""居民",乡村人口流出现象严重,乡村中实际生活人口呈现逐渐减少的趋势,这两方面都导致村落出现越来越多无人居住的"空巢"现象。

虽然有学者认为乡村"空巢社会"的来临"是当前及未来一段时期乡村社会变迁与发展的新常态,没有必要将这一乡村形态与特征悲观地理解为乡村的'空心化',甚或村落的'终结'"。② 但这种"空心化"对乡村历史文化,特别是对传统历史文化遗产保护产生了巨大的冲击。其一,"空心化"意味着乡村资源(资金)的外流,乡村建设,特别是乡村文化遗产保护得不到资金支持,无法更新、修缮、维护;其二,"空心化"意味着乡村精英的流失,有能力的青壮年劳力和有知识的村民纷纷外出,农村留守的只是"386199"(妇女、儿童、老人)部队,不仅农田大量"抛荒",而且村落事务无人管理、无力管理,乡村治理处于"失灵"、缺位状态。"村落主体的生产和生活已经与村落发生了分离,大量的村民大部分时间已不在村庄从事农业生产经营活动,而是要向外流动来寻求营生的机会,村落社会主要由老人和妇女来支撑和维持着。"③村落文化遗产除非列入各级文物保护范围或非物质文化遗产保护范围,否则其保护往往会"无人问津","自生自灭"。

---

① 转引自沈成嵩:《记住乡愁》,《常州高新区报》2014年12月23日。
② 李培林:《村落的终结——羊城村的故事》,参见陆益龙:《后乡土性:理解乡村社会变迁的一个理论框架》,《人文杂志》2016年第11期。
③ 陆益龙:《后乡土性:理解乡村社会变迁的一个理论框架》,《人文杂志》2016年第11期。

广东省博罗县罗阳镇观背村是一个历史悠久的村庄,村中保存着一座700多年历史的古桥——保宁桥,过去每年举办的盛大朝拜会如精神纽带般吸引村民倾情投入,大街小巷锣鼓喧天,热闹非凡;近年来城镇化进程的加快,观背村逐渐成为"空心村",老房子长期闲置,墙体剥落,长满苔藓,破旧不堪,村民用一句顺口溜来形容观背村:"外看是个村,进村不是村。老屋无人住,荒地杂草生。""村落荒废,民风不淳、文化式微,旧村落成了村民心中的隐痛。"①

位于安徽省徽州区呈坎镇东南部山区的灵山村,始建于后唐时期,依山而建,四周竹林环绕,是典型的桃源村庄。中国艺术研究院文化人类学者汪欣在调研时发现,该村落虽隐藏于深山、交通不便,受外界影响小而保存着古朴的风貌,但也终因贫穷和空巢化呈现日渐颓败之势。"在古村落普遍商业化和被彻底摧毁的今天给我们带来了一份惊喜。只是惊喜难掩失落和担忧,村落的淳朴中透着衰败。空落落的村庄宅院,即使有潺潺溪水和虫鸣鸟啼相伴,也不免失落。这样的古村落在中国还有很多。他们没有死去,他们即将死去,他们将何去何从?"②

(三)乡村过度开发带来的建设破坏

与村落缺乏保护相对应,村落过度开发是城镇化过程中乡村历史文化遭受的另一重大"伤痛"。

伴随着城镇化和市场经济的发展,"开发乡村历史文化资源,服务经济建设"成为时代的主旋律,各地纷纷出台政策,引导和鼓励社会资本进入历史文化资源富集较为深厚的村落、乡镇,发展旅游业和特色农副产品加工业,推动地方经济发展。而不少乡村受到经济利益的驱动,存在急功近利的思想,对于历史文化名村、名镇往往只重开发,轻视保护,一味地追求经济利益,造成过度

---

① 李燕文、田铁流、孙晓说:《文化留住乡愁复兴"空心村"》,《惠州日报》2015年12月15日。

② 汪欣:《传统村落与非物质文化遗产保护》,知识产权出版社2014年版,第93—94页。

开发,对乡村历史文化资源产生严重破坏。如有些乡村,农家乐开发盲目泛滥,对原有的房屋大拆大建、农田无休止地被占用、传统手工艺肆意变化,导致乡村文化的扭曲与失真;有些村庄为了发展经济,不顾及乡村实体环境的容量随意开发,许多有价值的房屋、街道遭到破坏,甚至去除真文物,大造假建筑,搞得不伦不类,毁坏了乡村原有的历史风貌,导致乡村文化资源价值链的断裂。

对于乡村过度开发带来的问题,国家有关部门领导和专家学者曾多有批评,并提出纠正要求。国家发改委城市和小城镇中心研究员易鹏曾指出,要警惕城镇化建设中粗放化倾向,"在城镇化进程中,一些地方通过简单地盖楼房、修马路、发展工业、建设项目,从而实现城镇的扩张。如果仅仅局限于此,则是粗放型的城镇化,很容易造成千城一面。虽然一段时间内经济指标上去了,但城镇的内涵丢失了,家乡的味道没有了,城镇发展的后劲并不充足"。①

冯骥才先生对乡村历史文化的保护和利用一直给予高度关注,针对乡村旅游开发中村落文化造成的二次破坏以及"规划性"破坏,他说:"我特别反对开发这个词,这是一个非常粗暴的说法。保护与利用才是符合文化规律的做法。开发就需要赚钱,就被纳入了经济规律,加大开发力度,也就预示着加大了破坏力度,这是很多人都没有想到的。现在,很多非遗一旦进入了名录,当地政府就放心了,也就不管了,更多地被政绩化、产业化,其实这样反倒加快了这些非遗的消失速度。"②他认为保护与利用才是对传统村落文化遗产的最好保护,"适当开发有必要,但要有度",要多考虑村落的历史形象、文化形态和独特性,同时还要建设新的乡村文化生活,要统一考虑、相互协调,不要对立,更不能"除旧更新"。③

---

① 《传统村落每天消失 1.6 个　城镇化如何留住文脉》,凤凰文化,[EB] http://culture. ifeng.com/a/20140515/40311131_0.shtml[2014-05-15]。

② 参见《古村落消亡速度惊人,加大开发力度就是加大破坏力度》,搜狐文化,[EB] ht-tp://cul.sohu.com/s2012/diyixianchang54/[2012-06-08]。

③ 《传统村落保护要防止二次破坏》,人民网,[EB] http://culture.people.com.cn/n/2014/1101/c172318-25952606.html[2014-11-01]。

过犹不及,过度开发与缺乏保护一样,同样是乡村历史文化保护中遇到的问题,这一问题也是乡村社会"重经济、轻文化",乡村历史文化保护与经济发展不平衡现象的反映。

(四)生产生活转变带来的隐形"淘汰"

文化是在一定历史时期社会生产生活方式的基础上产生的,也是对这一时期社会生产生活方式的反映和体现。城镇化建设在促进传统乡村生产生活方式转型变迁、加速城市文化扩张和乡村文化更新发展的同时,也必然导致村落历史文化的式微。与乡村消亡、缺乏保护与过度开发等对乡村历史文化带来的显性冲击破坏相比,乡村生产生活转型带来的冲击更具有潜在性、自然性,往往在不知不觉中加快了乡村历史文化的消解和"淘汰"。

1. 机械化对传统耕作方式和劳动工具的淘汰

我国传统乡村社会是典型的农耕社会,其基本特征就是依靠较为简单的劳动工具和一定的畜力(主要是耕牛、骡子、驴子),以家庭为单位(新中国建立后至改革开放前一度实行以村落为单位,集体劳动)进行精耕细作,对自然的依赖性较强。20世纪80年代以来,随着城镇化发展、农村人口大量外流、新农村建设推进,农业机械得到快速推广使用,对传统农业产生"颠覆性"冲击。农村耕牛的饲养和使用日渐减少,精耕细作的田间劳作不再日常,各种传统的农耕工具多已不用,年轻人对"耕读传家崇文尚礼"的家风家训也缺少敬畏,传统"面朝黄土背朝天"的农耕文明正在向现代工业文明和城市文明转变。

耕牛是农耕文明时期的代表,具有典型的农耕文化象征意义。"三十亩地一头牛,老婆孩子热炕头"被视为农耕文明时代的理想生活。在农业机械化的推广下,耕牛的饲养越来越少,同时与牛相关的农具农俗也逐渐在消失。李虎2012年在对广西马山县永州镇壮族村庄伏台屯调研时发现,耕牛在壮族人的生计生活中是至关重要的,犁地耙田不可缺少;但现在,许多农户因劳动力外出,农业耕作已越来越多地使用拖拉机、联合收割机等,"伏台(屯)农业耕作中现代农具的使用比率越来越高,使用范围也越来越广"。与此相关联,耕作山歌、传统敬牛节及其相关祭祀仪式也渐趋消失。在失去耕牛的时代,乡村历史文化是否意味着"脱胎换骨"呢?

2. 商品化对传统农产品和传统手工艺品的淘汰

城镇化与商品化相伴而生,相伴成长。在城镇化提高过程中,农村的商品化程度也随之提高,对乡村历史文化产生双重影响。一方面,它推动、激发农业产业化发展,使具有市场潜力的地方特色传统农产品和手工艺品可以大规模地生产和销售,由此扩大乡村历史文化的影响力和辐射力;但另一方面,它也会导致许多地方特色的传统农产品和手工艺品因未能有效产业化而受到排斥、挤压,并退出我们的生活领域,渐致失传。在今天的乡村生活中,村民生活的许多食品、用具已不再自己加工生产,而是依靠从市场购买;各类乡村传统的手工制作、乡间技艺绝活等因无人继承正在逐渐消失。我们在调研中就发现,乡村传统的木匠、瓦匠、箍桶匠、茅匠、石匠等近乎"绝迹",许多非物质文化遗产如果不是政府采取及时的保护措施,也"难逃厄运"。现在人们经常说"乡村社会与城市生活没什么两样",这既意味着乡村现代化生活水平的提高,同时也折射出农村对市场的依赖性增强,反映出作为乡村历史文化符号的传统产品正日渐消失。

3. 现代化对传统生活方式和生存仪式的淘汰

乡村社会的城镇化、现代化在改变人们衣食住行的同时,也在冲击着乡村的历史文化。村民生活所居住的房屋、老街旧巷正逐渐消失,逐步被现代化的平房、楼房所代替。老年人称旧宅为"老房子",中年人称旧宅为"旧房子",而青年人称旧宅为"鬼房子",结婚成家都在城里、镇上买房子,脱离了往昔袅袅炊烟、小桥流水、庭院鸡舍的乡居生活。乡村的各种生活仪式,如红白喜事、婚丧嫁娶、生日满月等也是越来越现代,虽然存在人们经常批判的"大操大办"、陋习"死灰复燃"、迷信之风猖獗等现象,但其中隐含的"商业性""表演性"和

"娱乐性"成分已越来越重,仪式中的宴请接待多已在城里镇里的饭店、餐馆举行;而且越来越多的乡村年轻人也和城市人一样,对传统节日逐渐疏淡,更多地推崇情人节、圣诞节等"洋节日",婚礼、生日等活动已成为"中西合璧"的现代版。

（五）乡村教育疏离带来的传承断代

陶行知先生曾说:"中国乡村教育走错了路! 他教人离开乡下向城里跑",今天这一问题依然存在,而且更显突出。改革开放以来,我国农村基础教育虽然得到飞速发展,比如全面推行义务教育、全方位推进希望工程等,农村孩子的入学率普遍提高,学习条件得到较大改善。但一个不容忽视的现象就是随着城镇化的发展,越来越多的农村孩子离开乡村进城读书,乡村教育的学校越来越"小"、也越来越少,学生越来越少,老师越来越"老"。2009 年 6 至 8 月,《华商报》两名记者对陕北、关中、陕南近 20 个县 40 所乡村学校进行走访,对农村教育严重的衰败现象进行报道和反映:榆林市清涧县下二十里铺乡向阳小学,"4 个教师、1 个娃娃";商洛市山阳县漫川关镇同安小学,20 世纪 80 年代末,有 150 多名学生,现在只有 20 多人;延安市延川县文安驿镇中心学校,2001 年有 300 多名学生;2003 年"普九"设了初中,在校生人数过千,从 2005 年开始,学生就逐渐流失,现在只有 80 名学生,"平均一个娃娃占地 1 亩";商洛商州区上官坊乡南宽坪村村民涂根庆的老家原有 4 所学校,现在只剩一所,"没有上学的娃了"。陕西各地农村校点撤并力度一个比一个大:山阳县如今剩了 499 所学校,计划到 2011 年还要撤 63 所;宁陕县从 1999 年的 83 所中小学、122 个教学点,撤并到现在的 48 所中小学、10 个教学点;吴起县 2005 年农村共有 185 所小学,到当年下半年时就剩了 10 所;延川县更是"决绝",县辖 8 镇 9 乡,只在县城和永坪镇设有中学。① 乡村学校"撤点并校",孩

---

①　孙强、刘海宏:《走向空壳的乡村学校——乡村教育调查报告》,《华商报》2009 年 11 月 9 日。这是 2009 年的记者调研,到 2017 年底也许更少。

子进城上学,在推进教育现代化和均等化的同时,也给乡村历史文化带来极大的冲击。

《人民日报》曾发表文章指出:学校的教学体系逻辑和工业化、城镇化发展相匹配,却与村落"自然生长性"完全不同,并以"文明性"和"现代性"话语,向农家子弟传达出一种"城市中心主义",使教育在村落中所扮演的"人才抽水机"角色由"消极"变为"积极",且愈显正当。① 乡村教育的疏离(抽离),不仅使农村子女发生知识体系上的转型,同时也使他们(她们)在情感上与乡村历史文化日渐疏远。其一,乡村孩子进城上学,只有周末才回到农村,"寒暑假小孩基本上都会去父母务工的地方",因此能够参加农业生产劳动的孩子很少(甚至连他们的父母也不再长期从事农业劳动)。缺乏日常的乡村生产生活教育,他们对农时、农事没有亲身的体验感和亲切感,难以理解和认同"昼出耘田夜绩麻,村庄儿女各当家;童孙未解供耕织,也傍桑阴学种瓜"的乡村生活况味。其二,乡村孩子与乡村的疏远,也使他们脱离乡村传统的生活环境,对乡村儿童传统的文化娱乐方式缺少接触和参与的机会。踢毽子、丢沙包、跳皮筋、玩花棒、捉迷藏、抓小子、跳房子等乡村儿童游戏不再成为日常;听奶奶讲牛郎织女故事、听爷爷讲农村谚语、和同伴唱乡村儿歌也难得机会。在缺少乡村游戏的世界里,乡村小孩往往从事实上和情感上导致对乡村历史文化的遗忘。其三,乡村教育的疏离,也意味着乡村教师的"退场"。乡村教师作为乡村文化精英,一直担负着乡村历史文化和乡村历史传承者、建构者、普及者的角色,"农家子弟只有在作为'镜像'的乡村教师中介下,才能在耳濡目染间逐次学会走出村落的'普遍性知识',才能在日常生活中内化'地方性知识'"。"前者是'习得'的间接经验,而后者是'生成'的直接经验。"② 乡村教师的缺失,不仅阻断了乡村孩子获取广泛"地方乡土知识"的机会,而且难以获得对村落与地方的历史认知。

---

① 李涛:《乡村教育需要留住"精神之根"》,《人民日报》2015 年 9 月 10 日。
② 李涛:《乡村教育需要留住"精神之根"》,《人民日报》2015 年 9 月 10 日。

鲁迅在《故乡》中说:"闰土的心里有无穷无尽的稀奇的事,都是我往常的朋友所不知道的。他们不知道一些事,闰土在海边时,他们都和我一样只看见院子里高墙上的四角的天空。"对乡村教育的疏离,是否也意味着进城学习的乡村孩子"只看到院子里高墙上的四角的天空",而缺少了对广阔田野的体验和对乡村历史文化的体认。

(六)"城市病"蔓延带来的商业侵染

城市病是城市发展过程中呈现出来的一些消极的、不利的现象和后果,是"城市生存发展过程中普遍出现的城市各种要素之间严重失调的现象,而且是被大多数人公认为消极的、必须尽力去解决的问题"。[①] 有学者指出:中国乡村发展存在的各种问题,出现在乡村,但根子却在城市和工业。从某种程度上而言,以空心化、空壳化、灰色化等为表征的乡村病,是城市病和工业病在乡村的蔓延。[②] 城市病在乡村蔓延的主要表现就是以商业化、功利化为导向的价值观念对乡村历史文化的浸染。

1. 小区名称"洋化"现象严重

近年来,"千城一面""千村一面"现象已广受社会诟病。2015年,全国两会期间,中国书法家协会副主席言恭达委员在接受采访时指出:在我国的城镇化进程中,"重开发建设,轻文化传承"的现象时有发生,主要表现在:千村一面,特点消失;改造不当,破坏文化;缺乏内涵,难以传承。很多地方的建筑形式在不知不觉中抛弃了中国元素,许多村镇在改造之后,"长"得一模一样,原有村镇个性化的空间布局、建筑风格荡然无存。[③] 与此同时,"洋地名"泛滥,"曼哈顿""泰晤士"扎堆出现,"维也纳""地中海"层出不穷,什么创意英国、

---

① 邓伟志主编:《当代"城市病"》,中国青年出版社2003年版,第9页。

② 陈文胜:《城镇化进程中的乡村变局与评判》,《武汉大学学报》2017年第1期。

③ 言恭达:《城镇化更需要传统文化》,求实网,[EB] http://www.qstheory.cn/culture/ 2015-06/30/c_1115772500.htm[2015-06-30]。

香榭丽舍、挪威森林、阿拉丁花园、玛雅生活馆、波西米亚花园、名古屋、戛纳风情街、泰晤士小镇……令人眩晕,让人产生"错把家乡当异域"之感。

洋地名泛滥也波及到乡村地区,一些开发区或新改造地区,已不再称"张家村""李家宅",小区内有一个小池塘,就叫"威尼斯水城""金色水岸";有个小山包,就叫"富士山庄""阿尔卑斯山庄";要不就是"加州花园""维也纳森林""曼哈顿广场"。一些专家和媒体分析称,各种"大、洋、怪、重"名称的出现,根本就在于对商业利益的追求。"从深圳的星河丹堤到苏州的伊顿小镇,高档住宅区的开发商们利用外国名称以及他们所传递的一种现代国际生活方式的形象来吸引中国重视身份的中产阶级。"①

2.民俗活动商业气息浓厚

在城镇化过程中,村落原本整体和谐的人居环境遭到破坏,村落文化的传统价值被现代城市价值观念所取代,许多民俗活动在此内外生存环境的改变中发生了异化,其中一个重要特征就是民俗活动的商业化。村落、古镇为发展经济和旅游业,盲目的举办各种文化节和旅游节,村落特色文化沦为旅游发展的陪衬,传统的民俗活动成为最易改造、最具噱头的滥用对象,直接导致民俗活动失去其原生态性和纯粹性,弱化了民俗活动所要传递的文化精神,而成为纯粹的程式性表演。② 如浙江湖州荻港村内祭拜鱼神、放鱼灯等各种鱼文化活动慢慢呈现出强烈的实用性和商业性,村委会有计划地组织筹备,大多为了表演而举办,而不再具有更多的文化认同和精神归属的意义。③ 同时,商业性元素的侵入使得民俗活动表演不再是单纯村落历史文化和价值观念的展示,而是希望通过随之而来的特色商品交换来获得物质上的满足。如内蒙古的那

---

① 殷夏编译:《英媒关注中国叫停"洋地名":实施效果有待观察》,中国新闻网,[EB]ht-tp://www.chinanews.com/sh/2016/03-25/7811142.shtml[2015-03-25]。

② 肖灿:《客家民俗舞蹈及其在新时期的发展趋势——以梅州地区为例》,《艺术探索》2013年第4期。

③ 邓黍心、伽红凯:《城镇化进程中传统村落文化的传承与保护——以湖州荻港村为例》,《安徽农学通报》2017年第6期。

达慕大会高潮不是摔跤和赛马,而是民族特色展品的展销。民俗活动商业化的后果是村民对传统村落文化的认同、虔诚、尊重逐渐淡漠,成为商业性"狂欢"的合谋者,渐渐失去保护传统村落文化的自觉与自律。

3. 人际关系功利性变强

传统中国乡村社会是一个熟人社会。村落作为乡村人口的生活共同体,各家各户祖祖辈辈在此繁衍生息,彼此之间相互守望,知根知底。"村民之间会基于地缘关系、血缘关系、姻亲关系形成较为密切的情感与道义联系",彼此重义轻利,通过人情礼俗,实现人际交往的礼尚往来和互助互惠。"乡村社会的村民之间既有进行情感联系的基础和需要,同时也有维系情感联系的责任和义务。"①

在市场经济和城镇化的冲击下,乡村社会的人情关系愈渐疏离,在一些新兴城镇地区,社会结构正逐步由熟人社会向陌生人或半陌生人社会转变,同时乡村传统的价值观念也在发生着深刻变化,"情退利进"现象日渐严重。在利益的驱动下,乡土伦理逐渐被市场伦理所取代,人们之间的交往规则不再是"守望相助",而是以利益为准则,挣钱几乎成为乡村生活的主要内容,曾经农忙时期互帮互助的现象已经消失,取而代之的是雇佣本村人、外村人进行劳作或雇请机械化耕作。村民原有的生存方式、思维方式、处事方法、邻里关系甚至是说话方式也都在改变,对乡村的归属感和依赖感慢慢减弱,更不可能会产生对乡村历史文化保护传承的自觉。②

三、乡村记忆流逝与记住乡愁的呼唤

费孝通先生指出:"人的当前是整个靠记忆保留下来的'过去'的累积。

---

① 陆益龙:《后乡土性:理解乡村社会变迁的一个理论框架》,《人文杂志》2016 年第 11 期。
② 参见李美红:《新型城镇化进程中乡村传统文化保护与传承研究》,福建师范大学 2016年硕士学位论文。

如果记忆消失了、遗忘了，我们的'时间'就可说阻隔了"；"人靠了他的抽象能力的象征体系，不但累积了自己的经验，而且还可以累积别人的经验。上边所谓那套传下来的办法，就是社会共同的经验的累积，也就是我们常说的文化。文化是依赖象征体系和个人的记忆而维持着的社会共同经验。这样来说，每个人的当前，不但包括他个人过去的投影，而且还是整个民族的过去的投影。历史对于个人并不是点缀的饰物，而是实用的、不可或缺的生活基础。"①费老的这番话不仅揭示出记忆对人类生存的重要性，更揭示出记忆对文化、历史维系的重要性，以及记忆与历史、文化的累积性关系。只有记忆才能维持人类社会共同的历史、文化经验积累，并成为人类生存不可或缺的生活基础和精神支柱。在城镇化飞速发展、社会加剧转型的时代，对乡村历史文化的冲击和破坏就意味着乡村记忆的流逝，意味着我们与过去的"阻隔"，意味着我们的生活根基和精神支柱受到了动摇，当下社会对记住乡愁的呼唤，正是对这种状况的回应与反响。

（一）乡村记忆是乡村历史文化的累积

历史文化既可以作为单称，即历史上传承下来的具有传统意义的文化，一般与现代文化、当代文化对称，亦称传统文化。历史文化也可以作为合称，有历史的成分，也有文化的成分。历史与文化两者高度关联，但又各有所指。文化是人类历史经验、历史特征的沉淀与体现，但历史则更侧重于人类活动的过程记录，两者不能相互包涵，也不能用单一抽象性概念来概括，往往采用合成性的便宜称谓，既泛指过去的历史，也泛指过去的文化。本书将乡村历史文化作为一种合成性概念，以便于考察乡村记忆与乡村历史、乡村文化之间的关联。理解乡村记忆与乡村历史、乡村文化之间的关联，对我们把握乡村记忆的深刻内涵，理解乡村历史文化遭受冲击破坏后乡村记忆的流逝与阻断有着认识上、逻辑上和理论上的必要。

———————

① 费孝通：《乡土中国　生育制度》，北京大学出版社 1998 年版，第 19—20 页。

1. 乡村记忆与乡村历史

对于记忆与历史,人们有许多表述,概括起来大致有两种不同的观点:一种观点认为记忆与历史相对,记忆是活的,是由现存各种社会群体所承载和表现的;而历史是死的,是与我们没有关系的过去。如莫里斯·哈布瓦赫就曾指出历史是我们所记住的,但和我们没有有机关系的过去,而集体记忆是构成我们认同的活生生的过去。法国历史学家皮埃尔·诺拉在《记忆之场》中也认为"记忆和历史远不是同义语","一切都让它们处于对立状态":

> 记忆是鲜活的,总有现实的群体来承载记忆,正因为如此,它始终处于演变之中,服从记忆和遗忘的辩证法则,对自身连续不断的变形没有意识,容易受到各种利用和操纵,时而长期蛰伏,时而瞬间复活。历史一直是对不再存在的事物的可疑的、不完整的重构。记忆总是当下的表象,是与永恒的现在之间的真实联系;历史则是对过去的再现。记忆具有奇妙的情感色彩,它只与那些能强化它的细节相容;记忆的营养源是朦胧、混杂、笼统、游离、个别或象征的回忆,它容易受各种移情、屏蔽、压制和投射的影响。历史是世俗化的思想活动,它要求采用分析方法和批判性话语。记忆把回忆放置在神圣的殿堂中,历史则把它驱赶下来,它总是让一切都回归平凡。默不作声的记忆来自跟它紧密相连的群体,或者按哈布瓦赫的说法,有多少个群体就有多少种记忆;从本质上说,记忆既不断繁衍又不断删减,既是集体、多元的,又是个体化的。相反,历史属于所有人,又不属于任何人,这就使得它具有某种普世理想。记忆根植于具象之中,如空间、行为、形象和器物。历史关注的只有时间之流、事物的演变及相互关系。记忆是绝对和纯粹的,历史只承认相对性。[①]

---

① [法]皮埃尔·诺拉:《记忆与历史之间:场所问题》,[法]皮埃尔·诺拉主编:《记忆之场:法国国民意识的文化社会史》,黄艳红等译,南京大学出版社 2015 年版,第5—6页。

另一种观点则认为历史是记忆的一部分,它存在于记忆之中。如德国历史学家耶尔恩·吕森(Jörn Rüsen)指出:"很多人自然而然、不假思索地认为历史应为一种形式的记忆。他们认定历史著作的一项中心任务——也许甚至是仅有的任务——是保存和传承记忆。这个假定有着古老的先例。在希罗多德《历史》的开篇之句中,他告诉我们,这部作品的目的在于:'使之不致由于年深日久而被人们遗忘,为了使希腊人和异邦人的那些值得赞叹的丰功伟绩不致失去它们的光彩。'"①

对历史与记忆之间关系的认知差异,源于我们心目中对"历史"和"记忆"的理解。历史我们可以作两种理解,即"本原的历史"和"文本的历史",或者称"根基性历史"与"建构性历史"。本原的历史是实际发生的过去,是原初的历史或元历史;而文本的历史则是我们对于发生的过去的重构,是我们书写的历史。当我们把历史看作是文本的历史时,我们会发现历史是记忆的结果;当我们把历史视作本原的历史时,我们则会发现,没有记忆,我们便不能了解和把握过去,我们的记忆大多是原本发生的过去。

历史是记忆之源,又是记忆之果。因为真实发生的历史已成过去,我们只有通过记忆来留存过去,"记忆涵盖了所有涉及过去的领域,因此包括历史,在这里,历史既作为主题,又作为召回过去的方式——这种召回是通过在人类活动的文化构架内赋予过去以生命的方式进行的"②。"历史无非是人的行为及其回忆交融的结果。历史借助回忆赢得其形态。"③由此观之,乡村历史即是乡村记忆,它依赖记忆而留存,同时也构成记忆的内涵。

2. 乡村记忆与乡村文化

乡村记忆和乡村文化也存在多层次交错融合。一方面,我们可以说乡村

---

① [美]阿兰·梅吉尔:《记忆与历史》,赵晗译,《学术研究》2005 年第 8 期。

② [德]吕森:《历史秩序的失落——在现代性、后现代性与记忆讨论的交叉点上的历史研究》,胡传胜译,《学海》2001 年第 4 期,第 31—37 页。

③ [德]扬·阿斯曼:《文化记忆》,金寿福、黄晓晨译,北京大学出版社 2015 年版,"译后记"第 375 页。

文化是通过记忆凝练、累积而成的,记忆是文化的形成和维系机制。扬·阿斯曼曾说:"文化不是刀光剑影的结果,而是人类记忆长期积存、维护、传播知识的结晶。"①另一方面,我们也可以把各种乡村文化现象视为乡村社会的记忆。孙德忠说:"无论何种意义、何种层次、何种样态的文化,都首先和直接是人们关于社会生活、关于人的活动方式和生存样式的记载、记录、记忆。"②阿莱达·阿斯曼、扬·阿斯曼也提出"当文化'为自身创造一种独特的模式'时,人们可以说,文化是一种记忆"。③

传统作为文化的典型样态,更具有社会记忆的性质。爱德华·希尔斯(Edward Shils)指出:"要成为一个传统,并保持其作为传统的地位,一种思想或行为之范型必定已被人们所牢记。"④记忆在延传传统的同时,传统也就作为外在于人的文化产物,成为人类记忆的结果和外在物,是人类记忆重要的表现形式和具体内涵。"就是这种记忆链和吸收记忆的传统链使社会得以在变化中不断重复其自身。"⑤

从对乡村记忆与乡村历史、乡村文化关系的阐释中,我们可以看到一方面乡村历史、乡村文化依赖于乡村记忆才能留存,记忆是历史、文化的传承机制,没有记忆,乡村便不再有历史、不再有文化;另一方面乡村记忆也是乡村历史、乡村文化的凝结和总和,对乡村传统历史文化的冲击和破坏,就是对乡村记忆的冲击和破坏,其结果就是乡村记忆的流逝与阻断。

乡村记忆不是乡村历史与乡村文化的"交集",而是乡村历史与乡村文化的"并集"。乡村的各种神话、传说和骗局、谎言,不能算作乡村历史,但可称

---

① ［德］扬·阿斯曼:《文化记忆》,金寿福、黄晓晨译,北京大学出版社 2015 年版,"译后记"第 375 页。

② 孙德忠:《社会记忆论》,湖北人民出版社 2006 年版,第 125 页。

③ 参见冯亚琳、［德］阿斯特莉特·埃尔主编:《文化记忆理论读本》,余传玲等译,北京大学出版社 2012 年版,第 22 页。

④ ［美］爱德华·希尔斯:《论传统》,傅铿、吕乐译,世纪出版集团、上海人民出版社 2009 年版,第 180 页。

⑤ ［美］爱德华·希尔斯:《论传统》,傅铿、吕乐译,世纪出版集团、上海人民出版社 2009 年版,第 180 页。

为乡村文化,可以纳入乡村记忆的范畴;同样,乡村历史人物、历史事件等,不能算作乡村文化,但却属于乡村历史,也属于乡村记忆的范畴。因此,我们说乡村记忆是乡村历史文化的积淀,但这并不等于说乡村记忆与乡村历史文化没有差别。乡村历史文化往往存在先进与落后、优秀与糟粕、正当与非正当之分,而乡村记忆却没有这种价值上的判定,只存在长远与短暂、主流与非主流、真实与虚假之分。由此观之,"乡村记忆"并非是个多余的概念,它与乡村历史文化存在分析取向上的不同,这正是"记忆工程"所意图表达的功能追求。

(二)乡村记忆的社会功能

孙德忠在《社会记忆论》中从认识运动、规范调节、社会发展和自觉批判四个方面考察了社会记忆的功能,并认为"社会记忆是一种极其广泛几乎触目皆是的社会现象","它对于人类认识的形成和积累、文化的传承和流变、社会的启蒙与控制、历史的横向伸延和纵向深入等,都具有极其重要的推进机制和强化功能"。[1] 杨同卫等在谈到城镇化过程中乡村记忆的保存与保护时,更是直接针对乡村记忆的功能进行了阐释,指出"乡村记忆对于乡村社会的存在有着极为珍贵的价值和意义,是乡村共同体内的'精神家园'",乡村记忆具有文化规约、心理安慰、心灵净化等功能或作用。[2] 社会学认为社会或文化事项的功能是多元的,有显功能与潜功能、正功能与负功能之分,而且需要在不同的系统结构(体系、环境)中加以分析。在乡村社会场域中,结合本课题分析的需要,我们可以看出乡村记忆主要具有以下功能。

1. 身份认同功能

认同或社会认同是指一个人对他或她是谁的定义,包括个人属性和与群体共同拥有的属性。作为人的一种主体活动,认同有一个由浅入深,逐渐发展

---

① 孙德忠:《社会记忆论》,湖北人民出版社 2006 年版,第 158 页。

② 杨同卫、苏永刚:《论城镇化过程中乡村记忆的保护与保存》,《山东社会科学》2014 年第 1 期。

的过程。初级层次认同是一种本能上的认同,如血缘认同、种族认同、地域认同等;中级层次认同是指情感上的认同,即人们对组织产生的信赖、追随等;高级层次认同则是理智上的认同,是在理性指导下的自觉。

认同功能的产生及其实现,都有赖于记忆,特别是在初级层次和中级层次的认同中,扬·阿斯曼指出:"分享了某一集体的集体记忆的人,就可以凭此事实证明自己归属于这一群体,所以,集体记忆不仅在空间和时间上是具体的,而且,我们认为,它在认同上也是具体的,这即是说,集体记忆完全是站在一个真实、活生生的群体的立场上的。"①在《历史与记忆》中,勒高夫也指出:"记忆是构成所谓的个人或集体身份的一个基本因素,寻求身份也是当今社会以及个体们的一项社会活动,人们或为之狂热或为之焦虑。"②

乡村记忆的认同功能更多地表现为一种本能的和情感的认同,是对我们获得归属感、身份感、根源感的认同。如麦金太尔(Alasdair MacIntyre)所言:"我自己的生活史总是被纳入我从中获得自我认同的那个集体的历史之中。我是带着过去出生的……所以我的根本部分就是我所继承的那些东西即一种特定的过去,它在一定范围内存在于我的历史之中。"③正是由于乡村记忆的存在,我们才会对乡村产生"故乡""故土""故园"的依恋感,这既是对乡村的认同,也是对乡村的眷念。

2. 群体维系功能

记忆可分为个体记忆和社会记忆,社会记忆总是与特定群体相关联。哈布瓦赫最先用"集体记忆"来表达社会性记忆,提出"每一个集体记忆,都需要得到在时空被界定的群体的支持"。④ 社会记忆既然需要特定群体来支持,那

---

①　[德]扬·阿斯曼:《文化记忆》,金寿福、黄晓晨译,北京大学出版社 2015 年版,第 32 页。

②　[法]雅克·勒高夫:《历史与记忆》,方仁杰、倪复生译,中国人民大学出版社 2010 年版,第 11 页。

③　[德]阿拉斯戴尔·麦金太尔:《追寻美德》,转引自[德]哈拉尔德·韦尔策编:《社会记忆:历史、回忆、传承》,季斌等译,北京大学出版社 2007 年版,第 11 页。

④　[美]刘易斯·科瑟:《莫里斯·哈布瓦赫》,载[法]莫里斯·哈布瓦赫:《论集体记忆》,毕然、郭金华译,上海人民出版社 2002 年版,"导论"第 40 页。

么特定的社会记忆也就必然对特定群体产生认同、凝聚、团结和维系的力量。"无论是文字还是以文字为媒介的各种文化活动,它们最为重要的功能是通过回忆来确保相关群体的维系。"①

乡村记忆是村落共同体形成和发展的基础,也是维系村落共同体存在的重要力量。在村落社会中,基于长期共同生产生活经验而形成的村落记忆和村落认同,使乡村社会形成一个命运共同体,彼此守望相助、贫困相恤,虽然在传统社会中存在着剥削和被剥削的利益冲突,但仍能体现出亲和、团结的特征,特别是在村落之外的世界中,基于乡村共同记忆的群体认同和凝聚表现尤为突出。如在旧中国的城市,存在各种地缘性帮派,如徽州帮、苏北帮、扬州帮等,就是因共同记忆和地域想象而结成的地缘组织。再如,在古代徽州社会,明嘉靖三十年(1551)程尚宽、戴廷明等编订的《新安名族志》,刊布全国,对维系徽州商帮力量、增强徽州人的凝聚力、塑造徽州社会地域想象起到重要作用,连近三百多年后的胡适先生都曾自豪地说"我是安徽徽州人"。

3. 情感抚慰功能

中国有句古话叫"老乡见老乡,两眼泪汪汪",这既是因为老乡对老乡的认同,同时也是因为老乡和老乡之间都怀有对家乡、故土的共同眷念。费孝通先生指出,"长期以来,依托于乡村生活的农民,以乡土为根基,以乡情为纽带,形成了难以割舍的恋乡情结"。② 乡村记忆(乡土记忆)对人们"去国怀乡"的恋乡情结可以起到心理调节作用,给人以心灵的抚慰。

社会记忆总是与情感交织在一起,它富藏着情感,是群体情感选择、凝结、积淀的结果,同时也是群体成员对历史的一种情感体验过程。古罗马思想家奥古斯丁(S. Aurelius Augustinus)说,我们记忆的"府库"中保存着各种影象

---

① [德]扬·阿斯曼:《文化记忆》,金寿福、黄晓晨译,北京大学出版社 2015 年版,"译后记"第 372 页。

② 费孝通:《乡土中国》,转引自赵旭东等:《乡土社会秩序的巨变——文化转型背景下乡村社会生活秩序的再调适》,《中国农业大学学报(社会科学版)》2017 年第 2 期。

(像),可是"如果在记忆中除了符合感觉所留影象的字音外,找不到情感的概念,我们也不可能谈论。这些概念,并不从肉体的门户进入我心,而是心灵本身体验这些情感后,交给记忆,或由记忆自动记录下来"。① 与此相关联,人们对记忆的调取、激活也是由于情感的需求。赵静蓉指出:"怀旧总被想象成一种不言而喻的感觉,它是某种朦胧暧昧的、有关过去和家园的审美情愫,不仅象征了人类对那些美好的、但却一去不复返的过往的珍视和留念,还暗含了人类的某种情感的需求和精神的冲动。"②

乡村是人们回忆的空间架构,承载着乡音、乡土、乡情,承载着质朴恬淡的生活和快乐美好的往事。当人们"不在场"时,它"便会被当作'故乡'在回忆里扎根"③,成为人们心灵的寓所和魂牵梦绕的地方,人们往往需要"凭栏远眺"或"睹物思人"来获得心灵的安慰。认识乡村记忆的情感抚慰功能,我们就能理解在乡村记忆流逝的现实面前人们对"乡愁"的急切呼唤。

4.行为规约功能

作为社会生活中的个体,其行动总是遵循一定的规则,通过规则来了解特定环境下行动环节的意义,也以规则为标准明确在特定环境内行动的适宜性、恰当性。而无论是确定行动意义还是判断行动是否恰当,均取决于人们对过往生活的记忆与解读,人们总是凭借对过去的记忆来确定自己当下的行为。保罗·康纳顿指出,"在所有的经验模式中,我们总是把我们的个别经验置于先前的脉络中,以确保它们真的明白易懂;先于任何个别经验,我们的头脑已经预置了一个纲要框架和经验事物的典型原貌。感知一个事物或者对它有所为,就是把它放到预期体系中。感知者的世界以历史经验来规定,是建立在回忆基础上的一套有序的期待"。④

---

① [古罗马]奥古斯丁:《忏悔录》,周士良译,商务印书馆1963年版,第198页。
② 赵静蓉:《怀旧文化事件的社会学分析》,《社会学研究》2005年第3期。
③ [德]扬·阿斯曼:《文化记忆》,金寿福、黄晓晨译,北京大学出版社2015年版,第31页。
④ [美]保罗·康纳顿:《社会如何记忆》,纳日碧力戈译,上海人民出版社2000年版,第1页。

乡村记忆作为乡村传统历史文化的累积、沉淀和体现,对乡村社会的知识体系、社会心理和行为模式起着重要的形塑和规约作用,而这种作用又以"集体意识"和"集体无意识"(思维定势)的方式影响、制约、指导人们的思维和行为,以保证社会秩序的协调和社会生活的正常运行。如施瓦茨所言,"个体总是能够不断从社会记忆中汲取他们所需要的东西,当他们失去目标的时候,过去给予他们方向;当他们在外漂泊之时,过去给予他们归属;当他们绝望的时候,过去给予他们力量之源。换言之,记忆是一种文化规则,它导引着我们的意向,设定着我们的心境,指导着我们的行为"。①

5. 现实批评功能

孙德忠认为,社会记忆具有现实的、历史的、未来的批判功能,其中现实的批判功能是以人类主体能力和本质力量的现实发展状况为依据,以否定性的态度和实践变革的精神审视、扬弃、提升并规范社会现实。② 社会现实并不完全都是合理的,但如何识别、判断和评价这种不合理性,就需要有一定的依据、标准和参照。而社会记忆作为人类积淀的历史经验,对于我们现实的社会现象和社会行为具有一定的观照和评判功能,既是我们评判现实的一种依据,也是我们评判现实的一种力量。鲍贤伦曾指出:"记忆具有方向性,当我们不断追寻新的生存方式时,业已存在或消失的过往可以作为一种评判的砝码,甚至被直接作为一种效仿和追寻的对象。"③

今天,我们对城镇化过程中出现的各种问题的批判,可以理解为是一种历史的审视与批判,也可以理解为一种基于乡村记忆的审视和评判。正是基于对传统乡村社会的美好记忆和今天乡村社会遭受到的破坏,我们才通过各种媒体表达我们的谴责、愤怒、痛苦、惋惜、抗议和呼吁。通过评判,有利于发现、

---

① B.Schwartz,*Memory as a Cultural System:Abraham Lincoln in World War II*,American Sociological Review,1996,212—213.

② 孙德忠:《社会记忆论》,湖北人民出版社 2006 年版,第 175 页。

③ 郑巨欣主编:《历史与现实——文化遗产保护及发展国际学术会议论文集》,山东画报出版社 2013 年版,序二。

提醒、纠正城镇化建设中的不足,从而探寻城镇化建设的正确方向,建设更加令人满意的城乡社会。

认识和把握乡村记忆功能,是我们分析城乡档案记忆工程推进的现实必要性,探讨城乡档案记忆工程推进机制的理论分析前提和基础。

（三）当代社会对"乡愁"的呼唤

1. 乡愁:悠远绵长的故园情思

乡愁是什么,人们历来有不同理解。有人说"乡愁是对故乡景色记忆的依恋和对它们逐渐消失的惋惜与哀愁";有人说"乡愁是那些能沉淀历史的风景画——那些老屋、古桥、古树、古庙……和那些能留存岁月的残痕被无情地销蚀而引发的心头痛楚";还有人说"乡愁是那些曾经触摸过、参与过的活动和场景,是曾经燃起过青年时代激情的触点,和少年时代稚嫩懵懂的回忆"。文化遗产保护专家、同济大学建筑系阮仪三教授说:"我用一句建筑术语来表达就是——乡愁是'人们对故乡里人与人之间相处的物质空间环境的记忆,以及对它存在与否的耽愁与怀念'。"[①]但不论如何表达,乡愁都是一种对家乡的感情和思念,一种对家乡、故土的眷恋情怀。

对故乡的眷恋是人类共同而永恒的情感。作为一种文化传统,"乡愁"已经在中国人的血脉中流淌了数千年。在我国最早的诗歌总集《诗经》中,就有先人表达乡愁的诗篇:"昔我往矣,杨柳依依。今我来思,雨雪霏霏。行道迟迟,载渴载饥。我心伤悲,莫知我哀。"[②]在此后的历代诗文中,都不乏情义深切的乡土眷怀词句。如六朝诗人谢朓《晚登三山还望京邑》的"有情知望乡,谁能鬒不变";何逊《慈姥矶》的"一同心赏析,暂解去乡忧";唐代诗人杜甫《和裴迪登蜀州东亭送客逢早梅相忆见寄》的"幸不折来伤岁暮,若为看去乱乡愁"[③];崔颢《黄鹤楼》

---

① 阮仪三:《"乡愁"的解读》,《光明日报》2015年7月28日。
② 《诗经·小雅·采薇》,刘毓庆、李蹊译注:《诗经》,中华书局2011年版,第413页。
③ 有学者为此提出杜甫是中国"乡愁"诗人的鼻祖。参阅张叹凤:《论杜甫是中国"乡愁"诗人的鼻祖》,《四川大学学报》(哲学社会科学版)2010年第6期。

的"日暮乡关何处是？烟波江上使人愁"；岑参《醉题匡城周少府厅壁》的"愁云遮却望乡处，数日不上西南楼"；孟浩然《早寒江上有怀》的"乡泪客中尽，孤帆天际看"……中国人对故土的眷念和情怀已经演化、凝聚成一种文学、一种文化、一种抹不去的情结。"对故土的眷念程度，中国人相比世界上其他国度表现得尤为明显。在'故乡'这两个简单而朴素的方块字中，蕴含着中华民族五千年文明史积淀下来的哲学思考、民风民俗。中国人走到哪里，都在故乡情结中良久徘徊，别离之愁、思归之渴，如生命般古老而常新，即使远在异国他乡，也难以割舍。人们对故乡的一山一水，一草一木，甚至是一抔黄土都怀着深厚的感情。"①"人是故乡亲，月是故乡明"，叶落归根，是每一个漂泊者的渴求和温馨的生命目标，故乡是永远的家。

2. 记忆阻断后的"无根之感"

乡愁是个人的乡土记忆，更是见证历史沧桑变迁、赓续先贤前辈的集体记忆。人是智慧的生命体，本能地保有自然和历史的印记，对自己生长地的自然环境、历史文化、生活场景和社会风情等有一种深沉的情感投入、深刻的生活记忆，孕育了难忘的故土情结，形成蕴藏于心的家园印象和家园情愫，总是牵挂着、思念着，成为永久的怀念。

历史上乡愁的产生大约有两种情形：即"去国怀乡"和"国破忧乡"。这里的"国"既可指涉国家，也可指涉故乡。所谓"去国怀乡"即是离开故乡（国）而产生的怀乡之情，也即我们常说的游子思乡的心理情结。离开故乡（国），难免会产生对生活过的故乡、故居、故人、故景的怀念。"从心理学的角度而言，乡愁是人类羁旅异域的一种普遍的心理状态"，对于身居海外的游子而言，"去国怀乡"往往具有超越狭义出生地、籍贯地的意义，含有更浓厚的"文化寻根"的意味。所谓"国破忧乡"则是指家园、国家遭受破坏、衰败或分裂、沦陷，虽身处故土，但"山河破碎"，自觉"无力回天"情境下产生的对故乡历史

---

① 叶小芳：《中国人乡愁文化解读》，《怀化学院学报》2013 年第 7 期。

的缅怀、惆怅、悲伤和思念,此种情感更多的是一种"乡悲""乡泣"。当然,历史上更多的时候是两种情形交叠在一起,因山河破碎而背井离乡,其乡愁眷怀更显悲怆,我们从余光中先生的《乡愁》和于右任先生的《国殇》中可见一斑。

今天,乡愁的内涵及其社会生成机理与历史上的乡愁多有不同,虽然同样是对故乡的思念,但不是"羁旅异域"的遥思和无奈,更不是"山河破碎"的悲伤与泣血,而是在社会转型和城镇化发展过程中,面对乡村传统历史文化遭受冲击与破坏、乡村记忆遭受流逝与阻断,人们在心理和情感上产生的不适、惋惜、留念以及对自身根源感、归属感和身份感的追怀,是对乡村千年历史文化当代价值的追认。

乡村传统历史文化是我们民族文化的"根"和"魂",构成我们民族的历史记忆。乡村历史文化流逝必然导致我们记忆的阻断,致使我们产生"无根之感"。历史地理学家葛剑雄在谈到慎改地名时指出:地名是中国的历史坐标,离开了这些坐标,历史的空间就无法准确复原,国家民族和家族个人的记忆就会断裂消失。① 记忆被阻断或断裂,即意味着失忆、遗忘,而遗忘的后果,则是我们的无知、无感、无根。"正如记忆是对人类之根的记忆,忘却就只能是对人类存在之根的忘却。"②

3."记住乡愁":当代社会对"乡愁"的急切呼唤

面对社会转型和城镇化发展对乡村记忆的冲击、破坏,当今的人们正在通过各种方式表达对乡愁的深情眷念和记住乡愁的急切呼唤。

山东作家庄乾坤在散文集《记住乡愁》中说:"乡愁,是民族凝聚力的源泉。一个没有乡愁的民族,像一群草原上游荡的羊群,水面上漂泊的浮萍,而拥有乡愁的民族,则会爆发出强大的根植力、凝聚力、向心力。"③"在急功急利

---

① 《地名是历史坐标,乱改地名会致记忆断裂》,凤凰文化网,[EB] http://culture.ifeng.com/a/20150605/43914015_0.shtml[2015-06-05]。
② 李军、祝东力、王鲁湘:《文化·记忆·工具与人——一种文化哲学的思考》,《河北大学学报》(哲学社会科学版)1986年第3期。
③ 庄乾坤:《记住乡愁》,山东人民出版社2014年版,第11页。

的现代化建设中,我们抹掉了多少故乡的记忆!斩断了多少乡愁的丝线!在轰鸣的推土机声中,人们还懂得蛙鸣蝉唱、燕语呢喃是什么声音?'春江水暖鸭先知'、'桃花流水鳜鱼肥'、'枯藤老树昏鸦,小桥流水人家'是什么景象?'鹅鹅鹅,曲项向天歌'是什么姿势?我们还会想家吗?想家是什么滋味儿?这,都需要查词典,或者上百度搜索吗?"①

2013年12月,中央城镇化工作会议提出"记得住乡愁",让无数人唏嘘感慨。媒体评论道:"'游子在外打拼,却发现每一个人的家乡都已沦陷',略带辛酸的调侃,事实成为无数国人的一段集体记忆";"在城镇化过程中,那些承载着人们记忆和成长烙印的古树、池塘、老井、屋墙甚至山川、河流等,在挖掘机的'突突'轰鸣声中,瞬间化为乌有。不少乡村沦为失去记忆的躯壳,丧失了灵魂和底蕴,割裂了历史文脉。政绩冲动下盲目的大拆大建,不光是村庄被毁,印记不再,更会导致传统乡村社会结构的断裂,影响正常的生产生活"。②"一句'记得住乡愁',拨动了无数人的心弦,也给城镇化规划者、建设者提了个醒。"③

四、推进城乡档案记忆工程的现实必要性

"乡土社会"是中国传统社会的本质特征,村落(乡村、乡镇)是中国传统文化的母体和根基。在城市化进程中,"农民"作为一个传统阶级或许会终结,但农业生产或乡村生活不会终结。与乡土相连并产生的人类情感是人类文明的有机组成部分,对于文化的传承、精神的寄托乃至终极关怀都具有重要意义。④ 面对城镇化过程中乡村历史文化的冲击、乡村记忆的流失与断裂,我

---

① 庄乾坤:《记住乡愁》,山东人民出版社2014年版,第15页。
② 《让城市融入大自然,让居民望得见山、看得见水、记得住乡愁》,百度贴吧,[EB] http://tieba.baidu.com/p/2776033051[2013-12-23]。
③ 《中央城镇化工作会议:好一句"记得住乡愁"》,《人民日报》2013年12月16日。
④ 参见杨同卫、苏永刚:《论城镇化过程中乡村记忆的保护与保存》,《山东社会科学》2014年第1期。

们需要有高度的文化自觉和积极的社会行动来抢救历史文化、传承乡村记忆。"人们可以容忍在记忆的断裂处彷徨徘徊,却无法容忍长期陷入社会记忆的真空。断裂和真空中的突围迫使人们一方面把眼光投向既有的社会记忆资源,使往昔的时代在和现状的联系中重新复活,从而为巨变的社会确定历史方位,使处于变革社会中的人把握自身的主体能力和本质力量;另一方面剧变的时代又为社会记忆提供了更富于冲击力的生动素材。"①开展城乡档案记忆工程,就是档案部门实施的有意识、有目的、有计划、有组织的拯救乡村记忆资源,保护传承乡村记忆的自觉行动,它对于中华文化基因传承、实现以人为本的城镇化、满足人们的乡愁眷恋,对于推动档案事业新发展,都具有重要的现实必要性和时代价值。

（一）传承中华文化的基因与文脉

中华文化以乡村为根本,以乡村为主体,源远流长、博大厚重的中华文化皆由乡村发展而来,乡村是中华文化的基因库和记忆库。费孝通先生说:"中国社会是乡土性的。"②梁漱溟先生也说:"所有文化,多半是从乡村而来,又为乡村而设——法制、礼俗、工商业等莫不如是。"③冯骥才先生指出:"我国五千年的历史,基本上是农耕的历史,村落则是我们最古老的家园。由于历史悠久,民族众多,地域多样,文化多元,村落千姿万态,无比优美;更由于我们的文明最初是在村落里孕育而成的,中华文明的大树最绵长的根在村落里。难以数计的物质的、非物质的文化遗产在村落里,少数民族的文化基本上都在村落里,中华民族文化的基因、根性和多样性在村落里。"④开展城乡档案记忆工程,对于延续和维护中华文化的连续性、丰富性和多样性具有重要意义。

其一,是延续乡村历史文脉的需要。马克思指出,"人们自己创造自己的

---

① 孙德忠:《社会记忆论》,湖北人民出版社2006年版,第173页。
② 费孝通:《乡土中国　生育制度》,北京大学出版社1998年版,第6页。
③ 梁漱溟:《乡村建设理论》,上海人民出版社2006年版,第10页。
④ 冯骥才:《行动起来,盘点我们文明的家园》,《中国社会科学报》2014年7月11日。

历史,但是他们并不是随心所欲地创造,并不是在他们自己选定的条件下创造,而是在直接碰到的、既定的、从过去继承下来的条件下创造"。① 人类社会的发展不应是对历史文化的全盘抛弃、全盘否定,而应该是对历史文化的继承和创新。开展乡村记忆工程,对乡村记忆保护传承,就是对乡村文脉的保存和传承。在新型城镇化过程中,人们已经越来越意识到乡村历史文化的重要性,"有现代眼光的人都深知,传统村落的价值不只是历史价值,更重要的是它的未来价值。正是为了未来,我们保护我们的遗产,传承我们的文明"。② 阿莱达·阿斯曼在阐释存储记忆的意义时指出:"存储记忆可以看作是未来的功能记忆的保留地。它不仅仅是我们称之为'复兴'的文化现象的前提条件,而是文化知识更新的基本资源,并为文化转变的可能性提供条件。"③延续乡村历史文脉是城乡档案记忆工程的一个重要出发点和功能导向。

其二,是保持地方传统文化的需要。罗伯特·芮德菲尔德说:"在某一种文明里,总会存在着两个传统:其一是一个由为数很少的一些善于思考的人们创造出的一种大传统;其二是一个由为数很大的、但基本上是不会思考的人们创造的一种小传统。大传统是在学堂或庙堂之内培育出来的,而小传统则是自发地萌发出来的,然后它就在它诞生的那些乡村社区的无知的群众的生活里,摸爬滚打挣扎着持续下去。"④简单说,大传统就是社会精英们建构的观念体系——科学、哲学、伦理学、艺术等;小传统就是指平民大众流行的宗教、道德、传说、民间艺术等。大传统与小传统相依相生,相互影响。大传统从小传统中来,又导引着小传统;小传统反映大传统,是大传统的"投影"和"缩影",又为大传统输送动能。与大传统相比,小传统更加活泼、更加丰富,是一种地方性知识,一种草根文化,更是一种地方性民间记忆。开展城乡档案记忆工

---

① 《马克思恩格斯文集》第 2 卷,人民出版社 2009 年版,第 470—471 页。
② 冯骥才:《行动起来,盘点我们文明的家园》,《中国社会科学报》2014 年 7 月 11 日专题。
③ [德]阿莱达·阿斯曼:《回忆空间:文化记忆的形式和变迁》,潘璐译,北京大学出版社 2016 年版,第 140 页。
④ [美]罗伯特·芮德菲尔德:《农民社会与文化》,王莹译,中国社会科学出版社 2013 年版,第 95 页。

程,就是要保护传承各种地方性历史文化传统,使其不致淹没,不至断裂,在保持地方文化丰富多彩的同时,也使民间记忆得到维护和延传。

其三,是保护民族特色文化的需求。中华文化具有地域性、民族性和多样性等特点,如果说地方传统文化体现出文化地域性与多样性的关联;那么,民族特色文化则体现出民族性与多样性的关联。当然,地域性与民族性也彼此关联。我国疆域辽阔,民族众多,各民族在长期的共同生产和生活中形成的文化,我们一般称为"民族文化""民族历史文化""民族特色文化",是各民族的文化特征和族群素质,更是各民族的集体记忆、族群记忆。冯骥才先生指出文化的多样性在农村,少数民族文化也绝大多数在农村,"由于各民族各地域的文化都是那一方水土独特的精神创造和审美创造,它又是人们乡土情感、亲和力和自豪感的凭借,以及永不过时的文化资源和文化资本"。① 在社会巨变和城镇化发展过程中,我国少数民族文化也同样遭受重大冲击,开展城乡档案记忆过程,对少数民族地区民族特色文化进行及时抢救,以文字、图片、录音、录像等多种手段,存录民族文化资料,"逐步形成严格、严密与科学的中国少数民族文化保护体系和民族发展的科学模式"②,对于保持各民族文化共存共荣,永葆中华文明的灿烂多姿同样具有重要的时代价值。

孙德忠说社会记忆始终在履行着保存、传递信息和经验的功能,"正是社会记忆的基因信息功能构成了历史本体和历史认识的连续性的内在机制"。③ 城乡档案记忆工程则是促进社会记忆基因信息功能实现的具体行动。

(二)推进"以人为本"城镇化的实现

1."以人为本"是新型城镇化建设的基本理念

新型城镇化是我国重要的发展战略,也是我国今后一段时间需要重点推

① 冯骥才:《灵魂不能下跪》,宁夏人民出版社 2007 年版,第 87—92 页。
② 冯骥才:《灵魂不能下跪》,宁夏人民出版社 2007 年版,第 88 页。
③ 孙德忠:《社会记忆论》,湖北人民出版社 2006 年版,第 175 页。

进的建设任务。在城镇化建设的推进中,之所以在"城镇化"前加上"新型"二字,就因为我们对城镇化建设有了新认识、新理念和新方向,即城镇化不是"房地产化"和"造城运动",它不能见物不见人,而必须要以人为核心,"以人为本",建设更加人性化的新型城镇,是"人的城镇化"。

"以人为本"的新型城镇化是对以往城市发展过程中过分强调经济增长、忽略人与环境、人与人、农村与城市、历史与现代之间和谐关系构建问题的纠正。《中国新型城镇化健康发展报告(2014)》指出:"新型城镇化,在发展目标上要从以物为本到以人为本,从片面追求城镇化速度到以城镇化质量为中心,着力提高城镇化质量的转变。"①在 2012 年中国(海南)改革发展研究院举办的"新型城镇化:发展与转型——中改院改革形势分析会"上,与会专家普遍认为,传统城镇化难以为继,迫切需要"走出一条以人为本,城乡融合发展的新型城镇化道路"。财政部财政科学研究所副所长刘尚希指出:"城镇化是一个经济社会转型的工程,具有集中化、组织化、规模化、公共化、便利化、人性化六个特征……城镇化的本质是人的城镇化,这就不仅要求改善人们的居住和生产环境,建立宜居、人性化的城镇,而且还要考虑满足居民的多样化需求,使其有充分的选择空间。"②正是在对传统城镇化进行深刻反思和重新认识的基础上,国家将"以体制机制创新为保障,通过改革释放城镇化发展潜力,走以人为本、四化同步、优化布局、生态文明、文化传承的中国特色城镇化道路"③,作为新型城镇化建设的指导思想,这是符合时代要求的战略发展理念的。

2. 保护乡村历史文化是"以人为本"城镇化的内在要求

新型城镇化涉及经济、社会、政治、文化、生态等多方面,从文化建设发展

---

① 张占斌主编:《中国新型城镇化健康发展报告(2014)》,社会科学文献出版社 2014 年版,第 7 页。

② 甘露、马振涛:《新型城镇化:发展与转型》,中国(海南)改革发展研究院主编:《人的城镇化——40 余位经济学家把脉新型城镇化》,中国经济出版社 2013 年版,第 96—100 页。

③ 《国家新型城镇化规划(2014—2020 年)》,人民出版社 2014 年版,第 16 页。

看,新型城镇化实际上是"一个文化再造的历史过程"①,而"文化再造"的实质就在于"传统文化保护与利用问题"。② "新型城镇化对城乡发展过程中文化的传承、文脉的延续和历史的记忆提出了新的使命和要求。如何以文化自觉推动城市化进程,以特色文化资源的市场化与资本化驱动特色文化市镇的形成,是新型城镇化必须回答的时代使命。"③

城镇化并不意味着对乡村历史文化的摈弃,更不是简单地消灭农村。20世纪80年代初,英国皇家建筑学会前会长帕金森(Parkinson)在访问中国时曾提醒我们,"中国历史文化传统真是太可贵了,不能允许它们被西方传来的这种虚伪的、肤浅的、标准的、概念的洪水所淹没。我确信你们遭到了这种威胁,你们需要用自己的全部智慧、决心和洞察力去抵抗它"。④ 今天,面对"千城一面""千村一面",面对建筑式样、小区名称西化严重等西方文化的滥行,我们更需要思考传统乡土文化的继承和保护。

2013年中央城镇化工作会议提出"要依托现有山水脉络等独特风光,让城市融入大自然,让居民望得见山、看得见水、记得住乡愁;要融入现代元素,更要保护和弘扬传统优秀文化,延续城市历史文脉;要融入让群众生活更舒适的理念,体现在每一个细节中"⑤。这是国家层面对新型城镇化建设提出的文化要求,更是新型城镇化建设中对乡村历史文化保护吹响的新号角。

3. 城乡档案记忆工程有助于推动城乡文化的融合发展

城乡档案记忆工程不仅将乡村传统历史文化资源通过档案的方式留存下

---

① 曹伟:《文化城镇、文化经济与新型城镇化》,《行政管理改革》2013年第9期。

② 宋俊华主编:《中国非物质文化遗产保护发展报告(2014)》,社会科学文献出版社2014年版,第377页。

③ 卜希霆、齐骥:《新型城镇化的文化路径》,《现代传播》(中国传媒大学学报)2013年第7期。

④ 宋俊华主编:《中国非物质文化遗产保护发展报告(2014)》,社会科学文献出版社2014年版,第383页。

⑤ 《中央城镇化工作会议举行提出推进城镇化六大任务》,中国新闻网,[EB]http://www.chinanews.com/gn/2013/12-14/5619946.shtml[2013-12-14]。

来,成为我们共同的记忆资源;也为新型城市城镇提供文化滋养,推动传统乡村历史文化与现代城市文化的融合发展,建设有历史记忆的新型城镇,促进"以人为本"城镇化的实现。

推动城乡文化融合,促进美丽农村和城市建设,是各种城乡记忆工程的出发点和着力点。如山东"乡村记忆工程"从实际出发,"顺应文化遗产丰富地区城乡建设的迫切需要,把保护和传承传统文化遗产融入城乡建设过程,打造乡村、社区的传统文化遗产保护平台,是延续乡村历史文脉、不断丰富城镇化和新农村建设的内涵和成效的有力举措"。[①] 福建"乡村记忆档案"示范建设项目也旨在"为在快速推进的城镇化进程中,留住乡愁记忆,健全农村档案管理,保护农村发展变化的历史与文化,助力美丽乡村建设"。[②]

城乡档案记忆工程是档案部门参与乡村历史文化保护传承的自觉行动,它对于留住乡村记忆,促进城乡文化的融合发展具有重要意义。

(三)满足人们对故园的眷念情怀

1. 乡愁是对故园情感记忆的表达

以色列学者阿维夏伊·玛格利特在《记忆的伦理》一书中说:"乡愁可能是共享记忆的一种表达。我们应当认识到,乡愁是共同体记忆的重要因素。"[③]对于国家民族而言,乡愁是一种文化记忆、文化力量,青铜重器、汉唐盛世、丝绸之路、古典诗词……这一切都是中华五千年璀璨文化凝结的乡愁,是我国文化软实力的首要资源和基础,已成为民族凝聚力和创造力的源泉;对个体而言,乡愁是一种情感记忆,一种思乡情怀,与故乡有关的景色、声音、味道,不仅温暖着心窝,更升华为内涵复杂的乡土情结。各种情结超越时空,紧紧交

[①] 张晓黎:《"乡村记忆工程"是推动新型城镇化的重要举措》,中国山东网,[EB]http://news.sdchina.com/show/2903634.html[2014-02-14]。

[②] 《福建省"乡村记忆档案"示范项目建设方案》(闽档函[2015]89号)。

[③] [以]阿维夏伊·玛格利特:《记忆的伦理》,贺海仁译,清华大学出版社2015年版,第55页。

织,如同血液般流淌在每个中国人的身上。①

罗杨曾写专文对"乡愁"进行阐释:"乡愁是人们对故乡的一种深切的思念,这种思念需要寄托在文化的记忆和视觉的凭证上面:故乡中一草一木、一井一石所勾勒出的难忘景象,一人一事一物所组成的光阴的故事,以及人们在那里所形成的生活体系、人生观和价值观。如果脱离开这些情感元素和精神内涵,给人留下的只能是空荡的房址和户籍所在地,乡愁则无可寄托";"古村落凝结着民族的历史记忆,是我们心灵的故园。只有这个故园在,我们才能回望来路,才能追溯文化,才能回眸历史,才能把过去、现在、未来衔接为一条绵延不绝长河,奔腾不息";"只有记得住乡愁,我们才能带着传统走进现代,铭记历史走向未来,走出一条以人为本……文化传承、彰显特色的新型城镇之路"。②

2. 城乡档案记忆工程让乡愁诗意地栖息

"记得住乡愁"深深地钩沉起当代人对故乡的眷恋,震荡出人们内心的失落与向往。面对乡村社会急剧变迁和城镇化发展,如何才能够留得住乡愁,让乡愁永恒,这些都需要我们的智慧。城乡档案记忆工程作为我们保护乡村记忆资源的自觉行动,"能够真正让乡愁在现代浪潮中诗意地栖居,也让我们的精神家园不再荒芜③"。

一方面,城乡档案记忆工程将乡村记忆以文字、图片、录音、录像等方式留存下来,克服时光流逝和社会变迁带来的遗失与破坏,使之成为乡村未来岁月最美好的往昔与回忆。就像一位学者在感叹徽州历史档案那样:"我们的记忆淡了,在时间之河。幸好,徽州人是聪明的,他们知道言谈举止的短暂与虚无,所以他们宁愿相信纸砚与笔墨,用他们琐碎到事无巨细的文字记录下历史

---

① 闻艺:《走得再远也莫忘乡愁》,《中国电视报》2015 年 3 月 5 日。

② 罗杨:《永远唱不尽的是乡愁》,《中国社会科学报》2014 年 7 月 11 日。

③ 苏彦:《"乡村记忆工程"让乡愁诗意地栖居》,青岛文明网,[EB] http://qd. wenming. cn/wmbb/201510/t20151012_2042099.html[2015-10-12]。

的真实面貌。从这些留存了几十年甚至几百年的家谱、书信、契约、案卷、账簿和状纸中,我们似乎又看到了静谧中的林涛、竹影、鸟鸣、风动。"①隔了三五十年、三五百年,我们再来看留存下来的乡村老档案、老照片、老视频,"田园诗意般的乡村"仍在我们心中油然而生。

另一方面,城乡档案记忆工程也在为世人"盘活""唤醒"乡村的寻根之美,传达展示人们的乡村"大美情怀"。三季《记住乡愁》播出后,唤起了人们的乡情和对传统之美的共鸣,有专家评价道:"《记住乡愁》是一部有爱、有情、有温度的作品,也是一部有筋骨、有道德、有精神的作品。它将人们的思念和情感融入这股家国的暖流,彰显了信仰之美、人性之美、生活之美,描摹出了一个有爱的时代、一个温暖的中国。"②

乡愁不是"乡忧""愁绪",而是一种存在于记忆中的幸福与依恋。虽然如玛格利特所言,"乡愁通过美化现实而扭曲了往事,源自过去的人物、事件和物品被赋予了童真般的面目"③。但是,我们还是要尽力将那些美化的乡村往事留存下来,让它们陪伴我们走进更美好的生活。

3. 乡愁眷念使乡村重新焕发生命力

有篇报道叫《可怜的城里人,断不了的农根》,文中说:有时候,我是真正的"文明人",足蹬高跟鞋,拧着高傲的脖子,露出典雅的微笑。得意之余,心里并不那么开怀。中国几千年的农耕文明把恋土的基因深藏在我们的血液里了。甭管你是不是大小姐,是不是文明人,在乡野的生活面前,只有发自内心的开怀。我的心底涌现出于坚的诗——"有一种生活,一种深刻的秩序,一种

① 河西:《徽州文书:契约社会的记忆》,婺源老家论坛,[EB] http://www.wuyuan168. com/bbs/thread-638-1-1.html [2008-03-05]。

② 《〈记住乡愁〉:记住的不只是乡愁》,搜狐网,[EB] http://www.sohu.com/a/125072903_ 534374 [2017-01-24]。

③ [以] 阿维夏伊·玛格利特:《记忆的伦理》,贺海仁译,清华大学出版社 2015 年版,第55 页。

文明,隐藏在自然深处"。① 乡愁情结和故园眷念深深地印在我们的心里,挥之不去。

　　法国著名社会学家孟德拉斯(Henri Mendras)在 20 年后回看乡村时惊喜地发现,"近 10 年来,在每个乡镇甚至是那些最小的乡镇,一种新的社会生命力,从各个方面萌发出来……乡镇在经过一个让人以为已死去的休克时期之后,重新获得了社会文化的和政治的生命力"。② "乡村在生活方式上完全城市化了,但乡村和城市之间的差别仍然如此之大,以致城市人一有可能就从城市溜走,以便到乡村和小城市里去重新找回城市的乐趣,仿佛只有这一点才赋予生活一种意义"。③ 孟德拉斯的发现和我们当今的乡村旅游热、农家乐热有很大相似性,正是出于对乡愁的眷念和纾解,人们才发出"可怜的城里人"的慨叹,才成群结队地去乡村旅游观光、品味田园秀色和农家美食;由此,我们也可以看出乡愁不只是"存在于心中的幸福和依恋",它也会成为一种行动的力量,使乡村再次焕发出文化的、经济的生命力。"记住乡愁",建设富有历史记忆的美丽城镇和美丽乡村,让乡村成为城里人的心灵港湾和故园乐土,城乡档案记忆工程可以发挥积极作用。

(四)实现档案部门记忆保护传承的使命与责任

1.保护传承乡村记忆是档案部门的责任和使命

　　随着档案记忆理论研究的逐步深化,人们不仅越来越深刻地认识到档案是社会记忆的一种重要形态、重要资源;而且也越来越深刻地认识到档案工作是社会记忆传承、建构、控制和保护的一个专业领域、一项特殊活动,档案工作的各项内容都与社会记忆有着紧密的关联;同时也越来越深刻地认识到档案

---

① 堵力:《可怜的城里人,断不了的农根》,《中国青年报》2014 年 6 月 20 日。
② [法]H.孟德拉斯:《农民的终结》,李培林译,社会科学文献出版社 2010 年版,第 218—219 页。
③ [法]H.孟德拉斯:《农民的终结》,李培林译,社会科学文献出版社 2010 年版,第 220 页。

部门、档案工作者是社会记忆的传承者、建构者和社会记忆资源的组织者、建设者。身处社会记忆之中,面对乡村社会的变局和乡村记忆的流逝,档案部门不能置身其外,不能固守既有的工作传统、工作范围和工作方式,而应积极地思考自身与乡村记忆的深刻关系,思考如何采取有效的行动保护传承乡村记忆,思考在新的巨大社会变迁面前如何拓展自身的生存空间,开创事业发展新篇章。

冯惠玲在中国首届档案学博士论坛"21世纪的社会记忆"上说:"人类社会最大的遗憾之一是丢失了许多弥足珍贵的记忆,以保存社会记忆为天职的现代档案工作者没有理由再加重这种遗憾。面对全新的信息记录方式和记录手段,我们需要以激情、智慧和使命感进行开创性的探索。"[1]今天,我们面对的对象、形势和语境发生了转移,不再是"全新的信息记录方式和记录手段",而是乡村的巨变、乡村文化受到的冲击和乡村记忆的断裂,但我们同样需要"以激情、智慧和使命感进行开创性的探索",担负起保护传承社会记忆的历史责任和使命;同样需要"以激情、智慧和使命感"进行开创性的实践,投身于伟大的社会变革,在社会巨变和新文明再造中展示我们的力量。

2. 弥补乡村记忆保护传承的"缺位"

客观地说,面对乡村历史文化遭受的冲击破坏,乡村记忆的流逝断裂,我国各级政府和各种民间组织都在采取积极的行动措施,推进对乡村历史文化遗产的保存保护,如实施文化遗产保护工程、非物质文化遗产保护工程、古村落保护工程、历史名村名镇保护工程,等等。然而,我国数千年积淀下来的乡土文明、乡村历史文化,非几个部门、几个领域、几个组织就能完成保护任务,需要社会各部门各领域的广泛参与;同时,从文化遗产视角对乡村历史文化进行保护,难免存在专业"盲区",难以适应乡村社会中那些弥散的、存在于人们

---

① 中国首届档案学博士论坛论文集编委会编:《21世纪的社会记忆——中国首届档案学博士论坛论文集》,中国人民大学出版社2001年版,"序言"。

日常生活中的遗产和记忆的保护,需要档案部门"补位"。

哈佛大学人类学系教授迈克尔·赫兹菲尔德(Michael Herzfeld)在接受华东师范大学社会发展学院人类学研究所张晖博士采访时,曾提出中国的文化遗产保护要注重"保护文化遗产中的记忆与生活方式"。他认为中国的文化遗产保护规模之大令人印象深刻,并说"文化遗产可以是一个非常成问题的概念,因为在遗产保护的过程中,阶级和种族一样,都可以成为引发排斥的范畴。比如,我们是否有可能认为一个偏僻省份的快要倒塌的贫民窟,与长城同样具有保护的价值? 在我看来,不仅对这些建筑的结构应当认真予以记录,而且应当对居住其中的人们的生活方式以及他们的记忆进行记录";"对于日常生活中那些并不具有表面意义上的'美感'的方方面面,需要认识到对它们进行记录和保护的价值"。①

档案部门可以通过建档,保存"人们的生活方式及其他们的记忆",也可以通过建档促进"文化遗产中的记忆"的保护,城乡档案记忆工程与文化遗产保护工程可以互补互促(见第三章分析)。正是在乡村记忆的细微处,体现出档案部门参与乡村记忆保护的必要性和重要性。

3. 发挥档案部门的记忆保护传承优势

城乡档案记忆工程是档案部门搭建的参与乡村记忆保护传承的重要平台,它不但可以弥补乡村记忆保护传承主体的"缺位",而且更能集中运用我们在档案实践工作中长期建立起来的组织体系,长期积累完善的方法、技术和经验,以专业化的组织和技能,服务社会记忆传承的系统性行动。

实施城乡档案记忆工程开展乡村记忆保护传承,档案部门有基础、有技能、有经验。基础就是档案工作系统,这是我们长期建立起来的从中央延伸到乡村的档案行政组织体系和档案实体保管体系(档案馆、档案室),为工程的开展提供了最基本的组织保障、制度保障、人员保障和设备设施保障;技能就

---

① 《放宽"文化遗产"保护的历史眼光》,《社会科学报》2014 年 8 月 7 日。

是档案工作的技术方法,档案工作作为社会记忆传承、建构、控制、保护性工作,其技术方法能够有效地应用于乡村记忆的保护传承,形成"档案化"的乡村记忆存储体系和资源体系,并通过开发展示,持续为乡村输送记忆能量;经验就是我们在城市记忆工程实施过程中积累的知识,即在城市记忆工程活动中,档案部门拍摄收集的有关城市面貌的各种数字文件、组建的城市数字信息资源库、建立的覆盖全市范围的城市记忆资源体系等,为开展城乡档案记忆工程提供了参照和预演,可以说城乡档案记忆工程是城市记忆工程向乡村(乡镇)的延伸。

在乡村记忆保护传承中,档案部门做好文化遗产档案工作,参与文化遗产保护,固然有其积极作用,但仅此还远远不够,我们需要担负起独立的主体责任,而不能处于"附庸"地位;我们需要搭建自身的建设平台——城乡档案记忆工程,以便在新型城镇化建设中彰显"色彩"。

(五)促进农业农村档案工作发展

1.我国农业农村档案工作发展及其面临的新问题

农业农村档案工作是我国档案工作的重要领域,也是我国档案事业的重要组成部分。随着经济社会发展和新农村建设的推进,我国农业农村档案工作也在不断改革前行。2007年国家档案局会同民政部、农业部共同印发的《关于加强社会主义新农村建设档案工作的意见》(档发〔2007〕10号),提出"逐步完善社会主义新农村建设档案工作的体系与机制",强化乡镇档案工作职能,并逐步规范村级建档工作。"各建制村应将档案工作列入公共事务管理职能,建立村级档案的收集和管理制度,指定人员负责村级档案的收集、管理和利用工作,并按照简化适用的原则,规范村级档案的分类、整理。"①2015年,农业部办公厅为贯彻落实中共中央办公厅、国务院办公厅共同印发的《关于加强和改进新形势下档案工作的意见》(中办发〔2014〕15号),制定颁布了

---

① 《关于加强社会主义新农村建设档案工作的意见》(档发〔2007〕10号)。

《关于加强和改进新形势下农业档案工作的实施意见》（农办办〔2015〕45号），提出在完善农业档案工作体制机制的同时，加大农业档案收集整理力度、加强农业专业档案资源建设、强化农业档案信息资源开发利用、加快推进农业档案信息化建设、筑牢农业档案安全防范体系。

在国家档案局和农业部等有关部门的领导和推动下，各级档案部门围绕土地承包和流转、确权、农业科技推广、村务管理、农业产业化经营、小城镇建设、劳动力就业、婚姻生育、健康社保、精准扶贫等方面开展了大量的建档和服务工作，取得了长足进步和显著成效。但面对农村经济社会的快速发展、面对新型城镇化的快速推进，如何将农业农村档案工作纳入各地新农村建设规划、新型城镇化建设规划？如何建立与新型城镇化和城乡一体化发展相适应的农业农村档案工作体制机制？如何把"死档案"变成"活信息"、把"档案库"变成"思想库"，更好地服务于地方政府决策、地方文化事业发展和民众的情感需求？档案部门依然大有可为，任重道远。

2. 城乡档案记忆工程是推进农业农村档案工作发展的新动力

保护乡村历史文化是农业农村档案工作的内在要求和基本任务。国家档案局等部门在《关于加强社会主义新农村建设档案工作的意见》中就曾强调要"引导对具有历史文化价值的建筑、民宅、村落与民间文化艺术建立档案记录；收集保存反映乡村历史文化变迁的家谱族谱、名人实物、口述文化、地方戏曲或曲艺、手工艺技能、民俗活动、宗教文化等非物质文化遗产的各种记录，使档案成为传承民间文化和非物质文化遗产保护的重要载体"①。开展城乡档案记忆工程，一方面有助于夯实农业农村档案工作基础，另一方面也有助于提升档案工作质量和水平，提高档案工作服务农村经济社会发展、新型城镇化和城乡一体化发展的能力。

浙江省档案局郑金月指出，浙江记忆工程从完整保存社会记忆的角度出

---

① 《关于加强社会主义新农村建设档案工作的意见》（档发〔2007〕10号）。

发,要求档案部门主动存史、主动建档,突破了原有对档案形成规律的认识。"'浙江记忆工程'所做的工作就是从不同的层面和角度记录、收集、保存和传承浙江地方的历史文化记忆,它突破了档案'收、管、用'的传统工作模式,其实质就是从社会记忆的视角去组织档案工作,体现了现代档案记忆观,从而为档案工作开辟了新的领域。"①2016 年,在总结浙江记忆工程经验的基础上,浙江省档案局印发了《关于开展"千村档案"建设工作的通知》(浙档发〔2016〕13 号),提出"通过建档存史,全面盘清我省历史文化村落的家底,记录各类村落的多样性原生态信息,建构'一村一档'、丰富完整的'千村档案'数据库,推进村级档案的规范化管理,充分发挥档案记录历史、服务现实的作用,让村落的历史文化遗产得到更好的传承和利用,彰显我省美丽乡村建设的地域特色和人文特点"②。这是档案记忆工程的深化,也是农业农村档案工作的新发展。

面对城乡一体化发展,有学者提出"城乡一体化记忆工程",认为档案部门主动介入,积极参与城市记忆工程,为记录城市发展轨迹做出了自己的努力;但记忆的范围和对象主要集中在城市,对农村关注得较少,对我们这样一个农业大国来说,"应该将记忆工程的触角延伸到农村,实施城乡一体化记忆工程,才更有助于完整地保留自己的成长记忆,延续自身的历史文脉"。③ 城乡档案记忆工程的不断深化,已充分体现出记忆工程对农业农村档案工作发展的促进意义,充分体现出城乡档案记忆工程开展的现实必要性。

如果说传承中华文化的基因与文脉、推动"以人为本"城镇化的实现、满足人们对故园的眷恋情怀等是从社会整体层面对推进城乡档案记忆工程现实必要性的思考和阐释;那么,发挥档案部门的记忆传承优势、促进农业农村档

---

① 郑金月:《论浙江记忆工程的理论和实践创新》,韩李敏主编:《浙江省档案学会论文集——浙江记忆理论与实践》,中国文联出版社 2013 年版,第 2 页。

② 《关于开展"千村档案"建设工作的通知》(浙档发〔2016〕13 号)。

③ 袁领娣:《关于档案部门参与城乡一体化记忆工程的思考》,《北京档案》2012 年第 5 期。

案工作发展则是从档案工作的特点和档案事业的发展角度对推进城乡档案记忆工程现实必要性的思考和阐释。开展城乡档案记忆工程，既是社会的需要，也是档案事业发展的需要。

第三章　城乡档案记忆工程的本体阐释与推进方向

　　"当传统建筑遇上现代都市日新月异的发展速度,很多承载其上的城市生活印记难免日渐消逝。而都市生活的喧嚣浮华,让置身其中的都市人往往只顾一味向前奔忙,而顾不上回过头看看身后这些逐渐远去的历史。那么,许多年后,我们该拿什么让后人重温最真切的城市记忆,让他们找到回家的路呢?"①今天,随着时代的加速发展和乡村社会的巨大变迁,我们也需要回头看看乡村渐行渐远的历史,更需要思考拿什么让后人重温真切的乡村记忆,"找到回家的路"。中外各类社会记忆工程的开展和城镇化快速推进,激起了人们对乡愁记忆的呼唤,充分说明城乡档案记忆工程推进的时代必要性、可能性和紧迫性。当然,我们不能只是呼吁和惆怅,还需要有理论、有行动、有办法,为记忆工程建设的推进"出谋划策""助力前行"。当前我们对社会记忆工程的本体研究,特别是城乡档案记忆工程基本理论问题和基本认识问题的研究还很不够,还需要对其建设内涵、模式进行总结,对其性质、结构与功能进行探讨,并探明城乡档案记忆工程的发展方向。冯骥才在谈到"中国传统村落立档调查"时曾说,"这项工作从一开始便与国家提倡的'望得见山、看得见水、记得住乡愁'的主题政策相呼应,是符合人民愿望及需求的社会和文化行动,

---

① 伍巧玲、董晨:《城市记忆,让后人找到回家的路》,《新华日报》2008年10月23日。

因而充满活力和未来"。① 城乡档案记忆工程则更是如此。

一、城乡档案记忆工程的实践内涵与建设模式

城镇化建设一头连着乡村、一头连着城镇(市),是传统乡村向现代城镇的发展转型,对乡村记忆保护传承不仅需要在广大的传统乡村开展,也需要在已经城镇化的新建城镇(市)开展。自 2011 年"浙江记忆工程"开展以来,我国一些地方档案部门积极行动,通过工程项目形式组织展开对乡村记忆的保护传承,为城乡档案记忆工程推进提供了经验积累,其实践内涵和建设模式需要我们加以总结。

(一)"城乡档案记忆工程"概念解说

1. 工程与项目

"工程"与"项目"虽然在英文中都可译为"Project",但在不同学科领域中,基于研究对象的理解和专业习惯,人们对"工程""项目",以及工程与项目之间关系的解释多有不同。其中,在工程哲学领域,对"工程"的理解有广义和狭义之分。广义的工程即泛指人类的一切活动,如中国工程院院士徐匡迪就曾指出,"我以为工程是人类的一项创造性的实践活动,是人类为了改善自身生存、生活条件,并根据当时对自然规律的认识,而进行的一项物化劳动过程"。② 而狭义的工程则是指从事有一定规模的建造活动,是"人类创造和构建人工实在的一种有组织的社会实践活动过程与结果"③。在工程与项目的关系上,有将工程理解为实践项目,如殷瑞钰指出将工程理解为工程活动,是

---

① 冯骥才语,中国传统村落网,[EB] http://www.chuantongcunluo.com/index.php/Home/zjgd/gdcg/nian/2014.html[2014-12]。

② 殷瑞钰、汪应洛、李伯聪等:《工程哲学》(第二版),高等教育出版社 2013 年版,序。

③ 殷瑞钰、汪应洛、李伯聪等:《工程哲学》(第二版),高等教育出版社 2013 年版,第 88—89 页。

利用材料和自然力的实践项目,且大都是具体的建构性活动和基本建设项目;也有将工程活动理解为项目的总称,是由具体项目构成的,如田鹏颖认为工程活动的基本单位是"项目"或"生产流程",而"项目"又是由一系列的"工序"或"操作单元"组成的。①

因此,工程与项目既有同一性,工程的立项即称工程项目;也有差异性,工程下面可以有具体项目,项目下面也可由多项具体的工程构成。基于这一认识,本书将"工程"作为一个整体性概念来看待,意指一种实践行动或实践计划,而将"项目"作为这种实践行动的某种(项)"活动单位"(特定地区、特定乡村、特定内容、特定方式等)来理解。认识和把握工程、项目及工程与项目之间的关系,有助于我们深化对城乡档案记忆工程的概念阐释,特别是理清档案记忆工程与档案记忆项目之间的关系。

2."城乡档案记忆工程"概念的使用

新世纪以来,档案领域也提出多种工程建设项目,如档案数字化工程、数字档案馆工程、档案抢救工程、档案文化工程、档案文献遗产保护工程、民生服务工程等,其中与记忆保护有关的工程活动有如世界记忆工程、国家记忆工程、城市记忆工程、乡村记忆工程、档案记忆工程、数字记忆工程、历史文化记忆工程、"乡村记忆档案"示范项目等。在这些概念的基础上,我们提出并使用"城乡档案记忆工程",其主要原因是在新型城镇化时代背景下,开展乡村记忆保护传承,既涉及传统乡村(村落)地区,也涉及新建城镇地区,而城市记忆工程、乡村记忆工程、档案记忆工程等都无法将其涵盖对应起来。

对"城乡档案记忆工程"概念的选用,我们在绪论中已作交代,这里再做三点说明:①城乡档案记忆工程不是"城市记忆工程"和"乡村记忆工程"的简单合成,也不是某些地方专称的"城乡记忆工程"(如宁波鄞州区的"城乡记忆工程"、青岛崂山区的"城乡记忆工程"),而是在传统乡村和新型城镇化地区

---

① 田鹏颖:《社会工程哲学引论》,人民出版社 2006 年版,第 98 页。

开展的乡村记忆保护传承行动,其对象范围主要涉及乡村记忆工程,部分涉及城市记忆工程。一些行政建制市开展的城市记忆工程,其范围往往不只限于城区,而是涉及到全市各地方,其保护对象有很大部分涉及乡村记忆,也是我们所关注的。②城乡档案记忆工程是一项社会工程,是在一定社会历史条件下,在一定地区或社会范围内开展的对"国计民生"具有重大影响的改造社会世界、调整社会关系、协调社会运行的实践活动。③对城乡档案记忆工程,我们只是将其作为操作性和分析性概念来使用,不做过多思辨性分析。正如德国著名心理学家库尔特·勒温(Kurt Lewin)在《拓扑心理学原理》中所言:本书所用的概念都属于"操作性"的,因为我们想在概念和观察的资料之间保持始终一致的关系。这些概念虽然经常从现象的层次扩展至因果关系的层次,但仍为"描述性"的,与牛顿所称的"不作思辨性假设"的格言含义相同。换句话讲,其目的要以表述某种关系的性质为限,不作那种足以阻碍心理学发展的思辨性解释。①

3."城乡档案记忆工程"概念的界定

对"城乡档案记忆工程"概念不作思辨性解释,并不妨碍我们对此概念进行"描述性"解说。自社会记忆工程开展以来,一些学者和实践部门人员多从自身实践对象出发,对开展的记忆保护活动进行描述性阐释,以反映特定记忆工程活动的对象和性质。如浙江临安市档案局姜纪云将"浙江记忆工程"描述为:"以各个城市历史发展轨迹为依托,收集反映与城市发展有关的文字、照片、录音、录像和实物等档案资料,同时整合已有的档案信息资源,利用新兴技术手段,创建一个全面反映省市风貌的档案信息资源系统。"②海宁市档案局施丽坚将浙江记忆工程描述为:"集反映浙江自然与人文环境、历史、人物、人脉、语言、风俗、艺术等具有永久保存价值的文字、照片、录音、录像和实物档

---

① 杨鑫辉主编:《西方心理学名著提要》,江西人民出版社1998年版,第121页。

② 姜纪云:《关于实施"浙江记忆"工程的几点思考》,韩李敏主编:《浙江省档案学会论文集——浙江记忆理论与实践》,中国文联出版社2013年版,第58页。

案资料,利用信息、网络和数据库技术,构筑一个全面展现浙江历史文化记忆的共享利用平台。"①

　　城乡档案记忆工程与城市记忆工程、乡村记忆工程在性质上基本是一致的,都是社会记忆的保护传承工程,只是在实施主体、实施对象、实施范围、实施目的上有差别。根据以上对浙江记忆工程、山东乡村记忆工程的理解,结合社会工程的相关解释,我们将城乡档案记忆工程定义为:由档案部门发起实施的,以乡村记忆资源保护为对象,以乡村记忆档案化管理(集成、开发、展演、场馆建设)为手段,以传承和重建乡村历史文化为旨归的有目的(目标)、有计划、有组织的社会行动。对此定义我们可做如下理解:①城乡档案记忆工程的实施和推进主体主要是档案部门,是通过档案或档案化的方式来实施,这是我们站在专业立场的思考和探讨;②城乡档案记忆工程的实施范围是传统乡村以及新型城镇化地区,这既是范围的界定,也是我们突出新型城镇化时代背景的体现,而且也与新农村建设相关联;③城乡档案记忆工程的对象和目的是保护传承乡村记忆,这是工程活动的核心内容和宗旨;④本概念只是我们研究问题的聚焦对象,在研究中我们需要对其他层次、类型和其他部门开展的记忆工程进行综合分析,吸取各类记忆工程的建设经验,而不是只作孤立的考察和研究。

(二)城乡档案记忆工程的实践内涵

　　城乡档案记忆工程的建设内涵即记忆工程开展的具体内容或具体活动。城乡档案记忆工程作为一个整体性概念、一种乡村记忆保护传承行动的概称,它不是空洞的、无内容的抽象概念,而是由许许多多具体行动构成的有目的、有计划、有组织的系统性实践活动。城乡档案记忆工程建设的内涵不仅在不同层面上、不同范围内有差异,即使是在同一地区的不同村落,其建设内涵也

---

① 施丽坚:《试论浙江记忆工程》,韩李敏主编:《浙江省档案学会论文集——浙江记忆理论与实践》,中国文联出版社 2013 年版,第 125 页。

不尽相同,这既显示出各地城乡档案记忆工程的特色,也体现出城乡档案记忆工程的丰富性。

浙江记忆工程从总体上规划实施了十大重点项目,具体包括:①浙江名人(当代浙江百行百业著名代表人物)。为当代浙江籍或在浙江境内长期工作活动过的非浙江籍的重要人物和知名人士建档。②浙江方言(浙江方言语音档案总库)。建立比较完备、健全并包含相应的词汇和语法等文本内容的浙江方言语音档案总库,使浙江方言得到有效系统的传承。③浙江名镇(村)。保存省内悠久历史、独特民俗、地方特色的乡(镇)村历史文化记忆。④记忆浙江。对全省年度重要工作、重大活动进行盘点存史。⑤浙江之最。对全省近现代最有存史价值、最具影响力的事件进行盘点存史。⑥浙江老照片。对浙江近现代经济社会发展中具有保存价值的历史老照片进行收集、整理、保护。⑦浙江档案文献遗产工程。面向社会,拓宽领域,创新手段,对有特色和典型意义的珍贵档案文献进行确定、保护、管理和利用。⑧浙江档案文献编纂。编纂出版省委文件选编、浙江档案精粹、浙江档案文化丛书、浙江民国史料辑要、浙江抗战档案文献实录、清代浙江舆图等。⑨家庭档案。对有典型意义的家庭档案进行建档指导,将最具典型意义的家庭档案征集进馆。⑩家谱族谱。对全省具有代表性的家谱、族谱进行收集、整理、保护。此外,辅以区域特色文化、城市记忆、重大历史事件、著名企业、老字号、典型建筑物(构筑物)、口述历史等省内各地统筹推进的项目。①

浙江省各地在实施浙江记忆工程中,以"乡村记忆馆"建设为抓手,紧密结合当前农村实际,根据每个村不同的内外在条件,确定每个村乡村记忆馆建设的主题和规模,力求乡土、力求特色、力求农家自有,其具体内容涉及:①村史:记录本村自建村以来村级建制演变、行政村管理、社会经济发展等历史情况。主要包括:村落的形成及名称的由来、地理位置及所属行政区划、主要宗

---

① 施丽坚:《试论浙江记忆工程》,韩李敏主编:《浙江省档案学会论文集——浙江记忆理论与实践》,中国文联出版社 2013 年版,第 127—128 页。

族、政治经济情况、交通状况、重要事件、重要人物及其他需要记录的事情等。②领导关怀:主要记录镇(街道)以上领导来村视察、调研工作等情况;③经济发展:记录本村农业、工业、特色产业等情况;④民俗文化:记录源自本地区的民间故事、神话传说、戏剧歌谣、历史遗迹以及其他各类文化盛事;⑤农村新貌:记录建村以来村庄、道路、河道等基础设施建设演变情况;⑥文明乡风:记录本村范围内具有一定社会影响力的各类先进事迹、慈善义举、好人好事等,主要包括文明家庭、好婆媳、好邻居、公益活动等;⑦乡贤名人:展示出自本村的历史名人、专家学者、劳动模范、战斗英雄、优秀共产党员及其他具有一定社会影响力的先进人物;⑧莘莘学子:记录本村文化程度本科以上学历的村民子女;⑨荣誉榜:记录行政村荣获的县级以上荣誉;⑩大事记:建村以来特别是改革开放以来村落大事记;⑪历任书记、主任名录;⑫重要的村民民生档案(主要保存在村档案室);⑬实物:包括具有历史意义的老档案、老照片、老票证、土布、县级以上的奖牌、奖杯、奖状、牌匾等实物档案;具有浓郁地方特色和体现农耕文化的农村生活、生产用具等,主要为农耕农具、纺织工具、生活用具等;⑭视频:播放有关的宣传片。可根据自身实际情况,以体现特色为主,确定重点的展示内容。①

2015年,福建省档案局(馆)启动"乡村记忆档案"示范项目,计划用两年时间着力打造全省57个"乡村记忆档案"示范村,推动和规范乡村记忆档案的收集、整理、编研、展览、开发及保护工作。厦门市档案局馆积极响应省档案局工作部署和厦门市政协十二届五次会议关于尽快实施"留住乡愁"工程建议,制订《关于"乡村记忆档案"示范项目建设的实施方案》,全面开展示范项目建设工作。《方案》依据全市农村档案工作实际,提出"着力打造全省'乡村记忆档案'示范村"的建设目标:"市、区、镇街、村共同努力,立足乡村档案的原始性、草根性和凭证性,推动和规范乡村记忆档案的收集、整理、编研、展览、

---

① 陈燕萍:《试论"世界记忆工程"背景下乡村"档案记忆工程"的文化传承与身份认同》,韩李敏主编:《浙江省档案学会论文集——浙江记忆理论与实践》,中国文联出版社2013年版,第89—90页。

开发及保护工作,做到有制度管理、有箱柜存放、有保管场所、有档案实体、有人员负责"。《方案》将厦门"乡村记忆档案"示范项目建设分为"启动阶段""建章立制""收集整理与场所建设""档案编研与信息化建设""整改验收"五个阶段,明确提出各阶段具体工作目标任务、工作步骤、完成时限、验收标准等要求。[①]

浙江和福建两省乡村档案记忆工程的实践内涵,让我们大体上知道了城乡档案记忆工程是在做些什么。当然,各地城乡档案记忆工程丰富多彩,各呈特色,而且还在不断创新。

(三)城乡档案记忆工程的建设模式

自乡村记忆保护传承工作开展以来,我国各地区各部门不断创新实践形式,拓展深化工作内容,形成了一些带有示范意义、典型意义的实践模式。归纳起来,大体有以下类型:①从建设主体上看,可分为档案部门模式与文物部门模式。档案部门模式是以档案部门为主导,通过档案管理的工作方式和手段保护传承乡村记忆;文物部门模式则是由文物、文化部门为主导,通过文物保护的工作方式和手段保护传承乡村记忆。②从建设内容上看,可分为单一模式与综合模式。单一模式是就乡村记忆中的某一方面内容(如乡音、饮食、服饰等)开展的保护传承行动;而综合模式则是从多方面、多层次开展的乡村记忆保护传承行动。③从建设方式上看,可分为实体模式与数字模式。实体模式是通过对乡村记忆资源收集、资源库建设等方式保护传承乡村记忆;数字模式或称数字化模式则是通过对传统乡村记忆资源数字化,建立并利用网络平台保护传承乡村记忆。④从建设重点上看,有资源积聚模式与记忆展示模式。资源积聚模式是通过实体或数字资源收集、整合等方式,对乡村记忆资源加以集成管理;记忆展示模式则是通过图集、纪录片、网站等途径,以图片、影

---

① 叶建强:《厦门全面启动"乡村记忆档案"示范项目建设》,《中国档案报》2016 年 5 月 9 日。

像、视频等方式展示传扬乡村记忆。这些模式在具体实践中虽然也存在一定的"跨界"与"搭界",但其基本式样我们大体可知。

为避免分析的重复(一项记忆工程实践可以理解为两三种不同模式),本部分以档案部门开展的城乡档案记忆工程为基本点,从整体性角度将城乡档案记忆工程的建设模式概括为下面四种模式:

1. 浙江综合实践模式

浙江记忆工程作为全省历史文化记忆保护性工程,不仅实施的建设内容丰富,而且逐级推进,全面展开,呈现出较为典型的综合性、体系化特色。从建设内容看,涉及百行百业著名代表人物("浙江名人")、方言、著名镇村、著名企业、老字号、代表性家谱、典型家庭、浙江老照片、浙江之最等系列档案文化项目,涉及面广泛;从建设范围看,由省级层面到地市县级层面,再到乡镇村级层面,全面推进,浙江省档案局有总体规划和总体部署,地市县各级档案部门也有具体实施方案,乡镇村有具体工作内容,作为一项全省行动,普遍展开;从建设形式看,除了开展"浙江名人建档工作""《记忆浙江》系列丛书编撰""浙江方言语音建档工作""建立'乡村记忆示范基地''企业记忆之窗'"四个子项目外,还建有"浙江乡村记忆网"网站,设置了《浙江档案·浙江记忆》专题栏目;各地方也开发乡村记忆编研产品,如开展村史、家谱等乡土文献编修,对有关特色地方记忆文化题材制作口述档案,利用收集保存的档案资料拍摄专题视频,编研出版专题书籍、图册,设计制作专题明信片、日历等文化产品。

浙江记忆工程大体反映了当前乡村记忆保护传承的主要内容和主要形式,所以我们称之为"综合实践模式"。这种模式在"山西乡村历史记忆工程"和"山东乡村记忆工程"中也有一定的体现,但各地在建设主体和建设形式上有不同侧重。

2. 天津方言语音建档模式

天津市在乡村记忆保护传承中,主要开展了天津方言语音建档工程,2014

年 5 月工程开始启动。该工程实施的出发点和目标是：随着经济社会的发展、城乡一体化的推进以及国家普通话的推广，天津方言使用场合逐渐缩小，为了记录天津方言的演绎历史，市档案馆计划用两年时间对有代表性的天津方言词汇、语句以及用天津方言说唱的曲艺及民间歌谣作品进行录音录像，逐步建立内容齐全、丰富的天津方言语音档案资料库。天津市档案馆征集接收部主任、方言语音建档项目负责人仇伟海指出：项目初期规划是做 500 个左右天津方言的词句，包括 300 个语句，并在此基础上把这些资料整理起来，开发、挖掘、制作一些专题节目。①

经过天津方言发音人选拔和方言文本征集，2014 年 11 月，天津方言语音建档工作进入语音录制阶段。至 2015 年 11 月，通过三个阶段的工作，先后录制了童谣、俗语谚语、歇后语、俏皮话、民谣、吆喝叫卖、劳动号子和《天津地理买卖杂字》(《天津杂字》)等，并将其进行编辑整理，配以相应的图片、影像，作为音像档案永久保存。②

天津方言语音建档，目标明确，内容集中，我们将之称为城乡档案记忆工程的一种建设模式。方言是乡村记忆最典型的载体和体现，随着社会变迁的加剧，方言的流逝和抢救已受到社会各方面高度关注，方言建档已成为乡村记忆保护传承行动的切入点和重要抓手。目前，浙江、陕西、湖北、福建等省也都在积极开展方言语音建档工作。

3. 福建示范项目模式

福建省城乡档案记忆工程虽然也是在全省推开，但并不是"普遍撒网式"建设，而是直接选定 57 个乡村记忆档案示范项目来推动。每个示范项目以村为实施主体，在地市档案局指导下，采取多种形式开展乡村记忆保护传承工

---

① 刘鑫：《天津方言语音建档活动正式启动，海选天津方言发音人》，天津广播网，[EB]http://www.radiotj.com/gnwyw/system/2014/05/16/000476987.shtml [2014-05-16]。

② 张珊珊、常健：《天津方言建档收尾》，和讯新闻，[EB]http://news.hexun.com/2015-11-06/180391166.html [2015-11-06]。

作。如厦门市集美区田头村,通过组织建设"田头乡村记忆馆"、编纂《田头村志》、摄制田头村电视宣传片、建设标准化库房、制作碑刻拓片等,开展示范项目建设。再如,宁德市漈头村,在创建"乡村记忆档案"示范村过程中,除了联合当地政府保护好漈头村古民宅、古祠堂、古道、古廊桥等传统建筑外,市档案局馆还帮助该村建立了 280 多平方米的"乡村记忆档案"展厅,收集了富有漈头特色的农耕、生活等实物档案 30 多个门类共 1 万余件,开辟了历史文物展馆、清风正气史鉴馆、木雕精品展馆、农耕文化体验馆等 11 个展馆,通过室内展示与室外记忆场所联动,打造出能参观游览的"乡村记忆档案"展示村。此外,宁德市档案局馆近年来还编研撰写了《漈头村村史》,拍摄了漈头村专题电视宣传片,以此丰富和展示现存历史古迹遗存的文化内涵。[①]

以示范项目推动城乡档案记忆工程建设,在山东、山西等省的乡村记忆保护工作中也有采用。在示范项目建设中,许多示范村往往通过建设"乡村记忆馆""乡村记忆档案展示馆"等形式,作为乡村记忆保护的基地。因此,从另一角度看,建设乡村记忆馆也是一种城乡档案记忆工程的实践模式。

4. 上饶网络平台模式

网络平台模式是以档案数字资源库建设为基础,通过网站展示乡村记忆资源的城乡档案记忆工程建设模式。目前,我们所看到的国外的记忆工程项目,大多都采取这一模式。如美国的"俄亥俄州记忆"(Ohio Memory)是由俄亥俄历史协会和俄亥俄州立图书馆负责组织实施的记忆项目。该项目将全州各地方的资源汇集起来形成一个在线数字馆藏,为公众提供了解俄亥俄州各种历史宝藏的访问渠道。其馆藏内容来自代表美国俄亥俄州 88 个县、超过 360 个文化遗产机构的 40 多万份数字图像,包括各种材料类型,涉及考古和历史文物、手稿、地图、报纸、照片、视频等。我国国家图书馆的"中国记忆"项

---

① 孙昊:《收藏乡土味道 记录浓郁乡愁——福建省宁德市"乡村记忆档案"示范项目建设侧记》,《中国档案报》2016 年 12 月 8 日。

目也具有网络平台模式的特点,通过建立专题数字资源库和"中国记忆项目实验网站",为公众提供文献资源服务。

在城乡档案记忆工程实践中,许多省市也在利用网络平台展示乡村记忆,并提供相关利用服务。除前文提到的"浙江乡村记忆网","上饶记忆网"也是一个有影响的乡村记忆网络平台。该网站于 2012 年 10 月开建,2013 年 5 月建成,是一个基于互联网与档案相结合的开放式、综合性的网络信息服务平台。网站开设有老城记忆、历史大事、古今圣贤、名企老店、红色记忆等栏目,市民可在各栏目上分享有关上饶的历史记忆;同时还开设有"乡村记忆""成长记忆""影像记忆"等特色栏目,供各种私家珍藏的上传和下载;设有查询指引、特色服务等栏目,满足社会各界的档案利用需求。此外,我国不少省市档案信息网站都设有"乡村记忆"栏目,也是网络平台模式的一种表现形式。

网络平台模式是将档案数字资源库建设和档案信息网站建设结合起来,具有乡村记忆资源积聚、整合、开发、展示等功能,是利用现代信息技术开展的城乡档案记忆工程的重要形式。

以上是根据各地开展城乡记忆工程的主要方式对记忆工程建设模式的分析,在工程建设具体实践内容上,各种模式之间并非截然不同,而是存在一定共同性。通过建设模式分析,我们能基本上看出城乡档案记忆工程建设的总体样态。

二、城乡档案记忆工程的性质、结构与功能

城乡档案记忆工程作为档案部门开展的创新实践活动,要想持续推进,成为有目的、有计划、有组织、有影响的社会行动,而不是"见光死"的短命工程和"炒概念"的盲目实践,就必须将"工程思维与社会思维相结合"①,深入分析和阐释工程活动的性质、结构与功能,为工程活动提供有力的思想和理论支

---

① 王宏波:《社会工程研究引论》,中国社会科学出版社 2007 年版,"前言",第 2 页。

撑。毛泽东同志曾指出:"不论做什么事,不懂得那件事的情形,它的性质,它和它以外的事情的关联,就不知道那件事的规律,就不能做好那件事。"①同时,"社会工程建构在社会世界改造过程中的作用关键在于能够把'原有结构'改变、改建为具有'新功能'的'新结构'"②,城乡档案记忆工程具有什么样的"新结构""新功能",也需要我们做出必要的理论解释,以便更深刻地认识和理解工程自身,思考和探寻工程的推进机制。

(一)城乡档案记忆工程的性质

工程是一项复杂的综合实践过程,具有巨大的包容性,可以从多角度对其性质进行解析。李长春同志曾将非物质文化遗产生产性保护视为"文化工程、惠民工程、德政工程"③,按照这一思路,我们将城乡档案记忆工程这一旨在保护传承乡村记忆的行动概括为社会建设工程、文化保护工程、历史记录工程和民生关怀工程。

1.社会建设工程

工程作为人类创造性实践活动,随着社会发展(出现各种不同形态的工程)和研究深化(对工程活动有更多的思考和归纳),人们根据工程活动的对象、过程和结果,将其分为不同性质的工程,如自然工程与社会工程、硬工程与软工程、有形工程与无形工程。中国工程院沈珠江认为,由于世界分为自然世界和社会世界,"工程"合乎逻辑地可分为"自然工程"和"社会工程"。前者不妨称为"硬工程",后者不妨称为"软工程",如"知识创新工程""希望工程"等。④ 徐匡迪也认为,"至于我国的'希望工程'和'菜篮子工程'等,则更是一项社会项目与任务的简称"⑤。一般而言,自然工程是以"新的存在物"为基

---

① 毛泽东:《中国革命战争的战略问题》第 1 卷,人民出版社 1991 年版,第 155 页。
② 李伯聪:《选择与建构》,科学出版社 2009 年版,第 14 页。
③ 王文章:《非物质文化遗产保护研究》,文化艺术出版社 2013 年版,第 299 页。
④ 沈珠江:《工程哲学就是发展哲学》,《清华大学学报》2006 年第 2 期。
⑤ 殷瑞钰、汪应洛、李伯聪等:《工程哲学》(第二版),高等教育出版社 2013 年版,"序"。

本标志,当"工程结束的时候,一个新的存在物出现在世界上"①。而社会工程更多地侧重于那些"在一定的社会历史条件下,指涉整个社会(或者整个地区)范围、对国计民生具有重大影响的改造社会世界、调整社会关系、协调社会运行的实践活动"②。

城乡档案记忆工程与希望工程、菜篮子工程等一样,也是一种社会工程(社会项目或社会建设工程),是在城镇化加速发展背景下,对乡村历史文化(遗产)的保护行为。虽然工程活动也产生乡村记忆馆、乡村记忆示范点等构建物,具有自然工程的某些特征,但其根本目的不是为了这些构建物,而是保护传承乡村文脉与乡村记忆。

将城乡档案记忆工程定性为社会建设工程,其意义在于促发我们思考工程建设的理论基础与理性思维,思考工程建设对社会世界的改造和社会关系的调整,探索工程实施推进的良性管理运行机制和社会支持机制;同时也有利于我们从工程思维和社会思维两方面把握城乡档案记忆工程的结构和功能,深化对城乡档案记忆工程的认知。

2. 文化保护工程

乡村记忆和乡村历史文化存在着多方面融合互释关系:一方面,如前文分析,我们可以将乡村记忆理解为乡村历史文化的总和与凝聚,乡村历史文化构成乡村记忆的内涵;另一方面,我们也可以反过来看,把乡村记忆看成是乡村历史文化现象。"人类的实践活动实际上是一种自我记忆的活动,这种记忆活动及其结果就是人类学家、文化学家所说的文化现象和文化产品"③;"社会记忆是人类文化生成、复制、积累的内在机制,也是不同的文化模式之所以能够相互交流、融汇、整合的深层根据。"④

---

① 殷瑞钰、汪应洛、李伯聪等:《工程哲学》(第二版),高等教育出版社 2013 年版,第91页。
② 田鹏颖主编:《社会工程哲学教程》,社会科学文献出版社 2012 年版,第58—59页。
③ 孙德忠:《社会记忆论》,湖北人民出版社 2006 年版,第125—126页。
④ 孙德忠:《社会记忆论》,湖北人民出版社 2006 年版,第127页。

城乡档案记忆工程需要依托各种文化媒介(遗产)才能使乡村记忆得以保护传承。在传统乡村社会中,无论有形的文化媒介,如祠堂、庙宇、古渡口、桥梁、码头、锹铲、锄头、犁耙、水车、家谱、村志,还是无形的文化媒介,如风俗习惯、方言俗语、宗教信仰、社会规则等都是乡村历史文化遗产,也是乡村记忆的直接表现。城乡档案记忆工程就是通过对乡村历史文化遗产(主要是文献遗产或文化遗产的文献化、数字化)的抢救、保护、累积、开发、利用,来记录和反映乡村历史文化、传统文化,传承乡村文脉,留住中华文化的根和魂。因此,与城市(档案)记忆工程一样,城乡档案记忆工程既是乡村文化(遗产)的抢救性工程,也是乡村文化的建设性工程。①

正是基于城乡档案记忆工程具有(历史)文化保护的性质,档案部门才"不分彼此"地将城乡档案记忆工程纳入乡村历史文化保护和建设的范畴,思考和推进工程开展。

3. 历史记录工程

如果说文化是人类在社会历史发展过程中所创造的物质财富和精神财富,是在历史发展中经验和智慧的结晶;那么,乡村中除了文化(含传统)之外,还存在自身的历史发展或历史沿革,它们是乡村形成、发展、变迁的记录与体现。

社会记忆(乡村记忆)与历史之间存在天然的关联。社会记忆中关于过去的现象和过去的回忆性知识,都是历史性的;反之,历史也只有通过记忆才能被记录留存和延传下来,没有记忆便没有历史,那些历史上我们已遗忘的时光,便形成了"流动的缺口"。② 孙德忠说:"对于社会运动和历史发展而言,社会记忆实施着社会信息、社会经验的保存和传递,从而维持社会历史连续性的功能";"正是通过社会记忆才保证了社会信息及其对于人类社会发展的积

---

① 丁华东:《论城乡档案记忆工程的性质与特点》,《档案》2016年第2期。
② [德]扬·阿斯曼:《文化记忆》,金寿福、黄晓晨译,北京大学出版社2015年版,第42页。

极作用和正相关功能。"①法国历史学家雅克·勒高夫说："记忆滋养了历史，历史反过来又哺育了记忆。"②如果没有记忆的容颜——文学、艺术、口传故事、文献、古迹，那么历史将没有故事可供讲述。反之，如果没有历史的记述，那么记忆将会支离破碎，会随着最初载体的逝去而消亡。

　　浙江省在开展浙江记忆工程中将档案文化视为"记忆文化""存史文化"③，郑金月在总结浙江记忆工程的经验和认识时指出："浙江记忆工程以社会记忆的新视角、主动存史的新理念、公众参与的新机制和记忆文化的新内涵去组织资源建设，开展档案文化建设，改变了传统档案工作的生存业态，是档案工作理论和实践上的一项重大创新。"④原初的历史已经过去，我们需要留存它的信息、它的记忆，因此，记录乡村发展历史就是城乡档案记忆工程的内在要求和本质体现。

4. 民生关怀工程

　　"民生在勤，勤则不匮"。民生问题自古以来就是中国社会治国安邦的重要问题，从儒家的"民惟邦本、本固邦宁"，到民主革命先行者孙中山先生的"三民主义"学说，无不表达出先圣先贤们对民生的理解及其重要性的认识。2007年，党的十七大报告提出"加快推进以改善民生为重点的社会建设"，要求"在经济发展的基础上，更加注重社会建设，着力保障和改善民生，推进社会体制改革，扩大公共服务，完善社会管理，促进社会公平正义，努力使全体人民学有所教、劳有所得、病有所医、老有所养、住有所居，推动建设和谐社会"⑤。党的十八大以

---

①　孙德忠：《社会记忆论》，湖北人民出版社2006年版，第171—172页。

②　[法]雅克·勒高夫：《历史与记忆》，方仁杰、倪复生译，中国人民大学出版社2010年版，第113页。

③　鞠建林：《解放思想，创新思维，大力实施档案文化建设战略》，《浙江档案》2011年第9期。

④　郑金月：《论浙江记忆工程的理论和实践创新》，韩李敏主编：《浙江省档案学会论文集——浙江记忆理论与实践》，中国文联出版社2013年版，第5页。

⑤　胡锦涛：《高举中国特色社会主义伟大旗帜　为夺取全面建设小康社会新胜利而奋斗——在中国共产党第十七次全国代表大会上的报告》，《胡锦涛文选》第二卷，人民出版社2016年版，第642页。

来,以习近平同志为核心的党中央提出以人民为中心的发展思想,坚持党的一切工作必须以最广大人民根本利益为最高标准。党的十九大报告中,习近平同志明确指出"带领人民创造美好生活,是我们党始终不渝的奋斗目标";"我们要坚持把人民群众的小事当作自己的大事,从人民群众关心的事情做起,从让人民群众满意的事情做起,带领人民不断创造美好生活!"①

民生工程既是惠民工程,更是民心工程。城乡档案记忆工程作为一项民生工程,基础就在于它对民众的情感关怀。记忆附托着情感,人们对往昔的回顾与追寻,是对逝去历史的缅怀和情感的重新体验。社会记忆的过程是人的情感不断选择和重温的过程,因此,社会也被看成是一个"情感记忆的共同体"。面对城镇化建设中对乡村文化生态环境的破坏和乡村记忆的断裂,"望得见山,看得见水,记得住乡愁"成为人们内心的情感期望和社会关切。城乡档案记忆工程通过挽救和展示濒危消失的乡村记忆,将情感体验嵌入到历史行动中,纾解和释放人们心头的那一抹乡愁,在回味和怀旧中开启一条乡村情感归属的道路,为档案部门服务民生提供了新的内涵,也"提高了政府在百姓心目中的公信力"②。

对城乡档案记忆工程的性质人们会有不同的解析和解读,如社会历史文化工程、城乡历史文化遗产保护、乡村传统保护工程、乡村历史变迁反映工程等,尽管表述有别,但其核心仍是聚焦于乡村社会建设、乡村文化遗产保护、乡村历史信息记录和对基层民众的情感关怀,这是我们认识和把握城乡档案记忆工程性质的根本点。

(二)城乡档案记忆工程的结构

从系统论角度看,系统结构即是指系统构成要素及其相互之间的作用关

---

① 习近平:《决胜全面建成小康社会 夺取新时代中国特色社会主义伟大胜利——在中国共产党第十九次全国代表大会上的报告》,人民出版社2017年版,第44—50页。
② 姜纪云:《关于实施"浙江记忆"工程的几点思考》,韩李敏主编:《浙江省档案学会论文集——浙江记忆理论与实践》,中国文联出版社2013年版,第60页。

系。对工程的构成部分或构成要素,工程哲学研究中有不同的概括和表述。李伯聪将工程要素分为技术要素和非技术要素,指出"任何具体的工程活动都是技术要素和'非技术要素'——包括经济要素、政治要素、资源要素、管理要素、社会要素、制度要素、伦理要素、心理要素等多种要素——的系统集成,在许多情况下非技术要素甚至要发挥更重要的作用"。他要求以"全要素"的观点来认识和分析工程活动。[①] 殷瑞钰院士等从工程单元的角度,将工程要素分为物质(资源)要素和非物质(资源)要素,"任何具体工程都是作为功能单元存在并发挥其作用的,具有某种系统所需特定功能的物质(资源)要素与非物质(资源)要素的相互作用和有机结合形成了工程单元系统";任何工程单元都包括人、物、技法、管理四大要素。[②] 这些观点为我们分析和把握城乡档案记忆工程系统构成提供了分析参考。

与自然工程单元"具有相对明确的结构、功能以及相对明晰的边界"[③]不同,城乡档案记忆工程系统具有高度的开放性,其系统构成要素更为复杂,既包括各种主体要素也包括各种客体要素,或者说既包括各种内部要素也包括各种外部要素,而且每类要素都有丰富的内涵或要素因子。结合城乡档案记忆工程的内涵和性质,我们大体可以将其构成要素分为工程主体要素、记忆资源要素、建设条件要素、管理运行要素和社会环境要素五个组成部分,各部分要素彼此相互作用,分别承担不同的系统维护作用(内部功能);而且相互联结,形成一个有机整体,通过有效实施和运行,共同实现系统的目标和价值(外部功能)。

1. 工程主体要素

工程是人类实施的有目的、有计划、有组织的社会实践活动,鉴于工程

---

① 李伯聪:《工程哲学和工程研究之路》,科学出版社 2013 年版,第 267 页。

② 殷瑞钰、汪应洛、李伯聪等:《工程哲学》(第二版),高等教育出版社 2013 年版,第 222 页。

③ 殷瑞钰、汪应洛、李伯聪等:《工程哲学》(第二版),高等教育出版社 2013 年版,第 220 页。

活动的复杂性和社会分工的细密性,在工程活动中必然存在而且也必然需要不同的组织和个人各自扮演不同的角色,各自发挥不同的作用,协调行动,才能有效达成活动的目标。毛如麟等对建设工程的参与主体进行了分析,指出建设工程社会中存在八大利益行动者,具体包括政府、投资者、业主、工程承包商、工程咨询机构、第三部门、社会公众、其他利益相关者,是建设工程社会的核心角色。"每一个角色构成了建设工程社会这张巨网的一个结点,他们围绕着建设工程中流动的资源与运作的规则形成了多种错综复杂的互动关系,进而通过相互间的互动重新配置资源、维持与再生产运作规则。"①

社会工程中人的要素和作用更为突出,需要具有一定经验、知识、技能和创造力的人来实施。社会工程建设过程中,不仅知识化的趋势越来越明显,而且相关利益与行为主体的态度及人与人的协调状态也越来越重要。② 因此,分析社会工程的主体结构或社会关系结构,对深刻揭示工程内部的各种矛盾和问题,协调和平衡各方面的利益大有裨益。

城乡档案记忆工程的主体涉及政府(包括档案部门和其他部门)、乡镇街道或社区、村落家族或民众、技术提供者、社会公众、第三部门等,他们分别承担着城乡档案记忆工程的决策者、设计者、实施者、推进者、支持者、服务者、利益相关者等不同角色,具有异质性、层次性和角色转换性,如何有效地协调各方面利益、调动各方面积极性,从而把各方面的力量组织起来,不仅关系到城乡档案记忆工程的组织建设、推进实施,也关系到城乡档案记忆工程的社会支持。对此,我们将在第八章"管理运行机制"和第九章"社会支持机制"中再做深入讨论。这里我们可以再次申明一下,档案部门是城乡档案记忆工程的核心推进主体和建设主体。

---

① 毛如麟等:《建设工程社会学导论》,同济大学出版社 2011 年版,第 65 页。
② 殷瑞钰、汪应洛、李伯聪等:《工程哲学》(第二版),高等教育出版社 2013 年版,第221 页。

2. 记忆资源要素

"资源"是一个动态发展、指向宽泛的概念。马克思在《资本论》中说"劳动和土地,是财富两个原始的形成要素";恩格斯进一步指出"劳动和自然界在一起它才是一切财富的源泉,自然界为劳动提供材料,劳动把材料转变为财富"①。随着认识的发展,人们逐步将一切可被人类开发和利用的物质、能量和信息都统称为资源。作为人类财富的来源,资源广泛地存在于自然界和人类社会中,包括自然资源与社会资源、经济资源与非经济资源、再生资源与非再生资源等不同类别和形态。

宽泛地说,城乡档案记忆工程中涉及的各种要素都具有资源的性质,如人力资源、物质资源、知识资源、记忆资源、技术资源、管理资源、环境资源、社会资源等;但为了突出城乡档案记忆工程中记忆资源的中心地位和关键要素,我们将资源要素确指为"记忆资源",其他资源要素我们作为工程的条件要素来看待,以便和后文的机制分析对接。

各类乡村记忆资源是城乡档案记忆工程的核心要素,也是工程活动的主要对象,或最直接、最主要的客体。城乡档案记忆工程的提出实施,导因于乡村记忆资源正在遭到破坏和流逝;城乡档案记忆工程建设的内容和成果主要是对乡村记忆资源的抢救、集成、开发、展演,以保护传承乡村记忆;城乡档案记忆工程推进的目的,也主要是希望通过工程的持续开展,推动乡村记忆资源保护的深化,传承乡村文脉。因此,将"记忆资源要素"放在城乡档案记忆工程结构的核心地位,有助于突出记忆工程结构的特点。

3. 建设条件要素

条件要素是指工程系统功能实现所必需的各类软硬件条件。社会工程不是在社会机体中自然"生长"出来的,而是人为建构的产物,作为人类社会的

---

① 《马克思恩格斯选集》第4卷,人民出版社1995年版,第373页。

实践活动,它不是纯粹的理想化蓝图,而是现实的可以感知、操作的实践活动。① 因此,在各类工程活动中必然要依赖并运用各种资源和条件要素才能达成目标。美国社会学家帕森斯(Talcott Parsons)认为,条件和手段是社会行动结构的两个构成要素,不可控的为"条件"、可控的为"手段";②殷瑞钰等也指出"必要的资源条件是工程活动的基础和前提"。③

城乡档案记忆工程的建设条件主要包括两方面:一类是开展城乡档案记忆工程所需要的各种物质条件或实体条件,包括物料、设施、工具、资金等,是工程建设中"物"的方面;另一类是技术方法条件,是较多以知识形态出现的经验、方法、技术(合称"技法")。城乡档案记忆工程的建设条件主要是通过政府的投入、建设经验的积累和社会的支持来获得,建设条件不具备或不充分是当前制约城乡档案记忆工程推进的主要障碍之一。

4. 运行规则要素

工程活动是一个从规划设计,到组织实施、运行维护,乃至更新改造的过程,在此过程中,为推进工程系统进化,实现系统目标,需要对系统中的物质流、能量流、信息流、人流及价值流加以组织、协调、评估、控制,需要人们建立并遵循一套管理运行规则,它关涉到人们"在某种条件下应适合怎样行动的问题"④。

安东尼·吉登斯(Anthony Giddens)的结构化理论将规则解释为行动者在各种环境下理解和使用的"可归纳的程序",既关乎行动者对行动意义的理解,也关乎行动者行动的方向。毛如麟等运用吉登斯的结构化理论,将建设工程中的规则分为解释性规则和规范性规则。解释性规则是"参与主体构建的

---

① 田鹏颖主编:《社会工程哲学教程》,社会科学文献出版社 2012 年版,第 73 页。
② 谢立中:《西方社会学名著提要》,江西人民出版社 2001 年版,第 151 页。
③ 殷瑞钰、汪应洛、李伯聪等:《工程哲学》(第二版),高等教育出版社 2013 年版,第 72 页。
④ 殷瑞钰、汪应洛、李伯聪等:《工程哲学》(第二版),高等教育出版社 2013 年版,第 148 页。

解释性框架和知识基础,以及赋予行动的意义,是主体间互动的媒介和沟通桥梁。正是通过解释性规则,建设工程活动才成为一件可以理解的事情,才有了顺畅的互动和行动的顺利进行"。而规范性规则则是对参与主体特定权利与义务的规定,包括法律法规和各种制度,通过制度规则,不仅"规范了参与主体的建设行为,保护了参与主体合法的建设行为",也为参与主体通过互动达成自身的利益诉求提供可能。①

城乡档案记忆工程既涉及我们对其意义的理解和阐释,也涉及我们行动的规约,需要我们建立一套规则体系,以增进了解,指引行动。

5. 社会环境要素

任何系统都存在于一定的物质环境中,即更大的系统之中。一切开放系统都与环境之间存在着正常的物质、能量、信息的交换,在环境中不断调节自身的内部结构,保持自身的动态平衡,不断提高自己的生存和发展能力,这是系统的环境适应性或环境依赖性特征。

工程社会环境(简称"工程环境")是工程系统外部影响工程核心活动过程的各种要素集合。与自然工程相比,社会工程系统具有更广泛性、多样性、不确定性等特点;而且随着社会发展,工程系统的环境依赖性还在不断增强。"在工程系统开发、运行、革新的过程中,会受到来自内、外及技术、经济、社会、管理等多领域、多方面环境因素的复杂影响,其中,经济、社会及人的因素和管理因素的影响越来越明显、广泛和深刻。"②

城乡档案记忆工程处于社会系统之中,面对的社会环境复杂而多样,既包括国家政治、经济、文化、科学技术等方面的宏观环境,也包括一个地方、甚至一个村落经济发展和历史文化等的微观环境;既包括新型城镇化、新农村建设等直接环境,也包括影响社会发展变迁的间接环境。这些社会环境因素都会

---

① 毛如麟等:《建设工程社会学导论》,同济大学出版社 2011 年版,第 63—64 页。
② 殷瑞钰、汪应洛、李伯聪等:《工程哲学》(第二版),高等教育出版社 2013 年版,第 221 页。

对城乡档案记忆工程建设产生积极影响和消极制约。

社会环境对城乡档案记忆工程的影响具有双重性：一方面，环境变化加剧，会直接或间接地导致乡村记忆资源的流逝与破坏，导致乡村记忆保护传承任务的艰巨；另一方面，环境变化也会增强全社会对乡土文化的缅怀追忆，促进记忆保护意识的觉醒，并为乡村记忆工程提供更为丰富的物质和技术条件。城乡档案记忆工程既要把握机遇，积极作为，又要充分把握和利用环境因素，调动各种外部积极因素加速推进。

城乡档案记忆工程的各组成部分或功能要素之间具有多重互构性，彼此关联，通过不同方式的耦合，形成多重互构网络结构，并随记忆工程模式的不同而不同。

（三）城乡档案记忆工程的社会功能

波普尔在谈到社会工程时指出："如果它们没有有用的功能，那么它们就没有生存的机会。"[1]系统功能包括系统内部各要素对系统稳定维护的功能（内部功能），也包括系统整体的社会功能（外部功能）。社会功能是"社会或文化事项在社会中所扮演的角色"及其所发挥的作用。"人们蓄意从事某种行为，此行为可能产生（不必然是预期的）各种功能，这种观念能使我们脱离糊海，获致清明"[2]。

城乡档案记忆工程的社会功能主要表现在：

1.社会改造功能

马克思说"人们之所以有历史，是因为他们必须生产自己的生活，而且必须用一定的方式来进行"[3]。人作为"'人类历史的经常的产物和结果'，他获

---

[1] ［英］卡尔·波普尔：《历史决定论的贫困》，杜汝楫等译，上海人民出版社 2009 年版，第52 页。

[2] ［美］罗伯特·金·默顿：《论理论社会学》，何凡兴等译，华夏出版社 1990 年版，第105—106 页。"糊海"大致是不明白、不清楚的意思。

[3] 《马克思恩格斯选集》第 1 卷，人民出版社 1995 年版，第 76 页。

得了创造历史的现实条件和现实力量，并凭借这种现实条件和现实力量去改变自己和自己的生存环境，实现社会历史的进步，为自己的下一代创造新的历史条件"①。

城乡档案记忆工程是在新型城镇化建设的广阔社会背景下，针对乡村记忆的严重破坏和流逝而采取的积极抢救、保护和传承措施；是在城市建设与乡村建设、经济建设与文化建设、现代文化重建与传统文化保护等严重失衡状态下对社会系统运行的矫正和社会系统结构的修补，其目的是"以此为操作中介来调整和改进社会运行或使人的社会性行为更加符合社会的需要和发展"②。

城乡档案记忆工程在调整和改善整体社会系统运行的同时，也是对档案工作系统自身系统结构的调整和完善。通过记忆工程，档案部门可以创新档案工作的运行方式和运行机制，完善档案工作的系统构成，一方面有利于增强档案系统对社会环境发展的适应性和应变力，及时有效地介入社会建设，促进社会经济文化发展；另一方面，也有利于发挥原有结构中的优势要素，产生优势效应，发挥更大的创造力和贡献力。

2. 社会协调功能

在社会工程哲学的研究中，许多学者都将社会关系置于研究的核心，认为社会工程的本质就是社会关系的协调。王宏波认为："我们可以把社会工程活动理解为探寻潜在的社会关系并形成关于合理的社会关系形式的定位性认识，进一步将其转变为现实的社会关系，寻找符合人们真实意愿的社会关系的实现形式，探索和寻找真实的社会关系模式的活动过程。"③田鹏颖提出："社会工程的目的是调整人与人之间的社会关系，创造一个新的社会体制，建构一个理想的和谐社会。人们从事的实践活动总是具有目的指向性，而其实施，可

---

① 田鹏颖：《社会工程哲学引论》，人民出版社 2006 年版，第 37 页。
② 田鹏颖主编：《社会工程哲学教程》，社会科学文献出版社 2012 年版，第 56 页。
③ 王宏波：《社会工程研究引论》，中国社会科学出版社 2007 年版，第 10 页。

以被视为通过人与社会关系的生成和演化,调整人与社会之间的不和谐因素,以及改善人与社会之间的矛盾,追求社会世界和谐的实践活动过程。"①社会关系具有很强的包容性,关涉到所有的人与人、人与社会、社会与社会的关系。

城乡档案记忆工程在社会关系的协调中所发挥的作用是多方面的:一是协调城—乡发展、经济—文化发展、传统—现代所存在的现实矛盾关系,推动社会的和谐发展、均衡发展、全面发展;二是协调档案部门与文化遗产保护部门、乡村民众之间的关系,推动多部门、多系统、多主体在"记忆工程"这一平台上有效合作和优势互补,共同为乡村记忆保护传承贡献力量;三是协调档案系统与社会环境间的"输入"与"输出"关系,在增加档案记忆"输入"的同时,也提高档案记忆的有效"输出",不断释放记忆能量,实现档案事业与社会的协调发展。

3. 资源聚合功能

工程哲学认为工程是人类运用知识,"有效地配置各类资源(自然资源、经济资源、社会资源、知识资源等),通过优化选择和动态的、有效的集成,构建并运行一个人工实在的物质性实践过程";集成和构建是工程及其活动的内在特征,它们是对"构成工程的要素进行识别和选择,然后经过整合、协同、集成,构建出一种有结构的动态体系,并在一定条件下发挥这一工程的效率、效力和功能"。②

与自然工程不同,城乡档案记忆工程的主要资源对象是乡村记忆资源,其他资源(自然资源、经济资源、社会资源、知识资源等)是辅助性资源或条件性资源,它是通过对乡村记忆资源的抢救、集成、开发、展演,一方面建立乡村记忆资源库或乡村记忆馆,另一方面向社会传送乡村记忆能量。记忆资源是档案记忆工程的核心,也是主要抓手,档案记忆工程的资源聚合(积聚、整合、集

---

① 田鹏颖主编:《社会工程哲学教程》,社会科学文献出版社2012年版,第67页。
② 殷瑞钰、汪应洛、李伯聪等:《工程哲学》(第二版),高等教育出版社2013年版,第15页。

成)功能在城市记忆工程中已有充分的体现。有学者指出,"在城市记忆工程的建设进程中,成立组织机构,制订实施方案,开展资源调查,建立'城市记忆名录',抢救性记录城市风貌,广泛征集档案文献,初步厘清城市记忆脉络,摸清城市记忆档案资源的现状,建立城市记忆档案资源数据库,充分利用信息化技术和环境,在维护资源主体各方利益、保护资源原件的前提下,初步搭建起城市记忆档案资源的收集、整合、开发、共享的平台"。[①] 在城乡档案记忆工程中,记忆资源聚合仍是其最基本的功能之一,也是决定其成败的首要因素。

4.记忆传承功能

传承是记忆的本质,没有传承便没有记忆。过去能否以某种方式被写进当今,能否以某种方式存活并对未来产生影响,首要的前提就是过去能否被记住并被继承、传递下去。

城乡档案记忆工程作为乡村历史文化的保护行为,之所以用"记忆工程"来概括和表达,意图就是要通过探索和创新社会记忆传承的实践方法,将过去留存下来,并继续传扬下去。在各地开展的"记忆工程"宣传中,或称传承乡村记忆、传承乡村历史、传承乡村文脉,或称"守护历史、传承文化"等,虽然表述和用语不一,但宗旨和指向都是一致的。

乡村记忆传承包括共时性传承与历时性传承:共时性传承是同时代人对乡村记忆的传承,是拥有共同记忆的人群对特定记忆的追怀、强化和扩大;历时性传承是不同世代或时代的人群对乡村记忆的传承,是一种历史的传承和延续。城乡档案记忆工程就是要将过去保护、保存起来,留住乡村社会的"根"和"魂",既满足当代人的需要,也满足未来人们的需要。

像所有的社会记忆行为一样,城乡档案工程中对乡村记忆的传承,不是简单的单纯传递行为,其中潜含着社会记忆的建构、控制和保护,也潜含着社会记忆的(再)生产和消费,相互交织,意蕴深远,这正是我们探讨发现城乡档案

[①]　薛匡勇:《城市记忆工程及其走向探析》,《浙江档案》2012 年第 12 期。

记忆工程推进机制的价值与意义所在。

5. 乡愁纾解功能

自 20 世纪中后期以来,怀旧成为现代性视域下的一个重要的社会文化事件。"怀旧已不再局限于一个个体成长中的心路历程,而是生成为一种社会化的、全民性的集体事件,一个极其普遍的社会文化景观。"[①]怀旧是对过去的回忆,在传统乡村社会,怀旧的直接表征就是"乡愁"。乡愁是"某种朦胧暧昧的、有关过去和家园的审美情愫,不仅象征了人类对那些美好的、但却一去不复返的过往的珍视和留恋,还暗含了人类的某种情感需求和精神冲动"。[②] 乡愁既有去国怀乡的悲悯,也有文化失落的痛苦。"放在宏阔的城镇化进程中,乡愁是虚化的,更是具象的;是情感的,更是物质的;是飘忽的,更是真切的。"[③]面对高速城镇化带来的传统村落的消失和传统文化的破坏,"故园之恋"的乡愁何以纾解的问题被提出来。

城乡档案记忆工程通过对乡村记忆资源的抢救、积聚、开发和展演,为新型城镇和新农村输送记忆能量,"让居民望得见山、看得见水、记得住乡愁",让"故乡"依旧在人们的心中回荡。"惟有门前镜湖水,春风不改旧时波。""我们需要借助'乡村记忆工程'把最美的记忆留下,也让我们的乡愁能够诗意地栖居,给我们的精神世界带来最好的抚慰"。[④]

6. 经济促进功能

社会功能有显功能和隐功能之分,如果说资源集聚、记忆传承和乡愁纾解是其显功能,那么经济促进则是其隐功能,而且正向显功能转化。

---

① 赵静蓉:《怀旧文化事件的社会学分析》,《社会学研究》2005 年第 3 期。
② 赵静蓉:《怀旧文化事件的社会学分析》,《社会学研究》2005 年第 3 期。
③ 秦川:《建设"记得住乡愁"的城镇化》,央视网评,[EB] http://opinion.cntv.cn/2013/12/15/ARTI1387108170788717.shtml[2013-12-15]。
④ 苏彦:《"乡村记忆工程"让乡愁诗意地栖居》,青岛文明网,[EB] http://qd.wenming.cn/wmbb/201510/t20151012_2042099.html[2015-10-12]。

20 世纪 80 年代以来,社会记忆资本化倾向不断普及和突显,乡村记忆资源作为一种经济资本、文化资本、社会资本,在乡村经济社会发展中发挥出越来越显著的经济价值。城乡档案记忆工程也为乡村记忆资源融入、促进地方经济社会发展提供了途径和平台。湖州市逐渐形成了"景区+农家""生态+文化""农庄+游购"的乡村旅游发展模式,如东衡村的赵孟頫专馆和历史文化综合馆,荻港村的荻港名人馆、渔乡风俗馆和农产品展示区,高禹村的室内文化展示馆等,都已成为当地乡村旅游发展的主打产品,呈现出良好的社会经济和文化双重效益。① 绍兴县的"越地记忆"档案文化建设工程,充分挖掘各村落的宗族历史、民俗风情,将记忆文化与乡村经济有效对接,推动当地经济快速发展。城乡档案记忆工程既是增强地方认同、联系同乡情谊、唤醒故园思念的情感纽带,也是展示乡村风情、品味乡村生活、感受乡村厚重历史的体验窗口,为乡村经济社会发展注入生机和活力。

城乡档案记忆工程社会功能的分析,说明了开展和实施这一工程的现实影响和社会作用,也说明了这项工程持续推进、使之常态化的现实必要性。"功能分析在社会学中和在其他学科如生理学、心理学中一样,需要对履行某一特定功能的机制,作一'具体而详尽'的说明。这不是指心理机制,而是指社会机制。"②由此,我们需要以城乡档案记忆工程的结构和功能为基础,去探析城乡档案记忆工程推进的机制。

三、档案记忆工程与"文化遗产"保护 工程的互补互促

1972 年,联合国教科文组织公布并实施了《保护世界文化和自然遗产公约》(简称《世遗公约》或《世界遗产公约》),决定将世界上"具有突出的普遍

---

① 张楼岩:《打造乡村档案文化坐标》,《浙江档案》2014 年第 6 期。
② [美]罗伯特·金·默顿:《论理论社会学》,何凡兴等译,华夏出版社 1990 年版,第 140 页。

价值的"文化遗产和自然遗产列入《世界遗产名录》,并对这些遗产实施保护行动,标志着人类文化遗产保护进入新的历史时期①。在联合国教科文组织的积极倡导、筹划和组织下,1992 年"世界记忆工程"和《人类口头与非物质遗产代表作公告条例》(2003 年为《保护非物质文化遗产公约》所取代)、2001 年《保护水下文化遗产公约》等相继得到实施。联合国教科文组织文件中所涉及的各类遗产都是有着特定内涵的专有名词:其中《世遗公约》中的"文化遗产"主要指狭义的文化遗产,即物质文化遗产;记忆工程中的"记忆遗产"主要为文献遗产,尤以原始档案文献遗产最具典型性和代表性;水下文化遗产是指水下的物质遗产或文物;非物质文化遗产是指"无形的""非物质"的遗产。它们分别属于不同的遗产类别,"其赖以产生的国际公约或国际法规各不相同,负责甄别与遴选相关遗产的具体机构亦互不连属",然而"正是有了这五类文化遗产的协调互补,世界文化遗产的内涵才变得更加丰富和全面起来。"②

以《世遗公约》为里程碑,在联合国教科文组织各类遗产保护行动的推动下,我国也相继实施了不同层次、不同类型的遗产保护工程。将(档案)记忆工程置于各类遗产保护工程(行动)中加以统一考察,比较分析,不仅有利于我们更好地把握档案记忆工程的性质,突出城乡档案记忆工程存在的价值和意义,也有利于我们更好地借鉴各类遗产保护的经验,推进城乡档案记忆工程的建设。

鉴于近年来"记忆工程"概念越来越多地被"文遗"保护领域所借用,为明晰分析的对象和范围,我们以"档案记忆工程"为主要考察对象,将其与其他文化遗产保护进行比较,特别是与物质文化遗产、非物质文化遗产(合称为"文化遗产",简称"文遗"。水下遗产因其对象的位置特殊和影响有限,这里暂时"搁置",但其性质可等同于物质文化遗产)保护进行比较,以此进一步厘清和领会档案记忆工程与"文遗"保护工程之间的互补互促关系。

---

① 北京大学世界遗产研究中心编的《世界遗产相关文件选编》就是将《世遗公约》作为首份重要文件,以此开篇。

② 陈文海:《世界文化遗产导论》,长春出版社 2013 年版,第 11 页。

（一）我国"文遗"保护工程发展概况

1. 物质文化遗产保护的发展

20 世纪 80 年代，我国的"文遗"保护工程逐步与国际接轨。1982 年，在《世界遗产公约》颁布 10 周年之际，联合国教科文组织向中国发出了邀请，希望能够签署公约。经北京大学侯仁之教授等政协委员的提议，1985 年 11 月全国人大常委会批准我国加入《世界遗产公约》，成为第 89 个缔约国。

1985 年以来的 30 多年间，我国在物质文化遗产保护领域做了大量卓有成效的工作，其主要表现为：①积极申报《世界遗产名录》。1986 年，我国开始申报世界遗产项目，截至 2017 年 7 月，中国世界遗产已达 52 项，其中世界自然遗产 12 项、世界文化遗产 36 项、世界文化与自然双重遗产 4 项，在世界遗产名录国家里排名第二，仅次于意大利（53 项）。②确定重点历史文化遗产保护对象。至 20 世纪 90 年代，我国形成了"文物保护单位""历史文化街区"（"历史文化保护区"）"历史文化名城""历史文化名镇""历史文化名村"等不同层次的历史文化遗产保护单位，根据不同特点采取不同的保护方法。截至 2014 年，共公布 7 批计 4296 处全国重点文物保护单位；公布六批中国历史文化名镇名村，计历史文化名镇 252 个、历史文化名村 276 个。2015 年，公布第一批中国历史文化街区 30 处。截至 2017 年，133 座城市被列为国家历史文化名城。与此相对应，各省（自治区、直辖市）、市、县也确立了本地区、本级别的文物保护单位、历史文化名村名镇等。③积极实施重大工程建设中文化遗产的保护。如在三峡工程建设中，从 1997 年起，国家文物局组织全国 80 多家文物考古保护单位，对《长江三峡工程库区文物古迹保护规划》涉及的 1097 项规划保护项目（地下文物项目 733 处、地面文物项目 360 处、重大单列项目 4 处）进行考古发掘和保护。经过 10 多年努力，共出土各类文物和标本达 20 多万件，建成重庆"中国三峡博物馆"，确立"小田溪文化""中坝文化""楠木园文化"等多项考古学文化名称，其"文物保护工作规模之大、影响之深远，无论在我国还是在国际上，都是空前的大型国家工程建设过程中的文化遗产保护行动"。① ④提高馆藏文物保护和展示水平。国家在重视博物馆建设、加强对藏品的登记、建档和安全管理的同时，积极实施馆藏文物的信息化和数字化，通过创办各种网站、拍摄专题片等提高文化遗产的展览质量和水平，发挥馆藏文物和文化遗址的教育作用。⑤加大文化遗产保护宣传力度。2005年12月，国务院发布《关于加强文化遗产保护工作的通知》，决定从2006年起，将每年6月的第二个星期六定为中国"文化遗产日"（Chinese Cultural Heritage Day）。截至2017年，已先后举办12届"文化遗产日"，通过举办"文化遗产日"系列活动，促进公众对历史文化遗产内涵的了解和认识，增强全社会的文化遗产保护意识。

2. 非物质文化遗产保护的发展

我国"非遗"保护工作从申报联合国教科文组织的"人类口头与非物质遗产代表作"开始。2000年，国家开始组织昆曲申报第一批"人类口头与非物质遗产代表作"名录，2001年5月成功入选。此后，我国的古琴艺术、新疆木卡姆艺术、中蒙联合申报的长调民歌先后入选第二批、第三批名录。2003年，文化部与财政部、国家民委、中国文联联合启动"中国民族民间文化保护工程"，并在中国艺术研究院挂牌成立"中国民族民间文化保护工程国家中心"，负责实施"非遗"普查、国家级"非遗"名录申报等工作。2004年8月，第十届全国人民代表大会第十一次会议批准中国政府正式加入《保护非物质文化遗产公约》。2006年9月，"中国非物质文化遗产保护中心"成立，取代"中国民族民间文化保护工程国家中心"，作为我国国家级"非遗"保护的专门机构，承担全国"非遗"保护的具体工作，我国非物质文化遗产的保护工作由此全面推开。

经过近20年的探索，我国建立起了较为完善的"非遗"保护体系。①构

---

① 贺云翱：《三峡库区文化遗产保护的过去与未来》，贺云翱的博客，[EB] http://blog.sina. com.cn/hya1611 [2011-07-06]。

建起常规保护机制——四级名录体系（国家、省、市、县）、传承人认定机制和文化生态保护实验区命名机制。截至 2014 年,共评选公布四批,计 1372 项国家级非物质文化遗产名录;2017 年,公布 1113 位第五批国家级非物质文化遗产代表性项目代表性传承人。至 2016 年底,我国有 39 项"非遗"项目入选联合国教科文组织"非遗"名录（含"急需保护名录"）,是目前拥有世界非物质文化遗产数量最多的国家。②构建起体系完善的保护机构。2006 年"中国非物质文化遗产保护中心"成立后,各省市也陆续成立了非物质文化遗产保护中心（或办公室）,作为"非遗"保护的专业机构。2009 年,文化部设立"非物质文化遗产司",各省设立相应的处、科,作为"非遗"保护的行政主管部门,负责"非遗"保护的法律法规与保护措施制定、项目申报、项目经费管理、对外交流等。③有关"非遗"保护的法律法规日臻完善。如国家先后制定颁布《国务院办公厅关于加强我国非物质文化保护工作的意见》（2005）、《国家级非物质文化遗产保护与管理办法》（2006）、《文化部关于加强非物质文化遗产生产性保护的指导意见》（2012）及各种地方法规。2011 年,第十一届全国人大通过《非物质文化遗产法》,标志我国"非遗"保护进入法制化时代。④在保护方面,探索总结出"抢救性保护、整体性保护和生产性保护"等方式。2011—2014 年,文化部公布两批共 108 个"国家级非物质文化遗产生产性保护示范基地",作为引导"非遗"生产性保护的首次实践。①

经过 30 年的努力,我国"文遗"保护事业逐步走向成熟和完善,成就巨大。但在传统与现代的博弈中,传统依然式微,传统文化遗产保护的任务依然艰巨。

（二）档案记忆工程与"文遗"保护工程的同质性

档案记忆工程和"文遗"保护工作,虽然在名称上存在区别,但就其实质

---

① 参见汪欣:《传统村落与非物质文化遗产保护》,知识产权出版社 2014 年版,第 62—65 页。

而言,具有同质性。

1.作为社会工程的同质性

档案记忆工程作为社会工程,前文已做过分析,而且联合国教科文组织也明确提出了实施"世界记忆工程"项目。虽然在相关政策、法规中见到"工程"字样的不多,但"文遗"保护也同样具有社会工程的性质。

陈文海在《世界文化遗产导论》一书中,从多方面强调物质文化遗产和非物质文化遗产保护的工程性质。他指山:"'世界文化遗产'理念本身毫无疑问具有其超凡脱俗的崇高性和前瞻性,几十年来的实践也充分证明了这一全球文化工程的成功性与辉煌,'申遗'也因此成为世界上许多国家普遍追求的一大社会文化潮流";①"在具体阐发'世界文化遗产'的各种价值理念时,不宜时时刻刻都将之与创新、创造之类的概念联系在一起。但是,这绝不意味着'世界文化遗产'工程微不足道,恰恰相反,它有着此前任何一项文化工程都无法企及的优越性,而且达到了此前任何一项文化工程都无法达到的高度"。他认为"世界文化遗产"工程的与众不同之处在于:第一,它既是人类历史上各种具有普世意义的价值理念及其实践成果的集大成者,又是各国各民族优秀文化价值理念及其结晶的大熔炉、大荟萃;第二,通过联合国教科文组织这一具有强大号召力的跨国组织,它不仅可以更为有效地对自身的价值理念进行广而告之,而且可以在更为广阔的范围内将自身的理念付诸实施。②

从另一方面看,我国的"非遗"保护缘起于2003年文化部等部门开展的"中国民族民间文化遗产保护工程",该工程旨在通过建立遗产代表作名录、确立遗产传承人和文化生态保护区等方式,对我国民族民间文化遗产尤其是濒危遗产展开抢救和保护。2004年,在文化部、财政部发布的《实施中

---

① 陈文海:《世界文化遗产导论》,长春出版社2013年版,第93页。
② 陈文海:《世界文化遗产导论》,长春出版社2013年版,第108—109页。

国民族民间文化保护工程的通知》中强调指出："'保护工程'是在以往民族民间文化保护工作成果的基础上,结合新时期的新情况和新特点,由政府组织实施推动的,对珍贵、濒危并具有历史、文化和科学价值的民族民间传统文化进行有效保护的一项系统工程。"2004 年后,随着我国加入《世界非物质文化遗产公约》,民族民间文化遗产保护工程才逐渐更名为非物质文化遗产保护。

因此,档案记忆工程和物质文化遗产保护工程、非物质文化遗产保护工程都是属于由政府主导实施的、旨在保护传统历史文化遗产的社会工程。就此而言,我们认为目前物质文化遗产保护、非物质文化遗产保护的研究中还缺少从"社会工程""社会记忆"的视角对其内在与外在推进机制的探讨。

2. 作为历史文化遗产的同质性

从工作的对象上看,档案记忆工程与"文遗"保护工程虽然有差别,档案记忆工程强调原始历史文献遗产(资源),特别是作为原始历史记录的档案文献的抢救与保护;而"文遗"保护工程则强调对原始历史遗迹遗址、文物空间等物质文化遗产和各种表演表现、口头传承的非物质文化遗产的抢救与保护,但两者在对象的性质上具有同质性,都属于历史文化遗产。

将档案文献遗产、物质文化遗产、非物质文化遗产视为统一的"历史文化遗产",是基于我们对文化、文化遗产的普遍性理解和认知。文化是一个非常宽泛的概念,包含了人类在社会历史发展过程中所创造的物质财富和精神财富的总和,从其内部结构和构成层次看,它包括物质文化、制度文化、行为文化和精神文化(心态文化)。物质文化遗产主要表现为物质文化,但也包含着制度、行为和精神层面的文化;非物质文化遗产主要表现为行为文化,但也包含着物质、制度、精神层面的文化;档案文献遗产主要表现为精神文化,但也包含着物质、制度、行为层面的文化,是人类物质、制度、行为和精神的凝结物。三者都属于文化的不同存在形态。

鉴于文化同质性的基础,对于"从过去继承下来的、目前正在享用并要传给后代的、让他们学习、赞叹和享用"①的物质文化、非物质文化和档案文献遗产都可视为文化遗产或历史文化遗产。陈文海从三个层次来看待"世界文化遗产",认为狭义的"世界文化遗产"主要为物质文化遗产;中间意义的"世界文化遗产"包括物质文化遗产、文化景观遗产、世界记忆遗产、水下文化遗产和全球重要农业文化遗产;广义的"世界文化遗产"除包括中间意义的文化遗产外,还包括非物质文化遗产。② 不同层次的文化遗产概念是基于现实使用上的需要所做的区分,从理论上看,它们无疑都属于历史文化遗产。

3. 作为社会记忆的同质性

冯骥才说:"遗产就是'记忆'。"近年来,将物质文化遗产和非物质文化遗产视为社会记忆的观点越来越普遍。王文章曾指出:"人类口头和非物质遗产与人类其他历史遗迹、遗址及人文景观一样,都是人类伟大文明的结晶。作为现有文化的记忆,无形文化遗产与物质形式的文化遗产,对一个民族来说,具有同等重要的意义。而从历史的角度看,'人类口头和非物质遗产'包含了更多随时代变迁而曾经被人们忽视或忘却了的文化记忆,我们只有在保护和重新唤起这些'记忆'的基础上,才有可能真正懂得人类文化整体的内涵与意义。"③他认为联合国教科文组织签署的《保护世界文化和自然遗产公约》、创立的"人类口头和非物质遗产代表作公告"制度,其目的就是"鼓励各国政府、非政府组织,及地方团体确认、保护并推广其口头及非物质遗产,将它看作仅存的、可使独特文化特征得以保存的人类集体记忆的积累"④。陕西省非物质文化遗产保护中心的王鼎志也指出:"'非遗'实质上是一种农耕文化,是老百

---

① 联合国教科文组织:《世界遗产与年轻人》,上海三联书店 2001 年版,第 56 页。
② 陈文海:《世界文化遗产导论》,长春出版社 2013 年版,第 7—11 页。
③ 王文章:《非物质文化遗产保护研究》,文化艺术出版社 2013 年版,第 8 页。
④ 王文章:《非物质文化遗产保护研究》,文化艺术出版社 2013 年版,第 8 页。

姓的文化。我们对非物质文化的重视实际上是对民族记忆的重视,而记忆是一个民族的根,从这个方面来说,重视民间文化是社会和谐的重要特征。"①从此角度来看,物质文化遗产保护、非物质文化遗产保护与档案记忆工程一样,都是以保护传承社会记忆为旨归的人类目的性行动。正是基于这样的认识与思考,现在一些省份由文化部门开展的基层文化遗产保护行动也称为"乡村记忆工程"或"乡村历史文化记忆工程"。

文化与记忆具有互释性。人们或站在文化的立场上,思考文化的(社会、历史、文化)记忆性质与价值,或站在(社会、历史、文化)记忆的立场上,思考记忆的文化性质与价值,彼此关联,但思维的取向和分析的路径又各不相同,这正是文化研究和记忆研究的玄奥之处。

(三)档案记忆工程与"文遗"保护工程的互补性

档案记忆工程与"文遗"保护工程具有同质性,但这并不意味着两者可以合二为一,更不意味着档案记忆工程可有可无。恰恰相反,两者正是在差异性与同质性并存的辩证统一关系中,各有其功能担当和保护重点,同时在历史文化遗产保护对象、保护层次和保护方式上又彼此互补。

1. 保护对象上的互补性

档案记忆工程与"文遗"保护工程在保护对象上各有所指。其中物质文化遗产保护的对象主要是"具有历史、艺术和科学价值的文物,包括古遗址、古墓葬、古建筑、石窟寺、石刻、壁画、近代现代重要史迹及代表性建筑等不可移动文物,历史上各时代的重要实物、艺术品、文献、手稿、图书资料等可移动文物;以及在建筑式样、分布均匀或与环境景色结合方面具有突出普遍价值的历史文化名城(街区、村镇)"②。非物质文化遗产保护的对象主要是"各种以

---

① 刘锦、陈圣强:《非物质文化遗产是一个民族的根——访陕西省非物质文化遗产保护中心主任王鼎志》,《陕西日报》2009 年 2 月 25 日。

② 《国务院关于加强文化遗产保护的通知》(国发〔2005〕42 号)。

非物质形态存在的与群众生活密切相关、世代相承的传统文化表现形式,包括口头传统、传统表演艺术、民俗活动和礼仪与节庆、有关自然界和宇宙的民间传统知识和实践、传统手工艺技能等以及与上述传统文化表现形式相关的文化空间"。① 档案记忆工程保护的主要对象则是各类历史文献遗产,特别是那些在社会实践活动过程中产生的原始档案或通过抢救性记录摄录而反映社会历史面貌的第一手资料。三者的对象范围有些交叉,但分属不同的领域,界限仍相当清晰。物质文化遗产保护侧重有形的文物、建筑群、遗址和空间;非物质文化遗产保护侧重无形的、以口头、动作、技能和日常生活表现出的文化行为和文化内容;而档案记忆工程侧重的是以文字、图片、录音、录像等方式存储的文化形象和文化表现。档案记忆工程、物质文化遗产保护与非物质文化遗产保护都是具有特定意涵的"专门概念",这些概念如果和其他文化遗产,如文化景观遗产、水下文化遗产、全球重要农业文化遗产的保护放在一起加以分析,我们可以发现,它们一方面反映出人们对文化遗产的认识在逐步地扩大,另一方面也反映出这些文化遗产保护都是我们对不同形态的历史文化遗产保护所采取的有目的、有计划、有组织的保护措施,彼此之间存在关联性和互补性;而且,随着社会发展和认识提高,我们还会提出一些新的文化遗产保护对象和范围。

除了保护对象在形态上的互补外,档案记忆工程还涉及对自然现象等非文化遗产的保护,以及对当今社会变迁中当代记忆的保护,在保护对象上具有许多"文遗"保护未涉及的内容。

2. 保护层次上的互补性

物质文化遗产保护与非物质文化遗产保护,其共同点在于它们都是以文化遗产项目为抓手,注重文化遗产名录的评选,突出重要的文化遗产的保护。如物质文化遗产保护工程开展的"重点文物保护单位""历史文化街区"("历

---

① 《国务院关于加强文化遗产保护的通知》(国发〔2005〕42 号)。

史文化保护区")"历史文化名城""历史文化名镇""历史文化名村"等保护，都是具有典型性、代表性的文化遗产项目(事项)。非物质文化遗产的保护对象也是具有一定层次代表性的文化遗产项目。《非物质文化遗产法》规定："国务院建立国家级非物质文化遗产代表性项目名录，将体现中华民族优秀传统文化，具有重大历史、文学、艺术、科学价值的非物质文化遗产项目列入名录予以保护。省、自治区、直辖市人民政府建立地方非物质文化遗产代表性项目名录，将本行政区域内体现中华民族优秀传统文化，具有历史、文学、艺术、科学价值的非物质文化遗产项目列入名录予以保护。"

而档案记忆工程保护的对象更侧重于我们日常生活中普遍存在的、具有原始记录性质的文献，它具有民间性、地域性、零散性等特征，是底层民众生活和社会变化的记录。在档案记忆工程的资源集成中，可能存在大量的具有重复性或同类型的文献，如古代的地契，过去生活中的证照、票据，家庭家族活动的家谱、书信、遗嘱、记事本、记账本、登记簿等，每个村落甚至每个家庭都有，但正是这些底层的、散碎的、甚至重复(形式上重复，内容记载有别)的来自民间日常生活的档案文献资料，却是我们档案记忆工程保护中不可多得的重要民间记忆资源，是我们民间社会生活的一种"实态"，需要我们收集保管好。就此观之，档案记忆工程不仅在对象的形态上不同于"文遗"保护工程，在保护的范围上也是"文遗"保护的重要延伸和重要补充。如果说"文遗"保护的是"点"，那么档案记忆工程保护的就是"面"。

3. 保护方式上的互补性

档案记忆工程与"文遗"保护在文化遗产保护的方式上，既有区别，也彼此关联互补。一般而言，物质文化遗产保护多强调对文化遗产的完好性保护，要求对保护对象的实体和空间存在状态不能加以破坏，多注重"原样保护"或"修旧如旧"；非物质文化遗产保护多强调对文化遗产的"活态保护"，要求保存的文化遗产能够重新展示、表达出来，多注重"非遗"传承人的培养和与生产生活的结合；而档案记忆工程则多强调对文化遗产的记录性保护,要求保存的文化遗产能够完整地记载我们的生产和生活、我们的经验和活动过程,多注重档案资源的积累和保管。因此,三者在保护方式上各有侧重,即使是同一个文化遗产保护对象,三者也都有各自的切入方式。如皮影戏,物质文化遗产领域侧重"皮影"和道具等"文物"保护;非物质遗产领域则侧重皮影的技法和传承人保护;档案记忆工程则侧重通过记录方式,全面记录(记载、录像)皮影戏的历史与现状、技法和表演、道具和传承人情况。

近年来,在"文遗"保护领域,强调对文化遗产建档或实施档案化管理的呼声越来越高,不仅在档案学研究领域可以看到这一点(如周耀林的《非物质文化遗产档案管理理论与实践》、王云庆的非物质文化档案管理系列论文等),在"文遗"保护领域内部也日渐重视。《非物质文化遗产法》第十二条规定:"文化主管部门和其他有关部门进行非物质文化遗产调查,应当对非物质文化遗产予以认定、记录、建档,建立健全调查信息共享机制";第十三条规定:"文化主管部门应当全面了解非物质文化遗产有关情况,建立非物质文化遗产档案及相关数据库。除依法应当保密的外,非物质文化遗产档案及相关数据信息应当公开,便于公众查阅"。

由于社会的发展变化,一些文化遗产终将会走向消亡,这时最好的方式就是建档,将文化遗产通过记录方式保存起来。中国民俗学会副理事长贺学君指出:"一个民俗事象,如果没有继续发展的可能,那么它的消亡也是时代和历史的必然,并不需要感到可惜和悲伤","当然对此还是需要用科学手段将其作为资料加以保存和保留。"①北京大学陈平原也曾悲愤地说:"保不住城墙,保不住四合院,那就保住关于这座城市的历史记忆,这也是一种功德……那就是用文字构建的、带有想像成分的北京。"②或许,档案管理将成为一些"文遗"的最后归宿。

---

① 贺学君:《非物质文化遗产"保护"的本质与原则》,《民间文化论坛》2005 年第 6 期。
② 陈平原:《想象北京城的前世与今生》,《北京师范大学学报》2005 年第 4 期。

（四）档案记忆工程与"文遗"保护工程的互促性

档案记忆工程与"文遗"保护工程不仅存在同质性、互补性，在文化遗产保护的实施和推进上，还存在互促性，可以相互借鉴、协调发展，共同推动我国文化遗产保护的现代化进程。

我国于 1985 年加入《世界文化遗产公约》、1992 年参与世界记忆工程行动、2004 年加入《保护非物质文化遗产公约》，如果以正式加入这些国际公约或参与国际行动为我国实施档案记忆工程和"文遗"保护工程的起步标志，可以说档案记忆工程比物质文化遗产保护工程晚，比非物质文化遗产保护工程要早 10 多年，但从目前开展的状况看，档案记忆工程要比两个"文遗"保护工程都落后。虽然我国也开展了四批《中国档案文献遗产名录》的评选，但档案记忆工程还最多只是一种地方性保护行为，国家规模的档案记忆工程体系尚未建立。我们可以有充分的理由和条件参与"文遗"保护行动，为文化遗产建档提供智力、资源、技术和条件支持，我们的学者也为此进行多方面的探讨和解说，但这只是档案工作或档案记忆工程对"文遗"保护的推动和促进，是我们积极主动参与"文遗"保护工程的意愿和思考。不过，反过来说，我们是否更应该思考我们如何借鉴"文遗"保护工程推进的经验，来促进档案记忆工程的加快发展，这是我们分析两者关系的主要目的和关键所在。

"文遗"保护工程开展的建档保存，也是对档案工作和档案记忆工程的一种推动，通过"文遗"保护部门或社会对文化遗产保护对象的建档（如文字记录、拍摄、录音、录像等），使文化遗产中蕴涵的社会记忆得到保护传承。当然，我们不能仅停留于此，我们还要从"工程"的角度更多地思考和借鉴"文遗"保护的经验和实践，推动档案记忆工程的实践。

"文遗"保护工程对档案记忆工程的促进价值主要表现为：

一是在保护方法上，"文遗"保护提出的理念和经验性做法值得我们借鉴。如"文遗"保护中提出的"整体性"原则，在强调文化遗产保护对象自身完整性的同时，也强调文化遗产与周围环境的整体性保护。整体性原则在文化遗产保护领域有不同的体现和要求,在档案记忆工程中我们能否运用,又如何运用,这涉及如何建设符合"文化生态"的档案记忆工程。再如"非遗"保护的数字化保护工程,2011年,由中国艺术研究院中国非遗数字化保护中心启动开展的,非遗数字化保护标准制定、国家非遗数据库建设、非遗数字化管理系统研发、非遗数字化保护试点等工作,将非遗数字化保护作为文化信息化的创新工程,其推进力度和措施值得关注。另外,"非遗"保护中提出的"活态保护",对档案记忆资源的开发和展演也具有启发意义。

二是在制度规范上,"文遗"保护建立的相对完整的法规制度体系值得我们借鉴。自加入《世界文化遗产公约》以后,我国"文遗"保护的法律法规制度建设不断加强和完善。在物质文化保护方面,1982年颁布的《文物保护法》,至2017年先后经过五次修订;同时,国务院颁布了《中华人民共和国文物保护法实施条例》(2003)、《关于加强文化遗产保护的通知》(2005)、《历史文化名城名镇名村保护条例》(2008),建设部发布《关于加强对城市优秀近现代建筑规划保护工作的指导意见》(2004);一些地方也先后制定颁布地方性的保护条例,如《云南省丽江历史文化名城保护管理条例》(1994年制定,2005年改为《云南省丽江古城保护条例》)、《昆明历史文化名城保护条例》(1995)、《浙江省历史文化名城保护条例》(1999)、《江苏省历史文化名城名镇保护条例》(2001)、《上海市历史文化风貌区和优秀历史建筑保护条例》(2003)等。在非物质文化遗产保护上,2013年《保护非物质文化遗产法》颁布后,文化部等部委及地方政府也相继出台了配套的法规、条例。相比之下,档案记忆工程方面虽然有《档案法》,但还缺少针对性,相关的配套规章几乎空白。

三是在组织建制上,"文遗"保护构建的管理保护层次体系值得我们借鉴。物质文化遗产保护方面,围绕重点文物保护、历史文化名城名镇名村等,我国逐渐建立了国家和地方不同等级的名录体系;在非物质文化遗产保护方面,国家也建立了国家、省、市、县四级名录体系,并且逐步建立运行了有序的保护机制。王文章在2013年的国家非物质文化遗产大会上指出:"中国的非遗保护机制,是由国家文化部、财政部等相关部委以联席会议制度的形式,共同携手推动保护工作;中央和省级政府文化部门设立了专门的管理机构,随着中国非物质文化遗产保护中心的成立,各地也都成立非物质文化遗产保护中心,具体规划、指导、实施保护工作,真正形成了'政府主导、社会参与、明确职责、形成合力'的工作机制。"①档案记忆工程虽然也开展了《中国档案文献遗产名录》的评选,作为"世界记忆工程"的延伸和准备,但并未形成有序的组织体系:国家档案局并未提出实施"国家记忆工程"的具体方案,相关研究还属于学者的探讨,在世界记忆工程与城市记忆工程、乡村记忆工程之间存在着一定程度的断裂;档案部门开展的城市记忆工程、乡村记忆工程都是由档案部门现有的职能部门(业务指导处等)开展的,未能形成独立的组织架构;国家图书馆开始实施的"中国记忆"项目与档案部门的记忆工程还未融合,形成了一定的分立、分离。如何整合力量,形成国家规模的档案记忆工程组织制度体系和记忆类型体系,值得档案部门深入探讨。

四是学术研究上,"文遗"保护开展的多层次、多领域的研究也值得我们借鉴。"世界记忆工程"实施以后,在很长一段时间内档案学研究并未给予关注,相关文章多为报道,只是近几年来,随着城市记忆工程的推进和档案记忆研究升温,才进入学者视野,但我们还缺少整体性研究。目前的研究关注的重点还只是集中于档案记忆资源的集成与开发、集中于对国外记忆工程的介绍,对如何全面推进档案记忆工程发展尚难形成较强的学术推动力。而"文遗"保护工程开展以来,其研究已在文化(文物)、历史、社会学及文化遗产保护对象等多个领域展开,诸多学术机构和高校成立了"文遗"研究中心,形成了强大的社会研究力量。如中山大学中国非物质文化遗产研究中心,不仅与中国艺术研究院、哈尔滨工业大学、华中师范大学等共同成立了"文化遗产传承与数字化协同创新中心"(2013年挂牌),而且承担了《中国非物质文化遗产保

---

① 王文章:《以〈公约〉精神推动"非遗"保护——在第四届成都国际非物质文化遗产大会开幕式上的讲话》,《四川戏剧》2013年第5期。

护发展报告》(蓝皮书)的撰写,分年度发布,全面介绍我国"非遗"保护的实践发展和理论成果,值得档案领域学习和效法。

以上只是"文遗"保护工程对档案记忆工程借鉴、促进的一点说明,并非全部。我们将在后面的研究中有机融合"文遗"保护工程的经验、做法、理念、技术等,以丰富和深化城乡档案记忆工程,推进机制研究。

档案记忆工程与"文遗"保护工程的同质性、互补性、互促性三位一体。正是由于彼此的同质性,才会互补互促;也正是由于其互补性,才会各自独立发展,相互促进。无论从社会记忆传承还是从文化遗产保护角度看,在新型城镇化发展的大背景下,我国的历史记忆传承和文化保护任务都是极为艰巨的,需要各方面携手努力,各自承担并作出自己的历史贡献。

四、城乡档案记忆工程的推进
障碍与发展方向

我国城乡档案记忆工程开展以来,取得了显著的现实成效和社会影响,然而这并不意味着城乡档案记忆工程进入"收官"阶段,恰恰相反,我国城乡档案记忆工程还只是处于探索起步阶段。当前,我国城镇化已步入加速发展时期,虽然城镇化是任何国家由贫穷落后走向发达繁荣的必由之路,但并不是所有的城镇化都有益无害、都有利于经济发展和社会进步,不合理不科学的城镇化也会诱发严重的"城市病"和"农村病"。①《国家新型城镇化规划(2014—2020年)》提出坚持走中国特色城镇化道路,根据不同地区的自然历史文化禀赋,"发展有历史记忆、文化脉络、地域风貌、民族特点的美丽城镇"②,这是我国新型城镇化发展正确的指导思想和建设原则。在此背景下,我们需要思考的重点是如何总结城乡档案记忆工程的经验教训,探索建立城乡档案记

---

① 张占斌主编:《中国新型城镇化健康发展报告(2014)》,社会科学文献出版社2014年版,第5—7页。

② 《国家新型城镇化规划(2014—2020年)》,人民出版社2014年版,第17页。

忆工程的可持续、常态化推进机制,加速城乡档案记忆工程的横向拓展和纵向延伸,构建与新型城镇化、城乡一体化发展相协调的乡村记忆保护传承体系。

(一)城乡档案记忆工程的社会影响

1. 城乡档案记忆工程得到国家政策和领导层的关注

目前,城乡档案记忆工程虽不能说得到国家政策和领导层的"高度重视",但给予一定的关注和肯定是无疑的。《全国档案事业发展"十三五"规划纲要》将国家记忆工程、城市记忆工程、乡村记忆工程等列入规划,予以鼓励支持,说明在国家政策层面已经注意到城乡档案记忆工程。同时,在近年来的全国档案馆长会议上,国家档案局领导几乎每次会议都会提到城乡档案记忆工程,将各地记忆工程的建设推进作为重要发展成果和工作亮点加以总结介绍。在2014年1月的全国档案局长馆长会议上,时任国家档案局局长杨冬权在报告中提到:"杭州深化乡村记忆示范基地建设,发掘整理记录家谱族谱、乡土文献、民间传说";各级档案部门"要主动记录即将消失的各种文化现象,如老城、老镇、老村、老街、老宅、老店、老厂、老校等,用文字、照片、录音、录像等各种形式为'濒危文化'建立档案,积极地承担起为国家守历史、为人类存记忆的神圣使命"。① 在2014年12月的全国档案局长馆长会议上,杨冬权除了提到组织南京大屠杀和慰安妇两个专题档案向联合国教科文组织申报"世界记忆名录"、举办世界记忆工程亚太地区委员会第六次全体大会暨世界记忆名录申报研讨会、我国《赤道南北两总星图》入选世界记忆亚太地区名录之外,还特别点到了几部有"记忆"名称的档案史料编纂成果:《中国生活记忆》《齐鲁记忆》《哈尔滨档案记忆》等。在2016年12月的全国档案馆长会议上,国家档案局李明华在工作报告中也提到开展"美丽乡村记忆"档案工作、福建

---

① 《国家档案局局长杨冬权在全国档案局长馆长会议上的讲话》,《中国档案报》2014年1月6日。

开展"乡村记忆档案"示范项目建设,以及组织召开联合国教科文组织世界记忆项目亚太地区档案保护研讨会、世界记忆项目与中国档案事业发展研讨会等。① 在国家和地方其他档案工作会议上,档案记忆工程也有不同程度的提及,这说明"档案记忆"或"记忆工程""乡村记忆工程"已不再是陌生的概念,它们已进入高层领导决策者视野中,成为档案事业发展的一项新实践、新内容。

2. 城乡档案记忆工程或记忆项目相继实施

在城市记忆工程和乡村记忆工程的示范作用下,我国一些省地市县,乃至一些乡村都相继开展了乡村记忆工程或记忆项目建设。除了前面提到的浙江乡村记忆工程、山东乡村记忆工程、山西乡村文化记忆工程、天津乡音记忆工程、高平记忆、上饶记忆、福建"乡村记忆档案"示范项目外,近年来推出乡村记忆工程建设的还有:张家港市档案局开展的"乡村影像记忆"工程(2014)、江苏非遗数字化"记忆工程"试点项目(2014)、成都市青羊区"历史文化记忆工程"(2014)、南通市委宣传部等联合开展的"乡村记忆——南通乡村影像志"文化工程(2016)、湖南昭山美丽乡村七星村乡村记忆馆项目(2016),等等。各地乡村记忆工程的建设推进都是与本地历史文化相结合,各有其重点和特色。这些以"记忆工程""记忆项目"命名的乡村记忆或乡村历史文化传承保护行动,虽不能说"遍地开花",但也反映出其逐步推开的势头,作为档案建设、乡村建设或文化建设的一个新现象,值得关注。

3. 城乡档案记忆工程得到媒体的广泛关注

城乡档案记忆工程已得到报刊、电视和网络等媒体的广泛关注,各种媒体对城乡档案记忆工程的建设背景、建设目的、建设内涵、建设进程、建设成效等进行了多方位的报道,并竞相转载,有力提高了城乡档案记忆工程的社会影响

---

① 李明华:《在全国档案局长馆长会议上的工作报告》,2016 年 12 月 23 日。

力和知名度。如《浙江日报》在对"浙江记忆·浙山浙水浙乡愁"①报道时指出:"这个'四名'宣传,旨在集中展示自然文化遗产保护利用的新风貌、新形象、新经验之浙江样本,更好地保护活态的自然历史文化资源,吸引社会大众亲近自然文化遗产,助力'乡愁记忆',集聚全省保护利用的正能量,助推新型城镇化和'两美'浙江建设。"②再如天津乡音记忆工程,受到《光明日报》《北京日报》《城市快报》《中华读书报》,光明网、中国新闻网、人民网、北方网、华夏经纬网、一点资讯,中央电视台新闻频道等媒体的报道。《光明日报》在题为《最是乡音解乡愁》报道中写道:"方言作为'母语'的一种,承载着丰富的文化信息";"原来一听就感到亲切、生动的老天津话,许多年轻人已经不大会讲了,大量地域气息浓厚的俗语、俚语、惯用语也已经逐步被遗忘";"此次启动'天津乡音记忆工程',将通过录音档案的形式为天津的特色语言留下宝贵的资料。"③

媒体在报道中还对乡村记忆工程进行了新的诠释。如山东乡村记忆工程,仅报道标题就别具特色,丰富深刻:《乡村记忆工程让乡愁记忆长久留存》(《大众日报》)、《乡村记忆工程:乡情悠悠　乡愁袅袅》(《济南日报》)、《山东推进"乡村记忆工程",留住乡愁山高水长》(《中国旅游报》、凤凰网山东频道)、《山东乡村记忆工程:留住乡村"形",守住乡愁"魂"》(中国文明网)、《"乡村记忆工程",让乡愁诗意地栖居》(青岛文明网)、《山东启动"乡村记忆工程",留住齐鲁特色乡愁》(中国新闻网)、《实施乡村记忆工程,为美丽乡村注入"文化内涵"》(济宁新闻网、济宁电视台)等,这些报道为乡村记忆工程赋予了新的时代内涵和时代意义。

---

①　即"历史文化名城名镇名村、街区和风景名胜区保护利用"集中宣传展示活动,媒体简称为"浙江记忆",属于浙江乡村记忆工程中的一项活动。其中涉及名城、名镇、名村、风景名胜区,媒体报道时简称"四名"。

②　《"浙江记忆"受好评》,《浙江日报》2015年5月11日。

③　陈建强:《最是乡音解乡愁——写在"天津乡音记忆工程"启动之际》,《光明日报》2014年2月27日。

4.城乡档案记忆工程获得普通民众的称赞

城乡档案记忆工程不仅让人们感知到珍贵的乡愁记忆,增强了人们对地方历史文化的自豪感,也唤起当地民众对传统文化遗产保护的意识,社会反响强烈。民众纷纷通过网站、自媒体(微信)和留言等表达对城乡档案记忆工程的看法,对记忆工程给予称赞。如浙江乡村记忆网的"网友留言"中,有网友写道:

> 上旺给我留下了难以磨灭的记忆。年轻的时候曾经到上旺插队,对那里的山山水水都很熟悉,也留下了我和同伴们的欢笑、汗水和泪水。看到这个网站,唤起了我心底的记忆。

> 没想到还有这样的网站。上网的时候偶然进到这里,发现这里对上旺村还有这样一个专题,出乎意料又感喟万分。希望能收集更新更多的内容。

> 不一样的九遮村。不久前去了九遮村,那里的农家乐和别的地方不一样,一个小小的村子有很多文化的元素,没想到在网上(看到)他们的资料。真心赞一个。

在网站的微博中,也有网友留言:

> #浙江乡村记忆# 柯桥区柯岩街道州山村,村两委走廊上挂着文史资料照片,我惊讶地发现,清代著名散文选本《古文观止》的编著者吴楚材、吴调侯叔侄俩竟然就是这里人!去年村里建了村史馆,村民的红白喜事也搬来放在楼下院子里办。这样的搭配,你能感觉得到,祖辈的文脉在这个吴姓村庄里仍然在不断延续。

我们在对乡村记忆馆的调研中,也看到许多参观者的留言,表达出对家乡的热爱、对乡村历史文化遗产的珍惜、对乡村记忆工程的赞赏和支持。民众的点赞为城乡档案记忆工程开展提供了强大的社会基础和社会动力来源。

（二）城乡档案记忆工程推进的现实障碍

"人们要改造世界,首先就意味着对当前现存世界的某种不满足。"①对于处于探索起步和经验积累阶段的城乡档案记忆工程,我们也要有不满足的态度,以便能发现其推进的现实困境,有针对性地加以解决,开拓前进。

1. 城乡档案记忆工程的价值认识有待提升

档案记忆工程的提出和实施,如果从1992年联合国教科文组织的"世界记忆工程"起算,已走过了20多年;如果从青岛2002年城市记忆起算,已走过10多年;如果从2011年浙江乡村记忆工程起算,也已快10个年头,虽然实践有所发展,但总体看还相对缓慢,其推进力度还很有限,究其原因与我们对城乡档案记忆工程的认识有很大关联。实践决定认识,但认识也反作用于实践。认识不到位,实践必然难以有力推开。当前,对城乡档案记忆工程的认识存在两方面不足:一是认识程度不高。我们的领导决策层对乡村记忆工程的理解还只停留在"站在档案看档案"的思维阈限,仅仅把记忆工程看作是档案资源建设、档案编研开发,或服务乡村文化建设、服务农业农村发展的一部分,没有看到城乡记忆工程在当代社会转型中的价值和意义,没有认识到记忆工程对于保护传承乡村记忆、保护乡村历史文化、促进新型城镇化和城乡一体化建设的巨大作用和现实紧迫性,没有充分领会和理解国家在新型城镇化建设中提出的"看得见山、望得见水、记得住乡愁"的深远文化意涵。二是认识不均衡。目前有些省市已经在推进城乡档案记忆工程,但更多的省市还没有行动起来;有些省市档案部门在城市记忆工程中率先尝试,大胆实施,但在乡村记忆工程中却无声无息,处于"缺位状态"。正是由于认识的缺陷,档案记忆工程与非物质文化遗产保护相比,虽然起步大体相近,但现在是大大落后了。

---

①　夏甄陶:《认识论引论》,人民出版社1986年版,第409页。

2. 城乡档案记忆工程的顶层设计亟待弥补

虽然《全国档案事业"十三五"规划纲要》提出鼓励国家记忆工程、城市记忆工程和乡村记忆工程,但国家档案局没有对城市记忆工程、乡村记忆工程实施采取统一的规划和部署,没有制定城乡档案记忆工程的实施方案和时间表。我国城乡档案记忆工程从实施方式上看,目前还处于各省市自发探索阶段。国家档案行政管理部门近年来关注的重点还停留在《世界记忆遗产名录》《世界记忆亚太地区名录》和《中国珍贵档案文献遗产名录》的申报、评选与国际合作上,成立了"世界记忆工程中国委员会""中国档案文献遗产工程"国家咨询委员会等组织,并开展了一系列相关工作,取得了多项成果,产生了广泛的国际影响,但在城市记忆工程、乡村记忆工程建设上,并未成立专门的领导、咨询机构,组织的经验讨论会或现场交流会不多。城乡档案记忆工程顶层设计的缺失,一是导致城乡档案记忆工程缺乏长远规划,增加了记忆工程推进的政策风险;二是导致城乡档案记忆工程难以形成一套完善的组织制度体系,缺乏可持续发展的支撑平台,似乎是一种临时性的行动;三是不利于档案部门参与到各省市开展的乡村记忆工程中去,使档案部门在乡村记忆工程建设中处于被动地位;四是不利于城乡档案记忆工程经验的推广,难以形成自下而上和自上而下协调互动的推进格局,使城乡档案记忆工程只是停留于地区的、局部的行动,阻碍了城乡档案记忆工程在全国范围的整体推进和全面发展。

3. 城乡档案记忆工程的功能效益有待发挥

城乡档案记忆工程虽然在一些地区得到开展,但各地开展的广度和深度各有差异,与物质文化遗产保护、非物质文化保护等工程相比,我们在推进力度、推进手段上还很薄弱,在建设的功能、效益上也有待进一步拓展深化。其一,在城乡档案记忆工程建设方式、建设模式上还缺乏统一谋划,究竟城乡档案记忆工程以什么样的形式出现,城乡档案记忆工程要干些什么、能干些什么,这些都还有待我们进一步探讨。在城乡档案记忆工程中,形成了一些模式,但我做我的示范点,你做你的网站,他干他的乡村影像视频,说起来各有特色,但是否能对乡村记忆资源起到有效的保存保护、是否满足新型城镇化和城乡一体化建设需求、是否能满足民众的归属感、认同感和情感需求,仍需进一步思考。其二,在城乡档案记忆工程建设内涵、建设范围上还要进一步明确,乡村记忆究竟包含哪些内容,或哪些材料属于乡村记忆资源,这些我们还要做到心中有数。各地在城乡档案记忆工程中,有的乡村记忆资源建设缺乏特色,"大路货现象严重"①;有的还只处于为乡村"留影"阶段,即拍摄视频阶段,缺乏对乡村记忆的深入发掘和展示,缺乏相对完整的乡村记忆资源概念。2016年,浙江在推进"千村档案"建设中,提出《村落历史文化信息资源建档框架》和《村落历史文化信息资源建档基本要求》,是个很不错的开头,值得借鉴。其三,在城乡档案记忆工程建设措施还需进一步落实,进一步提高建设成效。有的建设工程虽然是提出了,但建设"一阵风",有几篇报道,缺乏后续的跟进;有的乡村记忆馆是建立起来了,但大多时间却处于"闭馆"状态,没有为普通民众服务,也缺乏后续的建设;有的记忆工程开始以"示范点""示范项目"出现,但并未总结经验,加以推开,停留于"示范"阶段。这些都体现出城乡档案记忆工程还有很大空间,还需要加大推进力度。

4.城乡档案记忆工程的社会支持度有待提高

城乡档案记忆工程作为由档案部门主导的乡村记忆保护传承工程,按照现代工程社会学的观点,也是一个多利益相关者的系统工程,需要社会各层面的理解、支持和广泛合作、多方参与。在记忆工程建设中,档案部门虽也强调争取领导重视和社会支持,但我们的社会支持度和社会参与度都显得相对薄弱。其一,与物质文化遗产、非物质文化遗产相比,我们所得到的来自政府和社会的政策支持、组织支持、资源(资金)支持还较少。在国际上,自然与文化遗产保护、非物质文化遗产保护、记忆遗产保护并称三大文化遗产保护体系,

① 徐丽萍:《"社会记忆工程"档案文献资源整合研究》,《浙江档案》2015 年第 1 期。

但在国内,这三者的地位、保护规模和社会影响并未能处于平等地位,不可同日而语。其二,与国外记忆工程动辄十几个、几十个参与单位相比,我们的城乡档案记忆工程社会参与部门也较少,与各种历史研究机构、文化研究机构,甚至性质相关的图书馆、博物馆、纪念馆等单位的联系都比较疏远,没有有效引导和吸引社会各种企业、事业单位参与进来,难以得到来自社会的资金、人力、智力方面的有力支持,难以形成跨部门的有效合作。其三,在城乡档案记忆工程建设中,我们在资源收集征集、记忆场馆建设方面能够得到地方基层领导和部分村民一定的支持,但村民参与乡村记忆工程的主动性、积极性并未充分发挥,参与乡村记忆工程的志愿者还属于稀有现象,档案部门在工程建设中的力量难以施展。城乡档案记忆工程的社会支持度不高有多方面原因,与我们的工作特点和工作传统相关联,也与我们的部门地位和社会动员能力相关联,需要我们着力去化解,以便为记忆工程建设提供广泛而又坚实的社会基础。

5. 城乡档案记忆工程的理论研究有待深化

城乡档案记忆工程属于实践推动型社会工程,客观地说,我们的学术准备和理论准备都是不足的,既缺少持久的理论关注,也缺少丰富的学术成果。我们说"社会记忆工程与社会记忆理论相伴成长",那是就社会记忆工程实践和社会记忆理论研究发展的一种总体趋势、一种相互推动作用而言的,并不意味着档案记忆理论能够满足对城乡档案记忆工程实践的指导需求。城乡档案记忆工程理论研究存在的不足:一是档案记忆理论研究的整体水平有待提升。我国档案记忆理论研究自 1996 年第十三届国际档案大会召开以来虽有所发展,但理论成果和理论水平还略显薄弱;同时档案(学)界还存在着不同程度的看法。有些学者、档案工作者对档案的社会记忆性质还持怀疑态度,影响到档案记忆理论成果的推广,也影响到档案记忆理论学术价值的发挥。有些研究者在理论和实践上没有真正领悟社会记忆理论、档案记忆理论的深刻内涵和学术要旨,没有真正认识到社会记忆理论、档案记忆理论的实践价值指向,在把握和分析档案记忆现象时往往只是戴了社会记忆"帽子",探讨的内容仍是档案文化或档案信息资源。二是对城乡档案记忆工程的经验总结和理论创新不够。我们对逐渐开展的城乡档案记忆工程还缺乏及时追踪和整体调研,对城乡档案记忆工程中积累的经验还缺乏及时总结和揭示;同时,我们的理论研究又往往停留在对现象的分析、汇总和比较阶段,对记忆工程的开展缺乏深刻的理论阐释,缺少对社会记忆理论的深刻运用,影响到理论研究的深度。三是对社会工程理论的引入还是空缺。在现有的城乡档案记忆工程研究中,我们在理论上还没有关注到工程哲学、社会工程学、工程社会学理论,有学者还只是单纯从项目管理理论出发,认为城乡档案记忆工程也是在一定阶段要完成的任务,没有看到城乡档案记忆工程的长期价值和现实必要性。

(三)建立可持续发展的城乡档案记忆工程推进机制

根据城乡档案记忆工程的性质、功能、建设背景和现实状况,我们认为城乡档案记忆工程建设的推进目标与发展方向是:充分发挥档案部门的能力与作用,逐步建立与新型城镇化和城乡一体化发展相适应的,能够充分保护和传承乡村记忆资源,并能够满足广大民众乡愁需要的运行体系和运行机制,推动城乡档案记忆工程常态、持久、全面、科学、有效地开展。简单地说就是建立可持续发展的城乡档案记忆工程推进机制,保障城乡档案记忆工程有序发展。对此,我们可从以下几方面加以理解。

1. 认识城乡档案记忆工程的长期性和艰巨性

项目管理专家戚安邦指出:"任何项目都是为实现一个组织的特定目标服务的,所以任何项目都必须根据组织的既定目标来确定和设计项目及其目标与内容","在很多情况下,项目的目的性是项目最为重要和最需关注的基本特征"。[1] 乡愁不是自我陶醉,也不是伤感无奈,我们需要将乡愁记忆扎扎

---

① 戚安邦:《项目管理学》(第二版),科学出版社 2012 年版,第 4 页。

实实地落实到美丽乡村建设、新型城镇化、城乡一体化建设当中去,"让它成为我们未来美丽家园永续发展的引擎"①。城乡档案记忆工程不同于一般的自然工程,它没有明确的建设周期,而是需要长久持续地推进,是一项具有长期性和艰巨性的历史性工程。

城乡档案记忆工程的长期性和艰巨性,一方面来自乡村记忆资源保护的长期性和艰巨性,另一方面也来自工程自身推进的长期性和艰巨性。随着工业化、信息化、城镇化、农业现代化的同步发展("四化同步")和同步推进,我国社会转型变迁将会进一步加深,如何保护传承好珍贵而又丰厚的乡村记忆资源或乡村历史文化资源,任务艰巨,史无前例。同时,乡村档案记忆工程如何在各地点上深化落实,点上"结果";如何在全国全面广泛拓展延伸,面上"开花",都还存在诸多体制、机制、条件、认识等方面的障碍,不是一蹴而就、短期见功的工作。正如李培林研究员在谈到民生建设时所说:"民生建设要考虑长远,长期坚持,久久为功。"②城乡档案记忆工程也只有长期推进,才能"久久为功"。

2. 明确城乡档案记忆工程的建设定位和建设重点

现代项目管理学认为项目范围是在项目目标中最重要、最关键的要素,只有明确范围,项目所需的时间、成本、人员和其他资源才能明确。"项目范围管理是项目过程中计划和界定一个项目或项目阶段所需完成的工作和产出物,以及在项目过程中变更和控制项目范围的管理工作。"③城乡档案记忆工程推进中,也需要对工程建设范围即工程的建设定位、建设重点和着力点等有一个清晰的认知和边界,明确我们能做什么,不能或不适合做什么,本着"有所为、有所不为"的原则,处理好档案记忆工程与物质文化遗产保护、非物质文化遗产保护、古村落保护之间的关系。

---

① 李玉:《探索有"乡愁记忆"的城镇化路径》,《中国社会科学报》2017 年 2 月 8 日。
② 李培林:《推动我国民生建设迈上新台阶》,《求是》2017 年 9 月 1 日。
③ 戚安邦:《项目管理学》(第二版),科学出版社 2012 年版,第 20 页。

档案记忆工程与物质文化遗产保护、非物质文化遗产保护,甚至包括古村落保护等都属于乡村历史文化保护范畴,彼此之间互补互促,在资源建设和保护对象上也有一定的交叉重叠,但各自的功能性质、保护任务和建设重点还是互有差异的。就城乡档案记忆工程而言,明确工程建设的范围,就是要明确自身的建设定位和建设重点。城乡档案记忆工程的建设任务和建设重点是以文字、图片、录音、录像等档案化记录方式开展乡村历史文化或乡村记忆资源保护传承,为乡村历史文化留影,所以我们称为"档案记忆工程"。工程建设中,我们会涉及对物质文化遗产记忆的记录保存,但我们不可能去做文物遗产的修缮、加固、恢复工作,更不可能去做文化遗产的考古发掘工作,这不是我们的"主营业务";同样,我们也不可能去做非物质文化遗产的恢复、非遗传承人的培养工作或古村落保护开发工作。社会各项工作本来就自有分工、互有主次,乡村历史文化保护的系统性和主体多元性也说明其保护需要多主体、多角度地开展,档案部门找准自身的定位和任务,突出自身的特色和优势,倾力投入,无疑也是对社会的巨大贡献。

3. 探索建立城乡档案记忆工程推进的长效机制

社会工程是通过对社会的改造,构建出一个适合人与社会共同发展的新的社会模式、社会制度、社会体制和社会运行机制;同样,社会工程的推进发展,也需要建立与自身相适应,长期有效、科学系统的运行体系和运行机制(或者说工作体系和工作机制),保证工程的常态化开展。社会工程推进的长效机制在不同领域有不同理解。如有学者将其理解为"能长期保证制度正常运行并发挥预期功能的制度体系";也有学者将其理解为组织机制、制度机制、政策机制、保障机制、监督机制、评价机制,或理解为动力机制、调节机制、激励机制、规范机制和修正机制等。

城乡档案记忆工程作为一种具有长期性、艰巨性、系统性、全面性的社会工程,也必然要求探索建立科学合理的长效机制,以推动工程能够高效、可持续地发展。对此,有些学者已经有所关注,如崔媛指出"城市记忆工程是一项长期性、综合性的系统工程,要想把这项工程向纵深可持续的推进下去,就要建立和完善长效推进机制,切实保障档案文化资源的挖掘、保管和利用"①。

探索建立城乡档案记忆工程推进的长效机制是本课题研究的基本任务和出发点。基于对城乡档案记忆工程内涵、性质、功能和运行的理解,我们从资源集成、资源开发、记忆展演、场馆建设、管理运行、社会支持等方面解构出工程推进的六种机制。我们认为这六种推进机制由内而外,既涉及城乡档案记忆工程的内在运行,也涉及城乡档案记忆工程的外在运行,具有系统性和结构性,对此加以探讨,能够全面深入地剖析城乡档案记忆工程的工作内涵、建设路径和各项具体要求,有利于探索建立城乡档案记忆工程推进的工作体系和工作机制。

4. 创新城乡档案记忆工程建设内涵和建设模式

与一切社会工程一样,城乡档案记忆工程也存在不断完善、不断拓展的过程,我们说城乡档案记忆工程的推进,就是指工程的建设内涵不断丰富、建设范围不断扩大,建设模式不断创新。如果说运行体系和运行机制的分析旨在把握城乡档案记忆工程实施的基本规律和运行规则,那么建设内涵和建设模式的创新则旨在提高城乡档案记忆工程的建设效率和建设效果。

城乡档案记忆工程建设内涵与建设模式的创新,一方面可以吸收中外各类记忆工程建设的经验,将世界记忆工程、国家记忆工程、城市记忆工程及各地开展的乡村记忆工程作统一的考察、比较,彼此取长补短,不断深化完善;另一方面也可以借鉴文化遗产保护、非物质文化遗产保护、古村落保护等方面的经验、方式、技术,把一些好的做法引入城乡档案记忆工程之中,提高工程的建设范围和建设手段。同时,我们还要紧跟当代信息技术的发展趋势,充分利用现代数字技术、多媒体技术、网络通信技术等提供的技术优势,创新乡村记忆

---

① 崔媛:《"城市记忆工程"长效机制研究——以李沧区实践为例》,《山东档案》2014 年第 2 期。

资源建设、资源开发和记忆展演方式,让人们在传统和现代的融合中,感知和体味乡村记忆。现代信息技术在档案记忆工程、历史文化遗产保护等方面已有多方面应用,而且正在不断推进发展,为乡村记忆保护传承提供了难得的机遇和宽广的空间。充分利用现代信息技术,不断创新城乡档案记忆工程建设内容和建设模式,将会使城乡档案记忆工程呈现新景致,步入新境界。

5.强化城乡档案记忆工程推进的保障条件建设

保障条件有时也被称为保障机制、保障措施,虽然各自的语境和内涵互有差异,但总体都是为工程建设活动、管理活动提供物质和精神条件支持,以维护工程活动的平稳运行和健康发展。

城乡档案记忆工程保障条件建设宽泛地说涉及工程建设所需的人、财、物等各项条件,诸如人员、组织、制度、标准、政策、技术、资金、社会合作、社会参与、社会环境等,它们既是工程管理运行机制、社会支持机制的构成要素,也是工程建设、工程运行的必要条件。从城乡档案记忆工程建设的核心机制(资源集成机制、资源开发机制、记忆展演机制和记忆场馆建设机制)看,它们都是工程得以顺利开展的保障条件和保障措施,这些保障条件建设的好坏,直接关系到城乡档案记忆工程的良性运行。

城乡档案记忆工程保障条件的获得,既来自档案部门(系统)内部,也来自档案部门外部,但主要还是来自档案部门内部,因此,强化城乡档案记忆工程保障条件建设的主体和重点都在档案部门,只有整体加强档案部门的能力建设,提高档案事业发展这一"大平台",才能"强基固本",为城乡档案记忆工程建设提供基本保障。这正是我们在第十章对城乡档案记忆工程推进机制做延伸思考的原因。

第四章　城乡档案记忆工程推进的资源集成机制

现代认知心理学认为,信息存储是记忆过程的首要环节。"所谓记忆,首先指的就是信息存储过程。"[①]在社会记忆的研究中,虽然人们多遵从哈布瓦赫的集体记忆建构观,认为集体记忆是在群体互动交流过程中建构的过程和结果,但也逐步认识到存储记忆的重要性。扬·阿斯曼将"存储、激活和传达意义"作为"文化记忆术"的构成[②],认为"除了以批判性的目光、以客观中立的态度对回忆范围以外的'历史'存档之外,人们还怀抱一种强烈的兴趣,那就是以一切可能的手段对势必会逐渐淡去的过去进行定型和保存"。[③] 这些都表明,在社会记忆保护传承中,记忆存储是其内在机制之一。

城乡档案记忆工程的建设中,存储是乡村记忆保护传承的首要任务,但它不是单一的过程或环节,而是关涉到乡村记忆的发掘、收集(搜集、征集、采

---

① 李伯聪:《选择与建构》,科学出版社 2009 年版,第 83 页。认知心理学从信息加工的观点将记忆过程划分为编码、存储、提取三个环节,但信息编码与信息存储、信息提取过程在很大程度上是结合在一起的,因此往往将编码纳入存储、提取过程一并分析。

② [德]扬·阿斯曼:《文化记忆》,金寿福、黄晓晨译,北京大学出版社 2015 年版,第 87 页。

③ [德]扬·阿斯曼:《文化记忆》,金寿福、黄晓晨译,北京大学出版社 2015 年版,第 60 页。

集、收录、摄录)、积聚(积累)、整合(整理、组织)、保存(存储)等,是一个从无形到有形、从分散到积聚、从无序到有序的聚合过程,因此,我们以"集成"代替"存储",并引入"记忆资源"概念,将"资源集成"作为城乡档案记忆过程推进的首要机制,以此探讨乡村档案记忆资源的集成方式、集成策略、集成模式。如冯骥才在"中国传统村落立档调查"启动仪式上所言:"档案的制作和留存是中国传统村落保护的首要任务,档案是传统村落身份的见证,更是传统村落保护与研究工作的重要平台。"①

一、记忆资源积聚:在流动中把握永恒

"人类是以社会遗传的方式,即以社会文化的超个体的体外遗传来积累自己的社会进步"。②夏甄陶先生的这一观点不仅启发我们思考社会记忆如何通过"超个体的体外遗传"来传承,同时也启发我们思考社会记忆如何通过"超个体的体外遗传"来积累。在认知记忆和社会记忆研究中,人们都普遍关注到个体记忆或社会(集体)记忆的存储、积累,但对经过存储积累而形成的"累积物"我们还缺少分析。今天,随着数字资源、文化资源、历史资源等观念的出现和意识的增强,"记忆资源"作为社会记忆"累积物"的观念或概念表达逐步呈现出来,并得到越来越多的确认和使用。冯惠玲在《记忆观、资源观与中国记忆资源库建设》一文中,不仅分析阐释了档案记忆观和档案资源观,同时指出"在这两个极为重要的档案观念的接壤处,孕育着档案工作无限广阔的发展空间③。"记忆资源"观的提出,其意义不只在于为"根据社会记忆广义地建构过去"提供资源支撑,更在于引导我们思考如何积聚、集成社会记忆资源,在流动中把握永恒。

---

① 冯骥才语,见中国传统村落网,"观点采割",[EB] http://www.chuantongcunluo.com/index.php/Home/zjgd/gdcg/id/12.html。
② 夏甄陶:《认识发生论》,人民出版社1991年版,第599页。
③ 冯惠玲:《记忆观、资源观与中国记忆资源库建设》,《档案学通讯》2012年第3期。

（一）记忆资源的概念、内涵与本质

1."记忆资源"概念的使用

在社会记忆的经典文献中,我们并未看到"记忆资源"的直接表述。美国社会学家刘易斯·科瑟(科塞,Lewis Coser)在为哈布瓦赫《论集体记忆》所写的"导论"曾提到:"稍作反思就可揭示出,尽管现在的一代人可以重写历史,但不可能是在一张白纸上来写的,尤其是在那些较之于这里所提及的事件具有更齐备的文献记录的历史时期,则更是如此。"①虽然这里"具有更齐备的文献记录"与记忆资源有一定关联,但科瑟主要是针对哈布瓦赫关于社会记忆的建构性(变迁)与连续性开展的讨论,其关涉的主旨是社会记忆的连续性问题,而不是记忆资源问题。德国学者哈拉尔德·韦尔策等虽然也讨论并承认文化记忆有不同的表现形式——口头流传实践、常规历史文献(如回忆录、日记等)、绘制或摄制图片、集体纪念礼仪仪式以及地理和社会空间②,但也未直接提出社会记忆或文化记忆资源。

传统上人们更多地将社会记忆视为一种历史资源、思想资源或精神资源。如葛兆光在谈到思想史的写法的时候就提出:"当下的处境好像是一种'触媒',它会唤醒一部分历史记忆,也一定会压抑一部分历史记忆,在唤醒与压抑里,古代知识、思想与信仰世界,就在选择性的历史回忆中,成为新知识和新思想的资源。"③这是对社会记忆的功能表达,而不是对社会记忆作为资源本体的表达。

---

① ［美］刘易斯·科瑟:《莫里斯·哈布瓦赫》,［法］莫里斯·哈布瓦赫:《论集体记忆》,毕然、郭金华译,上海人民出版社 2002 年版,"导论",第 60 页。

② ［德］哈拉尔德·韦尔策编:《社会记忆:历史、回忆、传承》,季斌等译,北京大学出版社 2007 年版,"社会记忆(代序)",第 6 页。

③ 葛兆光:《历史记忆、思想资源与重新诠释——关于思想史写法的思考之一》,《中国哲学史》2001 年第 1 期。

虽然我们不能确指"记忆资源"概念的最初使用者,但我们可以大致判定它的出现是在最近十多年的事。新世纪以来,随着数字资源、文化资源、历史资源等观念的增强以及记忆工程的不断推进,记忆资源概念尽管在正统的社会学中未见使用,但在地方文化、旅游文化、档案学、图书馆学等研究中日渐推广开来。综观之,其使用大体有以下几种语境:一是社会记忆资源,如梁音以略带客家社会记忆资源的旅游开发为例讨论社会记忆的文化资本化问题;二是中国记忆资源,如国家图书馆的多位学者对"中国记忆"项目资源组织的探讨;三是城市记忆资源,如郭红解等在国家社科基金项目"城市记忆档案文献资源整合研究"中对"城市记忆档案资源""城市记忆档案文献资源"收集、整合的探讨;四是档案记忆资源,如"档案与社会记忆研究"课题组对档案记忆资源体系构筑新规则的探讨;五是数字记忆资源,如2015年中国人民大学信息资源管理学院举办的"数字记忆国际论坛",就提出"信息时代,数字记忆成为记忆资源的新类型,而档案及各类历史文献作为记忆的载体,在构建、认同与传承数字记忆中发挥着重要作用"。在理论研究和社会实践中,或许我们还会遇到更多诸如"社会记忆视域下的档案信息资源""社会记忆视角下的历史文化资源"或"城市记忆工程中的档案资源"等不同的使用方式,但正是这些或明或暗的记忆资源概念的表达,反映了一种逐步呈现、逐步增强的社会记忆资源意识和观念。

2.记忆资源的内涵:复数记忆的累积

记忆资源,就我们讨论的层面上看一般是指社会记忆资源,它关涉到两个问题:一是从资源的角度看待社会记忆,将其作为一种资源,即"社会记忆"资源;二是社会有哪些记忆资源,即社会"记忆资源"。这两个问题彼此关联,其实是要我们回答什么是社会记忆资源,社会又包含哪些记忆资源。

吴建华在讨论"社会记忆与社会记忆资源"时,涉及"个人记忆、集体记忆与社会记忆""物质形态记忆与知识形态记忆""政府记忆、精英记忆与草根记忆""社会记忆资源"①四个方面;至于什么是"社会记忆资源",是与国家相对应的"社会"记忆资源,还是整体性的"社会记忆资源",我们还未看到相关的介绍。国家图书馆中国记忆项目负责人田苗在《中国记忆项目的构想与实践》一文中,对记忆资源作了一个描述性的概括,认为记忆资源"从文献学的角度讲,就是将人的记忆作为一种资源类型和资源蕴藏,加以探索、开采、记载、转录、整理,使之不再依赖于大脑为唯一载体而独立存在,可被永久保存并以各种载体形式为他人获取和使用的一种文献资源类型和文献组织形式"②。这一概念描述是基于国家图书馆文献资源类型和文献整理基础上提出的,是一种专业性表达。

扬·阿斯曼将集体回忆的形式分为交往记忆(亦译成"沟通记忆""互动记忆")和文化记忆,认为"交往记忆存在于个体和群体回忆过去事物的互动实践之中";而文化记忆是"每个社会和每个时代所特有的重新使用的全部文字材料、图片和礼仪仪式[……]的总和。通过对它们的'呵护',每个社会和每个时代巩固和传达着自己的自我形象"。③ 结合扬·阿斯曼对集体记忆的划分和我们专业实践中对记忆资源的认识,我们大体可以说记忆资源或者说社会记忆资源是特定群体、特定地区所拥有或所沉积的社会记忆的总和,是"复数记忆"④的累积,它既存在于我们个体和群体交往的实践中,也存在于我们的各种社会媒介中。

将社会记忆视为资源,我们不仅承认特定人群社会记忆的存在,还可在此基础上分析思考社会记忆累积量的差异与积聚,思考它与特定人群记忆再生产的关系。

---

① "社会记忆的建构、传承与保护"课程介绍,南京大学教务处网,[EB]http://jw.nju.edu.cn/jwoldweb/661/menu1154.html。

② 田苗、汤更生:《中国记忆项目的构想与实践》,《国家图书馆学刊》2015年第1期。

③ [德]哈拉尔德·韦尔策编:《社会记忆:历史、回忆、传承》,季斌等译,北京大学出版社2007年版,"社会记忆(代序)",第4—5页。

④ 社会记忆研究中人们为区分个体记忆与社会记忆,将社会记忆理解为"复数的记忆"。由此,我们可以将社会记忆资源理解为"复数记忆"的累积。

3.记忆资源的本质

孙德忠从马克思主义认识论角度将社会记忆定义为"人们将在生产实践和社会生活中所创造的一切物质财富和精神成果以信息的方式加以编码、储存和重新提取的过程的总称"。他认为社会记忆的深层内涵在于"它是人类主体能力和本质力量对象化结果的凝结、积淀和破译、复活的双向活动";"是人作为实践主体对历史地形成和发展的主体能力和本质力量进行确证、保存、占有和延续的内在机制"。①

根据孙德忠的观点,结合社会记忆的内涵,我们能否说社会记忆资源就是人类主体能力和本质力量不断凝结和积淀而形成的对象化产物,是人类主体能力和本质力量从体内转化为体外、从活动的直接形式转化为静止的间接形式、从个体的能力和水平转化为人类的能力和水平的过程与结果。它一方面使人类的主体能力和本质力量在人类社会中的保存、传播、积累和遗传成为可能,另一方面又使人类主体能力和本质力量的再生产成为可能。

作为资源的社会记忆或者能够成为资源的社会记忆,我们一方面要强调它的积存性、累积性,它不是单一的、具体的记忆;另一方面我们还要强调它的现实性和再生产性,它不是沉埋的、隔离的记忆。我们称它为记忆资源,而不是记忆遗产,是因为资源是为一定的社会活动服务的,与我们的现实需求相关。方李莉指出:"资源并非完全客观地存在,当某种存在物没有同一定社会活动目标联系在一起的时候,它是远离人类活动的自在之物,并非我们所论述的资源。也就是说,人类一代一代流传下来的文化遗产,只是静静的存在于我们的生活中,甚至博物馆里,与我们的现实生活没有联系,其仅仅只能称之为遗产,却不能称之为资源,只有当它们与我们的现实生活和社会活动及社会的发展目标联系在一起后,才能被称之为资源。"②社会记忆的现实性就是满足

---

① 孙德忠:《社会记忆论》,湖北人民出版社 2006 年版,第 24 页。

② 方李莉:《从遗产到资源——西部人文资源研究》,贾磊磊主编:《数字化时代文化遗产的保护和展现》,文化艺术出版社 2010 年版,第 96—97 页。

我们进行社会记忆再生产的现实需求。

因此,社会记忆资源既是"人类历史的经常的产物和结果",也是"人类历史的经常前提"①。它是社会记忆的凝结和累积,也是社会记忆再生产的基础。

(二)记忆资源的思想与理论基础

"记忆资源"虽然在经典的社会记忆文献中未能看到,但这并不是说它不存在,透过个体记忆和社会记忆的相关研究成果,我们可以发现"记忆资源"不仅具有存在的合理性,而且有着深刻的思想和理论基础。

1.记忆资源是记忆储存和累积的结果

在认知心理学中,记忆是认知的基本过程,关涉到每个认知活动,包含信息编码、储存和提取等环节。信息储存是记忆的首要环节,在记忆过程的不同阶段有不同的表现:在感觉记忆阶段,感觉存储器中的信息是尚未受到意义分析和加工的信息,所存储的大量感觉信息等待被选择和加工;在短时记忆阶段,记忆存储过程是一个选择与建构的过程,是对感觉记忆中的信息进行选择,进行重新编码(即组块);在长时记忆阶段,记忆信息通过再编目,以复杂的方式组织起来,输入并存储在长时存储器中。② 随着我们记忆的反复发生或活动,我们头脑中的记忆数量会越来越富集(积),记忆的内容也随之越来越丰富。

同样,在社会记忆活动过程中,也存在着记忆内容不断被存储、累积的过程。孙德忠认为,社会记忆具有"超生命、超个体、跨时空的积累性"特点,通过积累,人类主体能力和本质力量一方面具有由简单单一到复杂全面、由低级抽象到高级具体、由量的增加到质的飞跃的不断累加和聚积的特点,从而使人

---

① 《马克思恩格斯全集》第 26 卷,人民出版社 1960 年版,第 545 页。
② 李伯聪:《选择与建构》,科学出版社 2009 年版,第 82—87 页。

处理自身与外部世界的关系能力得以提高,人类主体能力和本质力量得到不断提升、膨胀和合理化;另一方面,也是通过积累,社会记忆不仅成为人的活动共时性展开的背景和中介,而且成为人的活动历时性展开的环节和纽带,由此,人类主体能力和本质力量才在不同的时空体系中不断地生成、流转,并在人的活动的历史进程中愈来愈丰富,愈来愈发展,从而形成了社会记忆跨时空凝结、积淀和破译、复活的运动。①

个体记忆和社会记忆活动过程中对记忆的存储、累积,既是人类(包含个体与群体)认识和能力的提高过程,也是人类活动连续性的维系过程。在连续性的生成、存储和积累中,作为单数的个体记忆得以不断地发生和维续,这是个体记忆连续性的内在机制;作为复数的社会记忆也得以不断地生成和积聚,这是社会记忆连续性的内在机制。

2. 记忆资源是人类记忆存储系统的存在物

奥古斯丁在《忏悔录》中曾用文采飞扬的笔调论述记忆的宝库和洞穴,他说所有记忆都被储存到记忆的府库中,这座府库用一种难以形容的方式将记忆藏起。

> 记忆把这一切全都纳之于庞大的府库,保藏在不知哪一个幽深屈曲的处所,以备需要时取用。一切都各依门类而进,分储其中。但所感觉的事物本身并不入内,库藏的仅是事物的影像,供思想回忆时应用。②

记忆的府库只不过是人脑的形象化的称法,是人类个体的记忆存储系统,充实其中的是我们的记忆。这些记忆不仅被存储起来,而且成为我们回忆或记忆重构、复活,记忆再生产的资源,"以备需要时取用"。

与个体记忆存储系统相似,人类社会也发展出特有的、外在的记忆存储系

① 孙德忠:《社会记忆论》,湖北人民出版社 2006 年版,第 153—156 页。
② [古罗马]奥古斯丁:《忏悔录》,周士良译,商务印书馆 1963 年版,第 193 页。

统。美国未来社会学家阿尔温·托夫勒在《第三次浪潮》中指出:"原始社会,人类被迫将共有的记忆和个人的记忆储存于同一所在:个人的心中。部落长者、智者和其他人把他们的记忆以历史、神话、教训、传说等形式,通过演说、歌咏、赞美诗、示范等活动留给子孙……第二次浪潮的文明破除了记忆障碍,大量传播知识,记录下系统化的商业资料,设立了成千上万的图书馆和博物馆,发明了档案柜。简而言之,第二次浪潮文明把社会记忆从大脑中移出去,以新的储存方式突破以往的限制。"① 人类外在的记忆存储系统有着不同的层级和表现,结绳刻契、书写文本、行动仪式,乃至档案馆、图书馆、博物馆,都是我们发明、创建起来的社会记忆存储器和仓库,"档案馆、图书馆和博物馆正是这种记忆信息的贮存、管理和传播的制度化体现"。② 我们常把图书馆、档案馆、博物馆比喻为人类"记忆的殿堂"或"记忆宫殿",其内在的隐喻就在于这些机构中保存着丰富的社会记忆资源,"将无限狭隘的现实与广阔的过去岁月结合起来,为我们的现实行动提供了解自己、观察形势的坚实基础,使我们得以在过去的基础上创造现实和未来"。③

3. 记忆资源藉由各种记忆媒介表现出来

王明珂说:"集体记忆赖某种媒介,如实质文物及图像、文献,或各种集体活动来保存、强化或重温。"④社会记忆必然表现为某种媒介,在社会记忆的基本结构"主体—中介—客体"三要素中,中介(即充当记忆的媒介)"除了是必不可少的过渡手段外,在对人类主体能力和本质力量的储存和复活上,它与特定的主体和客体具有同样的、甚至更加显著的效果,即它是社会记忆的最直

---

① [美]阿尔文·托夫勒:《第三次浪潮》,黄明坚译,中信出版社 2006 年版,第 110—111 页。
② 严建强:《关于社会记忆与人类文明的断想》,《浙江档案》1999 年第 3 期。
③ 严建强:《关于社会记忆与人类文明的断想》,《浙江档案》1999 年第 3 期。
④ 王明珂:《华夏边缘——历史记忆与历史认同》,社会科学文献出版社 2006 年版,第 27 页。

接、最典型的形式"。① 德国文化记忆研究学者阿斯特莉特·埃尔(Astrid Eril)强调指出:"没有媒介的集体记忆是无法想象的";"在社会和文化语境中(文化作为记忆现象/集体记忆),对一个共同过去的阐释和知识的建构与传播只有通过媒介才能实现:通过口述和文字保存对于下一代富有意义的神话,通过印刷、广播、电视和因特网,完成在社会最大范围内的对于共同过去的传播,最后通过承载象征意义的媒介,例如纪念碑,唤起集体的、通常是被仪式化的记忆"。②

媒介革命可以改变集体记忆的存在或表现形式,有学者说记忆的历史就是媒介的历史。艾琳娜·埃斯波西托(Elena Esposito)将记忆历史分为四个阶段:古代文明的预言记忆、古希腊罗马时期和中世纪的演说记忆、近代的文化记忆以及后现代的程序记忆,她指出"社会的记忆依附于这个社会上可使用的交流技术:这些技术影响着记忆的形式、作用范围及其阐释"。③ 从口述到文字记载、从文字记载到印刷品、从印刷品到因特网,每一次媒介的革命都意味着人类记忆能力的提高,意味着记忆信息的进一步外化和记忆存储能力的进一步增强。

媒介不只是承载着过去的、与记忆相关的信息的中性载体,"那些看上去需要媒介编码的现实和过去、价值观和标准、同一性纲领,很多时候都是由媒介制造的"。埃尔参照哈布瓦赫"记忆的社会框架",提出"记忆媒介框架",认为记忆的媒介框架如同我们呼吸的空气一样,习以为常却不可见,在日常生活中,人们只有在反抗它时才会感觉到它的存在,而媒介的记忆形成力也基于此。博物馆的展出物、历史书籍、史料电影、日常故事和纪念碑提供了一种连接过去、现在和未来的视角。④

---

① 孙德忠:《社会记忆论》,湖北人民出版社 2006 年版,第 131 页。

② 冯亚琳、[德]阿斯特莉特·埃尔主编:《文化记忆理论读本》,余传玲等译,北京大学出版社 2012 年版,第 229 页。

③ [法]皮埃尔·诺拉:《历史与记忆之间:记忆场》,冯亚琳、[德]阿斯特莉特·埃尔主编:《文化记忆理论读本》,余传玲等译,北京大学出版社 2012 年版,第 231 页。

④ 冯亚琳、[德]阿斯特莉特·埃尔主编:《文化记忆理论读本》,余传玲等译,北京大学出版社 2012 年版,第 234—235 页。

当我们考察媒介作为记忆形态时,我们一般多考察其形态的演化及其对我们记忆力提升的意义;而当我们考察媒介作为记忆的承载体时,我们便可发现各种媒介物及其贮存的记忆对于我们社会历史意识的影响力及其资源价值,从这一意义上看,埃尔所说的"记忆媒介框架"其实也就是"记忆资源框架"。

(三)记忆资源积聚:在流动中把握永恒

社会记忆像条河,有记忆也有遗忘,总是在记忆与遗忘、澄显与遮蔽、存储与弃舍的运动中流淌或延续。社会失忆或社会遗忘有自然的原因,也有社会的原因,记忆资源积聚就是要通过对记忆媒介的收集、聚合、保存,使社会记忆由自然状态走向人工状态,由弥散状态走向积聚状态,由不可控状态走向可控状态,克服社会遗忘,拯救人类记忆,为人们进行记忆再生产提供资源基础和"养分"保障,是我们在流动中对永恒的把握。

1. 记忆资源积聚是对社会记忆自然衰退的控制

早在古希腊时代,亚里士多德(Aristotle)就提出记忆的衰退思想(或称衰变理论),认为遗忘是由于时间的推移导致记忆痕迹衰退所引起的。美国心理学家桑代克(Edward L.Thorndike)对亚里士多德的记忆衰退思想进行研究,在1914年提出学习失用率,即一个已经形成的可以改变的联结,如果不应用,就会使这种联结减弱、衰退以致消失。记忆衰退理论虽然难以得到实验事实的支持,但它合乎事物发生、发展和衰亡的一般规律,至今仍是记忆遗忘的重要理论。①

不仅个体的认知记忆存在自然的衰退,社会记忆也存在自然衰退,其主要表现有:一是交往记忆的自然衰退。扬·阿斯曼将社会记忆分为交往记忆和文化记忆,认为与文化记忆相比,交往记忆几乎可以说是某种类似于社会短期

---

① 参见张淑华等:《认知科学基础》,科学出版社2007年版,第78页。

记忆的东西,它系于活着的经验承载者和交流者们的存在,因而大约延续 80 年即三四代人之久①,在大多数情况下,交往记忆会不引人注意地安静地消失,一段记忆"悄无声息"地消逝在另一段记忆之后。因此,交往记忆如果不经过媒介的固化和保存,最终会消失。二是媒介的自然衰退。社会记忆的媒介如纸张、器物、竹木、磁带、磁盘等,都存在自然老化的过程,在自然条件的作用下,都会逐步丧失其存储的记忆,甚至连载体本身都无法存在。我国东晋时即开始广泛使用纸张,但至今我们发现的最早纸质档案为唐代的六件文书档案,数量极为有限,早期的纸质记录记忆自然也不复存在。三是社会的自然散佚。在我们的历史上,大量的社会记忆承载体散存于社会中,在社会变革的历史过程中,不知不觉地会消亡或沉埋,不为后人所知,直到被后人重新发现和认知,我们才会有"重大发现"。我们知道近代"四大档案史料新发现",但我们还有多少沉埋地下的记忆尚未被发现,不得而知。

社会记忆资源积聚是人们有意识地对记忆媒介的收集、集中和保存,是对社会记忆的再固化和再"冻结"。通过记忆资源积聚,人类重新构建可控的记忆存储系统——记忆库,以克服记忆的社会衰变或自然消亡,使记忆得到更为久远的控制和维护,从而让社会记忆得以永远留存。如徽州历史档案,"那些徽州的人与物,那些文书上一板一眼书写着的契约、祖谱、阄书、方志、抄契薄和那些古桥、碑铭、断墙和残瓦一样,都在默默地诉说着我们祖先所经历过的风风雨雨,真实地还原历史的原貌,使我们有可能探寻他们成功的辉煌和衰落的无奈,去追索徽州乃至整个中华民族的发展轨迹"②。

2. 记忆资源积聚是对社会记忆破坏的拯救

在记忆遗忘理论中,除了衰退理论外,还有动机性遗忘理论和干扰性遗忘理论,其表达的意涵虽不尽相同,但都说明人类记忆存在干扰性遗忘或有意识

① 参见[德]哈拉尔德·韦尔策编:《社会记忆:历史、回忆、传承》,季斌等译,北京大学出版社 2007 年版,"社会记忆"(代序),第4—5页。

② 河西:《徽学研究:一扇窗户早已打开,但……》,载《东方早报》2005 年 7 月 6 日。

遗忘的情形。

干扰性遗忘和动机性遗忘在社会记忆中也存在多种表现:一是结构性失忆。如人类学家埃文斯-普理查德(E.Evans-Prichard)在对东非的努尔族人(Nuer)进行田野考察时,发现努尔人根据家族发展与分化的需要,有意识地特别记得一些祖先,同时又忘记一些祖先。① 后来的人类学研究发现,"结构性失忆"或"谱系性失忆"在人类社会中是相当普遍的现象。二是有组织的失忆。如保罗·康纳顿在《社会如何记忆》中分析的"组织忘却",他指出"当一个大国想剥夺一个小国的民族意识时,它使用有组织忘却的方法。仅在捷克的历史上,这种有组织忘却被实施了两次":"在极权统治下,可怕的不仅仅在于侵犯人的尊严,而且还在于这样的恐惧:可能再也不会有人真实地见证过去"。② 三是建设性破坏。这是典型的社会干扰性遗忘,是在社会建设过程中或者现代化建设过程中对传统文化和传统生活方式变革、破坏而导致的社会记忆的遗失,如前文所述,这种现象在我们的城镇化建设中表现得尤为明显和严重。

正是在这样的建设性破坏面前,我们才需要格外关注和重视记忆资源的积聚。1994 年底,冯骥才拿出自己的稿费,组织百名摄影家对天津的街道进行系统拍摄,前后历时 3 年,共拍摄照片 3 万多张。当这一浩繁的文化抢救工程完成时,冯骥才欣慰地说"我终于将历史消失前的一瞬,形象地锁定为永久"。③ 陈平原也说:"相对于时代大潮,个人的力量实在太渺小,只能做到尽心尽力。保不住城墙,保不住四合院,那就保住关于这座城市的历史记忆,这也是一种功德。"④在今天的社会发展面前,开展城乡档案记忆工程就是要通过积聚记忆资源,拯救记忆、"锁定"记忆。

---

① E.Evans-Prichard.The Nuer.Oxford:Oxford University Press,1940,199-200.

② [美]保罗·康纳顿:《社会如何记忆》,纳日碧力戈译,上海人民出版社 2000 年版,第 11 页。

③ 参见韩李敏主编:《浙江省档案学会论文集——浙江记忆理论与实践》,中国文联出版社 2013 年版,第 44 页。

④ 参见陈平原:《想象北京城的前世与今生》,《北京师范大学学报》2005 年第 4 期。

3. 记忆资源积聚是城乡档案记忆工程的首要任务

"为记忆存档";或者如皮埃尔·诺拉所言"记忆以档案形式呈现,成为记忆的义务"。① 城乡档案记忆工程建设的首要任务就是乡村记忆资源的有效积聚,这是由档案的社会记忆积累与传承功能决定的,也是由城乡档案记忆工程的性质、目的决定的。

施瓦茨指出集体记忆建构具有双重性质,即"既可以看作是对过去的一种累积性的建构,也可以看作是对过去的一种穿插式的建构"。② 施瓦茨所指的"累积性"虽然指向对过去记忆事项的连续性认识,但也表明社会记忆具有累积性特征。档案作为社会记忆的形态,档案或档案化的资源积累为社会记忆累积提供了途径和手段。阿莱达·阿斯曼说,"对于这个不可限量的档案以及日益增多的数据、信息、文件、回忆来说,已经不存在它们可以归属的主体",可以"十分抽象地称之为'人类记忆'"。③ 美国地理学家 Foote 也指出"档案可以被视为一种延展人类交流时空范围的重要手段,与其他交流手段(如口头表达和传统仪式)一起,帮助信息传递,从而维持记忆的代代相传"。④

城乡档案记忆工程是乡村记忆的保护传承工程,与其他领域、其他部门开展的乡村记忆工程不同,其主要抓手和切入点就是通过对乡村记忆资源的档案化积累和保管,实现对乡村记忆的抢救、保护和传承。陈平原在谈到北京记忆保护时提到:"除了建筑的城市,还有一个城市同样值得守护——那就是用文字构建的、带有想象成分的北京。这是我们能做的事情。学者们用教育、学

---

① [法]皮埃尔·诺拉:《历史与记忆之间:记忆场》,冯亚琳、[德]阿斯特莉特·埃尔主编:《文化记忆理论读本》,余传玲等译,北京大学出版社 2012 年版,第 104 页。

② [美]刘易斯·科瑟:《莫里斯·哈布瓦赫》,[法]莫里斯·哈布瓦赫:《论集体记忆》,毕然、郭金华译,上海人民出版社 2002 年版,"导论",第 53 页。

③ [德]阿莱达·阿斯曼:《回忆空间:文化记忆的形式和变迁》,潘璐译,北京大学出版社 2016 年版,第 151 页。

④ Kenneth Foote, *To Remember and Forget:Archives,Memory,and Culture*, The American Archivist 1990.53(3):378-392.

术、大众传媒甚至口头讲演等方式,尽可能让大家留住这个城市的身影,留住'城与人'之间剪不断理还乱的复杂情感。"①按照这一思维逻辑,在乡村记忆保护中,我们档案部门能够做的事情就是以档案化的方式留存乡村记忆资源。在乡村记忆面临威胁的现实面前,积聚档案记忆资源应该成为我们的第一要务和着力点,也是我们开展乡村记忆资源开发、展演的基础。只有与时间赛跑,将乡村记忆资源抓取、保存起来,我们才能使其"重新得到整理,使它们重新提供与功能记忆相衔接的可能性"②。否则,我们只能是面对乡村记忆的不断流失而叹息和遗憾。

积聚记忆资源是中外各类社会记忆工程的共同经验,资源的"蓄积量"是衡量社会记忆发展水平的一项重要指标,没有记忆资源基础,记忆工程只能是一句空话。在城乡档案记忆工程中,我们不仅要思考乡村记忆资源的构成,更要思考其集成方式和策略,让流动的、濒危的乡村记忆成为永恒。

二、乡村记忆资源及其档案化、数字化

乡土社会或乡村社区包括传统村落和乡镇,"从三家村起可以到几千户的大村",它们是乡土社会中人们进行生产劳动、居住生活、休养生息,进行各种社会活动的场域,是人们生于斯、死于斯的生命家园。在漫长的历史发展演变中,乡村社会形成并富集了深厚的历史文化资源,被誉为"中华文化的基因库";同时也积淀、凝聚了深厚而绵长的乡村记忆。在长期农耕文明演化进程中形成并凝结的乡村记忆资源,反映着中华文明的进步,体现出乡村社会生生不息的生存智慧。对乡村记忆资源的积聚和保护,是我们今天开展城乡档案记忆工程的前提和使命,更是我们在社会流动中对记忆的永恒把握。

---

① 参见陈平原:《想象北京城的前世与今生》,《北京师范大学学报》2005 年第 4 期。
② [德]阿莱达·阿斯曼:《回忆空间:文化记忆的形式和变迁》,潘璐译,北京大学出版社 2016 年版,第 147 页。

（一）乡村记忆资源的构成与表现形态

乡村记忆资源作为一种社会记忆（历史记忆、文化记忆）的累积，是村落在形成、变迁和发展过程中凭借各种媒介保存、蕴藏、流传的记忆遗存。学术界对乡村记忆形态有不同的归结：如王铭铭曾把社区中存在的历史形式分为四类："社会实践行为的历史习惯性方式""象征和仪式所造成的社会性记忆""通过文字记载的本土社区史""口头传统"①；孙德忠从一般社会记忆角度分为神话传说、口承记忆与文字符号②；也有学者将其分为体化实践与刻写实践，或官方记忆与民间记忆等。根据乡村记忆资源的媒介形式，我们大体可将其概括为四种形态。

1. 口头传承记忆资源

口头传承是无文字社会中社会记忆传承的典型形式，在有文字的社会中这一形式同样存在。杰克·古迪（Jack Goody）在《口头传统中的记忆》一文中认为："口传文化中的一切文化知识都储存在心里，这多半因为几乎别无选择。当我们祝贺口传文化的成员有出色的记忆力时，在某个层次上，我们只是说它（他）们没有其他记忆的选择"。③

在人类活动的早期，口头传承多为创世神话、民间传说，如嫦娥奔月、后羿射日、燧人氏钻燧取火、伏羲氏结网捕鱼、神农氏种植五谷百草、炎黄大战等，都有创世神话的特征。梁启超先生曾解释道："最初之史乌乎起？当人类之渐进而形成一族属或一部落也，其族部之长老……纵谈己身或其先代所经之恐怖，所演之武勇"，"则蟠镂于听众之脑中，湔拔不去，展转作谈料，历数代而

---

① 参见王铭铭：《村落视野中的文化与权力：闽台三村五论》，生活·读书·新知三联书店 1997 年版，第 94 页。

② 孙德忠：《社会记忆论》，湖北人民出版社 2006 年版，第 187 页。

③ ［英］帕特里夏·法拉、卡拉琳·帕特森编：《记忆》（剑桥年度主题报告），户晓辉译，华夏出版社 2006 年版，第 70 页。

未已,其事迹遂取得史的性质"。① 随着人们对社会认识和自然意识的增强,世俗性的民间故事和历史传说逐步增多。葛兆光教授在《吃茶与饮酒》的随笔中也说:"中国民间有的故事,一代一代相传,可以流传很广,而且常常在古代的文献里面还能找到它的来源,像孟姜女、白蛇传、刘阮上天台、梁山伯与祝英台的故事"。其他如学者曾关注过的"沈万三传说""山西洪洞大槐树传说""福建太阳日传说""岳母刺字"等。在我国,每座山、每个湖、每座庙、每个村落都有自己的传说故事,包括各种乡村神话、乡村传说、乡村谚语、乡村往事、民间说唱(艺术)、民歌民谣、家族起源、英雄故事、生产经验、生活传统,乃至传承记忆的地方语言等。有的普及面广泛,有的仅限于村落地方,这些都成为当今乡村记忆资源的重要内涵。

万建中教授指出:传说属于"社会叙事",没有传说的村落是不存在的,如果一个传说为村落所共享,它便成为村落记忆。在村落内,叙事和记忆相互支撑,共同创造了村落的口述史。传说、记忆和口述史三者合一,"成为具体时空中人们共同拥有的传统"。② 今天,无论我们进入哪一座村庄,在乡村老大爷的讲述和乡村老祖母的唠叨中,我们都能感知到乡村记忆的厚重,"听到"一部意味深长、"原汁原味"的乡村史。

2. 体化实践记忆资源

如果说口头传承是通过口头表达来传达和延续社会记忆的话,那么体化实践则是通过身体动作与活动来传达、表现和延续社会记忆的。康纳顿把纪念仪式和身体实践作为社会记忆传授至关重要的行为,认为纪念仪式是用"词语和形象向自己表现过去",而身体实践则是通过习惯性的技能、举止、姿势(具体包括身体仪式、身体的属性和身体的技术)重演着过去。③ 虽然人们

---

① 梁启超:《中国历史研究法》,上海古籍出版社 1998 年版,第 8—9 页。

② 万建中:《传说建构与村落记忆》,《南昌大学学报(人文社科版)》2004 年第 3 期。

③ [美]保罗·康纳顿:《社会如何记忆》,纳日碧力戈译,上海人民出版社 2000 年版,第90 页。

在实践中离不开语言,但就体化实践的表现而言,仍可与口头传承区分开来。

在保罗·康纳顿社会记忆操演理论的影响下,人们对传承社会记忆的各种体化实践进行了延伸和拓展,从纪念仪式延伸到节庆仪式、民俗仪式,从身体习惯延伸到风俗习惯、传统手工艺、乡规民约(地方性习惯法),从自然形态的体化实践延伸到表演形态的体化实践等,大大拓展丰富了体化实践的内涵。今天,在我们的各种乡村生日仪式、婚嫁仪式、丧葬仪式、宗教仪式、节庆仪式、娱乐仪式,以及日常生活劳作等乡村行为及其规则中,都富含、传承、表达着传统乡村的社会记忆。如我国各地的民间传统手工艺,无论是剪纸绘画、印刷装潢、陶冶烧造、雕镌塑作、五金錾锻、制茶酿造、木作编扎、织染绒绣,还是传统医药,都包含着许多“绝活”,像贵州苗族蜡染、陕西凤翔泥塑、云南贝叶经、杨柳青年画、川剧变脸、宁海耍牙……它们承载着各个民族的智慧和创造力,是我们传统生产与生活方式的“活化石”和文化记忆。从这个意义上来看,我们今天视为“非物质遗产”的乡村文化项目都属于社会记忆资源范围。梁伟、流水在分析舞蹈动作中体化记忆时指出,“几乎所有的人都知道舞蹈编创中‘重复’的力量。这力量是动作重复后显现的质感,它是由量的堆积、递进来达到的一种对质的呈现结果,这种结果其实就是舞蹈的身体记忆。原始部落‘祈雨舞’中的蹲档步、广场民间舞经常出现的十字步、东北秧歌的交替步、藏舞的踢踏、维族的横踮步、花鼓灯的拔泥步……这些舞者可以从早到晚都可以用一个步伐跳着舞蹈:重复次数的增多使得动作的内涵形成动力定型,不仅让舞蹈有了某种意味,而且使接受者产生递进、规整、强调、玄思、暗语等审美感受,并最终在身体上产生姿势共鸣并输入身体记忆系统”。[1] 类似的体化记忆在乡村社会送宁仪式、迎神赛会、信仰仪式,及其他日常生产生活中处处可以看到,有些具有表演的特点,更多的则是“日用而不知”,无声无息地传承着乡村记忆。

---

[1]　梁伟、流水:《身体的记忆与技艺》,《北京舞蹈学院学报》2005 年第 3 期。

3. 文献记录记忆资源

文字的产生和使用标志人类社会记忆的一次飞跃,从此记忆可以脱离口头传承和身体展演,而被刻写、记录下来,以文本、文献的形式固化起来,构成我们社会的记忆资源,在其传播和传递中,人类的历史、知识、思想、经验以及社会活动得到延续、积累,人类主体能力和本质力量不断得到提升。

保罗·康纳顿在论述体化实践的社会记忆保存、传送意义时,也充分肯定了刻写实践对社会记忆记录、保存和传播的重要性。他认为"从口头文化到书面文化的过渡,是从体化实践到刻写实践的过渡","用刻写传递的任何记述,被不可改变地固定下来"①,形成记忆的"人工制品",简化了记忆的处理过程,并有利于记忆进入公共领域。"在一个单一文化里以文本形式得到传承的东西,传承起来似乎始终如一,从过去那个文化传给现在的我们。一个文本可以脱离它的制造者,也可以脱离任何具体的读者,一个文本可以有它自己的生命;它享有相对的文化自治。正是词汇的想象空间,使语言对象超越了过去经验之遗绪的有限性和短暂性。以文字形式固定下来的对象,进入了公共意义的领域,从而每一个人都可以通过阅读这个作品,成为这个公共意义的潜在共享者。"②

文献记录最初是以文字为主要的记录符号和记录手段。随着社会的发展,文献的记录符号和记录手段得到了普遍改善,以文字、图形、图像、符号、声频、视频等技术手段记录人类知识的一切载体,都被视作文献;而且在现代信息技术的影响下,文献正在向电子化、网络化、多媒体方向发展。因此,今天的文献已不单纯指古籍文献、历史文献、印刷文献或手抄文献,普通图书、连续出版物、非书资料、古籍、档案、地图、乐谱等各种类型的文字、图片、符号材料,以

① [美]保罗·康纳顿:《社会如何记忆》,纳日碧力戈译,上海人民出版社 2000 年版,第94 页。

② [美]保罗·康纳顿:《社会如何记忆》,纳日碧力戈译,上海人民出版社 2000 年版,第118 页。

及记录有信息的磁带、磁盘、光盘、胶片等声像材料、电子材料、多媒体材料等都是文献，它们作为人们刻写、刻录、摄录的结果，或作为知识，或作为人类活动的记录，都构成我们今天社会记忆资源的重要组成部分，我们称之为"文献记录记忆"或"文献记忆""文本记忆"。

在传统乡村社会，以文献记录保存的记忆形式主要有各种村史、方志、家谱、族规、契约、文集、信札、票证、图片、图像、照片，乃至当今的影像资料（数字文本）等，它们历代生成、积累，不断强固、延续我们的记忆，其影响力正日渐提升。如粤闽侨批档案、纳西东巴古籍文献均入选《世界记忆遗产名录》；徽州历史档案被誉为中国近代第五大档案史料新发现，并由此产生我国世界三大地方学之一——徽学。文献记录记忆或文献记录资源是我们开展城乡档案记忆工程的重要抓手和基础。

4. 文物遗迹记忆资源

文物或器物是人类在历史发展过程中遗留下来的劳动工具、劳动对象和劳动成果，从不同侧面反映出各时期人类社会的生产生活方式、状况、水平，以及人们的内部精神世界、人与人的社会关系、人与自然的关系等。孙德忠将其视为"器物记忆"，认为"器物记忆是在物质产品上对象化了的人类主体能力和本质力量，体现着人们以何种方式、如何实现人与自然之间的物质、能量和信息的变换，是人的主体能力和本质力量的发展程度的重要标尺"；"器物记忆是穿着物的外衣的人类主体能力和本质力量，是人在创造性活动中使自己的知识、经验、理想等主体能力和本质力量在物质产品中对象化、客体化的过程和结果"。①

不仅人类活动中遗存下来的一件件实物承载社会记忆，人类活动的空间、遗迹以及留下活动痕迹的自然环境也都在承载和传承社会记忆。如古民居、古村落、古桥梁渡口、古道驿站、古运河水坝、古墓牌坊碑刻，各种历史纪念地

---

① 孙德忠：《社会记忆论》，湖北人民出版社 2006 年版，第 136 页。

（反映民族耻辱和抵御外侮、自强图存的场所）、封建王朝的宫殿和地方衙门，各种宗教场所（古庙古寺古塔），各种历史发生地……无不在向人们诉说着历史的沧桑变迁。"在今天，历史则将文献转变成重大遗迹，并且在那些人们曾辨别前人遗留印迹的地方，在人们试图辨认这些印迹曾经是什么样的地方，历史便展示出大量的素材以供人们区分、组合、寻找合理性，建立联系，构成整体"。① 西里尔·曼戈（Cyril Mango）也指出："建筑物提供了某一过去文明的最可触摸和最为具体的遗产。它们是历史'文件'，这些'文件'并不比任何书面文件逊色；在有些情况下，它们甚至比书面文字表达更清楚。"②

中国传统社会是农耕社会，乡村社会的器物和遗迹也格外丰富，特别是在一些历史悠久的村落乡镇中，一草一木、一砖一瓦、饮食起居、日常劳作都蕴含着乡村记忆、民间记忆。王铭铭指出："社区历史有远比我们多样的表述方式。"③可以说，乡村记忆资源是乡村生产与生活的全部，也是乡村历史与现实的全部，只要进入乡村记忆的现场，我们就能感知到它的厚重和悠远。它滋润着乡土社会，也透视出乡土社会的神韵与气质。

（二）乡村记忆资源的特征

乡村记忆资源是历史活动的自然遗存，融汇溶解在我们的日常生产生活中，我们能够处处感知到它的存在，却又难以深切把握其"真容"，需要我们对其特征加以分析和揭示，以便更好地对其集成、开发和展演进行分析和探察。作为一种区域性或空间性的社会记忆，乡村记忆资源具有社会记忆的一般特征，如选择性、建构性、传承性、丰富性、多样性等；同时，作为一种社会资源，也具有资源的一般性特征，如共享性、可再生性、可扩展性、可加工性、积累性和被破坏性等。结合乡村社会实际及其社会记忆、社会资源的一般特征，乡村记

---

① ［法］米歇尔·福柯：《知识考古学》，谢强、马月译，三联书店2007年版，第6页。
② ［美］西里尔·曼戈：《拜占庭建筑》，张本慎等译，中国建筑工业出版社2000年版，第6页。
③ 王铭铭：《村落视野中的文化与权力：闽台三村五论》，三联书店1997年版，第94页。

忆资源特征大体可归结为以下几个突出方面。

1. 乡土性与地方性

乡土性与地方性是从乡村记忆资源生成来源或存在环境角度对其特征的考察和分析。乡土性与农耕文明直接关联,而地方性与地域空间直接关联,两者各有侧重,但又互为一体,是乡村记忆资源最基本或最本质的特征。费孝通先生曾指出:"乡土社会的生活是富于地方性的。地方性是指他们活动范围有地域上的限制,在区域间接触少,生活隔离,各自保持着孤立的社会圈子。"①

乡村即乡下、农村、乡镇,是不同于城市的聚落形态和生存方式。在原始社会中期,随着生产技术的提高、劳动范围的扩大、人群关系的稳定,人类开始定居下来,便出现了最早的村落和农业;此后,虽然出现了城市,但农村社会一直是我国社会的重要形态和基础。芮德菲尔德认为,全世界的农民都是一个样子:他们个个苦恋自己的土地;打心底里离不开自己的、似乎是样样俱全的村庄;家是他的宇宙中心;婚姻是他获得财源和物质生活的前提;恪守代代寓居祖屋。② 在这样的生存环境中,乡村记忆伴随着乡村民众的日常起居、生产劳作和休闲娱乐而不断产生、积累,既是他们的生存结果,又是他们的生存资源和生产条件。它们融入人们的日常生活,往往分不清哪些是记忆,哪些是生活,相互融合,成为乡村民众的一种生活方式,悠远绵长,各呈特色。

2. 完整性与自洽性

完整性与自洽性是从乡村记忆资源总体构成及其内部结构关系角度对其特征的考察和分析。完整性与整体性、丰富性相关,自洽性与适应性、稳定性相关,两者从两个方面说明乡村记忆资源的整体构成和存在状态。

---

① 费孝通:《乡土中国　生育制度》,北京大学出版社 1998 年版,第 6—9 页。

② [美]罗伯特·芮德菲尔德:《农民社会与文化》,王莹译,中国社会科学出版社 2013 年版,第 137 页。

中国传统乡村社会是以自给自足的小农经济为主导的社会形态,在长期的发展演化中,村落及其周边乡镇形成一个独立完整的"文化生态体系",村落的各种自然条件、社会要素和行动规则"相须而成",融为一体,成为乡村民众自足的生存环境,也使乡村记忆带有高度的完整性,具备社会记忆的各种样态:有口述记忆、体化记忆、文本记忆、器物记忆;有生产记忆、生活记忆;等等。乡村记忆涉及人们的衣食住行,涉及精神活动和物质生产,丰富且多样,维系着乡村的和谐、稳定与安宁。

在乡村记忆资源体系内部,各种记忆形态又具有调适功能,彼此关联,"不相为害",形成统一的村落意识和村庄认同。朱士群、李远行教授曾以徽州的村庄为例,对村落的自洽性进行过分析,认为历史上的徽州村庄,具有显著的自洽性,能够保持村落人际关系的和谐稳定,延续村庄的生存和繁衍。"在徽州村庄中,民间传说和逸事、口碑资料完整多样而丰富,集体意识强烈,历史记忆明确,社区认同感高"。今天,徽州村庄往昔的辉煌虽然褪色,但其文化基因并没有断裂,历史传统积淀成记忆资源,自洽性依然处于"活着"的状态。①

3. 弥散性与潜在性

弥散性与潜在性是从乡村记忆资源外在感知与存在状态角度对其特征的考察和分析。弥散性或无形性,与积聚性或有形性相对应,是指乡村记忆资源处于分散状态,需要我们聚合集成;而潜在性或深层性,与显在性或浅层性相对应,是指乡村记忆资源具有潜藏的特性,需要我们发掘发现。也许,说乡村记忆资源是弥散性与积聚性的统一、潜在性与显在性的统一更确切,但其弥散性与潜在性更突出。

乡村记忆是构成乡土社会的主要成分,它来源生活,又融入生活,记忆弥散于乡间,凝聚并潜藏于一切可能的载体中,我们处处能感知到乡村记忆的存

---

① 朱士群、李远行:《自洽性与徽州村庄》,《中国研究》2006 年第 1 期。

在,它们不时"飘过"我们的眼前,却又处处给我们"似有还无"的感觉,"欲说还休"。一位社会学家曾写道:"旅行中国社会的观光者,差不多在游踪所到的城邑乡村或郊外墓门之前,总可以看见一种旌表的牌坊或牌楼,在市声鼎沸中或苍烟落照中直立着,这些都是古色古香的前代遗物。这些古色古香的遗物,有的因为年代太荒远了,石柱或已倾倒在碧草黄沙之中,在风露中微喘着,有草虫在其下低唱着不知名的曲调,顿使旅人们油然生思古的幽情,微感到人世沧桑之悲绪;有的仍巍然独秀,在夕阳里发挥无限的光辉,无形中流露着一幕悲壮热烈的史实,使人临风悼意,使人起舞低昂。"①只有当我们遇到一位老者或做过一番考古考订之后,我们才能揭开其神秘的面纱,才能娓娓道来这些"痴立在镇市乡村生活的迷惘里"的遗物曾经辉煌的过去和历经沧桑后的现在。

4.同构性与异构性

同构性与异构性是从乡村记忆资源的地域关系及其地方与国家关系角度对其特征的考察和分析。同构性与异构性是指地方内部、地方与地方之间、地方与国家之间,在社会记忆的构成上存在互构关系,存在同质性;但同时又存在差异性和多样性。

乡村记忆是个宽泛性概念,涉及乡村民众、家庭家族、村落乡镇等不同群体与空间,形成具有层级性的记忆主体,其记忆存在同构关系,彼此关联,但又不完全一致。在地方与地方之间,记忆也存在重叠性、一致性的特征,有共同记忆的内容,如许多仪式或手工艺、生活方式都具有跨地域特征;但地方之间也多有区别,"家住三五里,各处一乡风","五里不同路,十里不同天",反映出地方之间记忆或文化的不同。在地方与国家,或称民间与国家、民间与庙堂之间,地方记忆往往被称为国家记忆的投影或缩影,反映两者的一致性,是"大传统"与"小传统"的统一;但如前文所述,乡村记忆又是以地方性为根基的。

---

① 曾铁忱:《清代之旌表制度》,《中国社会》1935 年第 1 卷第 5 期。

针对我国的传统节日,一些学者就认为:"春节、元宵、清明、端午、七夕、中秋、重阳等众多传统节日,是中华民族鲜明的文化符号和文化记忆,是维系祖国统一、民族团结、社会和谐的精神纽带。传统节日所凝结的人与自然、人与社会、人与人和谐的核心价值观念一脉相承、历久弥新,体现着中华民族的传统美德,承载着中华民族精神","是民族集体文化记忆中的重要符号"。① 但我们也知道,各地的年节习俗又具有地方性、民族性,丰富而多彩。同中有异,异中有同,大同而小异,体现出乡村记忆资源的繁富和多样。

5. 内稳性与动态性

内稳性与动态性是从乡村记忆资源的演化变迁与历史关联的角度对其特征的考察和分析。内稳性即乡村记忆资源内在的稳定性、连续性特征,动态性即乡村记忆资源外在的时代性、变化性特征,两者彼此关联,共同形成乡村记忆资源"传承沿革变体链"。

社会记忆的建构与传承、变化与继承是统一的,传承中有建构、有变化,建构中有连续、有继承。科瑟说:"那些在现在的路标指引下描述过去的人,一般都会意识到历史既是由变迁构成的,但也包含了连续性。"② 乡村记忆资源是在乡村历史发展过程中不断累积形成的,其中包含有内在稳定的传承因素,也包含有受时代影响的变革因素。王文章认为"恒定性"和"活态流变性"是"非遗"传承的两条基本规律,"人类智慧、思想、情感和劳动创造积淀形成的生产、生活方式和思想、情感表达方式,(它)成为个体的人的一种群体活动,形成一定群体人们共同遵守践行的一些规则,这些规则具有集体维持的恒定性",世代相传;但是"随着时代、环境、生产生活条件、审美趋向等变化,整个传承链条上的一个环节的传承者,都会把自己的独特体验融入其中……在继

---

① 参见《节日传统与文化记忆——我们的节日我们的根》,南方网,[EB] http://theory. southcn.com/c/2010-02/11/content_9193290.htm[2010-02-11]。

② [美]刘易斯·科瑟:《莫里斯·哈布瓦赫》,[法]莫里斯·哈布瓦赫:《论集体记忆》,毕然、郭金华译,上海人民出版社 2002 年版,"导论",第 60 页。

承和创造的统一性中发展"。① 乡村记忆资源也因为有稳定性才得以传承留存,也因为有变化性,才得以创新发展,是"一个不断被创造、丰富、发展和传承的动态过程"。②

（三）乡村记忆资源的档案化与数字化

1.社会记忆形态及其转化

人类要将存储在大脑中的记忆信息表达出来,必须借助一定的外在媒介加以表现出来,并借助"外脑"来存储和保持,随着社会的发展,社会记忆外在形态呈现出一个发生发展的递变过程。法国历史学家勒鲁瓦—古朗（Leroi-Gourhan）将社会记忆演化形态分为五个时期:"口头传承时期、利用石板或刻度进行书面传承的时期、简易卡片传承的时期、利用机器处理的时期、使用电子设备的时期";③勒高夫将记忆的发展演化分为五个阶段:①种族的记忆,即没有文字社会里的"原始的"记忆;②记忆的飞跃,即从口语到文字,从史前到古代;③中世纪的记忆,口语、文字各半;④自16世纪至今,书面记忆的发展;⑤现今的各种记忆。④ 社会记忆形态演化既是人类记忆能力提高的过程和结果,也是社会生产力发展的过程和结果。

值得注意的是,社会记忆形态的演化并非是一个单一取代的过程,而是一个递进、并存、转化的过程。新的记忆形态产生后,原有的记忆形态并未消逝和"退场",而是仍在发挥作用,仍然充当着社会记忆的形态;同时,社会记忆在以新形态生成的过程中,传统形态的记忆也不断地转化为新形态的记忆,多途径并行传承。因此,人类在文字发明后,口承记忆和体化记忆

---

① 王文章:《非物质文化遗产保护研究》,文化艺术出版社2013年版,"自序",第9页。
② 杨同卫:《论城镇化过程中乡村记忆的保护与保存》,《山东社会科学》2014年第1期。
③ 转引自[法]雅克·勒高夫:《历史与记忆》,方仁杰、倪复生译,中国人民大学出版社2010年版,第102页。
④ [法]雅克·勒高夫:《历史与记忆》,方仁杰、倪复生译,中国人民大学出版社2010年版,第60页。

逐步转化为文本性记忆;在照相技术和影像技术发明以后,传统的口承记忆、体化记忆、文本(文献)记忆又进一步转化为照片记忆、录音记忆、影像记忆、数字记忆。英国历史学家保尔·汤普逊(Paul Thompson)指出:"人民仍然记得仪式、名字、歌曲、故事、技能;但是现在正是文献作为终极权威存在,并且作为向未来传递的保证存在。"①在记忆形态变革演化的历史过程中,社会记忆逐步走向文本化、档案化,转变成保罗·康纳顿意义上的"人工制品",被固化、保存、传承,甚至加工、消费,由自在的记忆资源形态转向人工的记忆资源形态。

2. 乡村记忆资源的档案化趋势

伴随着社会记忆形态的变革演化,乡村记忆(资源)形态的文本化、档案化趋势也日渐明显。乡村记忆的档案化,一方面意指其存在形态越来越多地以文本、档案记录的方式得以产生或转化,另一方面也意指其存在状态越来越多地以类似档案的方式得到存储保护。

乡村记忆资源档案化的源头可以追溯到原始记事,但更直接地起源于文字的发明和使用。文字发明使用后,伴随着记录方式的变革,社会记忆以多种方式实现其档案化的转变:其一是在生产生活中,以文字记录形式直接生成的记忆形式逐渐增多,档案记忆越来越多地广泛产生。如楹联、地契、分家阄书、家书、先人赞像、木刻、碑刻、记账本、会簿、礼单、婚约、文告、榜单、契约、证照、票券、经营文献……据徽学研究专家统计,徽州文书档案共涉及政务、土地关系与财产、赋税、商业、宗族、文化教育、社会关系、邮政和其他等 9 大门类 179种,几乎涵盖整个徽州社会文化领域②,构成乡村生活的"实态"。浙江图书馆研究馆员袁逸在谈到金华文书档案时指出:民间文书档案是"社会的具像,历史的细节;民间的记忆,人生的记录;社会发展的原态定格,生命进程的忠实切

---

① [英]保尔·汤普逊:《过去的声音——口述史》,覃方明等译,辽宁教育出版社 2000 年版,第 31 页。
② 严桂夫、王国键:《徽州文书档案的特点和价值》,《档案学研究》2001 年第 1 期。

片;蕴含丰富历史信息,观照千年风云沧桑。它们是一种奇妙的文献,离我们很远(年代),又离我们很近,关乎芸芸众生,衣食住行,似曾熟悉".[①] 其二是随着文字、照相、影像技术的发展,传统以口承、体化、实物遗迹等方式存在的乡村记忆逐步转化为文本记忆,形成新的档案化记忆(资源)。其三是在乡村文化生产中,以知识整理或记忆加工形式而形成的乡村叙事文本(第五章详论),包括乡村纪事、村史乡志、家乘族谱、先贤文稿等,它们是原始记忆的开发转化,也是原始记忆的再组织和再生产。乡村叙事文本中既包含原始档案记忆,也包含原始的口承记忆、体化记忆和实物遗迹记忆,是对原始记忆的系统化,因其年代的久远性和记录的真实性、原始性,今天也被视为档案记忆的一部分。

我国传统乡村社会"崇文重教""耕读传家",为乡村记忆档案化提供了深厚的社会文化土壤。在此社会环境中,乡村社会历史文化的各个方面都不同程度地得以记录留存,成为我们今天的记忆资源,其档案化仍在进一步强化。面对工业化、城镇化的推进给乡村记忆资源带来的冲击和破坏,乡村记忆档案化为我们抢救乡村记忆提供了现实途径,也是开展乡村档案记忆工程的重要方式。

3. 乡村记忆资源的数字化趋势

20 世纪 80 年代以来,人类开始进入数字时代,社会记忆也呈现数字化发展趋势,人们用"数字(化)记忆""数码记忆""电子记忆""媒介记忆"等概念来表达正在大量出现的新社会记忆形态。勒高夫说:"到了 20 世纪,尤其是1950 年之后,种种变化掀起了一场真正的记忆革命,电子记忆只是其中的一个因素,但无疑也是最为显眼的";"电子记忆的两个使用结果才是重中之重。第一是计算机在社会科学领域内的使用,特别是在记忆既是素材,又是目标的

---

① 袁逸:《民间文书与社会记忆——以金华文书档案为例》,婺文化大讲堂,2007 年 10 月14 日。

历史领域中的使用。第二个便是记忆概念扩张带来的隐性影响以及电子记忆对其他类型记忆造成的重大影响。"①邵鹏在研究媒介记忆的发展时也指出："记忆的数字化进程俨然已经成了一种不可逆的大势所趋,我们正在迫切将所有的信息数字化,那些属于我们过去的历史、文化;那些我们当下生活的林林总总;甚至我们内心情绪的细微波动,都被数字化成为一种长期保留的记忆。数字化俨然已经成了当下人类记忆的归宿。"②

"社会记忆数字化是有史以来最复杂、最深刻、影响最深远的一种社会记忆类型,它不仅意味着我们现时的活动被数字化保留下来,同时也意味着我们过去的活动可以数字化再现。"③托夫勒指出："向第三次浪潮跃进所以会成为历史上的大事,正是因为社会记忆不仅得以扩充,而且能起死回生。电脑可以处理所存储的资料,因而创下了前所未有的情况:社会记忆变得既丰富又活泼。"为此,托夫勒预言："建筑新文明的工作已经在许多层面上同时展开了。"④社会记忆数字化为乡村档案记忆工程抓取记忆、展示记忆,提供了可以操作的手段和途径。数字记忆积淀、强化并延伸了人类的记忆优势,它不仅可以将各种乡村记忆文本化、可视化,如将口传记忆录制成电子访谈,将村志家书拍摄成电子文本,将村容村貌、历史遗址和民俗仪式拍摄成电子影像;而且凭借现代信息的记录优势,数字技术还可以将各种记忆材料集成起来、展示并广泛传播开来。《大数据时代》的作者迈尔·舍恩伯格(Mayer-Schönberger)说："数字化系统已经使一个更大、更为全球化的共享记忆成为可能。社会记忆不仅在规模上增加了,而且还成为了全球的共享记忆。"⑤

---

① [法]雅克·勒高夫:《历史与记忆》,方仁杰、倪复生译,中国人民大学出版社 2010 年版,第 103—105 页。

② 邵鹏:《媒介作为人类记忆的研究》,浙江大学传播学博士学位论文,2014 年,第 174 页。

③ 丁华东:《论社会记忆数字化与乡村档案记忆工程推进策略》,《档案学通讯》2015 年第 4 期。

④ [美]阿尔文·托夫勒:《第三次浪潮》,黄明坚译,中信出版社 2006 年版,第 111 页。

⑤ [奥地利]维克托·迈尔·舍恩伯格:《删除:大数据取舍之道》,浙江人民出版社 2013 年版,第 82 页。

"社会记忆数字化的过程也是社会记忆档案化的过程,将乡村的各种记忆形态转化成数字记忆,等同于形成了电子文件或数字档案,由此将乡村的数字记忆与档案工作有机衔接起来,为发挥档案领域在数字资源管理方面的专业特长提供了条件"①,也为档案部门参与社会记忆传承和建构,推进城乡档案记忆工程的资源集成、资源开发和记忆展演提供了有利条件和实现手段,这是专业发展的历史机遇。

三、乡村记忆资源的集成方式

乡村记忆资源广泛分布于乡村社会的村民、家庭、村落(村镇)、组织之中。开展城乡档案记忆工程的首要前提就是要通过一定的方式将分散细密、埋藏深厚、形态多样的乡村记忆资源发掘、收集、积聚起来,转化为档案化的乡村记忆资源——乡村档案记忆资源,避免在城镇化建设过程中乡村记忆资源随着乡村的改造而破坏消亡,也为乡村记忆开发和展演提供丰富的资源基础。如果说非物质文化遗产保护的首要任务在于"非遗"项目的评估确认,建立保护名录和传承人培养体系,那么城乡档案记忆工程的首要任务就在于乡村记忆资源的收集和积聚,这是城乡档案记忆工程的特色体现。

"方式"是行为途径、手段、方法的综合表现,王文章在谈到非物质文化保护时,将"非物质文化遗产转变为有形的形式"作为基本方式之一,提出要"通过搜集、记录、分类,建立档案,用文字、录音、录像、数字化媒体等手段,对保护对象进行全面、真实、系统的记录,并积极搜集有关实物资料,予以妥善保存"②。国家图书馆在"中国记忆"项目资源建设中,对特色文献的采选主要采取两种途径或方式:即采集(项目中心自建)和收集(通过购买、接受捐赠、

---

① 丁华东:《论社会记忆数字化与乡村档案记忆工程推进策略》,《档案学通讯》2015 年第 4 期。

② 王文章主编:《非物质文化遗产概论》,教育科学出版社 2013 年版,第 22 页。

征集、复制、数字化转换或其他方式与合作单位共建）。① 鉴于此，我们将乡村记忆资源集成方式定位为利用各种技术手段对记忆资源加以收集、积聚的方法或途径，以实现乡村记忆资源由弥散到聚合的转变。综合文化遗产保护、国家记忆工程、城市记忆工程、乡村记忆工程中资源建设和保护的已有经验，城乡档案记忆工程中对乡村记忆资源可采取以下方式加以收集、积聚。

（一）乡村记忆资源调查、普查

资源调查或普查是掌握资源类型品种、数量质量、分布状况、利用价值，为资源的管理保护、开发利用等提供基本数据和动态信息的基础性工作。随着人类活动的日渐深化和资源需求的不断增长，资源调查在社会各个领域、各个层面不同程度地得到开展，如自然资源方面的国土资源、水资源、森林资源、动物资源、矿产资源、水产资源、油气资源等调查普查，社会资源方面的人口（人力）资源、旅游资源、科技资源、信息资源等调查普查。今天，资源调查或普查已成为资源管理、控制与利用的一项常规性工作。

新中国成立以后，国家对历史文化资源调查普查一直在持续的推进和深化。在物质文化遗产方面，1956 年，我国即开展了第一次全国文物普查；1981 年秋至 1985 年，开展了第二次全国文物普查；2007 年至 2011 年，开展了第三次全国文物普查。其中第三次普查规模大、涵盖内容丰富，涉及不可移动文物，包括古遗址、古墓葬、古建筑、石窟寺和石刻、近现代重要史迹及代表性建筑等 6 大类 59 个小类。在非物质文化遗产方面，2005 年 6 月文化部办公厅发布《关于开展非物质文化遗产普查工作的通知》，在全国开展非物质文化遗产普查工作，以全面了解和掌握各地各民族非物质文化遗产的种类、数量、分布状况、生存环境、保护现状和存在的问题，至 2009 年 11 月普查结束。据不完全统计，参与普查的有 76 万人次，走访民间艺人 86 万人次，收集珍贵实物和资料 26 万多件，普查的文字记录量达 8.9 亿字，录音记录 7.2 万小时，录像

---

① 廖永霞、韩尉：《中国记忆项目资源组织初探》，《国家图书馆学刊》2015 年第 1 期。

记录 13 万小时,拍摄图片 408 万张,汇编普查资料 8 万册,非物质文化遗产资源总量近 56 万项。[①]

在文化部、国家文物局对文化资源普查的大力倡导和示范带动下,全国各地文化文物部门、社会团体和学者也开展了多种历史文化资源的调查普查工作。如广州市规划局 2014 年底完成对可移动文物、不可移动文物、历史建筑及具有传统风貌建筑的统一普查。南京市历史文化名城研究会对南京周边区县的镇村历史文化资源状况展开抢救性摸底调查,提出相应的保护对策。[②] 2014 年 6 月,由住建部特别委托,中国民协等单位共同组织启动实施"中国传统村落立档调查"项目,这次田野调查在全国各省各民族地区同时进行,为历史上首次对我国农耕家园进行全面盘点和记录。"中国民协的文化学者和专家与中国摄协的摄影家们将联合组成调查小组奔赴大地山川,入村进乡,进行田野调查与图文记录,一方面为列入国家的'中国传统村落名录'的传统村落建立档案;一方面去发现尚未列入名录的有重要历史文化价值的村落,向国家相关部门提供信息。"[③]

记忆资源调查(或普查)宽泛地说也属于历史文化资源调查,它不仅具有记忆的发掘发现功能,同时也具有记忆资源的采集、积聚功能,对把握记忆资源构成、分布和保护状况,"摸清家底",制定记忆工程的资源建设方案,构建资源集成模式等具有重要作用,在各类记忆工程建设中都有不同程度的采用。如上海市档案局在推进实施"上海城市记忆开发工程"中,于 2008 年组织开展对上海老字号企业档案资源调研工作,调研范围涉及上海首批被商务部认定的 51 家"中华老字号"企业和当时正在申报第二批"中华老字号"的 149 家老字号企业,共计 200 家,结合城市记忆开发传承对上海老字号企业档案工作提出完善的对策建议。[④] 再如浙江省宁波市鄞州区

---

① 《中国首次非物质文化遗产普查基本结束》,《人民日报(海外版)》2009 年 11 月 27 日。
② 牛婷婷等:《南京镇村历史文化资源调查及保护对策研究》,《江苏建筑》2008 年第 5 期。
③ 冯骥才:《行动起来,盘点我们文明的家园》,《中国社会科学报》2014 年 7 月 11 日。
④ 郭红解、邹伟农主编:《城市记忆与档案》,学林出版社 2011 年版,第 113 页。

在实施"城乡记忆工程"过程中,开展"鄞州城乡记忆"资源普查活动,区档案局工作人员深入各镇乡(街道)及机关、企事业单位,进行有关鄞州发展历程各类资料的普查登记工作,对全区各部门、各单位具有鄞州地域文化特色的资料进行摸底调查。档案局编研科工作人员还专程到区内历史悠久的文化名镇——鄞江镇收集人文、建筑、名胜古迹、地方特色等各类资料,展开"鄞州城乡记忆工程"可行性调研。在调研的基础上,档案局领导专门就开展"鄞州城乡记忆工程"听取乡镇、职能部门等各方意见,与区文保会等单位沟通,完善鄞州"城乡记忆工程"实施方案。① 浙江省台州市档案局也开展历史文化村落普查建档工作,加强与市农办合作,对普查后形成的 121 个台州市历史文化村落进行建档,对其中的 60 个进行重点建档,整理出 15 万字、1000 张照片,并着手台州历史文化村落档案数据库建设。②

乡村记忆资源调查普查和其他历史文化资源、记忆资源调查一样,是一项严谨、科学的工作,需要做好以下几方面工作:一是确定调查对象和范围。乡村记忆资源的弥散性和潜在性特征,使其比文物、"非遗"项目调查具有更大难度,不仅要调查收集典型的乡村记忆事项,还要调查融入在我们日常生活中的记忆事项,为乡村社会留存最基本的记忆"基因"。浙江省临安市档案局郑小春指出:保护农村文化遗产迫在眉睫,要保护这些优秀的文化遗产,首先要做好对古旧资料的普查工作,对与乡村历史文化有关的重要典籍、家谱族谱等进行详细普查、登记,全面摸清散落在民间的,能充分反映乡村记忆的档案文化资源。除了档案资料普查外,对文物、古老的建筑、传统的习俗、民间的技艺以及具有历史意义的实物等要一并纳入普查的范围。一个乡村的发展,涵盖内容多种多样,除了档案资料外,还有一眼就能看见的乡村建筑、交通设施以

---

① 孙晓红:《全面实施"城乡记忆工程"——宁波鄞州区档案文化建设的探索和实践》,《浙江档案》2011 年第 9 期。

② 参见吴志刚:《大力推进档案记忆工程建设的实践与思考》,韩李敏主编:《浙江省档案学会论文集——浙江记忆理论与实践》,中国文联出版社 2013 年版,第 11 页。

及乡村居民的价值观、思维和行为方式的变化等,它们共同构成了乡村记忆,因而普查时,范围要广,内容要杂。① 二是研制调查内容信息数据格式。为保证调查(或普查)信息的准确、规范、完整,需要对调查的记忆事项制定统一的内容信息采录格式,以便于统计和建立统一的记忆资源数据库。如第一次全国可移动文物普查登录(采录)的内容包括:文物名称、类别、级别、年代、质地、外形尺寸、质量、完残程度、保存状态、包含数量、来源方式、入藏时间、藏品编号、收藏单位名称等14项基本指标项,11类附录信息以及照片影像资料,收藏单位基本情况等,涵盖可移动文物的基本信息,包括藏品的客观信息,也包括保存管理状况。在全国非物质文化遗产普查工作中,也具体制定了《全国非物质文化遗产普查工作资源目录清单》和《全国非物质文化遗产普查工作统计表》等,涉及资源类别、资源名称、分布区域、传承人情况、濒危状况、入选各级名录情况等。乡村记忆资源形态、层次更为复杂多样,更需要形成统一的内容信息采录格式。三是制定调查手册。调查手册是开展调查的指南,既包括调查对象、范围,调查的组织规划,更涉及调查的各项具体要求。中国传统村落保护与发展研究中心为开展全国传统村落立档调查,研制了《中国传统村落立档调查·田野手册》,作为各地调查和登记的具体化调查范本,以及对调查成果检查对照、归档登记的样板,统一标准、统一要求、统一程序。该《田野手册》涉及立档调查体例(包括文字内容、数量与要求;图片内容、数量与要求;图片拍摄技术标准)、工作程序、图片范例、调查对象等,并附有《中国传统村落立档调查(文字)归档表》《中国传统村落立档调查(图片)登记表》,是中国传统村落保护与发展研究中心在山西晋中后沟村和张壁村进行调查基础上研制的。"调查中,工作小组严格依据调查手册,把握整体,逐项调研,最后由文字和摄影工作者共同按要求完成图文立档登记表格,建立图片电子文档,并依此制作成调查范本。"② 这一经验值得在乡村记忆资源调查普查中采

---

① 郑小春:《保护和开发乡村记忆　开创农村文化新局面》,韩李敏主编:《浙江省档案学会论文集——浙江记忆理论与实践》,中国文联出版社2013年版,第50—57页。

② 冯骥才:《村落立档范本·前言》,http://www.chuantongcunluo.com/Action-2.asp.[2014-08]。

用。当然,由于各地村落的文化生态、生产生活方式、历史文化遗存不一样,乡村记忆资源调查手册需要做到规范性与灵活性的统一。

(二)乡村记忆资源收集、征集

如果说乡村记忆资源调查、普查重点是对乡村中存在的口头传承记忆、体化记忆、文献记忆、器物遗迹记忆等各类记忆资源的了解、登记和采集,那么乡村记忆资源收集、征集侧重点则是对乡村中已存在的各类文献记忆资源的集中和接收。宽泛意义上说收集包括接收、征集、采集、采录、摄录、接受捐赠甚至购买等,是将分散的文献记忆资源(包括纸质、照片、声像、电子等各类档案以及乡村留存的地方图籍文献等)集中起来的过程和由此展开的各项工作;但狭义地说,收集主要是指档案部门主动开展的档案文献的搜寻和接收工作。这里我们从狭义角度上使用这一概念,以便于能和征集、采集、采录、摄录等方式适当加以区分。

传统乡村的地方文献记忆资源多保存于家庭家族,由于社会动荡和家族瓦解,其流散现象严重。新中国成立后,国家在加强各级综合档案馆、图书馆、博物馆、方志办等文化机构建设的基础上,有意识地强化对各种地方历史文献的收集、征集力度,以丰富馆藏和开展史志研究,其中最具典型意义的是 20 世纪 50—60 年代对徽州历史档案的发现和接收(含征集)。徽州,古称新安,自北宋徽宗宣和三年(1121)改歙州为徽州,至民国元年(1912)废除道府建制,撤销徽州府止,历经约 800 年历史,创造了辉煌灿烂的文化,留存下数十万件的地方历史档案,多藏于民间。徽州历史档案早在 20 世纪 40 年代后期就有发现,但未引起政府和学术界关注。20 世纪 50 年代,在"土改"运动中,大批徽州古籍文书被从地主富农家中抄出,焚毁惨重。1955 年,时任文化部副部长的郑振铎在得悉徽州历史档案发现和破坏严重的消息后,立即向安徽省委主要负责人提出建议,要求抓紧抢救征集。1956 年在安徽省委和当地党委政府的支持下,屯溪市设立了古籍书店,负责统一收购和管理徽州发现的古籍文书。此后,在中国科学院、国家档案局,安徽省档案局、文化局、博物馆、图书馆等单位的共同努力下,徽州历史档案的收集、征集工作取得了很大的进展。据不完全统计,现在存世的徽州历史档案总计 30 万卷左右,被誉为近代以来"第五大档案史料新发现"。其他如广东福建侨批档案发现收藏等也都是具有重要影响意义的地方历史文献收集事件。

20 世纪 80 年代以后,随着改革开放和档案事业发展,国家逐步在农村地区建立健全了档案归档工作体制机制,"三农"档案,特别是涉及农村土地承包流转、农业科技推广、村务管理与公开、农业产业化经营、小城镇建设及费税改革、劳动力就业、农村医保社保等方面的档案得到了有效的收集和管理,家庭建档也有一定的发展;同时,对地方历史文献或档案文献的收集、征集工作也在持续进行之中。21 世纪以来,在国家档案资源体系建设和城乡档案记忆工程推动下,乡村文献记忆资源,尤其是档案记忆资源的收集、征集工作得到进一步重视和发展,成为城乡档案记忆工程建设的重要内涵。如宁波市鄞州区积极开展"鄞州城乡记忆"资料征集活动,由鄞州区委、区政府两办联合下发《关于在全区范围内广泛征集档案资料的通知》,鄞州区政府发布《关于征集档案资料的通告》,在全区范围内开展档案征集活动,尤其是对区内各机关、企事业单位和有关团体以及散存于民间的各类珍贵档案资料加强收集,采取征集原件、原件复制、口述资料、无偿捐赠、有偿征集、收购或寄存等方式开展征集活动,全面收集反映鄞州城乡发展历程、具有鄞州地域文化特色的各类资料。一年多时间共征集到明清和民国时期的各种契约、票证,书法家沙孟海老先生的书法、印拓作品,革命前辈沙文汉、陈修良夫妇的手稿、笔记、书信、照片,著名指挥家俞峰和建筑世家张继光祖孙的珍贵档案资料 935 件和反映鄞州旧貌的老照片 200 余张,为实施鄞州"城乡记忆工程"奠定了扎实的基础。①再如浙江省台州市档案局在推进档案记忆工程过程中,围绕纪念改革开放 30 周年、新中国成立 60 周年、建党 90 周年和上海世博会举办等重大活动开展档

① 孙晓红:《全面实施"城乡记忆工程"——宁波鄞州区档案文化建设的探索和实践》,《浙江档案》2011 年第 9 期。

案征集活动,征集到大量反映台州历史变化和发展进程的照片,台州在新中国成立以来获省部级以上荣誉证书或照片800多件,台州籍省、全国书法家协会会员书法佳作200多件,台州各界参与世博会和台州籍摄影家拍摄的世博会照片100多张;征集家庭档案,将路桥区路桥街道张士友老人自1956年以来记录家庭情况的68本日记进行数字化,并建立张士友家庭档案专题数据库。① 台州市黄岩区为配合浙江省档案局《记忆浙江·2014》编辑工作,于2014年8月发布《关于征集〈记忆浙江·2014〉编辑素材及图片的通知》向所属各乡、镇、街道(办事处),区级机关各单位广泛征集编辑素材和照片资料。

以下是《关于征集〈记忆浙江·2014〉编辑素材及图片的通知》:

各乡、镇、街道(办事处),区级机关各单位:

为大力推进档案文化建设,配合省档案局《记忆浙江·2014》编辑工作,我局(馆)面向全区开展编辑素材及照片征集活动,请各有关单位参照通知将符合征集内容的有关素材及图片及时报送我局(馆)。

一、征集内容

1.2014年度各行业具有全国、全省意义的典型代表性的事件及图片。

2.2014年度在职及在2014年度离职的省委、省人大、省政府、省政协主要领导,省委常委,副省长的重要活动及照片。

3.2014年度与浙江有关的国家战略及相关事件和照片。

4.2014年度浙江深入在实施"八八战略",以改革统领全局,加快建设物质富裕精神富有的现代化浙江,贯彻落实干好"一三五"、实现"四翻番"的决策部署中,推动经济持续健康发展与社会和谐稳定而开展的各项工作及相关图片。

---

① 吴志刚:《大力推进档案记忆工程建设的实践与思考》,韩李敏主编:《浙江省档案学会论文集——浙江记忆理论与实践》,中国文联出版社2013年版,第11页。

5.2014 年度浙江省召开的重要会议、发生在浙江或与浙江有关的重大事件、开展的重大活动、完成的重大任务、取得的重大科研成果,经济体制、运行机制的重大变革,国家、省级重点建设项目,对全省有重大影响的工程兴建或竣工等事件及其照片。

6.其他大事、要事及其照片,如在全省首次出现的有影响的新鲜事物和新生事物,发生在浙江境内的重大自然灾害,重大安全事故、质量事故、突发事件和重大的防灾救灾工作,重大刑事案件、民事案件等。

二、征集要求

征集的素材及图片,除了要求图片清晰,能够满足出版印刷外,每组(张)图片需配有详细说明,字数在 300 字左右,说明文字应包括时间、地点、人物、事件及摄影者等基本要素。

征集的素材及图片,根据事件的发生、发展,经初步整理后,可以随时报送至邮箱 hydaj@ 126.com,报送的素材及图片最后截止时间为 2014 年 11 月 5 日。

黄岩区档案局(馆)

2014 年 8 月 11 日

档案文献收集、征集是档案部门丰富档案馆藏的一项常规性工作,我们已建立了相对完善的工作流程。但在城乡记忆工程建设推进中,档案文献收集、征集也面临着一些新的形势和要求。浙江省档案局吕红曾撰文探讨浙江记忆工程视角下档案的收集工作,认为浙江记忆工程以档案部门建档存史的特有方式与视角主动记录和见证当下社会经济发展的方方面面,势必对传统的档案收集工作产生冲击,其中特别谈到对档案收集征集工作的影响:浙江记忆工程对档案收集方式的最大突破首先是从被动接收转到主动存史,不管是以"记忆浙江"形式盘点浙江年度重大事件和重要人物,还是为"浙江名人""浙江名镇(村)""浙江方言"主动建档,都是档案部门主动去记录、见证当下事、当下人;其次是加大了征集的力度。对在现有档案接收制度下无法进馆或提前进馆的记忆工程档案资源,采取灵活多样的诸如协商捐赠、接受寄存、征购等征集方式,以及合作交流、共建共享或先提取利用档案信息等不拘一格的档案信息资源管理方法。①

随着城乡档案工程建设的推进和档案文献资源收集、征集的深化,人们在不断地总结和思考乡村档案文献、地方历史文献收集征集的经验,对乡村文献记忆资源收集征集的范围、途径、手段和策略等提出了诸多建设性意见和看法,为探讨乡村记忆资源集成策略提供了思想和经验基础。

(三)乡村记忆资源采录、摄录

如果说调查普查重在记忆资源对象的采集和登记(录),收集、征集重在既有文献记忆资源的搜寻和接收,那么采录、摄录则重在对口承、文献、体化和器物记忆资源的采集和转化。乡村记忆资源的采录、摄录是利用照相(摄影)、录音、录像(摄像)等现代声像/视听技术等对处于自然状态的乡村记忆资源形态进行捕捉、录制,是一种典型的社会记忆档案化、数字化的过程和方式,它们将乡村记忆信息以图像、音频、视频等方式记录、保存到新型载体(胶片、磁带、磁盘、光盘等)上,既为乡村记忆"留声""留影""留形",使其得以永久留存,也为乡村记忆的档案化管理和利用提供基本条件。

从一般意义上说,对社会现象(社会生活、社会事物和社会文化等)的采集采录都具有社会记忆的转化、保存和传承功能。如先秦时期的"采风",就是王朝派专人到各地采集歌谣,"观民风,知德失,自考正",使流于民间的口头传唱的记忆转化为文本性记忆而保存下来,所以才有保留至今的《诗》三百篇。传统时代,对社会现象的采集采录,多转化为文字、符号、图形为记录方式的纸本文献记忆;随着科学技术的发展和摄影、录音、录像技术的发明,社会现象的采录摄录克服了单纯依赖语言描述的局限,记录记忆的功能更为强大,它不仅使人类记忆进入视听时代,也使人类表达的记忆信息更丰富形象,如库尔

---

① 吕红:《浙江记忆工程视角下的档案收集工作》,《中国档案》2012 年第 7 期。

特·塔科尔斯基(Kurt Tucholsky)所言"一幅画所说的话何止千言万语"。①

现代声像技术发明以后,人们开始逐步有意识地运用这些现代技术记录社会活动,其记录领域越来越广泛、记录内容越来越深刻、记录形式也越来越多样。19世纪中叶摄影技术传入我国,当时的洋务派就对其开办的工厂进行拍照,其中有汉阳铁厂全景和该厂的炼铁炉,大冶铁矿矿山和兰州织呢局全景和内部设置的照片;同时,清朝皇室也拍摄留存了大量反映慈禧太后、光绪帝的后妃、宣统帝等政治活动和宫廷生活的照片。民国时期,也形成并留存相当多的照片,记录了辛亥革命、五四运动及其主要领导人孙中山、黄兴、廖仲恺、何香凝、宋庆龄、陈独秀、李大钊等人的革命活动。20世纪初,唱片灌制(录制)技术传入我国,20年代仅外商在上海就先后建立"百代""胜利""蓓开""高亭""大中华"五家唱片公司,录制的唱片模板有孙中山的《勉励国民》《救国方针》等演讲录音,有蒋介石及其他民国时期政界要员的讲话录音,有京剧"四大须生""四大名旦"的经典唱段,有王人美、周璇的曼妙歌声等,中国唱片总公司资料库现保存有1949年以前的唱片模版总计有4万余面。

新中国成立后,在新闻摄影、广播、电影、电视、音乐等宣传事业和文化生产领域,直接生成了大量的照片、影片、录音、录像、影像档案,开启了"历史记忆、光影流传"的时代;同时,国家也加大了对民间记忆的采集采录力度,留存社会记忆。其中最典型、影响最大的就是中央音乐学院民族音乐研究所(中国艺术研究院音乐研究所的前身,简称音乐研究所)对中国传统音乐的采录。1950年7月,音乐研究所杨荫浏、曹安和等艺术家开始采用钢丝录音机、开盘式录音机(后发展到卡式录音机、数码录音机)等,在全国各地采录传统音乐音响资料,共采录收藏中国传统音乐录音档案(音响资料)约计7000多小时(1950—1966年采录约2000小时,1977—1996年采录约5000小时),这些音响资料包括各民族各地区的民间歌曲(劳动号子、山歌、民间小调、婚嫁歌、叙事歌、丧歌等)、民间说唱、民间戏曲、民间歌舞、宗教祭祀音乐(佛教音乐、道

---

① 　[英]彼得·伯克:《图像证史》,杨豫译,北京大学出版社2008年版,导论题记。

教音乐)等。其中,1950 年用钢丝录音机记录的无锡民间盲人音乐家华彦钧演奏的包括著名的《二泉映月》《龙舟》《大浪淘沙》在内的三首二胡曲和三首琵琶曲成为绝响。1997 年,中国艺术研究院保存的中国传统音乐录音档案入选联合国教科文组织《世界记忆名录》,为我国第一项列入该名录的文献记忆遗产。①

20 世纪 80 年代以来,在数字技术、网络技术等现代信息技术推动下,口述史学和影视史学相继出现,对社会记忆资源的采录摄录开始进入新的历史阶段。档案部门、文化部门、学术机构、社会组织和个人纷纷开展口述历史资料的采录和影像资料的摄录。如南京市档案馆为纪念抗日战争胜利 60 周年,2005 年开始建立"抗战老战士口述档案",采用现场录音录像方法,采访 60 位参加抗日战争的老战士,重现当年中国人民英勇抗击日本侵略者的历史,并把这些具有珍贵史料价值的"活历史"永久存档。② 广东省档案馆在 2006 年启动"抗战口述历史项目",以"全面、客观、真实地了解、研究广东抗战史",当年就收集整理了 10 位亲历抗战者的口述资料。其中有时年 93 岁的中山大学老教授黎秀石介绍当年以记者身份,在"密苏里"号上见证日本签署投降文件的情况。③ 此外,还有上海师范大学中国"慰安妇"受害者研究中心长期开展的日军"慰安妇"受害者调查访问;中科院近代史研究员刘小萌开展的中国知青口述史调查;上海社会科学院的重大项目"上海口述历史";中国妇女口述史研究学者李小江教授在大连大学性别研究中心建立的"20 世纪妇女口述史"档案室;央视著名主持人崔永元 2002 年开始策划制作的《电影传奇》《我的长征》《我的祖国》《我的抗战》等电视纪录片(耗时 8 年,采访 3500 多人,积累 600 万分钟素材)等,都是采用笔录、录音、录像等手段对社会记忆的采录、摄

---

① 参见李玫:《数字技术与音乐》,贾磊磊主编:《数字化时代文化遗产的保护和展现》,文化艺术出版社 2010 年版,第 129—130 页。

② 许琴:《市档案馆正着手老战士"口述档案"记录抗战烽火》,南京报业网,[EB] http://news.sina.com.cn/c/2005-05-21/08015948413s.shtml[2005-5-21]。

③ 《"做口述史像和时间赛跑",省档案馆启动相关项目,收集整理亲历抗战者的口述资料》,南方新闻网,[EB]http://news.sina.com.cn/o/2006-09-03/10359922842s.shtml[2006-9-3]。

录。北京市社会科学院历史研究所钟少华(钟敬文之子)指出:口述史通过
"一桩桩一段段平淡无奇的表述,在不同程度上向外人展示了叙述者所属群
体的社会记忆,使那些在宏大叙述中长期被忽视的社会生活的方方面面,具有
被真实重构的可能"。①

　　在各类记忆工程中,采用现代声像技术对口承记忆、文献记忆、体化记忆
和遗物记忆进行采录摄录,是记忆资源集聚的重要途径。国家图书馆在开展
"中国记忆"项目过程中,重点采录摄录三方面的口述、影像资料:一是接收文
化部非物质文化遗产司的委托,开展"中国年画""蚕丝织绣""大漆髹饰""我
们的文字""羌年""传拓""古琴与昆曲"等多个专题的"非遗"项目影像记录
和传承人口述历史采集。2013—2014 年共拍摄视频 851.63 小时,视频容量
达 18031.95G。二是开展重大历史事件和重要人物相关影像、口述资料的采
集,对"东北抗日联军""红军/解放军""延安儿女""当代音乐家""汶川志愿
者""日籍八路军""南侨机工""飞虎队成员"等当事人及其亲属进行采访。
2012—2014 年采访人数达 263 人、拍摄视频达 894.55 小时、视频容量达
13905.65G。三是启动"我的国图故事"专题资源建设,先后完成了黄明信、戚
志芬、钱存训、邵文杰、唐绍明、谢渊道、胡沙、冯宝琳等老馆员、老馆长的口述
史拍摄工作。2013—2014 年,通过合作,拍摄了中国现代图书馆运动皇后韦
棣华女士的纪录片,并对韦棣华书信手稿入藏国图前后的故事进行了口述采
访和影像拍摄。②

　　档案领域开展的记忆工程缘起于对城市面貌的拍摄。2002 年,青岛市档
案馆实施"城市记忆工程",其目的就是要通过摄像、照相等技术手段,全面记
录 21 世纪初期青岛的城市面貌,并对即将开工建设项目的原貌进行抢救性记
录。到 2006 年底,"城市记忆工程"一期计划项目实现时,"共形成 850 条主
要街道、120 个城市村庄、195 个企事业单位、80 座优秀建筑、60 个风景名胜

①　钟少华:《中国口述史学漫谈》,《学术研究》1997 年第 5 期。

②　廖永霞、韩尉:《中国记忆项目资源组织初探》,《国家图书馆学报》2015 年第 1 期。

点、116 个居民小区、40 个古遗址、76 个里院建筑、37 个名特优产品、15 条河流、100 多个建设项目等共计 1752 个项目的 2 万多分钟录像档案和 2 万张照片档案,在国内率先形成了规模化的城市面貌档案库"。① 随着城乡档案记忆工程的推进,对处于自然状态的社会记忆进行采录摄录的范围在不断扩大,如地方方言建档、重大工程项目开工前原貌拍摄、地方物质与非物质文化遗产抢救性拍摄、重大历史事件的当事人口述史采访等,显示出城乡档案记忆工程开展的时代必要性和丰富生动的内涵,也显示出社会记忆传承保护的广阔前景。

乡村记忆资源的采录摄录需要重点做好采访、拍摄记录的原始素材的整理登记、剪辑与字幕制作、剪辑加工后的文献编目,以及原始素材与记录对象、与其他传统资源之间建立关联对应等工作②,为乡村记忆专题资源库建设和进一步开发打下坚实基础。

调查与普查、收集与征集、采录与摄录,构成乡村记忆资源集聚的三种主要途径。在现代信息技术背景下,三种途径获得的资源都可以转化为数字记忆资源,为乡村记忆保护传承提供了新的形式,也为乡村记忆的档案化管理、开发、展演提供了前提条件。

四、乡村记忆资源的集成策略

乡村记忆资源的范围比档案广泛,存在状态比档案复杂,如何在城乡档案记忆工程推进中采取更具策略性的手段或行动方案,加大对乡村记忆资源发掘、收集、积聚的力度,一直是档案部门关注和探讨的重要问题。在 2012 年浙江省档案学会举办的"浙江记忆理论与实践"学术研讨会上,有多位档案实践部门的专家学者对浙江记忆工程中档案记忆资源收集工作发表看法。郑金月

---

① 高建华:《关于"城市记忆工程"的几点思考》,韩李敏主编:《浙江省档案学会论文集——浙江记忆理论与实践》,中国文联出版社 2013 年版,第 44 页。

② 参见廖永霞、韩尉:《中国记忆项目资源组织初探》,《国家图书馆学报》2015 年第 1 期。

研究馆员认为浙江记忆工程是档案资源建设的一项重大创新。[①] 浙江舟山市档案学会陈雨信指出,做好资源建设是开展档案记忆工程和档案文化建设的重中之重,对地方文献的收集既要眼睛向内也要眼睛向外,既要发文征集又要走出去"主动出击"。[②] 面对乡村变迁和城乡档案记忆资源收集积聚范围、任务、方式的新变化,档案部门需要在传统档案收集(征集)的基础上,采取积极有效的策略和措施,不拘一格地收集积聚乡村记忆资源,并逐步建立稳定持久、灵活机动、参与广泛的乡村记忆资源集成长效机制。

(一)体制完善策略

城乡档案记忆工程虽然带有乡村历史文化抢救的性质,但其根本宗旨还在于乡村历史文化的传承保护,在于真实全面地反映乡村的社会历史变迁。因此,乡村档案记忆工程一方面要做好乡村传统记忆资源的收集和积聚,另一方面也要及时做好当下乡村社会活动、社会变革的记录和反映。这就要求档案部门在开展档案记忆工程的过程中要抓好乡村档案工作,完善档案工作体制机制和各项归档管理制度,强基固本,夯实城乡档案记忆工程的现实基础。从历史的角度看,今天乡村所发生的一切,所留存的活动记录,就是明天的档案、明天的记忆,抓好今天活动记录的归档,就是在为明天开展记忆工程。

传统的中国乡村,没有建立档案工作制度,档案分散地保存在家族或个人手中(如地方乡绅、族长等),导致档案散失严重、收集困难。新中国成立后,我们逐步建立健全乡村档案工作体系,使乡村的档案记忆不断有序地得到集中、积聚,为乡村社会留存了丰富的记忆资源,这是一条宝贵的历史经验,值得巩固和深化。

---

① 郑金月:《论浙江记忆工程的理论和实践创新》,韩李敏主编:《浙江省档案学会论文集——浙江记忆理论与实践》,中国文联出版社 2013 年版,第 5 页。

② 陈雨信:《档案馆地方文献工作小议》,韩李敏主编:《浙江省档案学会论文集——浙江记忆理论与实践》,中国文联出版社 2013 年版,第 24—26 页。

中国社会是乡土社会,从此视角看,我国的国家档案管理体系和档案资源体系都带有乡村记忆的痕迹或烙印。随着城市化程度的提高,省(省会城市)、地区(地级市)现已大多转变为城市社会,而县级以下(包含县、乡镇、村)目前仍大体保存乡村社会的特色,虽然一部分县已转化为市的建制,但其乡村社会的色彩依然浓厚,仍是我们开展城乡档案记忆工程的建设范围,这也是本书采用"城乡档案记忆工程"而不是直接采用"乡村档案记忆工程"的重要原因。

我国县级以下档案管理体系的建立和发展大体经过三个阶段:①第一阶段(20世纪50年代末—60年代初),为县级档案馆建设阶段。20世纪50年代中后期,在国务院《关于加强国家档案工作的决定》和中共中央档案馆筹建的推动下,国家开始进入省、县级综合档案馆建设的新时期。1958年5月,全国第一个县档案馆——河南省襄城县档案馆成立,此后各地县档案馆陆续建立起来;1958年11月,国家档案局根据形势发展需要,明确提出在全国普遍建立县档案馆,并于1959年12月在广东省兴宁县召开全国县档案馆工作现场会议,讨论制定了《县档案馆工作暂行通则》(1960年3月颁布实施)[1],开创了农村档案的新局面。②第二阶段(20世纪90年代末),为乡镇档案工作建设发展阶段。1997年11月,国家档案局与农业部联合召开了全国农业农村档案工作会议,制定颁布了三个法规性文件:《乡镇档案工作试行办法》《县乡村农业科技档案信息工作网络试行办法》《乡镇企业档案管理办法》,建立健全乡镇一级档案工作和乡镇企业档案工作,使档案工作体系向乡村进一步延伸。[2] ③第三阶段(21世纪初),为村级建档阶段。村级建档始于20世纪80年代中后期,但规模不大。21世纪初,随着"村民自治"的深入、乡镇档案工作发展和新农村建设的推进,村级建档开始在全国推广。2008年,国家档案局原局长杨冬权在"全国社会主义新农村建设档案工作现场会"的讲话中

---

[1] 裴桐主编:《当代中国的档案事业》,中国社会科学出版社1988年版,第204页。

[2] 刘国能:《体系论——中国档案事业体系》,中国档案出版社2001年版,第290—293页。

指出:截至 2007 年底,浙江省有 1270 个行政村完成规范化档案室建设,其中 188 个通过省级行政村示范档案室认定;广东省 20265 个行政村全部建立档案工作;安徽省全力探索档案工作服务新农村建设的新机制和新途径,在全省组织开展"千村百镇示范工程",并在凤阳县小岗村建起了集多种功能于一体的村档案馆。①

县级以下档案工作因其特定的内涵和范围,我们常称其为"农业农村档案工作""'三农'档案工作"或"新农村建设档案工作"。在新农村建设过程中,各地档案部门逐步建立起科学规范的管理制度,完善了业务标准,为新农村建设档案工作的顺利开展提供了制度保障。北京、山东、湖北、浙江、广东、广西、四川、甘肃、新疆等省(自治区、直辖市),陆续制定出台了本辖区内乡镇机关档案工作规范、村级档案管理办法等规范性文件。河南新乡、新疆昌吉、山东济南、江西新余等地加强建章立制、完善业务规范,建立健全了适应村级档案管理特点的规章制度,做到有规可依、有章可循,提高了新农村建设档案管理的制度化、规范化水平。②

一些学者在探讨城市记忆工程的发展走向时指出:为了确保城市记忆能真实反映城市发展的轨迹,我们必须立足于现行的城市档案工作体制机制,"努力完善城市记忆建构、传承、保护等相应机制与规范,加强规划指导,从而及时将正在形成的城市记忆或者行将形成的多维度的城市记忆纳入常态化的档案工作体系、档案资源建设体系之中……以免后人重走我们今天正在走的路"。③ 这些看法对城乡档案记忆工程推进同样具有参考价值。城乡档案记忆工程需要与现有档案工作体系相融合,通过完善档案工作体制机制,加强乡村档案工作基础条件建设和规章制度建设,推进档案记忆工程的常态化,"避免冷一阵热一阵或因领导人的更换而停顿"。

---

① 杨冬权:《在全国社会主义新农村建设档案工作现场会上的讲话》,《中国档案》2008 年第 12 期。

② 杨冬权:《在全国社会主义新农村建设档案工作现场会上的讲话》,《中国档案》2008 年第 12 期。

③ 薛匡勇:《城市记忆工程及其走向探析》,《浙江档案》2012 年第 12 期。

城乡档案记忆工程是推进新农村建设、新型城镇化建设中档案工作的新契机和新方向。在当前农业农村档案工作中,可以通过加强城镇(乡镇)档案馆建设、探索推广基层组织(如村委会,村办企业,民营企业,各种协会等)建档和家庭建档、推动实施"农村档案信息化建设"项目、丰富城镇(乡镇)档案馆(室)和村级档案室的收藏范围等,拓展深化乡村档案建设内涵,构建起以县档案局(馆)为统领、以城镇(乡镇)档案馆(室)为中心、以村委会、社会组织和家庭为延伸的县—城镇(乡镇)—村—社会组织与家庭的四级档案管理网络,让农村各级政权、社会组织和家庭活动的档案得到稳定、持续、完整的收藏,让乡村社会的现实活动记忆得到全面保存。

(二)主动建档策略

完善农业农村档案工作体制机制,是推进城乡档案记忆工程的基础,但不是全部,城乡档案记忆工程建设中的资源集成范围远远超越档案归档范围,还需要档案部门主动出击,积极收集、积聚乡村各类记忆资源,丰富城乡档案记忆工程的资源内涵。

长期以来,我们都认为档案是社会实践的产物,是"国家机构、社会组织和个人在社会活动中直接形成的",是社会活动的"伴生物""副产品";档案产生是一个自然形成和积累的过程。基于这样的认识和理解,人们普遍认为档案部门和档案工作者本身并不"制造"或"生成"档案(档案部门自身活动的档案除外),他们只是被动地收藏并保管各类机构和个人在社会活动中产生的档案。从社会记忆的角度看,"档案的自然形成"和"档案部门的被动收藏"这种传统档案工作模式,显然无法为我们带来全面完整的社会记忆,无法承担起构建和传承社会记忆的历史责任,社会记忆必然会产生空白或流逝。

在浙江记忆工程建设中,档案部门"关口前移",主动建档,体现出对乡村记忆资源收集、积聚的新理念和新举措。"档案部门不仅是社会记忆的保存者,也是社会记忆的直接记录者,不仅是档案资源的收藏者,更是档案资源的建设者"。① "与传统档案收集'坐等上门'、被动接收相比,'浙江记忆'需要以积极主动的态度、开拓创新的理念深入研究挖掘、甄选、开发,主动记录、见证浙江经济社会发展轨迹"。②

主动建档是档案部门主动记录乡村历史文化面貌和乡村社会变迁的行为,更是社会记忆档案化、数字化转化保管的行为。在城乡档案记忆工程推进中,档案部门需要重点做好以下三方面的主动建档工作。

1. 加强濒危乡村记忆的抢救

对濒危记忆的抢救是各类记忆工程的出发点和基本目标,世界记忆工程缘起于世界濒危文献资源的保护和利用,城市记忆工程缘起于城市的改造和城市历史面貌的消失。随着新型城镇化建设的加快,许多地方性历史文化资源和乡村记忆资源都处于濒危状态。开展城乡档案记忆工程就是要通过建档的方式抢救留存乡村记忆资源,一方面通过口述史采访,采录村落的地名史、家族史、革命史、生产史、生活史,乡村组织沿革史等,让村落历史记录留存下来;另一方面对拆迁和城镇化改造的村落进行抢救性拍摄,并广泛征集以往的历史照片,留存追忆村落的历史风貌。如青岛市李沧区档案局以记录李沧区基本概貌为重点,尤其是对改造项目开工前的原貌,进行抢救性拍摄记录,涵盖李沧风貌、城市建设、人文景观、风俗民情、企业迁移等内容。对已拆迁的村庄,从民间收集反映村庄原貌和民俗民情的照片;对即将拆迁的村庄,除拍摄照片外,还与区电视台联手,录制《河东村的嬗变》《古老文明南庄村》等宣传纪录片 15 部。③ 宁波市鄞州区档案局对能反映鄞州城乡原貌、历史变迁、名人古迹等具有代表性的遗址、古建筑及各类人文景观,进行抢救性拍摄;同时委托报社、电视台专业人士以及社会力量进行拍摄,并大量征集能展示鄞州变

---

① 郑金月:《论浙江记忆工程的理论和实践创新》,韩李敏主编:《浙江省档案学会论文集——浙江记忆理论与实践》,中国文联出版社 2013 年版,第 3 页。
② 吕红:《浙江记忆工程视角下的档案收集工作》,《中国档案》2012 年第 7 期。
③ 崔媛:《打造"城市记忆工程"长效机制》,《中国档案》2015 年第 2 期。

迁的音像资料,对拍摄和征集到的照片成果和音像资料进行数字化保存。①

2.强化"重字号"项目建设的过程记录

加强过程记录就是针对在建的"重字号"项目(包括重大工程、重点项目、重要活动等)的不同建设阶段,记录留存原貌图、规划图、效果图、现场图等,一方面留存"重字号"项目建设前的地域风貌,另一方面也形成对比记录,反映"重字号"项目建设前后的变化。青岛市李沧区档案局积极介入全市重点工程青岛客运北站建设和 2014 年世界园艺博览会会址建设,帮助收集保存规划图、项目效果图和施工现场图等,并将建设前后面貌进行对比,制作成《李村河新旧貌对比》《大村河面貌》等视频短片,举办"城市记忆——李沧老城区图片展",生动展示青岛客运北站建设、世界园艺博览会筹建以及李沧中心商贸区拆迁建设前后的巨大变化,记录李沧城区城市面貌的发展进程。② 浙江记忆工程更加注重对当下事、当下人的记录,注重重大事件、重大活动第一时间的现场记录、真实记叙。档案部门组建自己的声像拍摄队伍,跟踪拍摄重要领导实地调研,重大活动、重点工程建设过程,将记忆资源的收集贯穿于项目建设全过程。③ 温州市龙湾区档案局(馆)主动介入重点建设项目和重大活动档案的收集,按照事件发生的时间分别进行处理,对龙湾历史事件档案,运用现代技术手段,进行抢救和保护;对刚发生、正在发生或即将发生的重点事项,主动介入,同步收集,并以文字、图片、声像等多种载体形式进行记录。④ 档案记忆工程是档案部门参与"重字号"项目建设的"作战航母",既有利于"重字号"项目建设全程记录,也有利于全程服务"重字号"项目建设。

---

① 孙晓红:《全面实施"城乡记忆工程"——宁波鄞州区档案文化建设的探索和实践》,《浙江档案》2011 年第 9 期。

② 崔媛:《打造"城市记忆工程"长效机制》,《中国档案》2015 年第 2 期。

③ 吕红:《浙江记忆工程视角下的档案收集工作》,《中国档案》2012 年第 7 期。

④ 姜群英:《档案部门在城市记忆工程中应发挥积极作用》,韩李敏主编:《浙江省档案学会论文集——浙江记忆理论与实践》,中国文联出版社 2013 年版,第 76 页。

3.突出地方特色记忆资源的采集

乡村记忆资源具有乡土性和地方性,是同构性与异构性的统一。各地方在长期的历史发展演化中都会形成本地独具特色的地方历史文化资源,也由此构成独具特色的乡村记忆资源。在城乡档案记忆工程推进中,需要对本地区的历史文化资源在调查、普查的基础上,有重点地对特色乡村记忆资源进行采集保存。如浙江省档案局在"浙江记忆"工程建设中,围绕"浙江名人""浙江方言""浙江名镇(村)""记忆浙江""家庭档案""家谱族谱""著名企业""老字号""典型建筑物(构筑物)"等浙江记忆工程项目开展调研普查工作,摸清现存资源情况,确定《浙江记忆名录》,对列入名录内的记忆资源重点进行收集和开发利用。再如浙江奉化自唐开元二十六年(738)置县治以来,距今已1270多年,近代更是蒋介石、蒋经国父子的故乡。"奉化历史记忆"工程重点围绕"三重一特"(重要人物、重点建设、重大活动、特色地方文化),通过收集、征集、采集,积聚富有内涵和特色鲜明的档案资源,一方面建立蒋介石、蒋经国父子史料中心,另一方面加强对奉化过年习俗、百业百态、古镇古村、古桥古树等历史古迹以及奉化布龙、奉化吹打、快板走书等反映奉化地域文化的文字资料、录音录像的收集,形成档案资源专题,体现奉化地域文化的地方性特色,展示奉化民俗民情和文化历史的变迁和发展。[①]

在地方特色记忆资源中,对地方特色的物质文化遗产和非物质文化遗产,需要收集建档,以便在对文化遗产记忆资源进行档案化管理的同时,也丰富乡村特色档案记忆资源。

(三)民众参与策略

在国外的记忆工程和档案学研究中,对公众参与记忆资源建设越来越重

[①]　王衡山:《合力推进档案文化建设之思考》,韩李敏主编:《浙江省档案学会论文集——浙江记忆理论与实践》,中国文联出版社2013年版,第67页。

视,在实践上鼓励公众上传资源或录制口述历史,在理论上强调资源的共建共享。如由美国国家艺术基金和洛克菲勒基金会出资建立的"城市的记忆"网站,"该网站最大的特点在于它的'草根性',即没有所谓的'权威',任何人都可以上传自己认为应该保存的'纽约记忆',且形式多样、内容丰富——可以是耄耋老人的'口述实录',可以是有悠久历史的蛋糕店的介绍,可以是纽约地铁里的一段影像,也可以是著名建筑的拟人化自述"。① 其他如美国缅因州记忆网,用户注册登录后可创建收藏夹、发送电子贺卡、上传资源;纽约皇后区记忆工程,用户注册后可对资源进行收藏、评论、评分、可创建相册等。② 加拿大档案学家特里·库克将西方档案观念与档案管理方式的变化归结为四个档案范式:证据、记忆、认同、社会/社区,认为最新的档案范式——社会/社区,即参与式档案及辅导员型的档案工作者正呼之欲出。他呼吁"档案工作者放弃专家、控制及权力的咒语,取而代之以与社会/社区一道共建共享档案……利用网络,每个人都能够成为他或她自己的出版人、作者、摄影师、电视制作人、音乐录制艺术家,以及档案工作者"。③

在我国,引导公众参与记忆资源建设的意识和程度也在逐步提高。郑金月认为:"作为社会记忆贮存者的档案工作人员,应该持平民化的视角去记录、贮存历史事实和鲜活生活,使其尽可能多地反映出人类社会历史的全貌。因为只有完整地保留了人类生活方方面面的社会记忆,特别是保存了平民百姓的记忆,才不会出现社会记忆缺失的现象。解决上述问题,仅仅从收集保存的环节上去考虑还是远远不够的。让公众成为档案文化的建设者,直接参与到建档工作中来,才是解决问题的根本之道";"我们有理由相信,公众参与将成为今后档案工作的一个重要趋势"。④

---

① 郭红解、邹伟农:《城市记忆与档案》,学林出版社2011年版,第13页。

② 参见韩若画等:《国内外"记忆工程"实施现状综述》,《档案学通讯》2012年第3期。

③ [加]T.库克:《四个档案范式——1840年以来西方档案观念与战略的变化》,李音译,《外国档案工作动态》2011年第12期。

④ 郑金月:《论浙江记忆工程的理论和实践创新》,韩李敏主编:《浙江省档案学会论文集——浙江记忆理论与实践》,中国文联出版社2013年版,第4—5页。

城乡档案记忆工程创建了公众参与建档的新机制,让社会公众成为档案文化建设的"主人"和乡村记忆的建构者、塑造者。在工程建设中,公众可以通过多种方式和途径参与到乡村记忆资源建设和乡村记忆传承保护中来。

其一是参与建档。如 2010 年启动的浙江名人(当代浙江百行百业著名代表人物)建档工作:首先通过全省各地各部门各单位推报及普通市民推荐自荐的方式,海选出一份 1200 多人的大名单,然后组织有关专家,按照"浙江精神、突出才能、杰出贡献、重要影响、存史价值"的名人建档标准,以无记名投票的方式产生首批名人——"青史留名"。这种推荐、自荐海选、专家投票的方式,一方面使"浙江名人"这项建档工作为更多的人所熟知,另一方面也为后续的档案收集工作奠定良好的群众基础。① 再如"浙江方言"建档工作,各地采取"海选"的办法征集最地道、最老派、最正宗的地方方言发言人,让普通百姓的声音成为永久馆藏;在《记忆浙江·2011》的编辑过程中,也组织了年度封面事件的网络投票,让公众来决定什么事件最具存史价值。

其二是采集征集。社会公众不仅是档案的捐赠者,同时也是档案的记录者和征集者。2013 年奉化市档案局成立档案摄影俱乐部,担负起"抢救"当地乡土档案的责任,将民众的生活、城乡的变迁、历史的遗迹、重点工程建设和重大活动的影像一一记录,"图说"正在消逝的"城乡记忆"。② 2014 年,奉化市档案局聘请松岙镇街二村村民卓信康为义务档案征集员——"草根"档案员,让其走进档案征集工作的第一线,利用其身处乡村一线了解历史资料的优势,弥补档案局人员人手不足、信息闭塞等缺陷,收集散落在民间的档案资料。③ 宁波市北仑区档案局 2014 年也聘请多位档案史料义务征集员,重点抓好照片

---

① 吕红:《浙江记忆工程视角下的档案收集工作》,《中国档案》2012 年第 7 期。

② 《奉化成立档案摄影俱乐部 "图说"正消逝的"记忆"》,中国宁波网,[EB]http://news.cnnb.com.cn/system/2013/10/30/007888681.shtml[2013-10-30]。

③ 《奉化市首聘"草根"档案员征集民间档案资料》,浙江乡村记忆网,[EB]http://www.zjda.gov.cn/xcjy/index.php/gzdt/show/id/210[2014-03-17]。

档案的征集、家谱档案的征集调查和著名人物调查建名录工作。① 此外,如宁波市档案局、金华市东阳市档案局等都聘请了义务档案征集员,多渠道、多形式地征集档案。

其三是上传资源。上虞市档案局开发"上虞图库系统",作为一个开放式的社会公众上传摄影作品和利用图片的共建共享平台,通过网络积聚乡村记忆资源,其"制作"者是公众,利用者也是公众。

其四是家庭建档。家庭建档不仅是乡村记忆资源体系的延伸,也是公众参与乡村记忆传承保护的重要途径。浙江省台州市路桥街道以张士友家庭建档为试点,积极推动推广家庭建档工作。路桥街道张士友除了形成68本日记外,还广泛收集各类证件、信函、照片、图书、旅游门票、体检报告,各种烟标、剪报、报头、集邮等,共涉及孙女成长类、家庭婚姻类、当家理财类、医疗保健类、旅游类、证件类、信函类、著作类、日记类、设备仪器类、照片类、光盘类、收藏类、图书类、摘录报刊书籍名言名句名段类、通讯类、"文革"资料类、宣传报道类等共18类,计纸质档案29237件、照片500张、光盘4张,在路桥区委办公室的帮助下,建立较为完整的家庭档案体系,受到台州电视台、《台州日报》《浙江日报》《人民日报》等10多家媒体的关注和报道,曾在中央电视台《新闻联播》播出。② 杭州市、永康市等也不断深入推进家庭建档,其中杭州市为了促进家庭建档,2014年11月,在杭州市政府门户网站上公布《杭州市家庭档案管理规范(征求意见稿)》,进行网上听证,让更多人了解家庭建档的意义,掌握家庭档案管理基本内容、基本技能,为未来留下记忆。③

---

① 《区档案局召开档案史料义务征集员会议》,北仑档案网,[EB] http://blda.bl.gov.cn/news.aspx? nid=04d7909c-4483-4bfa-a627-998db9d79da0[2014-06-11]。

② 项锡贵:《家庭建档的实践与思考》,韩李敏主编:《浙江省档案学会论文集——浙江记忆理论与实践》,中国文联出版社2013年版,第210页。

③ 《杭州拟立法促进和指导家庭建档》,杭州网,[EB] http://hznews.hangzhou.com.cn/chengshi/content/2014-11/18/content_5530602.htm[2014-11-18]。

（四）资源多元策略

在城乡档案记忆工程的实践中,突破传统档案资料的收集范围,加大收集力度,已成为专家学者的普遍共识。浙江档案局吕红研究馆员提出要"加大征集力度,不拘一格收集档案"。"对未列入'各级各类档案馆收集档案范围'和《国家基本专业档案目录》的,或按照传统的机关来源法无法接收到的,但对浙江在形成、变迁和发展中具有保存价值的档案资源和历史记录,可以通过征集的方式进行收集。如浙江省各个历史时期各行各业知名人士在生活、工作中形成的具有历史意义和社会保存价值的信函、自传、回忆录、演讲稿、著作、研究成果、书画作品、学历证书、获奖证书、谱牒、照片、录音(像)等档案及实物;浙江省各个历史时期社会生活风俗、人文地理、自然风貌、建筑艺术、文化艺术、民族宗教等文献资料,包括各种有价值的照片、票证、证章、商标、契约、图案、小报、传单、家谱等,都可以通过征集的方式收集,以弥补日常档案接收的不足,丰富浙江记忆工程档案资源"。① 临安市档案局郑小春将乡村档案记忆资源收集内容概括为六个方面,即"一是收集先进人物事迹材料,通过村史和县志,收集古今精英、历史名人、专家学者、道德模范、劳动模范、战斗英雄等先进人物事迹;二是收集在民间的故事、传说神话、戏曲歌谣等;三是收集具有浓郁地方特色和体现农耕文化的农村生活、生产用具;四是收集乡村老人的口述档案;五是收集具有历史意义的家谱族谱;六是收集古老的建筑、历史古迹、民俗文化等资料"。②

乡村记忆资源包括口承记忆、体化记忆、文献记忆和遗物记忆四大形态,档案记忆工程对记忆资源的收集、积聚主要是一种档案化集成,除文献记忆外,都需要进行档案化或数字化转化,以便于管理和保存。乡村记忆资源的内涵是立体的、多维度的,需要我们兼顾各方面资源的特点,集成、构建完整的乡

---

① 吕红:《浙江记忆工程视角下的档案收集工作》,《中国档案》2012 年第 7 期。
② 郑小春:《保护和开发乡村记忆　开创农村文化新局面——谈"浙江记忆工程"在我国农村的实施和实现》,见《浙江记忆理论与实践》,中国文联出版社 2013 年版,第 50—57 页。

村记忆资源体系。

1. 专题记忆资源与普查记忆资源相结合

专题记忆资源与普查记忆资源是从资源涉及的内容范围来划分的。专题记忆资源是涉及某一方面具有特殊价值或意义的记忆资源,如著名人物、重点历史文化遗迹、重要历史事件、重要文化事项等。在各类记忆工程中,专题记忆资源的采集、积聚因其操作目标的具体性、针对性受到较为普遍的重视。国家图书馆的"中国记忆"项目就是通过建立"中国年画""蚕丝织绣""大漆髹饰""我们的文字""东北抗日联军""中国远征军"等专题资料库逐步推进的。通过专题记忆资源建设有助于深入挖掘特色历史文化资源,也有助于依托专题的推进,不断推进深化记忆工程。

城乡档案记忆工程在推进专题记忆"点"上资源建设的同时,也需要注重普查性记忆"面"上资源。乡村记忆资源是我们乡村生活的全部,涉及我们乡村的自然与社会、生产与生活、历史与现实、人物与事物、传统与时尚、村落与国家等方方面面的内容,都需要有一定的反映。普查记忆资源具有普泛性,面宽量大,不够聚焦,但能够多方面反映乡村记忆遗存,包含着乡村传统文化的"基因",需要我们在调查普查的基础上,分类登记,反映乡村记忆的丰富性、广泛性。这也是城乡档案记忆工程有别于文化遗产保护工程的特色体现。

2. 历史记忆资源与现实记忆资源相结合

历史记忆资源与现实记忆资源是从资源的时间向度来划分的。一般而言,记忆资源都具有历史性,是过去时;但也有相对性。时间较久远的称历史记忆资源,时间较近的可称现实记忆资源。

20世纪80年代以来,随着改革开放和城镇化的深入推进,人们的居住条件、生产生活方式,乃至乡村面貌都发生重大而急剧的变化,可谓"旧貌换新颜"。正是在这种巨变环境下,人们有一种"逝去的忧伤",有一种"保存过去"的动力和愿望。赵静蓉说怀旧是一种对逝去事物的短暂而美好的回忆,是把过去当作向未来挺进的原料。她引用英国历史学家艾瑞克·霍布斯鲍姆（Eric Hobsbawm）的话说"过去总会被合法化"，"过去的日子以前被视为——今天依然如此——逝去的好时光，它也就成为社会的当然归宿"。① 出于对过去生活的怀念和尊重，我们需要把历史遗产保存传承下来，而且年代越久越加珍贵。

但城乡档案记忆工程不仅要保存传承乡村历史记忆资源，还要保存今天（宽泛地说可指 20 世纪 80 年代以来）乡村生活的方方面面，反映出乡村社会的变化和正在发生的变化，把当今的记忆留存下来。这是城乡档案记忆工程区别于文化遗产保护工程的又一特色体现。

3. 精英记忆资源和民众记忆资源相结合

精英记忆和民众记忆是从记忆分层的向度来划分的。乡村记忆主要是乡土记忆，具有草根性和民间性，用国家与社会或官方与民间的分析框架似乎不太合适对乡村记忆（资源）分层，还是用精英与民众这两个范畴更妥帖一点。

在乡村社会中广泛存在着政治精英（如县乡村干部等）、经济精英（如企业家、专业户等）、文化精英（如家谱编写者、历书阐释者、对联撰写者、祭祀组织者、口碑历史的守护者、优秀乡村教师、地方戏演员等）、宗教精英（如占卜者、算命先生、佛道名士等），他们形成的记忆资源是乡村记忆资源的重要构成，具有广泛性、权威性和相对清晰性，是收集、积聚的重要对象；但同时也要注意收集普通民众或"草根"阶层的生活记忆。"民众的历史如同水滴随意消失在历史长河中，如果我们能够意识到苦难的社会属性和苦难的历史力量，我们就不难理解作为历史主体的人——哪怕他/她是普普通通的'受苦人'，都应该在历史中占有一席之地。"②

---

① 赵静蓉：《怀旧文化事件的社会学分析》，《社会学研究》2005 年第 3 期。

② 《苦难的力量》，长江商报网，［EB］http://www.changjiangtimes.com/2011/11/357735. html［2011-11-04］。

4.数字记忆资源与实态记忆资源相结合

数字记忆资源与实态记忆资源是从资源的存在形态向度上划分的。现代信息技术及其电子产品（数字产品、数码产品）的广泛使用，不仅为乡村口承记忆资源、体化记忆资源、文献记忆资源和遗物记忆资源的数字化提供了方便，由此生成便于集成管理的数字记忆资源；同时，在社会活动中也直接产生了大量的数字文件，如村民医保、养老保险电子记录，家庭和社会活动摄像、照片，乡镇政府、企业、事业单位的电子文件等，是乡村记忆的新形态，也是乡村记忆集成的新对象。

此外，乡村记忆资源除收集传统文献记忆（图籍、档案等）外，还可以部分收集传统乡村生产生活的器物，如传统生产工具（犁耙、刀锄、水车、推车、纺车、织机、工匠器具等）、传统生活器物（妆奁箱橱、锅碗瓢盆、衣帽鞋袜、桌椅床榻等）、乡村宗教文化活动器物（服装、道具、脸谱）和建筑遗存构建等，供乡村记忆场馆陈列展示。

五、乡村记忆资源的集成模式

资源集成不仅是资源收集积聚（积累）的过程，也是资源组织、整合和系统优化的过程。乡村记忆资源经过收集积聚，改变了其原初的自然、弥散、潜在状态，形成实体和数字两种类型的档案化记忆资源，或"记忆材料"集合，使乡村记忆资源得到初步的形式集中和人工管控。在此基础上，需要进一步加工、组织、整合，一方面使记忆材料之间形成有机联系，建立记忆资源库，为乡村记忆资源的日常管理和开发展演奠定基础；另一方面也使不同档案部门、社会组织乃至个人收集积聚的记忆材料彼此关联，进而形成乡村记忆资源体系，这是一个系统整理和整体优化的过程。

乡村记忆资源集成中的系统整理涉及对记忆材料的挑选、鉴别、分类、编号等组织、整理工作，是传统档案管理学研究的范畴；整体优化涉及记忆资源的集成模式建构,关系到收集积累的记忆材料以何种方式加以保存利用、记忆资源库建成何种样态,以及不同主体记忆材料之间建立何种关联。鉴于档案领域对记忆材料的系统整理具有丰富经验,这里主要探讨乡村记忆资源的集成模式问题。

资源集成模式是资源整体建构和序化而成的模型样式,在不同角度上有不同的划分,一般而言有集中式与分散式、实体式与数字式、独立式与混合式(独立式是作为城乡档案记忆工程建设收集的记忆材料单独保管;混合式是收集来的记忆材料与传统档案一起分类保管)、横向式与纵向式、专题式与综合式等。根据乡村记忆资源特点和实际,结合中国记忆工程、城市记忆工程资源整合研究的理论成果与实践经验,城乡档案记忆工程中乡村记忆资源的集成模式可采用以下三种概念模式。

(一)分布式实体集成模式

分布式实体集成模式是针对乡村记忆资源中以档案(化)文献实体形式存在的各种记忆材料而采取的集成保管模式,其具体内涵是:对于各类实体型记忆材料,其载体由其形成或所属的组织、个人保管(征集、捐赠、委托形成的除外),档案部门不强调对记忆材料的实体拥有,而是通过建立资源目录和共享制度,采用数字备份等方式实现对记忆材料的管控。

分布式保管缘起于澳大利亚电子文件管理的实践探索。20 世纪 90 年代,随着计算机等现代信息技术在人们生产生活中的广泛应用,电子文件开始大量生成,其管理问题逐渐成为国际档案领域关注的焦点。在此背景下,1995年澳大利亚国家档案馆出版了《管理电子文件——共同的责任》,创造性提出了"分布式保管"(Distributed Custody)的理念模式,其核心思想是政府机构以及各种社会组织产生的电子文件不集中在各级档案馆保存,而是采用分布式管理方法,将其保存在产生这些文件的机构内,由档案馆对电子文件信息加以控制,并对其保管加以指导和帮助。澳大利亚档案馆格雷格·奥谢(Greg O'Shea)认为:"电子文件一旦脱离了生成它们的原始环境,由档案馆负责保管这些具有软件依赖性的文件,存在着很多实际困难。主要是技术支持的问题,档案馆不可能也没有能力接收大批的电子文件入馆,我们无法保证电子文件的长期可利用性和凭证的完整性";"根据我们多年从事档案工作的经验,单单依靠档案馆自身无法保证电子文件的价值。只要能使文件正确地生成并将其中有价值的部分保存下来,提供给用户利用,至于保存在哪里并不重要。理论上的争论只能是纸上谈兵,关键是要落在实处,加强工作中的交流与合作。"①

分布式保管模式在电子文件管理初期曾产生过广泛的影响,一度成为人们探讨电子文件管理的经验典范,澳大利亚国家档案馆为完善这种模式也做过多方面积极努力,但由于技术、政策上的原因,21 世纪初,澳大利亚国家档案馆改变这一做法,开始将所有电子文件集中保存到档案馆。② 今天,分布式保管在电子文件/数字档案管理研究中已很少再提及,但其管理思想和管理理念对城乡档案记忆工程中乡村记忆资源的集成保管仍具有参考借鉴价值。

城乡档案记忆工程收集积聚的实体记忆材料大体可以分为三类:第一类是传统档案文献材料,包括地方文书、图籍、账册、证照、照片及其底片、磁带录像材料、碑刻及其拓片等,这类记忆材料基本上是以纸质为载体,少数以磁带、胶片为载体;第二类是乡村记忆的数字化材料,包括口述历史的录音录(摄)像、乡村传统仪式和生产生活方式摄录像、乡村建筑及物质文化遗产摄录像、照片等硬拷贝,这类记忆材料随着数码设备的使用,基本上以数字方式生成,以光盘、移动硬盘等为载体;第三类是实物材料,是乡村生产生活中的工具和器物,或某些建筑、文物构件等③。

实体记忆材料分布于家庭(普通家庭、个体户、专业户等)、村级组织(村委会、村党支部、村办企业等)、乡镇组织(乡镇政府、党委,及其乡镇所属企

① 张宁编译:《电子文件保管模式之争》,《浙江档案》2000 年第 8 期。
② 任遵圣:《国际档案理事会东亚分会电子档案管理对策研讨会纪实》,《档案与建设》2000 年第 11 期。
③ 实物材料供乡村记忆场馆展示用,因不是档案材料,我们在分析中暂时悬置。

业、事业单位)以及县市各机关单位。对于城乡档案记忆工程的实施单位县市档案馆而言,乡村实体型记忆材料除了按归档制度要求归档移交、档案征集、接受捐赠和委托收集外,一般不必集中到县市档案馆统一保存,可以分散保存在实体记忆材料形成或所有权归属的村级组织、乡镇组织的档案室、档案馆或家庭中,但县市档案馆可以通过一定的方式加以控制和利用。

乡村实体型记忆材料实施分布式保管其意义在于:一是有利于乡村不同人群构建本群体记忆和认同。乡村记忆具有多层次性或圈层性,家庭(家族)有家庭的记忆、村落(自然村或行政村)有村落的记忆、乡镇有乡镇的记忆、县市有县市的记忆,不同的地域空间和人群结构,都需要保护传承自身的记忆,这正是社会记忆固有的特质。乡村实体型记忆材料分属不同群体,是各自群体传承建构自身记忆的资源和财富,除非捐赠或出售,否则其记忆的权利不能被剥夺,特别是一些家庭保存的珍贵历史档案或地方文献,都是家庭的"传家宝",其所有权应当受到尊重。二是有利于维护和完善现有的档案管理体制。我国目前档案工作体系正在逐步向农村基层延伸,乡镇档案馆建设、村级档案室(馆)建设、家庭建档等都是农业农村档案工作或者说"三农"档案工作发展的促进点,将实体记忆材料留在乡村基层,可以促进基层档案部门和工作人员扩大乡村记忆材料的收集范围,丰富基层档案馆(室)的收藏。三是有利于调动社会力量参与乡村记忆资源建设的积极性。档案界曾有"藏档于官"和"藏档于民"之争,我国一些学者认为"藏档于民"是发展档案事业的战略之举①。加拿大档案学特里·库克在其提出的"社会/社区"范式中,也倡导档案人员深入社区/社群,帮助社会群体建立属于自己的档案。将乡村实体型记忆材料留在基层,一方面可以避免县市档案馆繁重的档案收集保管负担,另一方面按照"谁收集、谁拥有"的原则确立记忆材料的所有权归属,扩大乡村记忆保护传承和档案管理的社会基础。

---

① 孙嘉焯:《从战略高度认识家庭建档藏档于民的现实和深远意义》,家庭档案网,[EB]http://www.jtdaw.com/llts/zjlt/content/402848d02d4e5bd0012d7ccc154e0afe.html[2011-01-13]。

实体虽然留存于基层,但县市、乡镇档案部门可以通过一定方式加以控制利用。一是建立珍贵档案文献名录,对历史较为久远的档案文献进行登记,确立保管单位和保管人,提供必要的保管条件和保管指导,防止珍贵档案文献的破坏或遗失;二是完善基层档案管理制度,明确基层档案保管单位的责任范围、保管条件、保管要求,为乡村实体型记忆材料保管提供制度基础;三是对珍贵的传统地方档案文献进行数字化,县市档案馆可以保存数字化副本,实现珍贵档案文献的共享;四是对乡村记忆的数字化材料利用现代技术提供的有利条件,采取电子拷贝,实现数字资源共享。

在"浙江记忆"工程开展过程中,虽然强调对实体记忆材料(特别是档案文献)的收集征集,但专家学者也表述:"对于那些收藏珍贵档案资源又暂时不想捐赠给档案馆的民间收藏者,档案馆工作人员要主动上门做好思想工作,尝试开展署名收藏、复制原件、口述资料、有偿征集、收购或寄存等方式,完善征集活动,从源头上确保档案资料齐全完整。"①我们在浙江平湖市龙萌村调研时也发现,龙萌村"乡村记忆馆"保存展示出一份民国时期的地契,较为珍贵,带领我们调研的平湖市档案局副局长主动提出为这份地契制作一份高仿件以供展示,原件由地契主人妥为保管,以防损坏。这些都是档案部门对实体型记忆材料实施控制的体现。

随着多媒体技术和数字存储技术的发展,分布式实体集成模式对档案资源体系建设的意义正在进一步显现。上海浦东新区档案馆有关领导曾表示,浦东新区档案局正在采取实体分布式保管的方式,加大乡镇档案资源建设和管理力度,其经验做法有待发掘和提炼。可以说,对乡村实体型记忆材料采取分布式保管,是城乡档案记忆工程中资源集成的一种现实模式。

在实施分布式实体集成模式时,需要注意的一个问题是,对作为乡村记忆资源收集来的记忆材料与传统意义上归档保管的档案材料的整合,是作为一

---

① 姜纪云:《关于实施"浙江记忆"工程的几点思考》,韩李敏主编:《浙江省档案学会论文集——浙江记忆理论与实践》,中国文联出版社 2013 年版,第 55—60 页。

个类别单独管理,还是与传统档案材料综合管理,这需要我们思考。一般而言,收集的记忆材料应与传统档案材料综合管理,有些地方为突出城乡档案记忆工程资源收集的成效,将其作为一类单独管理,不仅割裂了记忆资源的联系,也在一定程度上把城乡档案记忆工程视为一件临时性的活动。我们需要通过记忆工程建设,把家庭档案柜、村级档案室(馆)、乡镇档案馆(室)乃至县市档案馆打造成不同层次的"乡村记忆库",而不是单一的记忆资源库。

(二)专题式数字集成模式

专题式数字集成模式是利用现代信息技术的资源整合优势,将数字化乡村记忆资源按照一定的专题或主题组织起来,建设专题数据库或专题资源库,使收集积聚的乡村记忆数字资源由零散到聚类,由孤立到关联,形成相对集中、完整、富有特色的乡村记忆数字资源系统。

新世纪以来,在数据库技术、数字化技术、网络技术、数据挖掘技术、知识管理技术等多种信息技术飞速发展的共同推动下,建立全文信息数据库/全文信息资源库、特色文献数据库/特色文献资源库、专题文献数据库/专题文献资源库受到高度关注和重视,成为图书情报与档案管理、文化管理与保护等领域数字文献(信息)资源建设的工作重点和发展方向。2001 年,国家图书馆启动"国家数字图书馆工程",列入国家"十五"计划,率先开启我国的数字图书馆建设;同年,深圳市档案馆提出深圳数字档案馆建设方案,得到国家档案局的肯定和支持,也由此拉开了我国数字档案馆建设的序幕。经过十多年的建设发展,如今各类文献数据库或数字资源库已成为信息社会的重要标志和靓丽色彩。

在记忆工程的实施推进过程中,建设专题数据库或资源库(或称特色数据库、特色资源库等)是其重要形式。2007 年前后,福建省图书馆结合文化共享工程,提出"福建文化记忆"工程,制订整体规划,分步实施建设福建文化记忆数据库群,规划建设闽南文化、客家文化、妈祖文化、寿山石文化、畲族文化及非物质文化遗产项目 6 个数据库。① 2014 年,杭州市提出全面实施城市记忆工程,对传统技艺、民风民俗、历史文化街区、建筑、工业、教育遗产等文化遗产,以及有关杭州城市面貌、自然地貌、居民生产生活等反映杭州城市发展轨迹的内容分门别类予以保护;开展城市记忆专题数据库及城市数字记忆建设项目,"对城市记忆档案资料进行集中鉴定、整理,建立杭州古旧地图、票证、老字号、名人、非遗名录等城市记忆专题数据库"和城市记忆网上平台,"让城市记忆能超越时空、永久留存下去"。②

专题式数字资源集成模式是各类记忆工程建设中资源集成的成功经验和普遍做法。在城乡档案记忆工程中建设专题式资源库,其意义在于:①有利于对濒危乡村记忆资源进行及时抢救和保护。乡村记忆资源量大面广,富集深厚,资源收集积聚任务繁重,非一朝一夕即可完成。城乡档案记忆工程需要做好规划,分清轻重缓急,对濒危或亟待抢救的记忆资源予以重点、优先安排,每一抢救事项(对象)建设一个资源库,对收集或采集来的记忆资源建立专门的资源库加以集成保护,便于在人力、条件有限的情况下灵活及时地开展工作。如某一村庄面临拆迁,可以对拆迁前该村庄进行重点拍摄和口述史采访,建立该村庄的数字资源;参与或见证某一历史事件的老人渐渐离世,我们可以集中精力对在世老人重点进行口述采访,获得相关口述资料,建立口述资源库,避免遗憾。对濒危乡村记忆资源及时发现、及时抢救、及时建库,可以发挥专题资源集成的灵活优势,"与时间赛跑"。②有利于对特色乡村记忆资源进行重点采集保护。将各地特色记忆资源集成起来,是开展特色乡村记忆资源收集积聚过程中必须开展的工作,它不仅能体现地方记忆资源独特价值,也从总体上反映出乡村记忆的多样性和丰富性。专题数字资源库往往以特色见长,因此,专题数字资源库常被称为特色数字资源库。浙江省在开展浙江记忆工

① 刘煦赞:《"福建文化记忆"工程建设实践及推进设想》,《图书馆学研究》2012 年第 20 期。

② 《杭州将全面实施城市记忆工程,建旧地图老字号数据库》,新华网,[EB]http://www.zj.xinhuanet.com/newscenter/focus/2014-12/17/c_1113680610.htm[2014-12-17]。

程中,推出方言建档工作,通过方言资源调查、制作标准文本、征集地方方言发音人、制作音档和标注国际音标等工作,建设"浙江方言语音档案总库",让正在消逝的吴方言成为档案馆的"永久记忆",被新华社誉为一项"记录逐渐消失的声音"的重大工程。杭州师范大学教授、全国汉语方言学会理事徐越认为,"其预期价值不可估量,仅仅可以预见的创新价值、文献价值、使用价值、潜在价值就足以令语言学界的专家惊叹不已,其工作成果无疑成为浙江文化建设大花园中的一枝奇葩"。① 此外,如苏州科技大学图书馆建设的"姑苏桥文化专题数据库"、佛山市图书馆建设的岭南花卉数据库和佛山历史名人数据库、洛阳师范学院图书馆的"河洛文化文献专题数据库"等,都是反映地域文化特色的专题数字资源库,值得借鉴。③有利于打造多媒体综合性数字记忆资源系统或资源库。专题有大有小,大专题可以包含若干小专题,小专题可以组合成为大专题。记忆工程往往以个别小专题开始,通过专题不断地扩展、积聚、组合和分类,在此基础上形成具有一定类别体系的综合资源系统。国家图书馆"中国记忆"项目中心负责人等在思考建立中国记忆项目资源收藏体系时,首先提出专题资源库建设,要求对在中华民族历史文化和各领域有重大贡献的代表人物、重大历史事件、重要发明创造、重要文献典籍、代表性技艺传承人、重要思想和文化价值体系的记忆,分类分专题进行建设;然后在已建设完成的中国记忆项目专题资源库中,选取具有代表性和重要史料意义,且资源建设较为系统、完整的专题资源库;或在尚未完成和尚未开始建设的中国记忆项目专题资源库中选取能够填补历史空白,或实现该领域记忆资源整合的专题资源库,列入"国家记忆资源总库"。② 由于关涉到地方认同,乡村记忆资源没必要建立统一的"国家乡村记忆资源总库",可以在专题资源库的基础上,集成地区(省、市、县)层面上的乡村记忆资源总库,作为乡村记忆

---

① 《浙江方言建档工作引起社会广泛关注》,转引自郑金月:《论浙江记忆工程的理论和实践创新》,韩李敏主编:《浙江省档案学会论文集——浙江记忆理论与实践》,中国文联出版社2013年版,第3页。

② 田苗、汤更生:《中国记忆项目的构想与实践》,《国家图书馆学刊》2015年第1期。

资源的集成系统。

专题数据库、专题资源库经过多年研发,技术上已较为成熟,因此在城乡档案记忆工程推进中,实施专题式数字资源集成模式,技术上不再是难题,关键在于资源格式及其资源组织,其中值得关注的问题主要有三方面:①专题划分方法与选择原则。专题设计有纵向(如时间/时期、组织的隶属关系)和横向(如组织机构、问题、地区等)之分,不同的设计方法可以形成资源集成的纵向模式或横向模式。在专题数据库/资源库规划中,需要根据资源的性质和工程规模进行合理设计,尽量做到"横到边、纵到底",纵横结合,类别层次清晰,形成立体集成模式①;同时,从抢救性、特色性、代表性、前瞻性等方面选择专题,渐次推进数据库、资源库建设。②数字资源的格式规范。数字记忆资源格式关系到系统的兼容性和有效组织,需要在记忆资源收集、采集过程中优先考虑,"前端控制",并结合数据库、资源库设计统一制定规范要求。"中国记忆"项目在专题资源库建设中根据国家图书馆文献收藏及国家数字图书馆现行标准规范体系,研制出《口述资料采访规范》《影像资源采集规范》《中国记忆项目资源编目标引规范》《中国记忆项目资源服务与开发规范》《中国记忆项目文献采集分级标准》等多种操作标准,逐步建立完善的记忆资源建设、收藏、服务体系与规范,将专题特色资源纳入馆藏体系,并为建设我国统一的记忆资源工作标准做准备。档案记忆工程对数字资源的格式规范有待借鉴和加强。③数字资源与传统资源的关联。乡村记忆数字资源或来源于城乡档案记忆工程中直接采录摄录的口述、影像材料,或来源于收集征集的传统记忆材料以及馆室藏档案资料数字化,专题资源库建设一方面要做好数字资源之间的整合,另一方面要做好数字资源与传统资源之间的关联,包括收集的数字资源与传统资源、传统资源与其数字化资源、数字资源与馆(室)藏档案资源等之间的关联,使专题资源库集成开发时呈现更全面完整的关联信息。

---

① 参见郭红解、邹伟农主编:《城市记忆与档案》,学林出版社 2011 年版,第 93 页。

（三）网络式区域共建集成模式

网络式区域共建集成模式是运用网络技术和数字技术,通过共建共享的方式,对乡村记忆资源进行网络集成,建设区域化乡村数字记忆资源库和网络共建共享平台,打造形成网络化乡村记忆资源体系。

在信息资源共建共享潮流的推动下,加强网络建设,建立共建共享的数字记忆资源库和网络资源平台,近年来逐渐成为记忆工程中记忆资源整合、集成的探讨方向和希望模式。2004 年,梁广寒在其博士论文中率先提出并探讨全面整合中华文献遗产平台——"中国记忆网"的创建与构想,认为中国记忆工程的发展方向是建立在多领域广泛合作的基础上,跨越文献保存体系的樊篱和原始文献形态界限,最终以数字形态并通过网络全面展示中华文化精髓,完整记录多元化的文明历史。论文初步构建了中国记忆工程资源整合的理论框架,提出中国记忆工程的文献遗产整合方案和优先数字化策略,并设计出文献遗产整合模型及工作模板。[①] 2009 年,国家社科基金"'城市记忆'档案文献资源整合研究"课题参加人薛匡勇在研究城市记忆档案文献资源整合方案时指出:城市记忆档案文献资源整合是一项复杂的系统工程,城市档案管理部门应针对不同类型城市记忆档案文献资源的具体特点,寻求相应的整合路径,力争在维护城市记忆档案文献资源主体各方利益的前提下,开展城市记忆档案文献资源的整合工作,逐步建立起有关档案馆与特定社会组织、企事业单位、个人(家庭、家族)共建共享城市记忆档案文献资源的长效机制,最终将反映城市历史发展真实面貌的重要档案文献资源纳入国家管理的范畴,实现城市记忆档案文献资源的社会共享。[②] 2010 年 11 月,冯惠玲在"2010 年全国档案工作者年会"上发表了题为"'中国记忆'与数字档案资源建设"的讲演,阐述"中国记忆"数字资源体系建设的认识和思考,并倡议"全国档案机构开展大

---

① 梁广寒:《中国记忆工程文献遗产整合研究》,武汉大学档案学博士学位论文,2004 年。
② 薛匡勇:《城市记忆档案文献资源整合方案研究》,《档案与建设》2009 年第 11 期。

型数字资源建设工程——'中国记忆'数字资源库,即构建一个基于互联网的,以档案数字资源为主体,以文本、图片、音频、视频等各种形式记录反映我国悠久灿烂的历史文化和当代多彩的社会生活的,提供全民便捷利用的中国记忆数字资源库。各地区、各行业可分别以本地区、行业记忆命名建设子库,经日积月累,形成一个庞大的系统的数字资源体系"。① 国家图书馆"中国记忆"项目在规划之初就提出建设中国记忆资源库——中国记忆网站,"按照联合开放、共建共享的原则,统一标准,建设供中国记忆项目专题资源即时发布、及时更新、动态管理、不断完善的中国记忆资源发布平台——中国记忆项目网站"。"中国记忆"项目中心负责人田苗等希望"在政府和社会力量的共同努力下,探索建立一个以政府为主导,充分发动民间力量和民间资金,全民共同参与并共享的中国记忆资源共享体系"。② 这些基于中国记忆工程、城市记忆工程开展的记忆资源体系建设思考,反映出网络式(化)共建共享记忆资源集成模式已成为当代记忆资源集成的时代要求和主流趋势,也是乡村记忆资源可资参考的资源集成模式。

鉴于乡村记忆保护传承的特点,城乡档案记忆工程实施的网络式共建模式更多地立足于区域性的记忆资源体系建设,一般以省(或自治区)、地级市为网络平台建设主体和资源集成范围。网络式区域共建资源集成模式具有开放性、社会性和协作性,其实施意义在于:

一是实现记忆资源在更大规模和范围的集成整合。在城乡档案记忆工程中,乡村记忆资源的收集积聚主体多元、资源多样、保管分散,记忆资源多处于分割分散状态;即使通过专题资源库、专题数据库建设,使记忆资源按专题相对集中、整合,但专题之间、地区(县、乡镇)之间仍多处于孤立状态,资源之间难以形成有效的关联和共享。通过网络平台建设,可以消解资源之间的分割、孤岛状态,为地方记忆资源总库建设提供有效途径和手段。国家社科基金项

---

① 冯惠玲:《档案记忆观、资源观与"中国记忆"数字资源库建设》,《档案学通讯》2012 年第 3 期。

② 田苗、汤更生:《中国记忆项目的构想与实践》,《国家图书馆学刊》2015 年第 1 期。

目"'城市记忆'档案文献资源整合研究"课题组在研究报告中提出："城市记忆"档案文献资源整合应以城市历史发展为脉络,充分应用现代信息技术,建立并完善全面反映城市历史面貌的大型多媒体档案文献信息库,分门别类建立相应的目录数据库、重要全文数据库、专题数据库等,集文字、图片、多媒体信息于一体,以期使不同来源、不同类型、不同载体、不同格式的"城市记忆"档案文献资源实现链接与融合。①

二是充分调动和协调乡村记忆资源建设力量参与共建。城乡档案记忆工程是一项地域化的系统工程,涉及众多机构和人员,有必要建立一个各单位、各组织参与共建的合作平台。通过网络平台建设,可以把域内各机关、组织和个人有效地"并联"或"串联",及时聚合相关记忆资源,提高建设成效。国家图书馆"中国记忆"项目在规划建设中国记忆资源库——中国记忆网站中,也提出要"链接各地方综合记忆网页,为建立中国记忆项目网络平台奠定基础"。② 在 2015 年中国图书馆年会上,国内 29 家图书馆倡议共建"中国记忆"。韩永进指出："'中国记忆'项目 2016 年将进入全面建设阶段,也将实现由国家图书馆自建向国内图书馆共建的角色转换。"③

三是充分实现乡村记忆资源的共享。乡村记忆网络平台不仅是记忆资源积聚集成的平台,也是记忆资源开发、展演的平台。通过开发、展演,可以凸显地方记忆资源的丰富性和多样性,为乡村民众认识自身所处的乡村历史与文化变迁、强化对乡村"故园"的认同感与归属感提供开放、便捷的途径。浙江省建设的"浙江乡村记忆网"、江西上饶建设的"上饶记忆网"等,都能让身处异乡的人们不时回顾和体味乡风、乡音、乡情,满足对乡土的眷念情怀。

目前,图情档界对网络化共建共享数字记忆资源库或数字记忆资源平台建设已开展了多方面研究,除了前面提到的专家学者的构想外,钱智勇探讨了

---

① 参见郭红解、邹伟农主编:《城市记忆与档案》,学林出版社 2011 年版,第 92 页。

② 田苗等:《中国记忆项目的构想与实践》,《国家图书馆学刊》2015 年第 1 期。

③ 赖雨晨、陈寂:《国内 29 家图书馆倡议共建"中国记忆"》,新华网,[EB]http://news.xin-huanet.com/shuhua/2015-12/18/c_128542960.htm[2015-12-18]。

基于社会协作系统的城市记忆资源整合,在分析长三角地区城市记忆信息资源利用现状及存在问题的基础上,提出城市记忆资源整合社会协作系统架构,并采用分层设计思路提出基于城域网的城市记忆资源分布式整合系统功能结构与实现方法。认为城市记忆资源整合的目标是依据政治、经济、教育、文化历史发展的需要,设计资源整合平台(包括资源组织、资源集成、资源共享服务、资源应用系统等),把不同来源和不同通信协议的信息完全融合,使不同类型、不同载体、不同格式的城市记忆资源实现无缝链接,系统应具有城市记忆知识集成、知识组织、知识检索等功能,形成开放的、面向城市各个层面服务的、呈立体网状分布的数字资源体系。[1]

在冯惠玲提出的"中国记忆"数字资源库建设构想的基础上,徐拥军对"中国记忆"数字资源库建设进行了设计和谋划,分析了"中国记忆"数字资源库工程的内涵使命、价值理念、建设原则、基本内容和资源框架,建议国家档案局牵头建设一个基于互联网的,以档案为主,用各种形式记录和反映华人灿烂悠久历史文化和绚丽多彩社会生活,供全面免费便捷利用的国家级、综合性的数字资源库——"中国记忆"。[2]

我们认为城乡档案记忆工程与中国记忆工程、城市记忆工程等只是在资源集成范围和对象上有所区别,在网络平台的结构功能、技术要求、资源类型、组织方式上并没有本质差异,可以充分借鉴中国记忆工程和城市记忆工程网站设计的理念、框架、技术,打造区域性乡村数字记忆资源库或乡村数字记忆资源网。在建设过程中需要我们注意两方面问题:一是把握建设的主动权。在"中国记忆"工程中,目前图书馆界走在前面;档案界虽有讨论,但未行动;博物馆界虽有宣传,但未谋划。在乡村记忆资源网络平台(网站)上,档案界走在前面,博物馆界也开始行动(如山东"乡村记忆"网站),图书馆界还未关注。因此,在乡村记忆资源网络式区域共建集成模式方面,档案领域应发挥自

---

① 参见钱智勇:《基于社会协作系统的城市记忆资源整合研究》,《图书馆理论与实践》2006 年第 6 期。

② 参见徐拥军:《建设"中国记忆"数字资源库的构想》,《档案学通讯》2012 年第 3 期。

身的系统优势,形成主导力量。中国记忆的根在乡村,通过乡村记忆资源平台建设,可以为中国记忆数字资源库(或数字资源平台)建设提供深厚的社会基础。二是要处理好与地方档案信息网站的关系。20 世纪 90 年代以来,随着信息化发展,我国省市县级档案馆普遍建立了档案信息网,一定程度上也承担了地方历史文化资源开发、公布、展示功能;但由于档案信息网站在建设方向上突出档案系统信息发布、档案查询利用,所公布档案往往多为馆藏珍品展示,还缺少记忆关怀,与乡村记忆网络资源平台还有一定距离。乡村记忆网络资源平台是单独建设还是作为档案信息网的一个功能模块,需要根据各地实际,统筹规划。

以上分析的实体式分布集成模式、专题式数字集成模式、网络式区域共建集成模式,只是三种理念模式或典型模式,在实际建设上会有不同的组合变形,而且在设计上还会有诸多技术、组织、制度、权益要求,需结合实际探索实施。

第五章　城乡档案记忆工程推进的资源开发机制

　　心理学家认为："记忆不是一个单一的机制,而是由不同记忆功能组成的心理活动。"①记忆作为"记"和"忆"的合体,当然包括了"记"和"忆"的过程。"记"是对外部事物、历史、经验的信息存储,"忆"则是对外部事物、历史、经验的信息回溯、提取,是记忆对象的唤醒、复活过程。值得注意的是,在"记"和"忆"的过程中都融合、渗透着对记忆信息的编码,通过编码,记忆信息可以得到有序的存储;同样也是通过编码,记忆信息才能得到有序的提取、重组、重建和重现。因此,信息提取(包括编码)与信息存储(包括编码)一样,都可视为记忆的内在机制。

　　在乡村记忆中,对记忆信息的提取、编码我们可以称为"开发",是对乡村记忆资源的发掘、重组、重建和重现,它不仅可以唤醒人们对过去的回忆,使乡村历史、乡村往事(故事)重新得到恢复、讲述和建构,而且还可以使乡村历史、乡村往事以文本化、影像化等方式呈现出来,让乡村记忆获得新的形式、内容和意义。通过开发,存储在记忆库里的信息"拥有了除了仪式或者非正式演示以外能够完成更新的可能性。它们可以被积累、被改写、被批评,最重要的是可以被解释。通过解释,传统便具有了历史性的发展动力"。② 这是一个

---

① 罗跃嘉主编:《认知神经科学教程》,北京大学出版社 2006 年版,第 289 页。

② 冯亚琳、[德]阿斯特莉特·埃尔主编:《文化记忆理论读本》,余传玲等译,北京大学出版社 2012 年版,第 38 页。

充满活力的记忆信息提取和编码过程,也是一个充满活力的记忆讲述过程,如哈布瓦赫所言"我们回忆许多我们能找到机会去讲述的东西。讲述是一种'详尽的编码',一种使经历变成故事的翻译。"①

一、记忆资源开发:拨开历史的迷雾

"记忆开发"原初仅用于对人脑记忆能力的开发和培育,后来逐步被用于带有记忆性能的合金材料的研制。近年来,随着社会记忆研究的发展,"记忆开发"被用来描述社会记忆资源或文化记忆资源的发掘和利用。乡村记忆资源开发所表达的是对乡村记忆资源的提取、加工(含编码)、叙述(宽泛地说,还包括记忆展演和记忆场馆建设等,后面作为专门机制另行探讨),是乡村记忆再现复活的过程。莫里斯·哈布瓦赫说:"通过和现在一代的群体成员一起参加纪念性的集会,我们就能在想象中通过重演过去来再现集体思想,否则,过去就会在时间的迷雾中慢慢地飘散。"②但社会交往记忆延续往往仅局限于三四代人左右时间③,为防止过去在时间迷雾中的飘散,需要我们重新发掘、加工,重建关于过去的记忆,拨开历史的迷雾,让往事再次回到我们的现实世界。揭开历史的"面纱",不仅让我们看清历史的真相,也让社会记忆重新得到复活,得以延续。

(一)社会记忆的潜藏与澄显

奥古斯丁在《忏悔录》中,以充满想象力的笔调说,在记忆的"领域""殿廷""府库""洞穴"中,充塞着各种各样事物的影像或真身,它们一经呼唤便纷至沓来。

---

① 哈布瓦赫语,转引自冯亚琳、[德]阿斯特莉特·埃尔主编:《文化记忆理论读本》,余传玲等译,北京大学出版社 2012 年版,第 149 页。

② [美]刘易斯·科瑟:《莫里斯·哈布瓦赫》,[法]莫里斯·哈布瓦赫:《论集体记忆》,毕然、郭金华译,上海人民出版社 2002 年版,"导论",第 43 页。

③ [德]扬·阿斯曼:《社会记忆:历史、回忆、传承》,"社会记忆"(代序),第 4 页。

凡官觉所感受的,经过思想的增、损、润湿后,未被遗忘所吸收掩埋的,都庋藏在其中,作为储备。①

我置身其间,可以随意征调各式影像,有些一呼而至,有些姗姗来迟,好像从隐秘的洞穴中抽拔出来,有些正当我找寻其他时,成群结队,挺身而出……有些是听从呼唤,爽快地、秩序井然地鱼贯而至,依次进退,一经呼唤便重新前来。在我叙述回忆时,上述种种便如此进行着。②

无论是个体记忆还是社会记忆,都存在静态和动态两种状态。一般情况下,记忆蛰居、潜伏、沉埋在我们的记忆库中,被存储起来,甚至被"尘封""冻结"起来,处于静止状态;当我们需要的时候,便将其激活,调出记忆库,放置"眼前",构成我们当前思维或意识的中心,记忆便成为运动状态。有些记忆长期停留于我们的"眼前",一直在我们的思维或意识中运动,而一些记忆在我们的"眼前"驻足很短,稍显即逝,重新放回到记忆库存储庋藏。对于社会记忆的静动状态,学者有不同的表达和分析。

扬·阿斯曼在区分"沟通记忆"("交往记忆")和"文化记忆"的基础上,认为文化记忆包含潜在与真实两种模式,"当对过去的表象被储存在档案馆、图书馆和博物馆中的时候,文化记忆就停留在潜在模式之中;当这些表象在新的社会背景和历史背景中被采用,并被赋予了新的含义时,它们就出现在真实模式之中。这些区分暗示着对过去的特定表述可能会跨越整个波段,从交流记忆的领域经过真实文化记忆的领域,最终到潜在文化记忆的领域(反之亦然)。但是在这个过程中,它们的密度、社会深度和意义会被改变"。③ 对此,哈拉尔德·韦尔策在分析时也曾指出:"根据扬·阿斯曼的理论,'文化记忆'以两种形式存在:一种是潜在形式,即以档案资料、图片和行为模式中储存的

---

① [古罗马]奥古斯丁:《忏悔录》,周士良译,商务印书馆1963年版,第192页。
② [古罗马]奥古斯丁:《忏悔录》,周士良译,商务印书馆1963年版,第192页。
③ [德]扬·阿斯曼:《集体记忆与文化认同》,转引自[美]沃尔夫·坎斯特纳:《寻找记忆中的意义:对集体记忆研究一种方法论上的批评》,张智译,李宏图选编:《表象的叙述——新社会文化史》,上海三联书店2003年版,第144—145页。

知识的形式存在;另一种是现实形式,即以这些浩繁知识中——根据当今利益尺度衡量——的可用部分的形式存在。"①

扬·阿斯曼和阿莱达·阿斯曼还共同探讨过"存储记忆"与"功能记忆"。他(她)们认为:存储记忆是未被居住的潜藏领域,而功能记忆是"被居住"的更新的领域:

> 存储记忆包含许多杂乱的因素,是一个未分类的储备。在个体的内心层面,这类记忆的因素极其不同:部分是不活跃且不具有生产力的;部分是潜在的未受关注的;部分是受制约而难以正常地重新取回的;部分是因痛苦或丑闻而深深被埋藏的。存储记忆的因素虽然属于个体,但是个体却远不能支配它们。在集体层面,存储记忆包含了变得不可使用的、废弃的、陌生的东西以及中性的、身份抽象化的属于数据或资料类的知识,当然也包括了错过的可能性以及可供选择的全部内容。②

> 功能记忆作为一种构建是与一个主体相联的。这个主体使自己成为功能记忆的载体或者内含主体。主体的构建有赖于功能记忆,即通过对过去进行有选择、有意识的支配。③

当然,存储记忆与功能记忆之间的界限并不总是那么清晰,但它们的使用形式和功能是明显不同的。今天,两种模式同时存在于文化记忆领域,而对于文化的未来来说,这很大程度上取决于它们在新的媒介环境下的相互依存。④

---

① ［德］哈拉尔德·韦尔策编:《社会记忆:历史、回忆、传承》,季斌等译,北京大学出版社2007年版,"社会记忆"(代序),第5页。

② ［德］阿莱达·阿斯曼、扬·阿斯曼:《昨日重现——媒介与社会记忆》,冯亚琳、［德］阿斯特莉特·埃尔主编:《文化记忆理论读本》,余传玲等译,北京大学出版社2012年版,第26—27页。

③ ［德］阿莱达·阿斯曼、扬·阿斯曼:《昨日重现——媒介与社会记忆》,冯亚琳、［德］阿斯特莉特·埃尔主编:《文化记忆理论读本》,余传玲等译,北京大学出版社2012年版,第27页。

④ ［德］阿莱达·阿斯曼、扬·阿斯曼:《昨日重现——媒介与社会记忆》,冯亚琳、［德］阿斯特莉特·埃尔主编:《文化记忆理论读本》,余传玲等译,北京大学出版社2012年版,第27—28页。

我国学者孙德忠将"澄显与遮蔽的交替"作为社会记忆的特点之一,指出:"它是作为社会认识的前提和结果而存在的,对社会认识结果的凝聚和存储,对社会认识前提的批判、破译和复活才是我们所理解的社会记忆";"社会记忆正是在澄显与遮蔽的互动中,逐渐把那些有利于人类作为活动主体持续健康发展的主体能力和本质力量澄显和确证下来,而逐渐扬弃掉那些不利于人类作为活动主体持续健康发展的能力和力量,从而成为社会历史进步和文化系统传承的内在机制。"①

上述学者论述的着眼点和表达方式虽有所不同,但都在阐明社会记忆所体现的两种不同状态:一种是静止、存储、遮蔽、潜在状态,可称为"潜藏"状态;另一种是运动、功能、真实、显现状态,可称为"澄显"状态。从潜藏状态到澄显状态,让记忆重新复活起来,需要我们对记忆加以挖掘、提取、破译、重组、重构,这是对记忆资源开发的过程。

(二)记忆资源开发:社会记忆的提取、加工与复活

1. 提取"失灵"与记忆资源开发

对于记忆的过程,李伯聪认为:"如果说,我们通常所说的'记住',其心理实质是向长时记忆的存储器进行信息存储;那么,当我们通常说'回忆''回想''想起'时,其心理实质就是从长时记忆的信息存储器中提取特定的信息。"②记忆信息的提取过程由线索产生、记忆搜寻、决定和应答发生四个环节构成。其中,线索产生是记忆信息提取的启动环节,可以由"我"主动提出,也可以由他人向"我"提出,或由环境的因素、主体的某种生理状态所产生;记忆搜寻是提取过程中时间最长、"工作量"最大的环节,是在长时记忆存储器中把要回忆的信息选择出来,因而是"一种特定类型和特别方式的选择过程";决定环节是根据回忆的目标要求对经过记忆搜索搜寻出的信息的"二次选

---

① 孙德忠:《社会记忆论》,湖北人民出版社 2006 年版,第 142 页。
② 李伯聪:《选择与建构》,科学出版社 2009 年版,第 88 页。

择",决定哪些信息可以和应该作为最后的回忆结果输出;应答环节即是记忆的输出或重现。①

在有关记忆的经验事实中,遗忘是一种常见而重要的现象。"遗忘固然可以是由于信息未能被编码而进入存储所致或者由于存储器中已存储的信息'消失'所致;但也有许多事实向我们表明,所谓遗忘,在许多情况下,其原因并非由于相应的信息在记忆的存储库中已经消失,而是由于提取失败,即在记忆信息存储器实有的信息未能被提取出来。"②为弥补提取失败和记忆缺失,必须对记忆进行开发和"疗治"。在遗忘的认知心理学研究中,较为普遍的观点认为遗忘不仅是由干扰造成的,也是由信息提取失效造成的。"对于遗忘的信息加工观点表明,不能回忆出某种信息是由于对依存信息的遗忘",即"遗忘是由于提取线索不能与记忆中项目编码的性质相匹配。"③为克服"依存线索遗忘",增进记忆技术,心理学家提出"加工水平理论",认为记忆不是取决于材料能被保持多久或被存储在哪一个系统,而是取决于识记信息的最初编码形式。"加工水平理论确实使记忆研究者们开始注意到材料编码方式的重要性,并重新确定研究的思考方向。"④

与个体回忆相比,社会回忆的过程更为复杂。个体回忆是在"自我"记忆系统中对信息的搜寻、决定、应答,具有直接性;而社会回忆除了在"自我"(即群体内部)记忆系统的提取、加工外,更多的是在"非我"(即社会存储)记忆系统中提取、加工,具有更强的间接性,导致记忆"提取失败"的可能性更大,因而在社会记忆复活过程中对记忆信息(资源)的开发性要求更强。

2. 社会记忆资源开发及其加工过程

在现有的社会记忆研究中,人们或强调社会回忆的激发因素和激发

---

① 李伯聪:《选择与建构》,科学出版社 2009 年版,第 87—89 页。
② 李伯聪:《选择与建构》,科学出版社 2009 年版,第 87 页。
③ Kathleen M.Calotti:《认知心理学》,吴国宏等译,陕西师范大学出版社 2005 年版,第217 页。
④ 彭聃龄、张必隐:《认知心理学》,浙江教育出版社 2004 年版,第 123 页。

机制,即基于什么样的现实因素和现实需要进行回忆,又回忆些什么;或强调社会回忆的建构过程和建构结果,即对既有的社会记忆如何加以改造、如何重建适应现实需要的记忆、重建过程中受到哪些社会力量和利益的影响等,对记忆资源开发的研究隐而不显,需要我们调整视角,加以关注和探讨。

现代信息加工理论认为记忆过程就是对信息的输入、编码、存储和提取的过程。编码不只是对已输入信息进行加工改造,也是对提取输出信息进行加工改造。美国学者克拉茨基(Robert L.Klatzky)指出.提取是再现我们的记忆内容的一个复杂过程,"'回忆'不但包含了提取,而且包含了编码"①;"我们所回忆的东西有许多是从前出现过的东西的精制品"。② 因此,提取过程不是一个简单的搜寻、决定、应答过程,而是存在着对记忆信息的"再编码"和再加工,正是这种重新编码和加工,使得个体记忆具有了建构性和开发性。

社会记忆开发或社会记忆资源开发广泛地存在于我们的社会性回忆之中。如知青聚会时对过去的集体回忆,就涉及对知青生活时代记忆资源的调用③;再如近代以来,在抵御外侮过程中对岳飞象征和岳飞记忆资源的运用④等。今天,在促进乡村旅游、推进乡村经济社会发展中,我们需要更加注重乡村记忆资源的开发。

从概念解析看,社会记忆资源开发有广义和狭义之分。广义的社会记忆资源开发涉及人类一切集体性回忆行为,凡关系到对社会记忆的选择、编码、诠释等提取加工行为,都与社会记忆资源开发有关。根据扬·阿斯曼对社会记忆的理解,它既涉及"沟通记忆"中群体对过去记忆资源的临时性调用,也

---

① [美]克拉茨基:《记忆与意识——信息加工观点》,彭克里译,科学出版社1988年版,第41页。

② [美]克拉茨基:《记忆与意识——信息加工观点》,彭克里译,科学出版社1988年版,第123页。

③ 参见王汉生、刘亚秋:《社会记忆及其建构——一项关于知青集体记忆的研究》,《社会》2006年第3期。

④ 黄东兰文,参见孙江主编:《事件·记忆·叙述》,浙江人民出版社2004年版。

包括群体对"文化记忆"资源的有组织调用。而狭义的社会记忆资源开发主要是指对社会记忆资源材料(简称"记忆材料")的开发,是为了真实地再现过去事件的样态,而对记忆材料的发掘和整理,形成"记忆产品"(或称记忆的"人工制品""档案记忆作品""叙事作品"等。这些概念还未定型,需要根据语境选用)的行为,如档案史料编纂公布、历史事件研究、史书编写、历史文献纪录片制作、传统文化产品研制等。与广义的内涵相比,狭义内涵更强调社会群体对"文化记忆"资源的调用。在城乡档案记忆工程中,我们更侧重于在狭义层面上来理解和分析乡村记忆资源的开发。

"开发"原义是指人们通过探测、发掘、垦殖、试验、加工、改造以及发现发明等自觉的能动活动。20世纪80年代后,"开发"一词被广泛地运用于信息学、信息资源管理领域,涉及信息的提取、选择、编码、重组、转化、宣传等一系列再加工、再生产、再创造行为。社会记忆资源开发也涉及一系列提取加工过程,具体包含:发掘(根据记忆线索对资源的搜寻)、提取(对记忆材料的选择)、编码(对选择出的记忆材料进行重组、排序、系统化)、诠释(对记忆内容和意义进行考订、解释)、表达(用一定的方式进行表述呈现出来)。这些开发过程在乡村记忆资源中的表现在后文还会具体分析。

3. 记忆资源开发:社会记忆复活的必要手段

我国台湾作家龙应台曾说过,"记忆是一组埋藏得很深的基因密码"。[①]引申一下,我们也可以说人类要打开这种记忆的基因密码,就需要对记忆资源进行开发,重新"唤醒"记忆。

记忆资源开发的记忆复活功能具体表现在:其一,它可以促成社会记忆由潜藏走向澄显。社会记忆有潜藏和澄显两种状态,如何实现由潜藏向澄显,或潜在向显在的转化,就需要我们有意识地对记忆资源进行发掘、提取、编码、诠

---

① 《龙应台2015香港书展演讲:我有记忆　所以我在》,凤凰文化网,[EB]http://culture.ifeng.com/a/20150719/44199471_0.shtml[2015-07-15]。

释和表达,将记忆重新"唤回"到我们的现实世界中,被我们感知和把握。不经过开发加工,记忆的基因密码可能永远都处于锁闭状态。其二,它可以促成社会记忆由抽象走向具象。人们对于某种记忆事项有时会处于知道与不知道状态之间。所谓"知道",即是我们知道某种记忆事项的存在;所谓"不知道",即是不能知道这种事项的详情,不知道它的来龙去脉。通过记忆资源开发,我们可以把记忆事项的内涵挖掘呈现出来,使抽象的记忆具象化,我们便可更详细、更具体地知道记忆事项的原初或本真的存在,知道其过程和结果。其三,它可以促成社会记忆由碎片化走向系统化。处于自然状态的记忆材料往往是零碎的、分散的、局部的,彼此之间难以关联,人们所感知的大多是碎片化的记忆。通过记忆资源开发,可以将零散的记忆材料信息关联起来,使记忆更加全面和系统。

有一则案例能够很好地说明记忆资源开发的上述三种功能。2015 年 7 月,上海师范大学发布抗战历史地图系列,该地图系列在整合了从"九一八事变"到抗战胜利所有和上海有关的抗战要素后,用 5 张地图展示出上海民众抗战的历史。这 5 张地图分别为《上海抗战历史地图系列一——抗日救亡分布图》《上海抗战历史地图系列二——淞沪抗战分布图》《上海抗战历史地图系列三——组织机构分布图》《上海抗战历史地图系列四——事件暴行分布图》《上海抗战历史地图系列五——慈善救助分布图》。5 张地图由上海师范大学苏智良教授带领团队历时两个多月,在浏览几乎所有有关上海抗战史料,并从中选取 400 多个重要的抗战要素基础上整理完成。地图中所标注的每个抗战历史要素的名称、时间属性和空间坐标,以及图中所附文字注释,均经过历史学、历史地理学方法的严格考证,并进行了相应的实地考察。以前一些重要的抗战历史事件相关的史实一直没有厘清,这次整理使相关史实得以确认,比如汪日会谈的地点"重光堂"、日本海军总参谋部情报部"儿玉机关旧址"、日特"三十四号"旧址的确切地点等。再如《义勇军进行曲》曲作者聂耳、词作者田汉 20 世纪 30 年代在上海的不同寓所,电影《风云儿女》编剧夏衍、《义勇军进行曲》定名者朱庆澜、参与配乐的贺绿汀、《风云儿女》主演袁牧之等人的寓所与事迹等也有标注。5 张上海抗战历史地图系统、翔实、具体地将上海抗战记忆表达表现出来,是记忆资源开发结果的典型体现。①

记忆资源开发有不同对象、不同目的和不同层次,在城乡档案记忆开发中需要做进一步分析,以便找准定位和方向。

(三)乡村记忆资源开发:城乡档案记忆工程推进的内在机制

记忆资源开发以唤醒、复活记忆为目标,着眼于记忆的生命活态,旨在推动社会记忆的保护传承,是城乡档案记忆工程推进的内在机制。

1. 乡村记忆资源开发是乡村记忆资源集成的延伸

在信息管理和档案学领域,对信息资源集成与开发之间的关系多有论述。信息管理学认为"没有控制、没有组织的信息不再成为一种资源"②,"这就意味着信息在成为信息资源之前,已经经过了人们的选择、收集、加工、整理、组织、存贮等管理环节,我们可以将之称为信息资源的前期管理;而对经过这些前期管理的信息资源进行的宣传、重组、转化、再生产、再创造等活动,我们可称其为信息资源的后期管理。前期管理与后期管理共同构成了完整的信息资源管理。信息资源开发指的是信息资源的后期管理活动"。③ 档案学领域一直倡导老一辈无产阶级革命家谢觉哉在 20 世纪 50 年代提出的档案"两步整理理论",即"头一步,就是把这些材料,有条不紊地收集起来,说有条不紊,就是把它的内容加以分析,分类整理成卷,成为有系统的材料,即所谓史料。第二步,就是从这个材料里边抽出好的来编成书,仅只有第一步工作是不够的。因为档案有这么多,不可能都去看,不去看,就得不到利用,它必须接着有第二步工作。在这里边抽出一些东西来,供各个地方,各个人去阅读,去看,国家无

---

① 姜澎:《上师大整合相关抗战要素发布历史地图系列》,中国文明网,[EB]http://www.wenming.cn/hswh/jnkzsl70zn/jnhd/201507/t20150706_2713149.shtml[2015-07-06]。

② 孟广均:《关于情报概念、工程、信息业》,《情报业务研究》1985 年第 1 期。

③ 代根兴:《信息资源开发研究》,《中国图书馆学报》2000 年第 6 期。

论哪个方面发生什么事,档案工作都可随时提供材料"。①

宽泛地说,记忆资源集成也带有记忆资源开发的性质,如在记忆资源收集积聚和整合过程中,对乡村记忆资源的发掘和记忆材料的收集、采集、采录、摄录,以及收集积聚后对记忆材料的数字转化、编目整理、建立专题数据库和网络平台建设等,都是对记忆信息的提取和加工。同时,记忆资源开发也带有记忆资源集成的性质,如记忆资源开发中将记忆材料和记忆信息按特定专题进行组织、考订、整理等,也是对特定记忆信息的集成、组合。但如同信息资源收集与开发、档案资源收集与开发之间的关系一样,从逻辑上看,记忆资源集成是记忆资源开发的基础,而记忆资源开发则是对集成的记忆资源的深度加工,是再创造和再生产记忆产品的活动,是保护传承记忆、增强社会认同、满足社会情感需求的高级形式。

城乡档案记忆工程通过资源集成,使乡村记忆资源得到初步积聚和整理,但这些资源(材料)还处于相对分散状态,大都属于乡村记忆的"碎片",需要对这些记忆材料进行加工,使这些记忆碎片聚合起来,形成相对完整、具象的记忆产品和记忆系统,鲜活再现乡村记忆的历史图景和生活实态,让乡村记忆得到重组重建。

2. 乡村记忆资源开发是乡村记忆重建的过程

心理学认为记忆的行为或回忆的行为,是一种重构性行为。心理学家乐国安说:"回忆在本质上是一种重建活动。这就是说,记忆并不只是简单地把信息存储起来,而后又照样回忆出来。在记忆中存储的是一定的关键事件或事件的一些特点,在回忆它们的时候,把它们和来自这些事件及有关事件的语义记忆的一般性知识放在一起,形成了回忆时的重建活动"。② 李伯聪也从认知科学的角度指出,记忆的提取过程不是存储器中信息的单纯"恢复"或"再

---

① 谢觉哉:《我们要重视档案工作,做好档案工作——在全国档案资料工作现金经验交流会上的讲话》,《档案工作》1959 年 6 月 3 日。

② 乐国安:《论现代认知心理学》,黑龙江人民出版社 1986 年版,第 267 页。

现"的过程,而是一个重建或建构的过程。"主观体验还告诉我们:提取出(即回忆出)的信息——特别是对于内容复杂的信息——不是'恢复'出来的,而是在'输出'时根据一定的'主题'和线索组织起来、建构起来的。总而言之,像信息的存储过程一样,信息从存储器中提取的过程也是一个选择与建构统一的过程。"①由此可见,在回忆的重构过程中,充满了对记忆信息的提取、选择、重组等加工活动,这一过程也可以说就是记忆开发的过程。

自莫里斯·哈布瓦赫提出并研究集体记忆以来,建构观一直是社会记忆的主导性观点。哈布瓦赫说:"一切似乎都表明,过去不是被保留下来的,而是在现在的基础上被重新建构的。同样,记忆的集体框架也不是依循个体记忆的简单加总原则而建构起来的;它们不是一个空洞的形式,由来自别处的记忆填充进去。相反,集体框架恰恰就是一些工具,集体记忆可用以重建关于过去的意象,在每一个时代,这个意象都是与社会的主导思想相一致的。"②乡村记忆的形成与积淀是历史活动自然发生的过程,而乡村记忆的澄显则是根据现实需要的开发与重建。"它包含着一个创造性和构造性的过程。仅仅收集我们以往经验的零碎材料那是不够的;我们必须真正地回忆亦即重新组合它们,必须把它们加以组织和综合,并将它们汇总到思想的一个焦点之中。只有这种类型的回忆才能给我们以充分表现人类特性的记忆形态"③,也才能使乡村记忆更符合我们当代人的认同价值与精神诉求。如哈布瓦赫所言:"社会却不时地要求人们不能只是在思想中再现他们生活中以前的事件,而且还要润饰它们,削减它们,或者完善它们,乃至我们赋予了它们一种现实都不曾拥有的魅力。"④

----

① 李伯聪:《选择与建构》,科学出版社 2009 年版,第 89 页。
② [法]莫里斯·哈布瓦赫:《论集体记忆》,毕然、郭金华译,上海人民出版社 2002 年版,第 71 页。
③ [德]恩斯特·卡西尔:《人论》,甘阳译,上海译文出版社 2013 年版,第 87 页。
④ [法]莫里斯·哈布瓦赫:《论集体记忆》,毕然、郭金华译,上海人民出版社 2002 年版,第 91 页。

3. 乡村记忆资源开发是乡村记忆再生产行为

社会再生产是指生产过程的不断反复和经常更新。社会记忆再生产是社会再生产的方式之一，其内涵包括两个方面：一是其反复性，即它是一个有目的、有意识地反复进行记忆再现的行为或过程；二是其加工性，即它与物质再生产一样，同样具备"初级产品"再生产和"次级产品"再生产。如果说社会记忆的本源记忆(原初记忆)是"初级产品"(从社会活动历史延续性角度看也具有再生产特点)，那么，其后的延续、传承、建构等则是对原初记忆的加工行为或复活过程，具有"次级产品"再生产特点。社会记忆的再生产使"这些记忆不停地再现，通过它们，就像是通过一种连续的关系，我们的认同感得以终生长存"①。

乡村记忆资源开发对乡村记忆再生产的作用表现在：一是文本性再生产，或称形式再生产。即通过对乡村记忆信息的发掘、提取、转移、整理和表达等，使乡村记忆由一种存在状态转移为另一种存在状态，生产出新的乡村记忆文本或记忆制品。如将口承形式转化为文本、图片、录音、录像等形式，将仪式形式转化为文本、图册、影像形式等。二是内容再生产。伴随着记忆形式转变，必然相应地发生对记忆内容的选择、考辨、组织、编排、解读、介绍等，是对乡村记忆进行重新加工和再现，关涉对乡村记忆的改造、重组、重构，使其以更为凝练、具象的内容，重叙往事。三是意义再生产，即对乡村记忆的当代意义加以诠释和阐发，重新发掘发现乡村记忆的价值。乡村记忆资源开发是赋予乡村记忆新的生命意义的过程，虽然这一过程从记忆资源积聚就已经开启，在记忆展演和场馆建设中也会进一步表现、强化，但在乡村记忆资源开发阶段表现得更为明显突出。正是由于对乡村记忆资源的开发，乡村记忆得以在形式、内容和意义上更加符合、更能够满足人们对乡村的情感需求。

---

① ［法］莫里斯·哈布瓦赫:《论集体记忆》，毕然、郭金华译，上海人民出版社 2002 年版，第 82 页。

阿莱达·阿斯曼指出："功能记忆是一个被占据的记忆,是经过选择、连缀、意义建构的过程而产生的。无结构的、无联系的成分进入功能记忆后变得有编排、有关联。从这一建构行为中产生了意义,意义正是存储记忆根本不具备的品质。"①乡村记忆资源开发推动乡村记忆由存储记忆向功能记忆转化、由潜藏记忆向澄显记忆转化,通过开发推动乡村记忆得到重新建构和重新生产,从历史的迷雾中走出,重新开始新的生命运动,这正是城乡档案记忆工程的魅力和宗旨所系。

二、乡村档案记忆资源开发的定位、方向与原则

20世纪90年代以来,随着我国物质文化遗产保护、非物质文化遗产保护、传统古村落保护、历史文化名村名镇保护等工程的相继实施,乡村历史文化遗产保护与开发得到了高度的重视和推进。在今天的媒体中,我们可以看到各种乡村历史文化资源开发的报道,如乡村文化遗产开发、"非遗"开发、旅游资源开发、特色产品开发、古建筑开发、历史文化古城开发、小城镇开发、红色记忆资源开发等,乡村历史文化资源开发的范围和内涵不断拓宽。宽泛地说,乡村历史文化资源开发也属于乡村记忆资源开发范畴,那么,在城乡档案记忆工程中,如何把握好乡村档案记忆资源开发与一般的乡村记忆资源开发的关系,是一个值得重视的问题,需要我们找准自己定位,明确自身方向。

(一)乡村记忆资源开发的类型与层次

1. 乡村记忆资源开发实践探索与理论研究的发展

乡村记忆资源开发广泛地寓于乡村历史文化资源的保护、开发、建设与研

---

① ［德］阿莱达·阿斯曼:《回忆空间:文化记忆的形式和变迁》,潘璐译,北京大学出版社2016年版,第151页。

究中。由于"乡村记忆""乡村记忆资源"都是新提出的概念,传统上我们更多地使用"乡村历史文化(资源)""乡村传统文化(资源)"等概念,因此对乡村记忆资源开发实践探索与理论研究的分析总结,需要我们将乡村历史文化(资源)、乡村传统文化(资源)开发等一并加以考察。

20世纪50—70年代,由于受"左"倾思想影响,在"破四旧""文化大革命"期间,我国许多传统文化遗产遭受灭顶之灾,庙宇、牌坊、牌楼、碑林、祠堂等建筑类遗产惨遭破坏,民间文书、家谱族谱、古籍等文献类遗产惨遭焚毁,民间剪纸、年画、雕刻、字画、戏曲、曲艺、歌舞、音乐、风俗习惯、节庆礼仪、民俗技能、民俗游艺等非物质类文化遗产遭强行取缔,传统文化遗产作为"封建迷信"和"历史糟粕"而被"扫进历史的垃圾堆"。

80年代以后,随着改革开放的深入和经济社会发展,人们重新认识到传统历史文化遗产的资源意义,特别是湖南凤凰古城、山西平遥古城、云南丽江古城、安徽西递宏村、广东开平碉楼、江苏周庄等古城、古镇、古村的旅游开发,让人们看到了传统文化遗产所潜藏的巨大经济价值和文化价值,开始逐步重视乡村历史文化遗产的保护开发,通过开发历史文化资源来促进地方经济发展已成为我国不少地方的成功经验和发展动力。2005年,中共中央办公厅、国务院办公厅在《关于进一步加强农村文化建设的意见》(中办发〔2005〕27号)中,提出要"积极开发具有民族传统和地域特色的剪纸、绘画、陶瓷、泥塑、雕刻、编织等民间工艺项目,戏曲、花灯、龙舟、舞狮舞龙等民间艺术和民俗表演项目,古镇游、生态游、农家乐等民俗旅游资源。实施特色文化品牌战略,培育一批文化名镇、名村、名园、名人、名品",为推动传统文化遗产的进一步开发提供了政策支持。

与此同时,由于经济的快速发展和生活方式的转变,传统文化遗产又面临着新的危机。一方面旧城改造、城市建设、乡村建设、大型基础设施建设等"新建设运动"使得许多传统建筑、历史名城、名镇、名村、传统古村落遭受到新的破坏,"毁于隆隆的铲车之下";另一方面社会转型带来的思想和行为变化,也使得传统的非物质文化遗产遭受失传的危险,传统文化遗产保护和开发利用受到政府和社会的广泛关注。新世纪以来,在国家相继实施文化遗产保护、"非遗"保护、历史文化名村名镇保护、传统村落保护等工程的同时,学术界也展开了积极的探讨,围绕开发历史文化资源的经济效益、利用方式,历史文化资源与现代化的整合等问题形成了诸多成果。① 近年来,一些学者更是直接从记忆资源角度探讨乡村记忆的保护与开发,如梁音的《社会记忆的文化资本化——以洛带客家社会记忆资源的旅游开发为例》、杨同卫等的《论城镇化过程中乡村记忆的保护与保存》、杨晓蔚的《保护和开发农村的文化记忆》、程豪等的《社会记忆的旅游开发分析——以淮南煤炭记忆为例》等,显示出乡村记忆资源开发研究的新视点和新思考。

2. 乡村记忆资源开发的类型

在乡村记忆资源(包括乡村历史文化资源或传统文化资源)开发的实践探索与理论研究中,人们提出了不同的开发方式和开发方向,如抢救性开发、保护性开发、生产性开发、生活性开发、旅游开发、产品开发、产业(化)开发、文化(性)开发、仪式性开发等。根据这些开发方式的特点和目的,我们可以将它们概括为三类,即生活类开发、产业类开发和资料类开发。

生活类开发是将乡村记忆资源开发利用与乡村日常生活相结合的开发方式,其特点是重新发掘发现在我们生活中已经失传的,或将要失传的生活方式和技能,让记忆中的行为方式和文化活动再次"活跃"起来,成为我们生活的一部分,在日常的劳作和生活中得到自然的传承和保护。如乡村组织花会、灯会、庙会、地方戏演出等农民文化活动;发展具有民族传统和地域特色的剪纸、绘画、泥塑、雕刻、编织等民间工艺项目。在"非遗"保护领域,特别强调"活态保护",从此角度看,今天的许多文化保护项目,如建立国家级和省级文化保护实验区、培育"非遗"传承人等都带有生活类开发的性质。

---

① 参见史广峰:《历史文化资源的保护与开发研究综述》,《河北省社会主义学院学报》2012 年第 1 期。

产业类开发,或称产业化开发、生产性开发,是将乡村记忆资源开发利用与乡村经济发展相结合的开发方式,其特点在于将我们记忆中所承载的传统文化要素转化为经济潜能开发出来,实现经济效益和经济增长,如我们当前普遍流行的发展乡村特色旅游、开发乡村土特产品等。杨同卫等指出:"在许多国家,乡村旅游被认为是一种阻止农业衰退和增加农村收入的有效手段。可以通过历史人文资源的开发利用,把资源优势转化为产业优势和经济优势,在乡村民俗、民族风情和乡土文化上做好文章,为乡村文明的保护与发展开辟新途径。"①20 世纪 90 年代以后,挖掘乡村文化的产业价值,培育和发展乡村文化产业已成为乡村经济社会发展的主流意识,成为推动乡村建设的重要政策导向。

资料类开发,或称记录性开发,是将乡村记忆资源的开发利用与乡村历史文化的记录、反映和展示相结合的开发方式,其特点是将乡村记忆的载体性资料(包括地方文献资料、文物资料、口述资料、影像资料等)积聚、保管起来,并进一步开发生产乡村记忆文化产品或人工建构物等来记录、反映和展示乡村历史发展与历史变迁。如编写村史、村志,以记录乡村历史文化沿革演变;建造乡村民俗馆、乡村记忆馆、乡村博物馆等,陈列展示乡村历史变迁和历史风貌等。资料类开发不同于生活类、产业类开发之处在于它对乡村记忆资源的保管性、记载性、展示性,是乡村历史文化再生产的重要体现。

上述三种乡村记忆开发类型的划分有一定的权宜性,其边界有时也很模糊,但大体反映出乡村记忆资源开发的范围和基本样态。

3. 乡村记忆资源开发的层次

如同矿产资源开发需要把矿床(包括固体矿产和液体矿产)的矿石矿物开采出来,通过选冶加工等一系列工序,将有用物质提炼或提纯,并通过生产

---

① 杨同卫、苏永刚:《论城镇化过程中乡村记忆的保护与保存》,《山东社会科学》2014 年第 1 期。

制造,加工成为一定形式产品最终用于生产生活一样,乡村记忆资源开发也存在一个从发掘到利用的过程,只是由于乡村记忆资源与矿产资源的本质不同,其开发的"工艺过程"需要有新的阐释。

乡村记忆资源开发既是潜在资源向现实资源的转化过程,也是自然状态的资源到人工产品再生产的利用过程。根据乡村记忆资源开发加工的深度,结合信息资源开发的相关研究成果,我们可以把乡村记忆资源开发分为三个层次。

第一层次为记忆资源发掘开发。马费成在《信息资源开发与管理》中将信息资源的一次性开发定性为"通过试验、调查、观察、描绘、摄影、扫描、记录、传输和交流等手段将信息元组合、显示和连接等,形成最基础的信息资源,其特征是第一次面世的、富含创造性的信息"。① 根据马费成教授的观点,我们可以将乡村记忆资源的搜寻、提取和资料收集视为记忆资源的发掘开发,属于矿产资源开发中的"开采"阶段,形成基础记忆资源。

第二层次为记忆资源描述开发。是以记忆事项的基础信息为主要对象,对其进行整理、分析、考察、解释,把握记忆事项的基本构成或来龙去脉,从而能够将记忆事项完整、准确、全面地描述、说明出来,或者简单地说是把记忆事项的内容提炼出来,属于矿产资源开发中的"提纯"或"冶炼"阶段。记忆资源描述开发其成果多为文本、图集或声像形式的文献产品。

第三层次为记忆资源实用开发。是在记忆资源描述的基础上,将记忆资源与具体的生产生活相结合,形成具有一定结构和形态的"人工制品",进入社会流通领域,实现资源价值,如特色产品的开发和生产、传统村落名镇旅游开发、非物质文化遗产的生产性开发等。实用开发属于矿产资源开发中的"生产"阶段,既可以是有形的产品再生产,如旅游景点、特色物产、文化产品、古建筑修缮仿造等;也可以是无形的知识再生产,如在科学研究、文化教育、传承人培养等方面的实际应用。

---

① 马费成:《信息资源开发与管理》,电子工业出版社 2009 年版,第 222—223 页。

三个层次的开发是一个相互关联、逐步深入的过程，一项复杂的乡村记忆资源开发都会涉及这三个层次或加工的三个阶段；但各阶段又具有一定独立性，有自身特定的产品形式，体现出乡村记忆资源开发的多样性和复杂性。

（二）乡村档案记忆资源开发的定位与方向

分析和认识乡村记忆资源开发的类型、层次，其目的就是为探讨乡村档案记忆资源开发定位与方向提供基础。乡村档案记忆资源作为乡村记忆资源的一种特殊类型，其开发定位和方向需要放到整体的乡村记忆资源开发大框架下进行思考，才能找准城乡档案记忆工程中乡村档案记忆资源开发的目标，彰显自身特色。

1.乡村档案记忆资源开发的定位

城乡档案记忆工程中乡村记忆资源的开发对象为乡村档案记忆资源，包括乡村社会活动中直接形成的档案记忆资源，以及乡村口述记忆、仪式记忆、文本记忆、器物遗迹记忆等记录、采录、摄录后形成的档案化、数字化记忆资源，它们都是乡村记忆开发加工的材料，简称"乡村记忆材料"或"乡村档案记忆材料"。乡村档案记忆资源是乡村记忆档案化集成后的基础性记忆资源，其开发是对基础记忆资源的再开发。从开发类型看，主要属于乡村记忆资源的资料类开发，而非生活类、产业类开发；从开发层次上看，它主要属于乡村记忆资源的一次开发、二次开发——即发掘性开发和描述性开发，而非实用性开发。鉴于发掘性开发同时具有记忆资源集成的性质，前文已做论述，因此，本章将其定位于描述性开发，这是从档案工作特点、档案部门工作职能和城乡档案记忆工程性质等方面提出的思考和认识。

城乡档案记忆工程虽然在工作方式和工作内容上与传统档案工作相比有许多创新，但它仍应归属于档案工作范畴，正是出于这一基本思考，我们才将其称为城乡"档案"记忆工程，而不是一般的乡村记忆工程。档案工作是一项服务性、条件性工作，它"一不直接生产物质财富，二不直接从事国家管理、科学技术研究、文艺创作等活动,而是通过提供档案为社会实践活动服务来推动生产力发展与社会进步",是"提供档案信息为社会实践服务的特殊性服务工作"。① 从城乡档案记忆工程来说,它是通过挖掘、整理乡村记忆资源,开发乡村档案(化)记忆信息或资料来实现乡村记忆的保护传承,是乡村记忆保护传承的特殊手段和途径。

在城乡档案记忆工程中,虽然也有学者提出乡村档案记忆资源的旅游开发或产品开发,但从档案工作的历史和现实看,这方面的意义和成效都不显著。电视剧《马向阳下乡记》中有一个大槐树村,开发出"抗战煎饼",我们或许知道大槐树和抗战煎饼的传说,我们也可以把它们的来龙去脉理出来,但档案部门估计无法去开发大槐树村的旅游,也无法开发抗战煎饼。同样,我们知道很多乡村记忆是保留在乡村老人的口中,我们可以让他们把故事讲述出来,形成口述档案和口述史材料,但我们可能无法去培育记忆传承人。在乡村档案记忆资源开发中,即使我们参与到旅游开发、产品开发中去,我们也是通过对乡村历史文化传统、历史文化产品、乡土特色物产等历史信息的发掘整理、宣传介绍参与其中,而不是单独进行生活开发、产品开发或旅游开发。

文化部在 2012 年曾颁布《关于加强非物质文化遗产生产性保护的指导意见》(文非遗发[2012]4 号),指出"非物质文化遗产生产性保护是指在具有生产性质的实践过程中,以保持非物质文化遗产的真实性、整体性和传承性为核心,以有效传承非物质文化遗产技艺为前提,借助生产、流通、销售等手段,将非物质文化遗产及其资源转化为文化产品的保护方式"。档案部门在乡村记忆资源开发中形成的产品虽然也属于"文化产品",但多属于文字、图片、录音、录像等文献资料类产品,而不是一般生产生活类文化产品。在乡村记忆资源或乡村历史文化资源保护中,文化遗产保护工程、"非遗"保护工程、古村落保护工程和城乡档案记忆工程等可以各自担当、各展风采,档案部门可凭借自身富有特色的资料性开发或描述性开发,把乡村记忆资源提炼出来,引导、推

---

① 冯惠玲、张辑哲主编:《档案学概论》,中国人民大学出版社 2006 年版,第 101 页。

动乡村记忆资源的生产开发和生活开发。

2. 乡村档案记忆资源开发的方向

在资料性和描述性定位的前提下,乡村档案记忆开发的突出方向和着力点就在于对乡村记忆的提炼与加工,从而形成乡村叙事——"讲好乡村故事"。

乡村故事,就是乡村往事、乡村过去的事,既可以是历史久远的村落先祖开基建村的事,也可以是新近不久刚刚发生的事;既可以是村落全体成员合力对付外侮、全力共建家园、集体欢庆娱神的大事,也可以是家长里短、衣食住行、四时劳作的小事。乡村故事就是乡村记忆,是村落群体对过去的回忆或通过各种媒介保存与展现出的为群体成员共同拥有的过去知识。我们能够感知到的过去便是我们的故事。一座山、一座庙、一棵古树,我们知道它的来历和它蕴含的神话,那便是我们的故事,也是我们的记忆;一部村志、一封家书、一张祖先的赞像,我们知道它所记载的村落发展史、亲人奋斗史、家族光荣史,那同样是我们的故事、我们的记忆。没有记忆便没有了故事,反之亦然。

讲故事,就是回忆、叙事的过程,是对过去的回溯和回放,也是对过去再度表述和呈现,它把我们带入过去,也把过去带到现在,在过去与现在、历史与现实的交流中,使记忆得到重建和传承。

波德莱尔(Charles Baudelaire)指出:"过去,一面保持了幽灵特有的妙趣,一面将重获光明和重新开始生命的运动,并将变成现在。"[1]在由"幽灵"向"光明"的运动过程中,过去往往需要借助叙事的手段表达出来。符号学认为,叙事是对已发生的事情或已经开始发生的事情进行整理或重新整理、陈述或重新讲述的过程。[2] "叙事是一种讲述性的、表演性的行为事件,是编故事、

---

① 波德莱尔语,转引自[法]雅克·德里达著:《多义的记忆——为保罗·德曼而作》,蒋梓骅译,中央编译出版社1999年版,第74页。

② J.Hillis Miller,转引自许子东:《为了忘却的集体记忆》,生活·读书·新知三联书店2000年版,第199页。

讲故事的过程。故事是一种描述,是叙述不同情境中发生的一系列事件。故事包括开端、中间与结尾。每个故事均有一定的结构特征,包括叙述者、情节、场景、人物、危机与结局。那些能够记忆并能再现出来的经历将会成为故事所叙述的基本内容。我们没法直接走入同样的经历,我们只能通过再现,通过讲述故事的方式,来研究过去的经历。"①通过讲述,我们重构过去事实的意义,也使过去"重新开始生命的运动"②。

开发乡村档案记忆资源,讲好乡村故事,既是乡村记忆工程的经验提炼,也是讲好中国故事的时代需要。引发广泛关注和社会共鸣的百集大型纪录片《记住乡愁》(第一、二季),就是以"一集一村落、一村一传奇"为故事构架,围绕"忠孝勤俭廉,仁义礼智信"等中华民族传统美德在传统村落的千百年传承,讲述一个个生动感人的古今故事,是一部"以传统村落为载体,以生活化的故事为依托,以乡愁为情感基础"的时代佳作。有观众评论认为:"节目每集或以一个村庄,或以一个家族,上溯祖宗之德、之源,平叙当世安祥和谐,深究根源,娓娓道来,展现了一种安详、和谐、质朴、怡心怡性的乡村生活;在这一大型纪录片中,看到的'孝悌忠信礼义'的故事,比在任何一部小说中读到的都精彩。"③

在2013年全国宣传思想工作会议上,习近平同志指出宣传工作要"讲好中国故事,传播好中国声音"。习近平同志的这一思想不仅对宣传、外事工作具有巨大指导意义,对城乡档案记忆工程建设也具有巨大的指导价值。

根据罗伯特·芮德菲尔德"大传统"和"小传统"的观点,我们可以将历史叙事分为国家叙事和乡村叙事,国家叙事是国家层面的宏观叙事,乡村叙事是处于社会底层的民间叙事。每一个村落都是一部厚重的史书,值得我们细细品味。地名、人物、宗族、建筑、劳动工具、生活用品、四时农事、仪式娱乐、乡音

---

① ［美］诺曼·K.邓金:《解释性交往行动主义:个人经历的叙事、倾听与理解》,周勇译,重庆大学出版社2004年版,第64页。

② 参见王汉生、刘亚秋:《社会记忆及其建构——一项关于知青集体记忆的研究》,《社会》2006年第3期。

③ 张维:《〈记住乡愁〉首播引发强烈反响》,《中国电视报》2015年3月12日。

乡情、乡村历史、乡村变化等,都可以成为我们的叙事对象和叙事内容。讲好乡村故事是一门艺术,也需要一定的策略,以何种形式来讲述、呈现乡村故事,将是我们下文探讨的重点。

(三)乡村档案记忆资源开发的原则

1.保护性原则

在文化遗产保护领域,对历史文化资源开发往往存在两种态度:一种是强调保护,对开发持审慎和怀疑态度;另一种是强调开发,对文化遗产的静态保护持批评态度。今天,人们逐步认识到对历史文化资源的开发,也是文化遗产保护的重要方式和内涵,认识到文化遗产需要在保存、保护、宣传、弘扬中确保其生命力,扩大其传承途径;但同时人们更认识到在保护与开发之间,保护永远处于第一位,开发的目的应以保护为旨归。国家关于"非遗"保护工作的指导方针就是"保护为主、抢救第一、合理利用、传承发展",乡村档案记忆资源开发也应当遵循保护为主原则,一方面需要对失传或濒危的乡村记忆事项实施积极的抢救性开发,另一方面也要防止盲目开发。

如前文所述,在社会急剧转型变迁时期,传统的民间文化逐渐丧失了赖以生存的环境,乡村的历史脉络正面临着"断裂"的境地。"许多民俗文化逐渐被遗忘、淡忘;无数珍稀罕见的民俗技艺和民间文艺伴随着老艺人的逝去而销声匿迹;许多非物质文化遗产的典型器物有的正在毁灭。"[1]面对这些"遗忘""淡忘""销声匿迹""正在毁灭"的乡村文化事项与记忆事项,档案部门需要积极展开"拯救"行动,既要对乡村记忆事项进行采集、建档,建立专题资源库,更要把乡村记忆事项的信息开发、加工出来,促进其展示、传播,让乡村记忆事项保持其历史的生命力和"记忆温度",避免"人亡艺绝""房倒影灭"的缺憾。

乡村档案记忆资源开发应以保护为宗旨,合理开发,不能盲目开发。盲目

---

① 王文章主编:《非物质文化遗产概论》,教育科学出版社 2013 年版,第 314 页。

开发不仅是对历史文化的不负责任,更是对乡村记忆的"歪构"和"滥构",将会对乡村记忆资源造成严重破坏,贻害无穷。

2. 人本性原则

"以人为本"是文化遗产保护领域的一条基本原则。贺学君在谈到非物质文化遗产保护的本质与原则时指出,人本原则包含两方面内涵:一是"必须关注和尊重人(相关民众)的现实需求";二是"要明白只有(特定民族社区的)人,才是(特定)非物质文化遗产保护的无可替代的能动主体"。①

乡村记忆是特定地域空间的人群对过去的印象和对过去的回忆性知识,关系到人们的情感和认同,因此,乡村档案记忆资源开发从乡村民众的意愿和诉求出发,思考和把握自身的着力点和方向,"讲好乡村故事"。与传统档案文献编纂不同,乡村档案记忆开发是为满足特定地域民众"回望故乡"的情感需求服务的,而不是为科学研究提供资料服务的。

在乡村档案记忆资源开发中,坚持人本原则,一是要从满足人们对"乡愁"眷恋的心理倾向上讲好乡村故事,正是由于人们的"乡愁"依恋,才形成城乡档案记忆工程,这也是档案记忆资源开发的出发点;二是正确处理好开发中社会效益和经济效益的关系,将社会效益放在优先位置,防止记忆资本化带来的金钱取向,克服对经济效益的片面追求;三是动员和依靠乡村民众,特别是乡村知识精英、地方社会精英参与乡村记忆开发,深化对乡村记忆的挖掘和提炼,这将是乡村档案记忆资源开发的重要力量和重要策略。

3. 本真性原则

本真性(Authenticity)或称原真性,本意是表示真实的、而非虚假的,原本的而非复制的,忠实的而非虚伪的,神圣的而非亵渎的。20世纪60年代本真性被引入遗产保护领域,并逐渐成为人们的共识。王文章指出:"虽然有关本

---

① 贺学君:《非物质文化遗产"保护"的本质与原则》,《民间文化论坛》2005年第6期。

真性的观念随着现代社会的演化和对遗产的认识而发展,时至今日已远远超出了它的正统含义,但是人类对求真求实的追求却是无止境的。"①坚持本真性原则有助于坚持正确的保护理念和实践。

"求实存真"是档案学领域的优良传统。曹喜琛曾指出:"档案文献编纂工作只有坚持实事求是、存真求实,才能传真解惑,维护历史的真实面貌,否则,如果我们公布的档案文献真假不分,是非不辨,错讹横生,以致失真乱真,必将贻害无穷。"②在乡村档案记忆资源开发中坚持本真性,坚持求实存真,就是要坚持历史性原则,强调记忆事项的历史真实性。乡村记忆中可以有神话故事,有历史传说,有历史典故,其内容的客观真实性与传统档案史料强调的客观真实性(即与历史事实相符)或许有距离③,其中会多有"传说""虚构"的成分,但这正是乡村记忆的乡土性和地域性的体现。乡村记忆事项内容可以是"虚假"的,但该记忆事项必须是本地真实存在的,而不是穿凿附会、无中生有、临时编造的,类似文化遗产保护中出现的假文物、假遗迹、假建筑现象也值得我们警惕。在乡村档案记忆开发中,我们既要防范挖掘讲述"潘金莲故里""西门庆故里"等这类无厘头的乡村传奇,又要防止对记忆事项随意地添加情节或内容,篡改历史"故事",将记忆事项弄得面目全非,真假难辨,造成"假作真时真亦假"的乱象。乡村记忆既是"虚假"的,又是"真实"的。

4. 科学性原则

科学性原则既是历史性原则的内在要求,也是历史性原则的重要保障。"非物质文化遗产只有在科学原则的指导下合理地开发利用,才能保持其生机与活力"④,乡村档案记忆资源开发同样应遵循科学原则的指导。

乡村档案记忆资源开发中坚持科学性原则,关键是要在坚持乡村记忆事

---

① 王文章主编:《非物质文化遗产概论》,教育科学出版社 2013 年版,第 307 页。
② 曹喜琛主编:《档案文献编纂学》,中国人民大学出版社 1990 年版,第 77—78 页。
③ 参见丁华东:《论档案记忆的真实性与客观性》,《档案管理》2012 年第 6 期。
④ 王文章主编:《非物质文化遗产概论》,教育科学出版社 2013 年版,第 307 页。

项本真性的前提下,以科学的态度和方法对其相关的档案记忆材料进行历史考察,深度"求证"和"还原"记忆事项的来龙去脉。王明珂指出:"历史记忆研究不是要解构我们既有的历史知识,而是以一种新的态度来对待史料——将史料作为一种社会记忆遗存。然后由史料分析中,我们重新建构对'史实'的了解。我们由此所获知的史实,不只是那些史料表面所陈述的人物与事件;更重要的是由史料文本的选择、描述与建构中,探索其背后隐藏的社会与个人情境。"①张佩国在谈到对民事诉讼档案解读的感受时也指出:"我阅读案卷的一个感触是,当事人和证人的话语表达实际上是深刻地反映了地方性秩序的主要侧面,他们的声音在我的研究文本中必须占有一席之地";"这就不仅是档案资料的解读问题,而是在方法论层面上如何运用资料的问题了",需要"通过以往的'分析文本'转向'叙事文本',尽力发现隐藏在社会事实深处的当地人的社会主体性。"②只有在对档案记忆材料进行深度求证后,我们才能科学地揭示和解读乡村记忆事项的"史实",才能讲好乡村故事。此外,我们还要追求叙事形式的创新,以某种喜闻乐见的形式,表达和传递乡村记忆。

5.可持续性原则

可持续发展观是20世纪人类对自身发展历程反思后的新发展观,是"既满足当代人的需要,又不对后人满足其需要的能力构成危害的发展",它强调人与自然、社会与自然的和谐一致。可持续发展问题涉及人类社会生活的各个方面和各个领域,就城乡档案记忆工程而言,就是要求我们充分认识到乡村记忆资源保护传承的长期性和连续性,持之以恒地推动这项事业的发展。

我国的新型城镇化建设是一个长期的过程,乡村社会变迁无休止,档案记忆工程也不会"竣工"。我国乡村记忆资源极为丰富、深厚,其开发非一朝一夕所能完成,随着物质文化生活水平的提高,人们在精神层面的情感需求也会

---

① 王明珂:《历史事实、历史记忆与历史心性》,《历史研究》2001年第5期。

② 张佩国:《口述史、社会记忆与乡村社会研究——浅谈民事诉讼档案的解读》,《史学月刊》2004年第12期。

进一步提升,乡村档案记忆资源开发也是一个不断深化、不断创新的过程,在深化和创新中将乡村记忆生产和再生产出来,满足人们乡土情怀的内在需求。

乡村档案记忆资源开发坚持可持续发展原则,一是要"确立系统的开发思维,要全面规划,统筹安排,制定相互衔接的长、中、近期的整体开发规划和实施方案"①;二是要具有历史思维,避免"杀鸡取卵"式的开发,为后人留下开发的空间和资源。我国历史上有"史存档销"②的"痼疾",需要我们吸取历史教训,加以避免。

三、乡村档案记忆资源开发的叙事形式

"在全球化语境下,如何向世界讲述中国故事,是中国知识界和文化界长期思考的一个问题。"③讲故事就是叙事,是通过对特定"故事"(人物、事物、事件)的讲述、叙述,形成叙事文本,达到对故事的描绘和阐释。叙事(Narrative)"是这样一种话语模式,它将特定的事件序列依时间顺序纳入一个能为人理解和把握的语言结构,从而赋予其意义"。④ 从一般意义上说,人文社会科学领域都在讲乡村故事,而且各有不同的叙事形式和叙事文本。文学家莫言是在以文学作品的形式讲述乡村故事,他称自己为"讲故事的人";⑤社会学家、人类学家、民俗学家,也强调要讲好乡村故事,他们以专著论文形式,

① 董雪梅:《对我国历史文化资源保护与开发的思考》,《文化产业研究》2011年第1期。
② 即史书修好后,将相关档案史料进行销毁,以防历史翻案。
③ 张志忠:《如何向世界讲好中国故事》,《中国社会科学报》2014年8月27日。
④ 彭刚:《叙事、虚构与历史——海登·怀特与当代西方历史哲学的转型》,《历史研究》2006年第3期。
⑤ 莫言在斯德哥尔摩发表的诺贝尔文学奖获奖演讲的题目就是《讲故事的人》。德国学者蕾娜特·拉赫曼在研究文学和记忆的关系问题时,借用后结构主义的概念"互文性"来指称这种文本记忆。她认为,文学记忆是一种复杂的文本生产机制,而"记忆产生于对以符号形式存在的各种文化信息进行去符号化和再次符号化的相互转化过程中";"叙述以双重方式具有记忆性能,即一方面叙述作为文本的再生产和重复过程,另一方面以特定的叙述模式使叙述具有记忆性能。"[德]奥利弗·沙伊丁:《互文性》,冯亚琳、阿斯特莉特·埃尔主编:《文化记忆理论读本·前言》,北京大学出版社2012年版,第270页。

描述乡村社会结构和社会变迁,如费孝通的《乡土中国》、杨懋春的《一个中国村庄》、许烺光的《祖荫下》、林耀华的《义序的宗族研究》等,都是具有巨大影响的中国乡村"学术故事"。乡村档案记忆资源开发是对乡村过去的历史信息和生产生活知识的提取、加工、叙述和展示(开发也涉及展示展演,对乡村记忆的展演机制研究我们将在第六章重点探讨),是乡村记忆重构和再生产的过程,我们需要以自己特有的叙事形式和叙事文本来讲好乡村故事。

档案学中我们将档案信息资源开发产品称为编纂成果或编研成果,乡村档案记忆资源开发加工而成的"人工制品",即乡村故事的叙事文本或叙事形式,是档案编研成果的继承和延伸,可以在吸取传统档案文献编研理论的基础上,围绕乡村记忆保护传承加以综合运用和创新发展。

(一)资料汇编型成果

资料汇编即资料的汇集编纂或抄纂,是将过去留存下来的繁多复杂的材料抄录或转录下来,分门别类地加以整理和排列,用新的体式重新纂辑而成的有条理、有系统的文献,供人们从中捡寻事目,得到自己所需要的资料。作为一种文献类型,资料汇编源远流长,可以追溯到孔子对"六经"的编订,后世因革不断。古今在文献整理、史料整理和专业研究资料整理领域都有大量的资料汇编成果存世,举凡诏令集、实录、奏议集、纪略、史料长编、书札集、法令集、类书等,皆属此类。

在档案工作和档案学研究中,通常将档案资料的汇集编纂称为档案资料汇编、档案史料汇编、档案文献汇编或档案汇编,是按照一定的专题,对档案史料进行收集、筛选、转录、校勘、标点、标题、编排和评介,并以书册形式或报刊发表形式向读者提供真实准确可靠的档案原文。汇集编纂有多种形式,但不论采取哪种形式,都要求"完全成于辑录",要高度忠实于档案史料的原文原义,不允许妄加改易。

档案资料汇编也是历史叙事的重要形式。孔子编订"六经"时,"述而不作",孔子自己解释说"我欲载之空言,不如见之于行事之深切著名也"(《史记·太史公自序》)。清代学者章学诚将史料汇集编纂称为"比次之业",将汇集编纂方法称为"比次之法",将汇集编纂成的书籍称为"比次之书"——"不名家学,不立识解,以之整齐故事,而待后人之裁定"。① 近代史学家傅斯年受德国兰克叙事史学范式的影响,更是直接打出"史学便是史料学"的大旗,创立史料学派,把史学作为史料整理的科学,倡导采用现代自然科学的知识和研究方法对史料进行整理,以"助成从事纯粹客观史学及语言学之企业"。傅斯年认为历史学不是著史,"史学的工作是整理史料"②,只要把材料整理好,则事实自然显明了。这些史实史观都在一定程度上反映出档案史料汇编不只是历史研究的资料,也是一种历史的叙述。

乡村档案记忆资料汇集编纂是乡村记忆资源的一种开发形式,通过纂辑加工,以"整齐故事",重构并再生产乡村记忆,在乡村记忆保护传承中多有运用和体现。如徽州历史档案(或称徽州文书、徽州文书档案),被称为"契约社会的记忆""民间记忆",20 世纪 80 年代中期以来,许多徽州历史档案的收藏机构进行了编纂开发,其中影响较大的汇编成果有如中国社会科学院编的《徽州千年契约文书》《明清徽州社会经济资料丛编》(第一、二辑),安徽大学徽学研究中心等单位合编的《徽州文书》等。1993 年由中国社科院历史研究所王钰欣、周绍泉主编的《徽州千年契约文书》,共 40 册,其中宋、元、明编 20 册,共影印契约散件 1800 余件、簿册 43 册、鱼鳞图册 13 部;清、民国编 20 卷,共影印契约散件 1400 余件、簿册 79 册、鱼鳞图册 3 部,为徽学研究第一部大型资料集,它在向人们展示徽州厚重历史的同时,也在丰富人们对徽州社会的"想象"。如河西所言,"古代徽州的琴韵书声已经成为历史,现在我们只能从现存的徽州文书中去触及那个时代的民间记忆"。③ 再如 2006 年,曹树基在浙江省松阳县石仓村发现 8000 多件契约文书,经过编纂整理,2011 年出版

---

① 《文史通义·答客问中》,罗炳良译注:《文史通义》,中华书局 2012 年版,第 747 页。
② 傅斯年:《史学方法导论》,中国人民大学出版社 2004 年版,第 2 页。
③ 河西:《徽州文书:契约社会的记忆》,婺源老家论坛,[EB] http://www.wuyuan168.com/bbs/thread-638-1-1.html[2008-03-05]。

《石仓契约》三辑,共 24 册,被媒体誉为"重现记忆边缘的历史"。"从松阳县的石仓,这样一个小溪流域面积不足几平方公里的小村庄里,收集了大约8000 件土地契约及数百种民间文书……这些与村民生活有关的各类文书,包括分家书、收租簿、置产册、流水账、各类蒙书、商业文书、医生诊疗笔记、科仪书等,能帮助人们进入石仓村村民生活的世界"。①

汇集编纂乡村档案记忆资料是城乡档案记忆开发的一种普遍形式,有许多案例可查。民间歌谣、民间故事、地方戏曲等采集整理后,皆可以资料汇编的形式呈现出来。

（二）辑要编述型成果

按照张舜徽先生的观点,编述型成果是在许多可以凭借的资料基础上,加以提炼制作,用新的义例,改编成为另一种形式的书籍。编述仍然属于整理旧有文献的工作,其作品内容不是作者的创造,而是从各种原始资料内提取出来的,经过细密的剪裁、加工、提炼,以整齐划一的文体和崭新面貌呈现的新文献。曹喜琛先生认为,"编述仍然要求遵循'述而不作'的原则,以客观地介绍、转译、综述旧文献及其所记录的史实为主,不能多发议论,而把自己的立场、观点、思想倾向寓于客观叙述之中"。②

乡村档案记忆资源开发更多地侧重于通过对档案记忆资源的提炼加工,发掘、凝练和传达乡村的历史文化信息,让人们了解、体察乡村的沿革变迁和历史状况,因而是一种外向性开发,与档案文献编研工作在加工内容与侧重点上存在差异。从辑要编述型成果看,其叙事形式主要有以下几种:

1. 名录、汇集

名录是以汇总(汇集)属于某一范围内的名称及其最基本要素信息为特

---

① 李芸:《重现记忆边缘的历史》,《科学时报》2012 年 12 月 16 日。
② 曹喜琛:《档案编研概论》,中国档案出版社 1994 年版,第 7—8 页。

征的简要工具书,内容涉及广泛。按收录对象的性质,可分为人名录、地名录、机构名录、报刊名录、产品名录、科研成果名录等。它以录名为主,辅以简要的介绍。传统意义上,名录主要为便于联络统计之用,如《中国图书馆名录》《中国科研单位名录》《中国企事业名录大全》《中国工商企业名录》、各地区电话黄页等,对促进交流、强化管理都发挥着独特作用。然而,从社会记忆的角度看,名录的意义绝不止于此,它还是社会记忆的重要形式。

以特定名词表达出来的名称,包括人名、地名、器物名、事件名、机构名、产品名、建筑名等,既是我们对特定自然现象和社会事物进行意义指称和抽象表达的工具,也是我们记忆对象的基本单元和追寻记忆的索引。一方面,通过名称,我们可以和特定的记忆对象相连接,感知记忆对象所包含的内在信息。夏甄陶指出:"通过语言符号(词),概念就作为一种普遍的、社会性的思维形式,为社会成员所掌握和运用,成为他们观念地或理论地抓住和掌握事物一般属性或本质的手段和工具,同时也成为整个社会积累和丰富知识宝库的手段和工具。"①另一方面,当我们记忆模糊时,名称可以成为搜寻记忆的线索,从而重新去翻捡记忆,追回记忆;而一旦我们忘记名称,我们对事物的记忆必将渐渐淡忘,并最终遗忘。

基于名称对记忆对象的指称功能和索引功能,建立记忆名录也就成为乡村档案记忆资源开发的重要形式。如"浙江记忆"工程提出"构建浙江记忆名录体系",要求"编制发布浙江记忆系列名录,推进以浙江记忆名录体系为重点的档案文化精品项目"。目前,在各种记忆工程中编制开发的名录主要有人名录,如企业家名录、高考录取学生名录、抗日阵亡将士名录等;地名录,如历史名村名镇名录、村落名录等;产品名录,如名优名特产品名录、老字号名录;古建筑名录等。"我们无法保护它们,就请记住它们的名字。"

民间谚语、歇后语、方言等,内容简短,不像歌谣、民间故事那样可以汇集编纂成资料汇编,对它们的辑录更适合采用汇集的方式,如《歌谣大全》《谚语

---

① 夏甄陶:《认识论引论》,人民出版社1986年版,第247页。

集成》。这种方式的汇集与名录在性质上有共同性,相当于谚语、歇后语、方言的名录或大全。

2. 专题概要、专题介绍

专题概要,也称专题介绍、专题简介等,是以某个特定题目为对象,以与该题目相关的乡村档案记忆信息为依据,对特定的乡村记忆事项进行重新整合、建构,形成简要、凝练的乡村记忆叙事文本。

专题概要涉及的范围非常宽泛,一切乡村的自然现象、社会现象、社会事物、社会活动、社会主体等,凡与我们对过去的回忆有关,皆可加以简要介绍,以说明其历史或现实状况,如地名介绍、人物介绍(人物小传)、建筑介绍、风俗介绍、村落介绍、事件介绍、机构介绍、宗族介绍、产品介绍、劳动工具介绍、遗迹介绍、景观介绍等。专题概要能把某个特定专题的大量复杂的记忆信息集中、序化、优选、译解、转述、浓缩于一篇,突出体现了乡村档案记忆资源开发的记忆再生产性质,是发掘、发现、重构乡村记忆的重要形式。如湖南省岳阳县笔架山,有个"笔架山战场遗址简介":

> 笔架山战场,位于筻口镇郭家村,新墙河上游北岸,是抵御日军向大云山和长沙方向进攻的前沿阵地。1939 年 9 月,国民革命军 195 师 1131 团第 3 营营长史恩华率部在此与日军奈良部 3000 余人激战三天三夜,打退日军多次进攻,消灭日军千余人,全营官兵 500 余人壮烈殉国,完成了阻击任务。国民政府为史恩华烈士修墓立碑,誉其为"中华魂"。①

"专题概要"是各种编述乡村记忆事项介绍、简介的统称,在实践中具体称法灵活多样,如称《××专题概要》《××专题介绍》《××专题资料》《××专题一览》等,一般比名录包含的信息量丰富,但每篇在篇幅上较短。专题概要可以单篇独立,作为一定记忆事项的说明;也可以结集出版,作为某方面记忆事项

---

① 孙莲莲:《一个村庄的抗战》,《中国电视报》2015 年 8 月 20 日。

的介绍。

3.组织沿革、大事记

组织沿革或称组织机构沿革,是全面、系统地记述和反映某一地区、某一系统、某一村落组织机构演变情况的介绍性文献。内容涉及组织成立、调整、合并、撤销、复建;组织性质、职掌、隶属关系、人员编制;主要负责人任免、升迁、调转;内部机构设置等方面的情况。大事记或称大事年表、大事纪年、大事编年、大事纪要、大事记述等,是以时为经,以事为纬,简明地记载特定对象、特定范围各种重要史实的介绍性文献。组织沿革和大事记可以反映特定对象(如村落、村级机构、乡镇等)的沿革演化与主要活动,因而在乡村档案记忆资源开发中普遍采用,也是典型的乡村记忆叙事形式。如浙江长兴县高家墩村建制,对村落的历史沿革做了简要介绍。

组织沿革和大事记都可以时序为线索,通过对历史事实的加工提炼,以文字式或表册式呈现出来,便于人们了解某一特定对象发生发展的历史进程,把握事物之间的因果联系,厘清历史发展的脉络,"于纷乱如丝当中,忽得梳通栉理"。

4.年鉴、手册

年鉴是系统汇辑某地区、某组织、某行业年度重要活动、重大事项和重要数据的资料性工具书,按年编写,逐年连续出版。手册或称指南、便览、通览,是将某一领域权威性文献、稳定成熟的专业知识、常用的基本数据和其他信息汇集于一册的资料性工具书。手册所收的知识偏重于介绍基本情况和提供基本材料,如各种政策法规、事实、数据、图表等,通常按类编排,便于查找。

年鉴和手册从材料到内容都具有很强的综合性,既收录各方面的原始资料、原始数据,也多有对原始资料的加工提炼,因而可归入辑要编述型成果之列。它们可以为我们提供某地区、某组织、某行业年度活动情况或历年来的基本情况,是乡村记忆的综合性叙事形式。

在乡村档案记忆工程中，多有年鉴和手册的编纂出版，如台州市的《台州年鉴》、丽水市莲都区碧湖镇的《碧湖镇年鉴》、宁波市镇海区的《镇海年鉴》、长兴县的《长兴记忆》等。

（三）纪志撰著型成果

我国古代，"著"或"作"与"述"有着明显的区别。《礼记·乐记》云："作者之谓圣，述者之谓明。"清代学者焦循则进一步指出："人未知而己先知，人未觉而己先觉，因以所先知先觉者教人，俾人皆知之觉之，而天下之知觉自我始，是为'作'。已有知之觉之者，自我而损益之，或其意久而不明，有明之者，用以教人，而作者之意复明，是之谓'述'"（《雕菰集·述难》），意即凡是前无所承，而系个人创造的，才叫"作"或"著"。

曹喜琛认为，著作与抄纂、编述相比，是科学研究性最强，难度最大，要求最高的一项工作。尽管如此，它仍然是编研工作的一个类型，档案馆、室的著作类编研活动的主要内容，就是参加编史修志。[①] 结合档案编研领域对抄纂、编述、撰著的区分与理解，乡村档案记忆资源开发中的撰著成果不仅涉及编史修志，还涉及记人记事性的乡村记忆文献，因此可称为纪志撰著型成果，具体形式大体有以下三种。

1. 回忆录

回忆录是当事人或知情者对有关历史的回忆，它不是事发时留下来的直接凭据，而是作者以对有关历史事实的参与或者知情为依据的事后追忆。南京大学历史系李良玉教授认为回忆录的本质是一种"记忆资料"。[②]

回忆录的根本特性是追忆，其撰写也是一种特殊的写作活动，它"可以提供许多重要的历史细节，记录历史情态和现场感，同时也不免带有回忆者自我

---

① 参见曹喜琛：《档案编研概论》，中国档案出版社1994年版，第9—10页。
② 李良玉：《回忆录及其对于史学研究的价值》，《社会科学研究》2004年第1期。

合理性的成分"。① 对回忆录的史料价值虽有不同评说,但可以肯定的是它和档案文献资料一样,是叙事历史和复原历史的重要形式。在乡村档案记忆资源开发中,撰写回忆录既涉及对采集的口述记忆资源的整理加工,也涉及作为乡村生活的当事人对乡村往事的直接回忆。其成果在具体名称上,可称为"乡村记忆""乡村回忆""乡村纪事""乡村实录""乡村往事",如沈成嵩的《记住乡愁》、刘家科的《乡村记忆》等,虽属散文,但都具有乡村生活回忆的成分。通过撰写回忆录,可以把乡村生活事项、记忆事项提取凝练起来,为我们提供乡村记忆的现场感、情境感和真实感,让乡村流淌、潜藏的记忆成型固定起来。档案部门可以通过有效的组织,在乡村回忆录撰写中发挥积极作用。

2.地方史志

地方史志包括地方史和地方志,两者在内容上都以某一个地区为记叙对象,关系极为密切,往往相互渗透。一般而言,地方史是以记叙过去为主,有时不免提到一些现状;地方志则是以记叙现状为主,有时也需要追溯一下过去,因此两者各有侧重,又彼此关联,本质是一样的。清代方志学家章学诚认为:史和志两者名称虽有不同,但"史体纵看,志体横看,其为综核一也"②;"有天下之史,有一国之史,有一家之史,有一人之史。传状志述,一人之史也;家乘谱牒,一家之史也;部府县志,一国之史也;综纪一朝,天下之史也"。③ 有鉴于此,我们且将地方史志合并论述。

谭其骧先生曾指出:"地方志不同于总志。地方志顾名思义是记载一个地方的事情的。地方志所记载的地方可大可小,大的一个省一种志,古代的大到一个州一种志,小的不管是一个县一个镇,也可以有县志、有镇志。尽管可

---

① 王海光:《回忆录的写作与当代的存史》,《理论学刊》2007 年第 4 期。
② 《文史通义·答甄秀才论修志第二书》,罗炳良译注:《文史通义》,中华书局 2012 年版,第 1306 页。
③ 《文史通义·州县请立志科议》,罗炳良译注:《文史通义》,中华书局 2012 年版,第 924 页。

大可小,但总而言之是一个地方一个志。"①根据记载的对象范围,可以形成省志、市志、县志、乡镇志、村志,有时还可形成行业志、部门志、单位志(机关、厂矿企业、学校)、家族志(家谱)等等。"志者,记也",地方史志的主要功能就是为了保存传承记忆。章学诚在《方志立三书议》云:"志者志也,欲其经久而可记也。"②不同对象范围的史志撰著,正是不同群体社会记忆的传世远行、经久可记的社会需求,突出体现乡村记忆叙事的特征。

3. 地方记忆系列丛书

近年来,以"记忆系列丛书"命名的图书文献呈渐增趋势。2013 年,安徽池州市组织专家编纂出版大型文化系列丛书《池州记忆》,包括《老地图》《古诗词》《古寺庙》《古石刻》《古村落》《古名胜》《遗珍》《非遗》《名人书画》《历史人物》,共 10 册,140 万字,1582 幅图片,全景式展示池州悠久的历史和灿烂的文化,填补地方文化保护与传承方面的空白。③ 2015 年,新疆克拉玛依区组织出版报告文学集《功勋记忆》系列丛书,共 5 部,记录各行各业的石油前辈共 81 人、16 个集体,累计 127 万字,"记录前辈艰苦奉献历史、弘扬克拉玛依精神",向克拉玛依油田发现 60 周年和纪念日献礼。④ 同年,大连教师马殿文在纪念中国人民抗日战争暨世界反法西斯战争胜利 70 周年之际,主持编写了《旅顺记忆》系列丛书,包括《甲午国殇铭千古》《牢狱不屈写春秋》《白山黑水铸英魂》《血洒中华留青史》4 本,计 70 万字,提醒中小学生铭记历史,热爱和平。此外,还有如《红色记忆》系列丛书、《广东记忆》系列丛书、《达州记忆》系列丛书、《十堰记忆》系列丛书等,或已出版,或在陆续出版中。

地方记忆系列丛书的编纂出版既是地方历史文化建设的重要内容,也是

---

① 谭其骧:《地方志与总志及历代地方行政区划》,《中国地方志通讯》1984 年第 4、5 合期。

② 《文史通义·方志立三书议》,罗炳良译注:《文史通义》,中华书局 2012 年版,第 907 页。

③ 章孙为:《〈池州记忆〉系列丛书出版》,中安在线,[EB]http://ah.anhuinews.com/system/2013/12/23/006243147.shtml[2013-12-23]。

④ 闵勇、郭宁:《〈功勋记忆〉系列丛书首发》,《克拉玛依日报》2015 年 10 月 28 日。

各地方社会记忆传承的重要方式。在地方记忆系列丛书编纂出版过程中,地方档案部门多有成果,特别是在"浙江记忆"工程的推动下,浙江省及一些市县档案局馆,都在积极组织编纂记忆系列丛书,以此打造地方档案文化品牌。如浙江省档案局编纂有《记忆浙江》系列丛书、海宁档案局编纂有《海宁记忆》系列丛书等,台州市档案局还谋划编纂"四大系列丛书"(即年鉴系列、"名"字系列、区域特色文化系列、院士系列),这些经验值得推广。

(四)图集音像型成果

如果说资料汇编型、辑要编述型、史志撰著型成果是以文字为记录和表达符号进行乡村叙事,那么图集音像型成果则是运用语言、图像、影像为记录和表达符号进行乡村叙事。

语言(口语)和文字一样,也是人类传统的叙事方式之一,口传的巫歌、神话、史诗、民间故事、童谣等,都是"具有人类学意义的典型传统叙事作品"。只是由于语言自身表达的局限,在人类记忆传承中,多被转录成文字版本或如前所述的"档案化"加以流传。图像叙事也具有悠久的历史,人类在早期蒙昧时代的结绳记事、岩画、壁画、图腾塑造等可以视为图像叙事的滥觞。图像叙事在我们的典籍文献中也一直存在,如古籍文献中的图、表等。传统上,我们将典籍文献也称为"图籍",就是因为在传统叙事中存在大量的"图绘"。

19世纪中叶以后,随着录音、摄影、摄像以及多媒体技术的发展,不仅声音可以脱离口头限制而记录传输,图像也由传统的手工绘制发展到动态影像摄制,在电影、电视、电脑、多媒体、网络等电子大众传媒的推动下,人类正在由"阅读时代"迈向"观像时代""视听时代"。"不经意间的回眸,我们发现自己已经置身于另外一个世界,一个陌生的世界,一个由电影、电视、广播、录像、影碟、多媒体电脑、互联网等大众传播媒介共同构成的影像世界。"①乡村档案记忆资源开发的图集音像型叙事形式主要有:

---

① 陈晓云:《影视文化:工业时代的视觉神话》,《当代电影》2000年第6期。

1. 图集制品

图集制品包括图册、画册、相册、表册、图片集、图像集、图示集等,是利用各种图表汇集编纂而成的文献形式。根据图表的性质,图集大致可分为科技图集和历史图集(包括影像图集)两类,历史图集是采用照片、图片、图像、影像等编辑而成的一种反映历史状况和历史变迁的参考资料。乡村档案记忆资源开发中的图集主要是历史图集。

图集具有形象性、说明性等特点,能生动、直观地说明、展示某一方面的历史情况、历史场景和发展变化。章学诚称图像为"无言之史",他指出"至于图象之学,又非口耳所能授者,贵其目击而道存也"。因此,"虽有好学深思之士,读史而不见其图,未免冥行而擿埴矣"[1];英国历史学家彼得·伯克(Peter Burke)也说,"一些可视叙事本身就可以当作历史来对待,因为它们通过图像以及用不同的方式解读图像,从而重现了过去"。[2]

图集是档案部门开发编纂图片、影像资料,叙说乡村历史变迁的常见形式。如黑龙江省档案馆编纂《黑龙江历史记忆》档案图集,共 6 章,79 个专题,收录历史照片、珍贵档案、历史地图、示意图等图片资料近 1200 幅,以时为序,再现黑龙江源远流长的文化和近 300 年历史变化的沧桑。

传统的图集主要为手工绘制的图片图画,如舆图、画像、示意图和绘画作品等,摄影摄像技术出现后,图片图画更多地被照片或影像"截屏"所取代,编纂的图集也被誉为"影像志"。如新华社老记者王景和利用多年拍摄积累的照片,编辑出版的四卷本丛书《最后的乡村——乡土中国影像志》,是我国首部以图像方式集中反映改革开放以来农村发展变化的"纪实作品"。随着"数字人文"方法、技术的应用,越来越多的历史"图谱"将被开发出来。

---

[1] 《文史通义·永清县志舆地图序例》,罗炳良译注:《文史通义》,中华书局 2012 年版,第 1144 页。

[2] [英]彼得·伯克:《图像证史》,杨豫译,北京大学出版社 2008 年版,第 223 页。

2. 录音制品

录音制品是"对表演的声音和其他声音的任何录制品,主要用于记录声音、具有再现音乐作品、语言等功能"。① 录音制品从技术的发展看,大体经过唱片、录音带和激光唱盘三个时期或三种类型。

录音制品是人类口语或口头说唱的转录和记载,是在"用声音叙事",属于典型的社会记忆。录音制品的社会记忆叙事性主要表现在:一是民间歌谣、民间故事的叙事性。民歌民谣、民间故事是民间流行的、赋予民族色彩的歌曲传说,我国许多少数民族都流传着叙事民歌或传说故事,如彝族的"梅葛"、苗族的"古歌"、瑶族的"盘王歌"、哈尼族的"开天辟地歌"、景颇族的"木瑙斋瓦"、藏族的"格萨尔王"等,这些民歌、故事记述了有关宇宙与人类起源的古代神话和传说,以及先民关于自然现象、历史发展、生产生活和宗教礼仪等方面的知识。二是历史活动、历史人物录音的叙事性。如 20 世纪 20—40 年代录制的孙中山《勉励国民》《救国方针》等演讲录音、蒋介石及其他民国时期政界要员的讲话录音;20 世纪 90 年代中央档案馆、中央文献研究室等单位联合制作的《巨人之声》盒式录音带和激光光盘,包括毛泽东、周恩来、邓小平等讲话的原始录音,再现了历史伟人的声音和重大历史场景。三是口述历史档案录音制品的叙事性。口述历史或口述历史档案是历史事件的当事者、参与者、旁观者的回忆,是对历史的追忆和述说。四是一般音乐作品所表现的时代性和叙事性。如《义勇军进行曲》《黄河大合唱》所表现的中华儿女挽救民族危亡、抗日图存的时代呼声;《南泥湾》《兄弟开荒》所表现的抗战时期陕甘宁边区军民的大生产运动热潮和革命乐观主义精神;《祝酒歌》所表现的粉碎"四人帮"后人们欢欣喜悦的心情等。

在乡村档案记忆资源开发中,录音制品的内容可以是村落的传说、乡村故事、乡村的口述史,也可以是乡村生产生活、非物质文化遗产的讲述,甚至是我

---

① 胡鸿杰主编:《档案文献编纂学》,中国人民大学出版社 2012 年版,第364页。

们讲述的语言——方言。天津、浙江、福建等省市都在开展方言建档工作,在建档之后,也需要加以开发录音制品,让人们能够聆听、体味"乡音"。

3.影像制品

影像制品包括电影、录像片、电视片、文献片、科教片等,是以电、光、磁、胶片等介质为载体,用数字或模拟信号将图、文、声、像记录下来,加工合成后,通过视听设备播放使用的出版物,常用录音制品合成为"音像制品"或"音像出版物"。

影像制品具有超越图集制品和录音制品的叙事能力,它不仅有图像语言和声音语言集成的能力,而且还将单幅、平面的图像集成具有连续性、空间感的影像。影视学者认为,电影影像与电视图像作为一门特殊语言——影像语言、影视语言,具有自身的语义规定性和特定的叙事策略、表意体系,由此创造了一种其他媒介无法提供的现实图景。影像语言具有两层表意功能:"第一层是被摄物的自身表意,即自然的物性表征,具有人类视知觉的共识;第二层是作品的特有表征,即文本的建构表征,受到不同的社会与文化背景的制约。"第一层是叙述,即"讲什么""怎么讲"的语义层;第二层是表现,即"讲得生动""讲得有意思"的意味层。[1] 影视艺术能够为人们所承认,正是从提高和改良它的叙事功能开始的,在"视听时代",影像"可以启发我们广义地了解叙事,不仅把叙事当成讲故事,还要把它看作一种更具表现力的表达方式"。[2]

在目前的各种城乡记忆工程中,人们正在用影像形式记录和讲述乡村历史及其变迁。如中共河北省委宣传部、河北电视台等联合摄制的八集大型文献纪录片《平山记忆》,以朴实、凝重并带有鲜明平山地域特点的风格,通过一个个鲜活的人物、感人的故事,展示平山儿女以其仁厚实在、悲歌慷慨的风骨,为中国革命的胜利作出的贡献和牺牲。摄制组采访了 170 多位重要历史当事

---

① 张宇丹:《影视作为一门叙事语言》,《云南艺术学院学报》1999 年第 2 期。
② 梁丽华等:《影像、叙事与视觉表达》,《电影艺术》2015 年第 1 期。

人和知情人,并首次披露日本公文书馆等保存的大量珍贵史料文献。"这是一部平山儿女苦难与辉煌的真实记录,也是中华革命历史的史诗。"①此外,2015 年 6 月 14 日,《山东省"乡村记忆"工程影像志》正式开机,拍摄大型乡村题材系列纪录片;2016 年 4 月 2 日,南通市"乡村记忆——南通乡村影像志"文化工程也正式启动,这些都显示出影像作品在乡村记忆保护传承中的蓬勃力量。

四、乡村档案记忆资源开发的叙事技法

"'历史事实'与其说存在于外部世界,倒不如说存在于人们的理解、记忆、叙述和阐释之中。"②叙事理论认为,每一个叙事文本都包含两部分:一是故事,二是叙述(或话语),故事意味着"讲什么",叙述意味着"怎么讲"。因此,"讲故事"或叙事不仅关涉到叙事形式的安排,更关涉到叙事主题的选择和叙事技巧的运用。"叙事的意义,最简单的描述,就是对故事的叙述,其核心问题包括:故事和叙述,而叙述学的主要任务就是叙述什么故事和如何叙述故事……探讨在叙事中情节被如何结构,素材被如何组织,讲故事的技巧,美学的程式,故事的原型,模式的类型及其象征意义等等。"③

叙事技法可以理解为叙事技巧与叙事方法的合称,它对叙事效果有着决定性影响。运用得当,可以把故事讲得绘声绘色、引人入胜;不会运用,就会把故事讲得平淡无奇、失去声色。当代叙事学研究十分注重对叙事技法的讨论,强调不同叙事领域和叙事形式对叙事技法科学、合理、灵活的运用,以提高讲故事的能力,增强叙事的感染力和社会认同度。乡村档案记忆资源开发的主导方向就是"讲好乡村故事",尤其需要我们借鉴叙事学的相关知识,探讨并提炼乡村记忆叙事文本组织和建构的基本技法。

①　《平山记忆》,《中国电视报》2015 年 7 月 30 日。
②　龙迪勇:《空间叙事学》,生活·读书·新知三联书店 2015 年版,第 320 页。
③　尹鸿:《当代电影艺术导论》,高等教育出版社 2007 年版,第 160 页。

（一）叙事选题技法

"任何叙事活动必须以事件为基点,没有事件的叙事作品是不可能存在的",作为一种精神创造活动,确定一系列的事件是一切叙事的真正起点。①乡村叙事中的"事件"即乡村故事或乡村往事,确定作为叙事对象的乡村事件,既是对叙事主题的选择,也是对将要叙述和阐释的乡村记忆事项的确立。

乡村故事丰富多彩,可以说"乡村处处是故事"。经过千百年的孕育和发展,古老的中国乡村蕴藏着无限深厚的历史、文化和传统,它们是乡村记忆的内涵,也是乡村叙事选题的源泉。张志忠教授说:"当下的中国,虽说已进入21世纪,却仍在农业文明、工业文明以及信息时代和后工业社会中并存交叠。欧美发达国家已经完成了现代转型,几至日复一日常态运行,生活同质化、信息传媒化,太阳底下早已没有新的故事。中国却正在这大转型的征途上,艰难地开辟道路、创造伟业。个人、家庭乃至整个民族都有说不尽的故事和道不完的精彩。基于民族的共同记忆和共同经验,又分解到每一个具体的人物经历之中。正如许多作家曾经表述过的那样,中国的现实,远远超越了作家的想象力,比文学更具有传奇性。"②

乡村的地名人名、建筑遗迹,乡村的民间信仰、民间传说、民间故事、风俗习惯、纪念仪式,乡村的组织演化、历史事件、生产生活等,其中所含的每一个记忆事项或文化事项都可以构成我们叙事的主题,构成我们的故事,都可以让我们娓娓道来,令人无限感动。如中央电视台经典纪录片《舌尖上的中国》,以"普通人的家常菜"为窗口,讲述人和食物之间的故事,在呈现各色美食的同时,也展示出普通中国人的人生百味,"感动我们的不仅仅是食物的味道,还有历史的味道,人情的味道,故乡的味道,记忆的味道"。乡村记忆无比丰

---

① 龙迪勇:《空间叙事学》,生活·读书·新知三联书店2015年版,第316页。
② 张志忠:《如何向世界讲好中国故事》,《中国社会科学报》2014年8月27日。

富的资源层次和深厚内涵既给我们选择叙事主题带来方便,也给我们提出挑战,选择什么样的主题讲述乡村故事,值得我们探讨。结合乡村的历史与现实,我们大体可以从以下五个方面思考叙事选题:

1. 地名及组织沿革故事

传统乡村社会的地名是乡村共同体的象征和历史坐标(坐落),"我是某某地方人"是中国人的基本身份感、认同感和归属感。地名故事不仅涉及地名的由来,还涉及地名的演化、地名的命名方式,涉及与地名有直接关联的地方行政区划(地名的空间范围)、组织设置及其历史沿革等。人类学家将乡村社会称为"想象的共同体",讲述地名及其组织沿革故事有助于增强共同体对自我身份的认识和理解,是乡村记忆资源开发中首先应讲述的故事。据报道,浙江镇海区地名办与镇海区新闻中心《今日镇海》编委会自2012年起合作推出的《镇海地理》专栏,选取镇海本土有特色或代表意义的街、巷、弄、港、塘、路、屋、亭等诸多地名,讲述其历史沿革和文化变迁,以激活记忆,牵引读者走进镇海的历史和文化,被誉为"为世世代代流传至今的地名树碑立传"。①

2. 人物与家族故事

人是社会活动的主体,家族(家庭)是社会构成的细胞,乡村社会的人物和家族也是乡村记忆的重要内涵和乡村故事的叙说对象。其中涉及人物的故事有开基创业先祖的故事、有外出仕宦显贵的故事、有乡里贤达的故事,也有乡村先烈的故事和当代在各领域作出杰出贡献的人物故事。涉及家族的故事有家族繁衍、支脉的故事,家族家法族规、族谱、祠堂、祖墓的故事等。人物故事与家族故事往往融为一体,相互支撑,构成我们津津乐道的"乡里话题"。浙江省一些乡村在开展乡村记忆工程过程中,将古代中举、中进士者,近代的

---

① 《地名故事〈行走与记忆〉发行》,《今日镇海数字报》2015年12月18日。

先烈、革命家,以及当代具有一定级别的干部和考入高等学府的人,梳理出来,制成名录,以彰显乡誉,激励后人。

3. 传说与历史事件故事

赵世瑜教授说:"无论是历史还是传说,它们的本质都是历史记忆。"[1]传说常与民间神话、民间故事、民间笑话、民间谚语等相关联,包括神话传说、人物传说、地方传说、史事传说、风物传说等,都是以故事的形式传达以往的地方历史想象。历史事件是乡村历史实际发生的事,从乡村自身日常发生的"琐事"到国家大的历史事件在乡村的"连锁反应",特别是对乡村而言的重大灾害、重要建设、重要活动、重要变革等,都是乡村史的重要内容。传说与历史事件故事虽然各地方或各村落都有,甚至主题相同,但每一地方、每一村落实际发生或流传的情况却并不一样。如前文提到的"笔架山战场遗址"下岳阳县篷口镇郭家村抗战故事,通过村民对当年抗战的讲述,能为我们展示当年抗日战争的惨烈和中国人民英勇不屈的壮举。[2] 发掘乡村传说和历史事件故事,可以更好地让我们了解和丰富国家史。

4. 生产与生活故事

乡村故事不仅仅是过去发生的故事,也是当下发生的故事,它蕴含在我们"日出而作、日落而息"的日常生产与生活中。生产故事涉及我们的生产工具、生产方式、四时稼穑、地方物产、手工制品;生活故事涉及我们的饮食起居、生活用品、四时节庆、地方风俗、宗教仪式等。生产生活故事因为我们"日用而不知",所以往往不为人们多关注,在社会变迁的大变局中有意无意地被遗弃,需要我们发掘整理,留住记忆。浙江金坛作家沈成嵩写了一本散文集——《记住乡愁》,分"品农时""忆农事""恋乡情"三部分,涉及立春、雨水、惊蛰、

---

[1]　赵世瑜:《传说·历史·历史记忆——从 20 世纪的新史学到后现代史学》,《中国社会科学》2003 年第 2 期。

[2]　参见孙莲莲:《一个村庄的抗战》,《中国电视报》2015 年 8 月 20 日。

春分、小寒、大寒、圩门、花街、草鞋、蓑衣、粮票、茄香、唱花、祭土、剃头、弹棉花、烘山芋、吃饭局、私塾先生、耕读人家、抗战诗人、种田状元……①在乡愁中书写农事农时、在农事农时中抒发乡愁，让人们再次体会到乡村的风土人情，感知到乡村的春生夏长，秋收冬藏，鸟鸣风动，水秀山清。这正是我们乡村档案记忆工程需要开展的工作和目标所在。

5. 文化与历史遗存故事

宽泛地说，除了现实活动的人，乡村社会的一切都是文化与历史遗存。不过，这里我们需要简单做个限定，即这里所说的"文化与历史遗存"是指我们先人留存下来的具有典型意义的文化遗产和历史遗迹。如属于物质文化遗产范围内的古寺庙、古道、古井、古桥梁、古渡口、老亭子、老宅子、旧遗址（包括学校、书院、乡公所、村公所以及历史事件发生地）等；属于非物质文化遗产范围的地方戏、地方手工艺、地方歌谣谚语、地方历史文献等，其中都有值得我们讲述的故事。每处乡村都曾经历过它的繁华与荣耀，都为后世留下了无比珍贵的"历史财产"，生生不息，在等待着我们去开发、去讲述。

乡村叙事既要把握好选题角度，更要结合乡村的历史文化积淀和叙事形式的安排，在突出地方特色的同时，兼顾现实需要，更好地纾解人们的乡愁。

（二）叙事选材技法

城乡档案记忆工程中乡村档案记忆资源开发的叙事不是原创性叙事，而是描述型、转述型或纪实型叙事，故事原本就存在，我们所要做的是在原先乡村档案记忆资源集成的基础上，通过对乡村记忆材料的抽取、重新组合和加工，来发掘和传达乡村故事，是对乡村故事的追溯性重构。为此，乡村记忆材料的选取就显得十分重要，它不仅关系到能否有效地叙说、传达乡村故事，而且还关系到乡村叙事的内容或版本。利用不同的材料，我们会说出不同版本

---

① 参见沈成嵩：《记住乡愁》，中国农业出版社 2014 年版。

的故事。结合档案文献编纂学的理论分析,在乡村叙事中对乡村档案记忆材料的选取,需要我们注意以下几个方面:

1. 坚持历史唯物主义观点

乡村档案记忆资源形成、来源于乡村社会,相对于正史材料而言,它们常被称为"民间"材料,甚至被称为"野史"材料,难免有许多芜杂、荒诞、记录不准、叙述不清等现象。在传统的史学书写中,对民间材料(史料)多采取谨慎态度,在经严格考证后才利用。但对于乡村叙事来说,我们就是要用乡村材料来叙说乡村故事,因此,对乡村记忆材料的态度需要有一个根本的转变。

马克思主义认为,档案文献是一定历史条件下的产物,只有把档案文献放到产生它的那个历史环境下去考察,才能正确判定它的价值和意义。毛泽东也说:"今天的中国是历史的中国的一个发展,我们是马克思主义的历史主义者,我们不应当割断历史。从孔夫子到孙中山,我们应当给以总结,继承这一份珍贵的遗产。"①乡村档案记忆资源也是我们珍贵的历史遗产,在分析挑选叙事材料时,必须坚持和运用历史唯物主义观点,将档案记忆材料放到其生成的历史环境和历史发展阶段上去考察,以辩证的眼光看待乡村档案记忆材料的价值,这也是我们开展乡村记忆工程必须具备的基本态度。

2. 注重选择真实的乡村记忆材料

传统档案文献编纂中非常强调档案史料的真实性,并将档案史料的真实性与客观性关联起来,把选择真实可靠的档案史料作为编纂选材的一项基本要求。人们经常引用郭沫若先生的话说,"材料缺乏,顶多得不出结论而已;而材料不正确,便会得出错误的结论。这样的结论,比没有更要有害"。这是由档案文献编纂工作的性质决定的。

但在乡村叙事中,我们对选材真实性的要求可能会与档案文献编纂有所

---

① 《毛泽东选集》第二卷,人民出版社 1991 年版,第 533—534 页。

不同。在乡村记忆中,材料的真实性与客观性产生了一定的分离,一些我们今天认为不客观、不可靠、不正确的,甚至虚妄的表述,常常出现在乡村档案记忆材料中,而乡村民众却认为它们是真实可靠的,表达着一种记忆。如在家谱中,常有"冒认阔亲戚,攀上名先辈,甚至改姓换宗制造历史"的现象,有些学者说,"家谱也是靠不住的"①,但不能否认的是,家谱代表了一个家族的历史想像和历史认同,对家人及其后裔来说,是一种历史记忆的真实。再如,在民间或地方的宗教信仰中,有许多宗教性的符箓,以科学的眼光看,那是一种欺骗和"迷信",但对于地方宗教社团来说,他们"就信这个"。法国社会人类学家列维—布留尔(Lucien Lévy-Bruhl)在阐释原始思维时,强调"原始思维是非逻辑的,亦即(是)与任何思维的最基本定律背道而驰的,它不能象我们的思维所作的那样去认识、判断和推理";②原始思维中存在着互渗律,"对原始思维来说,人尽管死了,也以某种方式活着。死人与活人的生命互渗,同时又是死人群中的一员。更确切地说,一个人是死是活,得看他是否存在这种那种互渗"。③

在乡村社会,"真"和"假"未必按科学的标准去区分,或者说未必按我们理解的那样能分得一清二楚。对乡村档案记忆材料我们不能以科学主义和客观主义标准来要求,而是要看档案记忆材料是否真实地来源于乡村生活,只要不是我们今天杜撰、伪造或仿造的,不论内容"对"还是"错",都是对过去的一种记忆,这是对科学性原则的新要求。由此,对乡村叙事真实性的理解,我们也需要重新定位,下文再作重点分析。

3. 注意选择典型的乡村记忆材料

我国方志学家仓修良认为,"叙述历史真相,展现事件的实质,不取决于

---

① 葛剑雄:《贵族不光讲血统,更讲修为》,南方周末网,[EB]http://www.infzm.com/content/51318[2010-10-18]。

② [法]列维—布留尔:《原始思维》,丁由译,商务印书馆1981年版,第2页。

③ [法]列维—布留尔:《原始思维》,丁由译,商务印书馆1981年版,第298页。

史料引用的多少与长短,而看所用之史料是否典型"。① 典型材料具有较高的价值,材料的典型性愈强,它所包含的信息量越大、反映事物的本质越深,就能用少量的材料说明相对较多、较深的问题。如要反映 20 世纪 70 年代末、80 年代初的改革开放与农村联产承包责任制的推行,安徽小岗村村民的"大包干红手印"(或称"包干合同书",此件现藏中国革命博物馆,馆藏编号为 GB54563)是不可或缺的材料。

典型材料有各种不同的表现,如代表性人物、代表性事件、代表性组织的档案,能反映历史事件具体细节的档案材料等。典型材料的发现和选择,需要结合叙事选题、乡村档案记忆材料产生时的历史环境和乡村档案记忆资源的总体情况来分析、比较和把握,在选取时要注意材料的多样性、连续性和相对性,并注意防止把偶然的个别事例误作典型。

(三)叙事加工技法

加工有广义和狭义之分:广义加工涉及乡村记忆开发的全部工作;狭义加工仅指对乡村档案记忆材料的加工,包括对记忆材料题目的修拟、内容文字的标点校勘、记忆信息的提取转录、材料的组织编排、外形格式的处理、叙事者的加按作序(注)等,涉及一系列环节和具体做法。叙事形式不同,其加工程序、做法和要求也各有差别。这里仅就其中几个关键性问题作一阐释和探讨。

1.记忆材料的"田野考察"

记忆材料的"田野考察",亦可称为"文献的田野工作"或"史料的田野研究",其要旨就是把文献放到其产生的特定历史环境中,对文献生成的历史背景、历史环境、历史意图及其形成者的行为逻辑进行深度考察,以求得对文献的充分理解和意义阐释。与传统文献学对文献的考据或考订不同,文献的田野考察不是要探明文献的真伪,而是以"土著的眼光"发掘发现文献对乡村记

---

① 　仓修良:《方志学通论》,华东师范大学出版社 2014 年版,第 505 页。

忆表达的意义,或者说其隐含的乡村记忆意义。

文字记录保存的史料,"正确地说,它们是在人们各种主观情感、偏见,以及社会权力关系下的社会记忆产物"。① 对乡村档案记忆材料进行田野考察,就是美国文化人类学家格尔兹(Clifford Geertz)在《文化的解释》中所阐发的对文化事项(文献)意义的寻求和阐释,也就是我们今天常说的要透过现象看到本质。探索发现记忆材料背后的意义,是探求故事中更为隐秘的"历史心性",如此则乡村叙事才更有力度,故事才会更精彩。

2. 记忆材料的信息提炼

一般而言,资料汇编型成果是以原始档案记忆材料的纂辑来叙事的,重在对材料的选取和编排上;而辑要编述型成果和纪志撰著型成果,需要在档案记忆材料选取的基础上,对其中所包含的记忆信息进行提取,以更为精炼、明确和完整的叙事文本讲述乡村故事,因此对记忆信息的加工提炼程度更高。

记忆材料的信息提炼是按照叙事提纲,将筛选出来的档案记忆材料进行归纳、综合、计算、分析、解读、翻译、修正、补充、连缀、剪裁等,是对经挑选得到的档案记忆材料信息的重组过程、改造过程、熔铸过程,也是信息增值、信息升华的过程,通过记忆信息的提炼,使乡村故事以便于读者理解和阅读的形式撰述出来。耿建军曾把三次档案文献撰述的过程归纳为四个方面:一是可以译古为今,把历史档案所采用的艰深晦涩的文言,译成通俗易懂的语体文;二是删繁就简,把关于同一史实的大量档案信息和重复冗长的记载以及烦琐无谓的细节描述,加以剪裁、提纯、浓缩,使之成为简明扼要的叙述;三是聚沙成塔,把关于同一史实的许多零星琐碎的史料甚至只言片语的记载,融会贯通,综合成为完整的叙述;四是理乱解纷,把关于同一史实的纷繁复杂的史料记载以及史实本身纷繁复杂的头绪,加以爬梳整理,使之井然有序,有条不紊。② 基于

---

① 王明珂:《历史事实、历史记忆与历史心性》,《历史研究》2001年第5期。
② 参见韩宝华:《档案文献编纂学教程》,中国人民大学出版社1999年版,第208页。

乡村档案记忆资源的乡村叙事与档案文献编纂中二次、三次档案文献编纂在性质和形式上有很大相似性，因此，耿建军的观点在一定程度上也说明了乡村叙事中对记忆材料信息提炼的特征和内涵。

3.记忆材料的编排组织

记忆材料的编排组织是在对单篇乡村档案记忆材料进行转录、校勘、标点、标目、信息提炼后，从叙事题目和记忆材料的总体状况出发，系统排列记忆材料，以确定每份乡村记忆档案材料在叙事整体中位置，以发挥材料总体序化在阐明题目本意上的优势，也是通过记忆材料在顺序上的逻辑性或规律性，以表达和展现乡村叙事主题，是一种具有宏观性、高层次的记忆材料加工工作，它关系到乡村叙事的基本结构。

记忆材料的编排组织从整体上需要做到叙事的连贯性、完整性和逻辑性，从具体工作方法上需要确定编排体例、设计编排类目，并准确判断材料的归类。其中核心问题是确定编排体例。编排体例是记忆材料的基本组织形式，也是基本的叙事结构，不同的叙事文本可以采用不同的体例，甚至同一种叙事文本也可以采用不同的体例。适合乡村叙事的记忆材料编排体例很多，如①编年体：以年月为经，以事件为纬；②分类编年体：先按事件性质划分若干类，每类下按时间顺序编排；③纪事本末体：以事件为纲，重要事件独立成篇，叙其本末缘由；④纪传体：以人物传记为中心；⑤纲目体：先按事件内容分为几大门类，每类下再设置细目，等等。总之，它融汇了我国传统的文献编纂、地方志、史书撰著等方面的体例，需要根据叙事题材科学选用。正是通过对记忆材料的组织和编排，记忆事项的内容和意义才能显示出来，得到新的建构。

4.图表影像的制作组合

在乡村叙事作品中，不仅有图集音像型成果，而且在资料汇编型成果、辑要编述型成果、纪志撰著型成果等叙事形式中也存在对图表、图片、图像的选用、制作和加工。

中国传统史志的叙事体裁包括纪、传、表、志、图五种,其中表涉及年表(大事年表、沿革表、自然灾害年表等)、人表(人物表、职官表、人名录)、物表(物产表、品牌产品名录、企业名录、文物表)、统计表(人口统计、经济指标统计),图涉及地图(舆图、区划图、地形图、历史沿革图、战争示意图)、统计图(条形图、曲线图、比例图)、照片、插图等。利用图表可以增强叙事的形象性和直观性。随着信息技术的发展,图表,特别是照片和影像截图使用越来越多,同时直接的图集音像型成果也不断增多,这些都涉及图表影像的制作和组合。图表影像的制作组合已成为一种专门的技术、学问和艺术,也成为叙事学越来越关注的对象,有待今后深入探讨。

(四)叙事表述技法

社会记忆具有文本性和诠释性的特点,是文本性与诠释性的互动。孙德忠认为,社会记忆作为实践活动基础上人类主体能力和本质力量对象结果的凝结、积淀和破译、复活的双向运动过程,对于现实的活动主体而言,它总是作为历史地流传下来的潜在的活动条件和活动能力而被固定在主体对象性活动的产品中,以静止的形式存在于形形色色的人类活动的创造物中,对象性活动的产品和人类活动的创造物是固化社会记忆的文本,这就是社会记忆的文本性特点。社会记忆的文本性存在,使它不可能自动地完成人类主体能力和本质力量从静态的、物理的、符号的形式向动态的、属人的形式转变,因此,破译、诠释文本性的社会记忆就成为人类历史活动的连续性的必要前提。① 社会记忆的诠释即是对文本所含社会意义的揭示和表述,是对记忆事项的表达行为,如加拿大哲学家查尔斯·泰勒(Charles Taylor)所言:"我们是靠表达而发现生活意义的,而发现生活意义依赖于构造适当的富有意义的表达。"②

乡村档案记忆开发中乡村叙事的表述既涉及对单份档案记忆材料意义的

---

① 孙德忠:《社会记忆论》,湖北人民出版社 2006 年版,第 149—152 页。
② [加拿大]查尔斯·泰勒:《自我的根源:现代认同的形成》,韩震译,译林出版社 2001 年版,第 25 页。

揭示和解释,更重要的是在整体上采取何种叙事风格,有效地记述和反映乡村故事,提高乡村叙事的故事性和理解力。结合乡村叙事各种形式的叙事要求,乡村叙事在叙事风格上应突出以下三点。

1."述而不作"

"述而不作,信而好古"是孔子编订"六经"(《诗》《书》《礼》《乐》《易》《春秋》)坚持的一条重要原则。"六经"所依据的材料,都是故国文献,即"先王之陈迹"。孔子在编订时,尽量把事实照录下来,保持原来的文辞,而不是空发议论。孔子的这一做法或指导思想,得到了后世学者的推崇和遵循。曹喜琛先生认为"孔子倡导的这一编纂史料的思想,为我国历史档案文献的编纂开创了科学的原则"。①

乡村叙事是在原有乡村档案记忆资源的基础上,通过对档案记忆材料的选择、信息提炼和编排组合,来诠释和表达乡村记忆,虽然也是在讲故事,但它既不同于散文、诗词歌赋,可以作抒情描绘、虚构夸张,又不像议论文章,可以大发评论,而是基于留存下来的记忆材料事实开展的叙事,因此,也要坚持"述而不作""叙而不论"的原则,尽力做到据"实"而书,讲述事实,不作形式上的雕饰,不根据私意妄加增删。这也是纪实性叙事作品普遍遵循的叙事准则。

2."还原感性"

"还原感性"是新华社原总编辑南振中就改进新闻写作文风所倡导的叙事技法。"还原感性"的表现手法是先从记者认识到的包含着"具体真理"的活生生的、常见的小事情讲起,使受众的认识从"具体"上升到"一般",从"感性认识"上升到"理性认识"。南振中指出:"我们倡导'还原感性',不是鼓励'现象罗列'。'还原感性'向受众展示的生活场景,是经过精心挑选的,蕴含

---

① 曹喜琛主编:《档案文献编纂学》,中国人民大学出版社1990年版,第11页。

着'明确的、深思熟虑的、有思想性的内容'。只不过这种深刻的思想内涵不是用概念化的语言强塞给受众，而是尽可能地让它从典型事件、典型人物、感人故事的叙述中自然而然地'流露出来'";"同'一般'相比，典型的'个别现象'看得见、摸得着，比罗列抽象概念更真实、更具体、更生动、更丰富，因而更容易影响和感染受众"。①

"还原感性"是"讲好故事的内在要求"。② 乡村叙事的听众、观众是乡村社会的普通老百姓，更需要采取"以下望上""以小观大"的方法，从最简单、最普通、最基本、最常见、最平凡的乡村历史和现实现象、事件入手，运用来自现实生活的、为广大群众（村民）切身感受到的、生动具体的材料，讲述老百姓"喜闻乐见"的故事，立体展现乡村社会的发展变化和乡村民众的情感。

3. 注重情节

讲故事就得有场景、有人物、有悬念（事件的发展与结局、人物的命运等）、有情节、有深度，而不是让阅读者去看一篇干巴巴的说明文。"故事只是向我们交代了所发生的事件，情节则使我们认识了它。"③

从叙事学角度看，情节是"叙事主体为了表达某种叙事意图，围绕某一或几个叙事主题，试图达到某个叙事目的而建构的话语"。④ 它是由一系列能够显示人物与人物之间关系的具体事件构成，把事件的内在联系展现在观众面前，反映出社会生活的动向，一般包括开端、发展、高潮、结局等组成部分。波德维尔（David Bordwell）认为："我们可以把叙事当作是一连串发生在某段时间、某个（些）地点、具体因果关系的事件。通常，一个叙事均由一个状况开始，然后根据因果关系的模式引起一系列的变化；最后，产生一个新的情况，给

---

① 南振中：《"还原感性"——对新闻作品感染力的哲学思考》，《新闻战线》2005 年第 7 期。

② 李亚彬：《"还原感性"：讲好故事的内在要求》，《光明日报》2016 年 4 月 5 日。

③ ［苏联］弗雷里赫：《银幕的剧作》，富澜译，中国电影出版社 1979 年版，第 66 页。

④ 李显杰：《电影叙事学：理论与实例》，中国电影出版社 2000 年版，第 49 页。

该叙事一个结局。而我们涉入故事之中的程度,则取决于我们是否了解其中的变化和稳定、因果关系,以及时间和空间的模式。"①

在乡村叙事中,无论大叙事还是小叙事,都要注重情节设计的精巧,在强调其自然流畅的同时,也需突出其婉转跌宕,娓娓道来,引人入胜,在喜闻乐见中建立起对地方社会的想象,感受到故园的温情。

五、乡村档案记忆资源开发的叙事策略

叙事策略是当代叙事学、文学作品分析和媒体表现研究探讨的常见主题,研究对象往往涉及两个方面:一方面对某部作品或某位作家作品叙事方法、叙事风格的分析,如《红楼梦影》的叙事策略、《麦田里的守望者》的叙事策略、《舌尖上的中国》的叙事策略等,具有鉴赏、解析的特点;另一方面是对某类作品叙事方法、叙事风格的探讨,如事件类新闻作品的叙事策略、微电影的叙事策略、纪录电影的叙事策略等,具有总结、探寻、发现的特点。策略作为一种具有谋略性行动的选择,需要结合特定的对象和形势有针对性地进行分析探讨,因此,环境、背景、条件不同,对叙事策略的研究需要有不同的思考方向。在乡村档案记忆资源开发中,对乡村叙事策略的探讨可以将其视为叙事技法的延伸,借此分析乡村叙事中如何通过策略性行动,讲好乡村故事,使叙事作品(开发成果)更具有思想、文化和社会深度,能够取得更加理想的现实效果。

(一)叙事艺术策略:注重增强乡村叙事的诗性和美感

在叙事学领域,一些学者将叙事作品分为虚构作品和非虚构作品,并认为叙事学的研究对象主要为文学性质的叙事虚构作品,诸如长篇小说、中篇小说、短篇小说、戏剧、史诗、神话、童话、民间故事,以及电影、连环画、舞蹈、雕

---

① ［美］大卫·波德维尔、克里斯汀·汤普森:《电影艺术:形式与风格》,曾伟祯译,世界图书出版公司 2008 年版,第 90 页。

塑、音乐等。而对于像新闻报道、历史著作以及其他追求事件真实性的非虚构作品，尽管也可以运用叙事虚构作品的一些分析方法，但它们毕竟具有不同于文学叙事的特点，因而一般超出了叙事学讨论的范围，被排除在叙事学研究范围外。但他们也认识到有些与非虚构类作品有着密切联系的叙事作品，如历史小说、纪实小说、自传体小说等，"实际上反映了人们对于发生在周围世界和历史世界的种种事件和事实渴望得到一种艺术而真实的了解的情绪——它们可以说是非虚构作品与叙事虚构作品的某种融合，这些作品在一定程度上基于某一历史事实或历史人物，带有相当的艺术虚构性。这类独特的叙事作品，应该可以归入叙事学研究中，成为一个带有挑战性的研究对象"。①

乡村档案记忆资源开发中的乡村叙事，在某种程度上就是这种叙事非虚构作品与叙事虚构作品的结合，是对乡村记忆事件真实的，而非虚构的，同时又是具有艺术性的建构和叙述。因此在乡村叙事中，需要我们在把握和坚持真实性的基础上，将叙事真实性与叙事艺术性有机地结合起来，注重增强乡村叙事的诗性和美感。

乡村记忆事件的真实性不同于传统史学强调的真实性。传统史学强调的历史真实性是指历史事件或历史事实的真实性，即追求对历史事实和历史过程真实客观的反映。赵静蓉指出："传统史学以兰克史学和实证主义史学为代表，强调历史研究的实证性和经验性，反映了史学家们对历史的科学化规训及学科约束，是以'真实、客观、中立'等原则来自我审查的"。② 基于对历史真实性、客观性的理解和追求，在档案文献编纂学中我们强调坚持科学性原则，要求史料编纂必须尊重历史，尊重事实，希望通过存真求实，达到维护历史真实面貌的目的。对于杂史、小说、妖异、诙谐、逸事、别传、琐言等，除非能从中发现一点历史的迹象，否则一概摒弃。但对乡村记忆事件而言，一方面由于记忆的内涵极为丰富，既有真实的历史，如乡村发生的历史事件、乡村的生产

---

① 谭君强：《叙事学导论》（第二版），高等教育出版社 2014 年版，第 11 页。
② 赵静蓉：《文化记忆与身份认同》，生活·读书·新知三联书店 2015 年版，第 56 页。

生活、乡村人物和宗族活动、乡村组织及其沿革等,也有"非真实"的历史,如民间故事、民间传说、民间神话、民间谣言、民歌民谣等,是一种想象的历史,其中多有"荒诞不经"的成分;另一方面,社会记忆本身在回忆的过程中就带有建构性,"对于同样一件事情,主体在不同时间、不同地点和不同心理状态下的回忆是不完全一致的,而任何一个细节的微小变化,都有可能造成对整体的记忆世界的改写,从而导致我们对真实性的判断千差万别"。① 因此,对乡村记忆事项的真实性不能按照客观性、中立性、科学性的标准来评判,而要从记忆事项本身的真实存在性来评判。记忆对象只要是在历史上真实存在过,不论其内容是否符合客观性、科学性,我们都应该承认其真实存在性。像农村许多地方开展的迎神赛会,神的"客观性"在乡村记忆事项中并不重要,但迎神赛会这项活动是真实存在的。同样,许多民间传说就其内容而言,也仅仅是"传说"而已,有没有、对不对已无法考订,但只要这一传说确属发生过、存在过,它也是一种真实的乡村记忆事项。正如我们历史上很多经典的民间传说、民间故事,如"孟姜女哭长城""沈万三""山西洪洞大槐树""白蛇传"等,从历史考订的角度看,其内容未必是真实的,但它们无疑都是我们真实的记忆事项,是乡村社会的另一种历史真实。

乡村叙事的真实性是对乡村记忆事项的真实性传达,是坚持乡村档案记忆资源开发历史性原则的重要体现。作为叙事的要求,乡村叙事的真实性传达要注意两个方面,一是维护叙事的本真性,乡村记忆由于各时期的不断建构,对同一记忆事件会产生不同的"说辞",在乡村叙事中,应充分运用档案记忆资源,对记忆事件进行"文献的田野考察",理清乡村故事的来龙去脉,对记忆事项作出系统的解释和叙述;二是要防止"伪造""滥造"乡村记忆事件,避免为了迎合当前的某种需要,把原本没有的记忆事项生造出来,或把原有的记忆事项随意地进行新的改编。某地新建雕塑群中出现"昭君牧羊",结果闹出

---

① 赵静蓉著:《文化记忆与身份认同》,生活・读书・新知三联书店 2015 年版,第 72 页。

笑话,被网友戏言"莫非苏武归汉后,长期无人放牧的羊群又转由王昭君打理?"①

乡村叙事是对乡村故事的叙述,既然是"讲故事",不仅需要具备讲故事的基本技法,更需要具备讲故事的高超艺术。乡村叙事作为"一个村子非正式地为自己建构起(的)一段绵延的社区史",按照美国历史学家海登·怀特(Hayden White)的观点,这种乡村社区史必然是"文学性的",即"诗性的"和"修辞性的",其方式完全不同于任何公认的明显是"科学的"话语。"特定历史过程的特定历史表现必须采用某种叙事化形式,这一传统观念表明,历史编纂包含了一种不可回避的诗学——修辞学的成分";"历史编纂作为一种话语,它特别旨在建构一系列事件的真实叙事,而不是就情势做一番静态描述。"②乡村叙事的诗性是与对乡村美好的想象结合在一起。法国学者巴什拉(Gaston Bachelard)指出:"人越走向过去,记忆与想象在心理上的混合就越显得不可分解……记忆与想象的结合使我们在摆脱了偶然事故的诗的存在主义中,体验到非事件性的情景。更确切地说:我们体验到一种诗的本质主义。在我们同时想象并回忆的梦想中,我们的过去又获得了实体。"③

出于对乡村过去的美好想象,需要我们对乡村叙事有一种"田园诗"般的艺术表达和美感,需要我们在坚持真实性的同时,对叙事框架的建构、叙事交流过程、叙述声音、叙述聚焦、叙述时间、人物描绘、活动细节等做更深入的艺术呈现,追求"记忆的美学"。

(二)叙事主体策略:注重调动乡村文化精英的力量

叙事学中叙事者(叙述者)是人们关心的一个重要主题,人们总在不停地

① 徐甫祥:《"昭君牧羊"打了谁的脸》,《光明日报》2016年5月24日。
② [美]海登·怀特:《元史学:19世纪欧洲的历史想象》,陈新译,译林出版社2004年版,"中文本前言"。
③ [法]加斯东·巴什拉:《梦想的诗学》,刘自强译,生活·读书·新知三联书店1996年版,第150—151页。

追问"谁在叙述?"或"这是谁的声音?"叙事者即"叙述主体",是叙述的发出者或故事"讲述声音"的源头。"从信息传达的角度说,叙述者是叙述信息源头,叙述接收者(受述者)面对的故事,必须来自这个源头。"①叙述者作为叙事文本范围内的一个核心成分,是叙事文本须臾不可分离的,但在不同的叙事体裁中,叙述者有不同的表现。谭君强认为,"叙述者并不是在构成叙事作品的语言中表达其自身的个人,而属于一种功能"。他引用荷兰学者米克·巴尔(M.Bal)的话说,叙述者属于"'表达出构成本文的语言符号的那个行为者'或其他媒介中与之相当的行为者"。② 叙述者既可以只承担叙述的任务,也可用叙事文本中一个特定人物的身份来进行叙述。③

在乡村档案记忆资源开发中,乡村叙事涉及不同的叙事层次,因而其叙事主体可以是乡村故事的口述者、采访者、整理者或撰写者,甚至是乡村传说的原述者。从乡村叙事文本的形成看,我们可以将其直接的叙述者归结为叙事文本的编纂者、制作者或撰写者,亦即乡村叙事文本的形成者。赵毅衡曾指出,"叙述包含两个主体进行的两个'叙述化'过程。第一个叙述化把某种事件组合进一个文本;第二个叙述化在文本中读出一个卷入人物的情节,这两者都需要主体有意识的努力"。"从叙述文本形成的角度说,任何叙述都是叙述主体选择经验材料,加以特殊安排才得以形成,叙述者有权决定叙述文本讲什么,如何讲。"④

城乡档案记忆工程需要各方面的参与、需要广泛的社会支持,对此,我们在第九章中还将做专门的解析。正是由于各方面的广泛参与,开展乡村叙事的主体自然呈现多元化的趋势,档案部门(档案工作者)、文化学者、史志专家、科学研究者、乡村文化人等,都会在乡村(档案)资源开发中发挥作用,编纂制作乡村记忆叙事产品,所以有些学者在探讨乡村档案资源开发时,提出社

---

①　赵毅衡:《广义叙述学》,四川大学出版社 2013 年版,第 92 页。

②　[荷]米克·巴尔:《叙述学:叙事理论导论》,谭君强译,中国社会科学出版社 2003 年版,第 19 页。

③　参见谭君强:《叙事学导论》(第二版),高等教育出版社 2014 年版,第 32—52 页。

④　赵毅衡:《广义叙述学》,四川大学出版社 2013 年版,第 92—93 页。

会合作开发或多部门联合开发策略,也具有其现实的依据和合理性。不过,我们认为,乡村档案记忆资源开发中,发挥档案部门的组织指导作用、发挥文化学者、史志专家、科学研究者的配合作用固不可少,但就其实际效果和持久性而言,还更应注重调动乡村文化精英(文化人)的力量。这里涉及叙事权力、叙事能力和叙事力量三个方面的问题。

叙事、记忆、权力三者彼此关联,叙事是记忆的传达与建构,叙事也是权力的一种体现,由谁来叙述,不仅体现出权力的等级,也决定着谁的记忆得以传承。王明珂指出:"'历史'不只有一种声音;许多不同时代、不同社会的人群都争着述说自己的过去,争着将自己的过去一般化、普遍化,以成为当代的社会记忆,以抹杀他人的记忆。"①传统的观点认为档案是权力活动的产物,在传统的权力结构下,档案与档案馆让官方叙事、官方表达占据主导地位,而社会中个人或群体的记录,特别是那些没有发言权的、被压制的和边缘化的底层群体的文件被排除在档案馆之外,被淹没、被遮蔽,"底层不能发出声音"。昔日梁启超先生就曾批驳说旧史学只是帝王家史。随着社会发展和公民意识的增强,人们逐步认识到与官方叙事相对应的民间叙事的重要性,"让底层民众发声"日益成为社会的普遍共识。这既是档案工作从国家模式向社会模式转变的必然要求,也是开展城乡档案记忆工程的现实出发点。调动乡村文化精英在乡村叙事中积极作用,是一种乡村记忆书写的权力转移,是让老百姓说"我们自己的事""我们自家的事""我们村里的事",可以让潜含在乡村中的记忆得到发掘和组织,也让更多的"草根记忆""平民记忆"得到分享。

除了"谁来说"的问题,叙事还涉及"谁能说"的问题,即叙述者的表达能力问题。英国历史哲学家沃尔什(W.H.Walsh)说:"记忆不是通过认识得来的知识种类,因为它的陈述统统由解释所支配;然而,它给了我们一种与过去的可靠联系,这就像感觉给我们一种与外部现实的可靠联系一样,感觉需要在知

---

① 王明珂:《历史事实、历史记忆与历史心性》,《历史研究》2001 年第 5 期。

觉判断中详加描述,纯粹记忆在记忆判断中也是如此。"①叙事者的叙事能力是对乡村记忆解释、表达、讲述能力的综合体现,缺乏叙事能力,我们不仅无法捕捉乡村记忆,也无法叙述乡村记忆。笔者认为,叙事主体的叙事能力问题或者说社会记忆建构能力问题的存在,即使赋予农村底层民众对某些历史的解释权,他(她)也未必能完整、清晰地表达出来,解释清楚,可能更多是反复"唠叨"式的表述,如方慧蓉所说的村庄叙事"无事件境"。因此,对乡村档案记忆资源的开发,有必要赋予乡村文化精英更多的"特权"。

我们以前在安徽古徽州地区调研时曾发现有一大批"乡村文化人",如绩溪上庄宅坦村村长胡维平、徽州区潜口镇汪大道、歙县雄村的曹瑾等,在整理和编写乡村地方历史文化资料方面作出了突出的成就。乡村文化精英是乡村的记忆专家,或民间的记忆专家,是乡村叙事一股不可忽视的力量,充分调动乡村文化精英的积极性,不仅可以弥补档案部门乡村记忆资源开发力量的不足,而且能为乡村叙事搭建更为宽广的舞台。

(三)叙事媒介策略:充分发挥数字影像的叙事优势

在人类漫长而丰富的叙事活动中,从口头言语到文字书写、从固定画面到活动影像、从单中介静态语言艺术到多中介动态影视艺术,叙事活动依赖记忆媒介的发展经历了由低级到高级、由简单到复杂的不断演化和创新过程。法国结构主义叙事学者罗兰・巴特(R.Baethes)在《叙事作品结构分析导言》中指出:"对人类来说,似乎任何材料都适宜于叙事;叙事承载物可以是口头或书面的有声语言、是固定的或活动的画面、是手势,以及所有这些材料的有机混合;叙事遍布于神话、传说、寓言、民间故事、小说、史诗、历史、悲剧、正剧、喜剧、哑剧、绘画(请想一想卡帕齐奥的《圣于絮尔》那幅画)、彩绘玻璃窗、电影、连环画、社会杂闻、会话。而且,以这些几乎无限的形式出现的叙

---

① 　W.H.Walsh,*Truth and Fact in History Reconsidered*,History and Theory.vd.16(1977):p.55.

事遍存于一切时代、一切地方、一切社会。"①罗兰·巴特的论述一方面反映出叙事作品的多样性、普遍性、发展性,另一方面也反映出叙事作品有不同的媒介表现形式。

谭君强指出,"叙事学在研究叙事的性质、形式和功能时,并不考虑作品所得以表现的媒介。不论叙事作品是以语言作为媒介,还是其他的媒介形式,诸如色彩、线条、声光、动作,或者集中媒介的混合,只要在其中存在着内在的叙事,就可以归为叙事学研究的对象"。② 这一观点强调了叙事学研究对象的一般性,但就叙事形式研究而言,需要我们思考叙事形式与受述者理解接受之间的关系,分析把握叙事媒介的特点和发展趋势,以便更加理性地选择叙事形式,讲好乡村故事。

结合叙事学研究的理论成果和乡村档案记忆资源开发实际,在乡村叙事中我们需要特别思考并把握书面叙事与图像叙事两种叙事媒介(空间叙事暂时悬置)的优长,并充分发挥当代数字影像的叙事优势。

文字的产生使人类的叙事媒介发生了较大转变,由口头言语变成书面文字,书面叙事就成为人类最重要和最主要的叙述方式。因此,"无论从实际的意义上看,还是从可操作性来看,以文字媒介或以文字作为基础的混合媒介所形成的叙事作品始终是叙事学研究的重要对象"。③ 书面叙事一方面通过语言文字的符号共识为我们理解叙事意义提供了便利,另一方面由于语言文字符号表达的抽象性也为我们理解叙事意义提供了想象空间。如美国学者鲁·阿恩海姆(Rudolf Arnheim)所言:"书写促使每一个词的独一无二的语言结构分散成一些小的发音成分,以致给我们剩下的只是这样一套符号,它们的部件及结合丝毫不反映它们所代表的对象。然而,无论如何,我们从这样建立在语言成分(即概念成分)上的相似又相区别的复杂系统中,的确也得到了许多益

---

① [法]罗兰·巴特:《叙事作品结构分析导论》,张寅德译,中国社会科学出版社1989年版,第2页。
② 谭君强:《叙事学导论》(第二版),高等教育出版社2014年版,第11—12页。
③ 谭君强:《叙事学导论》(第二版),高等教育出版社2014年版,第11—12页。

处。因为这一系统创造了一个几乎完全与事物世界相脱离的关系世界,它是文学家和诗人留连的世界。"①但"人们不能仅仅通过书本来了解历史,因为书本并不总是讲述事实全貌或事实真相"②,还需要借助其他媒介形式来表达意图。

在人类历史上图像叙事一直存在,随着科学技术的发展,近代以来相继出现了照相、摄影、电影、电视剧等新的艺术和叙事样式,人类的叙述活动进入了一个新的时代——"视觉文化时代","以运动的画面和语音进行叙事的现代电影的诞生,第一次发展了以图像为主的叙事艺术,图像化日渐成为当代社会叙事的主导型叙事思维模式"。③

图像语言(或者说影像语言、影视语言)是"运用视觉语言传达信息,以物质的方式沟通人与人精神世界的手段"④,"在整体直觉基础上通过一系列相关的范畴、概念以形象之语进行描述,保持艺术赏鉴的直接性和具体性"。⑤与书面叙事相比,图像叙事的优势一是不受限于语句的线性连接,可以同时展现多个行动⑥;二是画面提示最精彩和最紧张的时候,使观看者一看就知道画像所要讲述的故事,但是故事前后情节则由观看者自己在脑海里想象和补充;三是将先后的情节,以布局轻重的技巧,同时呈现在画面上,引导观看者利用画面出现的人物、物件和场面来解读一幕幕发生的故事。⑦"影像叙事为文字文本提供了不同的叙事方式、审美趣味与社会意涵,相对于文字叙事内在的'看不见'的形象重构,它是一种'可见形式'重述和解释。"⑧图像叙事对当代

---

① 〔美〕鲁·阿恩海姆:《艺术心理学新论》,商务印书馆1996年版,第122页。

② 法国历史学家查理·罗兰语,转引自龙迪勇:《空间叙事学》,生活·读书·新知三联书店2015年版,第372页。

③ 毛凌滢:《互文与创造:从文字叙事到图像叙事》,《江西社会科学》2007年第4期。

④ 李爽:《视觉符号的抽象程度与意义表达》,《北京理工大学学报》(社会科学版)2003年第5期。

⑤ 苗晓丽:《图像叙事与文本叙事的差异》,《教师》2011年第8期。

⑥ 尹兴:《影视叙事学研究》,四川大学出版社2011年版,第12页。

⑦ 苗晓丽:《图像叙事与文本叙事的差异》,《教师》2011年第8期。

⑧ 毛凌滢:《互文与创造:从文字叙事到图像叙事》,《江西社会科学》2007年第4期。

社会思维和历史意义在某种程度上产生了"宰制"性影响,如学者所言"叙事的核心就是讲故事,而讲故事已经成为人类薪火相传的一种方式。在当代由影音语言信息为主所构成的传媒世界里,更没有人抗拒得了电影和电视中所蕴涵的故事魔力"①。

数字技术(数码技术)的出现使图像叙事、影像叙事产生时代性的变化。数字影像创立新的叙事方式,在沿用传统图像语言组织信息、表现经验的同时,其叙事方式变得更为多样化、多元化、意象化。数字影像一方面使越来越多的信息通过画面影像进行传播,利用画面影像来观察世界、结构时间、组织经验、表达情感也日渐成为人们易于使用和接受的基本方式;另一方面,图像"拍摄"的方式、蒙太奇的重建、"镜头"的运动、时间与空间组合的原则、数据库的模块结构、超媒体资料的运用、叙事的形式等都发生新的变化。传统图像叙事的元素,如色彩、光线、角色、场景、音效等不仅得到保持和加强,增加了视觉特效,而且各种叙事元素可以进行任意修改和组合。美国导演詹姆斯·卡梅隆(James Cameron)说:"随着实时数字操纵、动作获取、远方制作间以及非线形编辑系统的出现,数字化电影制作过程更加贴近于常规的电影制作……其区别只是最终结果变成了计算机生成的,同时也提供了所有那些令人不可思议的可能性。"②数字影像制作方式以及传播方式的变革使得影视艺术得到空前发展,制造出一个个影像"奇迹",使影视艺术家的想象力获得了革命性的解放,为影视艺术和影视美学提供了新的舞台。③

从乡村叙事角度看,当代图像叙事,特别是数字影像,对乡村记忆的保护传承具有两面性。乡村叙事包括书面叙事和图像叙事,图像叙事的发展为乡村叙事提供了更为简便的制作途径、更为形象的叙述和展现方式,也增强了不同媒介叙事文本的融合,提高了乡村记忆的建构传承力度,但其艺术性和意象

---

① 宋家玲:《影视叙事学》,中国传媒大学出版社2007年版,第131页。
② [美]托马斯·A.奥汉年、迈克尔·E.菲利浦斯:《数字化电影制片》,施正宁译,中国电影出版社1998年版,第20页。
③ 参见秦耀华:《数字影像的叙事艺术》,《湖南科技学院学报》2012年第3期。

性的增强,也会导致乡村记忆叙事的新"神话",降低乡村叙事的想象空间,需要我们在综合各种叙事形式经验的基础上,借助数字影像的表达表现能力,使乡村叙事的真实性和艺术性达到完美统一。

（四）叙事品牌策略：注重地方社会与经济效益双重提升

叙事除了有叙述者、有技法、有风格之外,还要有内容、有形式、有价值,而且叙事的各种要素最终都要统一到叙事作品之中。谭君强指出:"任何一部作品,包括叙事作品,都由具体的作者所创造",叙事作品"无疑包含着作者希望传达给读者、观众或听众所叙故事的含义,希望读者更好地理解自己的作品所传达的信息、意义、价值规范等"。[①] 布斯(Wayne C.Booth)也指出:"在任何阅读经验中,都存在着作者、叙述者、其他角色与读者之间的一种隐性对话。四者中的每一个在涉及其他任何一个时候,都在价值的、道德的、认知的、审美的,甚至是身体的轴线上,可以从同一到完全对立而变化不一。"[②]因此,在乡村叙事中,不仅要注重叙事艺术、叙事主体、叙事媒介等,还要从意识形态和价值导向上思考、探寻某些更带有本质性意义的东西,打造具有品质、有影响的乡村叙事精品,充分发挥乡村故事在地方经济与社会发展中的现实价值和时代意义,这也是乡村记忆再生产的内在要求。

树立品牌意识,打造文化精品,既是传统档案编研与文化开发视野下人们的普遍认识,也是城乡档案记忆工程推进中人们的普遍认识。鞠建林曾指出,实施"浙江记忆工程"要突出重点,关键是加强品牌意识,实施品牌战略。[③] 姜纪云馆员也认为要"勇于自主创新,着力推出一批百姓喜欢、含金量高、实用性强,集思想性、艺术性、观赏性为一体的优秀文化精品。同时,优秀档案文化

---

① 谭君强:《叙事学导论》(第二版),高等教育出版社 2014 年版,第 205 页。

② 谭君强:《叙事学导论》(第二版),高等教育出版社 2014 年版,第 205 页。

③ 参见郑小春:《保护和开发乡村记忆　开创农村文化新局面》,韩李敏主编:《浙江省档案学会论文集——浙江记忆理论与实践》,中国文联出版社 2013 年版,第 50—57 页。

精品,更需要优秀档案文化品牌"。①

在乡村记忆资源开发中,实施叙事品牌策略就是要追求开发成果社会效益和经济效益的双重提高,以优秀的乡村叙事作品推动乡村文化发展和经济增长,满足人们的"乡土眷念"。在实践中可以重点思考以下三个方面问题:

一是突出地方特色记忆资源发掘。发掘地方特色记忆资源既是乡村记忆资源集成的需要,也是乡村记忆资源开发的需要,两者在逻辑上也有着必然的关联,即收集的地方特色记忆资源不能"沉埋"于档案馆库中,还必须加以开发,让其复活,再次进入生活世界。创建乡村记忆叙事品牌的前提就是要通过充分挖掘乡村特色记忆资源内涵,组织开展有关"乡村记忆"特色活动来展示、彰显乡村记忆社会文化影响力。如舟山市档案局为全面打造"舟山记忆"档案记忆品牌,积极组织"舟山记忆"专题展览——"千岛璀璨"和"新区诞生",建设爱国主义教育基地和中小学生档案教育实践基地;编撰《舟山史踪》《叶文清渔业摄影专集》《舟山群岛图集》等"舟山记忆"丛书;自办档案刊物、网站、展馆,编印书籍、画册,举办户外展览、市民大讲堂等多种方式展示档案记忆成果。② 再如义乌市启动地方特色文化口述历史建设项目,完成《同年哥讲新闻》《同年哥讲故事》《曲苑书场》《稠州戏曲大舞台》等档案文化精品编研项目;将《同年哥讲新闻》系列打造成具有地方特色、有一定影响力的义乌档案文化精品。③ 郑小春认为:"乡村记忆文化品牌,必须以自己的特色资源为核心进行定位,深入挖掘本地独特的历史文化资料,积极寻找本地最具代表性、最富有知名度的历史人物或事件,以原创性、差异性、不可替代性为基点。一提到该品牌,就能让人联想到当地的人文景观或民俗风情等,真正让当地的

---

① 姜纪云:《关于实施"浙江记忆"工程的几点思考》,韩李敏主编:《浙江省档案学会论文集——浙江记忆理论与实践》,中国文联出版社 2013 年版,第 60 页。

② 韩贤清:《突出海洋特色,打造品牌优势——舟山市档案文化建设的探索和实践》,《浙江档案》2012 年第 9 期。

③ 王奕义、余植林:《论"浙江记忆"与义乌档案文化建设同行价值意蕴》,韩李敏主编:《浙江省档案学会论文集——浙江记忆理论与实践》,中国文联出版社 2013 年版,第 218 页。

文化走向市场化,走入大众视野。"①

二是加强与地方经济发展的紧密结合。乡村记忆资源具有潜在的经济价值或经济功能,通过开发可以产生经济效益,推动地方经济增长。梁音以洛带客家社会记忆资源的旅游开发为例,分析了社会记忆在旅游开发中的资本转化,指出旅游开发中通过对史书、族谱、口传等多种媒介所保存传承的"记忆"的调用,实现由社会记忆—记忆资源—文化资本—经济资本、社会资本的转化演变,从而发挥对洛带旅游业发展的推动作用。② 在城乡档案记忆工程中,乡村记忆资源开发所实现的经济效益大体有两条途径:其一是通过乡村记忆开发出的产品,即叙事作品或记忆作品,直接产生经济效益;其二是将乡村记忆资源开发与其他地方特色产品开发、地方旅游产业开发融合起来,通过乡村记忆资源的内容和意义再生产,挖掘提升地方特色产品和地方旅游产业的文化内涵,间接产生经济效益。在这两条途径中,乡村记忆资源开发的实质仍是在讲好乡村故事,只有把"故事"讲好,才能使乡村叙事作品、乡村产品、乡村文化更具历史深度和吸引力,实现更大的经济效益。今天,乡村记忆资源或乡村历史文化资源的经济价值已越来越多地被社会所认识,人们在广泛地探讨和利用乡村历史文化资源促进乡村经济发展,显示出社会的普遍关注和思维倾向。我们主张档案部门在乡村记忆资源开发中可以通过多种形式加强与地方经济发展的密切结合,但一定要防止记忆资本化带来的偏向,克服对经济效益的片面追求。

三是引鉴文化创意产业的开发创新思路。近年来,文化创意产业作为一种新兴业态,已成为社会热门话题,并引起历史文化资源开发领域的重视。全国政协副主席、上海市创意产业协会会长厉无畏研究员在一次演讲中指出,"如何开发利用历史文化资源,并通过创意和市场将文化资源转化为经营资

---

① 郑小春:《保护和开发乡村记忆　开创农村文化新局面》,韩李敏主编:《浙江省档案学会论文集——浙江记忆理论与实践》,中国文联出版社 2013 年版,第 50—57 页。

② 参见梁音:《社会记忆的文化资本化——以洛带客家社会记忆资源的旅游开发为例》,《成都大学学报(社会科学版)》2008 年第 4 期。

本,是发展创意产业需要研究的一个重要课题"。① 在乡村记忆资源开发中,如何"编撰演绎各种故事",以"故事力活化资源";如何"用创意将各种原生态存在的、等待开发与利用的、有市场增值潜能的资源整合到一起,赋予新的价值";如何"提炼文化符号,塑造品牌"②等,都值得我们思考和探讨。有学者提出,在乡村记忆资源开发中,可以借鉴美国国家档案馆网上商店在线销售富有档案元素的档案文化创意产品经验,开发乡村档案记忆纪念品,如书签、明信片、乡村记忆地图、地理拼图、乡村记忆名录指南、实物档案仿制件、村史村志家谱口袋书等,将乡村记忆元素融入文化产品中。浙江省在《关于公布"乡村记忆示范基地"试点单位名单的通知》中,也提出要开发"具有记忆文化内涵的消费产品,精选当地特色的土特产品和传统手工艺品,在其包装上以图文的形式揭示其产品特点或来历、渊源、制法等记忆元素"。③ 这些都是乡村记忆资源创意开发的一些有价值的思路。文化创意产业以创造力为核心,引鉴文化创意产业的开发创新思路可以进一步提升我们的叙事能力,丰富我们的叙事方式,让乡村记忆资源"再放异彩"。

---

① 厉无畏:《历史文化资源的开发利用》,《文汇报》2010 年 6 月 26 日。
② 厉无畏:《历史文化资源的开发利用》,《文汇报》2010 年 6 月 26 日
③ 《关于公布"乡村记忆示范基地"试点单位名单的通知》(浙档发[2012]34 号)。

第六章　城乡档案记忆工程推进的记忆展演机制

当保罗·康纳顿探讨社会记忆是通过仪式操演来传送和保持时,就向我们提出了记忆的展示展演问题。他说,"社会习惯在本质上是合规操演。如果习惯—记忆在本质上属于操演,那么,社会习惯—记忆就尤其属于社会—操演了"。① 与个体认知记忆经由编码—存储—提取然后呈现于人的脑海、眼前不同②,社会记忆在提取加工后还以各种形象呈现、展示、传达给社会,以实现记忆的沟通交流和群体认同功能。扬·阿斯曼说:"对于一个被称为'部落''民族'或者'国家'的集体来说,它们在何种程度上作为一个集体而存在,也取决于它们如何理解、想象和展现这些概念。"③

在叙事学研究中,展演、展示与叙事、叙述、讲述等密切关联,但又各有侧重。展演与叙述(讲述)都可以作为叙事的不同形式,"在各种媒介的叙事性作品史中,它们都曾经产生并且正在产生着各自的扛鼎之作"。④ 但展演与讲

---

① ［美］保罗·康纳顿:《社会如何记忆》,纳日碧力戈译,上海人民出版社 2000 年版,第 35 页。

② 个体记忆也会通过口头表达或书写记录方式加以呈现,但这种呈现已超越个体认知记忆范畴,具有向社会记忆转化的性质。

③ ［德］扬·阿斯曼:《文化记忆》,金寿福、黄晓晨译,北京大学出版社 2015 年版,第 133 页。

④ 张静民、赵若恒:《那是谁的声音?——电视专题片叙事技巧初探》,《中国电视》1993 年第 7 期。

述都是"调控叙述信息距离的两种基本方式之一"：讲述是"以叙述者作为中介的再现,让叙述者控制着故事,讲述、概括并加以评论";而展示则属于"通过对状态、事件的细节性、场景性的表现,并以最为有限的叙述者介入为特征的形象再现"。① 因此,在我们探讨城乡档案记忆工程推进的资源开发机制之后,还有必要继续深化,探讨工程推进的记忆展演机制。我们认为开发和展演都是社会记忆重获光明和重新开始生命运动的过程,但开发多倾向于对记忆的提取加工与叙事表达,而展演则更倾向于对记忆的展示传达与皴染濡化。

一、档案记忆展演:乡村记忆的形象感知

"展示"(Presentation)是文化遗产保护的一项重要内容。在《保护世界自然和文化遗产公约》(1972)、《考古遗址保护与管理宪章》(1990)、《国际文化旅游宪章(重要文化古迹遗址旅游管理原则和指南)》(1999)、《保护非物质文化遗产公约》(2003)、《实施〈保护世界文化和自然遗产公约〉的操作指南》(2005)、国际古迹遗址理事会《西安宣言》(2005)、《国际古迹遗址理事会关于文化遗产诠释与展陈宪章》(2008)等国际文化遗产保护的重要文件中,都有关于文化遗产展示的相关内容和要求。如《保护世界文化和自然遗产公约》第四条提出"本国领土内的文化和自然遗产的确定、保护、保存、展示和遗传后代,主要是有关国家的责任";第五条要求"采取为确定、保护、保存、展出和恢复这类遗产所需的适当的法律、科学、技术、行政和财政措施"。《保护非物质文化遗产公约》第十三条要求"为了确保其领土上的非物质文化遗产得到保护、弘扬和展示,各缔约国应努力做到……""文化遗产展示是实现文化遗产价值共享的最直接、最有效的途径,它作为遗产保护过程中不可或缺的内容,在遗产保护过程中全程扮演重要角色"。② 在社会记忆工程中,我们同样

---

① 谭君强:《叙事学导论》(第二版),高等教育出版社 2014 年版,第 220 页。
② 卜琳:《中国文化遗产展示体系研究》,科学出版社 2013 年版,第 5 页。

需要强调对记忆的形象展示,但我们需要将"展示"替换成"展演",以适应我们的研究需要;同时,我们也需要对(档案)记忆展演的内涵、性质、功能等加以阐释,以说明乡村档案记忆展演在城乡档案记忆工程推进中作为其内在机制的价值和意义。

(一)档案记忆展演的内涵与性质

1."档案记忆展演"概念的使用

展演与展览、展示、展出、展陈等概念意涵相近,都具有将某一物品摆放出来,以供人们观看、观赏的意思,但由于对物品的呈现方式和使用习惯不同,各学科在使用上各有差异。档案学中多使用"展览",作为档案利用服务的一种方式,是"根据某种需要,按照一定的主题,系统地陈列档案材料"。① 在文化遗产保护领域,国内外文化遗产保护的重要文件、操作指南中都频繁使用"展示",即从具体意义上对文化遗产地物质和非物质因素进行解释和展出的一切方式和方法,如采用静态方式将物品摆放出来,或动态方式将物品(活动)内容表演出来,供人们观看。在艺术设计领域,人们多采用"展示(设计)"这一概念,即是以"说明""展示具""灯光"为间接标的物,来烘托出"展示物"这个主角的一种设计,大到博览会、博物馆、美术馆,中到商场、卖场、庆典会场,小到橱窗、展示柜台、样品柜等,都存在展示设计问题。

在社会记忆研究领域,我们多采用"展演"一词,这一方面固然是受到保罗·康纳顿社会记忆操演理论的影响,另一方面也是因为在相关研究成果中"展演"被越来越多地关注和使用。如扬·阿斯曼说"关于圣祖的故事、出埃及记、穿越沙漠、取道迦南的土地、流亡等都是这样的回忆形象,如此,它们在

---

① 陈兆祦、和宝荣、王英玮主编:《档案管理学基础》,中国人民大学出版社 2005 年版,第 301 页。

节日中被以礼拜方式得以展演,并为解释当下的情况提供依据"①;"对生活方式进行有意识的维护和展演"。② 当然,在记忆研究中也用到"展示""展现""展显"等词语,以区分不同语境下记忆展示的动态表征。在我国当下的文化语境中,我们也常常使用"展演",来表示记忆的呈现,如红色记忆展演、草原记忆展演、村落记忆与书写展演等。

我们认为,展示、展出、展览、展陈等虽然也可以表达被展出物以动态的方式呈现出来,但意思表达不够明显;而展演既含有展示、展出、展览、展陈等成分,也含有演出、演示、演播、表演、操演等成分,可以更好地体现社会记忆有目的呈现的多重形式、生动形象和深刻内涵。在城乡档案记忆工程中,乡村记忆展演的材料和对象主要是乡村档案记忆,因此,为叙述的专指性,我们直接用"(乡村)档案记忆展演"来具体指称乡村记忆展演。

2. 档案记忆展演的内涵阐释

档案记忆展演是通过一定的方式和途径对档案记忆或者说档案中所蕴含的社会记忆进行展示与演示,是档案记忆的一种动态性、直观性和有目的性的表现和传达。不过,档案记忆展演不单纯是档案的静态陈列展示或动态操作演示,陈列展示与操作演示都只是档案记忆展演的最终呈现或表现形式,就档案记忆展演活动背景、过程和结果而言,有着更为丰富深刻的意涵。对此,我们借鉴其他学科对"展演""展示"的理解作一阐释。

现当代民俗学在研究民俗事件时,突破传统民俗表演研究中仅注重作品研究的惯性,转向对文学过程进行发掘与探讨,主张从文本、表演的结构和事件发生的语境来阐释民俗事象,逐步建构起民俗展演理论,使人类学、民俗学、文艺学等相关学科都能跨进动态、实践研究的境界。③ 其中代表性成果就是

---

① [德]扬·阿斯曼:《文化记忆》,金寿福、黄晓晨译,北京大学出版社 2015 年版,第 46 页。
② [德]扬·阿斯曼:《文化记忆》,金寿福、黄晓晨译,北京大学出版社 2015 年版,第 164 页。
③ 毛海莹:《江南女性民俗的文学展演研究》,中国社会科学出版社 2016 年版,第 18 页。

美国民俗学家理查德·鲍曼（Richard Bauman）对"作为表演的语言艺术"的分析，他指出："'展演'实际上是一种语言运用的款式，一种言述风格——'展演'其实已是口语艺术领域中沟通表达的首要成分了。"台湾学者李亦园在解读鲍曼的分析时认为：鲍曼的展演理论不仅着重于沟通与表达的种种过程，而且还十分强调其行动的实践意义。①

受民俗展演理论的启发，毛海莹对江南女性民俗的文学展演进行了考察，提出"文学展演中也存在一个例行的、可预见、规则的群体行为系统和行动场景，它包含了一个社会对传统、理想、群体意识和日常生活艺术方面的期待"。② 她认为文学展演包括展演场景、展演路径、展演过程、展演特质、展演理论及展演价值等相互联系、相互牵制的六个方面，共同构成文学展演的立体式、螺旋式架构。

卜琳在分析文化遗产展示的各种解释后也指出："文化遗产展示是一个庞大复杂的系统，它包括文化遗产诠释和展示的全部内容和形式，既包括对文化遗产物质本体、遗产周边环境和非物质文化因素的诠释和展示的一切内容和方法，也包括由将文化遗产诠释与展示结果传达给公众的解说员，以及由接受、融入文化遗产地诠释与展示宣传和教育的内容与形式的所有观众和社区参与的所有项目。即文化遗产展示系统包含诠释与展示、解说系统和公众参与。"③

综合以上对展演、展示的理解与分析，我们可以看出档案记忆展演不仅仅是对过去形象的呈现，还包含着对过去事件（记忆事项）的解释、意义的表达和传递，是对象展示、内容解读、意义传达的统一。

3. 档案记忆展演的性质

展演的性质与其具体活动对象相关联，需要结合具体展演对象或行为加

---

① 参见李亦园：《民间文学的人类学研究》，苑利主编：《二十世纪中国民俗学经典·民俗理论卷》，社会科学文献出版社 2002 年版，第 348 页。

② 毛海莹：《江南女性民俗的文学展演研究》，中国社会科学出版社 2016 年版，第 19 页。

③ 卜琳：《中国文化遗产展示体系研究》，科学出版社 2013 年版，第 61 页。

以分析。在文艺、影视或商业活动中，多强调展演（表演、演出、展览等）作为一门综合艺术的性质。如舞蹈即是由表演动作与音乐、诗歌、美术等结合在一起，来表达人们的思想感情、反映社会生活的综合性表演艺术，它通过节奏美化的人体动作和姿态来体现生活和情感。在民俗活动中，展演（如仪式表演、节日庆典、劳动或生活展示等）往往具有地方文化意义传达的性质，是对民俗事项象征意义的展示。在文化遗产保护活动中，展演又具有遗产保护和利用的性质，遗产展示的目的是"将文化遗产的文化重要性和价值真实、完整地传达给社会公众，促进文化遗产的保护和传承，最终实现文化遗产的价值为全人类所共享"。① 由此，我们可以说在城乡档案记忆工程中，档案记忆展演则更多具有社会记忆再生产的性质。"展演包含着对社会记忆的发掘、建构、表达、展示、演示、传播、传承等，是社会记忆的一种复活、重现、扩散行为，也是一种再生产行为。"②

档案记忆展演包含着社会记忆再生产的三种形态：其中对象展示是将档案文本或经过复制、仿真、拍摄、编辑等加工转化所形成的文本、图籍、图片、声音、影像等陈列出来，以具体形象化的方式展示乡村记忆，这涉及社会记忆的文本再生产；内容解读是对展示的档案文本进行说明，为观众提供具体的文本信息和背景信息，涉及社会记忆的内容再生产；而意义传达则是对档案展示物所要反映和表达意义的诠释、揭示和传播，为观众提供具体的价值引导，这涉及社会记忆的意义再生产。三种形态的社会记忆再生产相互融合，贯穿于档案记忆展演同一过程中，体现出档案记忆展演作为社会记忆再生产所具有的一般内在结构和本质特征。樊友猛等指出："乡村遗产的展示是一种乡村文化记忆的意义再生产实践"；"经过这种编码，乡村遗产呈现为被展示的实体，具有了可参观性，其蕴含的文化记忆才有可能被感知和体认。它消除各种限制性因素，将传统民居、故事传说、节日习俗、民间信仰等集中于一个场域之

---

① 卜琳：《中国文化遗产展示体系研究》，科学出版社 2013 年版，第 69 页。
② 丁华东：《档案与社会记忆研究》，人民出版社 2016 年版，第 328 页。

中,通过物品、文本、声音、图像等媒介的混合表达,构建起一个综合性的乡村文化表征体系。其最终目的在于再现,即呈现可以体验的独特的乡村生活。"①档案记忆展演作为社会记忆再生产,还涉及记忆的生产加工(与记忆资源开发有关)、传播消费,涉及展演的组织者、展示者、解说者、观众和公众等多方面深层次问题,后文我们将结合相关研究逐步展开。

(二)档案记忆展演:乡村记忆的形象传达

档案记忆展演与档案记忆资源开发有关联也有侧重。开发重在记忆对象的发掘与组织,是一个从无形到有形、从分散到凝聚的过程;而展演则重在记忆对象的展示与表达,是一个扩大弘扬的过程。展演往往以开发为基础,是对开发成果("人工制品"或"档案记忆作品""叙事作品")的传播和利用。在城乡档案记忆工程中,通过对乡村档案记忆的多方式、多途径展演,可以实现乡村记忆的形象传达功能。

保罗·康纳顿强调社会记忆是在仪式操演中传送和保存的,在《社会如何记忆》一书中,他以基督教和耶稣受难纪念为例,分析指出"每年在耶稣受难节和复活节,都要纪念这些事件和那历史。整个基督纪念都围绕这个逾越期,在仪式的先后排列中,在祈祷的内容里,在耶稣常常受难的各个阶段上,得到真切表达,得到扼要重复和重演。在年循环中包括一个周循环,因为在每个星期日,善男信女们参加弥撒,纪念'最后的晚餐'。确实,没有什么祈祷和信仰活动不直接、间接地回顾历史上的耶稣;这个历史叙述达到细致入微。耶稣被钉在十字架上的这个事实,在每个十字架符号上得到象征;它本身是个浓缩的纪念,是一段栩栩如生的叙述,是对这个重要历史事实的召唤,是基督教的重要宗教信仰"。②

①　樊友猛、谢彦君:《记忆、展示与凝视:乡村文化遗产保护与旅游发展协调研究》,《旅游科学》2015 年第 1 期。

②　[美]保罗·康纳顿:《社会如何记忆》,纳日碧力戈译,上海人民出版社 2000 年版,第 53 页。

　　社会记忆的保持和传送（传播、传达）是一种普遍的社会现象，不仅存在于保罗·康纳顿所关注的"非刻写实践"中，也广泛地存在于各种刻写实践中。前文曾提到社会记忆需依赖某种媒介才能得到保存、重温和强化，而这种保存、重温和强化，不仅是个体学习、"温习"过程，更是社会性互动和传播过程，只有使记忆媒介成为社会群体参与的活动（仪式或集体聚会），成为社会群体可接触、可接受、可吸收的文本，才能达到对社会记忆的传送，也才能实现对社会记忆的分享和强化。保罗·康纳顿说"纪念仪式只有在它们是操演的时候，它们才能被证明是纪念性的"①，我们也可以循此延伸一步说，各种乡村档案记忆材料或人工制品也只有在展演中，才能达到对社会记忆的保持和传送。脱离开现实的社会交流系统，记忆媒介只能成为"存储性记忆"，无法成为"功能性记忆"。扬·阿斯曼说："一个文本距离人们铭记心间的可能性越远，即尘封在资料库中，那么这个文本就越发变成了一个空壳，甚至可以说成是一座坟墓，因为它已经埋藏了原来在活生生的交往过程中起到过作用的意义。"②

　　德国学者安格拉·开普勒（Angela Keppler）指出，"人们通过文化造型（文字材料、礼仪仪式、文物）和制度化的沟通（朗诵、庆祝、观看）依然保持着对这种过去的回忆，我们把这称之为'回忆形象'"。③ 档案以及由档案开发加工而成的档案记忆作品在社会记忆保持和传送中一直充当着某种制度性的机制，一方面在社会记忆的形象展示中发挥着"道具"功能，另一方面也构成了社会记忆的叙述方式或表达方式。通过档案及档案记忆作品的展演，传达社会记忆，既可以增强记忆接受者的真实感和形象感，也可以较为系统地传达

---

① ［美］保罗·康纳顿：《社会如何记忆》，纳日碧力戈译，上海人民出版社 2000 年版，"导论"第 5 页。

② ［德］扬·阿斯曼：《文化记忆》，金寿福、黄晓晨译，北京大学出版社 2015 年版，第 95 页。

③ ［德］安格拉·开普勒：《个人回忆的社会形式——（家庭）历史的沟通传承》，［德］哈拉尔德·韦尔策编：《社会记忆：历史、回忆、传承》，季斌等译，北京大学出版社 2007 年版，第 102 页。

社会记忆所反映的历史文化事项,包括相关的背景、过程、结果和影响等。

乡村档案记忆展演包括乡村档案(原件或复制件)的展示与展览、乡村档案记忆作品的发行与交流、乡村记忆图片的陈列与刊印、乡村记忆文本与图片的网络展示、乡村影像的动态播放等(具体形式和途径下文具体分析),是乡村记忆最直接、最形象的表征,也是乡村历史文化的"具像"与"缩影"。通过形象传达乡村记忆,乡村档案记忆展演对乡村记忆保护传承可以起到唤醒、重温、分享、扩张的作用和效果。①乡村档案记忆展演可以作为一种"触媒",唤醒我们心灵深处潜藏的记忆。在我们的记忆中,什么被唤醒,什么被"搁浅",往往因"缘"而起,当触碰到一定的记忆媒介时,我们的记忆就会被激发出来,"勾起我们对往事的怀念",所以人们在参观乡村记忆展览或观看乡村记忆影像时,总是"驻足良久,凝神观看,唏嘘不已,感慨万千",观看的是"具像",唤醒的是"记忆"。②乡村档案记忆展演可以作为对乡村记忆强化的工具,通过重温,使我们对其有更深刻的印象,在反复的"温习"中,"咀嚼""反刍"乡愁的韵味。2016年在山东郓城县水浒好汉城举办的"留住乡愁——鲁西南乡村记忆摄影展",展出了100余幅鲁西南乡村中业已消失或即将消失的各类影像,媒体记者在报道中用了这样一句话:"使人们通过图片形式重温过去的时光。"重温既是生活的再现,也是生活的再次体验,重温让我们对乡村曾经的生活有了更多的理解和感悟。③乡村档案记忆展演无论是文本、图像的展示,还是音影的播放,都可以使乡村记忆的传达、传送不再是单一的渠道,也不再是一次性过程,它可以被广泛地参观、观看、听到,因而也就使乡村记忆被广泛地共享和接受。乡村档案记忆展演既是一种知识、信息的分享和传播,同时也创造了一种社会性的交往互动环境和交往互动过程,让参观者、观看者、听众在同一对象和背景下同时分享过去的经验,达到群体的认同。④乡村档案记忆展演也是乡村记忆扩张的过程,这既是分享的结果,同时也是传播放大的结果。分享可以让更多的人接受、感知到乡村记忆,从而使记忆群体得到扩大;而档案记忆作品的传播和再传播,也为乡村记忆的传送不断提供"记忆能量",对乡村记忆产生整体性张扬、放大效果,对社会认识乡村记忆的重要性产生促进作用。

乡村档案记忆展演是对乡村过去生活的精彩回放,在为我们提供极具现实感的"生活世界"或"历史景象"时,也满足了新媒体时代呈现的"记忆的视觉化"倾向,使社会记忆再生产过程特别是记忆消费得到加速和促进。

(三)档案记忆展演与城乡档案记忆工程的价值实现

作为乡村记忆的形象传达,档案记忆展演对提升城乡档案记忆工程价值具有特殊意义,它不仅关系到记忆工程的社会接受度和认可度,更关系到记忆工程目标实现。

1. 实现档案记忆资源开发产品的社会效益

乡村档案记忆展演既有档案原件和复制件,也有乡村档案记忆资源开发产品(档案记忆作品),从关联意义上看,档案记忆展演也是档案资源开发的一种形式和成果样态,只是为突出展演的价值和意义,我们将其分别作为城乡档案记忆工程的不同推进机制加以讨论,但在内容上,两者确是紧密联系的,如前文所言,开发是展演的基础,展演是对开发成果的传播与利用。

档案文献编纂学对档案文献汇编成果的出版传播已有过许多研究,其理论观点对我们理解档案记忆展演同样具有借鉴意义。胡鸿杰主编的《档案文献编纂学》对档案文献出版传播作了较为细致的解释,认为传播是人类通过符号和媒介交流信息以期发生相应变化的活动,传播的根本目的是传递信息,是人与人之间、人与社会之间的信息传递、信息接收与信息反馈活动。出版传播是人类利用出版媒介进行信息沟通和意义交流的传播形式,当今出版媒介的主要载体形态有印刷媒介、光、电、磁和网络媒介等,但不论是哪种载体形态,出版媒介的核心还是在其承载的"内容"中。① 档案文献出版传播加快了档案信息的传播速度,也提高了受众接收档案信息的效率。编纂成果、社会用

---

① 胡鸿杰主编:《档案文献编纂学》,中国人民大学出版社 2012 年版,第 308 页。

户以及社会实践之间如果发生断裂,档案文献的价值就无法实现。

　　档案记忆展演是档案及档案记忆作品的展示、演示、传播、传送行为,它使档案记忆信息进入社会交流系统,为社会所感知和利用,在实现档案记忆作品社会价值的同时,也彰显了城乡档案记忆工程的现实影响力。各类记忆工程最终都会以一定形式对记忆开发成果加以展演,当我们看到这些"成果展"时,便能很好地理解和感知记忆展演所具有的内在必要性。

2. 促进乡村记忆的"活态"保护与传承

　　"活态"保护是非物质文化遗产保护领域的一项重要原则。"非遗"保护者认为"非遗"属于人类行动的范畴,需要借助行动才能展示出来。"非物质文化遗产作为民族(社群)民间文化,它的存在必须依靠传承主体(社群民众)的实际参与,体现为特定时空下一种立体复合的能动活动;如果离开这种活动,其生命便无法实现。"①只有实施活态保护才能保持和维护"非遗"的"灵魂"——"创生并传承它的那个民族(社群)在自身长期奋斗和创造中凝聚成的特有的民族精神和民族心理,集中体现为共同信仰和遵循的核心价值观"。②"非遗"是乡村记忆的重要内容,记忆传承是"非遗"保护的内在机制,也是活态保护的内在要求,"非遗"一旦失去记忆,或意味着遗产的彻底消失,或意味着遗产成为"死遗产",无法复苏,无法展示。

　　同样,乡村记忆也需要加以"活态"保护,需要呈现于我们的意识和知识之中,才能被记住而不至于造成断裂或失忆。乡村档案记忆展演一方面能将我们的记忆不断地激活、唤醒、重温、强化,使乡村记忆处于活性状态,使我们能够回想起过去的乡村生活;同时,也通过不断地拓展和改造,使自身进入乡村生活,在生产生活中不断展现自己,成为地方文化记忆的"活态文本"。如方言语音建档和展演,不仅让我们记住了方言的特征,更让方言在我们生活中

---

①　贺学君:《关于非物质文化遗产保护的理论思考》,《江西社会科学》2005 年第 2 期。
②　王文章主编:《非物质文化遗产概论》,教育科学出版社 2013 年版,第 54 页。

能继续流传使用。如同"非遗"活态保护一样,它也是对我们地方"灵魂"的传承。乡村档案记忆展演不仅使乡村在我们的记忆中活着,也使乡村记忆在我们的生活中活着。

3. 增强对乡村记忆的形象感知与情感体验

乡村档案记忆展演是乡村记忆的形象传达,在形象传达中唤醒、强化人们的记忆,也在形象传达中增强人们的形象感知和情感体验。开普勒在谈到个人回忆的社会形式时曾重点论述了家庭幻灯播放在家庭沟通回忆中的重要作用,他指出:摄影、幻灯和如今日益普遍的录像,在进行家庭回忆的种种手段中起着特殊作用。家庭生活照以及家人过去一起外出旅游或庆祝节日时拍下的照片,总之,那些(动态或非动态的)"回忆图像",不仅仅是记录瞬息即逝的事件的文献,"家庭成员自己的过去,他们可以看幻灯片重温和重新体验这种过去";"以家庭生活题目为内容的幻灯晚会,乃是家庭把自己的生活加以文献化和客体化的形式,家庭就是用这些形式,来重申、更新、扩充(并向新成员身上扩展)自己作为一个拥有自己特殊传统、礼仪仪式和规范的家庭的集体记忆的。在这样的晚会上,家庭共同邂逅自己作为家庭而拥有的历史。我们甚至不妨说,它在庆祝自己的集体历史。对自己集体历史的这种更新和续写,是在给家庭成员实施对自己家庭的社会认同的坚信礼"。①

乡村档案记忆展演也是乡村记忆展现的舞台、途径和方式,通过展演,人们在语言文字和声光影的交汇中重新回味乡村生活、回顾乡村的历史。中央电视台播出的美食类纪录片《舌尖上的中国》,通过中华美食来展现中国人的仪式、伦理、生存意义等方面的文化,既是中国人味觉记忆的展示,也是中国人生存记忆的展示。节目播出后,深受观众喜爱,它勾起了观众的"胃口",触动了观众的乡愁,一些网友们大喊"每看必饿""一边流着口水一边流着眼泪",

---

① [德]哈拉尔德·韦尔策编:《社会记忆:历史、回忆、传承》,季斌等译,北京大学出版社2007年版,第99—100页。

也有观众用"味觉在感受,视觉在颤动"来评价看片时的感受和心情,更多的观众和学者则是用"视觉盛宴"来形容和表达该片的观赏体验和效果。"《舌尖上的中国》运用影像的力量营造了一场文化视觉盛宴","通过解读中国人与食物之间的关系,成功的引爆了国人的味蕾,更是触发了人们对家乡美食的无限回味"。① 随着乡村的变迁,许多乡村生产生活场景在现实中已难以看到,我们只有通过文字、图片、实物、影像资料等才能有具体、真切的形象感知和情感体验,这是对记忆的重新感知和体验,也是乡村档案记忆展演的出发点。

4.为城乡共同体身份认同提供文化动能

保罗·康纳顿指出:"任何社会秩序下的参与者必须具有一个共同的记忆。对于过去的记忆在何种程度上有分歧,其成员就在何种程度上不能共享经验或者设想。"②在新型城镇化过程中,如何突破城乡二元对立的思维模式,真正从城乡一体化的角度构建"城乡文化共同体",是我们需要认真思考和亟待解决的重要问题。李静认为"城乡文化共同体"是以促进城乡文化认同为前提,以协调城乡文化发展为落脚点,是一种有别于传统农业社会以地域和血缘关系为纽带的新型文化共同体,它具备现代理性精神,包含多样性和差异性,同时也以共同的文化观念、文化符码、文化形象、文化记忆等为精神纽带和情感基础。③

耶尔恩·吕森说:"在人类生活的文化定向中,记忆是一种巨大的力量,它似乎要取代历史在那些决定历史认同的行为中所处的核心地位。"④乡村记忆不仅是直接的乡村生活经验,同时作为一种文化积淀和"集体无意识",成

---

① 徐建华:《品尝味觉文化的视觉盛宴——〈舌尖上的中国 2 家常〉浅析》,百度文库,[EB]https://wenku.baidu.com/view/65ab406469dc5022abea0020.html[2016-05-31]。

② [美]保罗·康纳顿:《社会如何记忆》,纳日碧力戈译,上海人民出版社 2000 年版,"导论"第 3 页。

③ 李静:《城市化进程与乡村叙事的文化互动》,社会科学出版社 2015 年版,第 71 页。

④ 参见赵静蓉:《文化记忆与身份认同》,生活·读书·新知三联书店 2015 年版,第 59 页。

为乡土文化的记忆与想象,流淌在每一个中国人的血脉之中,是巩固群体归属感的社会心理纽带和构建城乡文化共同体的思想基础。乡村档案记忆展演作为乡村记忆形象化、可视化展现,在对乡村历史文化进行意义阐释和价值肯定的同时,也为城乡文化共同体的身份认同提供文化资源和文化原动力。乡村档案记忆展演的身份认同功能主要表现为两方面:一方面是通过展示和传播世代相传的集体记忆来保证文化的连续性,以此重构后人的文化身份;另一方面,通过创造一个共享的过去,再次确认拥有集体身份的社会成员,在时间和空间方面向他们提供一种整体意识和历史意识。因此,乡村档案记忆展示展演是在一个特定的场所或场合下被创造出来的过去,它不一定要给出对于过去事件的精确或真实的证明,而是要在当下被给定的文化语境下,对过去发表有意义的声明。在展演中,乡村记忆也在"乡村人"和"城市人"之间发挥着不同的资源属性:"它将乡村文化作为知识保留下来,被当地人用作教育的资源,实现对家园的身份认同;同时将乡村遗产作为景观保留下来,成为他者观赏体验的对象,得到归乡情结的满足。"①在内向化和外向化的交互作用中,突显出乡村记忆的身份固化和文化重构意义。

二、乡村档案记忆展演的原则要求

乡村档案记忆展演涉及对乡村记忆的选择与组织、建构与传承、复活与再现。由于社会记忆始终与权力、利益、情感、知识和媒介等各种社会因素相关联,既是这些社会因素操控的工具,也是这些社会因素的反映和体现;因此乡村档案记忆展演也必然与这些社会因素相"纠缠",体现出一定的目的性和倾向性。在社会记忆展演的相关研究中,人们也一直在不停地追问"谁的记忆""记忆什么""如何记忆"等记忆研究的基本问题。城乡档案记忆工程推进中,

---

① 樊友猛、谢彦君:《记忆·展示与凝视:乡村文化遗产保护与旅游发展协同研究》,《旅游科学》2015 年第 1 期。

如何科学、合理、有序地开展乡村记忆展演,全面再现乡村生活的真实图景,需要我们有整体性的思考和把握,以确保乡村档案记忆展演的正确方向。

(一)真实性原则①

真实性和完整性是世界文化遗产保护和展示的国际通用原则。其中,1976 年通过的《关于历史地区的保护及其当代作用的建议》(即"内罗毕建议"),从保护历史地区真实性与完整性、新建筑与历史地区和谐共处的角度表达了遗产展示应遵循的原则要求,提出"历史地区及其内部人类活动、建筑物、空间结构及周边环境应为相互联系的统一体;要保护历史地区及其周边环境免遭不适当的利用、不必要的添建、错误愚蠢的改变和各种污染对其真实性的破坏;新建筑物要在高度、色彩、材料、造型、建筑方式、面积上与历史建筑群的空间结构和环境和谐,并具有美感"。② 1977 年颁布的《实施〈保护世界文化和自然遗产公约〉操作指南》,至 2005 年已经过 17 个版本的修改和补充,但"真实性、完整性作为遗产保护的核心内容始终是该领域的奠基石,指导一切关于世界遗产的理论和方法、理念与行动"。③

在乡村档案记忆展演过程中,我们也需要将真实性作为记忆展演的一条原则性要求,但由于档案记忆展演与文化遗产展示之间的差异,对其真实性我们需要做不同的理解。一般而言,文化遗产展示是对文化物品(物质文化)或文化行为(非物质文化)的直接展示,而档案记忆展演则并非是对记忆原对象的直接展示演示,而是通过档案(化)记忆材料和档案记忆作品(合称"档案记忆展演材料")对乡村生活的再现,是一种间接性展示。因此,在档案记忆展演中潜含着两个层次的真实性问题:即事实性真实和表达性真实。

事实性真实也称客观性真实或历史性真实,是指乡村记忆对象的实存性

---

① 真实性原则与乡村档案记忆资源开发本真性原则相关联,体现出城乡档案记忆工程对历史真实性的追求。当然,这种"历史真实性"不是记忆内容的历史客观性,而是记忆事项的实在性和本真性。

② 转引自卜琳:《中国文化遗产展示体系研究》,科学出版社 2013 年版,第 15—16 页。

③ 卜琳:《中国文化遗产展示体系研究》,科学出版社 2013 年版,第 70 页。

或本真性,即在乡村中实际发生的历史或实际存在的文化传统与文化状态,是乡村生活的实存形态。由于乡村生活和乡村文化中,含有许多原始信仰或历史想象的成分,如创世神话、宗教信仰、民间故事、家族传说等,因此,对乡村记忆的事实性真实需要我们从历史民族志的视角做多样态的认知。彭兆荣指出:"神话和传说的虚拟性构成历史不可或缺的元素","对同一个虚构故事的复述表明了人们的文化认同和历史传承。""对某一种社会知识和行为的刻意强调或重复都属于社会再生产的有机部分。它是虚构的,同时又具有真实性。虚构本身就是一种事实的真实性。"①

表达性真实是指通过档案记忆的展演实践对乡村记忆的真实性传达。在档案记忆展演中,"我们所了解到的记忆是符号化了的记忆,是文本化的记忆,它已经表达了某种立场和理解,与原始真实的记忆拉开了距离"。② 表达作为社会记忆建构行为,能否真实反映事实性真实或历史性真实,学者多有不同看法。梅吉尔(Allan Megill)认为,"真正的历史与记忆的延续相去甚远"。③ 帕斯默(John Passmore)更是断言:"正像没有任何描述是关于法国革命的正确叙事一样,不可能有关于事件的正确描述那种东西。"④但即便如此,没有表达性真实又何来事实性真实,"正是原始的本真、记忆文本,以及对记忆的每一次表述或理解,一起构成了生生不息、变动不居的历史"。⑤

乡村档案记忆展演的真实性首先建立在档案记录的真实性基础之上,档案作为历史发展的原始记录,"已构成历史核心的重要组成部分,并承载着无可替代的凭证功能和参考作用",以档案及其"档案记忆作品"来展现和传达乡村记忆,可以使乡村记忆"牢牢地建筑于坚实如磐的'真'的厚重之上"。⑥

---

① 彭兆荣:《民族志视野中"真实性"的多种样态》,《中国社会科学》2006年第2期。
② 赵静蓉:《文化记忆与身份认同》,生活·读书·新知三联书店2015年版,第72页。
③ [美]阿兰·梅吉尔:《记忆与历史》,赵晗译,《学术研究》2005年第8期。
④ John Passmore, *Narratives and Events*, History and Theory, Vol.26, (4):p.71.
⑤ 赵静蓉:《文化记忆与身份认同》,生活·读书·新知三联书店2015年版,第72页。
⑥ 杨少波:《历史记忆的现代传达——专家学者座谈利用档案资源创作革命历史题材影视精品》,《人民日报》2003年2月25日。

这是乡村档案记忆展演事实性真实的前提和保证。但仅此还不够，乡村档案记忆展演的真实性还需要表达性真实，即采取科学的方法，全面深刻地展现乡村记忆。如阿莱达·阿斯曼所言："展览、文字材料和电影，能够扩大人们的历史想象力，能够针对总是存在的将回忆固定在语言和图像公式之中的危险，找到回忆过去的精辟形式，所以它们能在保持回忆的真实性方面做出重大的文化贡献"；但"如果将来只凭借因为增加了许多图片、影片和回忆录而变得更丰富的档案资料来讲话了，那么操作方法就会变得特别重要，它们必须让回忆不断摆脱固定化和刻板化的漩涡"。① 乡村档案记忆展演如何保持和保证表述的真实性，我们认为最基本的要做到两点：一是本土性，即展演的事实是本乡本地实实在在发生的；二是完整性，或者说多元性，从不同侧面、不同层次展示乡村生活，包括乡村的过去与现在、生产与生活、喜悦与痛苦、经验与教训等，使乡村可知可感的历史文化"活生生"地呈现出来。

（二）可达性原则

文化遗产保护中对"可达性"倍加重视，也将其作为一项原则，要求在文化遗产的展陈和解说中，以通俗易懂、清楚明白、能够到达观众的方式，使公众读懂遗产的表象及文化内涵。② 在文化遗产保护的国际性文件中对可达性多有提及，如《会安草案——亚洲最佳保护范例》（2005）要求，遗产应具备"叙述潜力"，"遗产管理人员应设计出保存遗迹'可读性'的方法，最大限度地发挥其叙述功能，以便展现给观众一个将过去与现在联系起来的历史发展脉络"。该文件同时提出"成功并真实地保护纪念物、建筑物与构造物的最好方式就是赋予其一个现代语境，让其在物质上和解读与展示方面，都能为社区所接近"。③ 根据文化遗产展示对可达性的解释，乡村档案记忆展演可达性我们可

---

① ［德］阿莱达·阿斯曼：《回忆有多真实？》，［德］哈拉尔德·韦尔策编：《社会记忆：历史、回忆、传承》，季斌等译，北京大学出版社 2007 年版，第 70 页。

② 参见卜琳：《中国文化遗产展示体系研究》，科学出版社 2013 年版，第 78 页。

③ 《会安草案——亚洲最佳保护范例》，转引自卜琳：《中国文化遗产展示体系研究》，科学出版社 2013 年版，第 79 页。

做三个方面理解。

一是空间的可达性。也可称为信息的可达性,即乡村档案记忆展演能够打破时空的阻隔,及时、便捷地将展示的记忆信息传递给观众。空间可达性是可达性的本初意义,即"从一个地方到另一个地方的容易程度",对乡村档案记忆展演而言,就是展演材料能够被观众所接近、所获得、所感知。空间可达性要求我们在举办乡村档案记忆展演时,能充分考虑村民观赏的便捷性,采取多种方式和途径传达乡村记忆。如举办乡村记忆展览,可选用村民经常聚集的地方举办,方便村民观赏。浙江平湖县新埭镇鱼圻塘村的"乡村记忆民俗风情馆"(简称"乡风文明馆"),建在该村的刘公祠中,与浙北最大的露天戏台"鱼乡戏苑"紧邻,村民"一有空就可以过去转转看看",同时逢年过节,外出亲朋好友回乡,也可以过去走走,将游览刘公祠、看戏、观赏鱼圻塘特有的"大蜡烛"文化与了解乡村历史融为一体,在不经意的"随便走走转转"中,即可获得鱼圻塘村历史发展的信息。随着现代信息技术和通信技术的发展,可以利用现代多媒体技术和网络技术传达乡村记忆,让身居外地的"游子"也能了解到家乡的"前世今生"。

二是内容和意义的可达性。即是通过一定形式对档案记忆展演材料的内容进行解读解释,对其传达的意义进行揭示和说明,使乡村记忆成为"可被理解和可被接受的真实"。《国际古迹遗址理事会关于文化遗产诠释与展陈宪章》(2008)使用"Interpretation"来表示对遗产的诠释,意即"一切可能的旨在提高公众意识、增强对文化遗产地理解的行为,包括印刷品、电子出版物、公开讲座、现场和非现场但直接相关的装置、教育项目、社会活动及持续的研究、培训和诠释过程的自身评估等"。① 对展演材料的内容解读和意义说明,是社会记忆的诠释行为和建构行为,也是社会记忆意义再生产行为。台湾的萧阿勤指出:"集体记忆是透过一种再现的过程,将过去的经验'意义化'、'象征化'

---

① 《国际古迹遗址理事会关于文化遗产诠释与展陈宪章》,转引自卜琳:《中国文化遗产展示体系研究》,科学出版社 2013 年版,第 59 页。

后的产物,人们也因此能从未亲身经历或遥远的事件中产生特定意义的关系,这些过去就是一种记忆。"①在乡村档案记忆展演中,我们需要对展演的内容作出清晰明白、真实完整的解读,对其所要反映的意义进行揭示,为参观者提供价值引导。展演内容解读和意义揭示的方式需要结合具体的展演形式进行,最简单的就是图片的文字说明,其他较复杂的形式有如展览的序言、按语,纪录片的解说词,展陈活动的宣传册,方言语音播放中的普通话对照本,以及参观过程中的讲解、讲座等。阿莱达·阿斯曼曾说在利用档案资料回忆过去时,"操作方法"十分重要,对档案记忆展演中展演材料内容解释和意义说明,就是一项值得重视的操作方法。

三是情感可达性。记忆既是一种认识行动,更是一种情感体验行为。"社会是一代一代变更的,社会记忆使社会历史代代相传,在这一过程中,情感让记忆变得鲜活起来,使得社会的再生产不是简单地复制,而是通过波澜起伏的变化方式获得社会的连续性。"②文化遗产展示强调参与性和体验性,"观众通过参与遗产展示、解说、表演等工作,将自身与文化遗产及遗产展示融为一体,从中得到比单纯观看更为真实、完整、深刻的遗产体验"。③ 参与和体验的实质是旨在通过对文化遗产的情感认知,以增强对文化遗产的理解和尊重,从而更加自觉地投入到遗产保护行动中去。乡村档案记忆展演需要将人们对乡村的特有情感——"乡愁"——融入并传达出来,让档案记忆展演有温度,有亲和力,在强烈的情感体认中凝聚城乡记忆共同体。

(三)艺术性原则

余霞在《历史记忆的传媒表达及其社会框架》一文中,将大众传媒建构历史记忆的模式分为三种:①报道历史,以见证人的身份进行历史记忆;②再现

---

① 萧阿勤:《集体记忆理论的检讨:解剖者、拯救者,与一种民主观点》,《思与言》1997年第1期。

② 郭景萍:《社会记忆:一种社会再生产的情感力量》,《学习与实践》2006年第10期。

③ 卜琳:《中国文化遗产展示体系研究》,科学出版社2013年版,第80页。

历史,以复述者的视野建构历史记忆;③重塑历史,以艺术家的想象丰富历史记忆。她认为,对一个社会来说,历史记忆的意义就在于将历史中有助于当下的合法性和聚合力的东西从历史事实中凸显出来,使之进入社会的表层,为社会所关注,在不违背历史本质真实性的前提下,我们可以依据历史进行艺术创造,这便是传媒表达历史记忆的第三种模式,即运用影视剧等艺术样式,以生动的形式、丰富的内容塑造历史记忆。① 乡村档案记忆展演作为乡村记忆的形象传达,在遵循历史真实性的同时也需要注重其表达的艺术性,做到历史真实与艺术再现的统一。一方面通过艺术再现使历史真实达到准确地表现,另一方面也通过艺术再现使展演材料的思想内涵与现实意义得到准确传达。

艺术性是展览、展示的普遍要求,但不同领域有不同体现。摄影艺术作品展览中,虽也强调作品现实性、历史性、思想性与艺术性的统一,但其表现手法则更多是通过作品本身的想象、创意、象征、批判、反思等方式来实现。如2011年"14+1中国·贵州视觉影像摄影作品展"上,刘永健的《冰与火》、庞琛嵘的《家园》等从不同视角尽情表现和抒发对自然的赞美和对生命的崇敬;彭波的《飞翔》、夏君辉的《众生相》等富于创意的作品,让人在精心构思和营造的场景里感悟人生,思考未来。② 而档案记忆展演则更像是历史(文献)纪录片,据实说事或据史写真,以"特写的历史镜头"来表达历史的美感和真实感。中央新闻纪录电影制片厂程佳宏在谈到历史文献纪录片时说:"历史文献纪录片要求创作者立足现在,回顾过去,展望未来。创造者力图通过历史文献纪录片的创作,使观众了解历史,并给观众提供出一个审视历史的独特角度,同时创作者也在为接近历史的真实而努力寻找恰如其分的表现手段。"③

改革开放以来,我们在档案文献纪录片(历史文献纪录片)摄制上取得了丰富的成果和经验,诸如经典文献纪录片《毛泽东》《邓小平》《周恩来》《刘少

---

① 参见余霞:《历史记忆的传媒表达及其社会框架》,《武汉大学学报(人文社科版)》2007年第2期。

② 参见孟苏:《记忆·纪录·展示——一次视觉影像摄影作品展创新推介的艺术探索与启示》,《贵州日报》2011年12月30日。

③ 程佳宏:《浅议历史文献纪录片的表现手法》,《电视研究》2005年第2期。

奇》《新中国外交风云录》《人民不会忘记》《共和国脚步》《伟大历程》《新中国
档案》《新中国 1949》《红旗飘飘——中国共产党历史上的今天》等,凭借现代
传媒的技术优势、制作者对历史的"贴近"观察,特别是对历史档案材料的直
接、综合、有力的运用,将档案记忆的真实性与历史背景、艺术美感结合在一
起,让人们跨越时空,置身历史之中感受时代的风云激荡。今天,运用乡村档
案记忆资料再现和传达乡村记忆,需要我们继续汲取档案文献纪录片的拍摄、
录制经验与优势,将乡村记忆历史地、艺术地呈现出来。

　　乡村档案记忆展演的艺术表现是系统性问题,涉及主题的设计、材料的选
择、情节的安排、影像的制作等,涉及展览学、影视学、艺术学、传播学、叙事学
和档案文献编纂学等多学科知识,需要丰富的经典和实证材料加以分析总结。
根据对文献纪录片的观感和体会,我们初步认为乡村档案记忆展演在艺术性
追求上要做到三点:一是注重历史细节性材料的运用,通过细节、典型材料来
反映主题。"只有及时抓取那些意会胜于言传的意外情景,即事件发展、人物
活动中的富有内涵的特别细节才构成文献和艺术双重价值。"①二是要注意情
境的营造,给人以真实的场景感。如北京卫视的《档案》栏目,将节目的内容
和独特风格的演播现场结合起来,注重节目舞台气氛的现场感。主持人通过
翻阅、播放、展示、聆听、演示等一切可以调动的元素(包括舞台元素、活动影
像元素、音效元素、实物元素等),把一个个故事"掰开了、揉碎了"讲给观众
听、展示给观众看,引领观众走进历史并探索事件背后的真相。② 三是要注重
叙事的情节性,把乡村故事娓娓道来。像《舌尖上的中国》,不再仅仅追求对
一个完整事件的全程跟踪记录,而是追求纪录片主题故事化、故事人物化、人
物命运化,通过一个个完整的故事去呈现主题,在故事中突出主要人物和他的
命运发展。③

---

　　① 程佳宏:《浅议历史文献纪录片的表现手法》,《电视研究》2005 年第 2 期。
　　② 参见甄学宝:《"档案"提升收视率——北京卫视〈档案〉栏目解析珍档秘闻》,《中国档
案报》2010 年 2 月 3 日。
　　③ 参见徐建华:《品尝味觉文化的视觉盛宴——〈舌尖上的中国 2 家常〉浅析》,百度文库,
[EB]https://wenku.baidu.com/view/65ab406469dc5022abea0020.html[2016-05-31]。

（四）可持续性原则

哈布瓦赫将记忆分为历史记忆与自传记忆,认为自传记忆是对我们在过去亲身经历事件的记忆,这种记忆随着时间流逝,会趋于淡化,除非通过与具有共同的过去经历的人相接触,来周期性地强化这种记忆。"如果在很长的时间跨度内,我们与一组特定的曾经很重要的人不再保有联系,那么,关于他们的记忆就会趋近丧失。在这种情况下,只要经历长时间的间隔,记忆就可能会完全丧失,除非接触到几乎已经被遗忘的别的什么东西,让人产生联想,使这部分记忆重新被意识到";而"在历史记忆里,个人并不是直接地回忆事件;只有通过阅读或听人讲述,或者在纪念活动和节日的场合中,人们聚在一块儿,共同回忆长期分离的群体成员的事迹和成就时,这种记忆才能被间接地激发出来"。① 在哈布瓦赫关于历史记忆与自传记忆区分的论述中,其实涉及记忆的长期、可持续保持问题,只有通过周期性的互动和经常性的阅读、听人讲述等,记忆才能长久地在我们的意识中存活、被感知,否则就会慢慢遗忘。

在社会记忆研究中,人们多遵循保罗·康纳顿的分析,通过仪式性操演来说明社会记忆的保持和传送,但做进一步解读,我们就会发现,仪式之所以能够对社会记忆加以保持和传送,就是因为其重复性和周期性,可以使社会记忆得到持续的激活与强化。康纳顿说:"所有的仪式是重复性的,而重复性必然意味着延续过去"②;"在一年中的同一个时间,按照事件重复发生的周期准时庆祝这个节日,这被认为是至关重要的"。③ 仪式消除了人们的时间差别,感觉重新回到过去。

随着每一个周期性的庆典的举行,庆祝者发现自己好像处在同

① ［美］刘易斯·科瑟:《莫里斯·哈布瓦赫》,［法］莫里斯·哈布瓦赫:《论集体记忆》,毕然、郭金华译,上海人民出版社 2002 年版,"导论"第 42—43 页。
② ［美］保罗·康纳顿:《社会如何记忆》,纳日碧力戈译,上海人民出版社 2000 年版,第 50 页。
③ ［美］保罗·康纳顿:《社会如何记忆》,纳日碧力戈译,上海人民出版社 2000 年版,第 75 页。

一个时间内;和往年的庆典或前一个世纪的庆典或五个世纪前的庆典一样的展示。这些至要的时间间隔的组织方式,使它们显得具有同质性,并且在体验上也是如此。因而,由于它本身的性质,仪式时间具有无限的重复性。①

重复性使记忆不断得到激活和强化,使乡村记忆始终处于人们可触可感的鲜活状态,促进其可达性的实现。在乡村档案记忆展演中,我们可以从可持续性视角来理解和说明这种对记忆重复性的要求。

可持续性也被视为文化遗产展示的一项原则要求,但文化遗产保护(包括非遗保护)领域,可持续性更多地强调对文化遗产的永续利用,因此在展示过程中,一是不能对文化遗产展陈品形成展示性破坏,要满足可持续展出或"可再展示"的需求;二是在展示保护中,采取的措施要具有"可逆性","一切技术措施应当不妨碍再次对原物进行保护处理"。② 这两条要求对乡村档案记忆展演也具有借鉴意义,特别是对档案原件(原始文件、图片、照片、地方文献等)的展示,也需要满足"可再展性"和保护"可逆性"的要求,但档案记忆展演中对可持续性的要求内涵更丰富,还涉及反复性、日常性和延续性。

反复性。也可以称为"周期性",即是对乡村档案记忆展演的多次、不间断、持续地展演。正如哈布瓦赫、保罗·康纳顿对社会记忆保持和传送的重复性强调一样,乡村记忆的保持和传送也需要通过反复的方式不断激活、呈现,不能说通过一次展演、一次乡村影像志的视频播放、一本乡村史志的发行就一劳永逸地传承了乡村记忆,就纾解了乡愁思念心结。我们一方面要认识到乡村记忆的丰富性——宏阔而深邃,另一方面也要认识到乡村社会生生不息,乡村记忆不只是在一代人中传承,而是要一代代地传承下去,需要不断重复下去。

日常性。即档案记忆展演要与乡村日常生活相结合,在不知不觉中再现

---

① ［美］保罗·康纳顿:《社会如何记忆》,纳日碧力戈译,上海人民出版社 2000 年版,第 76 页。

② 《中国文物古迹保护准则》(2000 年)。

和传达乡村记忆。传统中国乡村社会,乡村记忆的传承常常依赖口耳相传、家族活动、四时节庆、婚丧嫁娶、生产劳动;我们今天所讲的乡村记忆,也就是乡村的生产生活。因此,乡村记忆与乡村日常生活相互交融,如费孝通先生所言"每个人的'当前',不但包括他个人'过去'的投影,而且还是整个民族的'过去'的投影"。① 今天的社会虽然发生巨大变革,但通过乡村档案记忆展演传达乡村记忆的行动也要嵌入到乡村日常生活中去,融于生活,见于生活,作为乡村文脉传承的一种内在机制,才能持续开展。

延续性。即乡村记忆档案展演的内容能够连续延展。乡村档案记忆展演是亚里士多德意义上"曾经经历的事件或状态被重新经历与体验的过程",展演的内容需要反映出乡村不同历史发展阶段的历史变迁和历史轨迹,勾勒出乡村历史的完整"生活画卷",因此,乡村档案记忆展演不仅要向前延伸至村落历史的最深处、起源处,同时也要向后、向未来延伸,反映当下乡村生活的新成果、新样态。乡村档案记忆展演不能到某个时点就"戛然而止",而是要能接续上,如对村落新貌的展示,对村落重大事项的说明,对村中考上大学、事业有成人员的上榜表彰等,每隔3—5年能"续补"一次,以延续乡村历史。

在城乡档案记忆工程中,许多地方通过建设乡村记忆馆、乡风文明馆、村史馆等作为乡村记忆的展演基地,这既是一种持续性的体现,也是记忆场所、记忆空间建设的体现,我们将在第七章中专门讨论。

(五)公平性原则

"控制一个社会的记忆,在很大程度上决定了权力等级。"②乡村社会虽然质朴、恬淡,但村落(村庄)中也存在着权力的分层与权力结构。村庄权力结构是社会学研究的一个重要主题,费孝通在《乡土中国》中曾对村庄中同意权

---

① 费孝通:《乡土中国 生育制度》,北京大学出版社1998年版,第19页。
② [美]保罗·康纳顿:《社会如何记忆》,纳日碧力戈译,上海人民出版社2000年版,"导论"第1页。

力、横暴权力和教化权力的性质进行了区分①；张仲礼在《中国绅士》中特别强调农村结构中士绅的重要性②；王铭铭注意到村庄内非正式权威的崛起，特别是家族领袖权威在政治社会变迁中的再生产过程③；仝志辉等在综合分析村庄权力结构研究的基础上，提出村庄权力结构的三层分化，即体制精英（如"当官的""干部"）、非体制精英（如"头面人物""知名人士""大社员"）、普通村民（"平头百姓""老百姓"）。④　如果考虑到村落的家族势力、经济力量、文化传统等，村庄的权力结构或许更为复杂。

任何一种集体记忆都由特定群体内部成员分享和共有，村庄权力结构的划分"在很大程度上是权力所赋予的社会身份差别，这样的差别会导致他们在记忆历史时采取不同的资源组合方法来进行分层性的历史建构"。⑤　因此，这就涉及乡村记忆展演中再现和传达"谁的记忆"的问题，涉及记忆展演的公平性问题。

记忆展演的公平问题是关涉记忆政治学和记忆伦理学的核心问题，也是记忆实践的基本问题。在社会记忆的相关研究中，人们对传统的档案收藏和历史书写多有批评，认为它们是受官方的操控，"档案工作者实际上是肯定现行的政治结构和权力关系的共谋"⑥，档案馆藏中"未见平民史"，因而呼吁要打破官方的垄断、控制行为，注重民间档案、基层档案的收藏和利用。然而，与上层官方体系相比，乡村社会是典型的民间社会和基层社会，在这种底层的档案记忆展演中，由于村落地方权力结构的存在，如何摆脱权力干预和影响，体现记忆展演的公平性，值得思考。

一是要充分认识档案记忆展演由官方向平民转变的时代趋势。正如贝

---

① 参见费孝通：《乡土中国　生育制度》，北京大学出版社1998年版，第19页。

② 参见张仲礼：《中国绅士》，上海社会科学出版社1990年版。

③ 参见王铭铭：《社区的历程》，天津人民出版社1997年版。

④ 参见仝志辉、贺雪峰：《村庄权力结构的三层分析》，《中国社会科学》2002年第1期。

⑤ 彭兆荣、朱志燕：《族群的社会记忆》，《广西民族研究》2007年第3期。

⑥ ［美］弗朗西斯·布劳因：《档案工作者、中介和社会记忆的创建》，李音译，《中国档案》2001年第9期。

拉·迪克斯(Bella Dicks)所言:"许多当代文化展示已经从官方的、仪式性的形式描绘转向民间。以往那些'房前屋后'的琐事现在取代了盛况与辉煌,获得了新的大众魅力。这从展示普通人历史或平民史的场所迅速增加就能看出来。"①随着民主社会进程的加速、后现代理论的兴起和档案记忆观的发现,当今的档案领域也在提倡并推动一种文化范式转变,即"从以国家为基础的司法——行政档案话语转向以更广的公共政策和公共利用为基础的社会——文化档案话语"。② 认识到档案文化范式的转变有助于我们在乡村档案记忆展演中能够"眼睛向下",尊重普通村民利益诉求,注重构建和展示乡村生活的"活态历史"和"原生态文化"。

二是充分利用乡村档案记忆资源,形成多元化的乡村叙事。记忆展演是记忆开发的延伸,强调记忆展演的公平性,首先要形成多元化的乡村叙事。乡村档案记忆资源形态多样,内容丰富,它们不单纯是由乡村中的体制精英、非体制精英形成的,也有普通民众形成的,特别是随着村民文化程度的提高和新媒体技术的广泛运用,普通家庭、普通民众形成的档案也极为庞大,融合多元权力主体形成的档案进行乡村叙事,可以打破传统社会乡村叙事的精英控制,让不同群体发出自己的声音。乡村社会是一个自洽性社会,各种乡村记忆和乡村叙事不仅可以"和谐相处",而且也增强了乡村记忆展演的丰富性、亲和性和趣味性,让人"喜闻乐见"。

三是充分尊重村民的表达权力和表达意愿,调动民众力量开展记忆展演。在传统社会,由于受地方乡绅和家族势力的把控,普通民众的历史表达权力和表达能力受到抑制,乡村的历史更多是乡绅的历史、家族的历史、长老的历史、基层干部的历史。改革开放以来,随着乡村经济发展、村民文化程度提高和权利意识觉醒,普通民众的自我表达意愿和表达能力逐步提高。乡村档案记忆展演在组织上可以充分吸收村民参与,同时广泛征求不同群体(如新市民、农

---

① [英]贝拉·迪克斯:《被展示的文化》,冯悦译,北京大学出版社2012年版,第10页。
② [加拿大]T.库克:《铭记未来——档案在建构社会记忆中的作用》,李音译,《档案学通讯》2002年第2期。

民工、新生代农民、留守人群、失地农民,在外学者、企业家、干部等)意见,充分照顾不同人群、不同家族、不同职业群体的利益诉求,将乡村档案记忆展演办成能够为村民广泛接受,体现村民"荣光"的历史再现活动。我们在调研中发现,许多地方的乡村记忆馆建设都得到了村民的大力支持,这说明乡村记忆展演公平性有着较好的社会基础和实现条件。

三、乡村档案记忆展演的方式与途径

"展演"既有"展"的静态性,又具有"演"的动态性,近年来在文艺活动、学术研究、网络传播等领域使用越来越频繁。不同领域、不同对象展演方式多有差异,而且随着新媒体技术发展,展演的途径除了现场展示外,也逐步借用新媒体技术进行远距离影像展示。乡村档案记忆展演作为一种文本化、影像化和符号化展演,除了传统的书刊印刷和档案展览外,借助新媒体技术,其展演方式和展演途径呈现出多样化、多途径和多元融合的趋势,使乡村记忆"生动活泼"地呈现出来。

新媒体时代,人—媒介—记忆之间的关系愈加紧密,人以媒介为手段,亦被媒介所影响,以至于造成一种错觉,似乎社会记忆就是媒介的记忆。然而,正如扬·阿斯曼指出的那样:"巩固根基式回忆总是通过一些文字或非文字性的、已被固定下来的客观外化物发挥作用(即使在非文字社会中也是如此),这些客观外化物的形式包括仪式、舞蹈、神话、图式、服装、饰物、文身、路径、绘画、景象等";[1]"所有这些都可以被转化成符号用以对一种共同性进行编码。在这个过程中起关键作用的不是媒介本身,而是其背后的象征性意义和符号系统";[2]"这些符号系统具有支撑回忆和认同的技术性作用,并由此可

---

[1]　[德]扬·阿斯曼:《文化记忆》,金寿福、黄晓晨译,北京大学出版社2015年版,第46页。

[2]　[德]扬·阿斯曼:《文化记忆》,金寿福、黄晓晨译,北京大学出版社2015年版,第144—145页。

被归到'记忆'这个总概念之下"。① 阿斯曼的观点对我们理解和把握各种展演方式和途径背后的记忆实质具有思想认识价值。

（一）书刊印刷展演

书刊印刷展演是以书刊为媒介,在对档案(化)记忆材料进行选择、编纂、加工后,将其印刷成纸质出版物(包括图书、期刊、报纸,以及与此相关联的图册、图录、画册、相册、画报、宣传册、说明书等)进行发行公布的一种展示方式和传播途径。在传统档案文献编纂学中,一般被称为印刷型档案文献出版物,是档案文献编纂出版物的基本形式。

书刊印刷展演在我国有悠久的历史,历代因革不断,而且由于造纸技术、印刷技术、影像处理技术的发展,印刷型档案编纂成果形式日益丰富多样,逐步呈现出由手抄型向印刷型、由铅字排印向激光照排、由文字排印向原迹影印、由文字型向图文型、由黑白型向彩色型转变的发展趋势。作为档案文献编纂成果,印刷型出版物兼具资治、存史和记忆展示功能,而对一些特殊编纂成果,如图册、相册、画报、画册、宣传册,以及图书报刊中的插图等,其社会记忆展示传播功能更甚于其资治、存史功能。

利用乡村档案记忆资料编印书刊,展示乡村记忆,是一种普遍的现象。根据档案(化)记忆材料的展示状况,大体可以分为以下形式:①利用档案制作书刊的插图,如重要档案文件的复制件,与村落事件相关的人物、遗址、文物、文献、活动等的照片、图片、历史地图等,使记忆事项具有形象感。②在报刊上开辟"××记忆"专栏,专题展示乡村记忆。如《浙江档案》的"浙江记忆"专栏,《档案与建设》的"史海探迹""藏珍录"栏目,《档案春秋》的"影像"栏目等,长期刊载相关档案文献和档案图片,以档案来反映和展示记忆中的人物和事件。③编印专门画册、相册、记忆影像册等方式,集中展示乡村记忆。如原新华社记者王景和利用自己近30年从事农村报道和调研考察所积累的照片,

---

① [德]扬·阿斯曼:《文化记忆》,金寿福、黄晓晨译,北京大学出版社2015年版,第46页。

编印了四卷本的丛书《最后的乡村——中国乡土影像志》(新华出版社 2015 年出版,图6-1),以图像方式反映改革开放以来农村发展变化。"丛书以图片为主、文图并茂,但并非一般意义上的摄影作品,不是单纯地从摄影艺术的角度去描绘乡村,而是站在摄影之上,用社会学的和历史的眼光讲述中国的乡村与农民,对中国农村的现时状况、历史变化和农民的生存状态,进行全面的综合性的立体化的展示。""不仅从横向上反映了东西南北中农村、农业、农民的面貌和不同特点,同时从纵向上反映了改革开放以来,中国乡村各方面所发生的变化。例如农村住房

图 6-1　《最后的乡村》

的变迁、耕作方式的变革、农家用具的变化,都深刻体现了历史的进步、社会的发展。"①④编印乡村历史介绍、旅游图册、产品说明等,介绍展示乡村历史文化、传统文化产品和乡土特产。如安徽歙县文化局编印的《古歙揽胜》,以图文方式全面介绍古歙县范围内的历史文化景观,如南谯楼、东谯楼、许国石坊、斗山街、太白楼、长庆寺塔、浙江和尚墓、汪采白墓、渔梁街、渔梁坝、歙砚、徽墨、棠樾石牌坊群、丞相状元坊、龙兴独对坊、宰相故里——雄村等。"全县古迹众多,亭、台、楼、阁,参差其间,构成独特明丽的山乡景色。这里有巍峨的宝塔、雄伟的牌坊、轩昂的祠堂、苍劲的石刻,留下悠长历史的折光。就是一个村落、一幢民居、一座门楼或一块砖雕,也往往使人发幽古之思情"。② 再如黑龙江省牡丹江市印制的《渤海鞑靼绣》宣传册,全面介绍和展示了渤海鞑靼绣的由来、产品简介、第四代传人、制作工艺流程、系列产品、经典作品、领导参观照

———————————

① 《新华社老记者 10 年踏访各地乡村,影像记录农村变迁》,中国记协网,[EB] http:// www.xinhuanet.com/zgjx/2015-09/11/c_134614733.htm[2015-09-11]。

② 歙县文化局:《古歙揽胜·前言》,安徽文艺出版社 1993 年版。

片等,让游客对黑龙江非物质文化遗产有形象化的感知。⑤撰著出版村史村志,将记忆展示与地方史志研究融于一体。如台湾学者李蔼政、陈亮撰写的《重修屏东县志:文化形态与展演艺术》,全面系统地介绍和展示了台湾屏东县的地理、历史、建筑特色、日常生活、岁时节庆、民俗艺术、屏东音乐、民间工艺与歌舞等。以大规模的田野调查、口述历史与地方档案文献为基础,"延续屏东的历史沿革及搜寻史料残缺,并以新时代的观点与定义提供一部具可读性、丰富性的多元生活文化交流与传承的平台,以便凝聚屏东人意识,反映集体历史记忆"。① 书中配有 21 幅图片、167 张照片、39 张表,使屏东的文化记忆得到更加形象地展示。

扬·阿斯曼曾评论道:"作为传递意义的形式,文本相对于仪式更不保险,因为它很有可能在流通和交流的过程中把意义转移出去,而仪式则不会导致这种后果。"②尽管如此,作为一种静态展演方式,书刊印刷展演所展示的记忆信息较为稳定,且适合于传统的阅读习惯,在乡村记忆展演中仍占据重要地位。

(二)声像影视展演

声像影视展演是指以声像为媒介,在将档案记忆编纂加工成声像制品(如录音带、唱片、激光唱片、电影胶片、录像带、激光视盘等)后,通过音响设备或广播、电影、电视等途径进行公布的一种展演方式和展演途径。

"声像影视"是一个宽泛的临时性概念,既包括借助录音机、录像机进行播放的录音、录像,也包括通过广播、电影、电视等途径进行播放的节目、栏目、影片等,由于它们之间融合性较强,故一并考察论述。

从传播学的角度看,声音影视媒体对信息的传播具有以下特点:一是声

---

① 曹启鸿:《重修〈屏东县志〉的使命与意义》,李蔼政、陈亮:《重修屏东县志:文化形态与展演艺术》,[台湾]屏东县政府,民国 103 年 11 月版。

② [德]扬·阿斯曼:《文化记忆》,金寿福、黄晓晨译,北京大学出版社 2015 年版,第90 页。

音、画面传播，视听兼容，一听一看就懂，比较易于接受；二是集声光电于一身，聚眼耳脑于一瞬，声像并茂，立体"发行"，全新感受；三是形象生动，优美感人，有很强的穿透力和影响力；四是传播范围广，影响受众多。①

20世纪80年代以来，随着社会经济和技术发展，利用声像影视展演档案记忆在档案部门、文化部门、广电部门已成为一种平常现象，出现许多成功佳作。如1993年，中央档案馆编辑录制《巨人之声》盒式录音带，收录毛泽东、周恩来、邓小平等老一辈革命家的原始讲话录音，每人一部专辑（4盘2盒装），让我们再次聆听到伟人的声音；2006年，上海人民广播电台开设《声音档案》特色品牌节目，以上海音像资料馆音像档案资料为依托，结合当下时政、新闻、纪念日、主题活动等，重新解读"声音文献"，从亲历者、学者的口述中发现"新闻"。② 再如2009年北京电视台推出的纪实栏目《档案》，"以前所未有的视觉冲击力和新奇特角度找寻那曾经的真实所在和鲜为人知的事实真相"；其他如各种历史文献纪录片（历史档案文献纪录片）更是异彩纷呈，前文多有提及。

依托地方性记忆材料，以声像影视方式展演乡村记忆，在乡村记忆保护传承中也多有体现，其具体形式如：①地方戏剧、音乐、方言的录音录像。如浙江新昌县除了开展新昌方言录制工作外，还在新昌调腔剧团、新昌电视台支持下，录制新昌调腔选段《三关斩卞》和现代歌剧《遇上你是我的缘》；其他如安徽的黄梅戏、庐剧，东北的二人转，宁波甬剧等也都有录音录像，作为地方文化产品传播共享。②拍摄微电影。如2014—2015年，青岛市档案馆，拍摄了国内首部档案题材微电影《寻找逝去的记忆》和首部反映抗战期间劳工历史的微电影《历史无言》，引起社会强烈反响和好评。③拍摄乡村影像志和专题纪录片。如山东省2015年即开始拍摄"乡村记忆"工程影像志，打造大型乡村题材纪录片；江苏省南通市2016年4月正式启动《乡村记忆——南通乡村影

①　参见邵培仁：《传播学》，高等教育出版社2000年版，第156页。
②　金亚：《用声音记录历史，让广播传递思想——从〈声音档案〉看口述历史类广播节目》，《中国广播》2012年第5期。

像志》拍摄;福建省档案局在《关于开展"乡村记忆档案"示范项目建设的通知》(闽档函[2015]89号)中,也要求各地加强"乡村记忆档案编研开发","拍摄视频专题片"。① 随着数字技术和数码设备的使用越来越普及,一些民间组织和乡村个人也在积极拍摄录制乡村记忆视频,如《村庄影像志——吴小庄》《乡村影像志——来自神山的声音卡瓦格博》《山上的街市——百年元阳乡村集市影像志》《大山深处的引路人——湘西乡村教师影像志》《龙泉山村影像志》等,都是个人上传网上的"乡村影像志"。④开设"乡村记忆"专题电视栏目。目前,最引人注目的一是中央电视台的《记住乡愁》大型纪录片,截止到2017年底,已播出三季,共180集,每集时长30分钟;二是山西高平的"乡村记忆",作为高平电视频道的一个栏目,自2014年12月18日开播以来,截止到2017年底,共播出100余集。以影像记录方式开展乡村记忆,高平县具有典型意义。

与书刊印刷展演相比,声像影视展演更具有形象感和动感,它们以声音和图像相结合的方式,记录展示乡村的发展和历史文化,播放乡村声像/影像,就是展演乡村记忆。

(三)数字网络展演

数字网络展演是以数字化产品为媒介,在对档案记忆材料进行选择、加工、编辑后,刻录成数字化出版物(包括数字文本、数字图像、数字影像、数字动漫、数字资源库等),通过数码设备或计算机网络进行传播展示的一种展演方式和途径。

数字网络传播也称"互动媒介",是20世纪90年代后随着电子计算机技术、数字技术、网络技术的发展而出现的新媒体形式。从传播学角度看,数字网络传播具有高度的综合性、交互性、方便性和快捷性等特点。② 在新媒体时

---

① 如前文所提及,记忆开发与记忆展演密切关联。不过,在记忆资源开发中,我们强调各种(档案)记忆作品的叙事性;在记忆展演中,我们强调各种(档案)记忆作品的展示性。

② 邵培仁:《传播学》,高等教育出版社2000年版,第157页。

代,不仅新印制(录制)的各种书刊、声像制品可直接以数字化方式生成,而且传统的各种书刊、声像制品也可以转化为数字化产品,通过计算机网络进行传输,因此,数字网络传播可以实现新旧媒介的大融合。

档案部门利用数字技术开展档案文献编纂,开始于 20 世纪 90 年代中期。1996 年,由中央档案馆、中国第一历史档案馆、中国第二历史档案馆和北京超星公司合作编制的大型《档案文献光盘库》,将曾经公开出版过的重要档案文献按内容分类汇编成一个大容量的系列档案文献电子出版物,第一期共发行光盘 120 张(一套),选编自明清以来反映中国历史的重要档案文献 150 余万页,分为《中国明清史档案文献光盘库》《中华民国史档案文献光盘库》《中国革命史档案文献光盘库》三个分库。进入新世纪,在新媒体技术推动下,各级各地档案部门纷纷建立档案信息网,公布档案文献;同时编纂制作数字档案出版物也开始进入全面发展阶段。如 2009 年国家档案局、中央档案馆编纂制作的 1949 年档案系列多媒体专题视频和电子书,选取 1949 年一年中发生的 52 个重大事件的档案,每个事件作为一个专题,每个专题包括若干份文件、照片、录像、录音、报刊资料等,编纂完成后以 Flash 视频、PDF 电子书和网页文件同时发布①,引起社会广泛关注和好评,全年点击量达 2 亿多人次。

新媒体技术已渗透到当代乡村社会各个角落,在乡村档案记忆展演中应用前景广阔,其形式我们可以大体分为以下几个方面:①拍摄制作乡村纪实作品。利用数码产品,人们不仅可以随时获得各种乡村记忆的影像素材,而且通过编辑加工技术,可以较为方便地编制乡村记忆展演作品,通过网络加以传播,即拍、即编、即传,一气呵成。②开设乡村记忆专栏。在地方档案信息网站建设的基础上,开设"乡村记忆"专题栏目,既丰富档案网站内容,也为网站提供地方特色历史文化。如浙江省台州市档案局在台州档案网上建立"台州市

---

①　《共和国脚步——1949 年档案》,人民网,[EB] http://dangshi.people.com.cn/GB/120280/8787993.html。

民生活变迁记忆""台州革命文化记忆""台州革命文化老相册""台州市民生活变迁老相册"等栏目,为档案文化建设提供交流平台。① ③建设乡村(档案)记忆网站。利用地方特色档案资源和特色历史文化资源,创建乡村记忆网站,已是中外记忆工程实践中一条成功的做法。目前除"浙江乡村记忆网"(浙江省档案局)、"上饶记忆"(上饶市档案局)网外,还有山东"乡村记忆"网(全称"山东'乡村记忆'工程大型网络互动活动")、"北京记忆"网(北京图书馆)、"苏州记忆"网(苏州图书馆)、"常州记忆"网(常州市委宣传部)、"北方红色记忆"网(辽宁凤城)等。乡村记忆网站不仅可以实现各类记忆的有效集成和远距离展演,而且具有宣传功能和互动功能,一方面加强乡村记忆保护传承的宣传动员工作,及时反映各方面的工作动态,另一方面也可以动员社会力量,收集上传乡村记忆资源,实现城乡档案记忆工程与社会力量的广泛合作。④建设乡村档案记忆专题资源库或数据库。建设乡村记忆专题资源库或数据库,既可以实现地方特色档案记忆资源的有效集成和永续利用,也是对乡村档案记忆的有效展演。⑤利用微信平台,进行乡村记忆信息发布。"互联网+"和新媒体的运用,为档案部门带来新的机遇。浙江嘉兴市档案局利用微信公众平台,建设"红船边的微档案",使档案记忆信息在社交媒体领域得到更为广泛的展现。微信作为新平台、新途径,其前景非常巨大。

数字革命促使人类记忆开始一个加速度的数字化进程,也使记忆的传播、展示、分享变得便捷流畅。在数字记忆时代,不仅人类对记忆获得的隔阂被打破,使"一个更大、更为全球化的共享记忆成为可能"②,而且"记忆与数据处理之间的差异消失了,记忆成了感知的再现,与最初的认知行为没有什么区别"。③ 数字时代社会记忆展演值得后面深入探讨。

---

① 参见吴志刚:《大力推进档案记忆工程建设的实践与思考》,韩李敏主编:《浙江省档案学会论文集——浙江记忆理论与实践》,中国文联出版社2013年版,第11页。

② [英]维托克·迈尔·舍恩伯格:《删除:大数据取舍之道》,袁杰译,浙江人民出版社2013年版,第82页。

③ [美]凯文·凯利:《失控:全人类的最终命运和结局》,东西文库译,新星出版社2010年版,第30页。

（四）实体空间展演

实体空间展演是依托一定的空间场地，对档案材料加以组织展示和演示，传统上我们称为"档案展览"。在新媒体环境下，由于档案展览的展陈设计和制作都由数字化方式生成，因此，档案展览在进行实体空间展陈的同时，也多进行网上展示，呈现实体空间与网络空间（虚拟空间）并行展示的态势。乡村档案记忆的网络空间展示属于数字网络展演的一部分，这里集中讨论乡村档案记忆的实体空间展演。

档案展览作为传统档案利用服务的重要方式，在各级各类档案馆已成为一项常规工作，其他文化事业单位（如图书馆、文化馆、纪念馆等）也多有举办。如广东省档案馆的"广东国际交流合作展""南粤丰碑——中共广东党组织档案史料展""岭海风云　楚天际会——纪念辛亥革命 100 周年粤鄂档案史料展""孙中山与广东档案图片展览""海邦剩馥——广东侨批档案展""永远的春天——邓小平与广东改革开放""南粤抗战丰碑——广东省纪念中国人民抗日战争胜利 60 周年展览""《东方奥斯维辛——日军在广州的细菌战暴行》专题展览""党的光辉照广东""百年广州"等。这些档案展览配合中心工作或相关纪念活动，以丰富典型的原始档案材料，生动形象地展现历史记忆。现在已有越来越多的档案、文物、图书展览开始和"记忆"关联起来，如"中国记忆——5000 年文明瑰宝展""世博档案，中国记忆展"、"城市记忆——上海近现代历史发展档案陈列""甲骨文记忆展""城南忆事——老南京记忆展""百年记忆——国家图书馆馆史展"等，突显出档案、文物、图书等展览的社会记忆展演性质。

档案展览需要依托一定的实体空间，传统上一般在档案馆开设长期或临时性展览厅（室）举办展览，有时也根据需要举办馆外展览和巡回展览。在城乡档案记忆工程中，档案部门在加强与乡村记忆有关的村级档案陈列展的同时，也在积极推进乡村记忆示范基地（点）和乡村记忆馆建设，以乡村记忆示范基地（点）和乡村记忆馆建设推动乡村档案记忆展示。如浙江省档案局

2013 年专门编制了《村级陈列展览建设指南(参考文本)》,对村级陈列展览的建设目标、场所设施、室内展示内容、户外场所展示内容、布展形式、陈列展览管理等提出指导性意见,旨在通过村级陈列展览建设,在全省"广大农村培育一批具有典型示范作用的村级陈列展览精品,使其成为传承农村优秀历史文化、弘扬主流价值观和展示新农村建设风貌的重要窗口"。① 2014 年,根据浙江全省文化礼堂建设的整体部署,提出"文化礼堂建到哪里,乡村记忆基地就建到哪里";要"做到展板和展柜的有机结合,图文和实物的相互映衬,充分展示当地历史文化资源和特色人文精神"。②

与传统的档案展览采取专题式不同,乡村记忆馆展演的内容涉及:①村史村情,包括行政区划、历史沿革、姓氏宗族、经济状况、大事记、自然风景、人文遗存、物产特产;②乡风民俗:包括本地的村规民约、村训、家规族训,流传的历史传说、神话典故、革命故事,方言、谚语、俚语、民歌、民谣、戏曲,村民创作的诗文、书画、雕刻、手工艺品,民风民俗等传统活动,农耕生活用具等;③崇德尚贤,包括:历史名人、革命英雄、历届村官、典型模范(道德榜、能人榜、寿星榜、学子榜、家庭榜、共建榜);④美好家园,包括:领导关怀、旧貌新颜、重要专题、村民看发展、荣誉展示、未来愿景等,更像是一部乡村简史或乡村简志。与传统档案展览采取"档案+图片",辅以文字说明不同,乡村记忆馆的展陈材料还包括实物(乡村老物件、特产土产)、本地村民的作品、沙盘、模型,有的乡村记忆馆还配有视频播放或多媒体展示台等,更是对乡村记忆的立体展演。

乡村记忆馆建设不仅仅是解决了乡村记忆展演的场所问题,更为我们创建了一个新的乡村"记忆之场",其富含的理论价值和实践意义,我们将在第七章做专门的讨论。

(五)仪式活动展演

仪式活动展演是以仪式等活动为媒介,在生产生活实践中运用档案材料,

---

① 浙江省档案局:《村级陈列展览建设指南(参考文本)》2013 年 11 月。
② 《浙江省档案局关于加快推进乡村记忆基地建设的通知》2014 年 11 月 13 日。

展演档案记忆,输出档案记忆能量。这里我们对"仪式活动"采取较为宽泛的理解,不仅指涉各种具体的乡村民俗仪式、信仰仪式,同时也泛指乡村生产生活中其他带有仪式性、表演性、展示性的活动。

　　仪式活动作为社会记忆的操演性行为,保罗·康纳顿已对其做过充分的论述。他认为仪式是表达性的、形式化的,是一种操演语言,通过仪式,"一个社群被提请注意其由支配性话语表现并在其中讲述的认同特征"。①

　　仪式活动是通过规则性行为来展示和传达记忆,而档案记忆展演是通过档案化记忆材料及其档案记忆作品来展示和传达记忆,因此,仪式活动展演与档案记忆展演属于两类不同性质的展演,前者属于体化实践,后者属于刻写实践。我们也不能把仪式活动展演的影视化、影像化、档案化回放作为档案记忆展演,因为我们这里所谈的是指通过仪式活动对档案记忆的展演,而不是通过档案展演方式对仪式活动的展演(对仪式活动的影像回放属于声像影视展演的范畴),尽管两者可能都涉及展演共同的记忆对象。但在各种仪式活动中,我们可以将档案作为一种活动材料、活动元素、活动资源、活动内容,嵌入到仪式活动中,使档案记忆得到展现。

　　安哥拉·开普勒在谈到个人回忆的社会形式时曾以轻松的口吻谈道:人们优先选择庆祝生日、串亲戚、家庭庆祝会和大型家庭聚会这类机会进行这种回忆性的叙述。每逢这样的机会,大家总要多方面交流和比较自己的回忆,并且尽可能让它们彼此相似或相近。碰到这类机会,还不乏这样的乐事,就是翻看家庭相册或者搞个幻灯晚会,放放家庭生活的瞬间记录,回顾一下全家一起旅游或以前过节时留下的画面。② 在开普勒的这段叙述中,观看家庭相册或者根据家庭照片制作的幻灯片,既是家庭聚会活动的一项内容,也是家庭聚会活动的一个场景、一个情节,在此过程中,家庭过去的记忆可以得到展现。

---

　　① ［美］保罗·康纳顿:《社会如何记忆》,纳日碧力戈译,上海人民出版社2000年版,第81页。

　　② 参见［德］安哥拉·开普勒:《个人回忆的社会形式》,［德］哈拉尔德·韦尔策编:《社会记忆:历史、回忆、传承》,季斌等译,北京大学出版社2007年版,第88页。

民间仪式活动中对档案材料的运用,人类学、民俗学、社会学研究为我们提供了许多"田野"材料。如景军在对甘肃永靖县大川村孔庙重建的人类学考察中,就特别提到大川村在新孔庙建成后,庙管们拟制了一套比较完整的孔庙礼仪章法,并编印成册,题为《祭圣祖仪式》,共52页,十八章,针对仪式所涉及的伦理道德、历史典故及操作技术逐一加以解释,"其中丰富的史料、规范的文风、深奥的语言及仪式器物的复杂名称都值得我们注意"。①《祭圣祖仪式》不仅是指导大川孔氏家族进行祭祖仪式的规程,也是祭祖活动的档案,在此后的历次祭孔活动中都会被参照;不仅如此,祭孔仪式上还用到祭文、族谱、神龛中的灵牌、占卜用的竹签,以及"神主图"等,这些都是档案记忆元素的体现。档案是人类活动的记录,在人类活动中都或多或少地会被利用,既是对过去活动经验的借鉴,也是对过去活动记忆的保持和再现。

将档案记忆展演与乡村纪念仪式活动结合起来,使仪式活动融入档案元素,不仅可以丰富仪式活动的内涵,也使档案记忆更好地得到"活态"展示。在具体操作层面上,一是在仪式活动过程中,充分利用档案材料,作为记忆展演的素材和象征物。如在家族的祭祖仪式上,对家族始祖赞像的悬挂、对族谱的陈列、对家训的诵读;在村落纪念活动中,对村落历史照片、图片的展览展示,对村落重要活动的历史回放,对村落口述史的回顾,等等。二是充分挖掘和开发乡村档案记忆资源,复原乡村历史文化中已经消逝的传统手工艺流程、传统土特产品加工生产、传统娱人娱神的"集体狂欢",并作为乡村仪式活动的展示项目,让乡村仪式活动或民俗表演更加丰富多彩。三是结合各种非物质文化遗产项目的保护,充分利用档案资源,做好"非遗"项目的恢复和传承,让档案记忆元素在"非遗"项目的展示中得到体现。

档案学、社会学等领域都存在一种看法,即认为仪式展演的社会记忆是"活的",而档案文献是"死的"。这种看法既没有看到社会记忆存在着存储记忆与功能记忆两种不同的模式、不同的形态,也没有看到人们对档案记忆的展

---

① 景军:《神堂记忆》,福建教育出版社2013年,第116页。

演性行为和展演性动力。档案作为社会记忆的一种形态,它从未离开过我们的生活,一直"活"在我们的生活中。

四、乡村档案记忆展演的策划与设计

展演的策划与设计(或合称"策划设计")是对整个展演活动的总体构思、谋划、安排与布局,它贯穿于整个展演活动的前期准备过程,大体包括两方面工作:一是文案工作,主要包括展演的计划安排、文字脚本的编辑工作,旨在决定展演主题及内容,确定展演的目的和宗旨、对环境气氛的设想,以及编排展演的程序、撰写文字说明等,是以文案方式提交给有关部门审核的依据,也是布展的指导性文件;二是艺术、技术、组织上的设计,包括确定整个展演活动的空间形态、平面布局、参观路线,设计整个展演活动的色彩、版式、装饰风格与形式,决定照明和道具的形式,规定展演的艺术手法及陈列布置的方法,提出对展演活动安全管理与接待服务的要求等。① 展演的策划设计是展演活动的一项重要工作或一个基本环节,它关系到整个展演活动能否顺利进行和展演效果能否充分实现。"只有展演设计,才能调动展品及各种表现手段的艺术魅力,把它们进行有机的结合,赋予具体可行的艺术形体";"设计关联着整个展览的所有工作,也决定着展览艺术的成败优劣。当代展览的发展,设计更是一个核心的关键"。② 展演的策划与设计涉及多个领域(如博物馆陈列设计、展览会设计、商业环境设计、演示空间设计、庆典礼仪设计、旅游景观设计、广告设计、影像设计等),既是一门综合性科学,也是一门综合性艺术。在城乡档案记忆工程推进中,乡村档案记忆展演方式多元、途径多样,既涉及展览展示设计的一般知识和技能,更涉及档案记忆展演的特殊要求和经验,不只是简单摆一摆、放一放的问题,需要系统性地构思、谋划和设计。

---

① 参见陆江艳:《展示设计概论》,清华大学出版社 2012 年版,第 20 页。
② 潘杰:《展览艺术——展览学导论》,黑龙江美术出版社 1992 年版,第 217 页。

（一）内容策划与设计

内容策划与设计是对乡村记忆"框架"的确定,关系到我们对"乡村记忆"的诠释和构思,更关系到我们告诉观众(受众)什么样的乡村故事,因而是乡村档案记忆展演的首要问题。我国展览学前辈学者潘杰先生指出:"衡量一个展览好坏,首要的条件就是它的内容是否清新、醒目,是否打动人心,是否中心突出。要产生这些效果,必须通过艺术设计和加工。"①在乡村档案记忆展演的内容策划和设计上,需要注意以下四点。

1.深入挖掘记忆展演的特色主题

展演(展览)都是按照一定的主题来组织布置的。乡村档案记忆展演总的主题无疑是乡村记忆,但如何在有限的空间和时间中高度集中地展示乡村记忆,如何科学地组织展示内容使其呈现内在的逻辑关联性,仍需我们深入挖掘具有特色的记忆展演主题,突出各地各村落"自己的记忆"。如《记住乡愁》第三季按照"一镇一神韵、一镇一味道"的思路来设计主题,带领观众走进各具特色的"山水田园、文化家园"。再如浙江省宁海市的"十里红妆"博物馆,注重浙东地区的地域特色,以婚嫁为主线,结合红妆特点,利用博物馆馆藏档案和当地的历史,原汁原味地展示浙东地区的婚嫁习俗,探索当时习俗的诞生、前进、发展的过程。"来到'十里红妆'博物馆,恍如来到旧时的江南,感受一个江南的富家小姐的整个成长历程,最让人流连驻足、浮想联翩的是出嫁的喜庆场面,那种'十里红妆'的浩荡嫁妆,让人不禁遥想当年宁绍一带的富足。"②除了地域特色外,人物、事件、物产、风俗仪式等都可以作为特色主题,越是地方的,就越是特色的,需要在深入把握乡村历史文化的基础上,挖掘提炼。

---

① 潘杰:《展览艺术——展览学导论》,黑龙江美术出版社1992年版,第217页。
② 刘文萍:《从"十里红妆"博物馆议民俗记忆文化建设》,韩李敏主编:《浙江省档案学会论文集——浙江记忆理论与实践》,中国文联出版社2013年版,第7—8页。

2. 合理构建记忆展演的内容结构

展演内容结构即展演内容的构成模块,是展品与表现手段的组织和安排,在档案图册图集中称集、卷、章、节,在档案展览中称展板、展区、分主题,在档案记忆网站中称栏目、专栏,在(历史档案文献)纪录片中称分集、分专题等。乡村档案记忆展演的内容也是通过结构模块来组织的,如浙江乡村陈列展要求按村史村情、乡风民俗、崇德尚贤、美好家园四个部分来组织展览内容,选择展览材料;《最后的乡村——中国乡土影像志》系列一共四卷,分别为《古村掠影》《斯土风情》《铁犁挽歌》和《家园守望》,第一卷主要展示中国传统村落和村居形态的当代风貌;第二卷主要描绘正在渐行渐远的中国传统农村生活状态;第三卷主要叙述中国农村生产方式的变革;第四卷则主要关注新的市镇建设和农民走出乡村开始迁徙的路径,展示新时期的农村、农民和他们的新生活。展演内容结构的安排需要注重紧密围绕展演主题来合理划分和建构,力求展演内容"组合成一个有机的艺术统一体",同时要遵循"生活事理的逻辑",真实地反映历史和生活。①

3. 精心挑选记忆展演的基本素材

展演的基本素材是展演的具体对象,也是诠释和说明展演主题的基本材料,在展览领域通常称为"展品"。乡村档案记忆展演材料主要包括三个部分:①档案的复制件、仿真件、翻拍件等,有时也展出档案的原件;②在乡村档案记忆资源开发过程中形成的档案记忆作品,如前文提到的乡村图册、图集、报刊、书籍、影像资料、录音资料、数字化资料等;③为展演专门拍摄的照片、制作的图片、录制的口述资料和影像资料等。当然,在乡村档案记忆展中原始实物展品、模型展品(沙盘)等也多有展陈。

围绕展演主题精心挑选展演素材,突出主题,是展演活动的共同规律。在

---

① 参见潘杰:《展览艺术——展览学导论》,黑龙江美术出版社1992年版,第223页。

上海市档案馆举办的"城市记忆——上海近现代历史发展档案陈列"的筹备过程中,上海市档案局郑泽青就"曾亲历前往一家又一家的区县档案馆、部门档案馆以及机关档案室寻觅珍品的'海选'过程。"[1]乡村档案记忆展演的材料选择与乡村档案记忆资源开发中叙事材料的挑选技法有共同之处,都要强调材料的真实性、原始性、典型性,但作为展演活动,材料选择更多强调材料的可视性、形象性和生动性,以增强展演的吸引力和感染力。

4.有效揭示记忆展演的深刻内蕴

展演主题、内容和意义的阐释除了依靠展品选择及其内容组合等形象传达外,还需要靠文字说明、解说词和宣传册等辅助性材料进行解说。展演的文字说明包括展览的前言、结束语,每部分主标题、副标题或引言,每件展品的文字说明,网站上的导语、说明等;解说词通常包括展览解说词文稿、纪录片解说词;宣传册是为扩大展演传播效果所制作的图册,包括纸质版、展板和电子版(网络版)。浙江《村级陈列展览建设指南(参考文本)》要求在"前言"部分以一段约300字概括整个陈列展览的基本内容及办展意图,前言的内容和风格应着重突出陈列展览的主题;在"结束语"部分以一段200字的文字对陈列展览内容进行完整概括或总结升华,类似做法十分普遍。能否有效解说揭示展演的深刻内蕴是展演水平的反映,更是展演主题思想性的直接体现。

(二)形式策划与设计

展演内容和展览形式是展演的两个方面,内容需要凭借形式来显现,形式是内容的具体表现和物质存在,两者相辅相成才能将展演办成具有思想性、艺术性的文化"盛典"。潘杰将展览视为一种艺术行为,强调"内容与形式相统一,是展览艺术设计必须遵循的基本原则"。[2] 在乡村档案记忆展演活动中,

---

[1] 郑泽清:《打造展示城市记忆的永久窗口——上海"城市记忆"展改版记》,《中国档案》2014年第6期。

[2] 潘杰:《展览艺术——展览学导论》,黑龙江美术出版社1992年版,第220页。

对展演形式的策划和设计我们认为需要注意以下问题。

1. 注重展演形式的图文声影并茂

在传统的档案展览中,多是采用展板、展柜、光电手段展示档案和图文资料,虽然在展陈设计上也强调图文并茂,但以平面纸质材料为主的展示方式,形式单一,观者接受信息的方式比较被动。"即使展品屡有更换,'红头文件+照片'的展陈模式尤其容易产生审美疲劳。"①因此,在乡村档案记忆展演中,需要突破传统的单纯平面纸质媒介的展示形式,充分运用现代信息技术带来的优势,在注重展品图文并茂的同时,更能突出声影并茂效应,将现代声、光、电技术融汇其中,创造新的展演世界,让人们在光影的交汇中感知乡村记忆。如北京市档案局(馆)在首都博物馆举办的《北京的胡同四合院》展览,除了在展览中设计了音频、视频区、触摸屏答题等互动环节,还制作了很多按比例缩放的模型供观者近距离观察研究;此外,可同步推出一系列讲座,通过专家与观众面对面的交流互动,满足观众深入了解和研究的需求。②

2. 注重展演形式的多途径并行

同一内容可以用多种多样的形式去表现,这正是展览设计所以有丰富多彩创作的缘故。乡村档案记忆展演的方式和途径有书刊印刷、声像影视、数字网络、实体空间、仪式活动等类型,这些类型之间并非孤立、彼此分割,而是可以互相转化。比如书刊印刷作品,既可以以纸质版本发行,也可以上传到网络上供人们阅读浏览,还可以放到陈列馆或档案展览中进行展示;再如声像影视型作品,既可以制作 VCD、DVD 等电子光盘发行,可以上传到网站上观看,可以在陈列室、展览上播放,还可以转化为纸质版本发行,或通过地方电视台作为节目连续播放。现代档案展览实体展与网络展并行是一种趋势,纪录片光

① 郑泽清:《打造展示城市记忆的永久窗口——上海"城市记忆"展改版记》,《中国档案》2014 年第 6 期。

② 吴兰、付鑫:《档案展览形式设计研究》,《北京档案》2013 年第 6 期。

盘发行、电视播放和网络播放已很普遍。通过多途径的并行传播,一方面可以方便信息受众(观众)对相关信息的获得,增加获得途径和获得机会;另一方面也可以满足不同受众(观众)阅读、欣赏的行为习惯,更能让民众感知到、体会到乡村记忆的"处处存在""时时存在",让民众继续"生活在历史中"。

3. 注重协调不同类型的展演

对于传统档案展览类型的划分,人们一般将其分为长期展览(永久展览)与临时展览、固定展览与巡回展览、主题展览与专题展览等。各种展览都是根据现实需要和现实条件开展的,各有不同的适应性。乡村档案记忆展演需要思考并采用不同的展览(演)类型,灵活多样地开展乡村记忆展演活动。如对村落而言,可以集中乡村档案中的各方面优势资源,开设具有固定场所的长期性主题展览,展示乡村的历史和发展变化;同时,根据乡村生产生活的需要和风俗习惯等,集中某一方面的档案资源,开办具有专题性质的临时性巡回展览。长期与短期结合、固定与流动结合、主题与专题结合,让乡村记忆档案灵活生动地呈现出来。

(三)过程策划与设计

展演既是一项活动,也是一项系统工程,除了对内容和形式需要进行谋划设计外,也需要对展演活动进行布置和安排,如展演的时间进度(展陈起始日期、观展总体时间需求、展演各部分所需时间等)、经费预算、参观讲解,以及展览接待、管理、服务等。对展演全过程进行周密的思考和设计,并形成预案,有利于对展演的顺利开展起到强有力的支持和保障。在展演的过程策划和设计中,需要重点注意以下几方面内容。

1. 提升现场讲解的生动性

解说是展览的重要组成,包括幻灯、录音、录像、电影等音视频播放材料(声像材料)的解说词和展览过程中讲解员的现场讲解等。绘声绘色的解说无疑会大大增强展示内容的生动性、新鲜感和神秘感，也自然而然会吸引观众的注意力。北京卫视《档案》栏目，不仅在节目形态和视听手段上大胆创新，而且还通过"讲述人"独具特色的解说，使节目获得巨大成功。讲述人"以独特的观察视角及亲和睿智的表达方式，对节目中所需传递的信息进行描绘、评说、解析，为观众层层剥开事件的疑云"。①

在乡村档案记忆展演中，一方面要做好各种音视频材料制作过程中解说词的撰拟与配音，另一方面更需要注重展演现场的讲解。与解说词配音的单向传送相比，现场讲解更具有随机性、创造性和直接性，更能根据观众的观感体会适时地把握观众的需求，灵活调整补充讲解的"题外话"，不仅可以向观众传达更多的背景信息（更具乡村记忆特色），而且易于达到与观众的即时性情感沟通。"当讲解员讲到动人之处，观众也往往会随之动容；相反，观众动容时，也可使讲解员的情绪高涨。随着双方情感的不断交流，情绪的一再递增，往往形成展览中的观赏高潮。"②

2. 强化观展接待的服务性

现场展演活动的管理工作包括接待工作、修理清洁工作、安全保卫工作以及撤展善后工作等，都需要有具体细致的安排。乡村档案记忆展演作为一项为民众寻求根源感、身份感的记忆回溯行为，在展演活动的管理过程中要突出和强化对观众接待的服务性，以优质的服务态度和良好的服务形象对待每一位参观者。具体来说，一是要做到简约办展，体现乡村的质朴；二是要热情接待，体现乡村的亲情；三是要周到服务，体现乡村的"厚道"。乡村档案记忆展演的观众多为"乡里乡亲"的故乡人，无论在村落乡间劳作还是外出工作返乡归来，大家本就是"村里人""当地人"，利用农闲时节或节假日，借着乡村档案记忆展这样的平台和窗口，来走走看看，欢聚一堂，亲如一家，更能增强参观者

---

① 刘佳：《北京卫视〈档案〉栏目特色解码》，《当代电视》2010 年第 11 期。

② 潘杰：《展览艺术——展览学导论》，黑龙江美术出版社 1992 年版，第 384 页。

的认同感和归乡感,因此,乡村档案记忆展要千万防止"门难进,脸难看",冷冷清清,毫无气氛,这样带来的不是对家乡的"好感",而是深深的"伤感"。同时,在观众参观过程中,除了做好讲解外,在宣传品发放、签名登记、茶水供应、观展休息等方面做好周到服务,也是乡情的体现。"一杯清茶一生情",也许就在这一杯清茶的交谈中,体味到香浓醇厚的乡音乡情。

3. 增强观展过程的互动性

在现代展览设计中,多强调观展过程的互动性,旨在改变传统展览静态展示和"我说你听"的局限,让观众在观展过程中有更多的参与,从被动视听走向主动感受,能够自我表现、自我教育、自我服务,多方面享受体验式参观带来的新奇和快乐。上海市档案局(馆)2013 年推出的新版"城市记忆——上海近现代历史发展档案陈列",多处采用触摸屏技术,增强观众与展览的互动。如"外滩长卷"展区,观众在触摸屏中选中某幢建筑后,展项中相应的模型建筑就会闪烁,观众浏览档案时可直观地看到该建筑的外观以及在外滩的方位。[①]在乡村档案记忆展演设计上,除了在讲解环节、接待环节增强互动外,也可以借鉴这些展览的经验,运用现代信息技术提高展演的互动效果。

(四)艺术策划与设计

展演是"一门观赏和经营的艺术",对展演活动进行艺术策划和设计,是乡村档案记忆展演艺术性实现的条件和手段。只有经过精心的艺术创新和艺术设计,乡村档案记忆展演才能以特殊的魅力吸引观众。在记忆展演的艺术策划与设计上,需要突出以下几点。

1. 全面调动设计的艺术手法

展演的魅力和吸引力,一方面需要依靠丰富多彩的展品,另一方面需要依

---

① 《档案展览展陈方式及其发展趋势研究》,上海市档案局(馆)编:《上海市档案局(馆)2013 年度课题研究成果汇集》,中西书局 2014 年版,第 336—340 页。

靠设计的艺术手段。"它把一些不同性质、不同形状、不同色彩的展品与各种艺术形式巧妙地结合,组建成一幢完美的艺术'大厦'。"①乡村档案记忆展演的艺术设计涉及传统现场展示的艺术设计、报刊图集出版物的艺术设计、声像影视材料的艺术设计、网站的艺术设计等多个领域,需要充分吸收和调动各领域的艺术设计手法和经验,根据乡村档案记忆展演的内容特征和展演对象的设计要求,科学合理地加以选择使用。如陈列形式设计中和谐与对比、对称与均衡、节奏与韵律、比例与尺度,陈列照明设计中光与形的整合、光与色的变换、光与影的呼应,展示空间的协调统一、稳定均衡、渗透融合、主次关系、空间秩序和空间程序等;再如影像处理中的蒙太奇艺术和复合投映技术的运用等。潘杰指出:"作为综合性造型艺术和展览艺术,它的各种艺术手段都不能脱离具体内容,而且只有通过对展览纲目的深入理解,才能创造出适合于展览特性的艺术形式,使其成为一件完美的艺术作品。这一艺术作品的成功与否,也就反映了设计对内容的理解程度和所采用的艺术手段是否适当。"②当代展览的艺术设计已经成为一门综合性的科学,作为乡村档案记忆展演的设计者,可以学习借鉴。现在一些条件较好的乡村档案记忆展演项目,往往聘请专业设计公司进行艺术设计,这虽然有利于增强乡村档案记忆展演的艺术性,但也需要根据乡村档案记忆展演的内容和特点来加以设计,避免脱离乡村记忆的实质。

2. 充分体现乡土性叙事风格

现代展览学认为,展览需要具有独特的表现风格,即展览风格或展览的艺术风格,是设计师在设计中所表现出来的艺术特色和艺术个性,它们表现在设计的各个环节中,渗透在展览展示的内容和形式诸要素之中,并作为展览艺术特色的整体性呈现出来。艺术手法与艺术风格相关联,是塑造和达到艺术风格的手段。

---

① 潘杰:《展览艺术——展览学导论》,黑龙江美术出版社 1992 年版,第 215 页。
② 潘杰:《展览艺术——展览学导论》,黑龙江美术出版社 1992 年版,第 219 页。

乡村档案记忆展演也是通过乡村叙事达到对乡村记忆的再造、展现和传送。乡村档案记忆展演除了在表达历史细节、营造真实情境、构思叙事情节等方面体现出乡村叙事的艺术性外，更需要在总体上把握和展现乡村叙事的艺术风格和艺术特色。乡村档案记忆展演的叙事风格我们可以称之为乡土性风格，它有别于都市性、商业性、政治性等叙事。有学者在批评都市性（化）叙事时指出，都市叙事着力于都市声色变换的表面形态；同时在消费主义的影响下，将都市中的人描绘成日益强烈的物质化、欲望化，由此导致都市人日益符号化、平面化。而乡村叙事则更含蓄、凝练，富有张力与诗意，并表达对人类生存的终极关怀。如鲁迅的乡土叙事追求表达含蓄、节制、简约、凝练的语言风格，沈从文的乡土小说语言有真意、去伪饰、具个性，追求纯和真的美文效果。① 乡村档案记忆展演的乡土性叙事风格不是商业化、政治化表现，更不能玩弄"肆虐""宣泄""粗俗""穿越""悬疑"，它是朴实、自然、乡下的，是属"土"的。"故事乡土来、叙事原生态"，是乡村档案记忆展演艺术风格设计的基本思路。

3. 深度展示乡土的审美情感

艺术的衡量标准是其审美态度和审美表现。展演设计需要符合艺术的审美规律，追求美的造型，同时更要追求美的境界。近年来，各种"返乡日记"在媒介空间流行开来，俨然成为观看"乡土中国"的抽样文本，其中展示的乡村形象全是凋敝的、萎缩的、败落的。且不说这种"居高临下"式批判隐含的"心理落差"，就其对乡村社会的描绘而言，"他们看到的常常是乡村社会道德低下、伦理丧失、治理无序和环境破坏，乡村社会中那种温情脉脉、孝道伦理和邻里互助，全然不入他们的法眼"。② 在"唱衰论"眼中，乡村社会哪有美感可言。

---

① 《乡土叙事与都市叙事互相借力》，《光明日报》2013 年 12 月 17 日。
② 陈文胜：《城镇化进程中的乡村变局与评判》，《武汉大学学报》（人文社科版）2017 年第 1 期。

乡村档案记忆展演需要深度揭示和展示对乡土社会的审美情感,简单说就是要体现"乡土美感",这种美感不是对乡村社会的道德评判,也不是对乡村发展的片面否定,而是对乡村历史文化的真情热爱和对乡村历史变化、乡村真善美的真实反映。如有学者在《记住乡愁》研讨会上指出:"在《记住乡愁》中,表现的是青山绿水、黛瓦青砖、旧户深宅,讲述的是父老乡亲团结互助、安居乐业的乡村故事,折射出来的却是风土人情、乡村文化、乡风文明,唤醒的却是仁义礼智信孝等传统且永恒的真善美。生动的影像中,虽然可能不著一字,却能尽显正能量,所以既入眼入耳,更入脑入心。"①展示乡村美感应该成为乡村档案记忆展演艺术设计的基本立场。

(五)环境策划与设计

现代广告学认为展示的动机除了让人们有机会去接触信息、了解信息,更重要的是让潜在的受众能在展示的空间内被信息"感动",进而与展示环境形成互动,被信息说服。② 环境设计也是展览设计的一项重要内容,从整体层面看,展览设计可以视为一种以视觉艺术为主的空间设计,其目的就是要创造性地构建出人与人、人与物、人与社会彼此交流的时空环境,以达到展品展示、信息传达和沟通交流功能;从具体层面看,环境设计也称展示环境空间设计,涉及馆围空间设计、展示空间设计、演示交流空间设计、辅助服务空间设计等。③乡村档案记忆展演也是通过创造一种记忆环境、记忆空间或记忆场域,再现和传达乡村记忆。乡村档案记忆展演场所作为记忆空间或记忆场域的性质,我们后面再做分析,这里侧重从展演的时空环境上对其策划和设计进行探讨。

---

① 文川平:《〈记住乡愁〉该记住的何止乡愁》,中国文明网,[EB] http://www.wenming. cn/wmpl_pd/yczl/201603/t20160304_3190021.shtml[2016-03-04]。

② 邓明艳:《旅游目的地文化展示与形象管理研究》,华中师范大学人文地理专业博士学位论文,2012年,第35—38页。

③ 王芝湘:《展示设计》,人民邮电出版社2014年版,第37—42页。

1. 注重展演场所的多元性

乡村档案记忆展演方式和途径多样,也在一定程度上决定了其展演场所具有多样化和多元性特点,可以利用不同的空间、地点进行乡村档案记忆展示。长期性档案展览,除了建设乡村记忆场馆外,还可以利用乡村公共和文化设施,因地制宜地举办乡村记忆长廊、乡村记忆之窗、乡村文化墙,甚至与乡村的人文自然景观、遗迹、设施等结合起来,开展乡村记忆介绍、展示。如甘肃省庆阳市西峰区肖金镇漳水村,建有一条168米的乡村文化长廊,以"乡村记忆"彩绘小故事的形式展示了村落迁徙、定居、宜居、乐业、憧憬等历史与现实主题。"有漳水村民从山西漳水河畔迁徙而来的寻根历史,有村民在这里安居乐业的宜居场景,更有现在美丽新农村翻天覆地的变化",成为村庄最亮眼的文化风景。① 临时性展览可以深入学校、社区、文化广场、旅游景区、街头巷尾、村落中心等,潜移默化地触发人们的回忆行为,并鼓励村民参与记忆展演活动。新加坡记忆工程(SMP)之所以能成为全民书写记忆时代的典型代表,记忆展示场所多元化是其成功经验之一。为增强学生的文化认同感,SMP开发了一套基本记忆初学者工具包,作为教育工作者和学生的课堂教学材料;SMP还多次以嘉年华会、巡回展等方式进入社区并举办一系列小型的路演活动。这些活动吸引来自各行各业的新加坡人向SMP贡献他们的记忆,尤其是那些拥有丰富记忆的年长居民。②

2. 注重展演环境的和谐性

展演环境的和谐性涉及内部环境的和谐和外部环境的和谐。内部环境的和谐涉及展品陈列有序,展示空间色彩、灯光、音响、气氛与主题相称等,这些也是展演内容设计、形式设计、艺术设计的内容。外部环境和谐主要是展演场

---

① 《"乡村记忆"添风景》,中国文明网,[EB]http://qy.wenming.cn/ncwm/201707/t20170725_4637388.shtml[2017-07-25]。

② 陈静:《全民参与式的新加坡记忆工程实施现状及启示》,《北京档案》2016年第3期。

所与周边环境的和谐协调。

文化遗产保护领域非常强调遗产展示要与遗产本身及周边环境相融合。《关于在国家一级保护文化和自然遗产的建议》(1972)指出:"对文化遗产进行的任何工程都应旨在保护其传统原貌,并免遭可能破坏它与周围环境间总体或色彩关系的重建或改建";"古迹与其周围环境间由时间和人类建立起来的和谐极为重要,不应受到干扰和毁坏"。《中国文物古迹保护准则》(2000)也要求:"所有(防护加固)措施都不得对原有实物造成损伤,并尽可能保护原有环境特征。"虽然这些要求和规定是对文化遗产保护而言的,但它们对文化遗产及其场所保护应与周围环境保持和谐关系的强调值得我们借鉴。在乡村档案记忆展演场所的选择和建设上,也需要考虑它与整个村落环境相协调,避免记忆场所与周围环境的冲突、矛盾,体现出乡村历史文化的厚重与自然和谐的美感。

3. 注重展演时机的相宜性

保罗·康纳顿指出:纪念仪式具有一种明显的反观和时序的性质,"在许多文化中,举行仪式是为了纪念相联系的神话,为了回忆一个据信在某个固定的历史日期或某个过去的神话中发生的事件"。[①] 这不仅说明纪念仪式具有重复性,而且还与特定的时间相关联;同时也提醒我们,在进行记忆展演(操演)的时候,需要把握好时机,使仪式活动更具纪念性。比如,在中国共产党的生日前后参观党史纪念馆;在历史人物诞辰或逝世纪念日,举行纪念会、研讨会,参观故居、纪念馆;在大学新生进校之际,参观校史展等。再比如端午节赛龙舟、中秋节吃月饼、重阳节登高、春节吃饺子等,既是一种风俗,也是一种纪念仪式,它们总是同特定的节日相匹配。

乡村档案记忆展演活动需要根据农时农事、四时节令、国家节假日等乡

---

① 　[美]保罗·康纳顿:《社会如何记忆》,纳日碧力戈译,上海人民出版社2000年版,第51页。

村生产生活节奏,适时开展相关的记忆展演活动,使展演活动与村落、社会的活动氛围相协调、相一致。比如在端午节举办本地的赛龙舟记忆展;在正月举行迎神赛会记忆展;在新村落成或新镇改制周年庆典,举办乡村变迁和乡村发展成果展,播放乡村影像视频等。配合乡村传统仪式和节日,做好档案记忆展演,既丰富仪式节日气氛,也在节日仪式的气氛中再现和传达乡村记忆。

五、乡村档案记忆展演的新媒体策略

20 世纪 90 年代以来,随着现代信息技术的发展和应用,人类社会逐步迈进"信息时代""数字时代""互联网+"时代,这是人类发展开始"千年之变"的伟大时代。在 2008 年举办的"数字化时代的文化遗产保护和展现"中美文化论坛上,美国国家人文基金会主席布鲁尔·科尔(Bruce Cole)指出:"数字技术所显示出的巨大力量让我们阐明新的问题,寻求能够跨越时间和不同物质的关系和模式"[①];我国故宫博物院李文儒也曾针对新媒体环境下博物馆文化传播提出:"传统的现场参观的传播接受方式与最新的网络数字化传播接受方式的相互结合、互动互补,足以创造出触摸历史的全新环境,足以创造出与历史对话的全新语境。"[②]

新媒体涉及数字技术、数码设备(产品)、应用系统、信息交流平台等多领域多要素,既是人类信息沟通交流的新环境,也是人类经济发展的新业态。新媒体不仅为社会记忆展演提供了新方式和新途径,同时更意味着人类记忆再生产正在经历一次深刻变革,需要我们重构记忆主体和记忆对象之间的新型关系与互动模式。

---

① 贾磊磊主编:《数字化时代文化遗产的保护和展现》,文化艺术出版社 2010 年版,第 13—16 页。

② 李文儒:《博物馆文化与新媒体传播》,贾磊磊主编:《数字化时代文化遗产的保护和展现》,文化艺术出版社 2010 年版,第 41—54 页。

（一）新媒体传播：当代社会记忆展演的发展趋势

1. 新媒体内涵及其在当代发展

"新媒体"概念起源于 20 世纪 60 年代,不同时期人们对其内涵有不同诠释。当前较为普遍的观点认为新媒体与报刊、广播、电视等传统媒体不同,是利用数字、网络、移动等技术,通过互联网、局域网、无线通信网、卫星等渠道,以及手机、电脑、数字电视等终端,向用户提供信息和娱乐服务的传媒形态。因其建立在数字技术和互联网技术基础之上,并能提供多极互动交流,人们也将"新媒体"称为"数字(化)媒体"或"互动式数字化复合媒体",具体形式包括数字杂志、数字报纸、数字广播、移动电视、网络、桌面视窗、数字电视、数字电影、触摸媒体、手机媒体、博客播客等。清华大学的熊澄宇指出,凡是与计算机相关的传播媒介都可以说是新媒体。

作为一种新型媒体形态,近 20 年来新媒体在我国发展极为迅猛。据中国互联网络信息中心(CNNIC)报告显示:截至 2017 年 12 月,我国网民规模达 7.72 亿人,普及率达到 55.8%,超过全球平均水平(51.7%)4.1 个百分点;手机网民占比达 97.5%,规模达 7.53 亿人。[①] 移动网络促进"万物互联",《中国新媒体发展报告(2016)》指出:"作为新兴的传播平台,新媒体给政治生活、社会治理、企业经营、人际关系等带来巨大而深远影响,成为影响中国当今以及未来发展的重要因素。"[②]

2. 新媒体在社会记忆展演中的应用发展

与社会各领域对新媒体的应用逐步普及、逐步深化一样,依托新媒体开展历史文化(遗产)数字化、网络化展演活动也日渐成为当今历史教育、文化传

---

① 中国互联网络信息中心:《中国互联网络发展状况统计报告》(第 41 次),2018 年 1 月 31 日。

② 唐绪军主编:《中国新媒体发展报告》(2016),社会科学文献出版社 2016 年版,第 2 页。

播的新趋势,成为社会记忆展演的新亮点,有影响的大型活动、重点项目层出不穷。如 2015 年 9 月 3 日,为庆祝中国人民抗日战争暨世界反法西斯战争胜利 70 周年,我国举行了盛大的阅兵仪式(简称"9.3 纪念抗战大阅兵""抗战胜利 70 周年阅兵"),旨在"纪念抗战伟大胜利、弘扬抗战伟大精神、实现民族伟大复兴"。阅兵报道中,《人民日报》全媒体平台、新华社客户端等主流媒体分别通过制作全景 VR 视频、H5 页面等全方位展示阅兵现场,同步展现伟大而又艰苦卓绝的抗战记忆。本次阅兵的高清视频,可以在网上长期观看。① 再如 2009 年 8 月,为纪念新中国成立 60 周年,中央电视台组织制作了大型系列节目《新中国档案》,以介绍新中国发展历程中具有标志性的重大事件、重要会议、重要活动和重大工程等为主要内容,在央视《新闻 30 分》《新闻联播》、人民网、中国广播网、中国台湾网等中央多家大型主流媒体联合播出。该系列节目搜集了大量珍贵的历史资料,作为一份珍贵的影像记忆,再次呈现出我们对共和国 60 年辉煌历程的"鲜活记忆"。类似的节目还有中央电视台的《共和国从这里走来》《人民英模》《永远的丰碑》《我和我的祖国》,北京卫视科教频道的《影像家国 60 年》等。

近二十年,我国各级各类图书馆、博物馆、档案馆、纪念馆、文化馆、文化遗产保护单位、非物质文化遗产保护单位,都在积极实施数字化保护,以实现历史文化资源、文化遗产的数字化展示与传播,同样具有社会记忆展演的性质。如 1998 年,故宫博物院即提出建设"数字故宫"计划,"利用计算机三维图形技术,对故宫主要古代建筑和珍藏文物的形式、结构特征、表面装饰,乃至建筑技术和建筑艺术等基本元素进行准确、系统、综合性的采集和再现,建立完整的古建筑、古文物三维数字模型和数据库"。2004 年,故宫文化资产数字研究所制作完成《紫禁城·天子的宫殿》,采用虚拟现实(VR)技术,通过高性能的图形工作站产生逼真的三维仿真场景,配合音响,使观众产生身临其境的视听效果。2008 年,故宫博物院与 IBM 合作推出"超越时空的紫禁城"虚拟世界,

---

① 《抗战胜利 70 周年阅兵直播》,新浪军事,[EB]http://mil.news.sina.com.cn/ybzb/。

访客只要登录"超越时空的紫禁城"网站①,下载客户端软件,注册后即可免费体验虚拟紫禁城,像现实生活中游览故宫那样,参观每一条游览线路,看到每一处开放的宫殿。2015年12月,故宫端门数字馆试运行,该数字馆立足于真实的古建筑和文物藏品,通过精心采集的高精度文物数据,把丰富的文物和深厚的历史文化积淀再现于数字世界中,为观众打开一扇深入了解故宫博物院的"数字记忆之门"。单霁翔表示,端门数字馆不仅是一个新型的文化体验空间,今后通过与故宫博物院官方网站群、故宫出品系列APP、官方微博微信,以及其他数字展厅的关联、分享与互动,将为观众呈现出一个更为丰富、多元、精彩的"数字故宫"。② 另据《中国非物质文化遗产发展报告(2015)》统计,从2006—2014年,我国已有9个非物质文化遗产数字博物馆建成开通,作为"非遗"展示窗口和信息发布平台。③ 这些事实从一个侧面反映出新媒体在历史文化展示或者说社会记忆展演方面的应用发展和强大生命力。

3. 新媒体在乡村档案记忆展演中的应用前景

阿尔温·托夫勒在《第三次浪潮》中将人类记忆力革命描绘为三次浪潮,认为"第三次浪潮的社会记忆不仅在数量上有所增加,同时也为人类记忆注入了生命"。④ 浙江大学传媒与文化产业研究中心主任邵培仁教授也提出"五次传播革命说":"语言的产生是人类第一次传播革命的直接推动力;文字的发明则将人类带入书写传播的时代,引导人类由'野蛮时代'迈入'文明时代';印刷术则使人类的传播真正步入了一个崭新的大众传播时代;以广播电视为主体的电讯传播则彻底突破了时间和空间的限制,挣脱了传播中必不可少的物质束缚;而以电脑和互联网为主体的互动传播不仅调动了个体的参与

---

① "超越时空的紫禁城"网站,网址:http://www.beyondspaceandtime.org。
② 《故宫端门数字馆试运行"文物"可以摸可以玩互动有趣》,中国网,[EB]http://news.china.com.cn/txt/2015-12/19/content_37355774.htm[2015-12-19]。
③ 陈平主编:《中国非物质文化遗产发展报告(2015)》,社会科学文献出版社2015年版,第20页。
④ [美]阿尔文·托夫勒:《第三次浪潮》,黄明坚译,中信出版社2006年版,第111页。

性,更是将各个传播机构汇聚成为一个松散的超级信息传播系统。"①从历史发展看,人类开启第三次浪潮和迈入第五次传媒革命还仅仅只是开始,数字技术、网络技术、移动技术、人工智能等现代信息技术方兴未艾,新媒体(也有学者称"第五媒体")所蕴含的超强大信息传播和展示能力远未得到充分释放,可以说新媒体为社会记忆展演提供了广阔空间和创新动力。

随着 2012 年国家"宽带中国"战略的实施、2015 年"互联网+"行动计划的推动,我国农村信息化水平持续提高。截至 2016 年 11 月底,我国农村网络光纤接入占比达到 82.2%(FTTH 端口占比),比 2015 年底提升 19%;贫困村宽带覆盖率超过 80%;农村光纤宽带用户超过 6100 万户,比 2015 年底提升 90%。② 网络化、智能化的普及为"智慧乡镇"建设、乡村新媒体传播和乡村档案记忆的数字化展演提供了坚实的基础和巨大的发展机遇,前景无限。

(二)新媒体对乡村档案记忆的展演优势

新媒体除了信息海量、超越时空限制、传播范围广、传播速度快等信息传播的一般优势外,从社会记忆展演角度看,它还具备多方面特殊优势,在一定程度上反映出乡村档案记忆展演中新媒体策略实施的意义。

1. 资源共享

目前,乡村(档案)数字记忆资源正在以多种方式生成:一是数码相机、数码摄像机、智能手机的使用,使乡村传统以器物、建筑、遗址、自然景观、仪式活动、操作技能等自然存在的记忆形态直接转化为数字影像记忆资源。二是乡村(镇)办公自动化水平的提高,使乡村现实生产生活中产生的档案直接以电子版本形式生成,形成原生性数字记忆。三是传统历史文化遗产的数字化也是乡村(档案)数字记忆资源的重要来源。2012 年文化部在《"十二五"时期

---

① 邵培仁:《论人类传播史上的五次革命》,《中国广播电视学刊》1996 年第 7 期。
② 《工信部:预计 2017 年全国行政村光纤通达比例超 90%》,新华网,[EB] http://www.xinhuanet.com/info/2017-01/23/c_136005775.htm[2017-01-23]。

文化改革发展规划》(文政法发〔2012〕13号)中,将"非物质文化遗产数字化保护和传播工程"纳入规划,明确提出"制定非物质文化遗产数字化保护工程统一标准,做好普查资料的整理录入,建设非物质文化遗产普查资源库、项目库、专题数据库、研究资料库、公众数据库,建设覆盖全国的数字化保护系统平台";推进"数字图书馆推广工程""数字博物馆建设工程","努力形成覆盖城乡的数字文化服务体系"。如邵鹏所言:"人类正在进行一场轰轰烈烈的数字化记忆工程,这场工程显然是要将我们现有的所有图书馆、档案馆和博物馆变成存储于网络空间的数字化信息。"①这些来源不同、保存分散、所有权归属有别的各种数字记忆资源,在新媒体环境下可以围绕乡村记忆展演进行有效组织和利用,实现资源共享,这是新媒体带给乡村档案记忆展演的一大便利。

2. 媒体融合

"媒体融合"是各种媒介呈现多功能一体化的趋势。它"不仅包括媒介形态的融合,还包括媒介功能、传播手段、所有权、组织结构等要素的融合",是把"报纸、电视台、电台等传统媒体,与互联网、手机、智能终端等新兴媒体传播渠道有效结合起来,资源共享,集中处理,衍生出不同形式的信息产品,并通过不同的平台传播给受众"。②

随着新媒体技术的快速发展,全世界范围内的媒体行业正在加快融合步伐,探索媒体发展新模式、媒体传播新格局和媒介生态新环境。据"新媒体蓝皮书"《中国新媒体发展报告(2016)》显示,2015年,媒体融合发展已经演化成为全球传媒领域的未来发展趋势。在我国,以人民日报社、新华社、中央电视台为代表的主流传统媒体,大胆探索"中央厨房""全媒体平台""智慧融媒体"等,主导深度融合格局。截至2015年底,人民日报社已拥有44家网站、118个微博机构账号、142个微信公众号和31个手机客户端,用户总计扩展到

---

① 邵鹏:《媒介作为人类记忆的研究》,浙江大学2014年博士学位论文,第176页。

② "媒体融合",百度百科,[EB] https://baike.baidu.com/item/%E5%AA%92%E4%BD%93%E8%9E%8D%E5%90%88/9469283? fr=aladdin。

3亿个,正在推动用户的全方位覆盖、传播的全天候延伸和服务的多领域拓展。[1]

媒体融合极大促进了信息资源共享和互联互通,也在推动自媒体、私媒体、草根媒体、公民媒体、独立媒体、参与式媒体、社会化媒体等传播形态的形成,造就全时空传播新格局,有利于乡村档案记忆的多元化、多途径展演。

3. 认知提升

对社会记忆内容和意义的理解有赖于我们对相关事件、人物、资料等背景信息、背景知识的掌握。"我们对现在的体验在很大程度上取决于我们有关过去的知识。"[2]背景知识是档案记忆展演所呈现出来的知识以外的东西,是形成我们社会记忆框架的基础。我们总是在先前的认知脉络中来理解我们的所见所闻,并在先前的认知脉络中来重新读取历史,重新回顾过去,并理解过去的意义。在档案记忆展演的观展过程中,由于普通参观者往往缺乏必要的知识储备,对展演出来的档案记忆材料难以充分理解,单纯的观看会觉得"没有多大意思"。为克服背景知识的"断路"和认知缺陷,在展演过程中需要配备讲解员、解说员,对展演材料进行讲解和诠释,以揭示展演材料背后鲜为人知的历史背景和时代意义。然而,由于讲解员的讲解水平、讲解态度、观展时间、参观线路、影像时长、资料挖掘等多方面的局限,传达给参观者的背景知识和意义解说也往往难以达到观众的观赏需求。

在新媒体时代,通过增加新媒体设备设施,如电子触摸屏、语音导游、移动电视、网站、微博、微信等,可以加强展演信息的整合和传播,传达给观众更多的背景信息,增强观众对观赏对象的理解和认知。如对于展演的某一乡村祠堂,可以说明该祠堂修建的年代、祠堂与家族的渊源关系、祠堂的构造特点与风水关系、祠堂中发生的重大事件、祠堂在社会历史变革中的遭际等,这些

---

① 唐绪军主编:《中国新媒体发展报告(2016)》,社会科学文献出版社2016年版,第7页。

② [美]保罗·康纳顿:《社会如何记忆》,纳日碧力戈译,上海人民出版社2000年版,"导论"第2页。

"祠堂背后的故事"不仅是观众更感兴趣的背景性知识,也是观众理解该座祠堂对村落家族象征意义的关键。

4. 平等性增强

新媒体传播的一个重要特点就是平等性。联合国开发计划署发布的《2015 人类发展报告》指出:"互联网和手机使得人们能够利用其创造力和独创性。一切皆成为可能,特别是消除了男女差别与城乡差别。"①新媒体的平等性既包括信息传播主体的平等,也包括信息接收主体的平等。新媒体传播主体可以通过无线、有线,计算机、手机等一切可以连入互联网的设备传播信息、表达意愿;而且在互联网世界中的个体,没有现实社会的等级观念,人们可以表达自己对某一事件的真实看法,在一定程度上保证了人们在互联网空间的和谐相处。

新媒体传播的平等性特征对实现乡村档案记忆展演的公平性具有重要意义,通过多途径的记忆材料发布和展示,打破乡村体制精英、非体制精英、强势家族对乡村记忆的"垄断",让普通村民、普通家庭也可以叙说自己的乡村史,讲述"老百姓自己的故事"。

5. 个性化需求

新媒体有利于实现信息传播与接收的个性化。在网络环境中,信息传播者可以根据信息用户信息使用的行为习惯、偏好,提供个性化服务;信息受众对信息也具有选择权,可以对信息进行选择、搜索和定制。新媒体也被称为"受众个性化"时代,是基于用户个人信息需求建立起来的双向交流系统。

新媒体的个性化特征有利于增强乡村档案记忆展演中观众的自主性和满足感,提高对乡村记忆的认同度。位于纽约的犹太博物馆(The Jewish

---

① 《本报独家译介联合国最新发布的〈2015 人类发展报告〉》,熊一舟编译,载《社会科学报》,[EB] http://www2. sass. org. cn/shkxb/articleshow.jsp? dinji = 230&artid = 101799&sortid = 491 [2016-01-14]。

Museum)是一座通过艺术品来反映犹太人文化的博物馆,它并没有像一般历史展馆那样为观众定制明确的参观路线,而是在每个展厅前安装多媒体装置,自动向进入展厅的观众介绍该展厅展出的内容和特色,观众可以根据自己的喜好自由选择参观内容。展馆不仅满足观众对展览整体把握的需求,同时也满足观众对同一件展品信息把握的需求,为观众提供犹太人的历史背景、相关的世界背景、作品的意义和价值、作品的制作方法、艺术家的水平、与作品相关的文学作品、背景音乐等多层次多样化信息,通过多媒体设备以满足观众的个性化需求,影响广泛,值得学习。[1]

6. 互动体验

意大利作家艾尔弗雷多(A1fredoM.Ronchi)在《E 文化:数字时代的文化信息》一书中指出:"在信息时代,数字媒体信息已经成为最受观众青睐的文化艺术传播方式,相对传统方法而言,多媒体信息更容易被公众接受。"[2]新媒体广受青睐的原因除了其海量信息、形象性、平等性、开放性、共享性等特征之外,其互动体验性也是一个重要因素。互动体验有助于将观众吸引到新媒体传播和展演活动中,由传统信息单向接受者转变为展演活动的积极参与者,被称为"指尖上的感知"。

在展演领域,互动体验形式多样,例如网络留言、网络互动、微信互动、多点触摸查询、电子沙盘、电子翻书系统等,都是吸引人们参与活动的新途径、新方式。2015 年央视春节晚会抢红包行为就是手机新媒体在人们之间的互动和应用,得到了人们的广泛认可和积极参与,拉近了晚会现场与观众之间的距离。在乡村档案记忆展演中,如何利用新媒体增强展演的互动体验,也是记忆展演策划和设计需要思考的问题之一。

---

① 参见胡劼:《新媒体时代下的档案展览发展趋势研究》,上海市档案局(馆)编:《上海市档案局(馆)2014 年度课题研究成果》,中西书局 2015 年版,第 420—421 页。

② 转引自魏敏:《新媒体时代的博物馆展览——基于观众研究的分析与探索》,《东南文化》2013 年第 6 期。

（三）乡村档案记忆展演新媒体策略实现的思考

乡村档案记忆展演新媒体策略既是一种理念，也是一种实践。作为一种理念，它旨在推动新媒体在乡村档案记忆展演中的深化应用，以提高记忆展演的共享性、平等性、互动性、体验性，满足观众个性化需求；作为一种实践，要求我们思考如何具体运用新媒体技术、设备（产品）、系统平台来推动乡村档案记忆展演的发展。新媒体在档案记忆展演、乡村档案记忆展演中虽有不同程度的应用，但仍需要我们继续加速融合推进。

1. 注重新媒体技术和产品的开发

新媒体技术和产品是以现代化的数字技术、网络技术、移动技术、多媒体技术等为基础，能够向用户提供共享性、个性化、互动交流的信息服务手段及其相关产品设备，包括图像与图形信息处理技术、声音信息处理技术、视频信息处理技术、流媒体技术、蓝光技术、虚拟现实技术等。新媒体技术在文化保护、文化创意、旅游、展览等领域已有较为成熟的开发应用，如语音导览、虚拟现实（VR）、电子触摸屏、IP 电视、电子说明牌、电子翻书系统、电子沙盘等，这些新媒体技术和产品的开发应用，能有效提高观众的个性化需求和互动体验的满意度。

2017 年，青岛崂山区档案局利用馆藏珍贵照片，通过 H5 制作《忆崂山——旧容新貌存乡情·城市篇》宣传片，集文字、图片、音乐、动画特效等多种形式于一体，以老路、老村、旧城区与新大道、新社区、新城区作对比，并通过手机微信平台向公众展示崂山城区、社区建设发展的日新月异和城市的变迁历程。[1] 类似的新媒体技术和产品开发还有待向乡村档案记忆展演领域延伸推广。

---

① 青岛市崂山区档案局：《青岛市崂山区档案局利用新媒体展示区域发展变化》，2017 年 3 月 11 日。

2.善于搭建和运用社交媒体平台

据"新媒体蓝皮书"《中国新媒体发展报告》(2016)分析,我国"两微一端"的新媒体传播平台正在形成。《报告》指出:"移动互联网对新闻业的影响日渐深远,技术演进和民众媒介消费习惯的改变,不仅改变了新闻生产、传播流程,同时改变了新闻的语言、叙事和理念。微信、微博和客户端正成为新媒体传播尤其是移动媒体传播的新选择";以"微信""微博"和"新闻客户端"为主体的"两微—端""正成为中央和地方传统媒体积极适应移动互联网趋势,向新媒体进军的主要手段,也为各类媒体门户、资讯网站和平台紧跟时代大潮进一步开拓发展提供了契机"。① 在此背景下,如何做好信息传播的移动化、社交化、可视化、数据化和智能化,既是新闻传播领域搭建、利用新媒体平台的重要议题,也是档案记忆展演需要思考的议题。

依托社交媒体平台,开通政务微博、建立微信公众号、开发手机 APP、播放微视频(与微信、微博、新闻客户端合称"三微一端")等,在乡村记忆展演领域已开始运作。如 2015 年 3 月,襄垣县开通"文化襄垣"微信公众号,以"唤醒历史记忆、传承文化根脉、繁茂文明枝叶,守护精神家园"为宗旨,对全县1080 个村庄进行记录、拍摄,全方位、立体式推介襄垣乡土文化。该微信公众号开通至 2017 年底,共编发乡土文化微信 500 余篇,点击量突破 30 万人次。在城乡档案记忆工程推进中,社交媒体平台建设力度还需加大。

3.强化新媒体应用的系统性和协调性

今天,"创新、协调、绿色、开放、共享"五大发展理念已成为互联网新媒体发展的共识。这不仅强调传统媒体与新媒体的协调,更强调新媒体产业内部的协调,强调新媒体与社会发展的协调,通过媒体融合,建立媒体生态系统新体系,构建媒体与社会的和谐关系。

---

① 唐绪军主编:《中国新媒体发展报告》(2016),社会科学文献出版社 2016 年版,第 4 页。

在乡村档案记忆展演中,对新媒体的应用也需要强化系统性和协调性,具体包括:①强化新媒体技术应用自身的协调。新媒体技术的多样性决定了乡村档案展演在采用新技术、新产品时,需要注意这些技术、产品之间的关联、差异和协同效应。"传统的数字化工作集中在用文字、照片记录藏品的数字化信息;而新媒体技术的应用则要求将音频、视频甚至三维扫描建模数字化等纳入到数字化工作中,同时考虑数字化之后的展品信息格式与播放终端软件兼容性,否则,大量的多媒体设备只能是展厅内的摆设而无实际的用武之地。"①②注重加强新媒体应用在城乡档案记忆工程各种推进机制中的协调。新媒体技术应用不仅仅是乡村档案记忆展演推进机制的策略性要求,它在乡村档案记忆资源集成、资源开发以及乡村记忆场馆建设中都需要注重加强采用,这是现代信息技术应用的系统性要求。③强化乡村档案记忆展演与其他部门的历史文化展演之间的协调,在注重各自记忆资源、文化资源建设的同时,在社会记忆新媒体展演上形成良好的竞争合作关系,共同营造乡村记忆保护传承的社会化新媒体体系。

4. 突出以人为本的价值导向

"以人为本"是新型城镇化建设、新媒体传播和展演展示的共同价值导向,自然也是乡村档案记忆新媒体展演的要求。在展演展示领域,以人为本的价值理念突出表现为"以受众为中心"。展示设计领域认为:"受信者是指观众或顾客,是展示设计的诉求对象,是展示活动得以实现其目的的主宰,需了解其生活形态、思想意识、消费欲求,购买动机"②;"为了吸引受众的注意力并产生兴趣,展示陈列的内容和突出的特点必须是受众希望了解和愿意看到的,尤其要考虑到受众的潜在需求和兴趣点,也就是说,展示陈列的关键是满足受

---

① 胡劼:《新媒体时代下的档案展览发展趋势研究》,上海市档案局(馆)编:《上海市档案局(馆)2014年度课题研究成果》,中西书局2015年版,第428页。
② 王芝湘:《展示设计》,人民邮电出版社2015年版,第31页。

众的特定需求"①。

社会记忆再生产既是记忆生产的过程,也是记忆消费的过程。美国学者沃尔夫·坎斯特纳认为,应该将集体记忆看作一个文化生产和消费的复杂过程,"这个过程承认文化传统的传承,以及记忆制造者的聪敏和记忆消费者的颠覆性的利益。这三种不同的历史媒介相互协调,创造出记忆政治充满竞争的舞台上的约定规则";"我们必须将注意力集中于记忆制造者、记忆使用者以及视觉上的和杂乱的表象对象和传统,并以此来促进集体记忆的研究。这个释义性的三角'意味着在建构记忆意义时,对象、制造者和消费者之间公开的对话'"。②

乡村档案记忆展演的受众就是"记忆消费者",包括本地村民和外来观众(外来观众可以称之为游客)③,乡村档案记忆展演及其新媒体应用需要把握受众的诉求和接受习惯,使新媒体记忆展演更加人道地发挥力量。

---

① 胡以萍:《展示陈列与视觉设计》,清华大学出版社 2012 年版,第 2 页。

② [美]沃尔夫·坎斯特纳:《寻找记忆中的意义:对集体记忆研究一种方法论上的批评》,张智译,李宏图选编:《表象的叙述——新社会文化史》,上海三联书店 2003 年版,第165—166 页。

③ 参见樊友猛、谢彦君:《记忆、展示与凝视:乡村文化遗产保护与旅游发展协同研究》,《旅游科学》2015 年第 1 期。

第七章　城乡档案记忆工程推进的场馆建设机制

　　在社会记忆研究中，人们越来越多地注意到空间（地点、场所）与记忆的关联性，从哈布瓦赫的《福音书中圣地的传奇地形学》到皮埃尔·诺拉的《记忆之场》、扬·阿斯曼的《文化记忆》、阿莱达·阿斯曼的《回忆空间》，都对空间的记忆意义进行了深刻的思考和阐释，不断发掘空间所具有的记忆承载、情感寄托和文化象征功能。扬·阿斯曼指出，"任何一个群体，如果它想作为群体稳定下来，都必须想方设法为自己创造一些这样的地点，并对其加以保护，因为这些地点不仅为群体成员间的各种交流提供场所，而且是他们身份与认同的象征，是他们回忆的线索"。[1]　今天，我们对于空间与记忆问题的探讨不仅具有文化解释学意义，更具有现实的行动导向意义。一方面，作为中国传统社会人们生活聚落空间的村庄，具有典型的空间记忆性质，"每一座蕴含传统文化的村落，都是活着的文化遗产，体现了一种人与自然和谐相处的文化精髓和空间记忆"[2]，在城镇化快速推进的时代背景下，如何保护乡村的记忆空间和记忆场所，是摆在我们面前的现实问题[3]；另一方面，在城乡记忆工程建设

---

　　[1]　［德］扬·阿斯曼：《文化记忆》，金寿福、黄晓晨译，北京大学出版社 2015 年版，第 31—32 页。

　　[2]　仇保兴：《深刻认识传统村落的功能》，《人民日报》2012 年 11 月 29 日。

　　[3]　2014 年，上海交通大学陆邵明主持的"我国城镇化进程中记忆场所的保护与活化创新研究"课题获国家社科基金重大项目立项，体现出国家对乡村记忆场所保护的重视。

中,出现了"乡村记忆馆""乡村纪念馆""乡村博物馆""乡村记忆示范基地"等新型记忆空间,需要我们予以理论回应、阐释和引导。新型记忆场馆既具有记忆展演的性质,也具有记忆资源集成和开发性质,是人为建构的"记忆之场",有必要对其建设从整体上作为城乡档案记忆工程的一种推进机制加以认识和把握。

一、记忆场理论与档案记忆研究

"对记忆之场的研究发生于两场运动的交汇点上……这两种趋势都使得我们以同样的热情同时去照观历史研究的基本工具和我们记忆中最具象征意义的对象:如档案,如三色旗,如图书馆,如辞书,如博物馆,同样还有各种纪念仪式、节日、先贤祠和凯旋门,以及《拉鲁斯词典》和巴黎公社墙。"①这是法国历史学家皮埃尔·诺拉在《记忆之场:法国国民意识的文化社会史》(简称《记忆之场》)一书中对"记忆场"的经典论述。《记忆之场》不仅多处提及并论述档案和档案馆,而且还将其视为"最具象征意义"的记忆场之首,将"档案的普遍真理性"与"民族的特殊真理性"相提并论,其学术意蕴值得关注和发掘。

"记忆场"(Les Lieux de Mémoire,或译为记忆场所、记忆之场、记忆之所、记忆场域、记忆地点等)是由法国历史学家皮埃尔·诺拉提出并使用的重要概念。20世纪80年代初,诺拉动员120位作者,穷十年之功,编纂出版了由135篇论文组成的三部七卷、超过5600页的鸿篇巨制《记忆之场:法国国民意识的文化社会史》(第一部《共和国》一卷于1984年出版;第二部《民族》三卷于1986年出版;第三部《复数的法兰西》三卷于1992年出版)。"这部巨著乃是要在文化—社会史语境中回溯历史,探讨形塑法国'国民意识'的记忆之场。"②

---

① [法]皮埃尔·诺拉:《记忆之场:法国国民意识的文化社会史》,黄艳红等译,南京大学出版社2015年版,第10页。

② 孙江:《皮埃尔·诺拉及其"记忆之场"》,《学海》2015年第3期。

编辑出版《记忆之场》过程中,诺拉撰写《记忆与历史之间:场所问题》①,作为第一部导言,较为全面地阐述了其记忆场思想,是理解《记忆之场》的纲领性文献,结合其他部分的论述,可以将其核心思想概括为四个方面:

其一,记忆场是记忆沉淀的场域。诺拉说,记忆之场首先是些残留物,历史之所以召唤记忆之场,是因为它遗忘了记忆之场,而记忆之场是尚存有纪念意识的一种极端形态。博物馆、档案馆、墓地和收藏品、节日、周年纪念、契约、会议记录、古迹、庙宇、联想,所有这些就是别的时代和永恒幻觉的见证者。"记忆之场诞生并维系于这样的一种意识:自发的记忆不再存在,应该创造档案,应该维持周年纪念活动、组织庆典、发表葬礼演讲、对文件进行公证,因为这些活动已不再是自然的了"②,而是成了"人们从历史中寻找记忆的切入点"。③

其二,记忆场具有多种多样的形态。诺拉指出,记忆之场属于两个王国,"既简单又含糊,既是自然的又是人为的,既是最易感知的直接经验,又是最为抽象的创作"④。这些场所"有地形学上的地点,如档案馆、图书馆以及博物馆;有纪念性的地点,如墓葬和建筑;有象征性的地点,如纪念仪式、圣地、周年纪念或者徽章;有功能性的地点,如课本、自传或联想:这些纪念物都有着自己的历史"。⑤ 在《记忆之场》编写过程中,记忆场的范围在不断扩大,诺拉认为,记忆场概念的"不确定性不会阻碍它们结出丰硕成果,其判断标准是它们的实际运用,它们的模糊性可以成为它们的力量之源"。⑥

① 该文目前能见到两个译本:一是黄艳红译文《记忆与历史之间:场所问题》,[法]皮埃尔·诺拉主编:《记忆之场:法国国民意识的文化社会史》,南京大学出版社 2015 年版;二是韩尚译文:《历史与记忆之间:记忆场》,[德]阿斯特莉特·埃尔、冯亚琳主编:《文化记忆理论读本》,北京大学出版社 2012 年版。本部分以黄艳红译本为主,个别引文根据语义关联性引自韩尚译本。

② [法]皮埃尔·诺拉:《记忆之场:法国国民意识的文化社会史》,黄艳红等译,南京大学出版社 2015 年版,第 11 页。

③ 孙江:《皮埃尔·诺拉及其"记忆之场"》,《学海》2015 年第 3 期。

④ [法]皮埃尔·诺拉:《记忆之场:法国国民意识的文化社会史》,黄艳红等译,南京大学出版社 2015 年版,第 20 页。

⑤ [法]雅克·勒高夫:《历史与记忆》,方仁杰、倪复生译,中国人民大学出版社 2010 年版,第 108—109 页。

⑥ 沈坚:《记忆与历史的博弈:法国记忆史的建构》,《中国社会科学》2010 年第 3 期。

其三,记忆场是物质、象征和功能的统一。记忆之场并非仅指物质性场所或纪念性性场所,诺拉认为"记忆之场是实在的、象征的和功能性的场所","这三层含义同时存在,只是程度不同而已"。① 记忆场的三层含义不是指向三种不同的记忆场,而是三方面内涵特征的统一。其中,诺拉特别强调记忆场的象征性和功能性,他指出记忆场"承载着一段历史的纯粹象征化的现实"②:"一切在物质和精神层面具有重大意义的统一体,经由人的意志或岁月的力量,这些统一体已经转变为任意共同体的记忆遗产的一个象征性元素"。③

其四,记忆场是记忆与历史双重影响的结果。诺拉认为,记忆场既不是记忆本身,也不属于历史,它处在记忆与历史之间。它要成为"记忆场所",首先必须有"记忆的愿望",这些场所由记忆凝聚而成,记忆"寓身"其中;同时记忆场的形成也必须有历史、时间和变化的介入,历史通过对记忆的"歪曲、转变、塑造和固化",造就了记忆的"场所"。正是历史和记忆的往复运动构建起了"记忆的堡垒":"那些脱离历史运动的片段,如今又被送回到历史运动中。它们不再是全然鲜活的,也不是已经完全死亡,就像这些贝壳在活生生的记忆海洋退潮之后栖息在岸边"。④

《记忆之场》集成汇聚了法国集体记忆史的研究成果,是当代法国史学界最有影响的历史著作之一。它不仅代表了法国现代史学的新转向,成为法国20世纪90年代兴起的表征史、象征史的典范,而且引发人们对空间记忆研究的关注,它延续了哈布瓦赫的思路,并把"哈布瓦赫视为时空上存在的结合体——集体,改为由超越时空的象征媒介来自我界定的抽象的共同体。"⑤就

---

① [法]皮埃尔·诺拉:《记忆之场:法国国民意识的文化社会史》,黄艳红等译,南京大学出版社2015年版,第20页。
② [法]皮埃尔·诺拉:《记忆之场:法国国民意识的文化社会史》,黄艳红等译,南京大学出版社2015年版,第76页。
③ [法]皮埃尔·诺拉:《记忆之场:法国国民意识的文化社会史》,黄艳红等译,南京大学出版社2015年版,第76页。
④ [法]皮埃尔·诺拉:《记忆之场:法国国民意识的文化社会史》,黄艳红等译,南京大学出版社2015年版,第11页。
⑤ 孙江:《皮埃尔·诺拉及其"记忆之场"》,《学海》2015年第3期。

档案记忆研究而言,也促发我们诸多的追问和思考。

1. 深化对档案馆作为"记忆宫殿"的认识

传统上,人们习惯上将档案馆称为"记忆宫殿"或"记忆的殿堂",这种比喻的称法出现在国际档案理事会等国际组织的文件里,也出现在档案学者的论著和档案工作的宣传中。

在第十三届国际档案大会的报告中,加拿大档案学家特里·库克援引1596年利玛窦向中国明朝政府提出建造"记忆宫殿"这一历史典故,指出今天"全世界的档案人员,仍然在建造记忆宫殿";并就"记忆宫殿"的建造提出了一系列问题:回顾自身发展史,我们的档案人员在建造记忆宫殿时是如何反映广泛的社会现实的呢?档案人员自觉和不自觉地采用什么样的设想、理论、概念、策略、方法和实践呢?……我们需要更好地理解记忆的政治功能以便更好地确定未来方向。特里·库克的一系列追问将档案学引入"记忆之门"。

"记忆已经完全转化为最细致入微的重构。这是一种被记录的记忆,它让档案(馆)去为它铭记,并删减承载着记忆的符号的数量。"①《记忆之场》中,诺拉不仅一再提到档案、档案馆,将其作为记忆场的代表,而且特别指出其象征性意义,"即便像档案馆这样看起来纯粹实在的场域,也只是因为象征性的光环赋予其上而成为记忆的场所的"。② 既然如此,"记忆场"与"记忆宫殿"之间的关系是什么?特里·库克在追问档案人员如何建造记忆宫殿的,我们是否也去追问档案人员如何建造记忆场的?作为记忆宫殿的记忆场我们还能发掘出哪些新的问题?诺拉说:"不同身份之间有个组合起来的网络,有一种集体记忆的无意识组织,我们应该将它清楚地表达出来。记忆之场是我

① [法]皮埃尔·诺拉:《记忆之场:法国国民意识的文化社会史》,黄艳红等译,南京大学出版社2015年版,第12页。
② [法]皮埃尔·诺拉:《记忆之场:法国国民意识的文化社会史》,黄艳红等译,南京大学出版社2015年版,第20页。

们民族历史的关节点。"①作为记忆之场的档案馆,需要强化对其"场"的象征性理解,以便更深刻地把握和阐释它与国家—民族记忆的关系。

2. 拓展对档案记忆形成社会机制的探索

《记忆之场》中,诺拉虽然将档案、档案馆都视为记忆之场,但与档案馆的象征性论述不同,他似乎对档案记忆形成的社会机制有更多的意见和评判。他认为,我们今天称为记忆的东西,全都不是记忆,而已经是历史,在真实的记忆和已经转变成历史的记忆之间有着不同。真实的记忆都隐藏在行为和习惯中,隐藏在传承无声知识的职业中,隐藏在身体的知识中,以润物无声的方式来维系的记忆;而转变成历史的记忆是自觉的、有意识的,不再具有自发性,而是被视为一项责任来经历。他将真实的记忆称为直接记忆,而转变成历史的记忆称为间接记忆,从直接记忆转化为间接记忆是社会记忆"档案化"的过程。他认为,在社会加速发展的历史时期,人们换上了"档案强迫症"和"记忆失落的焦虑"。

> 它完全依靠尽可能精确的痕迹、最为具体的遗物和记录、最为直观的形象。这场从文字发端的运动最终发展出高保真和录音带。记忆的内在体验越是薄弱,它就越是需要外部支撑和存在的有形标志物,这一存在唯有通过这些标志物才能继续。②

> 没有哪个时代像我们这个时代这么自觉地产生档案,这不仅是因为现代社会自动地产生大量档案,也不仅是因为现代社会拥有的复制和保存技术,这同样是因为对痕迹的迷恋和尊重。随着传统记忆的消失,我们甚至还带有宗教般的虔诚去积聚各种过去的遗迹、证据、文献、形象、言语和直观象征物,仿佛这些日益丰富的资料终会在

---

① [法]皮埃尔·诺拉:《记忆之场:法国国民意识的文化社会史》,黄艳红等译,南京大学出版社 2015 年版,第 27 页。

② [法]皮埃尔·诺拉:《记忆之场:法国国民意识的文化社会史》,黄艳红等译,南京大学出版社 2015 年版,第 12 页。

某某法庭上成为某种证据。①

诺拉指出，形成档案已成为我们时代的迫切需要，尽管人们并不确切地知道它们标志的是什么样的记忆，而这种"漫无边际的档案制作受一种新意识的刺激，这种新意识最为清楚地反映了历史化记忆的恐怖主义"。②

《记忆之场》中，诺拉尽管对档案、对社会记忆档案化论述的态度存在矛盾，但他对当今社会存在的"档案强迫症"分析，与德里达所说的"档案狂热"是否有相似之处，这种现象值得我们思考；同时，他提出的社会记忆档案化无论对社会记忆研究/文化记忆研究，还是档案记忆研究，都是一个重要的学术议题。社会记忆档案化的社会机制是什么，它是"良药"还是"毒药"③，值得进一步探索。

3. 重建与图书馆、博物馆、纪念馆的对话机制

档案、档案馆作为一种社会性事物，在社会中并不是孤立的，而是与其他相关事物（如文书、图书、资料、文物、文献、信息等）之间存在着各种联系。既然存在联系，我们就需要在这些事物之间建立某种形式的交流和对话机制或对话方式。档案与相关事物之间的交流对话方式大体上可以从两个方面来考察：一是在比较中区分与相关事物的异同，以确立彼此的边界。传统上，文书工作、档案工作、图书工作等是融为一体的，没有太多的区别。新中国成立后，随着档案工作作为一个独立系统的出现，我们需要把档案与文书、文献、文物、资料等区分开来，以便更加明确我们管理对象的范围。在此情形下，我们多关注和探讨档案与这些事物之间的区别，以期确立自身的概念范畴。二是在比较中寻求与相关事物的关联，以便搭建合作交流的平台，促进自身的发展。20

---

① ［法］皮埃尔·诺拉：《记忆之场：法国国民意识的文化社会史》，黄艳红等译，南京大学出版社 2015 年版，第 13 页。

② ［法］皮埃尔·诺拉：《记忆之场：法国国民意识的文化社会史》，黄艳红等译，南京大学出版社 2015 年版，第 15 页。

③ ［法］保罗·利科：《记忆，历史，遗忘》，李彦岑、陈颖译，华东师范大学出版社 2018 年版，第 220 页。

世纪 80 年代以后,档案界提出两个一体化(即"文档一体化"和"图情档一体化"),旨在确立彼此关联(文件与档案的关联,图书、情报、档案的关联)的基础上,建立交流合作的对话机制,达到共同的提升。

但传统上,我们很少将档案馆与博物馆、纪念馆关联起来分析(我们只是在讨论档案与文物的区别),而从记忆场理论看,档案馆、图书馆、博物馆、纪念馆(地)等都属于"记忆之场",诺拉说:"有些场所具有地形上的色彩,它们的意义完全在于其确切的地点和它们扎根的土地,如所有的旅游胜地,如与马扎然宫紧密相连的国家图书馆、设在苏比兹宫的国家档案馆。还有一些不可与建筑混为一谈的纪念馆。"①"记忆之场"将档案馆、图书馆、博物馆、纪念馆(地)紧密地关联起来,让我们重新思考它们在"民族象征和民族神话"中的地位、功能和象征,这是否构成一种新的问题意识。"重要的不是场所,而是展示这个场所是何种事物的记忆。"②建立在"记忆之场"上的档案学,也许我们讨论的不再是图情档一体化,而是图档博纪一体化,这样的一体化今天正在成为人们讨论的话题。

4. 推进乡村记忆场所建设理论与实践的探讨

面对乡村社会的转型与变迁,2011 年浙江省档案局在城市记忆工程经验的基础上,全面实施"浙江记忆工程",先后于 2013 年 10 月和 2014 年 7 月评选公布二批"乡村记忆示范基地"(共 114 家)和"'企业记忆之窗'示范点"(共 65 家)。2014 年,在山东省委宣传部和山东省文物局的牵头组织下,山东发起实施山东乡村记忆工程,2015 年 5 月公布了第一批"乡村记忆"工程文化遗产名单,其中传统文化乡镇 7 个;传统文化村落 171 个;传统民居 66 个;乡村博物馆 56 个,共计 300 个。此外,山西、甘肃、福建等省市也组织开展了类

---

① [法]皮埃尔·诺拉:《记忆之场:法国国民意识的文化社会史》,黄艳红等译,南京大学出版社 2015 年版,第 26 页。
② [法]皮埃尔·诺拉:《记忆之场:法国国民意识的文化社会史》,黄艳红等译,南京大学出版社 2015 年版,第 76 页。

似的乡村记忆工程。

对于广泛开展的乡村记忆工程,目前尚处于宣传试点阶段,需要学界给以更多的理论关注和实践思考,以便更好地为我们"记住乡愁,留住乡情"。从记忆场理论来说,可以探讨的主题:一是村落作为一个记忆场的性质特征和保护传承。乡村记忆以传统村落为载体依托,村落(包括一些传统的市镇)就是一个"大记忆场",富含了中国乡村文化要素或文化基因,按全国政协委员、文化部原副部长励小捷的说法就是"整村建了一个'乡村记忆'博物馆"。近年来,其保护已受到注意,但其作为记忆场性质和内涵还需要我们深刻揭示。二是新建乡村记忆场馆的理论支撑和实践策略。在乡村记忆工程实施推进过程中,许多地方都建立了"乡村记忆馆""乡情村史陈列馆""和美乡风馆""乡村记忆博物馆""乡村记忆长廊""非遗体验馆""原生态民俗博物馆"等,作为乡村记忆保护传承的载体、平台或具体实践措施。这些新建乡村记忆场馆无疑也具有纪念地的特征和记忆场的性质,其建设如果没有充足的理论支撑和理论解说,不仅无法领会其深刻的内涵,也必然会导致其实践行为的"思想缺氧",其结果是"轰轰烈烈"一阵风,难以持续推进,难以常态化。

运用记忆场理论,可以把社会记忆、记忆场、记忆空间建构、文化保护等问题关联起来,为乡村记忆场所的保护、建设提供思想动力和理论支持。诺拉说:"记忆场所就是自己的报告人,就是提示自己的标记,很纯的标记。但并不是说它们没有内容,或者没有物质的呈现,或者说没有历史,而是恰恰相反。但又恰恰是那些让它们成为记忆场所的东西使它们没有历史。根据时间或者空间,从不明确的平凡的事物中分割出一块领域、一个范围,在这些领域或范围内一切都是象征,一切都有含义";它以其名称为基础,"搜集着和它身份相符的东西,但同时,它也在不断深化着自己的含义"。① 正是基于这些思考,我们需要将记忆场理论引入乡村记忆工程建设研究中,来阐释村落和乡村记忆

---

① ［法］皮埃尔·诺拉:《历史与记忆之间:记忆场》,韩尚译,冯亚琳、［德］阿斯特莉特·埃尔主编:《文化记忆理论读本》,北京大学出版社 2012 年版,第 112 页。

场馆的记忆场性质、乡村记忆场所建设的推进机制与推进策略,为乡村记忆工程建设提供思想动力。

二、乡村记忆场馆的类型、性质与功能

皮埃尔·诺拉在《记忆之场》开头就提出:"之所以有记忆之场,是因为已经不存在记忆的环境";"对于记忆所赖以凝结和藏匿的场所的兴趣,是与我们历史的这一独特时刻联系在 起的。这个时刻是个交汇点,与过去断裂的意识,与对被撕裂的记忆的感知融合在一起;不过,当撕裂还能唤起足够多的记忆时,便可提出记忆的具体化身问题。"①今天,乡村记忆馆及其类似场所的出现,正是在乡村历史文化受到冲击、乡村记忆环境受到破坏、乡村记忆面临阻断的情形下产生的乡村记忆的"具体化身"。乡村记忆场馆建设是城乡档案记忆工程的一个重要组成部分,它为乡村记忆保护传承提供了新途径和新机制。

(一)乡村记忆场馆的界定及其类型

1. 村落:乡村记忆的场域

在场所、场馆、场域等概念中,相对而言"场域"更接近诺拉"记忆之场"的"场"的意蕴。孙江也解释说:"记忆之场成为记忆残留物的场域,档案、三色旗、图书馆……均成为人们从历史中寻找记忆的切入点。"②"场域"(Field)作为法国社会学家布迪厄(Pierre Bourdieu)提出使用的社会学概念,不仅可以"设想为一个空间",而且还指称"在各种位置之间存在的客观关系的一个网络"③或一

---

① [法]皮埃尔·诺拉:《记忆与历史之间:场所问题》,[法]皮埃尔·诺拉主编:《记忆之场:法国国民意识的文化社会史》,黄艳红等译,南京大学出版社2015年版,第3—4页。

② 参见孙江:《皮埃尔·诺拉及其〈记忆之场〉》,[法]皮埃尔·诺拉主编:《记忆之场:法国国民意识的文化社会史》,黄艳红等译,南京大学出版社2015年版,"中文序言"第11页。

③ 参见谢立中主编:《西方社会学名著提要》,江西人民出版社2001年版,第625—626页。

个形构,"是一种争夺和投入的空间,是人为的社会建构"。① 用场域来诠释"记忆之场"的"场",可以超越对记忆场的单纯物质性理解,更能突出其中有内含力量的、有生气的、有潜力的记忆存在。布迪厄曾研究过许多场域,如美学场域、法律场域、宗教场域、政治场域、文化场域、教育场域等,我们也可以将记忆场域看作类同于文化场域的一种场域。

将村落(村镇、乡镇)视为乡村记忆的场域,简单地说就是指村落是一个大的记忆空间,其中处处充满着记忆、蕴含着记忆。从"三家村"到几千户的大村,作为生活的自然聚落,人们在村落中生产劳作、休憩娱乐、繁衍生息,村落为人们提供了物质的、精神的、心灵的依靠和养分,同时也承载了一切的文明和文化成果,并由此凝结成乡村社会的记忆。无论是村落的整体空间格局,还是村落中的建筑、遗迹,甚至村中的一树、一石、一井、一方水塘、一块田地,都承载着乡村记忆,都是乡村的记忆之物。如浙江金华市兰溪市的诸葛村(原名高隆村),由诸葛亮二十七世孙于元代中后期开始营建,是诸葛亮后裔的最大聚居地。该村坐落于八座小山合抱之中,八座小山的分布呈八卦形,构成"外八卦";村内楼宇建筑、巷道八方呼应,"钟池"位于中心,似太极阴阳鱼图,八条小巷向外辐射,构成"内八卦"。村内现保存完好的明清古建筑有200多座(如大公堂、大经堂、丞相祠堂、天一堂、雍睦堂),不仅建筑风格独特,而且蕴含着一些与众不同的生活方式,徜徉在村中,给人感觉"整个村子就是一个巨大的活文物"。"乡村里的每一个细节事实上都在暗示着一些传说,而每一景观又向人们提示了对共同文化的回忆";②如克劳斯·E.米勒(Klaus E. Müller)所言,"这些满是事件的地方,或深或浅地、斑驳地分布在领土上。它们发生过不同寻常的事件之后,就拥有了一种气息,弥漫在整个周边地区"。③

---

① 王邦佐、邓伟志编:《大辞海·政治学·社会学卷》,上海辞书出版社 2010 年版,第455 页。

② [美]凯文·林奇:《城市意象》,方益萍、何晓军译,华夏出版社 2001 年版,第95页。

③ [德]克劳斯·E.米勒:《第五个维度——原始文化中的社会性时空及对历史的理解》,陶卓译,[法]保罗·利科等:《过去之谜》,綦甲福、李春秋译,山东大学出版社 2009 年版,第 187 页。

龙迪勇指出:"所有的历史事件都必然发生在具体的空间里。因此,那些承载着各类历史事件、集体记忆、民族认同的空间或地点便成了特殊的景观,成了历史的场所。"①因此,作为民众最重要的生存空间单位,每个村落都是一个文化生态系统,也是一个巨大的记忆系统,是"到处都能碰到有'故事'的地方"。②

2. 乡村记忆场馆的范围界定

将村落视为记忆场域,相对而言,村落中具体的场所、场景、地点我们可以称为"记忆场所"。村落中分布着大大小小的各种记忆场所:祠堂、老宅、商号、古桥、牌坊、戏台、祭典、庙会等。《中国国家地理》上有一段对水口的描述:

> 风水盛行的古代中国,无论大小聚落,都要设置水口,它是一个村、镇、城的门户所在。因为水口的重要,人们在这里种植草木、搭建桥梁、供奉庙宇。水口上的山水景观与众多建筑一起,成为聚落的精华地带,并因而被居民世世守护。对于一方乡民来说,水口是枢纽,是门户,是图腾,更是他们贸易、游憩、集会的公共空间。一个个水口,就是一座座乡野中的公园。③

今天,对我们来说,水口已渐进成为神秘的词汇,但在本地村民心中,水口往往是"故乡的原点",是"安放乡愁的空间"。

乡村记忆场所可以分为不同的类型。根据其产生的因缘,我们可以将乡村记忆场所分为两类:一类是人们活动直接遗留下来的建筑或遗迹,如祠堂、庙宇、水口、桥梁、渡口、老屋、古树、街道、商号等;另一类是现代人们为保留乡村历史文化而建设的乡村文物文献收藏保管处所,如乡村博物馆、乡村纪念

---

① 龙迪勇:《空间叙事学》,三联书店 2015 年版,第 384 页。
② [德]克劳斯·E.米勒:《第五个维度——原始文化中的社会性时空及对历史的理解》,陶卓译,[法]保罗·利科等:《过去之谜》,綦甲福、李春秋译,山东大学出版社 2009 年版,第 186 页。
③ 鲁晓敏:《俯瞰水口——风水景观之眼》,《中国国家地理》2017 年第 8 期。

馆、乡村记忆馆等。在乡村历史文化保护中,这两类记忆场的保护部门和保护
措施有所区别,前者侧重保护,主要由乡村建设、古村落保护或文化遗产保护
部门等承担;后者侧重建设,主要由文物、档案部门等承担。

　　本课题重点关注和探讨属于乡村文物文献收藏保管场所的乡村记忆场
所,我们称之为"乡村记忆场馆"①。其对象范围有以下四方面特征:一是人为
建造的场馆,不是历史遗迹,也不是自然空间,当然它可以利用或改造原有的
历史建筑、历史遗迹对文物文献加以收藏保护;二是其目的是为了留住乡村记
忆、乡村历史文化,不同于专门用于娱乐、休闲、经营性的场馆;三是主要为新
出现的乡村历史文化保护场所,不同于原先已经存在的乡村文化设施和机构,
如乡村(镇)档案室、乡村(镇)图书室、乡村(镇)文化站等;四是主要为实体
性的场所,有一定的馆舍或场地,不是网站等虚拟空间。

3. 乡村记忆场馆的类型

　　在今天的乡村和新型城镇化地区,出现了各种名目的乡村文化设施,如乡
村记忆馆、乡村记忆展示馆、乡村记忆陈列馆、生活记忆馆、乡风文明馆、乡风
民俗馆、乡土文化馆、村史馆、村史村情馆、乡村纪念馆、乡愁纪念馆、乡村名人
馆、乡贤馆、乡贤文化馆、乡村博物馆、乡村文化历史博物馆、乡村展览馆、乡情
村史展览馆、乡村文化展厅、乡村记忆长廊、乡村文化长廊、乡村记忆示范点、
企业记忆之窗等②。这些文化设施都或多或少地与乡村记忆保护传承相关
联,可以纳入乡村记忆场馆中一并加以分析和考察。

　　乡村记忆场馆不仅名目不同,而且即使是同一名目,各地建设的侧重点也
多有不同,更增添了乡村记忆场馆的复杂性。不过,通过对这些乡村记忆场馆

---

　　①　这里有两点考虑:一是"乡村记忆馆"是专有名词,许多地方都在建设,使用"乡村记忆
馆"不便于概括如村史馆、乡风文明馆等其他具有乡村记忆保护传承性质的机构;二是有些建设
的乡村记忆保护传承场所并不是以馆舍的形式出现,如乡村记忆长廊。称"乡村记忆场馆"更具
有概括性。

　　②　这是个很有趣的现象,似乎各地在建设这些文化设施时,为突出自身特色,有意无意在
名称上互相避开,标新立异,彰显影响。

的综合考察,我们大体上可以按照保存和展示的记忆形态,将乡村记忆场馆分为三种主要类型:史料型、文物型、活动型。

史料型以保存和展示乡村档案史料为主。如浙江平湖乍浦(镇)记忆展示馆,运用史料展示,通过山海乍浦、海运口岸、军事重镇、红色档案、古镇文化、乡贤名人、百姓记忆、今日乍浦等八个篇章,把人们带进古镇的前世今生。

文物型以保存和展示乡土文物为主。如河南漯河市郾城区新店镇尧河庙村的"乡村记忆馆",收藏了耧、耙、犁、铡刀、纺线车、风箱、石磙、石碾等。"这些老物件,看着破破烂烂,不值啥钱,但是村里不少人看见了还是觉得亲切。"①山东乡村记忆工程建设,重点就是推进乡村博物馆建设,各地建成的乡村记忆馆,主要是收藏和展示散落民间的各种乡土"老物件"。

活动型以展示乡村传统工艺和地方戏剧为主。如浙江安吉县山川乡船村的"乡村记忆馆",一边是乡村阅览室堆放着各种书籍,一边是手工匠人正在展示着绝活。"选米淘洗、上锅蒸熟、拌曲装坛、发酵压榨、加水发酵、澄清陈酿,该村酿酒匠人周寒春娴熟地重复着每一步程序。""这是小时候的记忆,也是乡村的记忆……在现代人的记忆里,关于乡村的东西越来越少,特别是一些传统的技艺正在消失,建一个乡村记忆馆,让人能够来找寻乡愁,让人知道乡村的美好在哪里。"②

上述三类记忆场馆的划分只能是以某种记忆形态为主,不能说单纯只有一种记忆形态,或许三种甚至更多的记忆形态在某一乡村记忆场馆中都有不同程度的表现。在城乡档案记忆工程中,由档案部门指导建设的乡村记忆场馆往往多以档案史料型居多,但在各乡村记忆场馆中也多有文物收藏和活动展示。因此,在探讨乡村记忆场馆建设过程中,我们把三类记忆场馆综合起来一并考察。

---

① 王辉等:《漯河:"乡村记忆馆"留住浓浓的乡愁》,中国文明网,[EB]http://www.wenming.cn/syjj/dfcz/hn/201604/t20160419_3299912.shtml[2016-04-19]。
② 《安吉建乡村记忆馆》,《浙江日报》2017年5月12日。

（二）乡村记忆场馆的性质

在媒体上有一些与乡村记忆场馆性质相关的描述,如陕西省千阳县纪委书记王丽在谈到"村史馆"建设时说,"我们的目标,就是要把村史馆建设成为记录历史、传承文化的博物馆,留住乡愁、凝聚人心的加油站,体验民俗、发展旅游的精品店,为美丽乡村建设注入新内涵、新动力"①;浙江省绍兴县档案部门在实施"乡村史苑"乡村记忆基地建设过程中,提出要着力将乡村记忆基地打造成"村落文化的传承地、乡村文明的弘扬地和先进文化的培育地"。将乡村记忆场馆定位为"博物馆""加油站""精品店",或"传承地""弘扬地""培育地",只是一种比喻性提法,还需要理性地加以思考和把握。

辩证唯物主义认为,属性是物的某个方面质的表现,是通过与他事物发生联系而表现出来的,"一物的属性不是由该物同他物的关系产生,而只是在这种关系中表现出来"②。在研究档案的属性时,学者多将档案与其相关联的事物,如文物、图书、资料、报刊、手稿等进行比较,以力求发现其独特性。在此,我们也运用这种方法,将乡村记忆场馆与档案馆、纪念馆、博物馆进行比较,来认识其性质。

首先,乡村记忆场馆与档案馆、纪念馆、博物馆都有社会记忆保护传承的性质和功能。档案馆我们早就认可它是人类"记忆的殿堂"。"我们只需看看这个星球上大多数的国家档案馆便可知道这些机构是受人尊重的具有文化和国家意义的地方。这些是记忆机构,为国家认同提供支持。它们提供灵感,提供回忆。即使一位公民从未在档案馆做过研究,他/她也可能承认档案馆保存和保管着一个集体的书写宝藏。"③纪念馆则是为"记忆"而生的博物馆,"纪念馆从本质上说就是一个存放和展示'记忆'的场所"。④ 而博物馆或博物馆

---

①　赵波:《村史馆:记忆中的乡村味道》,《陕西日报》2016 年 9 月 21 日。

②　《马克思恩格斯全集》第 42 卷,人民出版社 1979 年版,第 27 页。

③　[美]Brian O.欧文斯:《档案馆:记忆的中心和传承者》,李音译,《中国档案》2011 年第 4 期。

④　俞文君:《纪念馆群体历史记忆建构的统一、矛盾与融合》,《中国博物馆》2013 年第 3 期。

事业也是关于人类的公共记忆必不可少的事业。中国文化遗产研究院总工程师曹兵武将博物馆视为"记忆的现场",他指出:"博物馆是一种现代式的教堂或者祠堂,博物馆通过确保正确的记忆塑造民族的精神空间结构,调校人类前进的轨道。作为一种现代机构和现代建筑,某种程度上,博物馆确实是替代了部分过去教堂和祠堂才有的历史记忆、群体认同和文化交流的功能。那么,我们也享有共同的责任来共同建设一个存放在博物馆中人类共同的精神家园,营造一个保持正确记忆的现场——一个经过选择、发掘、诠释之后呈现的缩微的现场。"①无论是作为记忆殿堂、记忆宝库,还是记忆现场,都说明它们与社会记忆密切相关,或者说其核心都是社会记忆。乡村记忆场馆与档案馆、纪念馆、博物馆具有同质性,从其名称中我们即可感知。

其次,乡村记忆场馆与档案馆、纪念馆、博物馆在馆藏对象与职能定位上互有差异。①档案馆(室)保存的对象是收集进馆的、各机关单位在工作活动中形成的档案原件,其主要职能是档案的收集和提供利用;而乡村记忆场馆收藏的对象有档案,也有文物,其主要职能是对过去形象和过去活动的保存与展示。乡村记忆场馆收藏的档案材料,大多为乡村记忆收集积聚过程中形成的乡村档案记忆材料、档案馆(室)档案复制件或编研成果。即使有部分档案原件,也多为从县乡(镇)村档案馆(室)借来展示或村民捐出展示的,乡村档案原件总体上还是保存在档案馆(室)。②纪念馆是一种特殊类型的博物馆,但其馆藏对象和时限有别于博物馆,基本上是围绕特定的纪念对象(人物或事件)而展开,属于一人一事一馆(室),在规模上比博物馆小,在时限上围绕人物、事件展开,在对象上比较注重生活气息,有档案文件,也有生活用品。乡村纪念馆可以分为两种,一种是建在乡村的重大事件、著名人物纪念馆,如安徽省肥东县撮镇镇窑岗村的"渡江战役总前委旧址"、上海市青浦区练塘镇的"陈云故居"纪念馆等,这些纪念馆一般建在历史事件重要发生地或名人故居上,属于传统意义上的纪念馆;另一种纪念馆则属于乡村记忆场馆类,是村落

---

① 曹兵武:《记忆现场与文化殿堂:我们时代的博物馆》,学苑出版社2005年版,第129页。

历史与生活的介绍展示,虽然也介绍重要人物和重大事件,但不属于一人一事一馆(室),而是涵盖村落历史发展中的人和事,因此,名之曰乡村纪念馆,其实也就是乡村记忆馆,由此可以看出纪念馆与乡村记忆场馆的差异。③博物馆是收藏、保护、研究、展示、传播人类生存及其环境物证的场所和机构,其收藏对象主要为物质文化与精神文化遗存或自然标本。传统博物馆历来重视藏品的典型性和代表性,傅振伦指出博物馆的收集工作"最重要的是要征集保管上的空白及研究和陈列所需物品,这些物品应是具有代表性典型性的";历史文物的文化价值"决定于该项物品在这一历史阶段上的意义"。① 乡村记忆场馆在很大程度上也具有博物馆的性质,而且许多地方的乡村记忆场馆也是由文物部门牵头兴建,其博物馆的意味更显浓厚;但乡村记忆场馆更强调藏品的生活性,都是些乡村中人们以往日常使用的"老物件""老家私"。各村落乡村记忆场馆展品存在重复没关系,只要老百姓看着熟悉、感觉亲切就好,这正是"乡愁"的味道。

最后,从档案馆、纪念馆、博物馆性质的描述中把握乡村记忆场馆的性质。对于档案馆、纪念馆、博物馆的性质,学界多有表述:①档案学界认为,档案馆(一般指综合性档案馆)是统一保管党和政府机关档案的管理部门,它既是党的机构,也是国家的机构。根据《档案法》及其相关文件的规定,我国档案馆是党和国家的科学文化事业机构,是永久保管档案的基地,是科学研究和各方面利用档案史料的中心。②纪念馆是为纪念历史上某一重大事件或某一重要人物而设立的,有学者只是简单地提及纪念馆具有一般博物馆的基本性质②或认为纪念馆具有"纪念性";但也有学者对纪念馆性质进行了具体分析。袁世一认为纪念馆"是纪念人类文化遗产的实物场所",它"通过对那些有科学性、历史性或者艺术价值的物品进行分类,为公众提供知识、教育和欣赏的文

---

① 傅振伦:《博物馆学概论》,商务印书馆1957年版,第51页。

② 杜丁华:《试论纪念馆的性质及特点》,《湖南省博物馆学会会议论文集》湖南省博物馆学会1982年编。

化教育机构、建筑物、地点或者社会公共机构"①;俞文君则提出纪念馆具有社会性和现实性,它"是为了今天和未来的社会,建构着群体历史记忆,它想要传播的不仅仅是说明性、记录性的史实内容,还有思辨性、分析性的现实意义"。②③对于博物馆,博物馆学一般认为,博物馆是文物和标本的主要收藏机构、宣传教育机构和科学研究机构,是我国社会主义科学文化事业的重要组成部分。③

　　根据对乡村记忆场馆与档案馆、纪念馆、博物馆共性和差异的分析,结合乡村记忆场馆的实际,我们可以对乡村记忆场馆的性质提出三点认识:①乡村记忆场馆是有关乡村档案记忆材料和物品的收藏展示机构,是人为建构的乡村记忆场所;②乡村记忆场馆是城乡的文化设施,旨在保存和传承乡村历史和乡村传统生活方式,它不是为科学研究而设的机构;③乡村记忆场馆注重历史记录性和表现性,不追求对现实政策的宣传教育意义,更多强调对历史的感知和乡情的回顾。总之,乡村记忆场馆构成乡村"各种事件发生于其中的一种特殊的地方",作为乡村实体的、功能的和象征的"记忆之场",它收集了事件、人物、经历、历史甚至语言和思维,意味着乡村生活可以存于其中的"框架性的事物综合体"。④

（三）乡村记忆场馆的记忆保护传承功能

　　乡村记忆场馆是一个特殊的空间,作为一个组织机构,它有自己的职能;作为一个社会场所(事物、机构、空间),它有自己的功能。因此,在分析乡村记忆场馆功能之前,我们首先要明确乡村记忆场馆的职能与功能之间的关系。

　　职能是指一个人、事物或组织机构应该承担的职责和任务,即需要承担的工作,应该做什么,能够做什么。比如人们对博物馆的职能认识是博物馆需要

---

① 袁世一:《纪念馆发展现状及其趋势探析》,《企业改革与管理》2014 年第 22 期。
② 俞文君:《纪念馆群体历史记忆建构的统一、矛盾与融合》,《中国博物馆》2013 年第 3 期。
③ 文化部文物局主编:《中国博物馆学概论》,文物出版社 1985 年版,第 31 页。
④ 龙迪勇:《空间叙事学》,三联书店 2015 年版,第 45 页。

做好文物和标本的征集、整理、修复、保管、展示、研究和社会教育(科普)工作等。而功能则是人、事物或组织机构所发挥的作用、效能、影响等。职能是对工作内容的定性描述,而功能则是对作用效能的分析解释。比如,有学者在解释生态博物馆时,将生态博物馆的功能理解为当地居民自我认识的"镜子"、人和自然的一种表现、时间的一种表现、供人们生活和浏览的空间,它是研究所、资料保护中心、学校等。① 当然,职能与功能也密切关联,职能是功能的前提和基础,功能是职能作用的表现。

就当前乡村记忆场馆的工作内容而言,其职能大体上可以概括为对乡村记忆物的收集展示和乡村历史发展的介绍两个方面,即一方面对乡村记忆的物品、档案记忆材料、有典型的传统工艺的收集,并同时在场馆内展示;另一方面是通过文字、图片、声音、图像等对乡村历史发展(包括村庄的历史沿革、重大事件、乡风乡贤、经济发展、村庄面貌等)的解说。与博物馆、纪念馆相比,乡村记忆场馆的教育、研究职能并不突出,但并不能说它没有这方面的作用和影响。

作为城乡档案记忆工程的组成部分或一种机制,乡村记忆场馆的功能与工程的功能存在一致性,但可做更为细致的分析。

1. 乡村记忆存储功能

乡村记忆场馆首先是乡村记忆收藏保存的一个场所、一种机构,其创设的目的就是为了抢救正在流失和将要流失的乡村记忆。这些乡村记忆初始状态是以器物、口述、文献、仪式等形式存在,通过乡村记忆档案化或直接以器物、活动的方式,将其收储到乡村记忆场馆中。与档案馆(室)相比,它可以收藏一部分乡村生活中的器物;与纪念馆相比,它可以突破特定人物、事件、时间的界限;与博物馆相比,它不仅可以收藏非代表性非典型的文物器物,也可以收

---

① 参见汪欣:《传统村落与非物质文化遗产保护》,知识产权出版社 2014 年版,第 51—52 页。

藏部分档案化的记忆材料。因此,乡村记忆场馆收藏的记忆材料具有更多的融合性、地方性、日常性和平民性,正是在这种平常中,保留着乡村的文化命脉。

2. 乡村记忆展演功能

乡村记忆展演是乡村记忆场馆的基本职能之一。从记忆展演角度看,乡村记忆场馆是乡村记忆展演机制的组成部分,也是乡村记忆展演空间。从研究内容的关联性上看,我们完全可以将乡村记忆场馆的记忆展演纳入城乡档案记忆推进展演机制中去阐述,只是为了更好地突出乡村档案记忆场馆建设的机制和功能,我们才将其分离出来,单独加以思考。作为一种乡村记忆展演空间,乡村记忆场馆的记忆展演具有融合性,涉及前文我们阐述过的书刊印刷展演、声像影视展演、数字网络展演、实体空间展演、仪式活动展演等多种形式。通过多种乡村记忆的存储和展演,乡村记忆场馆承担着一种新型的、独特的乡村记忆保护传承功能。

3. 生活世界象征功能

扬·阿斯曼指出:各种类型的群体都倾向于将回忆空间化。"群体与空间在象征意义的层面上构成了一个有机共同体,即使此群体脱离了它原有的空间,也会通过对其神圣地点在象征意义上的重建来坚守这个共同体。"①如果说,在传统村落中,因为村落依然存在,乡村记忆场馆作为村民过去生活世界象征的功能还体现得不突出不充分;那么,在新型城镇化的地区,因为城镇化,乡村已经彻底改变,那么乡村记忆场馆就成为村民神圣性的记忆地点,成为村民追寻过去生活和往事的交流场所,它作为我们生活世界的象征功能便得以充分体现。也就是说,乡村记忆场馆成为乡村过去生活世界的凝聚体,成

---

① [德]扬·阿斯曼:《文化记忆》,金寿福、黄晓晨译,北京大学出版社 2015 年版,第 31—32 页。

为我们"思念中的故乡",成为寻求认同感和归属感的"精神家园"。如诺伯舒兹(Christian Norberg-Schulz)所说,"场所是人类定居的具体表达,而其自我的认同在于对场所的归属感"①,体现出场所——无论是既存的场所,还是人为建造的场所——具有让我们获得心灵归宿的价值,即使故乡原貌已然不在,乡村记忆场馆也会被当作"故乡"在回忆里挣扎。

4.乡村历史叙事功能

每一个村落都有自己沿革发展的历史,从先祖的开基建村,到后人的拓基兴业,或长或短,绵延至今。乡村历史固然可以通过撰修村史村志来讲述,但限于乡村文化资源、乡村史料保存、村史书写人才等局限,并非每个村落都能撰修村史村志;而且即使是撰修出版的村史村志,也因印刷流传的局限,对于一般村民来说,难以获得。乡村记忆场馆一方面为村落既有的各种村史村志资料提供了一个保存展示的场所,方便民众对乡村历史知识的获取;另一方面,乡村记忆场馆通过文字、图片、声音和影像等方式,对村落的形成及名称由来、地理位置及所属行政区划、主要宗族家族、政治经济状况、交通状况、重要事件、重要人物,其他民间故事、神话传说、戏曲歌谣、历史遗迹等文化事项进行介绍、说明、展示,为人们整体地把握、了解村落历史提供了条件和途径。汪欣在谈到古村落保护时曾提到一个现象,即古村落保护"缺少综合的信息资料中心",即使"被纳入保护名录的传统村落,虽然村中的古老景观都有标识牌和讲解文字,但缺少关于村落历史文化信息进行综合介绍解读的场所"。② 从这个意义上看,乡村记忆场馆就是村落历史文化的信息中心,它是乡村历史的叙事空间,能够使村落的空间和时间、人们的行为和事件等结合起来,在集中、灵活和多样的叙事中,让人们感知乡村历史的永恒与魅力。

---

① [挪]诺伯舒兹:《场所精神:迈向建筑现象学》,施植明译,华中科技大学出版社 2010 年版,"前言"。

② 汪欣:《传统村落与非物质文化遗产保护》,知识产权出版社 2014 年版,序言第 5 页。

5.社会变迁反映功能

乡村记忆场馆在为乡村历史提供历史叙事,让人们追远怀旧的同时,也在为乡村的社会变迁提供现实反映,在乡村历史和当代变迁中多方位地讲述、展示乡村的沿革、发展和变化。许多乡村记忆场馆通过对村落农业、工业、特色产业等发展情况的介绍,反映并展示改革开放以来乡村经济取得的巨大发展成就;通过对建村以来村庄、道路、河道、住房等基础设施建设演变情况的介绍和对比,反映并展示乡村建设日新月异的新面貌和农民生活蒸蒸日上的新气象。如浙江省嘉兴市龙萌村的"乡村记忆馆",运用实物、文字、图片等介绍展示了乡风民俗、村情村史,"完整地呈现了龙萌村60余年来的发展历程和成就"。① 再如甘肃省永靖县罗川村的"乡村记忆馆",通过"生活化、生动化、形象化地记录展示乡村发展轨迹、文化传统和非物质文化","让乡愁绵绵不绝,更加有滋有味"。② 通过乡村记忆场馆,我们在乡村历史发展的步伐中,抚今追昔,更能感知当代社会发展的巨大变迁,也更能体会保护传承乡村记忆的必要性和珍贵性。

6.乡村文化宣教功能

杨同卫指出乡村记忆具有文化规约功能。"基于文化传统和社会心理的乡村记忆,对于全体村民有强大的、潜移默化的教化作用。我们对当代生活的理解,在很大程度上取决于有关过去的知识,历史记忆在'当代性'形成过程中起着举足轻重的作用。乡村记忆是维持社会稳定和乡村成员的一致性,实现集体认同的重要手段,具有指导乡土生活的实在功能。"③乡村记忆场馆通过对乡规民约、家训族规的展示与宣传;对具有一定社会影响力的各类先进事

---

① 《乡村记忆馆60件老东西再现60年变化》,《嘉兴日报(平湖版)》2014年1月27日。

② 陈中元:《建"乡村记忆馆"要重神韵》,中国文明网,[EB]http://www.wenming.cn/wmpl_pd/yczl/201605/t20160527_3387544.shtml[2016-05-27]。

③ 杨同卫、苏永刚:《论城镇化过程中乡村记忆的保护与保存》,《山东社会科学》2014年第1期。

迹、慈善义举、好人好事(如文明家庭、好婆媳、好邻居、公益活动等)的弘扬与倡导;对村落历史名人、专家学者、劳动模范、战斗英雄、优秀共产党员等乡贤名人的介绍和礼赞;对莘莘学子不懈奋斗,追求知识,奉献国家和社会的褒奖和鼓励等,充满"正能量"的乡村记忆展示和传达,为乡村社会确立了规约和标杆,对人们行为起到潜移默化的引导和规劝,也为文明乡风的传承和村落精神的塑造提供了历史文化动力。

乡村记忆场馆就是一部立体化的乡村史书,"承载着我们最初的重要记忆",并"作为参照体系去体验世间的万事万物"。① 历史并未走远,它在乡村记忆场馆中悄悄驻足,让我们看到它的"身影"。

三、乡村记忆场馆建设的实践考察

新世纪以来,伴随着城乡记忆工程、乡村文化建设、美丽乡村建设的推进,各种名目和形式的乡村记忆场馆建设逐渐发展起来,使乡村记忆从无形到有形、从弥散到积聚、从自在到人为地得到保存,显示出各地方对乡村历史文化资源保护的重视。这些乡村记忆场馆是"存在于当下的过去"②,是乡村变迁中建构的"记忆之场"。皮埃尔·诺拉指出:"记忆之场在现实中没有所指对象,或者更确切地说,它们是自身的所指对象,是些仅仅指向自身的符号,纯粹的符号";"它是殿堂:是一个圆圈切入不可确定的尘世(空间或时间,空间与时间),圆圈里面一切都很重要,都在象征,都在意指"。③ 乡村记忆场馆就是指向"乡村记忆"的符号,是乡村过去历史文化的象征和意指,对当代乡村记忆场馆建设的现状加以考察,有利于在"自我封闭"的场馆中进一步扩展它的意义。

---

① 龙迪勇:《空间叙事学》,三联书店 2015 年版,第 345 页。

② [法]艾蒂安那·弗朗索瓦:《记忆场所承载历史与记忆》,《重庆青年报》2013 年 6 月 13 日。

③ [法]皮埃尔·诺拉:《记忆与历史之间:场所问题》,[法]皮埃尔·诺拉主编:《记忆之场:法国国民意识的文化社会史》,黄艳红等译,南京大学出版社 2015 年版,第 27 页。

（一）乡村记忆场馆建设的总体考察

目前,乡村记忆场馆建设在浙江、山东、甘肃、江西、福建、河南、北京、新疆等省、自治区、直辖市都有不同程度的开展,虽然各地建设的乡村记忆场馆名称不一、实施部门不同,但都体现出对乡村记忆的珍爱、保护与传承。

1. 浙江乡村记忆场馆建设

2011 年,浙江省档案局率先提出乡村记忆工程 "浙江历史文化记忆工程"建设。2012 年,浙江省档案局根据省委提出的建设"物质富裕、精神富有"的现代化浙江的奋斗目标,利用档案部门的资源优势,在全省农村开展了乡村记忆示范基地创建活动。乡村记忆示范基地一般由室内陈列展示和室外记忆场所组成,其建设思路是"对乡村各个时期的记忆资源进行深层挖掘、广泛收集和梳理整合,通过室内陈列展示与室外记忆场所联动、历史文化与自然环境全方位展示、宣传教育与文化休闲并行,让广大农民群众有一个心有所系、情有所依的心灵家园"。① 室内展览是乡村记忆示范基地的核心项目,是各地利用档案馆、村档案室、村民以及社会人士手中的档案材料、历史文献和实物影像,建设乡村记忆馆、村史馆、乡村史苑、村贤馆、和美乡风馆,以此反映村落发展历史,保存农村旧时记忆,延续历史文化脉络。户外记忆场所是各地通过挖掘历史档案、文献资料中的内容,对这些场所的记忆信息进行复原,在有关古树名木、古旧建筑、古路桥梁等自然人文景观和遗存点树立标牌标识,再现旧时场景,唤醒被遗忘的记忆。

2013 年、2014 年,浙江省档案局先后评选出两批共 115 个"乡村记忆示范点",每个示范点都建有内容生动、特色鲜明的记忆场馆。如海宁县海头村的"乡村记忆馆",平湖市鱼圻塘村的"鱼圻塘乡风文明馆"、龙萌村的"乡村记忆

---

① 何力迈、夏振华:《呈现乡村记忆之美——浙江省开展创建乡村记忆示范基地活动》,《中国档案》2014 年第 1 期。

馆"、乍浦镇的"乍浦记忆展示馆"、百寿村的"乡村记忆展示馆",长兴县徽州庄村的"文化礼堂",绍兴县梅东村的"梅东村贤馆""梅东生活记忆馆""梅东史馆"、上旺村的"上旺记忆展示馆",天台县九遮村的"九遮七彩文化长廊""乡贤先贤馆",奉化市岩头村的"二十四孝子"雕刻长廊等等,这些记忆场馆蕴含时代特征,"已成为呈现村庄历史之美的地标性建筑"。①

在浙江乡村记忆示范点建设中,绍兴县档案局2011年组织制订了全县推进"乡村史苑"建设总体规划,要求按照"村档史话、族谱家史、沿革变迁、峥嵘岁月、乡贤名士、先进模范、显绩荣耀、新村新貌"八个方面全面介绍村级经济社会文化发展的全貌。至2012年,共建成22个内涵丰富的乡村记忆基地。2012年4月,国家档案局原局长杨冬权在视察绍兴县"乡村史苑"时指出:"乡村记忆基地对全体村民有强大的示范效应,对一个人世界观、人生观、价值观的形成可以起到非常大的作用,用先进的档案文化来引领社会主义新农村建设,进一步强化了档案工作的影响力。"②

2. 山东乡村记忆场馆建设

2014年2月,山东"乡村记忆工程"在省文物局和省委宣传部牵头下正式启动实施。其中建设乡村博物馆(或称"乡村记忆馆""乡村记忆博物馆")是工程的重要实施内容和重点抓手。山东省委宣传部等部门在《关于实施"乡村记忆工程"的通知》中指出,山东乡村记忆工程的建设内涵和基本任务就是"根据不同地区传统文化资源情况及现实条件,充分利用既有文化遗产予以保护和利用,重点在文化遗产和传统乡土建筑富集、保存基础条件较好、文化底蕴深厚的乡村和社区,因地制宜建设民俗生态博物馆、社区博物馆、乡村博物馆,收集和展览富有地域特色、活态文化特色和群体记忆的文化遗产"。③

---

① 何力迈、夏振华:《呈现乡村记忆之美——浙江省开展创建乡村记忆示范基地活动》,《中国档案》2014年第1期。

② 何力迈等:《共建村民们的精神家园——绍兴县乡村记忆基地成为重要文化场所》,《中国档案》2012年第6期。

③ 《关于实施"乡村记忆工程"的通知》(鲁文发[2014]61号)。

工程计划"到 2020 年,通过保护、整修、恢复,设立建成 10 个左右乡村记忆乡镇、50 个左右乡村记忆民俗节庆、100 个左右乡村记忆博物馆(优秀传统文化和非物质文化遗产展示馆、档案馆)、1000 个左右乡村记忆村落(街区),10000 个左右乡村记忆民居、5000 个左右乡村记忆民俗文化和民俗工艺传承人"。①

山东乡村记忆工程实施以来,各方面工作积极推进。2015 年 5 月,在广泛调研和普查的基础上,公布了 300 个"乡村记忆"工程文化遗产名单,作为工程建设的第一批试点单位,其中传统文化乡镇 7 个,传统文化村落 171 个,传统民居 66 个,乡村博物馆 56 个。在此推动下,一批乡村记忆馆、乡村博物馆、乡村记忆博物馆纷纷建成开馆。如临沂市罗庄区"十里堡乡村记忆馆"2013 年落成运营,2017 年正式揭牌开馆,免费对外开放。临沂市郯城县郯城街道运用四季景色与彩塑泥玩相互结合、相互映照的艺术形式建成的"乡村记忆馆"于 2016 年 1 月开馆;淄博市周村区王村镇万家村"乡村记忆"博物馆于 2017 年 4 月开馆;莱芜市钢城棋山泉乡村记忆博物馆于 2016 年 10 月建成开馆,等等。此外,还有临沭县店头镇乡村博物馆、临沂思源乡村记忆博物馆②等。

为规范和引导乡村记忆博物馆建设,2016 年 6 月,山东省"乡村记忆"工程办公室发布了《山东省乡村记忆博物馆建设指南》,从展陈资源及其类别、设施建设、展示陈列、运营管理四个方面对乡村(社区)博物馆(传习所)建设提出要求。2017 年 3 月,山东省政府举行新闻发布会,提出重点推进 56 个乡村(社区)博物馆建设,展示"乡村记忆"。

3. 甘肃乡村记忆场馆建设

2015 年 4 月,为加快华夏文明传承创新区建设,甘肃省启动实施"以文化

---

① 《山东省公布首批 300 处"乡村记忆"工程文化遗产》,国家文物局网,[EB]http://www.sach.gov.cn/art/2015/5/28/art_723_121247.html[2015-05-28]。

② 也称"思源民俗文化博物馆",同时建有网上展馆,从农业、交通、日用、陶器、瓷器、商业以及文革历史遗存等方面展示本地古风新貌。

遗产有效保护为基础,以遗产展示和文化传承为核心,大力发展各类行业博物馆、专题博物馆、民办博物馆和乡村记忆博物馆为内容,全面展现甘肃历史文化风貌、丰富人民精神文化生活"的"历史再现工程"。工程建设目标是"到2020年,全省将建成1000个博物馆聚落,基本形成覆盖全省的博物馆网络体系,使甘肃省珍贵文物资源和多彩文化资源得到有效保护和充分展示"。甘肃省文物局马玉萍表示:"建设乡村记忆博物馆,旨在通过民俗展、乡情展、沿革展等多种形式,展示反映乡村生活传统、劳作传承、民间习俗、礼仪道德以及乡村变迁的实物图片和村民使用过的老旧物件,让村民看得见过去、留得住记忆、记得住乡愁。"①

2015年,甘肃省开始"乡村记忆"博物馆示范点建设;7月,省博物馆协会公布了首批23个"乡村记忆"博物馆,包括"金塔农耕文化博物馆""金塔黑醋文化博物馆""肃北黑戈壁陈列馆""甘州区碱滩镇黄河灯阵展览馆""高台县乐善忠义班展览馆""民乐县南古镇顶碗舞展览馆""肃南县喀尔喀蒙古族民俗博物馆"等。2016年,甘肃省将"积极推进'乡村记忆'博物馆建设"写进政府一号文件;并在《甘肃省文物事业发展"十三五"规划》中提出要新建200个以上"乡村记忆"博物馆,实施"陇原记忆"工程。

为规范"乡村记忆"博物馆建设,甘肃省文化遗产"历史再现"工程领导小组办公室制定了《甘肃省"乡村记忆"博物馆建设标准》,提出各地应根据历史文化资源现状,结合民族特色、历史传统、民风习俗等不同情况,明确乡村记忆博物馆的定位,有所侧重,确定不同的发展思路和建设方向,有目标、有针对性地搜集展品、举办展览。

除了上述三省通过实施乡村记忆工程、历史再现工程全面推进乡村记忆场馆建设外,在媒体上我们也可以看到其他一些地区在推进乡村记忆场馆建设。如北京市提出在"十三五"期间新增100家社区(乡村)博物馆;河南省郑

---

① 施秀萍:《留住乡愁,回味乡情——甘肃省"乡村记忆"博物馆建设掠影》,甘肃省文物局门户网站,[EB]http://www.gsww.gov.cn/Web_Detail.aspx? id=13887[2015-10-08]。

州市 2015 年提出所有拆迁改造村建立村史馆;南京市在全力推进美丽乡村建设中,精心建设一批村史馆,让农村散发出独特的魅力;新疆洛浦县洛浦镇多鲁吐格曼贝希村 63 岁的阿不都克热木·胡丁拜地老人建立了个人的"乡村记忆馆"等。这些不同名称的乡村记忆场馆都旨在记录历史,展示变迁,构成了乡村和新型城镇化地区新景观。

（二）乡村记忆场馆建设的实践案例

1. 平湖市新埭镇鱼圻塘村"乡风文明馆"

浙江省平湖市新埭镇鱼圻塘村距今已有 800 多年的历史,素以"四大抗金"名将刘锜和大蜡烛闻名于江、浙、沪。浙北最大的露天戏台"鱼乡戏苑"、重阳日迎大蜡烛的习俗,《威风锣鼓》《龙旗龙伞舞》等再现历史风范的民间舞蹈,较完整地保留了鱼圻塘村特有的文化记忆。2012 年,鱼圻塘村被评选为浙江省第一批乡村记忆示范基地。为贯彻落实浙江省档案局关于大力推进档案文化建设的号召,平湖市档案局结合平湖市"金平湖·美丽乡村"建设活动,决定在各村开展乡村记忆馆建设,着力打造"一村一品"特色品牌。鱼圻塘村"乡风文明馆"(也称"乡村记忆馆")就是其中之一。

鱼圻塘村"乡风文明馆"坐落在村刘公祠西侧一间约 200 平方米的厢房,分为前沿区、村史区、特色民俗文化区、实物展区、乡贤名人区、文明乡风区,利用原汁原味的实物、图片、文字、影像资料以及模型等展示形式,不仅展现了浓浓的村落文化,而且再现了鱼圻塘村的发展轨迹、文明乡风、道德先进人物等元素,让村民在家门口就看到了身边的古今精英、仁义志士、战斗英雄、道德楷模。

鱼圻塘村"乡风文明馆"的突出特色就是其选址与周围环境和谐协调,它与刘公祠、鱼乡戏苑、吉尼斯大蜡烛、文明长廊融为一体,共同构成乡村记忆的集中展示场域和展示空间。刘公祠又称"平湖大蜡烛庙",是为纪念南宋"抗金名将"刘锜而建,每年重阳节和春节期间,当地有用大蜡烛祭奠刘将军,并公演社戏三天的习俗。为了使"乡风文明馆"充分发挥传承传统文化的作用,市档案局馆和鱼圻塘村委会坚持"源于百姓、贴近生活、贴近实际"的原则,以鱼圻塘重阳节迎大蜡烛习俗文化为基础,积极挖掘"大将军、大蜡烛、大戏台、大锣鼓"四大特色,以及农耕文化、民俗传统文化等多种元素,在原刘公祠、鱼乡戏苑、吉尼斯大蜡烛等民俗风情点的基础上,建设"乡风文明馆"和乡村文化长廊,整体构建"乡村记忆示范基地",以此打造村落文化的传承地和乡风文明的弘扬地。

2. 临沂市罗庄区"十里堡乡村记忆馆"

山东省临沂市罗庄区"十里堡乡村记忆馆",全称"十里堡社区乡村记忆博物馆",是临沂市建成的首个乡村记忆馆。十里堡迄今已有600多年的历史,乡村记忆馆位于十里堡社区文化中心一、二楼,以收藏、展示、传播临沂及周边地区的乡村民俗为主,展馆面积1400多平方米,分为"衣食住行""人生礼仪""地区底蕴""生活节令"四个展厅,从"衣、食、住、行、用、艺"六个方面,集中展示淳朴厚重的中国鲁南乡村民俗和民风。整个博物馆展出上万件"老物件":暖水瓶、旧电视、旧时人穿戴帽子衣服、旧时的花轿、古箱、各种器具……这些老物件、老用品,都是布展时社区居民自发捐赠的,分为"农耕系列""运输系列""饮食系列""临沂名人著作实物"等。其中在"农耕文化"板块里,摆放了木犁、提步犁、七寸犁、铁剪、铁锚等家居用品和农具,配合墙上张贴的图照,展现了上一辈人辛苦劳作的生产生活的场景。

"乡村记忆博物馆的建设,为的就是传承和保护历史文化,把我们村劳动生产、生活的历史展示给后人,让后代们记住家乡的劳动精神和光荣传统。"乡村记忆馆融入了乡村独特的各类文化符号,如乡村庭院、牛车花轿、女红艺术、沂蒙煎饼等,给人不断的视觉冲击。村民说:"(20世纪)80年代那会儿,家里能有一台这样的电视,觉得是一件了不起的事情,这一晃这么多年过去了,再看到它们真是有种说不出来的感觉";"展示馆内的这些老物件对上了年纪的人来说,可能是再熟悉不过的家用物品,但对于现在的新生代来说,可能就是陌生的历史记忆。它们代表的是一代人的记忆和情怀。"

2017 年 5 月 16 日十里堡乡村记忆馆举行开馆仪式,受到媒体的广泛关注。有媒体在报道中指出,"小小的博物馆,浓缩了几十年精华。一件件物品留存往昔记忆,一幅幅图片记录历史变迁,一处处实景浓缩着记忆,展示馆不仅反映出村落的历史特征,更注重民俗文化等方面内容的展示"。2017 年,十里堡乡村记忆馆入选山东省文化厅首批历史文化展示室。①

3. 永靖县刘家峡镇罗川村"乡村记忆馆"

甘肃省永靖县刘家峡镇罗川村乡村记忆馆也属于乡村记忆博物馆性质,位于罗川村一座普通的农村庭院——罗氏家园(建于民国 23 年),主要以图文和实物陈列的方式展现,上百件老物件使得历史与现代的记忆在这个静谧的乡村得到完美交融。整个展馆大体上可分为生活用具展区和生产用具展区。

生活用具展区"主要是让我们通过生活用具来了解农民生活变化的轨迹"。展区收藏陈列旧时的农家生活用品,如火盆、镫子等,也有乡土文化气息很浓的民俗文化物品,如结婚用的陪嫁箱子、马灯、长灯等等,记载了旧时罗川村社会经济生活的点点滴滴。其中,一个写有"富贵吉祥,辛卯冬月"字样的箱子格外引人注目。这是民间陪嫁的箱子,据罗宏舟介绍,这个箱子是其高外祖母陪嫁的箱子,箱体上的牡丹花开得很艳丽,由于是铜釉着色的关系,这个保存多年、有着年份气息的陪嫁箱子,尽管有些面上的漆已经掉落了,却丝毫没有影响欣赏效果。展区还陈列有取火用的火棉、火石、火捻,陶制油灯等。"站在一件件老物件旁,让人感觉仿佛穿越回到了那个年代,似乎看到了用一块块彩色布头缝制褥面的妇人,还有拿火镰与火石撞击、用火星点燃火捻的村民……"

---

① 《临沂十里堡乡村记忆博物馆于 5 月 16 日正式开馆,市民可免费参观》,[EB]http://baijiahao.baidu.com/s? id=1567778717872241&wfr=spider&for=pc[2017-05-19]。

生产用具展区则通过二牛抬杠、石碾、畜力耧车、石磨,筛选稻谷的风车,木铣、铁锹、锄子、连枷……等实物,展现了在现代化农业之前,人们犁地、播种、收割、打碾、脱粒、挖地的耕种方式和收获过程,以及当时使用的生产工具。"这些老物件,看着破破烂烂,不值啥钱,但是村里不少人看见了还是觉得亲切。"罗川村 60 多岁的村民白春芳说,"以前还没有机器时,晒麦打场都是用石磙和石碾,那时候可费劲了,现在看着这些石磙石碾,让人想起了那时候的生活"。

永靖县文广局孔令洲说:"这些老的、传统的物品和资料,不仅是对过去生活和文化传统的回忆,更能让人忆苦思甜,让年轻一代能够借此来了解新农村的巨大变化,从而留住大家的美丽乡愁。"①

4. 集美区灌口镇田头村"田头乡村记忆馆"

福建省厦门市集美区灌口镇田头村有着深厚人文底蕴。"灌口镇自唐代以来,就是'烟火千家,颇为富庶'的'八闽重镇',而田头村则是灌口镇中有着深厚历史和文化底蕴的古村。"灌口人文荟萃,历史上孕育了三十多位进士、举人,其中田头村考取功名人员占有率 7%;清代咸丰年间,田头人踊跃参加自灌口首义的"闽南小刀会"活动,时任"汉大明统兵大元帅"的黄位失败后就终老于田头村;辛亥革命时期,田头村是"复国反袁"闽南同盟军的基地,23 名辛亥革命志士长眠于此;红色革命年代田头人积极投身革命,直到新中国建立。

2008 年创建的"鹰坑谷民俗文化园",位于灌口镇田头村洋坑村北,是集美乡村民俗景点的代表。2015 年 11 月,福建省档案系统开启"一区一村"建立"乡村记忆档案"示范项目,内容涵盖乡村富美、文体建设、历史文化、民间典故及名人故事等。2016 年 3 月,集美区在灌口镇田头村开启全省一区一村

---

① 参见:《"乡村记忆馆"里品"乡愁"》《甘肃乡村建"记忆馆"追远怀旧延续乡愁》《"农家博物馆"留住乡村记忆》等报道。

"乡村记忆档案"试点,"田头乡村记忆馆"是集美区试点项目打造的重头戏,依托"鹰坑谷民俗文化园"逐步建成。乡村记忆馆主要由室内展区、室外展区、乡村记忆民俗文化体验区、藏品仓库及田头村档案室5个部分组成,分为"田头村史展区""小刀会展区""辛亥革命展区""红色记忆展区""国学馆展区""农耕博物馆""民俗生活体验区""清代功名园"八大主题。

鹰坑谷民俗文化园园长林少华介绍说,"春耕、夏耘、秋收、冬藏"四季农耕按1∶1实物情景制作的农耕生活展示;"汉大明统兵大元帅"的黄位、黄德美生活场景展示;田头人的革命事迹图片、"孝、悌、忠、信、礼、义、廉、耻"八德照片和以朱熹为代表的历史百幅油画;展现田头古代婚嫁、做饭、会客、农耕等生活场景的场馆……(使)整个景区充溢着浓烈的民俗文化气息。①

(三)乡村记忆场馆建设的经验与问题

1.对乡村记忆场馆建设现象的整体思考

无论是由档案部门主导建设的乡村记忆场馆,还是由宣传部门、文物文化部门主导建设的乡村记忆场馆,作为当代乡村或新型城镇化地区的一道文化景观,已经成为较为普遍的现象,尽管各地乡村记忆场馆建设规模不同、名称各异,但其目的和初衷都在于保护传承乡村记忆,"留住回忆,守住乡愁"。如一则评论所言,"当人们渐渐习惯方便现代的城市生活,存在记忆深处的农村印象便成了遥不可及的精神家园。数千年孕育的农耕文明,蕴含着丰富的文化因素,积淀了深厚的乡土情结,更是美丽乡村(新型城镇)的灵魂,让文化遗产活起来,让独特的乡愁得以延续,反映了一种时代的变迁,更体现了一种农耕文明的传承"。② 作为基层社会文化建设新景观,乡村记忆场馆的普遍出现,反映出乡村社会变化的巨大和乡村记忆保护传承的紧

---

① 参见《灌口镇田头村"田头乡村记忆馆"预计9月开放》《"田园牧歌"在集美乡村唱响让乡村更宜居宜业》等报道。

② 见《"农家博物馆"留住乡愁》,《山西日报》2016年6月13日。

迫性,它所潜含的价值和意义、所要解决的理论与实践问题等,都需要我们认真对待和思考。

其次,对待乡村记忆场馆建设,无论是政府部门、还是媒体和公众(特别是当地村民、居民),都给予了积极的评价,并赋予其积极的文化意涵,在上文对乡村记忆场馆典型案例的介绍中可见一斑。这反映出乡村记忆场馆建设已得到社会的高度肯定和广泛认同,也反映出乡村记忆场馆建设是一项正确的社会建设行动。但从另一方面看,我国的乡村记忆场馆建设大多还处于试点起步阶段,今天我们在媒体上看到的乡村记忆场馆建设虽然也缤纷多彩,但与我们地域广袤、历史深厚、数量巨大、变迁迅速的乡村实际需要相比相差甚远。有记者在介绍江西吉水县八都镇燕坊村村史馆建设时,曾提到该村村民、村史馆的建设和宣传者陈橹说过一句话——"全县 200 多个行政村呢,才初步建好两个村的村史馆,着急啊"。① 这估计也是我国许多地方乡村记忆场馆建设的写照。因此,如何大力推进乡村记忆场馆建设,推进城乡(档案)记忆工程向纵深发展,也是我们需要认真对待和思考的问题。

2. 乡村记忆场馆建设的经验总结

在乡村记忆场馆创建活动中,一些部门和领导已在思考和总结建设经验。如浙江省档案局对浙江乡村记忆示范基地创建工作进行了分析,提出了四条建设经验:准确定位,纳入社会主义新农村范畴;引领为先,构筑农民群众精神家园;明确主体,发挥农民群众的主力军作用;突显优势,创新档案工作发展机遇。② 甘肃省文物局马玉萍也表述:"2015 年是试点阶段,已建成的 23 个'乡村记忆'博物馆也确实积累了不少好经验","比如不局限展厅面积和藏品数量,先建、再扩展和补充;比如群众捐助的藏品登记造册,只作展出,其归属权不变,以激发群众捐助热情;比如开放时间灵活,管理和讲解人员由村委会指

---

① 吴齐强:《村史馆　留住乡村记忆》,《人民日报》2015 年 4 月 14 日。

② 丁越飞等:《建设农民群众精神家园——浙江省乡村记忆示范基地创建工作综述》,《浙江档案》2013 年第 4 期。

定或热心群众担任,不增加编制和财政负担"。① 根据这些总结,结合乡村记忆场馆建设的实践分析,我们认为乡村记忆场馆建设中以下三点基本经验值得我们重视。

一是发挥政府部门的主导力量。"政府主导"不是一句口号,更不是一种依赖,而是一种实际。在社会急剧变迁的时代,保护传承乡村历史文化是政府部门的责任,也只有政府部门才能最深刻理解和认识乡村历史文化对新农村建设、新型城镇化建设的价值与意义。发挥政府部门的主导力量不仅可以将乡村记忆场馆建设纳入新农村建设、新型城镇化建设的总体布局中,统筹安排,整体规划,同步实施,避免建设的盲目性和乡村记忆保护的滞后性;更重要的是政府部门可以发动、带动广大乡村基层组织和村落(社区)民众投身于乡村记忆保护传承的艰巨实践。事实证明,凡是有政府部门(无论是档案部门,还是宣传、文物、文化部门)积极推动的地方,城乡记忆工程、乡村记忆场馆建设的力度就大,普及度就高,浙江省是如此,山东、甘肃、福建、江西等省市也是如此。政府的主导力量在"面上推动"上不可缺失。

二是动员社会民众的广泛参与。在乡村记忆场馆建设中,我们已看到了民间力量的身影,包括乡村基层组织、村民(居民)个人和民间企业家、地方文化专家等。"老祖宗的东西不能丢";"老碾、楼车不能丢,这些物件可是我们困难时期拼搏的见证,这里面留着念想呢";"农村总要保留一点农村的样子,让小孩子也感受一下传统的东西",这些都是基层民众最朴素的乡村记忆保护传承意识,也是乡"魂"之所系。在乡村记忆场馆建设中,民众不仅仅是参观者,更是建设者和支持者,他们自发捐款捐物、自发参与建设和管理,担当记忆场馆建设的主人和主体,村民自豪感、归属感和幸福感也由此得到极大提升,这是乡村记忆场馆建设取得成功的社会基础和社会动力。

三是突出地方历史文化的特色优势。突出地方特色是赋予乡村记忆场馆

---

① 施秀萍:《留住乡愁,回味乡情——甘肃省"乡村记忆"博物馆建设掠影》,甘肃省文物局门户网站[EB]http://www.gsww.gov.cn/Web_Detail.aspx? id=13887[2015−10−08]。

"记忆场所"精神的内在要求,也是吸引民众、保持记忆场馆内在活力的根本保证。有特色才有深度,才有内涵,才能让人"流连忘返",让感情有所寄托、有所归依。乡村记忆场馆建设不能只是简单的乡村生产生活用品展示,而要突显"一村一品、一村一韵"的风格,因地制宜地开展创建工作,这是各地乡村记忆场馆建设的一个共同体会,也是媒体在乡村记忆场馆建设报道中特别强调的重点内涵。浙江省在乡村记忆示范基地建设中要求各地遵循"彰显区域特征、体现人文特点、挖掘资源特色"的原则,结合当地社会经济、民俗风貌的实际情况,提炼健康向上的地方特色人文精神,为和谐乡村建设服务。这条原则使各地乡村记忆场馆建设有声有色,值得借鉴。

以上三条经验虽然普通,但正是因为普通,使其更具有普遍性、现实性和实践性。

3. 乡村记忆场馆建设存在的问题

乡村记忆场馆建设处于"试点""创建"阶段,虽然媒体在报道中对各种记忆场馆建设给予了高度肯定,但不是说没有问题,没有缺憾。甘肃省文物局局长马玉萍就曾坦言:"比如因整体统筹不足,易千篇一律;比如因策划、指导不足,展品归类不够科学,展览形式单一固定,自行管理水平不足等。"①结合我们的调研和观察,其主要问题有以下四个方面。

(1)建设投入缺乏持续性。乡村记忆场馆在创建之初可以得到来自政府、民间组织和个人(包括村民)的建设支持,但缺乏持续性和持久性,往往在建立之后,就缺乏再投入,使乡村记忆场馆处于简单的"维持现状"状态,无法在内涵上继续深度挖掘和展示"记忆场所"精神。

(2)日常管理缺乏常态化。乡村记忆场馆的日常管理不同于常规的档案馆(室)、纪念馆、博物馆。常规档案馆(室)、纪念馆、博物馆往往有固定的人

---

① 施秀萍:《留住乡愁,回味乡情——甘肃省"乡村记忆"博物馆建设掠影》,甘肃省文物局门户网站,[EB]http://www.gsww.gov.cn/Web_Detail.aspx?id=13887[2015-10-08]。

员编制(专职或兼职);而乡村记忆场馆没有人员编制,日常管理依赖村干部或村民的责任心和热情度。由于各种原因,一些记忆场馆难以保证处于正常的"开馆"状态,往往是建成之初开放一阵、热闹一阵,其后便处于闭馆、半闭馆状态;领导来检查,打开来看看,领导一走,又"锁起来"。如何建立有效的常态化管理是值得思考的一个问题。

(3)功能形式略显单一。乡村记忆场馆各地投入不同,规模不一,有些记忆场馆建设得富有特色,与周围的文化环境协调配套,与乡村的各种文化活动连为一体,村民参观程度高,"时不时来转一转";但有些记忆场馆的功能形式还显得较为单一,主要是生产生活用品陈列展示,缺乏深刻的文化内涵,村民往往是"转一转就走了",难以吸引人们留下来驻足细细品味和体会,需要我们思考如何拓展记忆场馆功能,活化形式,让村民能"留得住,来得勤"。

(4)乡村档案内涵未得到充分挖掘。从当前的乡村记忆场馆建设看,各地多以实物、图片、影像、文字说明等方式来表达和展演乡村记忆。除了由档案部门主导建设的乡村记忆场馆较为注重乡村档案资源的挖掘外,其他部门在记忆场馆建设中,更倾向于博物馆的实物展示模式,对乡村档案资源的开发、挖掘不多,在相关报道中我们看到这方面的经验介绍甚少。因此,在乡村记忆场馆建设中如何发挥档案部门影响力,突出乡村档案记忆资源特色,也是我们需要思考和进一步探讨的。

"没有最好,只有更好。"乡村记忆场馆既然符合时代发展的需要,能够满足民众在社会变迁时代的心理情感需求,那就表明它的建设是一件"好事",需要我们做得更好。

四、乡村记忆场馆影响力提升的思考

乡村记忆场馆是人们构筑的关于过去生活的"自己的世界"①,是"实在

---

① [挪]诺伯舒兹:《场所精神:迈向建筑现象学》,施植明译,华中科技大学出版社2010年版,第48页。

的、象征性的和功能性的"记忆之场。乡村记忆场馆在个体层面可以让每一个主体在时空变迁中构建社会身份,获得精神慰藉;在社区层面有助于建构邻里文化的认同性与社会纽带;在地区层面是地方城镇的风貌特色、地域文化、风土人情与其环境品质的重要组成部分;在民族与国家层面可以极大地丰富与传承民族传统基因。① 因此,对乡村记忆场馆建设需要我们站在国家记忆体系构建的高度来把握其建设理念、建设方向和建设策略,纳入"国家记忆工程"总体布局中谋划推动其建设发展,努力提升乡村记忆场馆的社会影响力和社会辐射力。"只有从社会记忆这样一个最基本的层次来理解,我们才能真正认识到这些机构(档案馆、图书馆、博物馆)对人类现实生存和人类文明发展的意义,才不至于把它们简单地看作是单纯的公共文化设施,或者现代城市建设的一种象征和点缀,并由此克服急功近利的事务主义态度。"②

（一）完善场馆功能

乡村记忆场馆具有显功能和潜功能,就其较为明显的功能前文已作分析(包括乡村记忆存储功能、乡村记忆展演功能、生活世界象征功能、乡村历史叙事功能、社会变迁反映功能、乡村文化宣教功能),但这些功能能否实现,如何充分实现、充分发挥,如何将一些潜功能转化为显功能,使乡村记忆场馆的社会记忆保护传承功能得到进一步完善,仍有许多问题需要我们探讨。我们认为乡村记忆场馆在功能完善上有三方面值得思考。

1. 与乡村其他文化设施协调配套

社会学功能分析理论认为:"任何文化事项都与其他事项有某种持久的关系,都在整个文化中有着特定的地位";同时"正像同一事物可以有多种功

① 陆邵明:《留住"乡愁"需保护活化"记忆场所"》,《文汇报》2015 年 6 月 17 日。
② 严建强:《关于社会记忆与人类文明的断想》,《浙江档案》1999 年第 3 期。

能一样,相同的功能也可以由多种事物以不同的方式来履行";因此,"我们应该准备发现不同程度的整合"。①

在乡村社会的历史文化场域中,乡村记忆场馆不是孤立的,与其功能相关的文化设施还有乡(镇)村档案室(馆)、乡村文化室(中心)、乡村图书室(馆)、乡村学校、乡村大舞台等。宽泛地说,还包括乡村在历史发展和演化中留存下来的各种记忆场所,如祠堂、庙宇、水口、桥梁渡口、老街老巷,以及各种民俗活动空间等。

改革开放以来,我国乡(镇)村档案室(馆)、乡村文化室(中心)、乡村图书室(馆)等文化设施都得到不同程度的建设和发展,乡村记忆场馆作为乡村新型历史文化设施,虽然在功能上有其独特性,但与既存的各种文化设施也存在很大的关联性,在建设上需要协调配套。如在乡村历史文化的介绍展示内容上要彼此配合,避免各行其是,造成乡村记忆的冲突和分裂;再如在建设地点上,能相互兼顾,为民众观赏和了解乡村历史文化提供便捷条件。乡村记忆场馆与乡(镇)村档案室(馆)更需要在资源的保管和利用上,形成"功能互赖",相互促进。浙江省在乡村记忆示范基地建设中,与农村文化礼堂(文化大礼堂)建设同步推进,将乡村记忆示范基地作为农村文化礼堂建设的一个功能板块,同规划、同建设,充分体现出乡村记忆场馆建设与乡村其他文化设施建设的协调配套和功能整合,为我们提供了有益的启示。

2. 与乡村历史文化教育相结合

在非物质文化遗产保护领域,特别强调对"非遗"的活态化(性)保护,其方式主要有两方面:一是将非遗作为一种生产生活实践,与我们的日常生活相结合,保持该非遗活动的实存延续;二是培养非遗传承人,通过非遗传承人来保存"非遗"所特有的语言和行为。在乡村记忆场馆的建设中,我们也需要注

---

① [美]罗伯特·金·默顿:《论理论社会学》,何凡兴等译,华夏出版社 1990 年版,第102—120 页。

意乡村记忆的活态保护,在具体方式上,我们可以将乡村非物质文化遗产活动引入乡村记忆场馆,作为记忆场馆展演的内容;但更重要的是,我们可以与乡村教育结合起来,使乡村记忆场馆发挥教育和育人功能,既可以将乡村记忆场馆作为中小学思想或历史课程教育基地,让学生经常性地到乡村记忆场馆学习了解家乡的历史发展和社会变迁,感知和体验乡史、乡风、乡情,培养学生的乡土情感;也可以将乡村记忆场馆作为大学生暑期社会实践基地,让回乡大学生作为志愿者和建设者,参与乡村记忆场馆资料的收集、整理、保管和讲解,让乡村精神在青年一代心中流淌。

3. 与学术文化机构相结合

20 世纪 90 年代以来,受后现代理论思潮等影响,我国人文社会科学研究领域出现了一次具有较大冲击力的思维转向,即从传统立足于国家、强调整体性和规律性探索的"宏大叙事"向立足于民间(个体、特定群体)、强调具体性和实证性研究的"微观叙事"(或称个体叙事、底层叙事)转变。如在历史学领域出现的"新(叙事)史学"就是将关注点转向地方史和民间史,在社会学领域出现的"深描"也是强调对研究对象的投入式观察和理解。当然,随着学术文化的发展,现代的学者更多强调"宏大叙事"和"微观叙事"的结合,有学者指出当前中国迫切需要"具有微观基础的宏大叙事","从宏大叙事到微观研究,再到具有微观基础的宏大叙事,这是一个正反合的辩证过程。没有微观基础,宏大叙事就会失之笼统,流于空泛;没有宏大视野,微观研究就会走向琐碎,失之偏颇"。①

对微观叙事、微观研究的关注和重视,使许多学者和学术文化机构纷纷将目光投入基层社会、投射到乡村,或建立社会调查和实习基地,或建立科研考察点,通过搭建科研合作平台,以此长期观察和思考乡村历史发展和社会变

---

① 熊易寒:《中国社会科学的国际化与母语写作》,《复旦大学学报(哲学社会科学版)》2014 年第 4 期。

迁,从乡村社会的小历史、小社会中观察和探讨国家大历史、大社会的转型发展与治理模式。乡村记忆场馆可以积极寻求与学术文化机构的合作,作为社会的观察点和研究基地,让记忆场馆发挥学术文化功能,实现记忆场馆功能的拓展。

(二)强化日常管理

乡村记忆场馆是一种乡村历史文化保护传承的场所与机构,与乡(镇)村档案室(馆)、乡村文化室(中心)、乡村图书室(馆)、纪念馆、博物馆等文化机构一样,也需要加强日常管理和运行维护。目前,对于乡村记忆场馆的日常管理我们还难以上升到科学管理的层面来探讨,但有几点值得我们重视。

1. 确立记忆场馆开放原则

乡村记忆场馆作为乡村民众的"精神家园",应当上升到精神情感层面来思考并确立其开放原则,充分考虑人们的乡愁情结和乡愁品味。我们认为乡村记忆场馆应坚持全天候、免费和无歧视三条开放原则:①全天候原则是指一年365天,天天都应该开馆,在规定的开馆时限内,方便人们随时进馆"转转"。我们在调研中发现,有些记忆场馆建好后不经常开馆,老百姓意见很大,经常抱怨的一句话就是"这馆建好了,老是关着,有啥用"。全天候开馆,特别是保证节假日开馆,应是乡村记忆场馆管理的第一要务。②免费原则是指进馆参观,应是免费的,乡村记忆场馆收取门票,这是短视行为。2008年,中宣部、财政部、文化部、国家文物局就联合下发《关于全国博物馆、纪念馆免费开放的通知》,这一政策应该在乡村记忆场馆中得到体现。乡村记忆场馆可以与乡村旅游相结合,但不能以门票收入作为乡村旅游收益。③无歧视原则,或称平等性原则,即乡村记忆场馆应做到老少无欺、内外一致、亲如一家,把记忆场馆真正建成老百姓自己的"家园",让老百姓(包括本地村民、外地游客)进馆参观能够感受到亲和性、随意性,体会到乡村的"和美"与"温情"。

2. 组建记忆场馆管理机构

建立有效的管理机构是推动乡村记忆场馆长期建设和常态化运行的必要保障。根据乡村记忆场馆的性质和功能，乡村记忆场馆的机构设置和组织模式可以采取管理委员会（简称"管委会"）形式，在村民委员会或乡镇政府（党委）领导下开展工作。管委会可以由村民委员会主任、村民代表、家族代表、乡村企业家代表、乡村文化精英等组成，负责谋划乡村记忆场馆的长远发展和长期建设、维护乡村记忆场馆的日常管理与运行、挖掘收集乡村记忆资源、改善场馆记忆资源保管和参观条件、讲好乡村故事等。采取管理委员会形式可以充分发挥各方面人员的积极性，调动各方面"参与"管理的热情，集思广益，推动记忆场馆建设逐步发展；也有利于加强同各方面、各领域的协调，吸收和借助各方面的优势力量，为记忆场馆建设提供必要的资源和条件支持。管理委员会作为一种民主管理、参与管理的组织形式，对记忆场馆建设的推动和维护作用值得关注。

3. 建立日常管理规章制度

管理规章或管理制度是任何一个组织机构的基本行为规范和管理要求，乡村记忆场馆的日常管理也要建立必要的规则制度，保证记忆场馆的有效运行。《山东乡村记忆博物馆建设指南（试行）》，对"运营管理"做出如下要求：

（一）基本要求

1. 应具备一定的与其规模和功能相适应的专职或兼职专业技术人员。

2. 应具备必要的办馆资金和稳定的运行经费来源。

3. 应明确博物馆法定负责人，完善法人治理结构，根据运营管理需要，可聘请馆长（顾问）对博物馆进行业务指导。

4. 博物馆建设涉及其他运营管理方面的要求，本《指南》未进行说明的，可参考《博物馆条例》、《博物馆管理办法》等行业标准执行。

（二）日常工作

1. 设计、编制运行管理调查表，加强日常监测、管理，主要监测游客满意度及数据分析；年游客量、日游客量、游客安全状况等。

2. 可结合博物馆运营要求，招募一定数量的志愿者，亦可设置专职讲解员，如设立讲解员，应进行相对专业的培训，防止解说谬误。

3. 可结合展品特色，组织、研发具有地方风土特色的文化创意产品，出版适合各类读者要求的出版物。

4. 定期保养藏品，如有需要，可制定对藏品的日常保养制度，设专人对展品进行日常保养，定期检测，及时排除不安全因素和轻微损伤。

5. 组织开展博物馆安全防卫工作，保证博物馆藏品、设施、文件资料和日常物资安全。

6. 合理监控各项游览活动，对危害展品的行为加以制止，并保障游客人身安全。①

乡村记忆场馆可以建立单项规章制度，也可以建立综合性规章制度，但都必须突出自身的管理需要和管理方式，以有利于自身的常态化运行。

4. 调动村民的参与热情和积极性

乡村记忆场馆管理人员的配备是个需要继续探讨的话题。由于各地条件不同，乡村记忆场馆的日常管理经费和管理人员尚无法得到充分满足，如山东乡村博物馆建设中提出的"专职专业技术人员""专职讲解员"等，在许多地方目前还无法实现。在有关乡村记忆场馆的报道中，我们可以看到许多热心的村民积极投入乡村记忆场馆的建设和管理维护，发挥了重要作用，有效弥补了乡村记忆场馆建设条件的不足。因此，在乡村记忆场馆建设和日常管理中，需

---

① 山东省"乡村记忆"工程办公室：《山东乡村记忆博物馆建设指南（试行）》，2016 年 6 月发布。

要我们充分调动村民的参与热情和积极性,让村民参与记忆场馆的日常运行和维护,发动村民去讲好"自己的故事"(本村庄的故事),是解决记忆场馆管理人员不足的一条有效途径。

(三)突出"场所精神"

挪威建筑理论家诺伯舒兹认为:"场所是具有清晰特征的空间",具有"精神"或"灵魂"。在《场所精神:迈向建筑现象学》一书中,诺伯舒兹对场所精神进行了阐释,认为"人所生活的人为环境并不只是实用的工具,或任何事件的集结,而是具有结构同时使意义具体化。这些意义和结构反映出人对自然环境和一般的存在情境的理解"。①

> 任何具体的情境所以能为人所知,系由这些因素特殊的结合而形成场所精神,如同一个整合的整体。有些场所很强烈地感受到各种神秘的自然力量,有的场所主要的意图则表现在一般性秩序,而有些场所的力量与秩序则达成一种易于理解的平衡状态。②

诺伯舒兹说,想要获得一个存在的立足点,人必须要有辨别方向的能力,他必须知道身置何处;而且他同时得在环境中认同自己,也就是说,他必须认识到他和某个场所是怎样的关系。"我们的环境不只能够造成方向的空间结构,更包含了认同感的明确客体。人类的认同必须以场所的认同为前提。"③

根据诺伯舒兹等对场所精神的阐释,结合皮埃尔·诺拉的记忆场理论,我们可以把场所精神理解为场所所具有的象征意义和认同力量,是场所内涵的深刻体现。乡村记忆场馆作为乡村人为建造的"记忆场所",是乡村过去生活的"形象化"和"象征化",它是象征的,也是功能的,其建设需要突出场所精

---

① [挪]诺伯舒兹:《场所精神:迈向建筑现象学》,施植明译,华中科技大学出版社2010年版,第48页。

② [挪]诺伯舒兹:《场所精神:迈向建筑现象学》,施植明译,华中科技大学出版社2010年版,第67页。

③ [挪]诺伯舒兹:《场所精神:迈向建筑现象学》,施植明译,华中科技大学出版社2010年版,第18—21页。

神,以满足人们的乡土认同和情感体认。陈中元在谈论乡村记忆馆建设时指出,"建'乡村记忆馆'要重神韵",有一段话说得很好:

> 要真正建设好乡村记忆馆,不能少了神韵。我们更要挖出这些老物件中的故事和精神,才能将乡村记忆真正触及子孙的灵魂,真正加深乡愁的记忆。农具老物件有共性,但是乡愁于每个人、每个村都不一样,它需要的也许只是一个湖泊、一座祠堂、一棵树木、一块瓦片而已。有特色、有历史的村庄建起的记忆馆,一定不能少了乡村的精神,因此乡愁传承的主体是人,记住乡愁,更多的是记住精神家园、心灵家园。①

注重"神韵"也就是要突出场所精神,我们经常说乡村记忆馆建设要注重地方特色,挖掘地方文化内涵,突出地方文化品位和人文精神,在很大程度上也是这个意思。浙江省在乡村记忆场馆创建过程中,特别重视记忆场馆作为群众"精神家园"的打造,突出"一村一品、一村一韵"。绍兴县富盛镇上旺村在20世纪六七十年代曾用"八把锄头创大业"的艰苦奋斗和集体主义精神,将穷山恶水、贫瘠荒凉的上旺发展成了"山上是银行,山下是粮仓"的富裕之地,成为全国"农业学大寨"的一面先进红旗,被誉为"江南大寨","上旺记忆"展馆着力突出和体现"自力更生,艰苦奋斗"的上旺精神,使乡村记忆场馆有了灵魂。② 浙江省档案局档案文化处何力迈处长说:"一个村落的自然和人文精神特色是这个村落的风骨和灵魂,早已融入村民的血脉,也是他们世代求同过程中达成的共识。通过乡村记忆示范基地创建,将当地的文化特色,与当前的主流价值观结合,重造农民群众自己的精神家园,使他们有一种自豪感、认同感和归属感。"③

---

① 陈中元:《建"乡村记忆馆"要重神韵》,中国文明网,[EB]http://www.wenming.cn/wmpl_pd/yczl/201605/t20160527_3387544.shtml[2016-05-27]。

② 祝安钧、金剑栋:《留住记忆之魂,打造精神家园——绍兴县"乡村史苑"基层档案文化阵地建设实践》,《浙江档案》2012年第6期。

③ 何力迈、夏振华:《呈现乡村记忆之美——浙江省开展创建乡村记忆示范基地活动》,《中国档案》2014年第1期。

乡村记忆场馆精神的凝练与突显,需要对乡村历史的深刻把握,更需要对乡村记忆资源,特别是档案记忆资源的深入发掘和阐释。"要把村史、本村非遗、乡贤名人、地方经济等乡村记忆通过图片、文字、视频以及实物等形式进行陈列展示","真正建成集档案文化、历史传承、旅游资源于一体的教育基地","才真正有图有真相,有物有人有精神",也"才能真正为乡村留下了一个活的档案"。① 大型纪录片《记住乡愁》通过音影叙事的方式为我们影视化呈现了"一村(镇)一故事,一村(镇)一神韵",已成为时代的经典,乡村记忆场馆更可以通过图文声像结合的方式讲述并展现一村一镇的历史精神与历史神韵。

(四)注重环境创设

乡村记忆场馆作为"记忆之场",需要在功能上完善、在精神上突显,也需要在空间上创设,谋划、创造一种具有亲近感和历史渗透力的环境,让参观者融入其中,感知、品味、体会和理解乡村记忆。记忆场馆的环境创设与乡村记忆展演的策划设计有关,不过作为一种空间整体性设计,它与展演设计所强调的展演方式及其展演材料的关联性不同,需要更多注重整体空间和氛围,让观众能进得来、留得住,重要的是观看得细致。

1.营建历史感情境

记忆总是与一定的情境相关联,情境对记忆有激发、引导、增强作用。哈布瓦赫的集体记忆理论"试图揭示现在的情势是如何影响了人们对过去的历史具有选择性的感知"②,他将其称为"现在中心观"。王明珂指出:"透过情境化,一方面文本及异例在特定历史情境之理解下得到合理诠释;另一方面,历史上特定社会之情境及其变迁成为新的历史知识。"③

① 陈中元:《建"乡村记忆馆"要重神韵》,中国文明网,[EB]http://www.wenming.cn/wmpl_pd/yczl/201605/t20160527_3387544.shtml[2016-05-27]。
② [美]刘易斯·科瑟:《莫里斯·哈布瓦赫》,载[法]莫里斯·哈布瓦赫著,毕然、郭金华译:《论集体记忆》,上海人民出版社2002年版,第58页。
③ 王明珂:《历史事实、历史记忆与历史心性》,《历史研究》2001年第5期。

　　乡村记忆场馆作为乡村历史文化回溯、追忆、感怀之地,需要营建富有历史感的记忆情境,使记忆场馆"成为人们记忆中与'过去'联系在一起的场景",可以让人们"体验和体会一种'怀旧'的感觉"。① 在乡村记忆场馆建设过程中,许多地方积极挖掘原有地方历史文化资源,以原有留存下来的历史建筑为依托,将记忆场馆与历史建筑融为一体。如江西省在建设村史馆时,依托祠堂等场所展示浓缩历史,留住乡村记忆,"原则上不新建",以"保留村落自然历史风貌"。② 浙江缙云县新建镇河阳村在建设河阳家风馆时,也将家风馆设在"荷公特祠"内。该祠又称"孝子祠",建于清光绪年间,是浙江巡抚为表彰朱氏子孙朱得三孝德,特准其建立孝子祠和孝子坊(后者毁于"文化大革命"),孝子祠因楼上开窗便可遥望母墓,故又名"望母楼"。将河阳家风馆设在孝子祠内,身处其中或登楼远眺,遥想当年"敦孝悌,重尊长"的家规祖训,不能不激发人们对"忠孝节义"传统美德的感喟,也进一步弘扬了缙云的"慈孝文化"。

2. 增加体验式项目

　　体验是一种体察,一种在实践中通过亲身经历、亲身经验来认识事物,以获得对知识、历史和文化的深刻认知。维克多·特纳(Victor Turner)认为对文化象征本质的解释应置于社会生活的动态过程之中,"象征的使用与意义的创造都处于公共的、社会性的互动之中……理解文化生活要求提炼出各种象征、确认它们的意义,并且展现出这些象征是怎样在具体的、动态的文化情境中协同作用的"。③ 体验与展演中的互动有关联,但展演互动更多强调现场的交流,而体验则更强调身临其境的参与行动,是对过去的重温、对过程的感受。体验也需要设置具有原始性、真实性的现场和情境(场景),以增强参与者的

---

① 彭兆荣:《旅游人类学》,民族出版社 2004 年版,第 77 页。

② 吴齐强:《让传统文化活起来:村史馆展示浓缩历史,留住乡村记忆》,《人民日报》2015年 4 月 14 日。

③ [美]杰里·D.穆尔:《人类学家的文化见解》,欧阳敏等译,商务印书馆 2009 年版,第249 页。

感知和体认效果。

随着社会发展,体验式教学、体验式旅游已经成为时尚,正受到各方面重视和推广。如 2015 年,浙江省嘉兴市委组织部在党员教育中推出"重走一大路,再现 1921 嘉兴故事"体验教学项目,以"嘉兴老火车站→狮子汇渡口→南湖→湖心岛(烟雨楼)→红船"为行进方向,重走"一大"代表从上海转移到嘉兴的续会线路,让学员领略那个年代代表们的艰辛与惊险,"感到自己跨越了历史时空,仿佛'我'就在现场",触动内心,寓理于行。① 今天到过井冈山旅游的人们也都体验过吃红米饭、喝南瓜汤、走红军挑粮小道等活动,重温当年红军的艰苦岁月和革命意志。

在乡村记忆场馆建设中,可以将具有地方特色、具有典型意义的民俗事项与记忆场馆结合起来,或置于记忆场馆内,或与记忆场馆形成文化配套,让观众参与其中,在亲身体验中感知体会乡村生产生活的原真形态和文化意义。

3. 创建书院式文化

书院是我国古代社会特有的一种教育组织形式和学术研究机构,是科举时代学校教育的主体,又为藏书讲学之所。自唐宋以来,"星罗棋布地分布在各地山林湖边幽静之地的一个个书院,纷纷走出山林的幽静,走到文化发展与普及的前台。一直到明清时代,书院始终都是中国文化的重要脊梁,是中华文明书香漫溢的地方"。②

20 世纪初,随着科举制的废除,书院也随之退出历史的舞台。但近年来,书院文化受到人们的重新重视,一些高校正在开展书院制改革试点,"书院这种古老的教育形态,正在人们的视野中重又兴起"。③ 书院与中国地方文化的

---

① 《"重走'一大'路　再现 1921 嘉兴故事"　党性教育现场体验式教学项目实施情况汇报》,中国嘉兴,[EB] http://www.jiaxing.gov.cn/swzzblxgw/qtxx_4710/hxhb_36424/xxjb_36428/201510/t20151010_539987.html。

② 《书院文化　流淌在历史长河中》,安阳网,[EB] http://www.ayrbs.com/index/2016-05/18/content_1581881.htm[2016-05-18]。

③ 柴爱新:《书院兴起:在文化复兴的路上》,《人民日报海外版》2009 年 9 月 8 日。

内在关联及其推动意义仍值得我们去深入发掘,但在乡村记忆场馆建设中,我们可以汲取和弘扬书院文化精髓,发挥书院对地方文化的积聚、研究、培育、创新、传播、传承等功能,使记忆场馆成为乡村历史文化观赏之地,成为乡村历史文化交流研讨和创新发展之地,创造书院式环境,让有兴趣的专家学者、地方精英、普通百姓能"留下来""住下来""坐下来",品味、交流、研讨、发掘、保存乡村记忆,成为"活的"记忆场。

(五)深化与旅游融合

在乡村记忆资源开发中,我们应做好乡村叙事,避免乡村记忆的资本化,但在乡村记忆场馆建设上,我们可以深化与乡村旅游的融合,借助乡村旅游扩大乡村记忆辐射力和影响力,推动乡村旅游发展。

1. 以记忆场馆丰富乡村旅游资源

20世纪90年代以来,乡村旅游已成为人们回归自然、休闲娱乐、体验农村生活、品味和纾解"乡愁"的重要方式,各种形式的乡村旅游正在全国蓬勃发展。乡村旅游以乡村文化、乡村生活、乡村风光、地方习俗等为主要旅游资源和"吸引物",而乡村记忆场馆作为乡村旅游资源的展示"窗口",作为"装进"乡愁的地方,其自身也往往成为乡村旅游的一处"景点"。《甘肃日报》记者在报道介绍甘肃"乡村记忆"博物馆建设时指出:比起常见的博物馆,"乡村记忆"博物馆可能只是一个小院子,太小、太简单、太不起眼,但却同样包括一个"大世界","小院子不小"。陇南市康县城关镇凤凰谷村村史馆建成后,就吸引着村里的男女老少;不仅如此,"在发展乡村旅游方面也有很大的推动作用",凤凰谷村山清水秀,吸引了不少游客,但除了游山玩水吃农家饭,游客再无去处。甘肃省文物局马玉萍说:"村史馆或实物、或图文,记载了凤凰谷村的发展历史,留住了一代人的时代记忆,游客非常喜欢有这样一个好去处。""乡村记忆博物馆受群众欢迎的程度和发挥的功效的确在意料之外",省里建设"乡村记忆"博物馆,旨在通过民俗展、乡情展、沿革展等多种形式,让村民看得见过去、留得住记忆、记得住乡愁,但诸如带动乡村旅游等效用都是意外收获,"或许,今后还会发挥更多、更广泛的作用"①。类似的报道还有很多,乡村记忆场馆成为乡村新的"观光点",正是满足人们对"乡愁"的眷念和渴望,是记忆场馆潜功能的现实表现。

2. 以记忆场馆促动乡村传统产品开发

乡村记忆场馆不仅仅是乡村旅游的"景点",同时也是乡村传统特色产品的"宣传点"。作为乡村记忆资源的内涵,乡村传统特色产品如地方物产、手工艺品、传统美食、地方戏剧、民间歌谣、纪念仪式、民俗表演等,都可以成为记忆场馆以实物形式、档案形式、影像形式收藏展演的记忆对象,通过记忆场馆的展示和推介,可以对传统特色产品起到无形的宣传推介作用,激发起游客对传统产品"体验"的兴趣和欲求。就像看《舌尖上的中国》时,人们"一边流着口水一边流着眼泪,纪录片勾起了观众的'胃口',也触动了他们的乡愁,更有人默默打开小本子记下各地美食,计划'按图索骥'——品尝片中提到的菜色。而节目中提到的特产,也快速成为淘宝上热门的关键字"。②

英国学者蒂莫西(Dallen J.Timothy)说:"遗产的重要性和价值,在于宣传遗产保护价值的同时如何利用遗产为旅游者创造具有实际意义的体验。"③这种"体验"既包括实际的品尝,也包括参与式活动,是视觉感受向味觉、听觉、触觉感受的延伸。在乡村旅游发展中,我国许多地方都在积极探索如何做好"旅游、文化、经济相结合的大文章",深入挖掘乡村传统历史文化资源推动乡村旅游业的发展,人们称之为"文化搭台,经济唱戏"。今天,我们也可以反过来说是"经济搭台,文化唱戏",借着旅游业发展的这个台,让包括传统产品在内的各种乡村记忆资源得到充分的开发和传扬。记忆场馆既是人们乡愁的

① 施秀萍:《留住乡愁,回味乡情——甘肃省"乡村记忆"博物馆建设掠影》,甘肃省文物局门户网站,[EB]http://www.gsww.gov.cn/Web_Detail.aspx? id=13887[2015—10—08]。
② 何姗:《〈舌尖上的中国〉引发味觉乡愁》,《信息时报》2013年1月13日。
③ [英]戴伦·J.蒂莫西、斯蒂芬·W.博伊德:《遗产旅游》,程尽能译,旅游教育出版社2007年版,第274页。

"诱导空间"，也是人们开发乡村记忆资源"思维的起点和轨迹"。①

3. 以旅游发展推动乡村记忆场馆建设

今天，乡村记忆场馆与乡村旅游业发展越来越呈现出"共生共荣"的关系，"你中有我、我中有你"。乡村记忆场馆通过对乡村记忆资源的收藏和展演，为游客提供了解乡村历史发展、乡村民俗文化和乡村农副产品的"窗口"，吸引游客的关注和兴趣，为乡村旅游发展提供了巨大发展空间。浙江平湖在"乡村记忆馆"建设与开放中，不仅让村民感受到浓浓的村落文化，也带动了乡村第三产业的发展，在初步"尝到甜头"后，各行政村纷纷主动要求创建"乡村记忆馆"，从开始时的"要我建"转变为"我要建"。② 福建省厦门市集美区灌口镇田头村"田头乡村记忆馆"，作为福建"乡村记忆档案"示范项目，是依托既有的旅游文化项目"鹰坑谷民俗文化园"建设而成的，"鹰坑谷民俗文化园"园长林少华在谈到规划时说，"我们要打造一个能让市民记得住乡愁的文化旅游胜地"。③ 正是看到了乡村记忆场馆的潜在"商机"，许多民间资本和商业资本开始投资记忆场馆建设，为乡村记忆场馆提供了社会支持和发展动力。

新时期，旅游发展正在转型升级，积极倡导打造文化旅游品牌，为乡村记忆场馆建设与乡村旅游融合提供了发展机遇。纾解乡愁需要走走转转，需要旅游提供便捷；乡村旅游需要走走看看，需要记忆场馆提供文化内涵，两者相得益彰，"其归一揆"。

---

① 戴航、张冰:《结构·空间·界面的整合设计及表现》，东南大学出版社 2016 年版，第 74 页。

② 顾丽丽:《一村一品、一村一韵——平湖"乡村记忆馆"从"要我建"变成"我要建"》，中国嘉兴网，［EB］http://www.jiaxing.gov.cn/sdajdagswdysszb/dwxx_7753/qtgz_7759/201409/t20140930_432027.html。

③ 冯立东:《灌口镇田头村"田头乡村记忆馆"预计 9 月开放》，台海网，［EB］http://www.taihainet.com/news/xmnews/gqbd/2017-07-20/2036098.html［2017-07-20］。

第八章　城乡档案记忆工程推进的
管理运行机制

城乡档案记忆工程是一项社会记忆的保护传承行为,需要突出其"社会记忆"理念,但同时它也是一种有目的、有计划、有组织的社会行为,需要突出其"社会工程"理念,建立相应的工程管理运行机制。王宏波指出,"工程活动的基本特征是如何使外界的事物满足人与社会的需要,它的实现是通过创造一个新生事物来完成的。从社会演进的方式看,工程活动的这个基本特征也存在于社会管理过程中,并通过社会管理的环节作用于社会发展过程"。① 王文章在谈到非物质遗产保护时也提出,建立"科学的管理机制,是非物质文化遗产保护的重要基础"。他认为"我国的非物质文化遗产分布在全国各省、市、自治区,要使保护工作落到实处,各地就要健全职责明确、高效长久的工作机构和比较稳定的专业队伍,进而形成良性的工作运行机制,确保非物质文化遗产保护方针、工作原则、政策法规得以贯彻执行";"要加强领导,制定切实可行的新政策;还要缜密规划、精心组织、精心实施,才能有步骤地进行这项宏大的文化工程"。②

殷瑞钰等认为工程管理活动是"为了实现预期的目标(群),有效地利用

---

① 王宏波:《社会工程研究引论》,中国社会科学出版社 2007 年版,第 14 页。
② 王文章主编:《非物质文化遗产概论》,教育科学出版社 2013 年版,第 318—319 页。

各类资源,在正确的工程理念指导下,对具体工程进行决策、计划、组织、指挥、协调与控制的活动与过程"。① 结合王文章对"非遗"保护管理机制的论述,我们重点从规划设计、组织建设、制度完善、技术支撑、资金投入等五个方面对城乡档案记忆工程推进的管理运行机制进行理解和阐述。

一、城乡档案记忆工程推进的规划设计

马克思说:"蜘蛛的活动与织工的活动相似,蜜蜂建筑蜂房的本领使人间的许多建筑师感到惭愧。但是,最蹩脚的建筑师从一开始就比最灵巧的蜜蜂高明的地方,是他在用蜂蜡建筑蜂房以前,已经在自己的头脑中把它建成了。劳动过程结束时得到的结果,在这个过程开始时就已经在劳动者的表象中存在着,即已经观念地存在着。他不仅使自然物发生形式变化,同时他还在自然物中实现自然的目的,这个目的是他所知道的,是作为规律决定着他的活动的方式和方法的,他必须使他的意志服从这个目的"。② 马克思的这段话深刻揭示了人类活动区别于动物活动的理性思维特征,反映出人类对自己所从事实践活动的预期目的和理性安排。"凡事预则立,不预则废",做任何事情,没有事先的预谋、筹划和准备,都不可能成功,这是人类活动的基本规律,也是城乡档案记忆工程推进的基本要求。卡尔·波普尔指出:"正如自然工程的主要任务是设计机器和改造、维修机器一样,渐进社会工程的任务是设计各种社会建构以及改造和运用已有的社会建构。"③

(一)城乡档案记忆工程规划设计的重要性

规划设计是对工程项目进行较具体的整体规划或总体设计。"规划"和

---

① 殷瑞钰、汪应洛、李伯聪等:《工程哲学》(第二版),高等教育出版社 2013 年版,第 20 页。
② 马克思:《资本论》第 1 卷,人民出版社 1975 年版,第 202 页。
③ [英]卡尔·波普尔:《历史决定论的贫困》,杜汝楫等译,上海人民出版社 2009 年版,第 51 页。

"设计"既可以合称使用,也可以分别使用。殷瑞钰等认为:工程规划,即筹划、计划,尤指比较全面的、过程较长的谋划或计划;而工程设计是工程规划的继续和具体化,是一个由比较抽象到较为具体的过程。"相对于工程规划中对技术及各方面要素的整合和宏观考虑相比,工程设计则是在此基础上将整个工程分解为各个子系统,对各种指标进行具体的、优化的定量化。正是基于此,有时将工程规划和设计放在一起讨论,作为一个完整的过程。"但由于工程设计是工程规划的继续和具体化,所以工程设计须遵循工程规划的理念和目标,但同时也要遵循其自身特有的理论、方法、规范等确定性准则。① 从规划到设计,是一个从宏观到微观、从工程理念到具体操作性行动、措施的过程,为便于整体性地思考和探讨城乡档案记忆工程的规划与设计,这里采用合称,将规划、设计放在一起加以探讨。

在各类社会记忆工程建设和研究中,人们已认识到记忆工程规划设计的重要性,提出记忆工程建设要坚持长远规划、科学规划、合理规划、综合规划、统筹规划等理念,但对规划设计的理论阐释和经验总结仍显薄弱,论述不多,需要借鉴工程哲学、社会工程哲学等相关研究成果加以丰富。

田鹏颖认为社会工程规划设计就是对社会工程的整体筹划,即:

> 社会工程主体对社会工程的程序、细节、趋向、目标以及达到某种新境界的规划过程,包括社会改造的思维、计划、方案和具体活动安排等。社会工程活动实施的最终目的是通过建构一个新的社会模式、制度、体制和社会运行机制来实现对现有社会的改造。新的社会模式、制度、体制和社会运行机制作为社会工程活动的创造物是工程设计者设计出来的、构思出来的,它们首先是以观念的形式存在于工程设计者的头脑当中。社会工程规划设计的本质就是一种创造性思维活动,是社会主体的社会工程认知在思维具体中的再现。②

---

① 殷瑞钰、汪应洛、李伯聪等:《工程哲学》,高等教育出版社 2013 年版,第 120—121 页。
② 田鹏颖主编:《社会工程哲学教程》,社会科学文献出版社 2012 年版,第 143—144 页。

通过工程项目的规划设计,人们不仅可以确立群体行动的方向与目标,而且也为实现这一目标提出具体的行动方案。规划设计对城乡档案记忆工程建设推进的重要性具体表现在三方面。

其一,规划设计是城乡档案记忆工程活动展开的前提。社会工程活动不是人条件反射性的本能活动,而是有目的、有计划、有组织的人类创造行为,这种目的性、计划性和组织性就表现在社会工程规划设计之中。作为社会工程活动的最初阶段,社会工程规划设计实现了社会主体对社会世界的观念上的建构。社会工程通过对社会世界的改造,创造出一个适应人与社会发展需要的新的"社会模式、社会制度、社会体制和社会运行机制"。这些社会存在的创建,必须首先在创造者的头脑中形成新模式的设计方案。这个设计方案要对整个项目进行整体规划,对工程项目所需的技术、人员、资金、环境等条件进行综合分析、论证,并形成有科学依据的设计文件(或称"设计方案")。在设计文件的基础上,社会工程活动才能根据设计的要求和标准真正开始实施。因此,规划设计就是社会工程活动的起点,是社会工程活动得以顺利开展的前提。①

其二,规划设计是城乡档案记忆工程活动展开的基础。社会工程规划设计既是社会工程活动的起始环节,也是社会工程活动中具有指导性和贯穿性的重要手段,为社会工程活动的有序开展奠定了基础。从表面看,设计似乎只是社会工程活动的起点,但它绝不是局部性环节,而是贯穿在整个社会工程活动当中,指导着整个社会工程实际行动。规划设计是在"理论""思维""认识"层面对社会工程总体方案进行建构的过程及成果,是将人们对设计对象的认识思维和观念建构转化为现实生产力的纽带,"它关乎社会工程的总体布局、社会工程的实施进程、社会工程的资源配置、社会工程的管理控制、社会工程的组织实施、社会工程的风险化解、社会工程的系统评估、社会工程的阶

---

① 参见田鹏颖主编:《社会工程哲学教程》,社会科学文献出版社 2012 年版,第 153 页。

段验收等"。① 因此,社会工程规划设计构成了社会工程活动的真正核心和基础,科学、严谨、实用的社会工程规划设计是保障社会工程安全、合理、高效、节约的法宝。②

其三,规划设计是开展城乡档案记忆工程研究的基本方法。由于工程活动对人类社会产生巨大影响,人们必须对工程自身、工程与经济社会、工程与生态环境等可能出现或面对的各种新的事实进行研究。自然工程研究是为了创造某一东西,或者解决某一问题,其基本方法是"测量"和"控制";与之比较,社会工程研究则是将"不可观察的社会现象通过一系列手段转化为可观察、可计量的过程,从而对未来进行预测、规划、设计、评估等";"以社会为研究对象的社会工程学的方法主要为'规划'和'设计'",是通过规范社会活动,提高工作效率来设计合理的社会运行模式和活动方式。③

(二)城乡档案记忆工程规划设计的原则要求

规划设计是人类理性思维的体现,是一切有目的、有计划、有组织的人类活动的共同特征和基本要求。作为一种普遍的社会现象,规划设计具有共同的规律,但在不同领域、不同活动中有着不同的要求,就城乡档案记忆工程的规划设计而言,其规划设计的原则要求主要有以下几个方面。

1.合目的性原则

合目的性是指工程项目的规划设计要围绕工程活动目的来展开,为工程项目的目标实现服务。李伯聪指出,"工程活动是目的导向的。如何认识工程活动的目的——包括直接目的、长期目的和最高目的——的问题不但是理

---

① 田鹏颖:《社会工程哲学引论》,人民出版社 2006 年版,第 183—184 页。
② 参见田鹏颖主编:《社会工程哲学教程》,社会科学文献出版社 2012 年版,第 153—154 页。
③ 参见王宏波:《社会工程研究引论》,中国社会科学出版社 2007 年版,第 23—25 页。

论性的问题而且是一个现实性的问题"①。工程活动目的的实现需要通过规划设计去具体实施;反过来说,工程项目的规划设计也要反映和体现工程活动的目的,有利于促进工程项目按照人们的意愿和要求去开展。如王宏波所言,社会工程是一个建构的过程,"是人们在把握规律的基础上,通过对象设计构思出蓝图,再通过过程设计将蓝图转化为现实",因此"是一个合规律、合目的的建构性实践活动"。② 人们在从事某一活动时,其目的往往是多方面或多维度的,工程活动的目的也具有多元性或多样性,"工程活动不但有其技术方面的目的,而且还有其经济目的、政治目的、文化目的、伦理目的等等"③。城乡档案记忆工程的规划设计,一方面要与城乡记忆工程开展的目的、意图、宗旨相一致、相对应;另一方面也要反映和体现出城乡档案记忆工程在保护传统文化、传承社会记忆、纾解民众乡愁和促进地方经济社会发展等方面的多种目的。规划设计只有准确、充分地体现出城乡档案记忆工程的目的要求和实现途径,才是科学、合理、高效的规划。

2. 整体性原则

整体性原则或称系统性原则、综合性原则,是指在工程项目规划设计中,要充分注重并体现工作对象的整体性、系统要素的整体性和实施过程的整体性。

城乡档案记忆工程中,作为工程活动工作对象的乡村记忆资源是多种多样的,既有传统的纸质档案记忆资源,也有文本化、数字化的口述记忆资源、声像记忆资源、实物遗迹记忆资源和各种生产生活、仪式活动类记忆资源;既有村落、乡镇范围的档案记忆资源,也有家庭乃至个人的记忆资源。对各种不同类型、不同主体的记忆资源,在规划设计时要进行系统性和整体性思考,统一纳入记忆工程活动中,体现出乡村记忆的完整性和多样性。同时,城乡档案记忆工程是一个复杂系统,其建设主体、资源构成、建设条件、运行规则和社会环

---

① 李伯聪:《工程哲学引论——我造物故我在》,大象出版社 2002 年版,第 160 页。
② 王宏波:《社会工程研究引论》,中国社会科学出版社 2007 年版,第 12—13 页。
③ 李伯聪:《工程哲学引论——我造物故我在》,大象出版社 2002 年版,第 158 页。

境等各方面要素都涉及不同的方面,对记忆工程的规划设计也需要以系统性、整体性思维,整合内外部各种要素,综合考虑群体与个体、国家与地方、社会与经济、资源与技术、环境与历史等各方面的问题,予以合理配置和有机集成,形成完善的系统结构和设计方案。另外,从工程活动过程看,"一个项目是一个完整的过程,该过程可以划分为许多互相依赖的子过程(即阶段)。项目需要按一种有序和循序渐进的方法去实施,在完成项目全过程中需要将项目的全过程划分为一系列项目阶段"①。工程项目的规划设计要合理地预测、建构、划分工程活动的阶段,并对各阶段工作做出有针对性安排,以推进记忆工程项目的有效开展。

3. 前瞻性原则

规划不同于计划之处,不仅在于规划具有更强的宏观性、整体性要求,而且也在于规划具有更强的长远性,既要着眼当前的现实需求,更要着眼未来的发展需求。田鹏颖在谈到社会工程创新时强调,所谓前瞻性"即社会工程创新实践着眼于社会发展的前景,站在社会发展的前沿进行超前规划,提出一些现在所没有的社会要素结构方式和人们的行为方式,以适应现实和未来的需要";"前瞻性意味着社会工程创新应当既站在未来看现在,又站在现在看未来"②。

对城乡档案记忆工程规划设计的前瞻性要求,人们已有一定的认识。有学者在论及城市记忆工程规划时指出:保留"城市记忆"的工程,要有历史、文化的眼光和长远的规划。给一个城市留下历史、文化的记忆,不仅是面貌上的,也是文化上的,这件工作承前启后,其意义不言而喻。因而,要摒弃目光短浅、现实功利的思维,要站在城市历史、文化及其传承的高度,以长远的眼光去规划、去建设。③

---

① 国际标准化组织:《项目质量管理指南》(ISO10006),1997年。

② 田鹏颖:《社会工程哲学引论》,人民出版社2006年版,第262页。

③ 马行泗:《"城市记忆工程"要有长远规划》,[EB] http://blog.sina.com.cn/yangri2009 [2008-08-29]。

城乡档案记忆工程不同于自然工程,其建设周期长远,不是短期可以完成的,而是要随着社会发展、社会转型的加剧不断丰富和推进,这也决定了记忆工程项目的规划设计需要具有前瞻性思维,着眼于长远。

4.可操作性原则

社会工程规划设计是对"社会改造的思维、计划、方案和具体活动安排",因此,规划设计需要突出具体性,强调规划设计方案在现实实践活动中的可执行性和可操作性,从而起到实际的指导效果。"社会工程设计又是具体的、可以操作的并能外化为社会工程现实的逻辑准备和理论准备。"①

田鹏颖认为,如果说社会工程认知主要是对工程活动的认识和把握,重点要解决"是什么"和"为什么"问题;那么,社会工程规划设计则是"对未来形成的人工物或社会活动的超前认识和把握",重点要解决"做什么""谁来做"和"怎么做"的问题。②"一项社会工程设计即使在理论上很完善,甚至很完美,但如果缺少自我实现能力,或者在实践中做不到,那么它就是社会工程乌托邦,就不具备现实性。"③城乡档案记忆工程的规划设计需要根据社会经济文化发展的需要、根据社会提供的资源条件和记忆工程项目的目标导向,对工程实施每一步骤的时间、顺序、方向、条件、要求等做出合理安排,指导工程活动开展。

(三)城乡档案记忆工程规划设计的重点内容

规划设计是工程项目实施的"蓝图"或"底图",是对工程项目实施前预先拟定的具体内容、目的、方针、办法、标准、规则、步骤、程序、过程等,在一定意义上,其内容涉及工程项目的全部。规划设计最终以"项目书""计划书""实施方案""设计方案"等文本形式呈现出来,或书以文字,或绘成图表,或示以

---

① 田鹏颖主编:《社会工程哲学教程》,社会科学文献出版社2012年版,第158页。
② 参见田鹏颖主编:《社会工程哲学教程》,社会科学文献出版社2012年版,第144页。
③ 田鹏颖主编:《社会工程哲学教程》,社会科学文献出版社2012年版,第162页。

形象。就一般的项目实施方案而言,其内容主要涉及指导思想、项目范围、组织部门(领导机构)、人员配置、时间进程、资金来源、质量要求、制度保障、风险管理等。各工程项目的对象、内容、规模、要求不同,实施方案在表述重点上也互有差异。如浙江上虞市,《上虞市推进"上虞记忆"工程实施方案》[①],重点从指导思想、总体目标、主要任务、工作要求四个方面对工程建设予以规划,具体如下:

一、指导思想

以科学发展观为指导,坚持社会主义先进文化前进方向,挖掘上虞独特的历史文化遗产,记录和展现上虞发展的历史轨迹,提升文化对社会主义核心价值体系的推动作用,满足人民群众日益增长的精神文化需求,扩大上虞地方文化的影响力和辐射力,为增强上虞软实力,全面建成惠及全市人民的小康社会,打造创新上虞、精致上虞、人文上虞、幸福上虞提供强有力的文化支撑。

二、总体目标

从2012年起,力争经过三年(2012—2014)时间努力,完成"上虞记忆"展示、"上虞记忆"名录编纂、方言语音库建设、记忆资源库建设等"上虞记忆"四大工程项目任务,建成"上虞记忆"名录体系、"上虞记忆"资源保护网络和"上虞记忆"综合展示及利用平台,科学整合反映上虞重要历史记忆的各类信息资源,挖掘整理具有独特历史价值和时代意义的上虞记忆文化,进一步提升上虞文化底蕴,推进文化强市建设。

三、主要任务

1. 实施"上虞记忆"展示工程,再现上虞历史发展轨迹。

"上虞记忆"展示工程是在城市档案中心内建成一个面积达

---

① 　上虞市人民政府办公室:《关于印发〈上虞市推进"上虞记忆"工程实施方案〉的通知》(虞政办发〔2012〕156号)。

1500平方米,以时间为经、各时期社会历史面貌作纬,采取全景、交互式的展示手法,运用平面、立体等传统展示手段和声、光及多媒体等现代展示技术,综合展现上虞4000余年历史和2000余年置县以来城市变迁及社会发展历程的历史文化展示中心。建成后的展示中心将成为我市再现上虞历史上的重大事件,再展上虞重要历史人物的风采,突显上虞地域历史文化,为社会各界认识上虞、热爱上虞、发展上虞提供一个重要窗口和进行爱国主义教育的重要基地,成为我市首个进行全方位系统展示上虞历史文化的重要阵地。

"上虞记忆"展示工程按照前期规划论证和素材收集、展示效果设计和方案确定、组织实施布展和建成开放三个阶段分步实施,计划用三年时间完成建设任务。其中:2012年完成《上虞记忆》展示三级目录的编写工作,组织实施四级展示目录编写,系统性收集各类展示素材和实物资料;2013年全面完成四级展示目录编写,组织《上虞记忆》展示剧本及展示方案的评审和论证,制作展示基本效果图和施工设计方案,完成展示工程预算制作、预算审计及项目立项工作;2014年进行项目建设采购,完成《上虞记忆》展示工程项目建设任务。在实施过程中,要妥善处理好三个关系:在尊重历史和客观公正的基础上,做到旗帜鲜明和艺术灵动;在立足上虞和服务当前的前提下,做到跳出上虞和着眼未来;在理清上虞发展文脉和展示人物风采的同时,突出上虞悠久历史文化和体现上虞时代精神,将一个真实的上虞、可爱的上虞、活力的上虞、发展的上虞展现在全市人们面前。

2. 实施"上虞记忆"名录编纂,重塑地域历史文化遗产。(略)

3. 实施"方言语音库"项目,保护上虞地域语音方言。(略)

4. 实施"记忆资源库"项目,整合上虞记忆文化资源。(略)

四、工作要求

1. 提高思想认识,加强组织领导。积极实施"上虞记忆"工程是贯彻落实市第十四次党代会和第十六届人代会精神,记录和展现上虞经济社会发展历史轨迹,传承上虞优秀传统文化的重要举措。各乡镇街道和部门(单位)要切实提高认识,明确分管领导、专门机构和工作人员,按照全市统一部署和工作要求,大力支持、密切配合"上虞记忆"工程项目的全面开展。市档案局要切实承担起"上虞记忆"工程项目建设主要责任部门职责,统筹协调和抓好"上虞记忆"工程项目的组织实施工作,进一步强化对该项工作实施情况的督促、检查和指导,将"上虞记忆"工程纳入年度工作目标责任制考核,确保该项工作取得实效。

2. 强化部门职能,加大保障力度。(略)

3. 精心组织实施,确保有序推进。(略)

规划设计是工程项目开展的总纲,需要对工程活动涉及的组织、制度、资金、技术等问题做出统一安排;但就组织、制度、资金、技术而言,在工程管理活动和工程管理研究中也具有独立地位,需要专门加以探讨。

(四)城乡档案记忆工程规划设计需注意协调的关系

城乡档案记忆工程的规划设计一方面要加强其内部各种资源和条件要素的协调,体现出整体性、系统性思维;另一方面也要加强与外部其他社会活动、社会工程的统筹兼顾,促进社会各项事业的协调发展。

1. 与城乡发展规划相协调

城乡发展规划是"城乡建设和管理重要的法定性依据,是一定时期内城市区域和城乡经济与社会发展、土地利用、空间布局以及各项建设的综合部署,是落实科学发展观,实现以人为本,全面协调可持续发展的主要依据"。[①]城乡发展规划涉及各种总体规划和专项规划,其中国家新型城镇化规划、新农

---

① 住房和城乡建设部课题组:《"十二五"中国城镇化发展战略研究报告》,中国建筑工业出版社2011年版,第117页。

村建设规划与城乡档案记忆工程密切相关。协调与新型城镇化规划、新农村建设规划的关系,也是从城乡档案记忆工程开展的现实背景出发提出的要求。

浙江省在实施"浙江记忆工程"过程中,将其纳入社会主义新农村建设范畴。浙江省档案局丁越飞在总结浙江省乡村记忆示范基地创建时指出:"乡村记忆示范基地建设的定位是农村文化建设,这项工作是社会主义新农村'四位一体'建设综合工程的组成部分。各地在创建工作中,将其作为新农村文化建设的实施项目,与当地新农村建设同规划、同建设。如绍兴县上旺村乡村记忆示范基地创建工作在启动之初就被纳入富盛镇新农村建设整体规划;宁海县海头村把乡村记忆示范基地建设作为农村文化礼堂的一个功能板块,与其他文化建设项目同步推进;天台县九遮村把乡村记忆示范基地创建与当地'美丽乡村建设'工作有机结合起来。"[1]临安市档案局郑小春认为,"新农村文化建设是中央政府的重要举措,政府主导也是乡村记忆保护与开发的关键。政府主导,统筹规划,整合资源,体现了集中力量办大事的优势,而乡村记忆的保护与开发这种庞杂的工作正需要集中资源优势。将乡村记忆保护与开发工程纳入到新农村文化建设的总体布局中去,既可利用有利政策,又可将投入资金统筹安排,合理利用"。[2]

从新型城镇化建设规划看,城乡档案记忆工程也是"注重人文城市建设"的重要组成部分,需要与新型城镇化建设协同规划设计、同步实施,真正落实《国家新型城镇化规划(2014—2020年)》提出的要求。

2. 与档案事业发展规划相协调

档案事业发展规划(计划)是对档案事业发展中带有全局性和长期性建设问题所作出的统筹决策和安排。我国《档案法》要求"各级人民政府应当加

---

① 丁越飞等:《建设农民群众精神家园——浙江省乡村记忆示范基地创建工作综述》,《浙江档案》2013年第4期。

② 郑小春:《保护和开发乡村记忆 开创农村文化新局面》,韩李敏主编:《浙江省档案学会论文集——浙江记忆理论与实践》,中国文联出版社2013年版,第50—57页。

强对档案工作的领导,把档案事业的建设列入国民经济和社会发展计划";同时也要求国家档案行政管理部门"对全国的档案事业实行统筹规划,组织协调,统一制度,监督和指导"。档案事业发展规划包括国家和地方档案行政管理部门制定实施的档案事业发展远景规划、五年规划(计划)和专门规划等,其中影响最大的是与国民经济和社会发展"五年规划"配套制定实施的档案事业发展五年规划(计划)。

随着经济社会的快速发展和社会记忆保护传承意识的提高,我国一些省市已将档案记忆工程列入本地档案事业发展规划,加以推进。如《上海市档案事业发展"十一五"规划》将"城市记忆工程开发项目"作为重点建设项目,通过实施档案资源抢救、馆藏档案数字化、城市数字记忆、档案开发服务四个子项目,完整记录上海城市发展的历史轨迹,并为构筑和完善城市记忆、塑造城市文化和城市精神服务;《上海市档案事业发展"十二五"规划》再次强调要"加紧建设'城市记忆开发工程'","完善'上海城市记忆'"。再如,《浙江省档案事业发展"十二五"规划》提出实施"浙江历史文化记忆工程";《浙江省档案事业发展"十三五"规划》再次将"浙江历史文化记忆工程"列入"七大重点项目",提出持续推进记忆浙江、乡村(企业)记忆等系列项目建设,并启动实施浙江数字记忆工程。城乡档案记忆工程作为档案事业发展规划的建设任务和内容之一,其规划设计需要以档案事业发展规划为引领,在档案事业发展总体布局和发展思路指导下开展,以丰富和深化档案事业发展的实践内涵。《全国档案事业发展"十三五"规划纲要》(2016)提出"鼓励开展口述历史档案、国家记忆和城市(乡村)记忆工程、非物质文化遗产建档等工作",首次在国家层面提出实施城乡档案记忆工程,意义重大。

3.与历史文化遗产保护规划相协调

随着国家文化遗产保护认识和水平的提高,历史文化遗产保护规划的制定和实施在不同层面得到普遍实行。2004年,国务院在《关于加强文化遗产保护的通知》(国发[2005]42号)中,明确要求要"加强文物资源调查研究,并依法登记、建档。在认真摸清底数的基础上,分类制定文物保护规划,认真组织实施。国务院文物行政部门要统筹安排世界文化遗产、全国重点文物保护单位保护规划的编制工作,省级人民政府具体组织编制,报国务院文物行政部门审查批准后公布实施。国务院文物行政部门要对规划实施情况进行跟踪监测,检查落实……其他不可移动文物也要依据文物保护法的规定制定保护规划,落实保护措施";"制定非物质文化遗产保护规划。在科学论证的基础上,抓紧制定国家和地区非物质文化遗产保护规划,明确保护范围,提出长远目标和近期工作任务"。① 2005 年,国务院办公厅在《关于加强我国非物质文化遗产保护工作的意见》(国办发[2005]18 号)中,要求各类非物质文化遗产项目申报"须提出切实可行的十年保护计划,并承诺采取相应的具体措施,进行切实保护"。② 今天,除历史文化遗产保护的国家规划、地方规划外,各种文化遗产保护项目也都有自己的规划。

城乡档案记忆工程从性质上也属于广义的历史文化遗产保护行动,在规划设计中需要与国家、地区乃至专项文化遗产保护规划相互协调,相向而行、相互促进、优势互补、拾遗补阙,避免各自部门为利益相互"打架"、互争资源,从而形成合力,协同推进我国乡村历史文化资源保护,传承国家和社会记忆。

二、城乡档案记忆工程推进的组织建设

管理学家哈罗德·孔茨(Harold Koontz)指出:"为了使人们能为实现目标而有效地工作,就必须设计和维持一种职务结构,这就是组织管理职能的目的。"③组织作为因一定目标所组成,用以解决一定问题的人群,是人与社会双向运动的产物,在人类社会的发展过程中发挥着越来越重要的作用。组织是

---

① 《国务院关于加强文化遗产保护的通知》(国发[2005]42 号)。
② 《国务院办公厅关于加强我国非物质文化遗产保护工作的意见》(国办发[2005]18 号)。
③ 转引自周三多、陈传明、鲁明泓编著:《管理学——原理与方法》(第四版),复旦大学出版社 2005 年版,第 385 页。

管理的基本职能,也是现代管理学研究的基本问题。组织建设包括设置必要的组织机构(单位)、建立合理的组织结构、明确组织体系中各类主体的社会分工与角色定位、构建有效的组织运行体制和运行规则等。组织建设是工程项目规划设计的延伸,如果从事工程活动的机构部门不能各司其职,组织职能形同虚设,工程实施就无法落到实处,再周密的规划设计也只能是纸上谈兵。因此,组织建设也是推动工程项目开展的管理机制之一。在城乡档案记忆工程实施过程中,有学者提出要建立以政府为主导、社会广泛参与的组织运作模式,但"政府主导"不能停留在概念层面,它必须通过一定的组织设置、组织运行、组织规则来加以具体落实,从而为城乡档案记忆工程提供基本的组织保证。

(一)城乡档案记忆工程组织建设的重要性

1."有组织活动"是人类群体活动的普遍规律

组织可作为动词,也可作为名词。作为动词,它表示一种有序化的行动安排,即安排分散的人或事使其具有一定的系统性或整体性;作为名词,一般表示按照一定的宗旨和系统建立起来的集体、单位或机构。现代社会学认为组织或社会组织是"为了达到一定的社会目标,执行一定的社会功能而有意识地组织起来,以一个相对独立单位存在的社会群体"。[①]

组织的形成源于人类群体生活的特征和分工合作的需要。人类社会从一开始就过着群体生活,并在群体生活中不断发展进化,逐步形成劳动分工。如社会学家迪尔凯姆所言,"如果我们撇开由时间和空间条件决定的各种分工形式不谈,还会看到一个普遍事实:随着历史的进步,分工也相应地发展起来"。[②] 分工一方面使社会从机械团结走向有机团结;另一方面为了达到分工合作所需实现的共同目标,人们就必须建立具有某种结构关系的系统,规范合

---

① 张敦福主编:《现代社会学教程》,高等教育出版社 2001 年版,第 114 页。

② [法]埃米尔·迪尔凯姆:《社会分工论》,渠东译,三联书店 2000 年版,第 189 页。

作伙伴的行为,使合作在某种"规则"制约下有序进行。这种"具有某种结构关系的系统"就是组织,它的产生则进一步增强了人类的群体能力和活动特征。恩格斯早就说过:"只有一个在其中有计划地进行生产和分配的自觉社会生产组织,才能在生产关系方面把人从其余的动物中提升出来,正像一般生产管理在物种关系方面把人从其余的动物中提升出来一样。历史的发展使这样的社会生产组织日益成为必要,也日益成为可能。"①今天,组织已成为人类社会存在和发展的最基本最重要的单位,"有组织活动"也已成为人类群体活动的普遍规律。

2. 组织建设是城乡档案记忆工程开展的必然要求

社会工程本质上是指向重大社会问题所采取的有针对性的社会规划和社会行动,它往往涉及社会各个部门、各个方面。比如"农村税费改革"工程,纵向涉及中央人民政府、省(直辖市、自治区)政府、市政府、县(市)政府、乡(镇)政府、村民委员会;横向涉及财政、教育、税务、农业、保险、工商、民政、经贸、商业、金融等多个部门,需要通过建立合理的组织与组织体系,明确社会工程项目建设的主体范围、主体的职责权限,建立相应的工作机制,沟通配合,形成合力,才能推动工程项目的实施。

在与城乡档案记忆工程相关的文化遗产保护工程中,都有对其组织设置、组织建设的要求。如联合国教科文组织在《保护世界文化和遗产公约》中要求各缔约国应视本国具体情况尽力做到:"如本国内尚未建立负责文化和自然遗产的保护、保存和展出的机构,则建立一个或几个此类机构,配备适当的工作人员和为履行其职能所需的手段。"②这一要求在各国的自然遗产、物质文化遗产和非物质文化遗产保护中都有明显的体现,也在一定程度上说明加

---

① [英]卡尔·波普尔:《开放的社会及其敌人》第1卷,陆衡等译,中国社会科学出版社1999年版,第381页。

② 《保护世界文化和遗产公约》,联合国教科文组织大会第十七届会议于1972年11月16日在巴黎通过。

强组织建设对推进城乡档案记忆工程、对保护传承社会记忆的重要意义。

3.组织建设是城乡档案记忆工程有序推进的基本保证

工程哲学认为:"工程活动是集体活动。工程共同体在进行现实的工程活动时,必须采取一定的组织形式和制度形式。"[①]在档案记忆工程中,我们习惯说由档案部门组织领导或组织实施,但细致分析起来,这其中还存在几个问题:一是档案部门具体指档案局(馆)的所有部门和人员全部参与档案记忆工程,还是档案局(馆)的某一部门或某些人员参与档案记忆工程;二是单纯依靠档案部门,是否有能力和力量有序有效开展档案记忆工程,档案部门如何吸收社会力量参与档案记忆工程建设;三是档案部门如何处理好常规工作(或日常工作)与档案记忆工程项目实施之间的关系,如何有效平衡常规工作与记忆工程的协调发展。

城乡档案记忆工程是档案部门工作职能和任务的拓展与延伸,是在档案部门周而复始的"日常工作"之外衍生的适应社会新需求的"项目活动"。一方面,档案部门除非临时性、突击性开展记忆工程活动,一般不可能"一窝蜂""一股脑"地"全体上阵",它必然需采取一定的组织方式,既要处理好常规工作与工程项目的关系,同时也能吸收社会力量参与建设;另一方面,不同于一般的项目活动,档案记忆工程不是一般临时性或周期性项目,它需要保持一种常态,持久开展,这就更有必要建立起有效的组织体系和组织机制,保证工程活动不受干扰。没有有效的组织保证,城乡档案记忆工程只能是"短命工程",热闹一段时间后就会被新的项目所取代,这也是我们一些学者呼吁要加强档案记忆工程组织领导的原因所在。

（二）城乡档案记忆工程组织建设的现状与不足

档案记忆工程开展以来,各地区都在采取各种灵活多样的组织形式,加强

---

① 殷瑞钰、汪应洛、李伯聪等:《工程哲学》(第二版),高等教育出版社2013年版,第17页。

对工程的组织领导和统筹协调。

2006年，大连市启动实施"城市记忆工程"，为了加强档案馆资源建设，市档案局增设了档案征集处，负责重大活动、重大事件和大连市"城市记忆工程"的档案征集；成立了由市档案局牵头，市委、市政府办公厅和发改委、财政局、信息产业局有关负责人参加的市"数字档案馆"建设工作组；成立了由全市档案、教育、史学等专家组成的档案信息开发工作专家咨询委员会；成立了由收藏界人士组成的收藏鉴定专家委员会。[①]

2008年四川省成都市实施"城市记忆工程"，为明确责任，将工程建设落到实处，成都市政府成立由主要领导为组长，有关单位负责人为成员的"城市记忆工程"领导小组，下设办公室，负责筹措落实经费，开展日常工作。同时，聘请熟悉成都历史情况的有关人员组成咨询组，协助开展城市记忆工程工作。领导小组定期召开各区、街道办事处及领导小组成员单位负责人联席会议，部署工作，进行任务分解，推进"城市记忆工程"活动在各辖区全面开展。[②]

2011年，浙江省全面推进"浙江记忆"工程，浙江省及各市、县（区）档案局作为开展"浙江乡村记忆"的主要指导单位，在当地党委、政府的领导下，牵头组织相关涉农、文化等部门，成立指导小组，因地制宜、分步实施，切实加强对各地乡村记忆工程开展的指导和帮扶，抓重点，破难题，确保"浙江记忆"工程顺利开展。

浙江省各乡镇"乡村记忆工程"建设，特别是乡村记忆示范基地的创建工作得到了当地党委政府的重视支持，为创建工作的开展提供了组织、政策、资金等保障。如浙江某市委办发文成立了以市委副书记任组长，宣传、农办、文广、档案、国资等部门及乡镇有关负责人为成员的"乡村记忆示范基地"创建指导小组，工程具体由档案部门组织实施。其组织架构如图8-1所示：

① 大连市档案局：《积极探索城市档案馆资源建设的新思路》，郭红解、邹伟农主编：《城市记忆与档案》，学林出版社2011年版，第155页。

② 刘祯贵：《四川省成都市：实施城市记忆工程，传承历史文脉》，《城乡建设》2008年第6期。

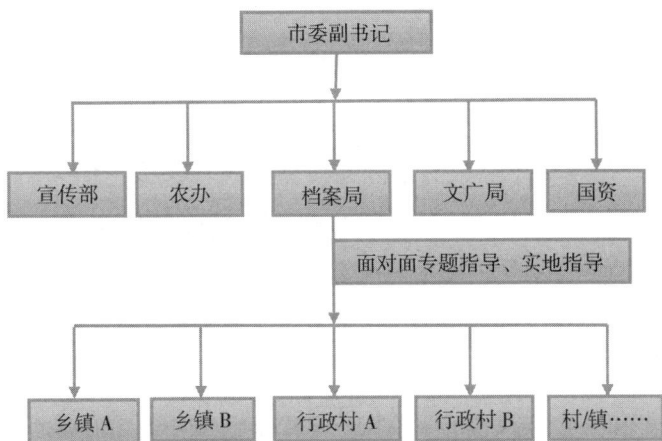

图8-1　乡村记忆示范基地创建指导小组组织架构(以浙江某市为例)①

县档案局分组到各村进行实地指导,牵头组织相关涉农、文化等部门切实加强对示范基地创建的指导力度。自开展乡村记忆基地创建以来,浙江省各地县档案局主动对接,与乡镇、行政村开展面对面专题指导,进一步理清乡村记忆基地建设思路,充分发挥档案的存史鉴今功能,通过利用馆藏主动提供资料、上门指导等方式提前介入,协助各创建村做好档案资料及老照片的收集,同时开通查档利用直通车,加强组织领导。例如,浙江平湖市某村启动"乡村记忆示范基地"工程后,在当地档案部门指导下,成立创建小组(如图8-2所示),通过村民组长会、村民代表会、村党员会进行宣传发动,向村民征集农耕文化、民俗文化的资料实物,村民们积极参与、主动捐献,还为陈列室的布置出谋划策。

在具体实施过程中,浙江各县档案局承担了组织协调、规划设计、全程指导基础设施建设与展示活动、后期测评、具体落实等工作职能;同时依托浙江省开展的"美丽乡村"、农村文化大礼堂等系列创建活动平台,多部门联动,提升乡村文化品位。2013年以来部分市档案局积极与市"三改一拆"办公室、

①　参见金铃:《"浙江乡村记忆"调研报告》,上海大学图书情报专业硕士学位论文,2015年,第25页。

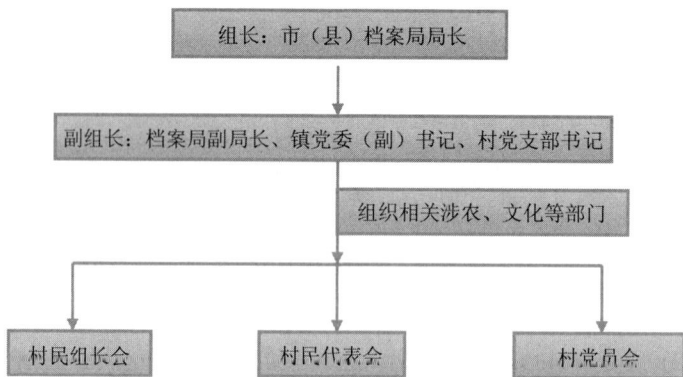

图8-2　平湖市某村乡村记忆示范基地创建小组组织架构

"五水共治"办公室、文化局、摄影家协会等单位开展横向合作,组织人手对乡村传统民俗、旧村改造及非物质文化遗产等进行档案记忆留存,扩大记忆工程的范围和影响。①

城乡档案记忆工程建设的开展,为档案记忆工程的组织建设提供了一定的示范经验。但就总体而言,目前对城乡档案记忆工程组织建设有深度的报道和介绍的还很有限,与文化遗产保护工程相比,档案记忆工程在组织建设上还存在较大差距,具体表现为:①档案部门作为城乡记忆工程建设主管部门的地位未得到确立,各省市分别由不同部门牵头开展城乡记忆工程,各自为政,难以形成合力;②城乡档案记忆工程开展中,工作带有临时性质,一些地方尚处于"抽调人手"阶段,未能建立相对稳定的组织机构,影响到工程的持久开展;③未能建立从中央(国家档案局)到地方(各级地方档案局)分级负责、责任明确、层层落实、运转协调的组织体系和工作机制,各地档案记忆工程组织建设差异较大,体系性较差,影响到工程的普遍推开。

2005年,国务院办公厅在《关于加强我国非物质文化遗产保护工作的意见》(国办发[2005]18号)中明确指出:"要发挥政府的主导作用,建立协调有

---

① 参见金铃:《"浙江乡村记忆"调研报告》,上海大学图书情报专业硕士学位论文,2015年,第26—27页。

效的保护工作领导机制。由文化部牵头,建立中国非物质文化遗产保护工作部际联席会议制度,统一协调非物质文化遗产保护工作。文化行政部门与各相关部门要积极配合,形成合力";2006年,成立了国家非物质文化遗产保护工作专家委员会;2008年文化部设立了非物质文化遗产司,地方各级政府也按国家的部署要求,建立相应的领导机构。国家在"非遗"保护方面的组织措施值得我们借鉴。

（三）城乡档案记忆工程组织类型与体系构建

社会工程主体是在社会工程的决策和实施过程中参与其中并承担一定责任的个人或组织,广义主体包括社会工程的决策者、实施者、承受者、支持者,狭义主体主要为社会工程的决策者和实施者。本部分从管理运行的角度重点考察和分析狭义主体,对工程的承受者、支持者将在第九章"社会支持"中考察。

社会工程学认为,社会工程主体具有整体性、多样性、角色多重性等特点。一方面,社会工程的性质、规模、目标、运行方式、指导思想不同,其主体构成存在很大差别,而且同一角色可由不同的个人或组织承担,同一个人或组织也可以担任不同的角色;另一方面,"社会工程主体体系具有自己的特定结构,这种结构并非单向平面的结构模式,而是立体交叉的模式。这种立体交叉形成一种网状结构,各个责任主体分布在网状结构的各个节点处……表现出特定的对外功能"①。

城乡档案记忆工程量大面广、工作内容复杂,涉及多方面决策与实施的单位、部门和人员,需要建立专门的组织体系和运行机制,加强各相关单位、部门、个人之间的合作与协调。在组织形式上,主要涉及以下几种机构。

---

① 田鹏颖主编:《社会工程哲学教程》,社会科学文献出版社2012年版,第179页。

1. 领导决策机构

领导决策机构是"对其职责范围内的一切重大事情,负有定夺之责,并具有高度的指挥权力的机关"。[①] 领导决策机构的职能是"确立决策目标,制定决策方案,选择最优方案,实施决策反馈"[②]。领导决策机构的具体形式可以为工程建设委员会、部际联席会议或工程建设领导小组等,如我国非物质文化遗产保护的最高领导决策机构即为文化部牵头的中国非物质文化遗产保护工作部际联席会议。我国不少城市在开展城市记忆工程中多采用由市领导牵头(任组长),由市档案行政管理部门、市规划建设管理部门、市房屋土地管理部门、市文化行政管理部门等相关部门负责人为成员的领导小组,全面负责对工程建设的组织领导、统筹规划、宏观管理、综合研判,对重大的管理、技术、业务规范和部门关系协调等进行决策。建立城乡档案记忆工程领导决策机构对发挥"政府主导"作用,具有关键作用。

2. 管理执行机构

管理执行机构是负责执行领导决策机构所作出的重大决定,并对工程项目建设进行组织实施和日常管理的机构。管理执行机构的特点是对上听命于决策领导机构,贯彻其决定、决议和指示,接受工程建设领导小组领导或部际联席会议的指导监督;对下行使行政和业务管理职能,指导和带动下级相应的职能部门或单位开展工作。管理执行机构的职能主要是制定详细的工作计划,筹措并分配项目建设资金;分派项目建设任务,部署并落实项目建设单位与责任人;对项目建设进行日常管理和业务指导,及时收集反馈信息向决策机构汇报;组织工程建设评估、监督,做好工程推进宣传报道等。管理执行机构在很大程度上决定着工程建设的效率和社会影响力。

[①] 潘家义:《组织人事工作实用手册》,广西人民出版社 1990 年版,第 307 页。

[②] 王邦佐、邓伟志编:《大辞海·政治学·社会学卷》,上海辞书出版 2010 年版,第 315 页。

一般而言,参与工程建设委员会、部际联席会议或工程建设领导小组的成员单位都是工程建设的管理执行单位,都有承担完成工程建设任务的职责;但在不同类型的工程建设中,有的属于工程建设的主要完成单位,有的属于工程建设的协助单位。就城乡档案记忆工程而言,各级档案局是工程建设的牵头部门,因此,工程建设的管理执行机构主要是档案局。不过,在有些地区,工程建设委员会或领导小组本身是由档案局自行建立的,则管理执行机构为档案局的各职能部门。在我国"非遗"保护中,确立文化部为"非遗"保护的主管机关,在文化部设立非物质文化遗产司作为专门管理机构,这是一项很有效的组织制度设计。

3. 建设实施机构

如果把管理执行机构比喻为工程建设中的项目部,那么建设实施机构就是工程建设中的施工队或承建人,是工程建设的业务执行组织,具体一点说,就是城乡档案记忆工程中开展档案记忆资源收集、积聚、开发、展演和记忆场馆建设等具体事务的单位和人员。

城乡档案记忆工程的建设实施机构涉及面较广,凡是参与工程建设的单位都是建设实施机构,概括起来大体可分为三类:①档案馆、档案室。档案馆室作为档案(记忆)资源的储存、保管机构,始终是城乡档案记忆工程的主要实施者,承担着各项具体的档案记忆资源收集、积聚、开发、展演等工作。②乡镇政府或乡村社区。城乡档案记忆工程保护传承的对象是乡村记忆(资源),因此其建设重点在乡村乡镇,其实施单位涉及乡镇政府及其下属机构、乡镇街道居民委员会、行政村村民委员会等,都不同程度地承担乡村记忆资源收集、保管、开发、展演的任务,特别是乡村记忆场馆建设的任务。③文化机构。乡村图书馆、文化馆、博物馆、文化遗产保护中心等,也是城乡档案记忆工程建设的实施者或主要合作伙伴,需要协调行动。

4.咨询评议机构

咨询评议机构包括咨询机构、评估(监督)机构。咨询机构是城乡档案记忆工程的决策咨询机构,是领导决策的辅助机构和智囊团,其具体形式可以称专家委员会或专家咨询委员会,一般由档案学、历史学、博物馆学、图书馆学、情报学、建筑学、社会学、信息技术等相关领域的专家组成,其主要职责是协助领导决策机构负责城乡档案记忆工程工作规划、实施方案、标准规范、技术路线、项目风险等重大问题的决策论证,为决策提供咨询。

评估机构或评估监督机构是对城乡档案记忆工程的建设成效进行评估和监督,一方面对管理执行机构的执行力度和执行方式、执行效果进行考核、督查;另一方面对建设实施单位的建设进展、建设成果等进行考核、督查,为工程项目的推进、验收、评比、表彰等提供依据。评估监督机构一般也采取专家委员会的形式,由政府部门、社会组织和村民等联合组成评估监督专家组,开展督查。

咨询评议机构一般直接受工程建设委员会或工程建设领导小组领导,对档案记忆工程的科学规划、规范运行和强力推进具有重要作用。

以上四类机构是从类型学的角度对城乡档案记忆工程的组织设置和组织形式的考察,实际工作中不同层级、不同地区在具体设置上会采用不同方式。城乡档案记忆工程组织建设需要在机构设置、结构层次和权责分配上形成体系,并形成网状结构,为城乡档案记忆工程推进提供合理、科学、高效的组织架构。

(四)档案记忆工程组织建设应注意的问题

城乡档案记忆工程在组织建设上需要根据自身特点,注意以下问题。

1.强化档案部门的主体地位与主管责任

在乡村记忆保护传承中,档案部门参与、融入"文化遗产"保护,做好文化遗产档案管理,固然有其积极作用,但仅此还远远不够,我们需要搭建自身的建设平台——城乡档案记忆工程,在新型城镇化建设中彰显"色彩",凸显自身作为独立的城乡社会文化建设者、乡村记忆存储系统建构者、乡村记忆保护传承探索者的主体地位和主体能力。我们一定要认识到,在新型城镇化建设中,我们不是旁观者,而是建设者,有能力担负起保护传承乡村记忆的历史重任。这是档案部门的优势,也是档案部门的责任。

不仅如此,我们还要明确并逐步实现自身在城乡档案记忆工程建设中的主管责任,并通过多途径加以实现:如确立档案局为城乡档案记忆工程部际(门)联席会议牵头人;将工程建设委员会或工程建设领导小组办公室设在档案局内;档案局成立"城乡档案记忆工程"司(处、科);各级档案局认真履行档案记忆工程管理执行责任,并为工程建设的推进积极建言献策,等等。

在发挥主体地位和主管责任的过程中,县档案局在档案记忆工程组织体系中处于承上启下的枢纽地位。它既是城市与乡村的联结,也是上级档案领导部门与乡镇基层单位的联结,往往充当决策领导机构、管理执行机构、建设实施机构三位一体的角色,是档案记忆工程组织建设和体系完善的关键,需要重点发挥作用。

2. 注重组织形式的灵活多样

管理学认为组织设计应具有一定的弹性,即"组织的各个部门、各个人员都是可以根据组织内外环境的变化而进行灵活调整和变动的"。[①] 弹性的组织结构可以减小组织变革所造成的冲击和震荡,也可以加强组织内外的协调和沟通。领导决策、管理执行、建设实施、咨询评议四类机构是从档案记忆工程建设的管理与实施职能角度对组织的划分,在实际设置上可以采取多种灵活的措施和形式,做到稳定性与适应性的统一。一是正式组织与非正式组织

---

① 周三多主编:《管理学》,高等教育出版社 2006 年版,第 154 页。

相结合。非正式组织是基于共同兴趣和爱好,以共同的利益和需要为基础自发形成的群体,是正式组织的有益补充。在城乡档案记忆工程中,对决策、实施、咨询、评议、监督等工作都可以采取一定的非正式组织形式,在工程建设中发挥凝聚人心、沟通协调和信息传递等作用。二是常设机构与非常设机构相结合。非常设机构是为完成某一方面或某项业务的组织协调工作而成立的临时性机构,包括专门的委员会、领导小组、办公室、调查组等,能够弥补常设机构人员力量不足、灵活性不高的问题。在档案记忆工程中,以各级档案部门为常设机构,是实现工程管理的基本组织保证;同时与其他部门合作成立创建工作指导顾问小组、创建工作实施小组,创建工作监督验收组等非常设机构,可以协同推进档案记忆工程顺利开展。三是实体组织与虚拟组织相结合。虚拟组织是无形组织,是基于网络环境形成的"兴趣社区",通过网络组织可以充分利用现代网络优势,广泛吸收社会力量参与档案记忆工程建设,提高工程的社会参与度。

3. 加强工程建设的管理与实施团队建设

波普尔说:"社会建构好比堡垒。它们不但要设计得好,而且要恰当配备人员","成功与否在很大程度上依赖于人的创造性和知识"。[①] 城乡档案记忆工程组织建设不仅涉及组织结构和组织体系的设计,也需要相应的人员队伍建设,通过组建工程建设团队,提高组织的生命力和战斗力。美国现代项目管理专家蒂莫西·J.克罗彭伯格(Timothy J.Kloppenborg)指出:项目团队的组建是"获得完成项目所需的人力资源的过程";是"提高团队成员的能力及其合作以提高项目绩效的过程"。[②]

作为一种非正式组织,团队能够协同管理过程设计或问题解决、促进跨职

---

① [英]卡尔·波普尔:《历史决定论的贫困》,杜汝楫等译,上海人民出版社 2009 年版,第52 页。

② [美]蒂莫西·J.克罗彭伯格:《现代项目管理》,戚安邦等译,机械工业出版社 2010 年版,第 234—236 页。

能的沟通理解、增强对变化的反应能力、提高组织的知识创新能力。日本学者野中郁次郎(Ikujiro Nonaka)认为知识创造的关键是把内隐知识转换为外显知识,而隐性知识存在于个人、组织之中,需要加以激活和组织,这就需要形成沟通网络(团队),把组织的知识凝练起来。

档案记忆工程推进中,通过组建工作团队、创新团队、资源团队、开发团队等,把领导决策、管理执行、建设实施、咨询评议等工作职能和任务协同到团队中,综合实施和推进,能够提高档案记忆工程建设成效,增强团队成员的满足感和认同感。如美国当代管理大师彼得·圣吉(Peter Senge)在《第五项修炼》所言:如果一个团队能够真正凝成一体,由此带来的体验将是一个人职业生涯中的亮点。

4. 建立有效的组织运行规则与工作机制

组织是与规则联系在一起的,有组织必然就存在组织规则。"组织"作为动词,本身就是有序化、系统化、结构化、规则化的过程。

为有效地组织成员活动,完成组织目标,每个组织都有其严格的规章制度,规定组织的性质、职能、管理方式、工作要求,成员的权力与义务、分工合作关系、行为准则和奖惩手段等;同时,作为社会复杂分工系统中的一个结点,组织还需要明确自身在组织系统中的定位,协调好同上下级的关系,并遵循社会普遍的法律法规。组织围绕自身和社会的规则有序运行,采取各种有效的措施开展工作活动,就构成组织的工作机制,如领导机制、决策机制、评估机制、奖惩机制、协调(商)机制、监督控制机制、资源投入机制、风险防控机制等。

在城乡档案记忆工程建设中,各地区都在探索建立推动记忆工程深化的工作机制,如武汉市武昌区在开展"城市记忆工程"建设中,提出建立工作分配机制、工作奖励机制、工作评价机制、工作约束机制;再如,在有些地方的档案记忆工程中采取"联席会议制",既是一种组织形式,也是一种领导机制、决策机制和协调机制。"通过召开联席会议的方式来商讨和解决行政主体间社会治理中的问题,已成为当前各行政主体的常见做法。"①

　　建立有效的组织运行规则和工作机制有利于保持档案记忆工程建设的良性高效运行。组织运行规则和工作机制涉及内涵十分广泛,与城乡档案记忆工程推进中的其他管理机制密切关联,后面的讨论也与此有关。

三、城乡档案记忆工程推进的制度完善

　　制度是维系社会秩序稳定和社会良性运行的根本要素之一,它不仅是社会学、经济学、政治学、管理学等学科关注的重要问题,也是工程哲学和工程社会学关注的重要问题。田鹏颖认为,"制度是维系社会存在和发展的内在机制:没有制度就没有所谓社会","制度是社会工程设计的核心内容"。② 从人类社会漫长的发展历程中,我们能越来越深刻地感受到制度的意义,特别是在现代社会的发展和演化进程中,制度更是占据着举足轻重的地位。"制度建设和制度化是现代社会的一个重要特征。"③在城乡档案记忆工程建设中,加强制度设计和制度建设,建立健全各项规章制度,探索构建完善的制度体系,是优化城乡档案记忆工程管理运行机制的内在要求,也是推进档案记忆工程走向法制化、规范化、常态化轨道的必由之路。

(一)城乡档案记忆工程制度完善的重要性

　　制度或社会制度是一定的社会关系及其模式和规则,是社会行为的规范体系。一切社会制度都是历史的产物,都是人为主观建构的产物,是人类进行制度设计和制度建设的重要成果。新制度主义代表人物道格拉斯·C.诺斯(Douglass C.North)指出:"制度是为人类设计的、构造的政治、经济和社会相

① 刘东辉:《行政联席会议制度刍论》,《人民论坛》总第 387 期,第 34 页。
② 田鹏颖主编:《社会工程哲学教程》,社会科学文献出版社 2012 年版,第 149、146 页。
③ 张敦福主编:《现代社会学教程》,高等教育出版社 2001 年版,第 130 页。

互关系的一系列约束,是人类设计出来的形塑人们互相行动的一系列约束。"①制度设计和制度建设是"一定社会中的人根据具体的社会历史条件,以某一种或某些社会科学理论为前提,按照既定的社会目标构建一种新的行为规范和准则体系,以规范人与人之间的社会关系,维系一定社会秩序的实践理性活动"。② 制度设计和制度建设是一个不断制度化的过程,也是制度或制度体系不断强化、不断完善的过程。

"没有规矩,不成方圆。"制度是社会的"游戏规则"和行为准则,具有行为规范、行为导向、社会整合、传播和创造文化等功能,是(社会)工程设计、工程实施、工程运行、工程管理中的结构性要素。城乡档案记忆工程建设离不开制度设计和制度建设,建立完善的制度体系十分必要。

1. 保证城乡档案记忆工程的规范建设与良性运行

吴现立在研究工程规则和工程制度时将工程规则分为三类:第一类规则是工程建设领域内物与物之间的有秩序联系,关注的是工程技术问题,无需借助社会力量来实施;第二类规则是工程建设领域内人与物之间的有秩序联系,关注的是工程参与者与工程之间的关系问题,主要涉及所有权关系、使用权关系和人对物的有限的改造关系,人们可以借助自身的利己性努力加以实施;第三类规则即工程制度,是工程建设领域人与人之间有秩序的联系,关注的工程参与者之间的关系问题以及工程参与者与其他社会主体的关系,必须通过某种社会力量——即工程制度来保证其实施。"制度是一种保证规则得到遵循的社会力量。"③浙江临安市档案局姜纪云在谈到"浙江记忆工程"时,从实践的角度提出"健全相关规章制度是实施浙江记忆工程的必要保障"。他指出"浙江记忆工程是一个系统工程,涉及到社会生活的各个方面,某一方面工作

---

① ［美］道格拉斯・C.诺思:《制度、制度变迁与经济绩效》,刘守英译,上海三联书店 1994 年版,第 64 页。

② 田鹏颖主编:《社会工程哲学教程》,社会科学文献出版社 2012 年版,第 152 页。

③ 吴现立:《工程哲学》,郑州大学出版社 2013 年版,第 81—136 页。

不到位,就会制约甚至影响整个工程项目的进行,可以说是牵一发而动全身。档案文化建设需要科学制度的保障,规范化、法制化、秩序化的文化市场更需要规章制度的保障,档案工作离不开依法治理,实施浙江记忆工程更少不了规章制度的保障"。①

2. 总结凝练乡村记忆保护传承的经验和智慧

制度或自然生成,或人为制定,其形成都以社会实践为基础,是对人类活动经验和智慧的总结和凝练。殷瑞钰在谈到"设计规范"时指出,"设计规范的制订往往都是凝结了许多实验结论、实验经验甚至惨痛教训的结果"②。我国《非物质文化遗产法》的起草制定,采取的是"先地方、后中央"的模式——"地方省政府先因地制宜制定地方性法规,摸索积累经验,然后在地方立法的基础上,制定相关行政法规和部门规章,最后制定全国性法律";而"国家政策法规的出台反过来引导各省、自治区、直辖市制定地方性保护法规,从而形成立体、多层次的非物质文化遗产法律保护体系,使非物质文化遗产保护工作能更加规范地运行"。③ 城乡档案记忆工程中,通过建章立制,完善制度体系建设,既是对我们已有做法、措施的总结、提炼和固化,也是对我们保护传承乡村记忆经验和智慧的提升与推广。通过制度化和再制度化,使我们的做法和措施得到合理性确认,也使我们的经验和智慧得到社会的肯定和应用。

3. 增强乡村民众参与乡村记忆保护传承的文化自觉

制度具有强制性,无论何种制度,一旦形成,就会产生一定程度的强制性,强迫人们使自己的行为合乎行为规范,遵从制度。制度在发挥规范约束功能

---

① 姜纪云:《关于实施"浙江记忆"工程的几点思考》,韩李敏主编:《浙江省档案学会论文集——浙江记忆理论与实践》,中国文联出版社 2013 年版,第 61 页。

② 殷瑞钰、汪应洛、李伯聪等:《工程哲学》(第二版),高等教育出版社 2013 年版,第 184 页。

③ 陈平主编:《中国非物质文化遗产发展报告(2015)》,社会科学文献出版社 2015 年版,第 10 页。

的同时,也具有其行为导向功能,它通过权利和义务的规定性系统确定个人的地位和角色,为人们提供思想和行为模式、行动动力和行动方向。制度设计和制度建设一方面传达了人们在行动中应该如何做、怎样做,另一方面也突显出制度规范对象的重要性,制度化过程也即是对规范对象认识提升的过程。因此,制度的强制性并非就是被动的强制性,也可以是主动的强制性,即社会民众通过提高对制度规范对象和规范要求的认识,而达到对制度自觉自愿的遵守,我们经常说加强对法规制度的学习,就意味着要提高人们对法规制度的认识和遵守的自觉性。在城乡档案记忆工程中,通过制度设计和制度建设,可以向乡村民众表明档案记忆工程在当代社会发展中的必要性以及乡村记忆保护传承的重要性,使乡村记忆保护传承成为乡村民众自觉的行为准则。

4.整合协调乡村记忆保护中的各种社会力量

制度具有社会整合功能,能够协调社会行为,调适人际关系,发挥社会组织和社会团结作用,清除社会运行障碍,建立良性的社会运行秩序。因此,社会学把社会制度视为社会结构的重要组成部分。城乡档案记忆工程的推进是着眼于我国新型城镇化发展的系统性工程,需要调动不同领域、不同类型的社会资源和社会力量,涉及政府部门、企事业单位、社会团体和乡村社会等多方面工程主体的共同参与,只能依靠制度的力量来整合协调。通过制度设计和制度建设,明确各参与主体的职能、责任、权利、义务关系,协调不同参与主体的利益目标和行为要求,使各工程主体有规可依,才能凝聚共识和力量,目标一致,相向而行,推动乡村记忆保护传承向纵深发展。

(二)城乡档案记忆工程制度建设的现状

制度是普遍存在的,一切有组织的活动都必然存在规则、存在制度,但在不同领域、不同的活动中,制度的科学性、合理性和完备性存在着巨大差别。

在城乡档案记忆工程中,档案部门也在探索建立相关的制度规范,保障并推动记忆工程建设的发展。如成都市在开展城市记忆工程建设中,通过建章立制,建立"城市记忆工程"长效管理机制。包括:健全实施"城市记忆工程"管理法规,理顺"城市记忆工程"管理体制,明确实施措施、保护原则,使工程实施步入法制化轨道;与城市规划有机结合,制定《成都市城市记忆保护规划》,明确要求档案部门提前介入指导,将城市改造片区的原貌照片、影像资料等完整地记录保存下来;设立成都"城市记忆"奖励基金,对"城市记忆"中做出贡献的单位和个人给予表彰和奖励。① 大连市在城市记忆工程建设中,为保证档案资源建设工作的顺利开展,建立了档案资源建设的制度机制。以国家档案局《机关文件材料归档范围和文书档案保管期限规定》颁布实施为契机,扩大对机关档案的接收范围,把各机关包括行政执法、行政审批、产权关系、公民权益类多种门类、多种载体的档案列入了接收范围;以市委、市政府办公厅名义下发《关于进一步加强档案工作的意见》《关于做好重大事项档案资源收集和移交工作的通知》等,加大档案资源建设力度;在大连市"数字化档案馆"实施过程中,制定了《大连市文书档案目录数据交流标准》等 10 个档案信息化建设标准和操作规程,在制度上为档案资源建设提供保障。②

浙江省在开展乡村记忆示范点建设中,也建立了多项管理制度。①建立完善领导制度,成立记忆工程示范基地活动及管理工作领导小组,并分别配备一名管理员(原则上由宣讲文化员兼)负责乡村记忆示范基地日常管理等工作。②建立宣传通知制度,加强对文化大礼堂以及乡村记忆示范基地学习活动、文化体育活动的安排、通知和宣传。③建立财务保障制度,村委会每年拨付一定资金用于文化大礼堂活动以及乡村记忆示范基地活动,专款专用。④建立定期培训制度,各区每年为文化大礼堂、乡村记忆示范基地所在村、乡镇

---

① 刘祯贵:《四川省成都市:实施城市记忆工程,传承历史文化》,《城乡建设》2008 年第 6 期。

② 大连市档案局:《积极探索城市档案馆资源建设的新思路》,见郭红解、邹伟农主编:《城市记忆与档案》,学林出版社 2011 年版,第 159—160 页。

（街道）相关工作人员举办 1—2 期业务培训和观摩交流等活动,镇乡（街道）文化站为文化大礼堂、乡村记忆示范基地建设村搭建培训平台。[①]

但就目前的调研和媒体报道情况看,城乡档案记忆工程制度设计和制度建设还相当薄弱,没有相关的行政法规和行政规章,成文性规章制度所见不多。许多制度还处于经验性做法阶段,没能上升到正式制度层面,反映出城乡档案记忆工程制度设计与制度建设的必要性和紧迫性。正因如此,一些档案实践部门工作人员在积极呼吁加强政府立法。浙江省杭州市余杭区档案局高建华指出:开展以记录城市发展、社会风貌和百姓生活为重点的城市记忆工程已得到社会和大众的认可。但无论是继续开展"城市记忆工程",还是保护城市记忆文献资料,都需要政府立法,明确档案部门为实施"城市记忆工程"的主体,并赋予相应的责任,让档案部门能深入城市规划、改造、建设中发挥好主动记录的职责,全方位反映一个城市的变化和生长。[②] 这一看法虽然是就城市记忆工程提出来的,但同时也关涉到乡村记忆工程。

（三）城乡档案记忆工程制度形式与体系构成

制度具有多样性、层次性和体系性,是一个多层次的复杂系统。传统意义上的制度多指成文性、正式性的制度,其中法律法规是其最典型的体现。20世纪 70 年代后,随着新制度主义的兴起,人们将视野延伸到非正式制度方面。诺斯指出"制度是一个社会的游戏规则,更规范地说,它们是为决定人们的相互关系而人为设定的一些制约"。[③] 他将制度分为三种形式,即正式规则、非正式规则和这些规则的执行机制。正式规则即正式制度、正式约束,是各种社会组织按照一定目的和程序有意识创造的规约,包括成文法和契约等;非正式

①　金铃:《"浙江乡村记忆"调研报告》,上海大学图书情报档案系图书情报专业硕士学位论文,2015 年,第 36—37 页。

②　高建华:《关于"城市记忆工程"的几点思考》,韩李敏主编:《浙江省档案学会论文集——浙江记忆理论与实践》,中国文联出版社 2013 年版,第 47 页。

③　[美]道格拉斯·C.诺思:《制度、制度变迁与经济绩效》,刘守英译,上海三联书店 1994年版,第 3 页。

规则即非正式制度、非正式约束，是社会实践中约定俗成、共同恪守的行为准则，包括价值信念、风俗习惯、文化传统、道德伦理、意识形态等；实施机制是为确保上述规则得以执行的相关制度安排。① 了解制度形式或类型对我们理解制度完善与组织工作机制的关系、探讨城乡档案记忆工程建设中的制度设计和制度建设，以及思考如何运用非正式制度的力量推进档案记忆工程等均具有基础认识作用。

基于对制度的不同理解，人们往往将制度分为三个层次。第一层次是指社会形态或社会体系意义上的制度，是以整个社会作为自己的实体，只是在区别人类社会不同发展阶段和不同性质时使用。第二层次是指社会中的具体制度，是对制度的中观分析，如经济制度、家庭制度、政治制度、法律制度、宗教制度和教育制度等。它们以具体的组织机构、制度设施作为自己的实体，常在分析不同的社会关系和研究不同生活领域中的问题时使用。第三个层次是指那些更为具体、细致的行为要求，如考勤制度、值班制度、奖惩制度、考核制度、门诊制度、公司守则等。它们是一些具体社会单位中的行为规范和行为模式，常在讨论办事的方法和评价个人的行为时使用。② 制度的三个层次既是对制度体系的一种构建，也是对制度形式的一种解读，对我们在城乡档案记忆工程建设中在哪个层次上开展制度设计和制度建设、具体制定什么形式的制度等都具有指导和启发意义。

在正式制度中，从法律效力上看，我们可以把制度分为宪法和法律、行政法规、行政规章、各种具体的规章制度和管理办法四个等次。在文化遗产保护和非物质文化遗产保护中，现已基本建立了四个等次的制度。如在非物质文化遗产保护方面，制定的法律有《非物质文化遗产法》（2011）；行政法规有《国务院办公厅关于加强我国非物质文化遗产保护工作的意见》（国办发[2005]18号）；行政规章有《文化部关于国家级非物质文化遗产保护与管理暂行办

① ［美］道格拉斯·C.诺斯：《制度、制度变迁与经济绩效》，参见田鹏颖主编：《社会工程哲学教程》，社会科学文献出版社2012年版，第146—147页。

② 参见张敦福主编：《现代社会学教程》，高等教育出版社2001年版，第133页。

法》(中华人民共和国文化部令第 39 号,2006)、《文化部关于加强非物质文化遗产生产性保护工作的指导意见》(文非遗发[2012]4 号)及各省市非物质文化遗产保护条例等;管理办法有如《江苏省非物质文化遗产代表性传承人命名与资助暂行办法》等。2013 年,文化部非物质文化遗产司主编出版了《非物质文化遗产保护法律法规资料汇编》,全面收录 115 个从国家到地方的法律法规及相关文件,可见在"非遗"保护领域,法规制度体系已较为完备。在城乡档案记忆工程建设中,虽然也有人呼吁要予以立法,但从现实情况看,我们认为制定专门法律或由国务院出台相关行政法规,目前条件似乎还不具备,也无必要。我们可以从实际出发,在总结经验的基础上,研究制定部门或地方行政规章,完善操作层面的规章制度和管理办法。

"任何制度都不能单独存在,必须与其他不同层次的制度相配合,形成一套行之有效的制度体系。"①在城乡档案记忆工程制度体系完善中,从制度内容上看,我们可以思考三方面建设。

一是组织制度建设。组织制度建设既是组织建设的内容,也是制度建设的内容。组织和制度都是社会设置,既彼此独立,又彼此关联。组织有时被视为制度(社会学、人类学中),制度有时也被视为组织。霍奇逊(Geoffrey. M. Hodgson)就曾将社会制度定义为"通过传统、习俗或法律约束的运作而趋向于造成持续的、常规化的行为模式的社会组织"。② 组织必然需要建立制度,以作为组织的"黏合剂"。"如果没有一定的制度作为'纽带'或'维系',那就只有一盘散沙的许多个人,而没有任何组织或集体可言,于是组织或集体也就与制度有了'不解之缘'。"③在城乡档案记忆工程建设中,我们需要加强组织制度建设,以明确各工程建设主体职权职责以及权利义务关系,特别是要明确档案部门在城乡档案记忆工程建设中主体地位与主管责任。

二是工作制度建设。工作制度与工作机制密切关联。工作制度强调工作

---

① 张敦福主编:《现代社会学教程》,高等教育出版社 2001 年版,第 131 页。
② 李伯聪:《工程哲学引论——我造物故我在》,大象出版社 2002 年版,第 231 页。
③ 李伯聪:《工程哲学引论——我造物故我在》,大象出版社 2002 年版,第 224 页。

中的规范,是工作开展的依据;而工作机制强调使工作有序开展、组织有效运行的做法,或者根据工作制度来设置,作为制度执行的机制;或者体现出非正式制度的特点。因此,工作机制也可称为工作制度或制度机制。城乡档案记忆工程建设中,在加强组织制度和组织工作机制建设的同时,还需要我们加强对工程统筹协调规划,以及对乡村记忆资源有效积聚、开发、展演和对记忆场馆建设方面的制度设计与制度建设,使工程建设法制化、规范化、常态化。其中,技术规范是工作制度的重要内容,我们将在"技术支持"中阐述。

三是保护制度建设。即明确社会组织和个人(或公民、法人和其他组织)对乡村记忆保护传承的责任和义务。对乡村记忆的保护传承不仅仅是政府或部分社会组织的责任,也是全社会的责任。在城乡档案记忆工程法规制度建设中,除了对工程参与主体(特别是档案部门、文化部门和乡村基层组织)提出要求外,对普通的社会组织和社会民众也需要提出保护传承乡村记忆要求,鼓励和支持广大民众参与乡村记忆保护传承行动,同时对不利于乡村记忆保护传承的行为加以制约制止。

(四)城乡档案记忆工程制度完善的策略性思考

1. 整合乡村记忆保护传承的制度资源

新世纪以来,党和国家对传统文化保护极为重视,围绕文化遗产、非物质文化遗产、传统村落保护等颁布了一系列法律法规,加强对传统文化(遗产)的保护,如《中华人民共和国文物保护法》《中华人民共和国非物质文化遗产法》《国务院关于加强文化遗产保护的通知》(国发〔2005〕42号)《国务院办公厅关于加强我国非物质文化遗产保护工作的意见》(国办发〔2005〕18号)、中共中央办公厅和国务院办公厅印发的《关于实施中华优秀传统文化传承发展工程的意见》(中办发〔2017〕5号),文化部、财政部联合发布的《关于实施中国民族民间文化保护工程的通知》(文社图发〔2004〕11号),文化部发布的《关于加强非物质文化遗产生产性保护的指导意见》(文非遗发〔2012〕4号),

住房和城乡建设部、文化部、国家文物局等联合发布的《关于切实加强中国传统村落保护的指导意见》(建村[2014]6号),农业部办公厅印发的《关于加强和改进新形势下农业档案工作的实施意见》(农办发[2015]45号)等;同时我国地方各级政府也颁布了相应的地方性配套法规制度,形成了我国传统文化遗产保护的法规制度体系。如前文所述,我国传统社会是农业社会、乡土社会,传统历史文化的根基在乡村,国家和地方对传统历史文化遗产保护的法律法规,都与乡村历史文化保护传承有着紧密的关联,也是我们思考完善乡村记忆保护传承的制度基础,需要我们加以消化吸收,形成乡村历史文化保护传承的制度对接和制度延伸。

2. 发挥乡规民约的文化规约功能

乡规民约,简称"乡规"或"社约",是中国基层社会区域范围内或一定组织中社会成员共同制订并遵守的一种社会行为规范,具有规约、互助、奖惩等功能。在我国传统社会中,乡规民约的形式和内容纷繁多样、丰富多彩,涉及对山场农田的保护、水利设施的兴修与维护、乡村社会中经济事务规则、乡村或宗族教育的维持与发展、宗族族产与坟墓禁约、议事合同、会社规约、禁赌公约等,几乎囊括了"乡村社会和地域群体之间所有的社会关系,包括组织与个人以及群体与个体之间的关系、日常生活安排、道德伦理规范的维系与约束、成员之间权利与义务的规定,以及违犯规约的处置等"。① 各种乡规民约构成"一张看不见又挣不脱的大网",维系和控制着各种社会利益关系的平衡稳定。乡规民约中有许多乡村文化传统保护的内容和成分,如对族谱编修与家法族规的制定,在古代乡村社会中都被视为立守法、兴礼义、出姓氏之统、彰祖宗之德的头等大事来对待,"族之有谱犹国之有法,国无史不立,族无谱不传"(《盘川王氏族谱·凡例》)。族谱编修和族规制定,既维护了家族传统的内在统一性,"千载谱系,丝毫不紊",也使家族记忆得以延续。再如关于迎神赛会

---

① 卞利:《明清徽州社会研究》,安徽大学出版社2004年版,第273页。

的《会规》、关于祠堂、水口、图籍、地契等保存保护的规约,对乡村历史文化也起着重要的保护传承作用,是乡村记忆的内生性传承力量和制度资源。在城乡档案记忆工程推进中,我们可以合理吸收利用乡村社会乡规民约中积极因素,将乡村记忆保护传承变成民众的自觉行动。

3. 注重档案工作的制度创新

城乡档案记忆工程作为记录和反映乡村社会变化、满足社会转型发展时期人们乡愁情感的社会工程,不能成为"见光死"的短命工程。我们探讨城乡档案记忆工程的推进机制,就是要推动档案工作制度创新,使档案记忆工程建设走向制度化。

在探讨城市记忆工程建设和发展中,有学者表示要"努力完善城市记忆建构、传承、保护等相应机制与规范,加强规划指导,从而及时将正在形成的城市记忆或者行将形成的多维度的城市记忆纳入常态化的档案工作体系、档案资源建设体系之中……以免后人重走我们今天正在走的路"。[1] 武汉市档案局在总结城市记忆建设时也谈到:城市的发展变化表现在日积月累的过程中,开展"城市记忆工程"也必须保持一种常态,按照城市发展的脉络开展这项工作。在初步完成了突击性的工作之后,需要把这项工作纳入日常的工作之中。[2] 这些观点和经验启示我们,建立城乡档案记忆工程的长效推进机制,需要我们检视并突破档案工作原有的制度缺陷,处理好突击性开展活动与日常性开展活动的关系,以制度创新和制度完善推进工程行动与日常工作的深度融合。

4. 形成上下结合的制度推动

田鹏颖认为,社会工程创新具有三种运行方式:一是自上而下的运行方

---

① 薛匡勇:《城市记忆工程及其走向探析》,《浙江档案》2012 年第 12 期。

② 武汉市档案局:《"城市记忆工程"活动的做法与思考》,郭红解、邹伟农主编:《城市记忆与档案》,学林出版社 2011 年版,第 176 页。

式,即工程活动以政府为主体,由政府发起、推动、组织其他社会实践主体共同进行社会工程创新活动;二是自下而上的运行方式,即工程活动以社会大众为主体,由社会民众自发地或有组织地提出创新思路,进行工程创新;三是上下结合的运行方式,即由专家学者提出社会工程创新的理论、观念,经自下而上地向政府宣传渗透,自上而下地向社会传播教育,形成社会性的社会工程创新。① 社会工程制度建设与制度创新必然渗透在社会工程的创新实践中,作为社会工程创新的主要内涵,表现出上述三种运行方式。从城乡档案记忆工程创新实践看,目前主要还是由政府部门(档案部门)在发起、推动与组织实施;同时从社会行动性质看,也有部分社会民众在自发组织开展相关乡村记忆保护传承活动,部分专家学者在开展相关乡村记忆保护传承研究工作。在城乡档案记忆工程推进的制度完善中,需要促进政府部门(档案部门等)、乡村基层组织、社会大众和专家学者之间的上下联动,在吸收基层组织、民众和学者思想、经验和智慧的基础上,政府部门特别是国家和省市档案部门要做好制度设计与推广实施工作,共同推动记忆工程的深度开展。

四、城乡档案记忆工程推进的技术支撑

科学哲学家波普尔指出:"尽管'工程'这个词会带来有异议的联想,但我还是用'渐进的社会工程'来描述渐进技术结果的实际应用。这个词之所以有用,乃是因为需要有一个适用于各种社会上活动的词(私人的活动和公众的活动),这些活动要实现某个目的就得自觉利用一切可以得到的技术知识。"②技术不仅是工程建设的基本要素和基本手段,也是关系工程"能力体系的问题"。它"总是与工程的效率、速度、质量等范畴联系在一起"③,是决定

① 田鹏颖主编:《社会工程哲学教程》,社会科学文献出版社 2012 年版,第 269—271 页。

② [英]卡尔·波普尔:《历史决定论的贫困》,杜汝楫等译,上海人民出版社 2009 年版,第51 页。

③ 殷瑞钰、汪应洛、李伯聪等:《工程哲学》(第二版),高等教育出版社 2013 年版,第105—106 页。

工程效率、速度、质量和水平的关键因素,对工程建设具有重要的支撑作用。无论是自然工程还是社会工程,虽然都将目的置于技术领域之外,但在分析和思考工程建设推进中都不可能将技术排除在外,都需要充分认识、把握和运用技术手段来推动工程的创新发展。联合国教科文组织将科学技术作为保护保存世界文化和自然遗产的重要措施①,在城乡档案记忆工程建设中,我们也需要充分认识技术的支撑作用,积极探求现代信息技术的应用与创新,推动档案记忆工程建设质量更好、水平更高。

(一)城乡档案记忆工程技术支撑的重要性

1.技术是人类开展工程活动的基本要素

技术或科学技术是人类为满足社会发展需要,运用科学知识,在改造、控制、协调多种要素的实践活动中所创造的劳动手段、工艺方法和技能体系的总称,是人工自然物及其创造过程的统一。技术包括三个相互联系的方面,即技术的操作形态、实物形态和知识形态。其中操作形态是主体的主观技术,如技能、手艺、智能、经验、方法、步骤等,是实施技术操作的特定主体开展技术活动的全部过程;实物形态是客观的技术存在物,如工具、机器、生产线等,是技术活动得以实现的物质手段及客观条件,它与人类劳动一起共同组成生产力的实在要素,是技术发展水平的最直观、最生动的体现;知识形态是现代技术的基本组成部分,是区别于早期经验技术的一个重要标志,它是以科学为基础并在深厚的理论根基下创造的知识。②

工程哲学认为,技术的起源就是工程的起源,并在社会发展中彼此相互促进。技术作为人类工程活动的基本要素,既源于人类活动方式的基本特质,也源于工程对技术的集成需要。与动物"直奔"目的的活动不同,人类活动更多

---

① 《保护世界文化和自然遗产公约》第五条要求:"采取为确定、保护、保存、展出和恢复这类遗产所需的适当的法律、科学、技术、行政和财政措施"。

② 参见殷瑞钰、汪应洛、李伯聪等:《工程哲学》(第二版),高等教育出版社2013年版,第102—103页。

的是借助中介,即借助技术作为工具手段或生产资料,表现出"理性的技巧"。马克思说:"劳动资料是劳动者置于自己和劳动对象之间、用来把自己的活动传导到劳动对象上去的物或物的综合体。劳动者利用物的机械的、物理的和化学的属性,以便把这些物当做发挥力量的手段,依照自己的目的作用于其他的物。劳动者直接掌握的东西,不是劳动对象,而是劳动资料。"①因此,人类在对劳动对象的改造和构造中,都渗透和潜含着技术的因素,这是人类活动的一般规律。从另一方面看,工程是集成建构新的存在物的活动或结果,是不同形态的技术要素的系统集成。"工程是技术的动态系统,这个动态系统既指技术的形成过程,也指成熟技术围绕某个创造物所构成的动态关联过程或集成过程,工程体现着技术的系统集成过程和系统集成产物","现代工程都是以现代科学、现代技术为支撑的。"②城乡档案记忆工程主要为社会工程,但也带有自然工程的特征,人类活动的技术中介性和当代工程的技术集成性,决定了工程建设对技术的依赖性。

2.技术发展是推进城乡档案记忆工程创新的外在动力

田鹏颖在谈到社会工程创新的动力机制时指出,人的需求是驱使人进行劳动实践活动的最初动因。人的需求反映着人的本质,而社会工程创新实践活动作为一种特殊的、反映人的主体性自由创造本性的实践活动,也是人的本质需求的产物,因此,创新者的现实需求,为社会工程创新实践活动提供了最初和内在的动力。"社会工程创新的需要是创新活动的最终动因,创新实践无非是创新者需要的开展,是创新者需要的现实化过程。人的需要与人的活动之间这种内在的本质联系表明:社会工程创新只有按照、依据创新主体的需要进行,而且使创新者的需要——不仅有经济利益,还有精神需

---

① 马克思:《资本论》第1卷,人民出版社1975年版,第203页。
② 殷瑞钰、汪应洛、李伯聪等:《工程哲学》(第二版),高等教育出版社2013年版,第91—92页。

要,得到充分满足,才会有不竭的内在驱动力,使社会工程创新良性地、加速地运行。"①

除了现实需求的内在动力外,社会工程创新也受到多种外在力量的驱动,其中之一就是(科学)技术的发展。技术的发展及其在生产中应用,使从事简单劳动的体力劳动者日渐减少,从事复杂劳动的脑力劳动者日渐增多,进而改变了人类的需求结构和需求水平,为社会工程创新提供了需求动力;另一方面也加速了科技成果向现实生产力的转化,为社会工程建设提供了更加高效和多样的工作条件和工作手段,成为解决社会工程难题,提高社会工程建设水平、促进社会工程创新的强大推动力。"在人类历史长河中,在社会改造建设的伟大实践中,社会技术不是配角","社会工程创新总是在那些科技及经济具有优势的社会里发生"。② 城乡档案记忆工程是在科学技术发展推动下出现的社会工程创新方式,它源于现代信息技术的发展,也需要深化现代信息技术的应用,以推动工程实践为更好地实现人的需求目标服务。

3. 乡村记忆的保护传承有赖现代信息技术的发展

科学技术的发展一方面改变了社会记忆的生成方式,使社会记忆以新的形态呈现,另一方面也改变了社会记忆存储、提取、开发、传承、展演和再生产的方式。无论是法国历史学家勒鲁瓦—古朗对社会记忆演化史五个阶段的划分,还是托夫勒对三次浪潮中社会记忆产生和存在方式的描述,都体现出科学技术对社会记忆所产生的巨大影响作用(参阅本书第四章第二节)。荷兰心理学家杜威·德拉埃斯马(Douwe Draaisma)在《记忆的隐喻》一书中说:为了保存和再现记忆,我们发明许多方法和技术:从远古时代人们在泥板或蜡板上写字;到中世纪在羊皮纸、牛皮纸,后来在纸张上写字;再到近代摄影、电视摄影、留声机的发

---

① 田鹏颖:《社会工程哲学引论》,人民出版社 2006 年版,第 279 页。
② 田鹏颖主编:《社会工程哲学教程》,社会科学文献出版社 2012 年版,第 247、255 页。

明;"而今,保存声音和影像的手段更为多种多样,如卡式录音机、录像机、光盘、计算机存储器、全息摄影等","回顾记忆历史,就像在参观科技馆"。①

20 世纪 80 年代以来,以电子计算机为核心的现代信息技术革命,在给人类带来新的电子(文件)记忆的同时,也加速了传统记忆向现代记忆的转化,使社会记忆更多呈现出数字化、文本化、图像化、集成化的特征和趋势。"信息化大众电子传媒的诞生和全面扩散(也)不是对人类过去诸种社会记忆类型的完全否定,只不过在它的主导下,口承记忆和文字符号的社会记忆正受到前所未有的冲击和改造,使其加入并构成当代社会记忆系统结构的一个有机部分。"②城乡档案记忆工程正是在利用现代信息技术基础上对乡村记忆(资源)开展的转化、存储、开发、展演活动,以复活、保护和传承乡村记忆。因此,充分利用现代信息技术的记录、存储和加工优势,对乡村历史上积累的和当代实践中创造的主体能力和本质力量进行大规模、大范围、便捷高效地积淀、储存、破译、复活,创建多样化的社会记忆体系,满足在新型城镇化建设中对乡村历史文化的保护需求和人们的乡土情怀需求,始终是城乡档案记忆工程的目标方向和条件依赖。

(二)城乡档案记忆工程技术应用的特征

对技术在城乡档案记忆工程中的应用,我们在本书第一章"记忆工程:从国际社会延展到中国乡村"的介绍中已有总结,在工程内在推进机制的分析中也多有涉及。然而,由于技术的宽泛性、层次性和渗透性,我们很难对城乡档案记忆工程应用的技术进行概括和归纳,难以描绘出城乡档案记忆工程的技术构成和技术框架。波普尔说"技术之对待各种目的,只能看它们是否彼此相容或能否实现而已",③在城乡档案记忆工程建设中,对技术的应用需要

---

① [荷]杜威·德拉埃斯马:《记忆的隐喻——心灵的观念史》,乔修峰译,花城出版社 2009 年版,第 3—4 页。

② 孙德忠:《社会记忆论》,湖北人民出版社 2006 年版,第 196—197 页。

③ [英]卡尔·波普尔:《历史决定论的贫困》,杜汝楫等译,上海人民出版社 2009 年版,第 51 页。

根据建设内容和建设目的,科学合理地加以选择利用。尽管如此,作为一种技术现象,我们还是可以对技术,特别是现代信息技术在城乡档案记忆工程中的应用特征加以分析和把握,以更加明智、积极地发挥现代信息技术在工程建设中的支撑推动作用。

1. 基础性

自"人猿相揖别"以来,技术就成为人类实践活动的基本要素,自觉利用人类在历史发展进程中创造的工具、机器、技能、技巧、经验和知识成为人类活动的普遍现象,也是人的本质特征和本质能力的体现。现代社会,技术"作为人类高度自觉地认识与改造自然的活动,已广泛地渗透到经济、社会、政治、外交、军事、教育、艺术等领域中,成为人类其他社会活动日益重要的基础,并在一定程度上决定着人类社会诸领域发展进化的方向"。① 城乡档案记忆工程作为由档案部门主动开展的一种有目的、有计划、有组织的改造社会、保护传承乡村记忆的实践活动,必然需要利用我们长期实践积累而成的档案收集技术、整理技术、保管保护技术、开发利用技术,以及当代信息技术发展所提供的各种技术,诸如数据库技术、网站设计技术、信息组织技术、信息挖掘技术、影像技术、多媒体技术、缩微复制技术、数字化技术等。技术应用渗透进档案记忆工程的每一个环节和每一项工作内容中,即使是"规划设计"这样带有较强思维谋划性质的工作,也需要一定的项目设计技术。

2. 多样性

一般而言,技术是由操作形态、实物形态和知识形态三个相互联系的方面构成的整体,在具体的工程实践中,三方面各有不同的具体表现和要求,从而显示出工程技术的多样性。就城乡档案记忆工程实践来说,我们不仅需要各种乡村记忆资源保护传承所必备的工具和设备等"硬"技术,如摄像机、照相

---

① 田鹏颖主编:《社会工程哲学教程》,社会科学文献出版社2012年版,第247页。

机、扫描仪、录音笔、计算机、服务器等;同时更需要对乡村记忆资源进行系统采集、集成、开发、展演,对乡村记忆场馆进行科学规划、设计、布展,对工程中涉及的人、财、物进行有效组织与管理所必需的"软"技术。乡村记忆资源采集需要照相技术、摄影技术、口述采访技术、数字化技术;乡村记忆资源集成需要信息整序技术、分类技术、著录标引技术、数据库或数字资源库建构技术等;乡村记忆资源开发需要信息加工技术、数据挖掘技术、档案文献编纂技术等;乡村记忆展演需要信息传播技术、档案展陈技术、网站设计技术等;不仅如此,在每种技术中还存在不同的操作形式、操作方法、操作流程、操作技巧,更提高了城乡档案记忆工程技术的复杂性。

3. 集成性

工程建设中包含的技术虽然繁杂多样,但各种技术并不是简单相加,彼此孤立;而是相互关联,配合协调,集成为一个有机联系的系统整体。从工程角度看,"工程活动的核心是构建一个新的存在物。工程活动中采用(集成)的各种技术始终围绕着一个新的存在物展开"[1],因此工程活动中技术的选用都是为工程的总体目的服务的。从技术的角度看,在社会实践中各种技术之间彼此相互依赖,完成一项技术活动(动作)需要另一项技术来支持,从而使技术之间彼此交融,形成技术的"中介链条"或"技术路线""技术网络"。"工程活动是一种集成、综合性的活动,把各种技术手段集成起来,构建一类动态运行的网络系统及运行程序,获得一种特定的结构去实现整体性功能。"[2]在城乡档案记忆工程建设中,不仅各建设内容、建设环节之间的技术应用相互关联,而且在同一建设内容、同一建设环节内部也积聚了各种不同的技术,它们都是因完成工程建设内容和建设目的需要而有机选择、组合起来的,是自觉和不自觉的结果。

---

① 殷瑞钰、汪应洛、李伯聪等:《工程哲学》(第二版),高等教育出版社 2013 年版,第 91 页。

② 殷瑞钰、汪应洛、李伯聪等:《工程哲学》(第二版),高等教育出版社 2013 年版,第105 页。

4. 专业性

构成某一工程的诸多技术要素之间有核心专业技术和相关支撑技术之分,是"核心专业技术和相关支撑技术的有序集成"。在不同领域、不同性质的建设工程中,核心专业技术的内涵和要求各有差异,因而使工程在技术利用上呈现出专业性特征。就城乡档案记忆工程来说,虽然它和物质文化遗产、非物质文化遗产保护同样强调技术性,但文化保护需要的核心专业技术更多地与文化遗产对象本身的专门知识和工艺流程相关,如古建筑保护需要的是古建筑知识和工艺,传统戏剧保护需要的是戏剧表演知识和技艺、技能;而档案记忆工程需要的核心技术是对乡村记忆事项记录、保管、再现的知识和技能。仅就区分而言,档案部门或许无法恢复、拯救某一正在或即将失传的技艺,但可以通过文本、声音、图像、影像等方式把它们留存下来。因此,在档案记忆工程中,传统和现代记录知识与技能是我们的核心专业技术,也是我们的专业特点的体现和要求。

5. 时代性

科学技术是随着人类社会实践活动不断创新发展的,从古代的石斧、骨针和水磨,到近代的车床、钻床、纺纱机和蒸汽机,再到现代的连轧装置、电子计算机和工业机器人等,既是技术发展的反映,也是生产力提高的反映。人们或将(科学)技术发展分为石器时代、铜器时代、铁器时代、蒸汽机时代、电气时代和计算机时代,或将技术发展分为农业经济时代、工业经济时代和信息(知识)经济时代,都体现出科学技术的发展与人类时代的进步。马克思说:"各种经济时代的区别,不在于生产什么,而在于怎样生产,用什么劳动资料生产。劳动资料不但是人类劳动力发展的测量器,而且是劳动借以进行的社会关系的指示器。"[1]档案工作或档案管理作为科学技术应用的一个领域,也是随着

---

[1]　马克思:《资本论》第 1 卷,人民出版社 1975 年版,第 204 页。

技术的发展不断发展的,正在从传统手工阶段向现代自动化、智能化、信息化、数字化方向发展,现代信息技术的发展为档案工作创新发展提供了广阔的空间,也为城乡档案记忆工程推进提供了有力支撑。

（三）城乡档案记忆工程技术应用的创新

现代信息技术发展日新月异,一日千里。20 世纪 80 年代,人们还在津津乐道计算机性能由 386 向 486、585 快速升级换代;90 年代人们已开始谈论多媒体技术、网络技术,并且开始正式驶入"信息高速公路";新世纪以后,多媒体技术、网络技术、数字技术余温未减,人们又开始大谈特谈云存储技术、大数据技术、物联网技术、移动互联技术、人工智能等。2016 年发布的《国家信息化发展战略纲要》指出:"当前,以信息技术为代表的新一轮科技革命方兴未艾,互联网日益成为创新驱动发展的先导力量。信息技术与生物技术、新能源技术、新材料技术等交叉融合,正在引发以绿色、智能、泛在为特征的群体性技术突破";"网信事业代表新的生产力、新的发展方向,推动人类认识世界、改造世界的能力空前提升,正在深刻改变着人们的生产生活方式,带来生产力质的飞跃,引发生产关系重大变革,成为重塑国际经济、政治、文化、社会、生态、军事发展新格局的主导力量。全球信息化进入全面渗透、跨界融合、加速创新、引领发展的新阶段"。

现代信息技术的迅猛发展,一方面必然导致社会生产生活方式的变革,深化信息技术在工程领域的广泛应用,如荷兰学者路易斯·L.布西亚瑞利(Louis L.Bucciarelli)所言:"这不是平常年代。技术上的进步,尤其是在计算机、信息交流和信息处理技术方面的进步,已经风靡和震惊了政治、商业、贸易、工程,甚至工程教育界。工程师既必须部分地为技术的发展负责,也要服从于技术的发展,他们必须学会忍受技术,并且跟其他任何人几乎同样地利用它。"[①]另一方面

---

① ［荷］路易斯·L.布西亚瑞利:《工程哲学》,安维复等译,辽宁人民出版社 2012 年版,第 4 页。

信息技术也必然引发并带动人类社会管理革命和记录革命,导致社会记忆数字化程度进一步提升。社会记忆数字化与工程领域信息技术的应用,两者相互促进,共同推动城乡档案记忆工程建设中技术的应用和创新,以积聚、开发和展演乡村记忆。

"社会技术创新就其本质而言,是社会技术在社会实践中的应用及其向社会工程的转化。"①从这个角度看,我们一直在开展并逐步提高城乡档案记忆工程建设中的技术创新。对乡村记忆影像记忆的采集拍摄、口述记忆的采访编排,对乡村记忆资源的集成、开发、展演,对档案记忆网站与档案记忆资源库的建设,对乡村记忆场馆的建设和展陈等都与现代信息技术的应用有关,都是档案领域技术创新的结果。但城乡档案记忆工程建设还处于初级阶段,现代信息技术的引进运用与当代信息技术的发展还有很大的滞后性,需要我们及时把握现代信息技术发展及其社会应用的前沿成果,不断拓展信息技术在记忆工程中的应用领域与应用水平。在此方面,文化保护部门的技术创新值得我们借鉴和思考。

"数字敦煌"是由敦煌研究院实施的一项敦煌文化遗产数字化保护工程,是利用现代数字技术拍摄、扫描、获取、存储敦煌石窟文物信息,并通过建立多元化、集成化的数字敦煌数据库、数字资产管理系统、数字资源永久保存系统,以实现永久保存和展示敦煌文化艺术资源。敦煌研究院1993年开始"数字化保护"探索,2006年成立"数字中心"(2014年更名为"文物数字化研究所"),2010年开始逐步在莫高窟完成120个洞窟的摄影采集、40个洞窟的图像处理,120个洞窟全景漫游和20身彩塑的三维重建,产生数字资源超过70TB。2015年8月,敦煌研究院正式启动"数字敦煌"项目,并于2016年4月建成"数字敦煌"资源库平台,向全球发布。在"数字敦煌"项目建设中,敦煌研究院围绕摄影采集、图像处理、数据存储等环节,探索建立起全面综合的数字化工作体系,研制掌握一整套数字化核心技术。如可以基于洞窟建筑形制特征

---

① 田鹏颖主编:《社会工程哲学教程》,社会科学文献出版社2012年版,第250页。

搭建覆斗形窟顶模型,利用计算机控制技术、背投影形式、动静结合的艺术手段,将莫高窟不同时代的精美窟顶与藻井有机编程、分时呈现;可以将观众耳熟能详的壁画题材及内容通过数据加工、描绘、编辑,制作成综合的视频、动漫等多媒体节目;可以借助 3D 打印、虚拟漫游、VR、AR 等最新科技,实现莫高窟洞窟的逼真"复制",等等。"数字敦煌"使敦煌石窟艺术和历史文化记忆插上现代信息技术的翅膀,为学术研究、艺术创作、公众教育、旅游欣赏等提供了极大便利。①

在非物质文化保护领域,也在采用数字化手段,多方面促进非物质文化遗产的高保真传播和保存。2010 年 10 月,文化部启动"中国非物质文化遗产数字化保护工程",委托中国艺术研究院承担建设任务。中国艺术研究院成立了中国非物质文化遗产数字化保护中心,开展非遗数字化保护标准制定、国家非遗数据库建设、非遗数字化管理系统软件和中国篆刻艺术应用软件研发、非遗数字化保护试点等工作。近年来,相关成果不断涌现。如 2014 年,传统音乐类工程试点项目——古琴艺术(岭南派),在广州完成了岭南派古琴弹奏技艺、古琴斫制技艺、藏琴、古琴雅集等内容的采集工作。2013 年,以中山大学为牵头单位,以哈尔滨工业大学、华中师范大学、厦门大学、中国艺术研究院为协同单位的"文化遗产传承与数字化保护协同中心"正式成立,发挥四校一院优势,开展非遗数字化保护研究和人才培养工作。这些举措和经验做法对城乡档案记忆工程的技术创新都具有重大启发意义。

(四)城乡档案记忆工程技术规范的研制

技术规范是城乡档案记忆工程技术创新的另一重要问题。技术规范虽与制度规范相关联,同属于工程建设中的规范性要求;但制度规范的对象和内容具有较强的宏观性、原则性和稳定性,是工程建设中制定遵循的法规制度,属

---

① 王芳芳:《"数字敦煌"资源库平台全球发布》,中国社会科学网,[EB]http://www.cssn.cn/kgx/xccz/201605/t20160503_2992635.shtml[2016-5-3]。

于强制执行的行为规范;而技术规范的主要对象和内容更侧重于业务性、技术性领域,其操作性、技术性较强,是工程建设中制定遵循的标准细则,大多属于推荐执行的行为准则。李伯聪指出:"工程的实施过程是由一系列的操作构成的,离开了实际的操作,所谓的'工程'就仅仅是一纸空文而不是现实的工程活动。所以,工程哲学是必须把操作当成一个基本的哲学范畴来进行研究的。在工程的实施过程中各项操作是根据指令和程序的安排进行的,由于操作类型和操作模式的不同,还出现了'微观生产模式'的问题。"①工程建设中的技术规范就是工程建设中的"微观生产模式"。

技术规范的表现形式虽然包括标准、规范、规程、细则等不同名称,但规范、规程、细则等也往往是作为标准出现的,因此,技术规范可以概括称之为技术标准或标准规范。技术规范关系到实践的具体操作问题,在城乡档案记忆工程建设中,其重要性日渐受到档案部门的关注和重视。青岛市档案局杨来青在谈到青岛城市记忆工程建设经验与思考时指出:"城市记忆工程"靠人来做,不同的人对记忆对象的认识不可避免会有所不同,记忆的方式也会带有明显的个性特点。为确保记忆成果的质量,必须按照统一的标准规范记忆活动,这一点在以外包形式开展的拍摄活动中表现得尤为突出。因此,应根据不同类型的记忆对象,制定统一规范的拍摄方案,明确提出必须遵循的拍摄原则、内容、场景、数量、质量、文字记录格式、载体等技术要求,确保记录工程的有序进行。因此,他建议尽快制定出台全国统一的指导原则和业务标准,及早规范"城市记忆工程",这不仅有利于指导各地开展工作,也为在更大范围内开展记忆成果的交流、开发和共享提供统一的平台。② 浙江新昌县档案局在开展新昌方言语音建档时,也遇到诸多方言语音建档的标准规范问题,如在建档文本制定上,什么样的词汇和语句是常用的,又是最能体现新昌方言特色的,什么样的短文用新昌话来表达最地道,需要一一遴选与甄别;在语音与视频录制

① 李伯聪:《工程哲学引论——我造物故我在》,大象出版社 2002 年版,第 199—200 页。
② 杨来青:《青岛市档案馆"城市记忆工程"的实践与思考》,郭红解、邹伟农主编:《城市记忆与档案》,学林出版社 2011 年版,第 166—167 页。

上,如何保证有最佳的设备配置,能不能建立相关的标准和规范;在标注国际音标上,存在有小部分音标无法在音标相对比较齐全的 Lucida Sans Unicode 字体中找到等。新昌市档案局李平提出,方言语音建档工作是一项专业性强、科学性强、要求性高的工作,无论是在调查、注音,还是录制上都始终要求我们有科学的方法,需要组织专家团队,建立规范的方言语音标准,为方言语音建档提供方便。①

技术规范或技术标准既是老问题,也是新问题;既是档案工作标准化整体推进中的问题,也是城乡档案记忆工程建设中的实践问题,需要我们从以下三方面入手,推进城乡档案记忆工程技术规范研制。

一是持续推进档案标准化建设。20 世纪 80 年代以来,档案工作标准化建设就是档案事业建设的重要内容。90 年代以后,随着电子文件/数字档案的出现,建立与新技术环境适应的电子文件管理标准,成为档案管理转型发展的必由之路。在各方面的共同努力下,我国先后出台了《CAD 电子文件光盘存储、归档与档案管理要求》《电子文件归档与管理规范》《纸质档案数字化技术规则》《缩微胶片数字化技术规范》《文书类电子文件元数据方案》等国家标准和行业标准,为电子文件、数字档案标准化管理提供了技术依据,也为城乡档案记忆工程中社会记忆资源数字化转化和保管提供了技术基础。面对档案事业和档案记忆工程的新发展,档案部门仍需要继续加强档案工作标准化建设,建立健全数字化环境下档案工作标准体系,为城乡档案记忆工程提供技术规范支持。

二是及时总结城乡档案记忆工程建设实践。在城乡档案记忆工程实践中,各地需要根据自身记忆工程建设的具体内涵,对记忆工程实践中涉及的带有普遍性的具体技术操作问题进行总结、提炼,在听取相关专家的建议和意见基础上,选择较为科学、实用,并能与相关制度规范和标准规范相衔接的做法,

---

① 李平:《新昌方言语音建档初探》,韩李敏主编:《浙江省档案学会论文集——浙江记忆理论与实践》,中国文联出版社 2013 年版,第 135 页。

不断完善技术方案,形成经验做法。档案行政管理部门可以及时总结各地的经验做法,对现有标准规范尚未涉及的操作要求进行研究,研制形成具有针对性的技术操作规范并加以推广,为实际工作提供技术指导。实践是鲜活的,标准体系需要在总结实践的基础上不断完善和发展,这是标准完善的辩证法。

三是积极借鉴相关领域的技术规范研制经验。从宽泛的角度看,"城乡记忆工程"已在多领域开展,不同领域的技术规范建设经验值得我们借鉴。如冯骥才先生在领导推动"中国传统村落立档调查"行动中,就编有《中国传统村落立档调查·田野手册》,对立档调查涉及的文字内容、数量与要求,图片内容、数量与要求,图片拍摄技术标准和立档调查工作程序等进行了详细的规划,并提供了图片范例和调查对象,为传统村落田野调查的数据、图片采集提供了技术指导和行动指南,对我们开展乡村记忆资源的普查调查和资源收集具有直接的参考价值。[1] 再如,2015 年山东"乡村记忆"工程办公室编制了《山东"乡村记忆"工程技术导则》(试行),对乡村记忆工程中涉及的传统村镇、街区保护整治,传统建筑(构筑)物及其附属设施保护整治,非物质文化遗产保护传承,乡村记忆博物馆,基础设施整治,防灾减灾建设,生态环境保护治理,保护规划与保护设计等提出具体要求,内容虽然具有一定的原则性,但对推动乡村记忆工程开展具有重要指导价值,值得学习借鉴。

五、城乡档案记忆工程推进的资金投入

成本管理是现代项目管理研究的核心内容之一,有学者认为项目成本管理之道就在于要实现项目价值的最大化和项目成本的最小化,为此项目管理者必须精心计划、决策和控制项目成本与价值,通过项目实现新增价值的目标。[2] 但对于城乡档案记忆工程来说,问题关键不是如何"花钱"、如何"投

---

① 《中国传统村落立档调查·田野手册》,中国传统村落网,网址:http://www.chuantong-cunluo.com/tysc/online.htm。

② 戚安邦:《项目管理学》(第二版),科学出版社 2012 年版,第 117 页。

出",而是如何"筹资"、如何"投入"。资金作为一种经济条件资源,是工程项目结构中的关键性要素,其作用要远甚于组织、技术、制度等其他条件资源。有人将资金要素和工程项目中的其他要素比喻为"1"和"0"的关系,意即没有资金这个"1",其他要素都是"0",用俗语来说,就是"钱不是万能的,但没有钱是万万不能的"。"投入不足"是长期困扰我国社会建设、文化建设、文化遗产保护发展的突出难题,也是困扰和阻滞城乡档案记忆工程深化推进的瓶颈问题,需要我们破解"资金投入"难题,积极争取国家和社会各方面的资金支持,助推城乡档案记忆工程发展。

(一)城乡档案记忆工程资金使用特点与投入制约

1. 资金使用范围

资金使用范围即工程建设经费的具体使用投向,是工程项目建设的成本构成。在现代项目管理的成本分析中,一般将项目成本按会计学上成本核算方法,分为固定成本与变动成本、直接成本与间接成本、循环成本与非循环成本①;也有将项目成本的构成分为项目定义与决策工作成本、项目设计与计划工作成本、项目采购与获得工作成本、项目实施作业工作成本。② 2012 年文化部与财政部共同颁布的《国家非物质文化遗产保护专项资金管理办法》(财教〔2012〕45 号)中,将专项资金按照开支范围分为组织管理费和保护补贴费,其中组织管理费是"组织开展非物质文化遗产保护工作和管理工作所发生的支出,具体包括:规划编制、调查研究、宣传出版、培训、数据库建设、咨询支出等";保护补助费是"补助国家级非物质文化遗产代表性项目、国家级代表性传承人、国家级文化生态保护区开展调查、记录、保存、研究、传承、传播等保护性活动发生的支出"。

---

① 参见[美]蒂莫西·J.克罗彭伯格:《现代项目管理》,戚安邦等译,机械工业出版社 2010 年版,第 164—166 页。

② 戚安邦:《项目管理学》(第二版),科学出版社 2012 年版,第 127—128 页。

根据城乡档案记忆工程建设内容,其资金使用范围大体可分为五个方面:①在资源积聚上,涉及资源采集费(拍摄、购买等)和数字资源库建设费;②在资源开发上,涉及资源加工费(编辑、编写、制作等)和出版发行费;③在资源展演上,涉及资源展陈费(布展、播放等)和网站建设费;④在记忆场馆建设上,涉及场馆建设费和管理维护费;⑤项目管理运行上,涉及规划设计费和组织管理费等。城乡档案记忆工程实施的层级、工作内容和建设深度不同,所涉及的经费使用范围和资金需求量、使用量必然存在较大差异和变化,需要合理地安排资金使用。

2. 资金使用特点

从城乡档案记忆工程面临的形势任务以及资金使用范围看,其资金使用上存在三大特点:①量大面广。城乡档案记忆工程是在工业化、信息化、城镇化和农业现代化快速发展,我国社会由传统农业社会向现代工业社会、信息社会转型过程中出现的拯救、保护和传承乡村历史文化的社会行动,它所面对的对象不是个别乡村、少数乡村,而是中国乡土社会的整体性变革。我国幅员辽阔,各地区文化差异性大,其乡土文化和乡土记忆都需要加以保护传承,其难度可想而知。从城乡档案记忆工程单项目投入看其数量也是相当大的。如2005 年大连市政府投资 532 万元实施大连市"数字档案馆"工程;2006 年,再次投入 240 万元,启动"城市记忆工程"。① 另据浙江省统计,平均创建一个"乡村记忆示范基地"就需要投入 20 多万元。这也从一个侧面说明城乡记忆工程开展目前还更多处于试点层面、选点层面的原因。②持续时间长。城乡档案记忆工程建设不是一朝一夕、一蹴而就的建设项目,需要不断地建设和推进。随着社会转型的加剧,我们离传统乡土社会越走越远,对乡土情感的精神需求越来越深,城乡档案记忆工程开展的范围、内涵都会不断拓展,需要持续

---

① 大连市档案局:《积极探索城市档案馆资源建设的新思路》,郭红解、邹伟农主编:《城市记忆与档案》,学林出版社 2011 年版,第 155—156 页。

投入资金,支持并推进其发展。③投入弹性大。城乡档案记忆工程中有些投入,如设备、数字资源库、网站和记忆场馆建设等,具有固定成本的性质,一次投入可以长期使用;但许多经费使用项目具有很大弹性和隐蔽性,投入多而且难以预算,如对记忆资源的购买费,购买一份民间档案究竟要花多少钱,需要根据民间档案的价值进行评估、判定,而且还涉及记忆资源数量和持有者意愿,无形中增加了购买经费的不确定性。城乡档案记忆工程经费使用上的三个特点,在一定程度上影响其资金投入的有效满足。

3. 资金投入制约

经费不足似乎是普遍的社会问题,人们到处都在说缺钱,但对城乡档案记忆工程建设而言,这一问题应该更加突出,因为我们在资金投入上存在诸多制约因素。其一是档案部门经费不足。经费问题一直是困扰档案事业发展的一大重要因素,以往我们说档案部门是"清水衙门",这虽然说的是档案人员待遇收入低,但也反映出档案部门财力有限。近年来,在现代信息技术发展的推动下,档案部门经费虽有增加,但投入的重点主要用于信息化、数字化建设的技术设备和基础设施,难有富余财力支持记忆工程开展。我们在调研中发现,许多地方未能开展城乡档案记忆工程的核心问题就是受到经费的制约。其二是领导重视程度不够。这话说起来感觉上有点像"套话",但也反映出一定的实际。在以 GDP 为导向的政绩考核体系中,地方领导关注的更多是经济领域,而不是社会领域和文化领域,对乡村历史文化保护传承的历史意义和现实需求认识不到位。党的十八大以后,中央的政策有所调整,在淡化 GDP 的同时,努力推进创新发展、协调发展、绿色发展,对环境和历史文化遗产的保护工作才受到更多的关注和重视,但观念转变和政策见效仍需要一个过程。其三是经济回报率低。城乡档案记忆工程是历史文化工程和社会情感工程,不是以经济效益为驱动的。工程建设虽然也会产生一定的经济效益,但往往是与其他工作结合在一起,直接显示度不高。经济回报率低一方面影响到领导重视和财政投入,另一方面也影响到社会资本/资金的投入。

经费保障是档案文化良性发展的基石,也是实施档案记忆工程的重要保障。"档案资源的征(收)集、文化记忆的抢救与保护、下基层宣传档案工作等,是浙江记忆工程实施与实现的先决条件,这些都建立在国家财政大力支持的基础上。"①因此,推进城乡档案记忆工程,必须思考和谋划建设资金的筹措,突破工程建设的制约瓶颈。

(二)城乡档案记忆工程推进中资金投入的渠道

开辟资金渠道,建立多元化的资金投入机制,是人们在讨论各种建设投入时的共同认识。2015 年,甘肃省人大在审议《敦煌历史文化名城保护条例(草案)》时,有代表就提出要"继续加大财政投入的同时,建立多元化的历史文化名城保护投入机制,引导社会团体和个人积极参与文化名城保护和建设"。②浙江临安市档案局姜纪云在谈到浙江记忆工程建设时也指出:要"以公共财政为基本支撑的同时,完善社会化运作机制,拓宽资金来源渠道,积极争取社会各界和大众的广泛参与"。③ 在城乡档案记忆工程推进中,有必要建立多元化的资金投入渠道。

1. 政府财政投入

文化遗产保护是国家共同事业,由政府公共财政提供资金支持,是其资金的重要来源,也是世界许多国家的通行做法。法、英、德、日等国家在非物质文化遗产保护方面主要实行国家投资的保护方式,采取政府在国民经济预算中逐年增加对"非遗"保护的实际投资,并结合运用政策推动市场保护的方式,为"非遗"保护提供资金保障。其中,法国政府对文化投资(含非遗保护)的绝

---

① 姜纪云:《关于实施"浙江记忆"工程的几点思考》,韩李敏主编:《浙江省档案学会论文集——浙江记忆理论与实践》,中国文联出版社 2013 年版,第 61 页。

② 赵志锋:《建立多元化保护资金投入机制》,《法制日报》2015 年 8 月 1 日,第 3 版。

③ 姜纪云:《关于实施"浙江记忆"工程的几点思考》,韩李敏主编:《浙江省档案学会论文集——浙江记忆理论与实践》,中国文联出版社 2013 年版,第 61 页。

对数额一般稳定在国家总预算的1%。① 我国在加强文化遗产保护的过程中，也逐步明确了政府财政投入的责任。2005年国务院在《关于加强我国文化遗产保护的通知》(国发[2005]42号)中，要求"各级人民政府要将文化遗产保护经费纳入本级财政预算，保障重点文化遗产经费投入"。在我国各地方制定的文化遗产保护法规中，都将财政支持作为一项重要内容。2012年颁布的《扬州市文化遗产保护管理办法》，还明确要求"市、县(市、区)人民政府应将文化遗产保护和管理所需经费纳入本级财政预算，每年从城市建设维护费可用资金中安排不低于2%的经费用于文化遗产保护，并随社会经济发展逐年增长"。从城乡档案记忆工程实践看，为乡村记忆保护传承提供资金支持是各级政府义不容辞的责任，需要来自政府财政投入的推动，当然，在投入方式上可以采取更为灵活性的措施。

2.集体资金支持

集体资金是指不属于政府财政或公共财政范围内的，归乡村集体组织所有和使用的资金，主要包括乡镇自有资金和村集体资金。根据《农业部关于进一步加强农村集体资金资产资源管理指导的意见》(农经发[2009]4号)的规定，农村集体资金(简称"村集体资金")是属于村(组)集体经济组织全体成员集体所有的资金，是发展农村经济和实现农民共同富裕的重要物质基础。

集体资金是我国乡村文化建设的重要资金来源，城乡档案记忆工程立足于乡村，也属于乡村集体资金重要的投入对象，浙江"乡村记忆示范基地"建设大部分都是由村里自行解决的。充分调动和利用乡村集体资金，可以为城乡档案记忆工程建设奠定更为丰厚的财力基础。

3.社会投资融资

2013年，在中共中央《关于全面深化改革若干重大问题的决定》中就提

---

① 王文章主编:《非物质文化遗产概论》，教育科学出版社2013年版，第222—223页。

出:要"鼓励社会资本投向农村建设,允许企业和社会组织在农村兴办各类事业。统筹城乡基础设施建设和社区建设,推进城乡基本公共服务均等化"。①社会资本投向农村的方式包括社会投资和社会融资,合称"社会投融资"。

引入社会资本或民间资本开展文化遗产保护已成为一种国际惯例,像意大利等国家,在遵循文物保护要求的情况下,文化遗产很多是由民间投资保护与开发。②我国许多地方在文化遗产保护工作中,也在积极引进社会资本。《非物质文化遗产法》明确规定:"国家鼓励和支持发挥非物质文化遗产资源的特殊优势,在有效保护的基础上,合理利用非物质文化遗产代表性项目开发具有地方、民族特色和市场潜力的文化产品和文化服务。"城乡档案记忆工程建设可以在乡村记忆资源开发、展演方式上加强探索,促进社会资本的引入。

4. 个人与社会组织捐助

我国古代就有个人和家族捐资兴办乡村公益事业的传统,在今天留存下来的古桥、古亭、庙宇、祠堂、书院等许多建筑或其遗址上,仍能看到记载当年捐赠者的"功德碑"。在文化遗产保护工作中,国家和地方也十分重视个人和社会捐赠。国务院办公厅《关于加强我国非物质文化遗产保护工作的意见》(国办发〔2005〕18号)要求"通过政策引导等措施,鼓励个人、企业和社会团体对非物质文化遗产保护工作进行资助"。

乡村记忆资源作为乡村历史文化遗产的一部分,既是全社会的财富,也是乡村居民的集体财富,保护好乡村记忆资源不仅仅是政府的职责,也是乡村集体组织、企业、家族(庭)、个人的基本责任。在各地文化遗产保护和乡村记忆工程中,多有个人和社会组织捐资赞助的记录和案例,如浙江台州市九遮山旅游发展中,何元清、何善超、何元红等多次捐助景点建设,为保护传承"九遮记忆"做出了积极贡献。个人和社会组织捐资不仅有利于扩大记忆工程资金投

---

① 《中共中央关于全面深化改革若干重大问题的决定》,人民出版社2013年版,第24页。
② 何勇海:《民间资本介入利于文化遗产保护》,《中国旅游报》2015年12月2日。

入的社会基础,也有利于提高记忆工程的社会认同度。

（三）城乡档案记忆工程扩大资金投入的措施

改革开放以来,随着我国综合国力的增强,特别是乡村经济社会的发展,我国绝大部分乡村已摆脱贫困状态,逐步走向温饱小康,虽然乡村社会发展还不平衡,但经过近三十年的积累,乡村中积聚了巨大的财富能量,为开展乡村记忆资源保护传承提供了深厚的社会财富基础,采取适当的措施,增强资金的筹集力度,可以多方面为城乡档案记忆工程建设提供长期稳定的资金支持。

1.设立乡村记忆保护传承专项资金

城乡档案记忆工程需要列入新型城镇化建设和新农村建设发展规划,一起谋划发展,协调推进;在资金使用上,也需要列入新型城镇化建设和新农村建设财政规划,明确政府责任,提供专项资金支持。我国在"非遗"保护工作中,许多省市都明确要求将"非遗"保护、保存工作列入县级以上人民政府财政预算,设立专项资金予以支持。如《重庆市非物质文化遗产条例》要求"市政府应当设立非物质文化遗产保护专项资金,重点用于非物质文化遗产资源的调查、濒危非物质文化遗产的抢救、非物质文化遗产的传承和传播、非物质文化遗产重大项目的研究、贫困地区和少数民族地区非物质文化遗产的保护工作、非物质文化遗产保护的奖励等重大事宜"。西藏自治区在制订《西藏自治区实施〈中华人民共和国非物质文化遗产法〉办法》时,也提出设立非遗保护和开发利用专项资金,用于全区组织开展非遗保护管理工作。[①] 设立专项资金,是开展文化遗产保护的一条成功做法,也是城乡档案记忆工程建设值得借鉴的举措。

---

① 《我区首次设立非物质文化遗产保护与开发利用专项资金》,《西藏艺术研究》2013年第3期。

2. 发挥财政资金的杠杆作用

财政杠杆是以国家财政分配调节经济活动的一种手段,也是强化地方和社会加大对历史文化遗产保护投入的重要形式。财政杠杆简单说就是发挥中央或上级财政资金的引导作用,要求中央或上级在提供资金支持的同时,地方或下级需提供一定的配套资金,以推动建设目标的实现。如美国国家交响乐团每年得到的艺术委员会拨款只占总费用的 10%,其余款项需由地方、企业及全社会予以资助。[①] 在浙江"乡村记忆示范点"建设中,财政杠杆作用已发挥了非常显著的效果,可以总结经验,加以推广。

3. 制定社会资金投入的税收鼓励政策

为引导和鼓励各种社会资金投入历史文化遗产保护等社会公益事业,世界各国都实施税收优惠政策,以吸引和带动私人、企业、社会团体资金对社会公益事业的支持。如美国 2/3 的非营利性文化机构是通过国家对企业和个人向文化机构捐赠减免税法律而获得资助的。改革开放以来,为支持公益性文化事业发展,我国也制定了多项相关的税收政策,如 1996 年国务院颁布的《关于进一步完善文化经济政策的若干规定》、2002 年国家税务总局发布的《关于企业等社会力量向中华社会文化发展基金会的公益救济性捐赠税前扣除问题的通知》等。2013 年,文化部原部长蔡武在与两会代表委员座谈《2013 年文化工作要点》时,特别提出要"配合有关部门制定非遗生产性保护税收优惠政策"。城乡档案记忆工程建设中需要运用好国家各项税收优惠政策,鼓励和吸引更多的社会资金对乡村记忆资源保护传承的投入。

4. 建立乡村记忆保护传承奖补机制

在 2015 年全国两会上,河北省文化厅张妹芝建议各级政府在传统村落保

---

① 王文章主编:《非物质文化遗产概论》,教育科学出版社 2013 年版,第 224—225 页。

护中要探索建立资金投入的奖补机制,"鼓励有条件的传统村落通过社会募捐、自筹、吸收投资、信贷等方式建立保护基金,可以采用'先修后补'或'事前垫资'等方式进行支付",以提高社会组织、企业和个人参与基金认购的积极性。① 与财政专项资金、财政杠杆、税收优惠等事前引导不同,奖补机制是一种事后鼓励,即对已开展并取得一定成效的文化遗产保护项目予以支持,这种方式在英国称为"陪同投入制"。1984 年,英国政府制定了《关于刺激企业资助艺术的计划》,规定企业或私人无偿为保护和发展文化艺术的出资属于"捐赠",出于经营目的的出资属于"资助",为保护企业投入文化艺术保护和发展的积极性,政府对企业的第一次资助,实行 1∶1 陪同投入,对于企业第二次资助,政府则对企业多出上次资助的部分实行 1∶2 陪同投入。陪同投入既调动了企业投资文化艺术保护和发展的积极性,也降低了投资风险,提高了政府投入的成功率。在城乡档案记忆工程推进中,我们也可以探索建立乡村记忆保护的奖补机制,对地方、企业、个人和社会团体的投资和建设予以补贴、奖励,提高基层力量投入乡村记忆资源保护传承的主动性和积极性。

5. 建立乡村记忆保护基金会

基金会是一种灵活有效的文化遗产保护资金筹集形式,可以把与文化遗产事业相关或不相关的个人、企业和社会团体的各类资金集中起来,用于文化遗产保护。出于对文化遗产保护的现实需要,国内外都设立有多种名称的基金会。在我国,属于全国性公募基金性质的基金会有中国文物保护基金会、中国华夏文化遗产基金会、中国非物质文化遗产发展基金会等,属于地方性公募基金会性质的有北京非物质文化遗产发展基金会、无锡文化遗产保护基金会等。据悉,我国已有 20 多个省(自治区、市)建立非物质文化遗产保护基金会。② 各种文化遗产保护基金会既是"蓄水池",也是"发酵池",可以秉承"取

---

① 薛惠娟、叶娟娟:《建立传统村落保护资金投入奖补机制》,《河北日报》2015 年 3 月 14 日。

② 《呼吁建立非物质文化遗产保护基金会》,《湖南日报》2013 年 1 月 29 日。

之于民,用之于民,造福人类"的原则,通过广泛而严格的资金募集和使用,在促进国家和地方文化遗产保护事业发展方面发挥积极作用。在浙江记忆工程建设中,有专家提出要建立"档案文化保护基金",以统筹安排相关资金,充分发挥专项资金在档案文化建设中的导向作用。①

(四)城乡档案记忆工程资金的管理与使用

工程建设不仅涉及资金投入,也涉及资金的管理与使用,"筹钱"与"用钱"本是同一事物的两个方面,只是"筹钱"更为急迫,但"用钱",特别是科学合理地管好用好有限资金也是不可忽视的。目前,城乡档案记忆工程建设中相关资金管理和使用上的经验介绍还很少,我们在此借鉴现代项目管理、文化遗产保护资金管理等方面的相关理论和经验做些探讨。

1. 成立工程资金管理委员会

资金管理委员会是针对城乡档案记忆工程资金管理和使用而设置的组织,其目的是加强工程建设资金的民主管理、集体决策和使用监督,强化资金的监管力度,增加透明度和计划性,规避资金风险,提高资金使用效果。资金管理委员会与乡村记忆保护基金会虽然都是城乡档案记忆工程建设中的资金管理机构,但在性质和职能上有着较大区别。基金会主要是为募集民间资金而设置的,负责资金的接收、经营、投入项目选择等;而资金管理委员会主要为资金的科学管理与合理使用而设置的,管理的资金对象不仅有来自个人和社会的各种捐赠(可以通过基金会转移分配而来),也有来自政府财政、乡村集体经济和社会资本投入的资金。资金管理委员会只负责资金的管理和使用,不参与资金的经营增值,其具体职责大体包括:①对工程资金筹措方案进行分析,提出决策意见;②对工程资金统一管理、统筹安排、合理调整;③对重大建

---

① 姜纪云:《关于实施"浙江记忆"工程的几点思考》,韩李敏主编:《浙江省档案学会论文集——浙江记忆理论与实践》,中国文联出版社2013年版,第61页。

设项目和资金投向进行分析、论证,防止盲目使用,提高资金使用的科学性和效益性;④强化资金管理和监督,控制各种不合理的资金支出,防止资金流失或挪用;⑤对工程建设中资金使用的效果进行监督、评估,对工程项目建设提出改进意见和建议。

城乡档案记忆工程资金管理委员会可以作为工程组织架构的一部分,纳入规划设计和组织建设中,一并设置。在具体形式上既可以是由各方面代表组成的一般委员会,也可以是由专家组成的专家委员会,体现出一定的灵活性。

2. 科学编制项目经费预算

项目经费预算,又称"项目预算""项目费用计划""费用预算"或"成本预算"等,是一种整体规划和动态控制的管理方法,是对企业经营活动或项目管理活动的一系列量化的计划安排,对引导和控制活动过程,实现决策目标具体化、系统化和定量化具有重要作用,已成为现代项目管理研究的重要内容。

蒂莫西·J.克罗彭伯格在《现代项目管理》中将项目预算分为成本计划、成本估算、成本预算和成本控制四个部分,认为成本计划即成本管理计划,是项目成本管理的指导准则;成本估计是对完成项目活动所需的资源成本进行的粗略估计,包括项目需要的工期、人工和各种资源成本等;成本预算是集合了个人活动的估计成本或建立成本基线工作包的过程,旨在确定项目活动总计成本和现金流;成本控制是对项目成本实际执行状况的管理控制和集成变更。① 克罗彭伯格的项目预算包括成本计划、测算和控制,是一个完整的过程,对我们思考和探讨城乡档案记忆工程的项目经费预算具有参考价值。

3. 区分资金投向的轻重缓急

区分轻重缓急,实行分类保护,突出重点,是我国文化遗产保护的一条基

---

① [美]蒂莫西·J.克罗彭伯格:《现代项目管理》,戚安邦等译,机械工业出版社 2010 年版,第 162—174 页。

本经验。甘肃省在《非物质文化遗产保护传承实施方案》中就提出："在全面了解非遗存续状态的基础上,区分轻重缓急,集中力量将处于濒危状态并具有历史、文化和科学价值的优秀非遗及时有效地实施抢救性保护。"①有学者认为文化遗产保护要走"稳、准、狠"三步棋:"稳"就是要坚持长期性;"准"就是对文化遗产的保护需要分清轻重缓急,对那些亟需保护的文化遗产或暂时没有手段发掘的文化遗产需要有分辨眼光和实力,看清重点;狠就是要严打破坏文化遗产行为。②

城乡档案记忆工程是在我国社会转型时期对传统乡村记忆资源的抢救、保护、留存和开发,因此工程建设应坚持保护优先、抢救第一,对正在消逝或即将消逝的乡村记忆资源进行重点抢救和采集,以留住过去。在资金使用上,应分清轻重缓急,抓住重点和要害,对濒危和亟待抢救的乡村记忆资源进行重点投入、优先投送;要处理好资源积聚和资源开发的关系,防止片面强调资源开发和经济效益而贻误资源抢救的最佳时机或关键时机,造成乡村记忆的永久流失。

4. 实施工程建设资金的精准投送

近年来,在国家"精准扶贫"的带动下,建设资金的集中精准投送(或精准投入、精准投放)问题受到社会各方面的关注和重视,各地区各部门纷纷提出各自领域的资金精准投送方案和思考,如新农村建设资金的精准投入、生态建设资金的精准投入、项目建设资金的精准投放、科研经费的精准投入等。建设资金的精准投送是确保将有限的资金用在刀刃上,防止资金使用上的"乱撒胡椒面"现象,提高资金的配置效率和使用效果。

城乡档案记忆工程建设的资金精准投送不仅关系到对重点、亟须建设项

---

① 《非物质文化遗产保护传承实施方案》,甘肃省文化厅网,[EB]http://www.gswh.gov.cn/wht/fwzwhycbhcc/201312/bb9d73758e16462e8660cc15fedcd8e7.shtml.[2013-12-05]。
② 苏彦:《遗产保护要走好"稳、准、狠"三步棋》,中国文明网,[EB]http://www.wenming.cn/wmpl_pd/yczl/201501/t20150108_2391157.shtml.[2015-01-08]。

目资金的满足,更关系到资金的适时投放和有效管理,需要做到"精准识别、精准调研、精准花钱",同时还需要落实资金管理和使用责任制,确保各项乡村记忆资源保护传承资金能够足额到位、用足用好。2016 年在联合国第八届全球大学校长会议上,山东大学张荣教授在题为《文化遗产保护:中国高校在行动》的发言中提出"精准保护"的概念,即对文化遗产要进行精准探测、精准考古、精准分析和精准修护。① 延伸一下张荣教授的看法,那就是"精准保护"还应当包括资金使用上的精准投送。在城乡档案记忆工程中,需要深化"精准保护"意识,探索建立自身"精准投送"的范例和经验。

① 《文化遗产保护:挑战与对策——2016 联合国第八届全球大学校长研讨会综述》,《中国文物报》2016 年 5 月 23 日。

第九章　城乡档案记忆工程推进的
社会支持机制

　　"任何工程都是具有社会性的工程。"工程活动的社会性既表现为其内在社会性,即是由不同成员构成的,具有一定内在结构的共同体;也表现为其外在社会性,即具有特定的社会目标,并在一定的社会环境中进行。工程环境为工程活动提供了可以控制和利用的社会资源,同时也"作为结构性因素影响着工程活动"。① 因此,工程活动不是孤立的行动,它与所处环境之间存在着千丝万缕的联系,需要社会的广泛理解、支持和参与。工程的社会支持可以减少对工程的阻碍和干扰,为工程活动提供强有力的政策基础、合作基础和社会基础,是工程推进的重要机制之一,它决定着工程的社会融入程度,也决定着工程的持久性、公平性和成效性。刘易斯·科瑟说:"记忆需要来自集体源泉的养料持续不断地滋养,并且是由社会和道德来维持的。就像上帝需要我们一样,记忆也需要他人。"②在这个记忆不断流失的年代,乡村记忆的保护传承"的确需要来自当下'社会和道德'的支持,需要集体的建构,需要集体中每个人的参与"③。

---

　　①　参见殷瑞钰、汪应洛、李伯聪等:《工程哲学》(第二版),高等教育出版社 2013 年版,第231 页。

　　②　[美]刘易斯·科瑟:《莫里斯·哈布瓦赫》,载[法]莫里斯·哈布瓦赫:《论集体记忆》,毕然、郭金华译,上海人民出版社 2002 年版,"导论"第 60 页。

　　③　文孟君:《行走在乡村记忆的边上》,个人图书馆,[EB] http://www.360doc.com/content/14/0224/19/1124634_355365388.shtml[2014-02-24]。

一、工程共同体、其他利益相关者与
工程的社会支持

随着工程哲学和工程社会学研究的兴起与推进,"工程共同体"已成为人们共同关注的话题。殷瑞钰院士从工程哲学角度提出"工程活动是集体活动,参与这个集体性的工程活动的各种成员形成了一个共同体——工程共同体。在直接意义上,分析和研究工程活动就是分析和研究工程共同体的活动,于是,分析和研究工程共同体就成为了工程哲学的一个重要课题和重要内容"。[①] 而李伯聪则从工程社会学角度提出,以"研究'工程共同体'为基本主题,希望能够为'工程社会学'这个新学科奠定一块重要的理论基石"。[②] 就目前研究看,与工程哲学相比,工程社会学领域对工程共同体的关注和论述似乎更多,对工程共同体的性质、结构、功能和伦理责任等问题的探讨也更为丰富。工程哲学、工程社会学对工程共同体的研究为我们分析探讨城乡档案记忆工程的社会支持提供了理论基础与力量来源。鉴于工程共同体与工程社会学关联度更高,本部分主要借用工程社会学的理论成果对城乡档案记忆工程的社会支持机制作为理论铺垫。

(一)工程社会学兴起及其对工程共同体的关注

李伯聪认为,从客观社会现实状况和理论研究的核心问题来看,由于工程活动是现实的、直接的生产力,工程活动是最重要、最基础的社会活动方式,所谓社会互动关系首先就意味着工程活动中的互动关系,因此,作为社会基本活动方式和社会基本细胞的工程活动和工程共同体,理所当然地应该成为社会学研究的基本对象和基本内容。以研究工程活动为基本内容的"工程社会

[①] 殷瑞钰、汪应洛、李伯聪等:《工程哲学》(第二版),高等教育出版社2013年版,第16页。

[②] 李伯聪等:《工程社会学导论:工程共同体研究》,浙江大学出版社2010年版,第2页。

学"也就理所当然地应该成为社会学的一个重要分支学科,成为社会学"大家庭"中的一个重要成员。①

工程社会学产生于本世纪之初。2002年李伯聪《工程哲学引论——我造物故我在》一书出版后,在继续推进工程哲学研究的同时,一些学者不失时机地开展工程社会学这一新分支学科的建设工作。2003年,中国科学院研究生院成立了工程与社会研究中心;2005年,中国科学院研究生院在"科研启动经费项目"中,立项支持"工程与社会基本问题的跨学科研究","工程社会学"是其首要的重点研究内容。经过探索研究,2010年由李伯聪等撰写的《工程社会学导论:工程共同体研究》(简称《工程社会学导论》)一书出版,标志着我国工程社会学的出现。

2010年以来,工程社会学研究在我国得到更广泛关注。2011年,中国科学院研究生院举办"2011年工程与社会学国际研讨会",来自美国纽约大学、科罗拉多矿业学院、贝勒大学、普渡大学,荷兰代尔夫特理工大学,爱尔兰都柏林理工大学,丹麦理工大学,以及我国中国科学院研究生院、清华大学、大连理工大学、西安交通大学、同济大学、哈尔滨工业大学等高校的三十多位学者参加了此次研讨会,对工程社会学的前沿问题进行了深入研讨。同年,上海虹桥枢纽建设指挥部工程管理部毛如麟与同济大学贾广社等合作编著的《建设工程社会学》出版,该书以建设工程实践过程中出现的社会现象为引导,以工程和社会发展的基本元素特征为条件,以工程参与者的行为模式为对象,用社会学的视角对建设工程社会的结构和运作机制进行了综合研究,丰富了工程社会学研究。目前,工程社会学虽仍处于学科建设的"初级阶段",但其研究成果正在不断涌现,其发展潜力巨大。李伯聪认为作为一门刚诞生的分支学科,工程社会学目前还刚刚从社会学学术地图的"学术空白区"进入"学术边缘区域",但工程作为直接生产力的社会地位和社会功能决定了工程社会学在诞

---

① 李伯聪:《工程社会学的开拓与兴起》,《山东科技大学学报(社会科学版)》2012年第1期。

生之后必将逐步从"边缘区"挺进到社会学学术王国的"中心区",并在"中心区"占据一个稳固的位置。①

　　工程共同体既是工程社会学的核心概念,也是工程社会学的主要研究对象和首要研究问题。李伯聪认为:"工程活动是以集体活动或共同体活动的方式来从事和进行的社会活动。工程活动的基本特征是其集体性和社会性,工程活动的基本主体不是个人,而是一种特定形式或类型的共同体——工程共同体。"②在《工程社会学导论》一书中,李伯聪等就是以"工程共同体"为研究的基本主题和理论基石来建构工程社会学。中国政法大学张秀华认为工程共同体作为工程社会学范畴,主要是基于工程活动作为人类最切近的生存方式,在其变革自然、变"自在之物"为"为我之物"的过程中需要结成一定的关系,进行有组织有目的的行动而提出的。工程共同体是为实现同一工程目标而组成的有层次、多角色、分工协作、利益多元、复杂的工程活动主体系统,是从事某一工程活动的个人"总体"。从总体上说,所有从事工程实践的从业者组成了一个不同于其他共同体的打破地域、民族国家、行业与身份限制的工程共同体,而这种共同体又是建立在具体时空的工程活动共同体基础之上的。③

　　"工程共同体"概念是在"科学共同体"和"技术共同体"概念基础上借鉴、发展而来,因此,人们在认识和把握工程共同体时,或多或少地都将其与科学共同体、技术共同体进行比较,以便揭示工程共同体的特征。殷瑞钰等指出:"工程共同体和科学共同体是性质迥然不同的共同体。科学共同体是真理定向的共同体,科学家的目的是追求真理;而工程共同体却是利益和价值定向的共同体,工程共同体的成员以利益和价值追求为目的。科学共同体是由同质成员——科学家——构成的共同体;而工程共同体却是由异质成员——包括工程师、工人、投资者、管理者、企业家、其他利益相关者等——所构成的

　　①　李伯聪:《工程社会学的开拓与兴起》,《山东科技大学学报(社会科学版)》2012年第1期。

　　②　李伯聪等:《工程社会学导论:工程共同体研究》,浙江大学出版社2010年版,第2页。

　　③　张秀华:《工程共同体的社会功能》,《科学技术与辩证法》2009年第2期。

共同体。科学共同体的成员在从事科学研究活动时,虽然常常也需要进行合作研究,但这并不排除在某些情况下科学家可以以个体活动的方式进行科学研究活动。可是,对于工程活动来说,一般地说,必须有工程共同体中不同成员的分工合作,才可能进行现实的工程活动。在组成工程共同体的工人、工程师、投资者、管理者这些成员类型中,如果缺少了其中的任何一类成员,都会使工程活动无法进行。"①张秀华在对比科学共同体和技术共同体的基础上,对工程共同体的特征做了更进一步的描绘,她认为:与科学共同体、技术共同体相比,工程共同体在主体的构成上更多元,属于"异质结构"的共同体,包含投资人、管理者、工程师、工人和其他利益相关者,他们在工程行动中各自发挥着不可替代的作用。②

工程社会学的兴起及其对工程共同体的关注和探讨,一方面,让我们认识到工程共同体是一种社会实在,是支撑社会存在和发展的最基本、最重要的社会共同体;另一方面,通过对工程共同体特征的把握,也让我们认识到工程共同体是一种异质、复杂的社会共同体,它不仅存在复杂的内部关系,而且还与社会中的其他共同体存在着复杂的外部关系,需要我们进一步厘清工程共同体的内外部复杂关系,从而认识到工程社会支持的重要性与力量来源。

(二)工程共同体结构与其他利益相关者

1.工程共同体结构及其特点

工程共同体有两类:一类是"工程活动共同体",一类是"工程职业共同体"。工程活动共同体是有目的、有计划、有组织、集体分工协作的共同体,是由不同角色所组成的共同体,一般主要由工程师、工人、投资者、管理者和其他利益相关者构成。工程职业共同体是由同一职业的人员构成的,其组织形式

①　殷瑞钰、汪应洛、李伯聪等:《工程哲学》(第二版),高等教育出版社2013年版,第17页。

②　张秀华:《工程共同体的本性》,《自然辩证法通讯》2008年第6期。

或实体样式为工程师协会或学会、雇主协会、企业家协会、工会等。在两类共同体中,工程活动共同体是更为基本的共同体,没有工程活动共同体,也就没有工程职业共同体,"正是在这个意义上可以说,相对于工程活动共同体,工程职业共同体就是派生的亚共同体"。① 因此,工程活动共同体是工程共同体结构分析的主要对象。

工程活动共同体中的不同成员在工程活动中扮演着不同的角色,发挥着各自不同的作用。李伯聪曾比喻道:如果把工程活动共同体比喻为一支军队,那么工人就是士兵,管理者相当于各级司令员,工程师相当于各级参谋,而投资人则相当于后勤部长;在功能上,如果把工程活动比喻为一部坦克或铲土车,那么投资人可比喻为油箱和燃料,管理者(企业家)可比喻为方向盘,工程师可比喻为发动机,工人可比喻为火炮或铲斗,其中每个部分对于整部机器功能的正常发挥都是不可缺少的。② 工程活动共同体的组织形式或实体样式为各类企业、公司或项目部,它们是工程活动的现实形态,并以制度的、工艺的、管理的方式或者以基于物流为基础的人流表现为一定的结构模式。在结构上,工程活动共同体具有以下几方面特点:①异质性,即是由基于社会劳动分工基础上的脑力劳动者与体力劳动者、管理者与被管理者等不同层次、不同工种人员的组合与互补;②层级性,即工程活动共同体内部组织方式和责任在轻重上是分层次、有差别的;③秩序性,即工程活动是在统一指挥下的分工与协作,以确保工程的顺利进行与高效作业;④利益主体多元性,即共同体内部不同人群有着不同利益要求与期待,各自追求目标利益最大化;⑤紧密性,即共同体成员因完成工程活动总目标的需要,相互依存、不可分割;⑥整体性,即共同体构成要素的子共同体存在的合法性来自作为整体的工程活动共同体,离开整体,共同体构成要素就不存在;⑦流动性,即工程活动共同体是开

---

① 李伯聪等:《工程社会学导论:工程共同体研究》,浙江大学出版社 2010 年版,第 23 页。

② 李伯聪等:《工程社会学导论:工程共同体研究》,浙江大学出版社 2010 年版,第 26—27 页。

放的,与外部环境始终保持互动和交流,会不断接纳新成员,也会有成员不时退出。①

2. 工程活动共同体的维系机制

工程共同体与工程主体构成上互有交叉、互相包含,但其分析方向和分析意义有较大差异。

工程主体是与工程客体对应的哲学概念,是指对工程负有伦理责任的个人或组织,包括工程的决策者、实施者和承受者。工程主体之间的维系机制或纽带我们可以简单称为"伦理责任"。② 而工程共同体或工程活动共同体是与科学共同体、技术共同体等相对应的社会学概念,是指所有与工程相关的个人和组织。工程活动共同体既是价值共同体,但更具有利益共同体的性质。李伯聪认为,工程活动共同体的维系纽带主要有四种:即"精神——目的纽带""资本——利益纽带""制度——交往纽带""信息——知识纽带"。③ 如果这些纽带的功能发挥得好,共同体就会处于"优良"状态。不过,李伯聪在讨论中对工程共同体的利益相关性更为强调,他指出:"工程项目是众多契约的集合体,每个契约方都可以看作是该工程的利益相关者,每个利益相关者的利益都应该得到切实的保护,包括社会利益相关者。这就要求在工程活动中,在工程设计、实施、运行、监管与管理等多个环节,除了前文中对工程师、工人、投资者和管理者等工程的'直接参与者'进行分析外,还应当对工程的其他利益相关者进行分析,了解他们的目标与需求,了解工程对他们的影响以及他们对工程的态度等。"④

因此,工程(活动)共同体分析不同于工程主体分析之处在于:一方面,它让我们重新思考工程共同体的维系机制,认识到利益相关性是工程共同体的

---

① 参见张秀华:《工程共同体的结构及维系机制》,《自然辩证法研究》2009 年第 1 期。
② 田鹏颖主编:《社会工程哲学教程》,社会科学文献出版社 2012 年版,第 177 页。
③ 参见李伯聪:《工程哲学和工程研究之路》,科学出版社 2013 年版,第 235—236 页。
④ 李伯聪等:《工程社会学导论:工程共同体研究》,浙江大学出版社 2010 年版,第 150 页。

重要维系纽带;另一方面,它进而让我们看到工程共同体不同的结构成分,即除了工程的直接参加者之外,还存在着更为广泛的"其他利益相关者"。两方面密切相关,是我们深刻理解工程活动社会支持的结构性基础。

3. 工程活动共同体结构中的其他利益相关者

对工程活动共同体中"其他利益相关者"的关注,既反映出工程活动共同体结构的复杂性,也凸显出它在工程活动中的重要地位。李伯聪认为,在分析工程共同体的构成或成员时,不但必须关注工程师、工人、投资者和管理者,而且必须关注"其他利益相关者"。当不得不把众多的"其他利益相关者"都纳入视野时,人们发现:在共同体错综复杂的利益关系、利益诉求、利益网络中,像其他许多共同体的成员结构一样,工程共同体的各种成员结构中,也是既有"核心成员"又有"边缘成员",甚至还有"松散、游离的关联成员";既有对共同体活动"一心一意"的成员,也有对共同体活动"半心半意",甚至"离心离德"的成员。"在利益相关者的视野中,工程共同体成员结构的复杂性、全面性、整体性、错综性、网络性得到了突出的表现和反映。"①为此,他提出对其他利益相关者的分析应贯穿工程活动这一系列过程的始终。"在工程设计中,仅考虑规划、建筑、结构、景观、工艺等技术性要素是远远不够的,而是要同时考虑工程用户、当地政府及相关职能部门、居民、公众、媒体乃至环境保护组织等其他利益相关者的需求、态度与意见。这是现代工程设计发展的要求,也是工程顺利实施、运行的前提。"②

工程活动共同体结构及其相关利益者的分析,不仅让我们认识到工程共同体存在着复杂的"内在关系",而且同时存在着复杂的"外部关系"。田鹏、陈绍军尝试性地提出要构建"内部工程社会学"和"外部工程社会学",认为内部工程社会学的研究对象是工程活动发生逻辑和运作机制,而外部工程社会

---

① 李伯聪等:《工程社会学导论:工程共同体研究》,浙江大学出版社 2010 年版,第 149—150 页。

② 李伯聪等:《工程社会学导论:工程共同体研究》,浙江大学出版社 2010 年版,第 154 页。

学的研究对象则是工程活动的社会影响。① 这些都反映出工程活动的社会关联性，也反映出"其他利益共同体"在工程活动共同体中的重要性。

（三）城乡档案记忆工程的社会支持与力量来源

1.社会支持理论及其借鉴意义

"社会支持"概念最早出现于 20 世纪 70 年代精神病学领域，和个体生理、心理、社会适应能力等联系在一起。20 世纪八九十年代以后，社会支持概念被广泛应用于社会学、社会工作、社会精神病学、心理学等领域，主要用于指称为弱势群体提供精神和物质资源，以帮助其摆脱生存和发展困境的社会行为。

引鉴社会学等领域社会支持研究成果，对我们思考城乡档案记忆工程推进中社会支持的内涵、来源与作用方式具有积极意义：一方面，社会支持在内容上包含物质支持、精神支持、制度支持、政策支持等多方面，在来源上既包括来自政府提供的公共服务，也包括来自市场和企业提供的商业服务，甚至还包括社会各界及各社会组织提供的公益服务；另一方面，社会支持不仅仅是一种单向的关怀或帮助，在多数情形下它还是一种社会交换，是人与人之间的社会互动关系。"不能简单把社会支持理解为从支持者到被支持者的单向传输过程，成功的社会支持应该是一个支持者与被支持者'互构'的过程，两者是互为主体和客体的关系"。② 因此，我们对城乡档案记忆工程推进中社会支持的理解不是指对弱势群体的支持和救助，而是强调档案部门与社会其他各方面的互助合作和相互促进过程。

2.城乡档案记忆工程与社会支持

与自然工程相比，城乡档案记忆工程更具有社会性，是一项社会建设工

---

① 田鹏、陈绍军：《"内部工程社会学"与"外部工程社会学"——建构工程社会学体系的一种尝试》，《工程研究——跨学科视野中的工程》2015 年第 1 期。
② 梁君林：《基于社会支持理论的社会保障再认识》，《苏州大学学报（哲学社会科学版）》2013 年第 1 期。

程,需要获得广泛的社会理解和社会支持。

城乡档案记忆工程是在特定社会历史条件下,涉及整个社会(或者地区范围)对国计民生、社会历史文化发展具有重大影响的改造社会世界、调整社会关系、协调社会运行的实践活动。① 它不仅量大面广,任务繁重,而且其建设过程中涉及一系列复杂的社会关系,关乎诸多政府部门、社会组织乃至个人的利益。霍艳芳在谈到城市记忆工程建设时曾指出:"虽然理论上政府、职能部门、社会力量在'城市记忆工程'中的角色定位已相当明确,但上述定位是理想状态下的最优定位,当涉及自身利益时,三方必然会调整自己的行为以实现自身收益最大化,三方的行为相互影响,从而形成博弈。"②如果不能及时、妥当地协调好这些社会关系,就会对工程建设和发展造成很大程度的干扰,阻碍工程的推进;而协调社会关系的基础则是获得社会的认同和支持,只有在社会支持的前提下,才能处理好社会关系,使工程得以顺利推进。

从国内外档案记忆工程实践看,社会支持或社会参与已受到广泛关注,并且已成为档案记忆工程取得成功的一条重要经验。如美国的"记忆工程"项目就十分强调加强与机构合作,注重公众参与。负责各级"记忆工程"的历史协会、图书馆和档案馆都通过与其他组织机构(如基金会、高校)的合作来获得资金、技术和人力上的支持;各级"记忆工程"都强调了公众参与,鼓励当地居民上传资源或录制口述历史,取得显著成效。③ 社会支持对城乡档案记忆工程建设的意义具体表现在:一是可以扩大城乡档案记忆工程的社会基础;二是可以增加城乡档案记忆工程建设资源和条件的投入;三是可以提高城乡档案记忆工程与社会其他事业的融入程度;四是深化扩展城乡档案记忆工程建设的社会效益。

---

① 田鹏颖:《论社会工程的本质和方法》,《大连理工大学学报(社会科学版)》2006年第2期。

② 霍艳芳、陈可彦:《基于博弈论的"城市记忆工程"多方参与研究》,《档案学研究》2016年第2期。

③ 韩若画等:《国内外"记忆工程" 实施现状综述》,《档案学通讯》2012年第3期。

3.城乡档案记忆工程社会支持的力量来源

社会支持涉及提供支持的一方,即施助方;也涉及接受支持的一方,即受助方。在传统的心理学、社会学等领域中,多从个体心理困扰或弱势群体角度运用社会网络分析来探讨社会支持的来源。如 Pearlin 指出社会支持的来源可以区分为社会网络、活跃交往、亲密关系三个层次;Lin 及其同事划分个体社会关系的三个圈层:社区关系、社会网络、亲密关系,认为这三个要素代表了社会关系的外层、中层和内层,分别对健康会产生不同的影响。① 也有学者从综合的角度提出当前社会支持的四类主体,即由政府和正式组织(非政府组织)主导的正式支持、以社区为主导的"准正式支持"、由个人网络提供的社会支持、由社会工作专业人士和组织提供的专业技术性支持。这四类支持互有交叉,但在更多层面相互补充,已经初步形成了政府主导、多元并举的社会支持系统框架。

社会支持既是普泛的,也是具体的,不同的受助对象其社会支持会存在不同的力量来源。就城乡档案记忆工程而言,我们尚需再次回到工程社会学中的利益相关者分析,重新考察城乡档案记忆工程中的其他利益相关者,以此把握记忆工程社会支持的力量来源。

国际上,利益相关者分析已发展为非常流行的分析工具,对于战略管理、企业组织发展、工程项目、可持续发展、社区资源管理、城市建设和发展等研究都有重要意义。李伯聪等认为,工程活动是在众多复杂的利益关系中进行的,其中包括工程投资者与工程用户、公众的利益关系,工程建设与生态环境的关系,工程受益者与损害波及者的利益冲突,工程项目所在地区的行政部门及流动人口的关系等,"当然并不是所有利益相关者对工程项目的影响都是等同的,工程的性质、规模、类型不同,其利益相关者的具体类别、产生影响的方式

---

① 参见刁鹏飞:《社会支持研究述评》,《哈尔滨工业大学学报(社会科学版)》2012 年第 5 期。

和程度都会有很大不同"①。他们提出工程活动除投资者、工程师、管理者和工人外,还存在许多"其他利益相关者",如政府及其职能部门、工程用户、工程项目建设区域的居民、社会公众、社会组织与社会团体、新闻媒体、流动人口等;对于不同利益相关者的利益矛盾,应该正视而不是闭目塞听,应该妥善处理协调利益关系,讲求双赢;而不是损人利己,害人害己。②

城乡档案记忆工程共同体既是价值共同体,也是利益共同体。根据利益相关者理论,我们认为城乡档案记忆工程建设中,档案部门、乡镇社区和村落组织是直接的参与者、建设者,而政府或政府其他部门(除档案部门)、社会机构和组织、乡村居民及其他社会公众(以志愿者方式发生相关性)等构成了工程共同体中的"其他利益相关者",他们在城乡档案记忆工程中发挥着不同的支持功能:其中政府及其他部门主要提供政策支持;社会单位和组织主要提供合作支持;乡村居民主要提供参与支持;社会公众主要提供志愿服务支持,四者分别从上下、左右、内外为城乡档案记忆工程提供资源、条件、制度、政策、精神等支持,构成城乡档案记忆工程社会支持的力量来源和分析向度。

二、城乡档案记忆工程推进的政策支持

在 2014 年全国"两会"期间,全国政协委员汪晖提出"保护乡村文化,根本上有赖农村政策的宏观调整"③。政策是国家、政党为实现一定历史时期的路线和任务而制定的行动准则,具有规范和指导有关机构、团体或个人行动的作用,是"一切实际行动的过程和归宿"④。今天,人们已普遍认识到,政策允许不允许、政策支持不支持,以及政策鼓励支持的程度,不仅直接决定着我们

①　李伯聪等:《工程社会学导论:工程共同体研究》,浙江大学出版社 2010 年版,第 153 页。
②　李伯聪等:《工程社会学导论:工程共同体研究》,浙江大学出版社 2010 年版,第 154—165 页。
③　王肖:《汪晖委员:保护乡村文化有赖宏观农村政策调整》,国际在线,[EB]http://news.cri.cn/gb/42071/2014/03/07/7211s4454134.htm[2014-03-07]。
④　王邦佐、邓伟志编:《大辞海·政治学·社会学卷》,上海辞书出版社 2010 年版,第 43 页。

行动的方向,同时也直接决定着我们行为的程度。政策是我们行动和事业发展的"指挥棒",是人们行动的外在激励与制约机制。"社会工程的任务就是为实现中国发展和现代化,用科学的、精确的方法和手段规划、设计现代化建设的方案和蓝图,通过制度设计和政策安排的外在形式来实现其目的"①。在城乡档案记忆工程推进中,得到政策的大力支持,乡村记忆保护传承的路子就会越走越宽,保护传承的力度就会越来越大;反之,得不到政策的支持,乡村记忆保护传承的行动必将遇到诸多障碍,步履维艰,难以为继。因此,政策支持是推进城乡档案记忆工程的首要社会支持机制。

(一)城乡档案记忆工程政策支持的必要性

1. 政府在工程项目中扮演的角色

政府是现代社会运行的组织者和推动者,在工程建设活动中,政府扮演着不同的角色。李伯聪教授指出:"随着生产力的发展、社会的演进、全球化进程的加快,政府的地位、功能也在不断地变化。现代社会中,在工程规划、设计、决策、实施等各个环节中,或者说在工程的预期、工程的过程、工程的结果中,政府都扮演着重要角色,于是,政府与工程共同体的关系也成为一个重要问题。"②

  政府可以泛指国家政权机构,包括立法机关、司法机关、行政机关及其他公共机关。对于绝大多数项目来讲,无论是国家大型公益性工程,还是地方政府、集体或者企业的工程项目,政府都是重要的利益相关者。各级政府及其各职能部门在工程规划立项、投资建设、审查监督、运行评估等方面都发挥着极其重要的影响,甚至有些工程本身就是政府及其职能部门主导的。政府通过多种方法和手段,在环境、土地、资源等问题上对工程项目活动产生重要影响。对于那些

---

① 杨建科、王宏波:《论自然工程与社会工程的关系》,《自然辩证法研究》2008 年第 1 期。
② 李伯聪等:《工程社会学导论:工程共同体研究》,浙江大学出版社 2010 年版,第 314 页。

由政府出资建设的大型、公益性工程项目,政府更是主导性力量。对
于那些非政府投资和主导的工程项目,政府也发挥着重要影响。①

"社会工程主体体系里的每一个社会工程主体的角色都不是单一的,而
是多重的。"②在城乡档案记忆工程的不同层次和不同方面,政府发挥的作用
不同,角色也不同。在整体宏观层面,政府是城乡档案记忆工程的主导者、决
策者和第一责任人;在具体实践层面,政府又是城乡档案记忆工程的组织者、
实施者和管理者,当然具体工作是由作为政府职能部门的档案行政管理部门
来操作的;站在档案部门角度看,政府又是城乡档案记忆工程的指导者、利益
相关者和政策提供者。"历史和现实都一再表明:工程共同体——包括工程
共同体的各种成员——的历史地位、政治生命、社会作用、工作环境、生活待遇
等都与政府的相关政策的制定、调整有着十分密切的关系"。③

2. 政策支持:政府主导的重要手段

"政府主导"是我国文化遗产保护、非物质文化遗产保护以及传统村落保护
等社会工程活动的基本工作原则。2005 年国务院办公厅在《关于加强我国非
质文化遗产保护工作的意见》(国办发[2005]18 号)中就提出,非物质文化遗产
保护的工作原则是"政府主导、社会参与,明确职责、形成合力;长远规划、分步
实施,点面结合、讲求实效"。今天,在城乡档案记忆工程建设中,人们也在呼吁
并强调"政府主导"。政府主导可以有多种方式,如建立保护工作领导机制、建
立科学有效的法规制度体系、安排充分的专项资金支持等,但不论如何,提供
政策支持都是政府主导的或者说领导重视的一种重要方式和手段。

政策是阶级意志的产物,"在阶级社会中,每一阶级都力图按照自己的意
志去改造社会,掌握社会,因而都要根据自己的愿望和要求,制定出改造、掌握
社会的方针、政策。这些被制定出来的方针、政策,其实就是各阶级在企图按

---

① 李伯聪等:《工程社会学导论:工程共同体研究》,浙江大学出版社 2010 年版,第 155 页。
② 田鹏颖主编:《社会工程哲学教程》,社会科学文献出版社 2012 年版,第 179 页。
③ 李伯聪等:《工程社会学导论:工程共同体研究》,浙江大学出版社 2010 年版,第 314 页。

照自己的面貌改造社会、掌握社会的意志体现"①。正因如此,政策总是与阶级、国家紧密联系在一起,是政党和国家机关(政府)制定、认可并依靠国家强制力保证实施的。

在现代社会中,随着社会治理结构的变化,政府的管理方式也在发生重大转变,逐步从以往的"硬性规定""直接干预"转变为"间接调控""主动引导",作为"有目的的价值分配"的政策越来越成为政府协调社会利益、指导社会行动的重要工具和意志体现②,政策对社会活动和社会生活的指导、协调作用也越来越重要。

3. 政策支持对城乡档案记忆工程推进的意义

政策具有导向、协调、控制、管理、分配、监督、中介、规范等功能,结合城乡档案记忆工程实际,我们认为政策支持对城乡档案记忆工程的推进意义突出体现在以下几方面。

(1)为城乡档案记忆工程推进提供正确引导。政策能够引导人们行为和事物发展的方向,这种引导既包括行为的引导也包括观念的引导。"在一个政策体系中,一般都包含着三个方面的系统,即:价值系统(指出该政策的有用性及其意义)、规范系统(告诉人们政策界限,指出哪些不该做,哪些是允许的)和行为系统(告诉人们技术性的方法,即要达到政策所规定的目标和要求,应该怎样做,采取什么样的行动方式才能奏效等)。"③通过政策提供(政策制定)和政策引导,可以进一步提高人们对乡村记忆保护传承历史价值和现实意义的认识,充分认识到乡村记忆破坏结果的严重性,从而在思想和行动上,自觉地投入到城乡档案记忆工程建设活动中。

(2)对乡村记忆的破坏行为实施有效管制。为避免影响社会良性运行的不利因素出现,政策就要发挥对目标群体的约束和管制功能,通过明确的政策

---

① 舒扬等:《政策学概论》,求实出版社 1989 年版,第 72 页。

② 参见王宏波:《社会工程研究引论》,中国社会科学出版社 2007 年版,第 122—123 页。

③ 沈承刚:《政策学》,北京经济学院出版社 1996 年版,第 108—120 页。

规定,让人们确知行为的准则和行为的后果,以实现对人们社会行为的制约。政策的管制功能可通过两条途径加以实现:"一是积极性管制。政策条文的规定突出激励原则,即对某种行为加以物质或精神方面的奖励,以刺激这种行为重复出现的频率,从而达到减少其反向行为的目的。二是消极性管制。政策条文的规定突出负奖励原则,即对某种行为加以物质或精神方面的惩罚,以抑制这种行为重复出现的可能,从而达到有效管制的目的。"①乡村记忆保护传承形势日趋严重,在很大程度上就是由于缺乏明确的政策规定而导致的对破坏行为未能有效约束和遏制的结果,需要制定政策,形成有利于乡村记忆保护传承的行为要求和行为规范,有效防控其破坏行为的发生。

(3)为城乡档案记忆工程推进提供资源条件。每一项具体政策都会涉及"把利益分配给谁"或"政策使谁受益"的问题,所以人们将政策理解为"有目的的价值分配"的过程。"政策的分配功能,实质上是政策对利益分配或价值分割以满足不同政策主、客体需要的能力与作用,是一种权威性的分配功能。"②政策的分配功能往往通过两个途径实现:其一是直接途径,即对一定时期内新创造的价值或体现这部分价值的权利在不同集团或社会成员中的分配;其二是间接分配,即根据政策的目标导向,调配国家或社会资源,支持某些领域、某些行业的发展,从而实现价值或利用的再分配。城乡档案记忆工程中,政策分配功能的实现途径即属后者,通过支持性政策,有利于为工程建设提供更多的资金和条件支持,推动工程在更大范围和更深层次上开展。正是在此意义上,我们将国家制定和实施的有利于乡村记忆保护传承的各种政策称为"政策支持机制"。

(二)城乡档案记忆工程政策支持的环境分析

政策有不同的类型和表现方式。在类型上,从政策主体层次角度,可分为

---

① 谢明:《公共政策导论》,中国人民大学出版社 2015 年版,第 45 页。
② 沈承刚:《政策学》,北京经济学院出版社 1996 年版,第 115 页。

国家中央级政策、地方党政组织政策和基层党政组织政策;从社会领域,可分为经济政策、政治政策、文化政策和社会政策;从政策层次角度,可分为宏观政策和微观政策等。其中每种类型下又有多种具体政策形式。在表现方式上,政策包括法律法规、行政规定或命令、国家领导人口头或书面的指示、政府大型规划、具体行动计划及相关策略等。我国城乡档案记忆工程实施的政策就寓于这些不同类型和表达方式的政策中。

20 世纪 80 年代以来,随着我国物质文化遗产和非物质文化遗产保护工作的发展,城乡档案记忆工程的政策提供正在不断发展、聚焦和优化,逐步形成有利于城乡档案记忆工程推进的政策支持环境。

我国 1982 年《宪法》就规定:"国家保护名胜古迹、珍贵文物和其他重要历史文化遗产",明确了国家保护重要历史文化遗产的宗旨和责任。2005 年,国务院发布了《关于加强文化遗产保护的通知》(国发〔2005〕42 号),对我国文化遗产(包括物质文化遗产和非物质文化遗产)保护作出了重要指示,也是重要的政策规定。《通知》强调"我国文化遗产蕴含着中华民族特有的精神价值、思维方式、想象力,体现着中华民族的生命力和创造力,是各民族智慧的结晶,也是全人类文明的瑰宝。保护文化遗产,保持民族文化的传承,是连结民族情感纽带、增进民族团结和维护国家统一及社会稳定的重要文化基础,也是维护世界文化多样性和创造性,促进人类共同发展的前提。加强文化遗产保护,是建设社会主义先进文化,贯彻落实科学发展观和构建社会主义和谐社会的必然要求。"《通知》要求"地方各级人民政府和有关部门要从对国家和历史负责的高度,从维护国家文化安全的高度,充分认识保护文化遗产的重要性,进一步增强责任感和紧迫感,切实做好文化遗产保护工作"。《通知》还对文化遗产保护的基本方针和工作重点进行了具体规定,指出"物质文化遗产保护要贯彻'保护为主、抢救第一、合理利用、加强管理'的方针。非物质文化遗产保护要贯彻'保护为主、抢救第一、合理利用、传承发展'的方针。坚持保护文化遗产的真实性和完整性,坚持依法和科学保护,正确处理经济社会发展与文化遗产保护的关系,统筹规划、分类指导、突出重点、分步实施"。这些政策要求和政策措施在我国文化遗产保护中都得到有效的实施,提高了全社会对历史文化遗产保护的重视。

近年来,在新农村建设和新型城镇化建设的推动下,国家对乡村记忆保护传承的观念日渐明确。2013 年 12 月召开的中央城镇化工作会议提出"要传承文化,发展有历史记忆、地域特色、民族特点的美丽城镇"的建设要求。2014 年在《国家新型城镇化规划(2014—2020 年)》中更是明确提出要"加强历史文化名城名镇、历史文化街区、民族风情小镇文化资源挖掘和文化生态的整体保护,传承和弘扬优秀传统文化,推动地方特色文化发展,保存城市文化记忆";"防止千城一面,发展有历史记忆、文化脉络、地域风貌、民族特点的美丽城镇,形成符合实际、各具特色的城镇化发展模式"。2016 年在全国人民代表大会通过的《中华人民共和国国民经济和社会发展第十三个五年规划纲要》中,提出实施"重大文化工程",并将"国家记忆工程"作为重大文化工程之一。这些都显示出国家宏观政策层面对乡村记忆保护传承的高度重视和有力支持。

从档案行业或档案部门看,在"世界记忆工程""中国档案文献遗产工程"和城市记忆工程的多重影响下,我国部分省市已开始主动开展乡村记忆工程,推出了一系列政策措施,如建立"乡村记忆示范基地"和"企业记忆之窗",建设方言数字资源库,拍摄"乡村影像志",开展乡村记忆资源的收集、保管、开发和展演。各种记忆工程的现实效果和社会影响,引起了国家档案行政管理部门的关注和重视,促进了国家档案政策的调整和创新,国家档案局将鼓励开展"国家记忆和城市(乡村)记忆工程"列入《全国档案事业发展"十三五"规划纲要》。

应该说,从国家层面看,我国城乡档案记忆工程推进的国家政策或宏观政策环境已经初步形成,但在微观操作层面或者说具体政策措施方面还亟待提高完善。例如在山东、山西等省开展的"乡村记忆工程""乡村文化记忆工程"中,还没有档案部门的参与,这不能不说是一种政策缺陷;再如我们当前各地对城乡档案记忆工程的认识程度还不平衡、不到位,许多省市政策导向动力不足,尚未启动城乡档案记忆工程建设;在已经开展城乡档案记忆工程的省市中,城乡档案记忆工程建设还缺少有效的资源条件和人才支撑,难以满足档案部门对记忆工程建设的推进需求等。

社会问题的存在是政策制定的依据,"政策总是为了解决某种问题或倾向而制定的"。① 作为城乡档案记忆工程政策所关注和解决的社会问题——乡村记忆保护传承问题依然存在,而且还在日趋紧迫,这说明我们的政策调整和控制还不够到位,还需要我们加强政策支持力度,在宏观政策的引导下,形成更有效、完善的政策措施,保障城乡档案记忆工程的强力推进。

(三)城乡档案记忆工程政策支持的重点

政策作为一定历史条件下人们从事现实活动的行为准则,具有很强的现实性或时效性,不同时期、不同阶段,政策关心和支持的重点不同。从城乡档案记忆工程推进的实践需求看,当前城乡档案记忆工程政策支持的重点有以下三方面。

1.政策肯定

政策肯定是政策支持的前提和政策目标的基础,是政策主体对政策所涉及的社会问题的重视,即认识到政策涉及的社会问题的重要性,认识到这一问题需要通过制定相关政策加以解决。谢明在谈到公共政策时说:"社会所面临的问题很多,但在政府决策者看来,并非所有的问题都是需要政府解决的。有些问题通过民间渠道就能够进行处理;有些问题可能过于复杂,政府无力加以解决;有些问题已经成为历史,再无解决的必要。……所以,只有一部分社会问题能够得到政府的真正重视,进入政府议程,这部分社会问题才转化成为政策问题。"②

---

① 沈承刚:《政策学》,北京经济学院出版社 1996 年版,第 30 页。
② 谢明:《公共政策导论》,中国人民大学出版社 2015 年版,第 56 页。

对城乡档案记忆工程予以政策肯定,就是要认识到乡村记忆保护传承的重要性,认识到对乡村记忆保护传承必须列入政府的政策议程,通过制定相应的政策措施加以解决。政策肯定简单说就是政府重视,并作为目标对象进行处理。没有政策肯定,再严重的社会问题也得不到政策支持,只能"束手无策"。

山东省在"乡村记忆工程"建设方面得到的政策肯定就是一个典型案例。据报道:山东省文物局在面对如何破解新型城镇化建设中的文化遗产保护"困局",有效保护和实现科学利用文化遗产及其生态环境和社会环境这一重大社会问题时,深刻认识到这是文物工作者面临的一项紧迫任务和不可推卸的历史责任。在深入调研、论证和思考的基础上,提出了"乡村记忆工程"的基本思路,立即得到省委、省政府领导的高度重视。"乡村记忆工程"方案于2014年1月初正式提出,就被正式写入1月17日省长在省人大会议所作的《政府工作报告》中,在全省得到普遍实施。① 虽然这个工程方案及其实施中没有见到档案部门的参与,但作为一种政策肯定,其现实成效是非常明显的。

城乡档案记忆工程目前已写进《全国档案事业发展"十三五"规划纲要》,是一个好的开端,还需要各地方政府及其档案部门的重视,才能得以实施推进。

2. 政策措施

每项政策都有具体的内容要求。政策内容是由政策主体、政策客体、政策价值、政策目标、政策原则、政策方法和政策措施等组成的内部体系。其中政策措施是政策内容的重要方面,也是政策活动的至关重要的环节。政策措施包括政策的要求、手段、途径、步骤、方式、行为、对策等,是政策主体对特定的政策客体、特定的政策环境与条件所做的单方面的政策行为和规定,政策的意

① 《山东省组织实施"乡村记忆工程"有关情况发布会》,齐鲁网,[EB]http://www.iqilu.com/html/shouquan/shilu/2014/0213/1864692.shtml[2014-02-13]。

图、价值和要求最终都要通过政策措施来表现和表达。如果说政策肯定是政策价值和政策目标的支持,是一种政策观念行为,那么政策措施可以说是政策的具体要求、手段、条件的支持。"政策措施是政策文本、方案中数量最多的一种要件,也是政策活动中运用得十分广泛的一种手段,诸如有效与无效的政策措施、积极与消极的政策措施、战略性与策略性的政策措施、重大的与一般的及特殊的政策措施,以及政治、经济、社会、技术、法律、军事、外交的政策措施等。"①我们通常所说的"明确的政策支持"在某种程度上就是要提供具体的政策措施支持。

城乡档案记忆工程推进所涉及的支持性政策措施较多,概括起来主要包括以下方面:①象征性政策措施,是对政策肯定的价值观的表述;②组织性政策措施,是对城乡档案记忆工程建设的组织设置的原则和要求;③规范性政策措施,是对城乡档案记忆工程中的法规制度建设的要求;④财政性政策措施,是为城乡档案记忆工程提供资金支持的政策要求;⑤人才性政策措施,是为城乡档案记忆工程推进提供人才支持的政策要求;⑥具体行动性政策措施,是围绕城乡档案记忆工程所要开展的具体工作内容的要求;⑦其他政策措施,如对破坏乡村记忆行为的处罚等。

政策措施要具有明确性和系统性,"政策制定得越'具体',就越科学,就越具有普遍的指导意义"。② 同时,政策措施与城乡档案记忆工程管理运行机制密切关联,城乡档案记忆工程管理运行能否有效实现,很大程度上依赖于政策的支持。

3. 政策执行

美国政策科学家查尔斯·O.琼斯(C.O.Jones)认为:"政策执行是将一项政策付诸实施的各项活动,在诸多活动中,尤以解释、组织和实施三者最为重

---

① 沈承刚:《政策学》,北京经济学院出版社1996年版,第62页。

② 舒扬等:《政策学概论》,求实出版社1989年版,第47页。

要。所谓解释就是将政策的内容转化为民众所能接受和理解的指令;所谓组织就是指建立政策执行机构,拟定执行的办法,从而实现政策目标;所谓实施就是由执行机关提供例行的服务与设备,支付经费,从而完成议定的政策目标。"①

任何政策都必须通过执行环节才能发挥作用,政策执行是制定政策的归宿和目的。在政策执行中,也需要提供必要的政策支持,以保障相关政策观念和政策措施的落实,如政策资源和组织协调等。政策资源包括经费资源、人力资源、信息资源和权威资源,是政策目标实现不可缺少的条件,没有政策资源,政策执行者只能是"巧妇难为无米之炊"。当然,政策资源的获得一方面来源于政策措施的规定和政策的权威性要求,另一方面也来源于政策执行者的组织协调能力。组织协调是通过沟通和协商,使上下级之间、不同部门之间、不同人员之间能够做到分工合作、步调一致,保证政策执行活动有条不紊地开展。政策执行部门因存在各种利益关联和矛盾,其组织协调也存在很大难度,需要通过有效的方式和权威资源的支持才能保证畅通有效。政策资源与组织协调相互关联,共同搭建起政策执行的支持基础。

在文化遗产保护和乡村记忆工程政策执行中,国家要求地方各级人民政府和有关部门将文化遗产保护列入重要议事日程或纳入年度工作计划、经济和社会发展计划、城乡规划,建立健全文化遗产保护责任制度和责任追究制度,建立记忆工程联席会议制度等,都是对国家文化保护政策执行的有力支持,值得在城乡档案记忆工程推进中参考借鉴。

(四)城乡档案记忆工程政策支持的稳定与完善

1.城乡档案记忆工程政策稳定与完善的要求

政策是稳定性和变动性的统一。一方面,政策要求有一定的稳定性。政

---

① C.O.Jones,*An Introduction to the Study of Public Policy*,2ed.,North Scituate,Mass.:Duxbury Press,1977,p.139.

策一经制定出来,就要在特定的时间内持续发挥作用,不能"朝令夕改"。邓小平同志曾说:"政策不但要对头,而且要稳定,要有连续性"。政策变化无常是最不得人心的,它不仅会丧失政策的严肃性和权威性,大大降低公众对政策的信任程度,而且还会使政策执行机构无所适从,导致政策难以贯彻执行。另一方面,政策又要求不断变化,没有一成不变的政策。美国学者 Tayor 等指出:"一个社会的政策框架,以及在政策框架基础上产生的制度安排、法律体系、社会规范就构成了社会活动结构的内容,政策的变化会引起社会活动结构的变化;也可以倒过来说,社会结构的演变,首先(也会引起)社会政策的变化,两者是同一回事。"①

政策的稳定与变动最终是由客观规律支配的,是社会发展的阶段性和事物性质的规定性双重因素作用的结果。在当前城乡档案记忆工程的推进中,相关政策还只是刚刚起步,城乡档案记忆工程实施政策的社会基础没有发生根本性变化,这就要求我们更应该突出和注重当前城乡档案记忆工程实施政策的稳定性和连续性。可以说,政策的不稳定是城乡档案记忆工程推进中最大的风险障碍。同时我们也需要强调其变动性,但是这种变动性不是根本否定性转变,而是政策的不断完善和发展。"政策的稳定是变动中的稳定,只有在变动中,才能更好地稳定;政策的变动是稳定中的变动,离开稳定的滥变是不符合事物辩证法的。"②我们要在稳中求变,在变中求稳,研究新情况,分析新问题,制定新对策,不断修正、调适、优化城乡档案记忆工程的实施政策。

2.加强城乡档案记忆工程相关政策的研制

政策不只是简单的条文规定,而是一个复杂的过程,即一个由政策制定、政策执行、政策控制、政策评估等共同构成的完整过程,或者说是一个政策提供、政策实施、政策管理的过程。国外公共政策学者从"政策生命周期"的角

---

① Sandra Tayor, Fzzal Rizvi, *Bob Lingard and Miriam Henry*, Education Policy and the Policy of Chang, Routledge, London and New York, 1997.p28, p25.

② 沈承刚:《政策学》,北京经济学院出版社 1996 年版,第 32—33 页。

度来理解政策过程,将政策生命周期定义为一项政策从原初政策问题进入议程开始,经过政策当局的规划、决策、执行、评估、达至该项政策的终结所经历的时间跨度和期限。① 从政策生命周期看,我国城乡档案记忆工程政策尚处于政策议程建立、政策方案规划、政策决策阶段,部分处于实践探索阶段,需要我们加强政策的研制与提供。

城乡档案记忆工程政策研制中有三方面问题值得我们重视:一是结合城乡档案记忆工程的规划设计,做好政策的顶层设计,从战略高度对工程建设进行统筹规划,把握城乡档案记忆工程建设的政策目标、指导思想、建设原则、建设进程,为城乡档案记忆工程提供明确的政策目标导向。二是结合城乡档案记忆工程的制度建设,做好政策的制度设计,在调查研究基础上,对城乡档案记忆工程建设中涉及的人员、组织、技术、资金、工作范围和具体内容等,制定出明确的政策措施,以有效指导各地城乡档案记忆工程的实践。三是处理好与物质文化遗产保护、非物质文化遗产保护等相关文化遗产保护工程的关系,既要防止彼此之间政策界限不清所导致的各行其是、互不关联,又要防止彼此之间的政策冲突所导致的相互干扰、恶性竞争与资源浪费。

3.建立城乡档案记忆工程的政策稳定与调适机制

政策变动是绝对的,但变动的方式多有不同。既有质变,也有量变;既有逆向变动,也有顺向变动;既有剧变,也有缓变。城乡档案记忆工程推进中,我们目前追求的政策变动是一种质态稳定基础上的量变,是与城乡档案记忆工程推进方向一致的顺向变动。为此,我们需要在基本政策面保持稳定的前提下,建立相应的政策调适机制。其一,根据城乡档案记忆工程建设进程,适时调整政策的支持方向和支持力度,根据现实需要,合理调配工程实施的经费、人力、信息和权威等条件资源,着力解决重点难点问题,有序推进工程实施。

---

① 马海韵:《政策生命周期:决策中的前瞻性考量及其意义》,《安徽师范大学学报(人文社会科学版)》2012 年第 3 期。

其二,根据整体与局部的关系,形成自下而上与自上而下相结合的政策沟通协调机制。在政策实施中,地方需要根据现实情况,因地制宜,灵活运用宏观政策;同时,国家也需要及时吸取地方政策经验和先进做法,完善宏观政策,上下联动,协调发展。其三,追踪评价政策的现实执行效果,逐步建立政策执行的评估控制机制。通过政策评估控制,可以发现政策制定、政策执行中存在的问题,为政策完善提供决策依据。政策评估控制机制是政策调适完善内在的必要机制。

三、城乡档案记忆工程推进的跨部门合作

社会合作普遍地存在于社会活动中。马克思指出:"一切生产都是个人在一定社会形式中并借着这种社会形式而进行的对自然的占有"①;"为了进行生产,人们相互之间便发生一定的联系和关系;只有在这些社会联系和社会关系的范围内,才会有他们对自然界的影响,才会有生产"②。正是通过社会关系而形成的"结合力",人们才克服了单个自然人所固有的片面性和局限性,极大地激发了人的社会性力量,也极大地推动了生产力的提高。人类社会的生产活动是多种多样的,社会合作也因此有不同的对象、性质、层次和范围,广义的社会合作泛指人们在生产中的相互依赖性及其结成的一般社会关系,而狭义的社会合作是某一特定活动系统与更为宽泛的其他活动系统的合作。城乡档案记忆工程作为一种社会实践活动,工程建设的系统性要求工程活动进行广泛的社会合作,包括系统内部各建设主体(规划设计者、运行管理者和具体实施者等)之间存在的内部合作关系,也包括与其他社会活动主体或部门的外部合作关系。工程建设的内部合作是组织建设探讨的内容,而外部合作是狭义的社会合作探讨的内容。为与政策支持、村民参与、志愿服务等有所

---

① 马克思:《1844 年经济学哲学手稿》,人民出版社 1979 年版,第 24 页。
② 《马克思恩格斯选集》第 1 卷,人民出版社 1995 年版,第 344 页。

区分,这里重点探讨城乡记忆工程建设中的跨部门合作,即作为城乡档案工程建设主体的档案部门与社会其他部门的合作。

(一)城乡档案记忆工程跨部门合作的必要性

1. 合作共赢是当代社会发展的主流趋势

新世纪以来,随着全球信息化步伐的加快,合作共赢已成为人类世界发展的主旋律,无论是处理国际问题、国际关系,还是推进国内的经济发展、科技创新、社会治理、文化保护等,人们都在不断强调"合作"。近年来,习近平同志多次重申中国坚持走合作共赢、和平发展的道路,2012年在与外国专家代表座谈时,他指出"我们的事业是同世界各国合作共赢的事业。国际社会日益成为一个你中有我、我中有你的命运共同体。面对世界经济的复杂形势和全球性问题,任何国家都不可能独善其身、一枝独秀,这就要求各国同舟共济、和衷共济,在追求本国利益时兼顾他国合理关切,在谋求本国发展中促进各国共同发展,建立更加平等均衡的新型全球发展伙伴关系,增进人类共同利益,共同建设一个更加美好的地球家园"①。

美国社会学家丹尼尔·贝尔(Daniel Bell)指出:前工业社会的生活是对付自然;工业社会的任务是对付制作的世界;后工业社会的中心是服务——人的服务、职业和技术的服务,它的主要目标是处理人际关系——其中的原则是合作与互惠。因此,后工业化社会是一个共同体社会。② 这一观点从理论层面阐释了合作共赢是信息社会的基本特征和必然趋势。

2. 多方合作是社会记忆工程协调推进的基本经验和共同要求

社会记忆工程与其他社会工程一样,也涉及不同类型的其他相关利益者。

---

① 吴绮敏:《中国是合作共赢倡导者践行者》,《人民日报》2012年12月6日。
② [美]丹尼尔·贝尔:《资本主义文化矛盾》,赵一凡等译,三联书店1989年,第198—199页。

李伯聪指出："根据利益相关者理论,工程项目是众多契约的集合体,每个契约方都可以看作是该工程项目的利益相关者,每个利益相关者的利益都应该得到切实的保护,包括社会利益相关者(即其他利益相关者)。这就要求在工程活动中对社会利益相关者进行分析,了解他们的目标与需求、了解工程对他们的多种影响以及他们对工程的态度等。这一思想反映出工程项目治理结构扁平化、网络化的趋势,以及协同合作、实现共赢等未来要求和特征。"①

在中外各种社会记忆工程建设中,都与社会其他部门存在着广泛合作。如1997年台湾启动的"数位典藏与数位学习国家型科技计划",旨在将台湾珍贵典藏品进行数字化,以建立大型数字资料库,使民众通过专设的综合性网站可检索浏览数字化资源。该计划吸引了博物馆、图书馆、高校等多家机构的广泛参与,并面向社会各界广泛征求资源。②

在浙江记忆工程实施过程中,档案实践部门人员也多次提到社会合作的重要性。浙江临安市档案局姜纪云指出:社会记忆建构是一个全社会多主体共同参与的过程,涉及社会生活的各个领域,它的顺利实施与实现需要社会各界的协调配合,需要全社会的支持与关心。档案部门要组织发动社会上热心地方史的有志之士参与浙江记忆工程,建立与民间组织及个人共建共享文化记忆的长效机制;联手博物馆、图书馆、文化馆,实现资源整合共享与优势互补;搞好与电视台、报社、文广局等相关单位的密切协作关系,争取更多资金和人力物力的支持。③

3.跨部门合作对推进城乡档案记忆工程的意义

(1)协调发挥各部门在乡村记忆保护传承中的自身优势。社会分工推动了生产力的发展,但这种生产力的增进是以合作为条件的,正是通过合作实现

---

① 李伯聪等:《工程社会学导论:工程共同体研究》,浙江大学出版社2010年版,第154页。
② 韩若画等:《国内外"记忆工程"实施现状综述》,《档案学通讯》2012年第3期。
③ 姜纪云:《关于实施"浙江记忆"工程的几点思考》,韩李敏主编:《浙江省档案学会论文集——浙江记忆理论与实践》,中国文联出版社2013年版,第59页。

了个体劳动者之间生产能力的优势互补和共同提高,加速了社会生产和再生产的过程。随着社会变迁和新农村建设、新型城镇化建设的推进,在乡村记忆保护传承中现已形成多元的保护主体,如文物部门、文化部门、教育部门、城建部门、各种社会组织等,这些部门之间需要加强合作联系,一方面需要在保护对象和资源建设上保持沟通协调,防止各自为政、你争我夺,造成重复建设,力量浪费;另一方面更需要发挥各自的专业、部门优势,找准各自的立足点和保护重点,实现资源建设的共建共享和保护对象、保护任务的合理分解。

(2)为城乡档案记忆工程推进争取广泛的外部支持力量。城乡档案记忆工程任务艰巨,单靠档案部门有限的力量,很难满足对处于弥散状态的乡村记忆保护传承的需求。工程的进一步推进既需要政府予以政策上的大力支持,同时也需要借助社会的资源条件,借力发展,为记忆工程建设提供更为广泛的人才、资金、技术、信息的支持。2010年,国家文物局与国家测绘局签署战略合作协议,加强文化遗产保护领域合作,按照"相互支撑,共同发展"的原则,国家文物局落实相关文物保护工作经费,国家测绘局为合作无偿提供相关的现有地理信息,给予优惠的测绘技术支撑及必要的经费补贴。[①] 类似的合作报道很多,这些合作所带来的力量整合效应值得档案部门学习。

(3)提高城乡档案记忆工程的外部影响与社会效益。城乡档案记忆工程建设中,档案部门与其他部门的合作,并不仅仅意味着"输入",即获得各种条件性支持;同时也意味着"输出",即通过合作最大限度地实现乡村档案记忆资源的价值,使档案记忆资源蕴含的社会价值得到充分发挥。浙江省台州市档案局吴志刚在谈到大力推进档案记忆工程建设时就提到,要做好与其他部门的联动,不仅档案的征集和编研需要各主管部门的协助,许多成功举办的展览也是靠联办来进行的,其中台州市档案局编纂出版的《台州古村落》一书,就是与市农办一起合作的。[②] 通过与教育部门、科研部门、旅游部门、新闻传

---

① 刘修兵:《加强文化遗产保护领域合作》,《中国文化报》2010年6月8日。
② 吴志刚:《大力推进档案记忆工程建设的实践与思考》,韩李敏主编:《浙江省档案学会论文集——浙江记忆理论与实践》,中国文联出版社2013年版,第14页。

媒等单位的合作,可以多方位扩大城乡档案记忆工程的社会影响,提高城乡档案记忆工程的社会效益。

(二)城乡档案记忆工程跨部门合作的对象与内容

美国学者尤金·巴达赫(Eugene Bardach)认为"跨部门合作是两个或两个以上的机构从事的任何共同活动,通过一起工作而非独立行事来增加公共价值"。[①] 根据利益相关者理论,如果我们把与直接利益相关的合作视为内部合作,把其他利益相关者的合作视为社会合作或跨部门合作,那么从共同增加公共价值的角度出发,档案部门在城乡档案记忆工程建设中的合作对象及其相应的合作内容主要有以下几方面。

1. 与城乡建设部门的合作

城乡建设部门是领导和推进我国城乡现代化建设的主导部门,具有依法组织编制和实施城乡规划、规范城乡建设管理秩序、指导全国村镇建设等责任。改革开放以来,我国城乡出现了天翻地覆的变化,城乡建设部门功不可没,但在新型城镇化进程中,城乡建设部门对传统乡村历史文化遗产保护不力的"短板"也遭到多方诟病。徐匡迪院士就曾痛批:反观近年来各地城镇化进程中,相当一部分新建城区脱离所在地域条件和文化传统,盲目求高、求洋,造成"千城一面"的状况,不能不令人扼腕叹息! 出现工程不能传承文化,不具有地域性、创造性特点的原因是多方面的,其中就有地方当政者追求近期效益、急于求成、瞎指挥等因素。[②] 国务院办公厅 2008 年曾明确要求城乡建设部门应"会同文物等有关主管部门审核世界自然与文化双重遗产的申报,会同文物主管部门负责历史文化名城(镇、村)的保护和监督管理工作"[③]。因

① [美]尤金·巴达赫:《跨部门合作:管理"巧匠"的理论与实践》,周志忍、张弦译,北京大学出版社 2011 年版,第 13 页。
② 殷瑞钰、汪应洛、李伯聪等:《工程哲学》(第二版),高等教育出版社 2013 年版,序。
③ 《国务院办公厅关于印发住房和城乡建设部主要职责内设机构和人员编制规定的通知》(国办发[2008]74 号)。

此,合作保护乡村记忆也是城乡建设部门的历史责任。

在城乡档案记忆工程推进中档案部门加强与城乡建设部门的合作,是档案部门融入和参与新型城镇化、新农村建设的一条重要途径。双方合作共建的内容包括:①积极、及时向城乡建设单位宣传保护传承乡村记忆的重要性和历史责任;②做好对传统乡村历史文化资源和遗产的规划保护工作,完善农村档案室和档案工作,及时矫正乡村记忆资源保护的失误;③对城乡建设发展中处于被改造或濒危状态的乡村记忆资源及时实施抢救,为后人留下珍贵的记忆资料;④在新型城镇化地区,开展档案记忆展演和乡村记忆场馆建设,丰富新型城镇历史内涵等。

2. 与文化保管保护部门的合作

文化部门涉及的范围极为宽阔,既包括图书馆、文化馆、博物馆、档案馆等事业单位,也包括国家文化部下辖的文化科技、文化市场、文化产业、公共文化、非物质文化遗产、对外文化联络等行政管理部门(系统),以及由国家文化部管理的国家文物局(系统)等。作为文化事业单位,档案部门与这些部门都存在着密切的联系,不过从社会记忆保护传承看,档案部门与图书馆、博物馆、文化馆、非物质文化遗产保护、文物保护(物质文化遗产)等文化保管保护部门关系更为紧密,都有收集、保护和传承乡村记忆遗产(资源)的历史责任。

乡村记忆资源内容的丰富性、形态的多样性、保护任务的艰巨性,决定了在乡村记忆保护传承中需要加强各类文化保管保护部门的配合与协作。其合作内容包括:①资源收集合作,充分发挥各自的收集职能,互相配合,达到优势互补,以求资源收集的完整性;②资源保护合作,在合作开展资源抢救的同时,档案部门可以为其他文化部门提供归档整理指导,其他文化部门可以为档案部门提供管理经验和技术,相互磋商,共同提高;③资源开发合作,构建资源共享平台,充分利用各自保存的有关乡村记忆方面的档案、文献、文物开展合作编研,以实现资源的整合与利用,避免单方面开发导致的记忆不完整、不全面现象;④宣传展示合作,通过制作电视专题节目、举办展览、利用网络媒体等方式来宣传"乡村记忆",提高人们乡村记忆保护意识,使保护乡村记忆的观念深入人心。① 档案部门与其他文化部门的合作一直在进行,但合作内容仍需向深度拓展。

3. 与现代传媒部门的合作

现代传媒部门包括广播、电影、电视、报纸、杂志和新兴的网络传播等机构(单位),具有信息发布传播覆盖面广、受众多、手段新颖、形式多样等特点,能够满足不同文化层次公众的需求。现代传媒部门作为新闻舆论平台和思想文化阵地,必须自觉肩负起对民族文化引导与传播的责任;而乡村记忆资源中蕴含着丰富的历史文化素材,承载着浓厚的民族精神,也需要媒体进行深入采访、挖掘,让广大社会民众感受到传统文化的魅力。因此,档案部门与媒体部门合作具有现实的社会基础和必要。

近年来,我国档案部门也在不断地借助传媒部门,传播和弘扬传统历史文化。如威海市档案局馆与中央电视台、山东电视台、威海电视台电台等单位联合录制专题片48部(集),在社会上引起广泛反响。其中,与威海电视台联手推出的《珍藏威海》成为威海市收视率最高的节目之一,该历史专题片每周播出一集,截至2011年,已累计播出一百四十多期,使威海市档案局(馆)成为威海市最权威、影响力最大的地方历史文化部门。②

档案部门与现代传媒在城乡档案记忆工程建设中保持合作,可以实现档案部门的资源优势与传媒部门的传播优势的互补,深度挖掘、展演、传播乡村记忆,增强民众对传统历史文化的理解和根源感、身份感。

4. 与旅游生产部门合作

旅游生产部门包括开展旅游服务的建设经营单位,也包括传统产品的生

---

① 参见郑小春:《保护和开发乡村记忆 开创农村文化新局面》,韩李敏主编:《浙江省档案学会论文集——浙江记忆理论与实践》,中国文联出版社2013年版,第50—57页。

② 张建国:《重构城市记忆,接续断裂文脉》,郭红解、邹伟农主编:《城市记忆与档案》,学林出版社2011年版,第183页。

产加工单位。随着社会生活方式的转变,人们在享受现代都市生活便捷喧嚣的同时,也越来越体会到乡村生活简朴宁静的可贵,越来越留念渐行渐远的乡村时光。近年来乡村旅游的快速发展,不仅为人们找寻失落的乡村记忆提供了条件,也为档案部门与旅游生产部门的合作提供了契机。

在浙江记忆工程建设中,浙江省档案部门依据各村镇的特色,因地制宜地建设一批乡村记忆示范基地,并与旅游机构联手进行当地旅游业的开发。如湖州市逐渐形成"景区+农家""生态+文化""农庄+游购"的乡村旅游发展模式,东衡村的赵孟頫专馆和历史文化综合馆,荻港村的荻港名人馆、渔乡风俗馆和农产品展示区,高禹村的室内文化展示馆等,都已成为当地乡村旅游发展的主打产品,呈现出良好的社会经济和文化双重效益。[①]

档案部门与旅游生产部门的合作,一方面可以为乡村旅游注入更丰富的文化内涵,获得更多更深刻的乡村传统文化体验,"文化体验是乡村旅游需求中最高和最深层的愿望,这种愿望集中表现在旅游者的文化动机和文化倾向上"[②];另一方面也为档案记忆资源展演和乡村文化宣传提供了更宽阔的舞台,促进档案记忆资源社会效益与经济效益的同步提高。在合作内容上,双方可以围绕村落景点介绍、传统土特产品开发、名村名镇名人志、乡村影像志等,进一步开发乡村档案记忆资源,丰富发展。

除了上述四方面部门外,档案部门还可以与高校科研部门合作开展地方文化研究和乡村文化教育,与信息技术部门合作开发乡村档案记忆资源收藏与保护技术,与各专业(气象、地理、交通、航运、农林等)部门合作开展专业史志和资源库建设,与各种民间团体合作开展资源收藏展示,等等。不同部门有不同部门的社会功能与社会特点,档案部门跨部门合作也会有不同的内容和收获。

(三)城乡档案记忆工程跨部门合作的途径与方式

不同部门、不同领域合作会有不同的途径和方式。从一种共同的、能动的

---

① 张楼岩:《打造乡村档案文化坐标》,《浙江档案》2014 年第 6 期。

② 何丽芳:《乡村旅游与传统文化》,地震出版社 2006 年版,第 210 页。

角度看,城乡档案记忆工程建设可以采取建立合作联盟、设置合作项目、构建合作机制三种跨部门合作途径与方式。

1. 建立战略合作联盟

战略联盟是指两个以上的企业在平等互惠的原则下,有相同的动机与共识、明确积极的目标与定位,彼此相互信赖的前提下,建立长期的合作关系,并借助取长补短的方式共享双方技术、材料等方面的资源,从而达到各自企业战略性发展的目标。[①] 近年来,在历史文化保护领域,我国许多地区和部门都在积极推进战略联盟合作,如北京市东城区人民政府与北京控股集团有限公司2011年签订"历史文化名城保护与文化发展战略合作框架协议",大力推进东城文化旅游、文化地产、文化创意等特色产业发展。2015年,位于长江流域的上海市、重庆市等11座城市,签署《长江流域主要城市非物质文化遗产保护战略联盟合作协议》,共同探索构建长江流域城市群非物质文化遗产保护合作交流机制。此外还有"中国四大古城战略联盟合作框架协议""中国非物质文化遗产战略发展联盟"等。

在城乡档案记忆工程建设的部门合作中,吸收文化保护领域部门的合作经验,建立战略合作联盟,一是有利于建立长期互惠的合作关系,推动合作的持续展开和不断深化;二是有利于充分调动各方面的资源优势,开展多种形式的合作,如建立基金会、开展技术研发、人才培养、资源开发、产品推介等;三是突破单一的部门联合,实现多部门、多地区的联动,不断吸收和融合有合作意愿的部门、行业的企业事业单位加入,扩大合作范围和合作基础。

2. 设置具体合作项目

城乡档案记忆工程就是一项改造社会、抢救和保护历史文化遗产的大型

---

① 宁海峰、詹华清:《联手打造"城市记忆工程"——论高校图书馆、档案馆的合作模式》,《山西档案》2015年第5期。

社会行动,是由许许多多具体的事项(项目)组成的。在城乡档案记忆工程的跨部门合作中,要使合作联盟运作和实际发挥作用,必需通过落实一件件具体的事项来达到,如共同构建乡村记忆资源库、共同开发某种乡村传统产品、共同开展乡村影像志制作、共同开展乡村传统文化宣传、共同建设乡村记忆场馆等等。合作项目或合作事项既是战略合作联盟的内容,也是合作联盟实施的具体抓手,通过具体合作项目的实施,可以调动多部门在人才、资源、技术、资金、信息等方面的聚焦、聚集和联动。合作项目可以在战略联盟之中,也可以在战略联盟之外。

合作项目的设置需要科学、合理的筹划,根据城乡档案记忆工程建设的现实需要以及合作双方或多方的具体优势来选择确定,并形成具体的方案。例如浙江金华市城建档案馆根据金华市历史名街名巷悠久多样的突出特点,在充分挖掘馆藏资源的基础上,与金华电视台等部门合作,拍摄"追忆岁月"小街巷专题片,通过走访、诉说、记录、采访等制作形式,探寻城市发展的历史足迹,并以此为试点,推开"金华城市记忆"的文化建设之窗。① 城乡档案记忆工程推进需要在一件件具体的"实事"中去发掘展示历史记忆,而每件实事都是跨部门合作或社会合作的小平台。

3. 构建"档案+"模式

自 2015 年第十二届全国人民代表大会第三次会议李克强总理在政府工作报告中提出制定"互联网+"行动计划以来,"互联网+"已成为社会发展和时代变革的流行语。人们对"互联网+"有不同的解读,从通俗角度看,"互联网+"就是"互联网+各个传统行业",是利用信息通信技术以及互联网平台,让互联网与传统行业进行深度融合,创造新的发展生态。我们在此借用"互联网+"概念形式和理念,提出城乡档案记忆工程跨部门合作的"档案+"模式,意

---

① 罗帆:《推开"金华城市记忆"的文化建设之窗——以"追忆岁月"小街巷为试点》,韩李敏主编:《浙江省档案学会论文集——浙江记忆理论与实践》,中国文联出版社 2013 年版,第153—160页。

在表明档案与社会各部门的全方位和深度融合,合作共进。

档案作为社会信息资源、知识资源、文化资源和记忆资源,一直存在于社会之中,一直在社会各项事业发展中发挥作用,所以"档案+"模式也可以说始终存在于社会之中,只是"深藏不露",没有明确表达而已。在城乡档案记忆工程建设中倡导"档案+"模式,一是要继续发挥档案记忆资源的要素优势、资源优势,继续发挥其在社会各部门各行业中的作用,积极参与部门记忆、行业记忆、地区记忆、村落记忆、生产生活记忆的建构;二是要总结社会合作经验,不断探讨和凝练档案部门跨部门的合作途径、合作条件、合作平台,不断创新合作机制,实现跨部门合作的良性持续发展。

(四)城乡档案记忆工程跨部门合作的原则与策略

在城乡档案记忆工程推进中,为更高效地实现部门合作,也需要我们采取一些原则性、策略性措施,使合作的目标得以实现。

1. 主动合作策略

合作有主动合作,也有被动合作。主动合作是本部门为实现自身目标积极寻求与其他部门的合作,是一种主动"出击"的形式。在城乡档案记忆工程建设中,我们应从自身需求的角度出发,强化合作意识,主动寻求跨部门合作。

随着改革开放的深入推进,我国在各领域都在加强合作,中国作为国际合作倡导者和实践者的角色正在日渐凸显。例如在"一带一路"战略合作倡议下,我国文化保护领域已在充分利用各种国际机遇,积极推进国际合作。2016年5月,由国家文物局等单位在西安举办"'一带一路'沿线国家文化遗产保护交流合作论坛",签署《"一带一路"沿线国家博物馆友好联盟倡议书》,启动"一带一路"沿线国家博物馆教育资源合作《西安宣言》等。国家文物局副局长刘曙光表示,国家文物局愿意以积极开放心态,鼓励、欢迎和支持围绕丝绸之路文化遗产保护开展形式多样的国际合作。这一合作行动表明,主动积极地倡导和寻求合作对国家发展和文化发展具有重要意义。

在城乡档案记忆工程建设中,档案部门要充分认识到跨部门合作(乃至跨地区合作、国际合作)的重要性,认识到部门合作对调动各自的资源条件优势、弥补各自的"短板"的积极意义,树立开放合作的心态,把握合作机遇,珍惜合作机会,不断谋求与社会各部门的广泛和深度合作。

2.平等互利策略

合作是一种自觉的行为,是人与人之间、部门与部门之间一种互相配合的活动,这种配合的基础是主体明确意识到他必须承担某种责任或履行某种义务,也意识到可能获得的利益。合作的本质是互利,合作者各自的目的尽管可以根本不同,但合作行为的结果必须在一定程度上利他,合作的一方只有通过履行义务给对方或他方以一定的实际利益,才能得到对方或他方相应的报偿。[1] 马克思曾多次阐述过利益诉求与社会合作之间的本质关系,他指出"利益不是仅仅作为一种'普遍的东西'存在于观念之中,而且首先是作为彼此分工的个人之间的相互依存关系存在于现实之中"[2];"把人和社会连接起来的唯一纽带是天然必然性,是需要和私人利益。"[3]从马克思的论述中我们也可以看到利益诉求对部门合作的普遍意义,看到平等互利对合作各方的正当性和合作关系的维系力量。正是在这个意义上,我们倡导在国际合作中的互利共赢,也启示我们在城乡档案记忆工程推进的跨部门合作中,要照顾并尊重各部门的彼此利益,将平等互利作为双方或多方开展合作的现实依据和行为准则,最大限度地满足各方合理的利益诉求。

3.合作竞争策略

"物竞天择、适者生存"是生态系统的基本规律,但生态系统中物种间的关系并非全然是竞争性,而是竞争中有合作,合作中含有竞争,在生态学上这

---

① 谢维营:《试论社会合作实践》,《宜春学院学报》2003 年第 3 期。
② 《马克思恩格斯全集》第 3 卷,人民出版社 1960 年版,第 37 页。
③ 《马克思恩格斯全集》第 1 卷,人民出版社 1956 年版,第 439 页。

叫"竞合机制"。20世纪末以来,西方企业界也在积极倡导和推行合作竞争理论,该理论认为企业经营活动是一种特殊的博弈,是一种可以实现双赢的非零和博弈。尤金·巴达赫在《跨部门合作》中谈到"竞争的采用"时指出:"一个竞争市场会引导机构将选择倾向于能提供好服务的提供商,而舍弃那些无法提供的。这两种做法都能促使供应商们联合起来提供更高质量的服务。"①

在城乡档案记忆工程中强调合作,并非不要竞争,而是更强调合作竞争。合作竞争是一种高层次的合作,也是一种高层次的竞争,其战略目标在于建立与所有参与者保持一种动态竞合关系,最终实现共赢局面。在城乡档案记忆工程的跨部门合作中,我们也需要采取一定的竞争手段,在防止恶性竞争的同时,通过适度竞争发挥各部门优势,促进工程建设的有力推进。

4. 价值创造策略

城乡档案记忆工程作为一项社会建设工程,实施跨部门合作,其目标应是追求社会价值的更高实现。尤金·巴达赫指出:"跨部门合作是两个或两个以上的机构从事的任何共同活动,通过一起工作而非独立行事来增加公共价值。虽然我无从也无意去证明,用合作方式来增加价值的潜在机会随处可见,但从现有政策系统的许多制度特性来看,这一看法还是可以成立的。"②《跨部门合作》一书中,巴达赫始终将公共价值创造及其增值作为论述的核心,他说:"至少在本书所涉及的这19个案例中,存在通过部门合作来寻求创造公共价值的真正机会。"③

城乡档案记忆工程建设的核心价值或公共价值就是保护传承乡村记忆,满足民众对乡土情怀的追忆,纾解民众的乡愁,这是城乡档案记忆工程的目标

---

① [美]尤金·巴达赫:《跨部门合作:管理"巧匠"的理论与实践》,周志忍、张弦译,北京大学出版社2011年版,第120页。

② [美]尤金·巴达赫:《跨部门合作:管理"巧匠"的理论与实践》,周志忍、张弦译,北京大学出版社2011年版,第13页。

③ [美]尤金·巴达赫:《跨部门合作:管理"巧匠"的理论与实践》,周志忍、张弦译,北京大学出版社2011年版,第142页。

追求,也是工程建设中跨部门合作的基本原则。城乡档案记忆工程推进中的跨部门合作,要围绕这一目标努力实现价值创新和价值增值,偏离这一根本目标,合作就会走向歧路,演变为一种市场逐利行为,甚至产生对乡村记忆的再度严重破坏,这是值得我们警醒的。

四、城乡档案记忆工程推进的村民参与

梁漱溟先生说乡村建设的"真力量要从乡村酝酿出来";"真的力量恐怕只有在内地乡村社会中慢慢地酝酿,才能发挥大的力量,而后再影响城市"。①村民是乡村主人,乡村中酝酿出来的"真力量",可以肯定地说主要是村民的力量。村民参与乡村记忆的保护传承,与政策支持、(跨)部门合作、志愿服务相比,其不同之处在于村民参与是乡村记忆保护传承的自发的、内生性力量,而政府支持、部门合作和志愿服务更多的属于外部的、引入性力量,内生性力量比外部引入性力量更具有强固性和持久性。浙江工商大学吕福新在谈到浙江溪头村瓷文化保护时也曾指出,要使瓷文化活化传承,就要有持续力,持续力的关键就是广大村民的参与……一定要牢牢的确立村民本位的思想,要使记忆和文化统一起来,要使村民的劳作和修身养性结合起来,才能达到良好的目的。② 在乡村记忆保护传承中,我们也需要高度重视村民力量,使城乡档案记忆工程深深地扎根于广阔的乡土社会之中。

(一)城乡档案记忆工程村民参与的必要性

1. 村民是城乡档案记忆工程的直接利益相关者和建设主体

李伯聪等在《工程社会学导论》中,将"工程项目建设区域的居民"视为"其他利益相关者",认为"工程项目都是特定时空条件下的存在物,一般都要

---

① 梁漱溟:《乡村建设理论》,上海人民出版社 2011 年版,第 429 页。
② 吕福新:《持续传承的核心是广大村民的参与》,《学术评论》2016 年第 3 期。

建立在一定的物理空间中,这就不可避免地要与该空间内的居民发生联系。这些居民不一定是工程用户,但是工程项目的建设与运行却真切地影响,甚至完全地改变了他们的生活"。① 他们以"城中村改造工程"为例,将当地政府、开发商、村委会与村干部、村民、外来人口等都统统列为"其他利益相关者"来分析,认为村集体、村民在城中村改造工程中是"近期的受益者、远期的受损者"。与自然工程(建造性工程)不同,社会工程在其实施的空间区域范围内的居民,不只是社会工程的旁观者、受益者、受损者、受影响者,也是社会工程的实施者、承受者、参与者,是工程建设主体之一。在田鹏颖提出的社会工程三类主体(决策者、实施者、承受者)中,决策者是对即将开展的社会工程目标、方向、程序等进行选择和决定的行为主体;实施者是根据社会工程目标、方向、程序等,采取一定手段将社会工程付诸实践的行动者;而承受者则是"被社会工程作用的,承受社会工程结果,适时对社会工程结果进行反馈从而影响社会工程再决策的行为者"。② 城乡档案记忆工程建设的主要受益对象或者说承受者是村民,村民不只是处于记忆工程"用户"范围之外,同时也是记忆工程直接的利益相关者。村民一方面会对工程的结果产生态度反应(意见反馈),影响工程的决策和行动的调整;另一方面,作为"具有能动作用的主体",也会积极参与到记忆工程建设之中,表达自身的利益诉求,提供建设的支持力量。

2. 村民在乡村记忆保护传承中力量发挥的阻碍

宽泛地说,村民在乡村记忆保护传承中始终在发挥着作用,村民的日常生活、四时节令、生产劳作,乃至各种文化娱乐活动,如演唱地方戏、举行地方娱人娱神仪式、加工制作各种民间工艺品等,都是一种对乡村记忆的"活化"传承。乡村记忆产生并寄寓于乡村民众的生产生活,并随着民众的生产生活绵

① 李伯聪等:《工程社会学导论:工程共同体研究》,浙江大学出版社2010年版,第157页。
② 田鹏颖主编:《社会工程哲学教程》,社会科学文献出版社2012年版,第178页。

延流长。近年来,随着物质文化遗产工程、非物质文化遗产工程、传统村落保护工程的相继实施,乡村文化建设的持续推进,村民对乡村记忆保护传承的意愿和积极性有所提高;但是,我们也可以看到,村民在乡村历史文化保护传承方面发挥的作用还不均衡,还有诸多不足和缺陷,还有大量的文化遗产未能得到有效保护,特别是在"润物细无声""日用而不知"的乡村记忆保护传承方面,还存在"缺位"、冲突,甚至被破坏的现象,这也正是人们在讨论乡村公共事务管理、乡村文化建设、乡村传统保护等话题时,强烈呼吁村民参与的重要原因。

张勃在《传统村落保护必须重视村民参与》一文中指出,村民在参与传统村落保护中存在三大瓶颈:一是许多村民尚未形成保护传统村落的文化自信和文化自觉,村民自卑自鄙的现象仍然广泛存在;二是缺乏参与保护的行动能力,无法真正参与决策和实施,不能参与规划自己村落的保护、发展方向和内容;三是不少地方政府并没有明确意识到村民在传统村落保护方面的应有权利和关键作用,也没有为他们的参与提供渠道和机会。① 自 20 世纪 80 年代以来,随着市场经济的逐步发育及其强劲影响,农村中村民对公共事务、公益事业、历史文化保护等的认知度、参与度都受到较大冲击,如何在发展有历史记忆的美丽城镇、美丽乡村中调动村民的热情与力量,仍有待探索和实践。

3. 城乡档案记忆工程推进中村民参与的意义

(1)化解村民生产生活与乡村记忆传承之间的矛盾。我国传统乡村社会当前正面临现代转型,村民在享受现代性成果和新的生产生活方式的同时,也就意味着一些传统的生产生活方式会被丢弃,从而导致乡村记忆的流失。比如我们推广现代机耕作业,传统的牛耕方式必将渐渐退出舞台;我们享受现代工业制品,传统的手工制品也必将渐行渐远。"尽管村民也知道兴建新式楼房会破坏古村落的整体风貌,但是生活毕竟要往高的质量去追求,没有人愿意

---

① 张勃:《传统村落保护必须重视村民参与》,《光明日报》2015 年 8 月 26 日。

继续呆在环境设施都落后的老房子里"。这是传统与现代的矛盾,也是乡村发展与文化保护之间的矛盾。如何有效化解村民生产生活发展转变与乡村记忆保护传承之间的矛盾,就需要引导村民参与,让村民认识到传统乡村社会形成使用的生产工具、生活器具、古宅古物、古书古戏等对于当代生活的意义,自觉地留存保护,而不是一扔了之,或一毁了之。

(2)更好满足村民对乡村记忆的情感需求。由档案部门主导策划和实施的城乡档案记忆工程就是要通过对乡村记忆资源的收集、开发、展演,为处于社会剧烈变迁中的乡村留下文脉,留住记忆,以满足村民的根源感和身份认同。村民是城乡档案记忆工程的承受者和受益者,但这种档案部门自上而下推进的记忆工程,能否有效满足村民的情感需求,还需要得到来自乡村民众自下而上的响应和支持,以避免单向思维造成的"不讨好"和孤立。乡村民众最能感知和认识到在乡村里的历史遗迹、祠堂、庙宇里,在一代代先民传承下来的节庆典礼、传统手艺里,在被保存的家谱族谱、地契房契里所凝聚的独具特色的乡村记忆内涵,最能懂得哪些乡村记忆资源才是他们最珍惜、最珍贵、最希望得到保护传承的。通过村民的参与,可以不断调整和修正城乡档案记忆工程的实施方案,使记忆工程能够按照民众所思所想的方式保护传承下来,更好地满足民众的情感需求,同时也有利于促进乡村记忆的"活态"保护。

(3)为乡村记忆资源的保护传承提供认同的支持力量。《孙子·谋攻》云:"上下同欲者胜。"城乡档案记忆工程要想获得成功,取得成效,必须有来自民众,特别是广大村民的认同、参与和支持。2016年,世界文化遗产、全国重点文物保护单位河北清东陵在半年之内两次被盗,国家文物局为此表态要推动各地尽早将文物安全纳入政府绩效考核。但有专家指出,这样的思路强调的仍是政府的管理责任,除此之外,还应该提升整个社会的文物保护意识和公众参与。"公众不应该只是观望者、利益无关者,甚至是利益受损者,而是应该让公众获得实实在在的收益。无论是抽象的荣誉感、自豪感,还是具体的旅游利益等,都不能将公众划在圈外。说到底,扎紧文物保护的篱笆不能只是单向用力,政府不可能穷尽所有的视角,更不可能防范所有的漏洞,只有将政府责任、法律惩治与公众参与结合在一起,多措并举,标本兼治,才有可能真正管好这些'宝贝'。"①村民的参与是一种认同的支持力量,没有村民参与,城乡档案记忆工程就会成为"无源之水",难以维续。

(二)城乡档案记忆工程村民的全程深度参与

村民参与既是一种观念,更是一种行为,这种行为必有其形式、渠道与内容,在乡村治理(自治)、乡村文化遗产保护等方面,人们在探讨并践行全员、全程、多方位的民众参与模式,对档案部门思考和引导村民参与城乡档案记忆工程建设具有启发和借鉴意义。

临安市档案局郑小春在谈到乡村记忆开发时,曾概括出群众参与的三种形式:一是鼓励群众进行村落文化的挖掘,如编修村落发展史、家谱族谱等,以激发群众对宗族历史、村落演变等历史记忆元素追寻的兴趣。二是组织群众进行历史文化传承,积极发展老一辈村落发展见证者的作用,以口述历史的形式,对本村落发展概况和重要历史事件进行记录保存。三是组织群众进行乡村记忆特色编研,让群众分享乡村记忆保护的成果,进一步激发群众保护乡村记忆的积极性。② 顺着这一思路推演总结下去,我们发现村民在城乡档案记忆工程中可通过多种形式和途径参与进来。如在乡村记忆资源积聚中,村民可以参与乡村影像的拍摄,可以参与乡村建档,可以捐献乡村记忆文本和实物材料;在乡村记忆展演中,村民可以参与乡村记忆陈列展的布展、解说,可以参与乡村记忆网的资料上传、网络维护,可以为乡村记忆展示提供场所等;在乡村记忆场馆建设中,村民可以担任乡村记忆场馆的建设者、管理者和引导者、接待者;在管理运行中,村民可以参与城乡档案记忆工程的规划设计、制度建设,可以为工程建设提供财力和技术支持,等等。由此可见,村民在城乡档案记忆工程中的参与是一种全过程的参与,也是一种可以与记忆工程全方位融

---

① 胡印斌:《不妨多让公众参与文物保护》,《光明日报》2016 年 8 月 5 日。
② 参见郑小春:《保护和开发乡村记忆　开创农村文化新局面》,韩李敏主编:《浙江省档案学会论文集——浙江记忆理论与实践》,中国文联出版社 2013 年版,第 50—57 页。

合的深度参与。在城乡档案记忆工程建设和乡村文化遗产保护实践中,有许多鲜活的事例,既是村民参与的生动写照,也是深化村民参与的可资参考的典型经验。如浙江平湖鱼圻塘村启动"乡村记忆示范基地"工程后,在当地档案部门的指导下,通过村民组长会、村民代表会、村党员会进行宣传发动,向村民征集农耕文化、民俗文化的资料实物,村民们积极参与,主动捐献,还为陈列室的布置出谋划策。宁海县海头村村民听说要搞村里的展览,就把家里的老家当送来了;有的村陈列展览方案由村民参与,反复讨论、修改,村民们的想法越来越多,标准也不断提高。基地建成后,最先来看的就是村里的群众,大家对村里的文化历史、名人先贤如数家珍,对身边的好人好事津津乐道,对村庄的发展变化充满信心。通过乡村记忆展示,村民的生活幸福感、心灵归属感和发展自豪感得到极大提升,广大村民从文化建设的旁观者变成参与者。① 再如广东江门民间遗产保护的"仓东计划",正是由于村民的广泛参与,取得了突出成就,2016 年被联合国教科文组织授予亚太区"文化遗产保护奖"。联合国教科文组织将此项"文化遗产保护奖"颁发给 5 个政府机构、2 所大学、3 家民间组织、51 位村民和工匠等,共计 75 份奖状。仓东村村长谢雪暖在获奖时激动地说:"今天获奖的不是一个人、一个组织,荣誉属于每一位村民、每一位匠师、每一位倾注热情的志愿者们。"②

　　城乡档案记忆工程是民众的情感关怀工程,也必然是亲民工程。作为一种亲民工程,它要求能"接地气",能按照广大老百姓(村民)的所思所想来建设,满足村民的情感需求;同时也能让老百姓参与其中,让城乡档案记忆工程成为老百姓自己的工程、"自己家的工程","自己的工程自己办"。

(三)城乡档案记忆工程村民参与的组织动员形式

　　在城乡档案记忆工程中,村民参与的关键不在于参与什么,而在于参与的

---

　　① 丁越飞等:《建设农民群众精神家园——浙江省乡村记忆示范基地创建工作综述》,《浙江档案》2013 年第 4 期。

　　② 《广东江门:"仓东计划"唤醒古村落》,凤凰广州网,[EB] http://gz.ifeng.com/a/20160217/4279595_0.shtml[2016-02-17]。

意志意愿和组织能力,许多地方的村民尚未形成"我要参与"的行为自觉,村民个体的能力和力量还难以发挥,这是村民在参与乡村公共事务、公共治理中普遍存在的问题,也是城乡档案记忆工程推进中我们需要着力思考和解决的问题。

1. 调动村民参与乡村记忆保护的自觉意识与意愿

意识决定行动,人们在探讨村民参与村落公共事务时,首先想到的是提高村民参与意识;一些专家学者在谈到乡村文化遗产保护和非物质文化遗产保护时,也强调村民参与意识的重要性;我们组织开展"文化遗产日"等活动,也意在提高公众的保护意识和保护自觉。不过,在提高村民/公民参与意识方面,我们还存在一个观念和角色的转变问题。联合国教科文组织《保护非物质文化遗产公约》中要求"承认各社区,尤其是原住民、各群体,有时是个人,在非物质文化遗产保护的生产、保护、延续和再创造方面发挥的重要作用,从而为丰富文化多样性和人类的创造性作出贡献"。王文章为此曾指出:这就要求各国"在开展保护非物质文化遗产活动时,应努力确保创造、延续和传承这种遗产的社区、群体,有时是个人最大限度地参与,并吸收他们积极地参与有关的管理"。[1] 这里,他强调的是国家要提高村民/公民参与的意识,与村民自觉自愿的参与意识之间还存在一定差距。政府及其相关部门提高村民参与意识是一个允许、要求、支持的问题,而村民自身提高参与意识是村民自觉愿意参与的问题,从实质上看,后者比前者更重要。只有提高村民自觉的参与意识,才能变"要我参与"为"我要参与",才能产生更为强大的内在动力。

当然,村民参与意识与意愿的提高,也需要政府及其相关部门的引导、激发和调动。在城乡档案记忆工程推进中,需要通过宣传动员,让村民认识理解乡村记忆资源的内涵和保护的意义,让村民将乡村记忆遗产保护贯穿于自身的日常生活中,珍视记忆资源,留存记忆资源;也需要广泛征询、听取村民的意

---

[1]　王文章:《非物质文化遗产保护研究》,文化艺术出版社 2013 年版,第 104 页。

见,认识、理解档案部门对乡村记忆资源保护传承的政策、措施和要求,自觉融入城乡档案记忆行动中。

2. 提高村民参与乡村记忆保护的自组织程度

村民个体参与的力量是有限的,同时也不是"一窝蜂"式的无规则的参与,需要通过一定的组织形式,将孤立的个体整合成一个团结的整体,有序地组织并引导村民参与城乡档案记忆工程建设,提高村民在记忆工程建设中集体行动的能力。

社会组织的形成有自组织和他组织,一般认为,"组织力来自系统内部的是自组织,组织力来自系统外部的是他组织"。在乡村社会中,有来自外部力量的他组织,如镇政府及其下派组织(人员);也有来自内部力量的自组织,如村民委员会、民间组织等各种乡村自治组织。在城乡档案记忆工程建设中,我们更需要提高村民的自组织程度,发挥乡村自治组织的凝聚整合功能,把分散的个体黏合为一个新的强大群体,把有限的个体力量转变为强大的集体力量,把村民的无序活动组织成有序活动。如江西省乐安县水南村 2003 年成立了全县第一个文物保护民间组织——水南村文物保护管理委员会("文管会"),由 37 名老同志组成,有老干部、老党员,有德高望重的长辈。"文管会"是群众自治组织,担负起维修古屋、查阅家谱、请学者整理村史资料、请专家策划设计保护规划等工作。在"文管会"的带动下,全村村民形成一股强大的凝聚力和向心力,将强烈的文物保护意识转化为积极的行动,短短一年,将处于危境中的莲花庵、红石坊、万寿宫、关帝庙等一批精品古建筑修缮一新。同时,乡村自治组织的存在,也可以增进村民与政府的沟通协调,在维护村民集体利益的基础上,有效地推进政府目标的实现。"社会的'自组织',不仅有着与社会成员或居民的天然联系以及组织社会的天然能力,而且可以扮演政府和社会成员之间沟通联系的中介和桥梁,通过自愿、协商的方式和专业的手段去服务特定的社会群体并帮助解决他们的问题";"只要配合适当的社会政策,民间社会组织就能够配合政府将那些'原子化的个人'组织起来,将他们纳入社会支持或社会辅导的体系,从而帮助政府解决有关群体和个人的社会问题,促进社会的稳定"。①

3.建立健全村民参与的意愿表达机制

公共事务民主有序治理的实现有赖于通畅利益表达机制的建立。受中国传统自上而下治理传统的影响,改革开放以来,我们在乡村治理和乡村公共事务处理中,还未能建立完善的符合农村现实情况的多元沟通机制和利益表达机制,严重影响到广大村民参与乡村公共事务的热情和意愿。有学者批评指出,"在公共事务处理中,我国政府历来都是以'发文公示'的形式来全能地主导着村民参与的进行,但这种一元的被动接受式沟通机制却很难使村民参与发挥真正的作用"②;"村民的参与方式比较单一,现有的参与方式大多为政府自上而下的单方面咨询或告知,欠缺村民自下而上的意愿表达机制"。③

在城乡档案记忆工程建设中,应该说档案部门与广大村民民众的根本利益是一致的,这是档案部门"要我参与"和村落民众"我要参与"的利益前提,但在如何达成"上下同欲"的意愿合谋上,仍需要建立村民表达意愿的有效机制,使城乡档案记忆工程更多呈现出"民主""民生"工程的色彩。

组织化是村民表达参与意愿的一条重要渠道,通过组织,实现村民—乡村自治组织—政府(档案部门)之间的意见畅通。除此之外,还可以搭建多元的村民意愿表达平台,提高民众意愿表达的便捷程度。如合理运用现代信息技术,建立可以与民众实时互动的微信或微博平台,定期推送与乡村记忆保护相关的政策、规划、措施,听取和收集村民的意见和反映,同时也为村民释疑解惑,达到上下理解,共同为实现乡村记忆资源保护传承的目标而努力。

---

① 徐永祥:《社会的再组织化:现阶段社会管理与社会服务的重要课题》,《教学与研究》2008年第1期。
② 赵龙龙:《村级公益事业运行中的村民参与》,《重庆社会科学》2016年第8期。
③ 熊超、夏健:《村民参与式古村落保护模式研究——基于社会网络的建构》,《现代城市研究》2016年第1期。

（四）城乡档案记忆工程村民参与的利益均衡

城乡档案记忆工程建设中,与跨部门合作强调互利共赢不同,村民参与的利益矛盾与利益冲突更加强烈。因为,部门合作的共利基础相对简单,更多侧重经济利益和资源利益,如果利益冲突无法调和,合作就会瓦解,不会产生持久的不利影响;而村民参与是在乡村场域中进行的,村民之间不仅存在经济利益的矛盾和纠纷,而且还有更深层次的记忆权利的矛盾和纠纷,解决不好,轻则影响档案记忆工程的顺利开展,重则导致村落内部固有矛盾的激化,影响村落内部的团结和稳定。注重村民参与的利益均衡,是我们在探讨和鼓励村民参与时应该注意的重要问题。

1. 注重协调记忆工程建设与村民集体之间的利益矛盾

城乡档案记忆工程与村民集体利益之间在本质上是一致的,是一项民生工程;但它们之间也存在一些利益矛盾与利益冲突。具体表现为:一是当前利益与长远利益之间的矛盾。城乡档案记忆工程着眼于乡村记忆资源的长远保护传承,但在工程推进中的一些做法和要求未必能得到村民的理解和认同,村民看不到长远的、社会的利益,因而对乡村记忆资源收集、开发和展演活动,对记忆场馆建设等参与的动力不足,积极性不高,甚至在某些方面还起到阻碍作用。二是对乡村记忆资源价值认识上的矛盾。传统上我们一直强调乡村历史文化资源的保存保护要秉持"取其精华、去其糟粕"的态度和原则,但在精华与糟粕的判定标准上,政府和民间还存在一定差异。比如,像宗族,毛泽东说"政权、族权、神权、夫权代表了全部封建宗法的思想和制度,是束缚中国人民特别是农民的四条绳索",虽然我们今天对宗族的排斥有所缓解,但仍还"心有余悸";而在乡村社会中,宗族关系却是人们内心深处的情感纽带和深深记忆,难以割舍。再比如,风水信仰,传统上我们一直将其作为地方迷信看待,但对老百姓而言却是一种民间信仰,或多或少还在影响着村民的生活。

我们要理解记忆工程建设与村民集体之间的矛盾,处理好当前利益与长远利益的关系,充分考虑到村民的利益诉求。比如,对村民的资源捐赠和合理化建议,给予必要的物质和精神奖励;对资源开发、展演、场馆建设中的一些实际工作,尽量安排村民承担,并给予一定报酬,让村民得到实惠。对于乡村记忆资源价值认识上的矛盾,也需要我们改变观念,尊重村民的历史认知和文化认同。历史文化的认知观念具有时代性,今天人们对宗族、风水、婚姻等传统文化认知已出现巨大改变,宗族活动不再是禁忌,风水信仰也有人提出申遗,浙江宁波的"十里红妆"博物馆、乌镇的"三寸金莲展馆"等也相继开办,在保护传承乡村记忆的同时,也为档案记忆工程持续推进提供了宝贵经验。

2. 注重协调村落中不同身份群体之间的利益矛盾

乡村社会虽然是最基层的社会,但也存在着权力结构和社会分层,存在着不同身份群体对记忆权力和乡村资源的争夺。如前文全志辉等提出的村庄三层权力结构:体制精英、非体制精英、普通村民。再如,清华大学景军在讨论文化精英与社会记忆关系时提到的地方"文化精英"——包括家谱的编写者、历书的阐释者、对联的撰写者、祭祀的组织者、处理亲属矛盾的仲裁者、口碑历史的守护者、培养儿童的优秀教师。这些人经常凭借自己的特殊经历和文化知识,处于阐释地方历史和风俗的主导地位。另外,由于农村的地方史几乎都存在宗教的内容,还有必要花些时间研究占卜者、算命先生、佛道名士和传统戏剧演员对人们看待往事的观点所形成的影响。[1] 厦门大学人类学系彭兆荣也将社会记忆分为三个层次:即由掌握权力的政治主体主控记忆;由掌握知识的精英主导记忆;由来自草根社会地方的主体记忆。"这三个阶层的划分在很大程度上是权力所赋予的社会身份差别,这样的差别会导致他们在记忆历史时采取不同的资源组合方法来进行分层性的历史建构。"[2]

乡村社会权力结构的存在和社会记忆的分层性,往往导致人们在村落记

---

① 景军:《社会记忆理论与中国问题研究》,《中国社会学季刊》(香港)1995 秋季卷。
② 参见彭兆荣、朱志燕:《族群的社会记忆》,《广西民族研究》2007 年第 3 期。

忆的叙事中,过于关注村庄的精英、长老,结果"人民的历史"变成了一部"村庄的宫廷史"(孙立平语)。在城乡档案记忆工程建设中,需要认识到乡村记忆分层的存在及其影响,注意收集保存各种身份群体的记忆,而不只是精英群体的记忆。

3. 注重协调村落中不同家族(宗族)之间的利益矛盾

在我国乡村社会中,除了因权力结构所划分出的不同身份群体外,还存在着一种基本的社群组织——家族或宗族。

家族(宗族)既是一种血缘组织,也是一种地缘组织,在汉族居住的地方,人们普遍聚族而居,或一姓一村一镇,或几姓一村一镇,或一姓几村。乡村中家族(宗族)的存在对乡村记忆(村落记忆)的形成和构成必然产生影响。在传统的单姓村落,家族记忆与村落记忆具有一体同构性;而在多姓村落或杂姓村落,家族记忆与村落记忆即存在分离,甚至存在互相争夺话语权的现象,一些强势家族往往具有更多的发言权,将村落记忆改写成家族记忆,或者突出强调自身的家族记忆,对其他家族记忆采取压制或回避态度。权力不平等必然导致记忆不平等,这也是在城乡档案记忆工程推进中需要建立村民参与意见表达畅通机制的重要原因。

五、城乡档案记忆工程推进的志愿服务

志愿服务是一个全球性社会现象,已成为现代社会体系(结构)中的一个重要组成部分,其发展水平是衡量一个国家和社会文明程度的重要标尺。[1]作为社会建设的重要力量,志愿者组织机制(或志愿服务机制)是政府机制和市场机制内在缺陷的重要补充,是解决社会问题不可或缺的手段和促进社会发展的有力工具。中国人民大学莫于川等指出:"我们不应该把志愿服务当

---

[1] 毛立红:《中国志愿服务法制化研究》,中国人民大学出版社 2013 年版,第 1 页。

作一个可有可无的服务,而应该把它当作与市场、国家服务并列的第三种重要的服务方式,认真地研究志愿服务适宜的服务领域,合理划分志愿服务、市场服务和政府服务的领域,并且形成市场、政府和志愿服务之间的协作机制。通过各种机制相互协作、渗透和利用,在社区中构建一个综合性的服务网络。"①在城乡档案记忆工程建设中,志愿服务可以作为社会支持力量的延伸,对工程推进具有重要现实意义。

(一)城乡档案记忆工程志愿服务的必要性

1. 志愿服务与社会发展

志愿服务是民众(志愿者)基于个人意愿、不以获取报酬为目的所从事的社会公益服务,具有自愿、非义务、不以获取报酬为目的、有利于他人或社会以及组织性等基本特征。② 志愿服务研究领域一般认为,当代中国志愿服务的源头可以追溯到 1983 年北京市创新"学雷锋、做好事"的"综合包户"服务、1987 年广州市兴办志愿者"手拉手"服务热线、1989 年天津市创建社区志愿服务队伍、1990 年深圳市注册成立服务社团等。1994 年,共青团中央成立全国性的"中国青年志愿者协会"及其与民政部共同推进的社区志愿服务,共同成为中国文明进步的新标志。后经 2001 年联合国"国际志愿者日"在中国的推广、2008 年北京奥运会志愿服务和汶川地震灾区志愿服务,以及上海世博会志愿服务、广州亚运会志愿服务、南京青奥会志愿服务的不断推进与深化,志愿服务在我国出现民众广泛参与、社会多方支持的蓬勃发展势头。③ 志愿服务作为当代社会事业的一个重要组成部分,随着社会的发展必将进一步发展壮大。

---

①　莫于川主编:《中国志愿服务立法的新探索》,法律出版社 2009 年版,第 166—167 页。
②　参见毛立红:《中国志愿服务法制化研究》,中国人民大学出版社 2013 年版,第 10—12 页。
③　邱服兵等:《中国志愿服务典型项目研究》,人民出版社 2015 年版,第 10 页。

2. 国外档案工作领域志愿服务的开展

国外许多国家的档案工作领域都存在志愿服务,其中以美英等国最为显著。美国档案工作志愿服务已有 40 多年的历史,早在 1976 年建国 200 周年时,国家档案馆便招募并培训了一批志愿者,为到馆参观的民众进行义务讲解。后亚历克斯·哈利(Alex Haley)著作《根》的出版,使得众多系谱学家对档案馆藏产生了浓厚兴趣,于是国家档案馆决定招募更多志愿者来协助档案馆为学者提供良好的服务。在随后的 30 多年时间里,位于华盛顿的国家档案馆总部、下属各分馆和总统图书馆都始终大力支持开展档案志愿服务项目,近些年随着科学技术和档案工作模式的创新发展,很多新型志愿服务项目也逐步兴起。[①] 如美国"公民档案工作者"(Citizen Archivist)就是一个典型的档案志愿服务项目。该项目 2010 年由国家档案馆馆长 David Ferriero 在博客中发起倡议,2011 年,在国家档案馆网站上开辟了专门板块,广泛吸收来自社会各界的非档案专业人士开展档案活动。只要对美国政治和社会历史有一定了解并有浓厚兴趣,致力于终身学习,具有合作精神者均可从事志愿服务。华盛顿特区档案馆公民档案工作者可以承担以下工作:①讲解员:提供向导和专题讲解服务;②参观者助理:馆藏介绍,回答相关提问;③学习中心助理:帮助参观者融入各教育项目;④馆员助理:在幕后帮助馆员完成档案索引、描述、馆藏保护、数据录入等专业性工作,或提供行政管理服务;⑤家谱学家助理:帮助开展家谱研究。华盛顿特区外 12 个州(市)档案馆同样提供多种志愿机会。[②] 此外,如谢尔本博物馆档案部的"档案鉴定与文书处理"项目和美国国家档案与文件管理署总部的"军功授地档案文件标引"项目等也是有一定影响的志愿服务项目。

---

① 参见冯怡、陈丽:《美国国家档案馆志愿者服务项目的借鉴与启示》,《兰台世界》2015 年 5 月中旬。

② 闫静:《英国"档案志愿者"和美国"公民档案工作者"的思考》,《中国档案》2013 年第 9 期。

英国档案馆开展志愿服务也有 20 多年历史,并将无偿为档案事业贡献时间和精力的群体统称"档案志愿者",对其重要价值有着深刻认同。英国档案志愿者服务方式有国家档案馆内志愿服务、在家从事志愿服务、网上志愿服务三种方式,志愿者可通过 Discovery 平台或图片共享网站 Flickr 给文件添加关键词、术语、对难懂的老式语言标注现代化解释或描述性元数据信息等标签。近年来,英国档案志愿者数量和参与时间一直保持相对平稳的增长趋势。[①]

美英等国档案志愿服务项目不仅说明档案领域开展志愿服务的时代必然性,也为城乡档案记忆工程推进中探索志愿服务的组织方式、规范运行和平台搭建等提供了组织思考。

3. 志愿服务对城乡档案记忆工程推进的意义

志愿服务具有参与、倡导、促进、扶助和协调等功能,对城乡档案记忆工程而言,其具体意义表现在:

(1)引导社会公众广泛参与城乡档案记忆工程。根据马斯洛(Abraham Harold Maslow)的需求层次理论,随着个人和社会发展,人们对爱和归属需求、尊重需求、自我实现需求的获得感和期待越来越强,这一理论为志愿服务提供了理论基础和思想动力。改革开放以来,人们经济生活日渐富足,参与社会建设,奉献社会,以赢得社会尊重和实现自我价值的意识意愿逐步提高,"公民乐意参与志愿服务,从中获得自豪感与精神的充实;社会组织愿意开展志愿服务,作为体现服务形象的有效载体;工商企业积极支持和资助志愿服务,作为承担社会责任的良好途径"。[②] 城乡档案记忆工程涉及乡村记忆的保护传承,更涉及人们自身的归属感和认同感,支持和服务城乡档案记忆工程的社会意愿巨大,通过开展志愿服务活动,进行有效组织和引导,可以为城乡档案记忆工程推进提供更为宽阔的社会基础。

---

① 张学斌:《档案工作中的志愿服务探析——以英国档案志愿服务为例》,《档案学研究》2015 年第 2 期。

② 谭建光:《志愿服务:理念与行动》,人民出版社 2014 年版,第 7 页。

（2）促进城乡档案记忆工程推进中政府与公众之间的良性合作。志愿服务不仅可以充分发挥服务功能,同时也可以充分发挥协调功能,成为政府与民间、机构与个人联系沟通的润滑剂。城乡档案记忆工程作为政府主导的社会建设工程,虽然从总体上有利于国家历史文化的传承,但具体到乡村个人或家族,也会产生利益的矛盾和纠缠,"在逐渐强调每一个个体权利的时代,即使对于整体社会利益、大多数公民利益有好处的决策,在实施过程中如果引起少数人利益的受损或冲击,都可能导致大的冲突"。[1] 通过志愿服务,既有利于促进民众对城乡档案记忆工程实施意义与实施政策的理解认同,同时也有利于促进政府与民众达成最大限度的共识,克服政府失灵,减少利益冲突,使记忆工程得以顺利推进。

（3）弥补城乡档案记忆工程推进中人力与技术的不足。今天,世界不少国家都在鼓励政府部门使用志愿者以缓解人力不足的困境。国家档案局杨冬权在 2013 年全国档案局长馆长会议讲话中也提出,要按照党的十八届三中全会《决定》关于"支持和发展志愿服务组织"精神,"在遵守国家有关法律法规的前提下,把可由社会组织和志愿者承担的一些具体事务交由社会组织或志愿者承担,以缓解档案部门人少事多的矛盾"。[2] 在城乡档案记忆工程推进中组织开展志愿服务,除了可以调动一般民众参与到乡村记忆保护传承中来,解决档案部门"人手不足"的常规性老问题,更能调动各种文化学者、技术专家参与乡村记忆保护,为乡村记忆保护传承提供丰富的知识、技术和方法支持。

（二）城乡档案记忆工程志愿服务的组织方式

志愿服务可以通过有组织的方式进行,也可以通过个人的方式进行,但一般是以有组织的方式为主,而"有组织的志愿服务最关键的一点就是要有一个有效的组织方式"。[3] 志愿服务组织方式从宏观上包括建设志愿者组织、形

① 谭建光:《志愿服务:理念与行动》,人民出版社 2014 年版,第 33 页。
② 杨冬权:《在全国档案局长馆长会议上的讲话》,《中国档案报》2014 年 1 月 6 日。
③ 莫于川主编:《中国志愿服务立法的新探索》,法律出版社 2009 年版,第 166 页。

成有效的志愿服务资源调动方式、确定服务对象以及制定有效的服务计划和采取合理的服务运行机制等。从城乡档案记忆工程建设的具体实践看,需要注重志愿者的招募、培训和活动安排,以便通过志愿服务组织将社会分散的志愿服务力量进行精准投送,实现最大的服务效益。

1.志愿者的招募方式

志愿者常规招募方式分为两种:一是常态招募,建立志愿者资料库;二是根据活动的需要,即时招募。根据志愿者常规的招募方式,在城乡档案记忆工程推进中,对志愿者的招募也可以有两种途径,一是与志愿服务组织(如志愿者协会)联系,从志愿服务组织接收志愿者,或合作开展志愿服务;二是自主招募志愿者,组建专门的志愿服务队伍。

今天,在文化遗产保护和社会记忆传承领域,上述两种形式的志愿服务活动都较为普遍。不过,随着社会发展,在文化遗产保护和社会记忆保护传承领域中,自主招募或组织志愿者的现象越来越突出,这种组织方式因其更具有针对性和专业性,有利于社会记忆保护传承工作的持续深化。如2016年12月,"众筹声音、讲述历史"传承历史记忆志愿者行动在南京正式启动,志愿行动由南京大屠杀纪念馆与南京广播电视集团联合举办,作为国家公祭日系列活动之一,"众筹声音"以讲述南京大屠杀时期历史事件的方式,旨在让青年一代更好地铭记这段历史。① 在城乡档案记忆工程建设中,我们也需要适时地招募,并组建自己的志愿服务团队。

2.志愿者的培训方式

志愿者培训是提高志愿服务知识和技能,培养志愿者奉献、友爱、互助、进步精神,完善志愿服务工作网络的重要途径和手段。我国目前对志愿者的培

---

① 许可、蒋芳:《"众筹声音、讲述历史"传承历史记忆志愿者行动正式启动》,中国文明网,[EB]http://www.wenming.cn/zyfw/zyfwxm/201612/t20161201_3919783.shtml[2016-12-01]。

训主要以短期的技能培训为主,如各大高校普遍开展的志愿服务工作,主要由接受志愿服务的单位主动向各大高校发出邀约,由各高校志愿者负责机构承接该项目,再由接受志愿服务的单位派出专门人员进行一两次技术指导。[①]这种短期的培训方式往往只适用于某种单一、临时服务项目的活动,在一定程度上制约了志愿服务项目的常态化和规范化运作。

成功的志愿服务活动都非常重视对志愿者的培训,如广东省在志愿服务体系建设中,注重加强志愿组织的能力建设,培训机制不仅是满足志愿者掌握服务技能的需要,而且针对志愿者的成长需求、发展需求传授知识技巧,让志愿者成为生活的成功者,更加有利于他们继续参加志愿服务活动。[②] 城乡档案记忆工程作为一项长期开展的社会建设工程,需要形成志愿服务培训的有效机制,一方面强化志愿者的志愿精神和情感维系,另一方面也要提高志愿者的能力、技术和知识,推进志愿者对乡村记忆保护传承的适应性和专业性,为记忆工程建设积蓄力量。

3. 志愿者的活动方式

组织性是志愿服务的基本特征,其内涵主要表现在两个方面:一是志愿服务是围绕特定的志愿服务项目有组织实施的;二是参加志愿服务的志愿者行动是有组织的团队行为,不是分散孤立的个体行动。因此,志愿服务的活动(组织)方式可以概括为"项目+团队"模式。

当代志愿服务的项目化趋势非常明显,志愿服务项目是"志愿者参与社会发展活动的重要手段,是为了实现特定的发展目标,通过有效地利用资源和吸引志愿者的参与,在一定的实践期限内有计划地开展相关的系列活动和志愿服务"。[③] 与城乡档案记忆工程部门合作中的合作项目一样,城乡档案记忆

---

① 参见莫于川主编:《中国志愿服务立法的新探索》,法律出版社 2009 年版,第 163—164 页。

② 谭建光:《志愿服务:理念与行动》,人民出版社 2014 年版,第 297 页。

③ 谭建光、李森主编:《志愿组织管理》,广州出版社 2011 年版,第 42 页。

工程作为一个整体的工程项目,其具体行动又可分为许许多多小的、具体的项目,如某个村落的记忆资源收集项目、某个乡镇的乡村影像志的拍摄制作、某个村镇记忆资源库的建设等,都可以作为志愿服务项目来实施。在志愿服务项目实施过程中,志愿者之间应相互配合,以项目团队的方式分工协作,共同实现组织的整体目标。

（三）城乡档案记忆工程志愿服务的运行规范

志愿服务是一种非政府的社会公益活动,强调志愿者的自愿性、主动性和奉献精神,但这并不意味着志愿服务没有管理,不需要规范;恰恰相反,随着志愿服务在当代的发展,志愿服务规范化、法治(制)化已成为必然趋势。我国虽然尚未出台《志愿服务法》或《志愿者保护法》,但已制定实施多项法规性质的管理规定,如中国社会工作协会志愿者工作委员会颁布的《中国社区志愿者注册管理办法》(2005)、民政部制发的《志愿服务记录办法》(2012)、文化部颁布的《文化志愿服务管理办法》(文公共发〔2016〕15 号)等,以及各种地方性法规制度,推动志愿服务健康有序发展。结合志愿服务的各种法规制度和实际经验,在城乡档案记忆工程志愿服务中,需重点思考和明确以下几方面问题。

1. 明确志愿服务的活动范围

志愿服务的范围也即志愿服务活动的内容,是志愿服务能够开展的具体服务工作,我国许多志愿服务的规章制度或管理办法都对志愿服务的工作范围作了界定。如文化部的《文化志愿服务管理办法》(文公共发〔2016〕15 号)第十四条规定:文化志愿服务的范围主要包括:①在公共图书馆、文化馆(站)、博物馆、美术馆等公共文化设施和场所开展公益性文化服务;②深入城乡基层开展文艺演出、辅导培训、展览展示、阅读推广等公益性文化服务;③为老年人、未成年人、残疾人、农民工和生活困难群众等提供公益性文化服务;④参与基层文化设施的管理和群众文化活动的组织等工作;⑤参与文化行政部门和文化单位开展的文化遗产保护、文化市场监督等工作;⑥开展其他公益性文化服务。再如民政部《关于加强减灾救灾志愿服务的指导意见》(民发〔2012〕172号)提出,要根据灾前、灾中、灾后不同阶段的工作需求,明确服务范围。在城乡档案记忆工程建设中,我们需要重点围绕乡村记忆资源收集、开发、展演、记忆场馆建设和管理运行等,形成明确的志愿活动范围,使志愿服务更具针对性、细致性地开展。

2. 规范志愿者的权利与义务

志愿者的权利和义务规范是志愿服务法规的核心内容,也是调整和规范志愿者、志愿服务组织、志愿服务对象等志愿服务利益相关人的关系,保障其合法权益的重要措施。毛立红认为:从立法角度看,志愿服务中一般对志愿者权利的规定包括志愿服务活动权;获得志愿信息权;接受教育培训权;志愿服务中遇到问题的求助权;对志愿服务组织的批评、建议和监督权;退出志愿服务组织的权利;获得物质和安全保障权;得到表彰奖励权;优先获得志愿服务权;要求出具志愿服务证明权等;相应地,志愿者也应履行的义务包括:遵纪守法;遵守志愿服务组织章程,履行志愿服务承诺;参加教育培训;完成志愿服务工作,保证服务质量;维护志愿者形象,不得收取报酬和从事营利活动;尊重服务对象,维护其合法权益,保守其隐私和秘密;妥善使用和保管志愿服务证和志愿者标志等。① 这些规定对城乡档案记忆工程建设中所涉及的志愿者权利与义务具有一般参考价值。

在城乡档案记忆工程建设中,要从一般志愿服务的角度思考建立志愿服务的日常管理体系,同时也要考虑自身的特殊性,如重点防范为营利目的开展的志愿服务和防范志愿服务中对乡村记忆的再度破坏。

3. 强化志愿服务活动的日常管理

志愿服务的日常管理是志愿服务规范运行的重要方面,关系到志愿者的

---

① 参见毛立红:《中国志愿服务法制化研究》,中国人民大学出版社2013年版,第88页。

权益维护、安全保障和行为规范等。民政部在《关于加强减灾救灾志愿服务的指导意见》中提出要"完善志愿服务管理政策,建立长效机制",即"要结合国家志愿服务制度建设,不断完善减灾救灾志愿者的招募注册、专业培训、行动规范、服务记录、评价激励、权益保障等制度,逐步建立推动减灾救灾志愿服务科学发展的长效机制"。《大学生志愿服务西部计划志愿者管理办法》在"日常管理"和"安全健康管理"两部分中,用了 20 条对志愿者的服务协议签订、岗位安排、行为要求、困难解决、享受待遇、请假休假、安全健康、应急处置等做出了详细规定。《大学生志愿服务西部计划志愿者管理办法》一方面要求志愿者要弘扬志愿精神,严格遵守服务单位的考勤规定,加强自我管理和相互帮助,认真完成服务单位安排的工作任务,不向服务单位提出政策规定外的特殊要求,不给服务地增加额外负担;另一方面也要求志愿服务组织加强对志愿者日常安全的管理,定期开展安全健康教育,定期检查各种安全设施,对志愿者外出活动制定详尽的安全防护措施,并要求志愿者严格遵守。① 加强志愿服务的日常管理,是维护志愿者合法权益,树立志愿服务良好形象,提高志愿服务效能的内在要求。

4.建立志愿服务评估奖励机制

对志愿者评估激励或评价奖励,是促进志愿服务发展的重要举措。我国各地志愿服务法规大都设有专项条款,规定各级政府或志愿服务协调机构可以对优秀志愿服务组织、志愿者和支持志愿服务组织或者志愿服务活动有突出贡献的组织、个人进行表彰,有部分志愿服务法规还规定了具体的奖励措施。如《黑龙江省志愿服务条例》规定,志愿者协会可以对优秀志愿者组织进行表彰和奖励;对志愿服务时间累积超过 400 小时的优秀志愿者可授予志愿服务奖奖章,服务时间累积超过 600 小时的优秀志愿者可授予铜奖,服务时间累积超过 800 小时的优秀志愿者可授予银奖,服务时间累积超过 1000 小时的

---

① 《大学生志愿服务西部计划志愿者管理办法》(中青联发〔2009〕19 号)。

优秀志愿者可授予金奖,服务时间累积超过 2000 小时的优秀志愿者可授予特别奖。另外,深圳、北京、天津、广州等地的志愿服务法规规定,"有志愿服务经历者"即可享有有关单位的同等条件下的优先招录权。① 对优秀志愿者进行奖励,是对志愿者奉献价值的肯定,需要引入城乡档案记忆工程志愿服务活动中。

(四)城乡档案记忆工程志愿服务的平台搭建

媒体报道中,我们可以看到许多自发性志愿服务活动,涉及个人、民间组织和企事业单位等。如被称为"珍藏南京记忆的外乡人"的高松,十多年来,执着于对南京渐近消失的传统习俗与特色建筑进行记录,建立"南京老城南印象陈列馆",并发起《南京城市记忆》民间记录团活动;再如,宁波北仑港一批志愿者自发组建"北仑城市声像记忆工程"志愿队,拍摄记录城市的种种变化;深圳市甲骨文文化传播公司坚持"用影像记录历史,用影像传承记忆",全天候、全方位、全过程拍摄城市重点区域、重点项目、重点行业,完整保护城市记忆。这些自发性志愿服务活动一方面说明我们今天社会的志愿服务意识和服务意愿在不断提高,另一方面也说明社会中蕴含着极为丰富的志愿服务力量,需要我们加以发掘运用。

今天,社会中的不少单位都在积极搭建志愿服务平台,以积聚和运用志愿服务力量。如南宁市自 2007 年起组织开展了"邻里守望、共建和谐"活动,依托社区学雷锋志愿服务站,以空巢老人、留守儿童、残疾人等困难群体为重点服务对象,把志愿服务做到基层、社区、家庭,广泛开展以亲情呵护、文化娱乐、文明出行、环境保护、平安保障为主要内容的志愿服务,编织爱心网,串起邻里情。据不完全统计,至 2014 年初,全市已有 2 万多人次的志愿者参加了"邻里守望"志愿服务。② 上海虹口区志愿者协会以基地创建为抓手,在区图书馆等

---

① 参见毛立红:《中国志愿服务法制化研究》,中国人民大学出版社 2013 年版,第 90—91 页。

② 《南宁:搭建社区志愿服务平台》,新华网,[EB]www.gx.xinhuanet.com.[2014-03-07]。

单位建设志愿服务基地,搭建志愿服务平台。① 搭建志愿服务平台是推动志愿服务持续发展的坚实基础和重要措施,通过平台建设不仅可以与社会志愿服务力量实现有效对接和及时引入,更重要的是强化自身对志愿服务的有效组织和规范管理,持续推进志愿服务的常态化和可持续发展。

结合志愿服务的自身特点和实践经验,我们认为在当前城乡档案记忆工程志愿服务的平台搭建需要重点做好以下三方面工作。

1. 加强志愿者组织体系建设

"志愿者组织"或称"志愿组织""志愿服务组织",是由一定数量的志愿者组成的,主要从事志愿服务活动的非营利性社会团体。志愿者组织按其法律性质可分为正式组织(在官方登记的社团组织)和非正式组织(未在官方登记的民间组织);按其活动性质可分为志愿者组织单位(志愿者管理组织)和志愿者服务组织(志愿者服务队)。文化部在《文化志愿服务管理办法》(文公共发〔2016〕15号)中指出:"本办法所称文化志愿服务组织单位,是指组织开展文化志愿服务的文化行政部门、文化单位。本办法所称文化志愿服务组织,是指以开展文化志愿服务为宗旨的非营利性社会组织。"加强志愿者组织体系建设既包括志愿者服务队的建设,也包括志愿者服务组织单位的建设;既涉及志愿者服务单位的设置,更包括志愿服务组织单位对志愿服务组织管理制度体系的建设。

在城乡档案记忆工程建设中,加强志愿者组织体系建设,其内涵和意义在于:一是有利于强化对志愿服务的管理,包括建立健全志愿服务活动的各项规章制度,完善对志愿者进行招募、培训、管理、评估等工作,有效开展志愿服务活动,合理筹划、使用、管理志愿活动资金、物资,科学建立志愿服务档案和开展志愿服务绩效评估工作;二是有利于强化志愿服务保障,包括根据志愿者自

---

① 《做实基地创建工作　搭建志愿服务平台——虹口区召开"区图书馆申报市志愿者服务基地审验会"》,上海志愿者网,[EB]http://www.volunteer.sh.cn/Website/News/NewsItem.aspx?id=3656[2015-01-05]。

身条件提供合适岗位,为志愿者志愿服务提供必要条件和保障,在志愿者遇到困难时提供必要帮助,在志愿者需要时出具志愿服务证明等;三是有利于促进志愿服务的宣传、合作与交流等。总之,以组织体系建设从整体上规划和建立城乡档案记忆工程中的志愿服务体系。

2. 建立志愿服务网络平台

随着网络的发展,建立志愿服务网络平台已成为志愿服务组织的通行做法,如"中国青年志愿者网""中国志愿服务联合会""中国青年志愿者管理信息平台""中国志愿者网""中国社区志愿服务网""志愿江苏平台",等等。借助网络平台,可以让志愿工作和志愿服务不受时空限制,便于志愿服务的力量集聚与需求对接。如广东省惠州市面对 40 多万志愿者、3000 多个志愿服务组织的庞大群体和团队,探索"互联网+志愿服务"新模式,建立"一微博微信客户端、一网、一云、一校、一卡、一室、一刊、一站"的"8个1"志愿服务平台,实现了线上发布,线下圆梦的有效对接,充分展示出互联网下志愿服务的魅力。① 城乡档案记忆工程建设中,我们需要思考和借鉴相关志愿服务平台的建设经验,与档案馆志愿服务活动对接,探索建构起国家级、省级、市县级档案志愿服务网络平台,实现志愿服务力量的汇聚和投送。

3. 合作开展志愿服务基地建设

志愿者服务基地,或称志愿者社会实践基地、志愿服务示范基地,是指在社会公益服务事业中,具有稳定的服务岗位、明确的服务内容、完善的管理制度、系统的保障条件,能够为志愿者提供长期开展志愿服务的单位或社区。当前的志愿服务呈现出"五个新"趋势,即"创造学习雷锋的新形势,创导快乐服

---

① 练伟雄:《"互联网+"让志愿服务更精准高效》,中国文明网,[EB]http://www.wenming.cn/wmpl_pd/yczl/201512/t20151222_3037466.shtml[2015-12-22]。

务的新生活,激发公益组织的新活力,探索社会教育的新途径,培育社会治理的新力量"。① 建立志愿服务基地,可以发挥基地的综合服务和联络功能,推进志愿服务活动内容的持续深化。

在城乡档案记忆工程中,依托区县档案馆、乡村记忆馆、乡风文明馆、乡村博物馆、村史馆、村落社区或乡镇街道等,建立志愿服务基地,一是可以为志愿服务提供具体的服务空间和服务内容;二是有利于不断打造志愿服务团队,不断提升志愿者的能力技巧和对乡村记忆保护传承的实际成效;三是以基地建设为纽带和抓手,形成档案局馆——志愿服务提供者(如高校、企业、文化事业单位)——志愿服务接受者三者的强力合作,不断打造志愿服务的合作平台,推进志愿服务的常态化、制度化开展,为乡村记忆保护传承提供一份稳定的、长期的社会志愿服务力量。

---

① 《[宝山]区举行志愿者服务基地工作座谈会》,上海社会建设网,[EB] http://gov.eastday.com/shjs/node6/node31/u1ai60230.html[2014-12-25]。

第十章　档案记忆工程推进与
档案部门能力建设

　　"机制"与"能力"既彼此独立，又紧密关联。一方面，机制的分析与完善是能力建设的内在要求，有助于促进能力建设和能力推升；另一方面能力建设也是机制完善的组成部分，对机制的有效运行和成效发挥具有保障与推动作用。在城乡档案记忆工程建设中，能力建设既是工程推进机制的组成部分——能力提升机制，也是推进机制分析与完善的延伸——为工程各项机制的有效运行提供基础性、支撑性保障。"城乡档案记忆工程"之所以加上"档案"二字，就是站在档案部门的立场上分析工程的推进机制，思考工程推进的方式和要求，最终的归结点和落脚点还是要回到它的推进主体——档案部门能力上来。

　　城乡档案记忆工程是在新型城镇化和乡村变迁环境下档案部门对乡村记忆保护传承的行动，更是在中国社会飞速发展时代档案部门融入社会建设的一项有目的、有计划、有组织的社会工程行动，需要我们将其视为档案部门对接社会建设的一种实践平台和"作战航母"，置于社会建设事业和社会发展新的总体格局中来思考和把握其能力建设。国际档案理事会原主席让-皮埃尔·瓦洛（Jean-Pierre Wallot）在第十三届国际档案大会闭幕式上致辞时说："我们档案界要生存、要发展、要拯救'世界记忆'，必须依靠于'生命之树'"；

"对于档案来说,也就是具有更明显的特征、更丰富的知识以及更杰出的智慧"。① 只有强化能力建设,档案的"生命之树"才会常青。

一、融入社会建设：档案事业发展的"新常态"

"新常态"作为"习式热词"之一,主要用于经济领域,意指我国当代经济发展的三大转型特征:从高速增长转为中高速增长、经济结构不断优化升级、从要素和投资驱动转为创新驱动。"新常态"表达出一种趋势性、不可逆转的发展状态和发展动向,是一种不同于以往的相对稳定的状态,是马克思主义唯物辩证法"否定之否定规律"的反映,在人类社会发展中具有普遍性。它不仅可以作为经济发展模式转轨的一种表达,也可以作为档案事业发展新趋向的一种思考和表达。为此,笔者借用这一概念,意在表明新时期档案事业融入社会建设已成为一种"新的常态",即由传统的"服务型发展"常态向新的"融入型发展"常态转型,这是一种新的时代特征,也是档案部门发起实施的社会工程的出发点。我们需要在参与社会建设的伟大实践中培育、增强、展现档案部门的能力和力量,实现档案事业的新跨越。

（一）我国社会建设事业的蓬勃发展与加速推进

"社会建设"可以作不同层面的理解。微观层面大体相当于社会学领域研究的社会建设,包括社会实体建设(诸如社区建设、社会组织建设、社会事业建设、社会环境建设等)和社会制度建设(诸如社会结构的调整与构建、社会流动机制建设、社会利益关系协调机制建设、社会保障体制建设、社会安全体制建设、社会管理体制建设等)。中观层面大体相当于社会性事业建设,即由中央和各级地方政府领导的、与行政部门和企业(包括金融机构)行为相并

---

① 国家档案局、中央档案馆编:《第十三届国际档案大会文件报告集》,中国档案出版社1997年版,第26页。

列的建设活动,包括教育事业、医疗卫生、劳动就业、社会保障、科技事业、文化事业、体育事业、社区建设、旅游事业、人口与计划生育十个主要方面。宏观层面大体相当于社会主义建设事业或国家建设事业,是围绕国民经济和社会发展开展的各项社会行动。本文在此作宏观意义上的理解,旨在说明在我国各项建设事业整体发展和推进的大背景下,档案事业发展融入社会建设是一种时代必然。

改革开放以来,我国社会主义现代化建设逐步驶入高速发展的"快车道",特别是在党的十八大召开以来的五年间,党和国家牢固树立和贯彻落实新发展理念,开拓创新,我国社会各项事业建设蓬勃发展,日新月异,气象万千。国家统计局在《砥砺奋进的五年——从十八大到十九大》专题系列分析报告中,用最新统计数字向我们具体描绘了近五年改革发展的巨大成就以及我国各项事业发展的新局面,包括九个方面,摘要如下:①经济始终运行在合理区间,综合国力和国际影响力显著提升。我国经济保持中高速增长,国内生产总值年均增长 7.2%;人均国内生产总值稳步提高,由 5940 美元提高到超过 8000 美元,接近中等偏上收入国家平均水平。②结构调整稳中有进,经济发展向中高端水平迈进。"中国制造 2025"加快实施,工业化和信息化深度融合;新型城镇化扎实推进,2016 年末,常住人口城镇化率达到 57.35%,新型城镇化质量显著提升。③创新驱动发展战略深入实施,新动能新产业茁壮成长。一批具有标志性意义的重大科技成果涌现,载人航天、探月工程、量子通信、射电望远镜、载人深潜、超级计算机等实现重大突破;"互联网+"行动计划深入推进,网络购物快速增长,跨境电商、智慧家庭、智能交流等新业态方兴未艾。④基础产业不断加强,基础设施水平持续提高。交通运输能力不断增强,横贯东西、纵贯南北、内畅外通的交通运输大通道逐步形成,2016 年高速铁路运营里程增加到 2.2 万公里以上,高速公路里程增加到 13.1 万公里,均位居世界第一;"宽带中国"战略加快实施,全球最大规模的宽带通信网络基本建成。⑤全面深化改革蹄疾步稳,四梁八柱性改革框架基本确立。以"三去一降一补"为重点任务的供给侧结构性改革初见成效。⑥对外开放向纵深推进,高水平对外开放呈现新格局。2016 年底,我国企业在"一带一路"沿线国家建立初具规模的境外经贸合作区 56 个,一批重大工程和国际产能合作项目落地,高铁、核电"走出去"迈出坚实步伐;倡议建立亚洲基础设施投资银行和设立丝路基金,成功主办"一带一路"国际合作高峰论坛、二十国集团(G20)领导人杭州峰会等,在全球经济制度建设中不断贡献中国智慧、中国方略。⑦民生事业持续改善,人民群众获得感显著增强。2016 年,全国居民人均可支配收入 23821 元,比 2012 年年均实际增长 7.4%;覆盖城乡居民的社会保障体系基本建成,基本医保总体实现全覆盖。⑧社会事业全面进步,发展协调性不断增强。教育公平迈出新步伐,九年义务教育全面普及,高等教育毛入学率显著提高,2016 年达到 42.7%。⑨绿色发展步伐加快,生态文明建设取得新成效。全国上下贯彻绿色发展理念,构建生态安全屏障,环境质量稳步改善。①

习近平同志在中国共产党第十九次全国代表大会上的报告中指出:"五年来的成就是全方位的、开创性的,五年来的变革是深层次的、根本性的。五年来,我们党以巨大的政治勇气和强烈的责任担当,提出一系列新理念新思想新战略,出台一系列重大方针政策,推出一系列重大举措,推进一系列重大工作,解决了许多长期想解决而没有解决的难题,办成了许多过去想办而没有办成的大事,推动党和国家事业发生历史性变革。"②党的十九大之后,我国进入"决胜全面建成小康社会、进而全面建设社会主义现代化强国的时代",国家各项建设事业将会在新的起点和高度,继往开来,乘风破浪,加速推进。

(二)档案事业发展需要融入社会建设

1. 档案事业是社会建设的组成部分

档案管理或档案工作是社会的一个特殊专业领域、专业系统。吴宝康曾

---

① 国家统计局:《新理念引领新常态　新实践谱写新篇章——党的十八大以来经济社会发展成就系列之一》,国家统计局网站,[EB]http://www.stats.gov.cn/tjsj/sjjd/201706/t20170616_1504091.html[2017-06-16]。

② 习近平:《决胜全面建成小康社会　夺取新时代中国特色社会主义伟大胜利——在中国共产党第十九次全国代表大会上的报告》,人民出版社 2017 年版,第 8 页。

指出:"社会上管理系统很多,档案工作也是管理系统,但它所管理的对象是档案,管理的目的是开发档案信息资源为社会实践服务。正是由于管理对象的不同,才构成了档案管理系统与其他管理系统的区别,形成了具有自己特殊功能的管理系统";"档案管理系统是各项社会管理系统中不可缺少的组成部分,是具有自己独特管理对象、结构和功能的一个系统。"①今天,我们已建成了国家规模的档案事业,是"国家整个建设事业的组成部分",档案事业既与社会整体建设同步发展,也是社会整体建设成果的局部表现。

"十二五"期间,特别是党的十大以来,我国档案事业也发生了深刻的变革,以《关于加强和改进新形势下档案工作的意见》为标志,全国档案工作步入新阶段,取得了多方面的新成效新进展:①档案法制体系建设扎实推进,列入国务院立法计划,《各级各类档案馆收集档案范围的规定》《电子档案移交与接收办法》等规章规范性文件和《档案信息系统运行维护规范》《电子档案管理基本术语》等十多项档案行业标准相继颁布;②档案馆库设施大为改善,"十二五"期间 11 个副省级以上档案馆新馆落成,中央下达的 1002 个中西部地区县级综合档案馆建设项目的完成,档案馆库条件得到极大改善;③档案资源配置逐渐优化,加强对国家档案资源的管控,发布两批 100 种基本专业档案目录,初步形成覆盖人民群众的档案资源体系;④档案基础工作深入拓展,机关、团体、企事业单位、城市社区、农业农村档案工作的深度和广度进一步拓展,使档案和档案工作日益成为国家治理和社会运行的基本要素和重要支撑;⑤档案开放利用成果丰硕,全国各级综合档案馆开放档案约 1.3 亿卷(件),公开出版编研资料 6080 种,21 亿字,举办特色展览、拍摄电视文献专题片、利用网络平台提供档案信息查询和推送档案公共产品,《本草纲目》《黄帝内经》《侨批档案》《元代西藏官方档案》和《南京大屠杀档案》入选《世界记忆名录》;⑥档案安全保护切实加强,继续实施国家重点档案抢救和保护工作,发布《档案信息系统安全等级保护定级工作指南》,47 家副省级以上综合档案馆

---

① 吴宝康主编:《档案学概论》,中国人民大学出版社 1988 年版,第 122—123 页。

实施档案异地备份工作。⑦档案信息化建设初具规模,初步建成以局域网、政务网、因特网为平台,以档案信息管理系统为支撑,以档案目录中心、基础数据库、档案利用平台、档案网站信息发布为基础的档案信息化体系。①

作为社会建设的一部分,在我国社会建设加速推进的新时期,档案部门不仅需要思考档案事业如何跟上时代,与社会各项建设事业协调发展,同时还需要进一步思考如何发挥自身的优势,为"实现中华民族伟大复兴中国梦"作出更多贡献。

2. 档案事业发展需要从"服务型"走向"融入型"

传统档案学和档案工作中,我们多强调档案工作的服务性。"档案工作,就其实质来说,是对社会实践所产生的档案进行管理,并对档案承载的信息加工和输出,为社会实践服务的一项工作。提供档案信息为各项社会实践服务是档案工作的宗旨"。② 我们也强调档案工作(档案管理、档案事业)与社会实践(社会环境的)相互作用和相互影响,但我们对相互作用和相互影响的理解往往较多地定位于:档案工作需要紧跟时代步伐,随社会实践的发展而发展;在社会实践发展中我们要做好档案信息的"输入""输出"工作,最大限度地满足社会实践发展的需要;档案工作需要与社会各行各业协调发展,争取社会各部门给予更多的重视和支持。

正是出于对档案工作性质、档案工作与社会实践作用关系的理解,在档案工作实践中,我们与社会建设的关系更多地呈现出一种"服务型"关系,是一种"我—你"的主客关系,即以"我的(档案)信息"服务"你的发展"。虽然我们也越来越强调变被动服务为主动服务,但这种"我—你"的主客关系并未从根本上改变。随着社会建设事业的迅猛推进,档案事业发展需要在观念上、行动上加以调整和拓展,从"服务型发展"转向"融入型发展"。

---

① 《全国档案事业发展"十三五"规划纲要》(档发〔2016〕4 号)。

② 吴宝康主编:《档案学概论》,中国人民大学出版社 1988 年版,第 105 页。

所谓"融入型发展"就是档案事业或档案工作应主动融入社会建设之中，主动参与社会建设。从性质上看，"服务型发展"与"融入型发展"都是一种社会建设的参与方式，但与传统服务型发展相比，融入型发展更强调以下三个特征：其一是过程参与，即渗透到社会建设之中，参与社会建设全过程的行动。比如，对基本建设项目，档案部门在主动提供档案信息和做好工程项目验收后档案收集保管的同时，还需要主动对项目建设的全过程进行跟踪记录，主动反映工程建设的原始活动。其二是主动谋划，即对社会建设活动，特别是新领域、新业态、新工作、新项目，能从前端控制角度出发，主动思考和谋划社会建设及其档案管理，及时制定相关档案规划和制度，使档案工作规划和制度融汇到社会建设的管理过程中。比如，像世博会、奥运会这类重大活动项目，档案部门既要思考如何挖掘档案资源，丰富其历史文化内涵，又要思考如何做好档案的规划和管理，使重大活动档案能得到全面及时的留存保管。其三是填补空白，即在社会建设过程中，档案部门需要从社会记忆传承保护的角度，思考社会建设中某些领域、某些方面管理缺位的问题，能够以社会记忆守护者的身份及时填补社会活动主体的空缺，使社会建设更加完美有序。比如，在新型城镇化和新农村建设中推进我们对城乡记忆的保护传承等。

总之，"融入型发展"就是要改变档案事业、档案工作与社会其他建设事业之间"我—你"的主客关系，找好切入点和融入点，适时组织实施档案社会工程，推动档案部门社会建设活动的由"局外人"向"局内人"转变，由旁观者向参与者、建设者转变，在社会建设中发挥更大作用。

3. 融入社会建设是时代发展的必然要求

"融入"不是一个新概念，但可以说是一种新思维、新战略，在社会快速发展推进的今天，许多领域都在强调并倡导"融入型发展"。党的十八大报告就提出："把生态文明建设放在突出地位，融入经济建设、政治建设、文化建设、社会建设各方面和全过程，努力建设美丽中国，实现中华民族永续发展。"2017年《求是》杂志也曾发表专文——《做好"融入"这篇大文章》，强调指出

"深入推进社会主义核心价值观建设,就要切实把社会主义核心价值观融入法治建设,融入高校思想政治工作,融入精神文明建设,融入经济社会发展全过程,使之真正内化于心、外化于行"。① 从中可以看出社会各领域对社会建设活动深度融合的高度关注和推动。

在新的历史时期,社会各项建设事业越来越复杂,也越来越细密,专业性、依赖性、系统性、协同性要求都在提升,如果说分工合作是一种常态,那么融合发展更是一种"新常态"。党的十九大报告在谈到"加强和创新社会治理"时,就提出要"打造共建共治共享的社会治理格局","加强社会治理制度建设,完善党委领导、政府负责、社会协同、公众参与、法治保障的社会治理体制,提高社会治理社会化、法治化、智能化、专业化水平"。② 这些表述都潜含着社会各方面融入社会治理的思想导向和行动要求。

今天,社会建设的迅猛发展,新形势、新任务、新要求不断出现,为档案部门融入社会建设事业提供了广阔的空间。民生服务、公共管理、社会治理、文化保护、记忆传承、经济发展、政治建设、主权维护等各领域都需要档案部门的主动参与,并承担自身的建设任务,这是一个具有时代性的大课题,值得我们深入思考和积极实践。在新的发展形势下,我们需要更多地探求和践行档案事业与社会建设的深度"融入",在融入中拓展档案事业的服务领域,创新工作内容,由收集提供档案信息的"小服务"走向参与融入社会建设的"大服务"。

(三)在融入社会建设中实现事业发展新跨越

1. 融入社会建设已成为档案事业发展新趋势

客观地说,改革开放以来,随着档案事业发展和社会服务观念日渐增强,

---

① 《做好"融入"这篇大文章》,人民网,[EB] http://theory.people.com.cn/n1/2017/0803/c40531-29448205-4.html[2017-08-03]。

② 习近平:《决胜全面建成小康社会　夺取新时代中国特色社会主义伟大胜利——在中国共产党第十九次全国代表大会上的报告》,人民出版社 2017 年版,第 49 页。

档案工作与社会各项建设事业的融入也在不断深化,档案事业在政治建设、经济建设、文化建设和社会建设(狭义)中的支持度、贡献度和显示度在不断提高。2010年12月,在全国档案局长馆长会议上,国家档案局杨冬权在总结"十一五"档案事业发展时曾指出"档案工作为党和国家工作大局服务的成效前所未有",其中列举了大量的事实数据,反映档案事业在为领导决策、重大工作、企业改革发展、新农村建设、国家重点建设项目、文化发展和繁荣、保障与改善民生等领域作出的突出贡献。如在筹办和举办北京奥运会、第十一届全运会、上海世博会和广州亚运会等过程中,有关档案部门及时介入,主动抓好档案工作,使这些重大活动留下了完整档案,并为这些重大活动的成功举办提供了服务。在新农村建设中,与农业部、民政部合发《关于加强社会主义新农村建设档案工作的意见》,与农业部合发《关于加强农村土地承包档案管理工作的意见》,与国家林业局合发《关于加强集体林权制度改革档案工作的意见》,引导创建"全国社会主义新农村建设档案工作示范县";很多地方把档案工作纳入新农村建设整体规划,新型农村合作医疗、农村养老保险、农民专业合作经济组织、农产品质量安全、农民工等新内容档案逐步建立,档案为农村的稳定发展提供了越来越多的服务。国家档案局与各地档案部门共同参加了三峡工程、青藏铁路、西气东输等几十项国家重点建设项目的验收,有效地促进档案在国家重大工程、重点项目的运营维护中发挥作用。①

"十二五"期间,档案事业发展水平持续提高,除自身整体发展外,与社会建设的融入度也得到大幅提升。如成立三沙市档案馆,对宣示我国南海主权起到了积极效果;再如,档案部门会同有关部门,冲破日本右翼阻挠,将《南京大屠杀档案》成功申遗,对揭示侵华日军的严重罪行,维护历史真实和人类正义,产生了深远的国际影响;在第一个抗战胜利纪念日、南京大屠杀死难者国家公祭日前后,国家档案局在媒体公布了45名日本战犯笔供档案和中国抗战档案、中国受降档案、南京大屠杀档案、"慰安妇"档案等,社会反响强烈,对增

---

① 杨冬权:《在全国档案局长馆长会议上的讲话》,2010年12月14日。

强国家意识和民族凝聚意义重大。① 这些典型事例从一个侧面反映了档案工作融入国家政治、经济、文化、社会建设中，"主动出手"，彰显强力，已成为事业发展的新趋势和新常态。

2.融入社会建设对档案事业发展的促进意义

"融入型发展"既是社会发展的必然要求，也是档案事业内涵发展的现实要求，对实现档案事业发展新跨越具有重大意义。

（1）有利于推动档案部门创新发展。"创新发展""创新驱动"是当代社会发展的主旋律，也是档案事业发展的指导思想和指导原则。《全国档案事业发展"十三五"规划纲要》已明确提出"紧紧围绕协调推进'四个全面'战略布局，牢固树立和贯彻落实创新、协调、绿色、开放、共享的发展理念"，"坚持创新驱动、开放带动"的档案事业发展基本原则，但如何创新发展仍需要我们根据新形势、新任务、新要求积极探索实践。

中共中央办公厅、国务院办公厅在《关于加强和改进新形势下档案工作的意见》中，提出要"努力把'死档案'变成'活信息'、把'档案库'变成'思想库'"；"县级以上各级档案行政管理部门要加强对档案收集整理工作的监督指导，特别是各地区各部门各单位要把档案工作与其他工作同规划、同部署、同落实，做到全面覆盖"；"对重点工作、重大活动、重大建设项目、重大科研项目、重大生态保护项目以及新领域、新专业、新机构、新社会组织等，要监督指导有关方面及时建立档案工作制度"②，这些要求都表明只有深度融进社会各项建设事业，才能把握时代发展脉搏和社会建设脉搏，才能创新档案工作机制和行动方略，推进档案工作与社会建设协调发展。

（2）有利于促进档案部门责任担当。从社会学的观点看，档案工作是一种社会建制、一种社会性的制度安排，是社会结构的一部分，今天，我们越来越

---

① 李明华：《在全国档案工作暨表彰先进会议上的讲话》，2015 年 12 月 28 日。

② 中共中央办公厅、国务院办公厅：《关于加强和改进新形势下档案工作的意见》（中办发〔2014〕15 号）。

多地将档案工作的性质理解为维护社会有序运行的一项基础性管理工作。社会学家安东尼·吉登斯就曾说过:档案"是监视在管理这层意义上在组织内部得以实行的一个基本手段……由此成为了一种结构上的媒介,用于在时空中以各种方式来规定行动"。① 社会控制是维护社会有序运行的内容构成和主要手段,除了社会控制外,档案和档案工作还具有社会建设、社会维系、社会记忆传承等功能。在新的社会变迁时代,社会运行过程中总会出现这样那样不系统、不协调、不完善,产生一些新问题,出现一些新矛盾,这是发展中的普遍现象。对此,档案部门不能总是以"局外人"的身份,"事不关己,高高挂起",而是要根据自身的专业特点和专业优势,"该出手时就出手",主动承担更多的社会责任,自觉走进社会建设的主战场,发挥自身独特的作用。事实证明,档案部门在许多重大事件、重大活动、重大项目、重点工作中主动作为力度越大,在社会建设发展作出的贡献就越大,对自身社会影响力的提升也越大。《全国档案事业发展"十三五"规划纲要》指出,"档案和档案工作日益成为国家治理和社会运行的基本要素和重要支撑",这样的作用和效果仍需放大。

(3)有利于深化档案管理模式转变。特里·库克在第十三届国际档案大会的报告中指出:"档案视野在传统上是由一个国家建立的,为这个国家服务,作为该国统治结构和机构文件的组成部分。档案理论因此在国家理论、模式和概念中建立了合法地位。"20世纪后期,公众对档案的认识发生了根本性变化,在普通公民看来,档案不仅要涉及政府的职责和保护公民的个人权利,而且更多地还应为他们提供根源感、身份感、地方感和集体记忆。社会的诸多变化推动了档案管理从传统的"国家范例"向更新的"社会范例"转变。②

20世纪80年代以来,在各种社会因素和社会力量的推动下,我国社会整

---

① [英]安东尼·吉登斯:《社会理论与现代社会学》,社会科学文献出版社2003年版,第171页。

② 国家档案局、中央档案馆编:《第十三届国际档案大会文件报告集》,中国档案出版社1997年版,第152页。

体性转型加剧在此背景下,作为社会建设事业组成部分的档案事业也加快了由国家模式向社会模式的转变,一系列的亲民措施使普通民众感受到档案的"温度"和魅力。在新时期,档案事业发展进一步融入百姓生活、融入民生建设、融入社会管理,将有利于深化档案管理模式转变,推动"档案走向社会新格局"。

3. 融入社会建设需要强化档案部门能力建设

在社会建设加速推进的新时期,"能力"及其建设已成为一个具有时代意义的新概念和新理念。中共中央党校韩庆祥认为:"对能力问题的本质与意义,不能仅仅从日常的意义上去理解,而应从哲学历史观、价值观和方法论意义上来理解,从现代思维方式的角度来理解,从一个国家和社会的发展战略来理解。能力,不仅是一种技能,一种完成活动的本领,更重要的是,它事关国家、民族、社会发展的命运,事关中国社会主义建设的命运,事关中国经济、社会和科技发展的关键。"[①]

档案事业融入社会建设不是一句空洞的口号,而是需要行动,更需要能力。比如,面对重大工程项目、重要活动、重大突发性公共危机事件,档案部门能不能参与其中,发挥作用;面对重大涉及国家主权的事件和危害国家安全的行为,我们能不能提出有力的历史证据予以回击;面对传统记忆的流逝和现代电子记忆的流失,我们能不能积极施为,加以保存保护;面对社会转型、新型城镇化建设、新农村建设、新文化建设,我们能不能提供并展示档案力量、档案魅力等都需要以能力为支撑。社会发展一方面要求档案部门提供更加丰富多样的档案信息,另一方面也要求档案部门承担更多的社会发展责任,融入社会建设之中,从战略高度来强化自身能力建设,这也是我们为什么要在城乡档案记忆工程推进中探讨档案部门能力建设与培育的原因所在。

---

① 韩庆祥、郭立新:《能力建设:当代中国发展新理念》,党建读物出版社2005年版,"后记"。

二、档案部门推进城乡档案记忆
工程的能力需求

　　档案部门在参与乡村记忆保护传承中"大有可为";但是,"可为"是一回事,"能为"或"作为"是另外一回事。"可为"是潜在的、理论性的,它更多与城乡档案记忆工程的功能分析有关;而"能为""作为"则是显在的、现实性的,它更多与档案部门实施城乡档案记忆工程的能力有关。没有相当的能力或本领,再大的"可为"也无法变成实际,再大的优势也无以发挥作用,再多的机遇也不可能抓住。江泽民同志曾指出:"我们的各项工作能否做好,我们能否在激烈的国际竞争中始终掌握主动,我们事业最终能否成功,很大程度上取决于我们党的领导水平和执政能力"。① 党的执政能力是如此,档案部门的建设能力也是如此,这是我们探讨在推进城乡档案记忆工程中档案部门能力需求与建设的重要原因。

　　能力建设既涉及一般的、普遍的能力建设,也涉及具体的、特殊(专业)的能力建设,档案部门推进城乡档案记忆工程所应具备的能力要求及其建设,既要将其放到档案事业发展的整体格局中去思考和探讨,也要将其放到参与社会建设的时代格局中去思考和探讨,这样才能更深刻地理解档案部门的能力需求,也才能更具有针对性地把握档案部门能力建设的重点和方向。

(一)能力建设是档案事业发展的战略性课题

1.能力建设的战略性意义日渐突显

　　党的第十六届四中全会作出的《关于加强党的执政能力建设的决定》,提出在我国改革发展的关键时期大力加强执政能力建设,"这是关系中国社会

---

① 江泽民:《努力提高党的领导水平和执政能力》(2001年5月23日),《论党的建设》,人民出版社2002年版,第484页。

主义事业兴衰成败、关系中华民族前途命运、关系党的生死存亡和国家长治久安的重大战略课题"。① 这一决定让我们认识到必须从战略高度来看待能力建设,并将其作为"重大战略课题"来思考和探讨。

　　传统意义上对能力的理解一般限于个体范畴,大多称为人的"能力培养",但随着社会的发展,"能力"问题已逐步上升到一个组织机构、专业系统乃至国家层面来看待和建设。近十多年来,伴随着党的执政能力建设推进,社会各级各类组织机构都在加强自身的核心能力建设,体现出能力建设正在由战略思维转变为社会的战略行动。

　　在党的十九大报告中,"能力"是一个非常重要的关键词,习近平同志在报告中不仅再次强调党的执政能力和领导水平提高的重要性,同时也多次提出国家治理体系和治理能力现代化的要求,提出在社会主义建设新时代我们需要具备方方面面的能力:创新能力、社会生产能力、战略能力、国家安全能力、党自我净化能力等,充分体现出能力建设在当代国家建设和社会发展中的战略意义。

2. 能力建设在档案事业发展中的关键作用

　　长期以来,档案领域赋予档案和档案工作丰富而又深刻的社会意义。有学者认为档案是一种生产力,"档案力"是"一种推动社会发展的重要力量"②;也有学者提出档案信息资源在国家经济和社会发展中具有综合贡献力,这种贡献力突出表现在国家利益的捍卫力、经济发展的拉动力、社会进步的保障力、科技创新和文化繁荣的促进力。③ 同样,我们也一再强调"档案工作是维护党和国家历史真实面貌的重要事业,是党和国家各项建设事业必不

---

　　①　《中共中央关于加强党的执政能力建设的决定》,2004 年 9 月 19 日中国共产党第十六届中央委员会第四次全体会议通过。

　　②　丁海斌:《档案力——由档案与社会可持续发展问题想到的》,《档案学研究文集》,辽宁大学出版社 2004 年版,第 75—77 页。

　　③　冯惠玲:《档案信息资源在国家经济和社会发展中的综合贡献力》,《档案学研究》2006年第 3 期。

可少的环节";"档案管理是维护社会良性运行的基础性管理工作"。但是档案工作领域和工作部门是否具备充分发挥"档案力"或档案"综合贡献力"的本领和能力,能否真正起到维护党和国家的历史真实面貌,能否有效发挥维护社会协调和良性运行的作用,不能不说是我们必须认真对待和思考的根本问题。吴宝康曾指出:"档案工作必须为国民经济和社会发展作出贡献,这是检验档案工作效果的根本标志。"①而能否作出贡献,作出多大贡献,关键还是要看能力。

3.面对时代新问题需要强化档案能力建设

在社会加速发展、社会环境复杂多变的时代,档案部门(领域)的能力问题越来越成为考验档案事业能否健康顺利发展的挑战性问题。面对信息技术的革命和电子文件的大量生成,档案领域有没有能力将人类生产的新形态档案资源进行有效地保存保护,有没有能力建立电子文件时代档案管理的新秩序;面对钓鱼岛争端、黄岩岛争端等国内外事件,档案部门能不能及时"亮剑",提出有力证据,捍卫国家主权,维护国家领土完整;面对文化强国、文化强省战略的推进实施,档案部门能不能充分发挥档案(馆)"文化基因库"的功能,能不能在文化发展繁荣中有高度、有亮度、有深度、有长度、有温度地输送文化能量;面对洪水、地震、泥石流等重大自然灾害和"SARS 危机""天津港大爆炸"等类似突发性公共危机事件,档案部门能不能在第一时间为抗灾救灾提供有效的档案材料,能不能在灾后重建中发挥积极作用;面对"国家治理体系和治理能力现代化",档案部门能不能有效地建立起"覆盖人民群众的档案资源体系",建立起"服务人民群众的档案利用体系";面对城镇化建设和新农村建设、乡村振兴战略的快速推进,档案部门能不能及时有效地保护传承乡村记忆……都是对档案事业发展的时代考验,需要我们从战略层面来思考自身的能力建设。

---

① 吴宝康主编:《档案学概论》,中国人民大学出版社 1988 年版,第 105 页。

近年来国家档案行政管理部门也越来越意识到能力建设在事业发展中的重要性，通过不同形式提出并加强档案能力建设。在《全国档案事业发展"十三五"规划纲要》中，将"深入推进'三个体系'建设，加快完善档案治理体系、提升档案治理能力，为夺取全面建成小康社会决胜阶段的伟大胜利作出积极贡献"作为全国档案事业发展的指导思想，这是对档案事业发展面临时代新问题的回应和从战略层面思考能力建设的反映。当然，我们也欣喜地看到，档案领域能力建设和管理水平正在逐步提高，在国家建设和社会发展中发挥着重要作用。

（二）档案部门推进城乡档案记忆工程需要特殊能力

能力有不同的内涵，能力建设有不同的要求和方向。档案部门在城乡档案记忆工程推进中需要什么样的能力，需要我们做先行的阐释和分析。

1. 能力及其建设的内涵与特点

能力是人（包含个体和群体主体）的"综合素质在现实行动中表现出来的实际本领和能量"[①]，是具有复杂结构的各种品质的总和。尤金·巴达赫在阐释跨部门合作能力时，对"能力"概念有一个富有启发性的说明。他认为"能力"这一概念有许多优点：第一，它是发展性的，在其发展过程中会遵循一定的规律；第二，它具有普遍适用性，具体要求取决于（组织）所涉及的任务、追求的目标；第三，它具有灵活性，可以进行相互的调整和补充；第四，它是一个有用的分析概念，借助它可以更好地理解跨组织系统中的权威；第五，它隐含着"量"和"质"两个方面，关系到行动（合作）的质量和生产力。[②]

正是由于能力是一个发展性概念，所以人们谈到能力时总是将能力需求

---

① 韩庆祥、郭立新：《能力建设：当代中国发展新理念》，党建读物出版社2005年版，第82页。

② ［美］尤金·巴达赫：《跨部门合作：管理"巧匠"的理论与实践》，周志忍、张弦译，北京大学出版社2011年版，第16—17页。

与能力提高、能力建设、能力培育联系在一起；也正是由于能力具有普遍性、多元构成性，所以对能力需求、能力建设的探讨总是要放到特定的任务和目标中去思考。当然，作为一个分析性概念，它关系到人们行动的质量、生产力及其组织的权威性，也有利于我们理解能力建设的价值和意义。

韩庆祥认为，能力从内容看主要包括一般能力和特殊能力。一般能力是人的体力、智力、德力、审美力和实践操作能力；特殊能力是从事某种专业活动所必需的多种能力有机结合成的专业才能，以及人为社会奉献的创造能力。[①]因此，我们可以说，能力需求和能力建设总是"具有一定的针对性"[②]，根据不同专业领域、不同工作内容、不同时代，有不同的需求。

2. 档案领域对能力建设的探讨与推动

在档案学的研究和实际工作中，档案领域多将能力建设聚焦于"档案服务能力"，并对此进行了积极的探讨和推动。如丁华东将"档案服务能力"作为档案工作的核心能力，从档案事业发展战略角度提出档案服务能力建设的八个重点方向：国家权利的保障能力、国家资源的保护能力、重大活动和工程的支持能力、突发性公共危机事件的应急救援能力、关怀民众生活的服务能力、历史变迁的反映能力、社会记忆的建构能力、新文化的塑造能力。[③] 2017年4月8日，中国档案学会与浙江省档案学会在杭州联合举办档案公共服务能力建设学术研讨会，中国档案学会、中国人民大学、中国第一历史档案馆、第二历史档案馆、浙江省档案局等多家单位领导、专家、学者参加，与会代表围绕档案公共服务现状与存在问题，档案公共服务内涵、外延、意义和作用，新形势下档案公共服务要求与方向等问题展开研讨，会议认为"推进档案公共服务是档案部门践行以人民为中心的发展思想的重要举措，是新时期各

---

① 韩庆祥、郭立新：《能力建设：当代中国发展新理念》，党建读物出版社2005年版，第79页。

② 杨明亮：《能力建设：一个具有重要意义的新概念》，《中国卫生法制》2006年第2期。

③ 丁华东：《档案服务能力建设——档案事业发展的战略选择》，《中国档案》2010年第2期。

档案馆的新课题";要"进一步提高对档案公共服务能力建设重要性和紧迫性的认识"①。

随着档案事业和社会发展新变化,近年来档案领域对能力建设的关注出现一些新动态:一是强调档案工作融入社会建设的能力。如青岛市提出了"档案工作要服务于和谐社会建设"②;重庆毕节区强调"档案工作要融入到经济社会建设当中"③。二是提出并推进档案治理能力建设。2016年的全国档案局长馆长会议上,国家档案局李明华在工作报告中将"以服务党和国家大局为工作主线,突出档案服务和治理两种能力建设,着力抓好重点工作,统筹推进档案规范化和信息化建设,改革创新,稳中求进"作为2017年工作的总体要求,加以推进。④ 三是部分学者提出档案部门参与社会记忆传承建构的能力建设。

能力建设与事业发展密不可分,事业发展是能力提高的反映和体现,而能力建设是引领、推进事业发展的重要举措。分析档案事业发展的新情况新问题,提出新的能力要求及其建设方向,将会更有利于发挥长处、补足短板,以自觉的意识推进事业快速适应和加速发展,这是探讨能力需求和能力建设的出发点。

3. 档案部门推进城乡档案记忆工程需要特定能力

城乡档案记忆工程是档案部门组织开展的一项旨在保护传承乡村记忆的特殊行动,是一项具有专门性、专业性的社会行动,需要档案部门具备特定的能力要求。这种能力需求我们可以从以下三方面加以分析并综合把握。

第一,作为档案事业发展的一项行动,它需要具备档案管理、档案工作领

---

① 《档案公共服务能力建设学术研讨会在杭州召开》,《中国档案报》2017年5月8日。

② 张玉、于斌:《全市档案工作会议提出——档案工作要服务于和谐社会建设》,《青岛日报》2007年1月20日。

③ 魏玲:《全区档案工作会议要求——档案工作要融入到经济社会建设当中》,《毕节日报》2010年2月2日。

④ 李明华:《在全国档案局长馆长会议上的工作报告》,2016年12月23日。

域的基本能力,如档案记忆资源收集集成能力、整理加工能力、保存保护能力、开发利用能力等。城乡档案记忆工程能不能姓"档",关键要看我们这些基础知识和能力的运用。档案专业领域应具备的基础能力或核心能力,在我们大学本科、研究生的人才培养计划和档案干部继续教育培养方案中有较为细致和全面的表述,是我们档案教育长期培养的能力,也是档案学专业的优势。

第二,作为社会工程的一种形式,它需要具备社会工程方面的组织、协调、实施能力。城乡档案记忆工程能不能有序、协调地开展,与这些社会工程组织运行方面的知识、能力有关。这些能力是当前工程哲学、社会工程学和项目管理学等领域关注和研究的。

第三,作为乡村记忆保护传承的一种行动,它需要具备社会记忆(历史记忆、文化记忆)传承、建构、控制、保护等方面的知识和能力,如历史事件的展现能力、历史问题的证明能力、对历史的批判能力、汲取思想动力的能力、社会记忆内容与意义再生产能力等。这些能力关系到我们能不能保护传承符合历史、让民众满意的社会记忆,这也是社会记忆、文化保护领域所重点关注和探讨的。

综合以上三方面分析,同时结合城乡档案记忆工程的实施内涵和推进机制,我们认为档案部门在推进城乡档案记忆工程建设中需要重点强化六种能力建设:即社会发展的研判把握能力、记忆工程的组织运行能力、社会力量的动员协调能力、记忆资源的积聚掌控能力、记忆工程的创新服务能力、乡愁记忆的情感满足能力。

(三)档案部门推进城乡档案记忆工程需求的重点能力分析

1. 社会发展的研判把握能力

城乡档案记忆工程作为档案部门融入、参与社会建设的行动,要在整体的社会建设活动中准确把握定位、找好切入点,持续推进工程向深度广度发展,而不是"东打一枪、西放一炮",这就需要具有一种对社会发展预测研判的能力和本领,能准确掌握社会建设发展的趋势、重点,并积极思考档案部门与社会建设对接的方式、举措、策略、要求、作用、风险等,这种能力我们可以称为"社会发展的研判把握能力",或者社会发展的预测分析能力,它有助于我们抓住社会发展所带来的机遇,发挥档案部门的优势,"有勇有谋"地融入社会建设中去。

在城乡档案记忆工程推进中,档案部门对社会发展研判把握的能力具体包括三方面:一是对社会发展的感知能力,能够看清社会发展大势,以及当前国家或地方政府的工作重点,明确社会发展方向;二是对参与社会建设的判断能力,即在这样的发展大趋势中,档案部门在哪些方面"可为",哪些方面"能为",以便找准方位;三是与社会建设的对接能力,即档案部门采取哪些方式和措施,融入社会建设中去,以便积极地发挥现实作用。对社会发展的研判把握能力是档案部门参与社会记忆保护传承的动力来源或动力机制。试想如果当年青岛市档案局没有对城市发展趋势的分析判断能力,没有在城市建设中准确把握档案部门发挥作用的能力,就不可能率先发起实施青岛城市记忆工程;同样道理,也正是由于浙江省档案部门具有准确研判把握浙江文化大省、文化强省行动导向的能力,才能有机地将乡村记忆工程融入乡村文化礼堂建设之中,"以打造具有档案特色的乡村记忆示范基地为切入点,积极参与这项大局性工程,全力助推农村文化礼堂建设热潮,取得明显成效"。① 我们经常说要主动参与社会各项事业建设,而主动参与的基础和前提就是要能够对社会发展作出准确的研判和把握。

2. 记忆工程的组织运行能力

城乡档案记忆工程与其他自然工程或社会工程一样,都是有目的、有计划、有组织的社会行动(活动)。记忆工程首先是一种持续开展的过程性行动,包括工程的启动、计划、实施、监控,甚至还包括收尾;其次,它涉及各种要

---

① 《浙江省档案局简报》(第2期),浙江省档案局编,2014年3月7日。

素的集合,包括各种人财物的调配、记忆资源的采集与开发展演等;再次,它还必须是有规则地运行。作为一种行动、一个项目,档案部门在组织实施城乡档案记忆工程过程中需要具备一定的组织运行能力,或者说运行管理能力,包括工程的策划、设计、决策、组织等能力,工程的人财物保障能力,工程规则和标准的制定实施能力,工程的质量监控能力,工程的风险防控能力,等等。工程的组织运行能力是任何一项工程(项目)都必须具备的一般能力要求,它不仅关系到工程的有效组织和实施,更关系到工程的质量和效益,是工程实施成败的关键。

在城乡档案记忆工程的推进中,有些地区能够对记忆工程进行精心组织实施,保证工程的有序开展,效果显著;而有些地方虽然也提出城乡档案记忆工程,但实施力度不够,实施内容有限、实施抓手不多,"雷声大、雨点小",在一定程度上成了"样子工程",究其原因,可能是由于各种条件因素的限制,但关键还在于档案部门对档案记忆工程的组织运行能力显得薄弱。

城乡档案记忆工程的组织运行能力涉及两个层面:一是宏观层面,是国家和省市级档案行政管理部门对城乡档案记忆工程的整体规划和推进能力,包括顶层设计、组织制度、标准规范等,关系到档案记忆工程能否在全国或全省(市)范围内有序推广;二是微观层面,是各地在实施城乡档案记忆工程中的具体规划、组织和推进能力,关系到档案记忆工程实施的顺畅程度和效果。强调档案部门的组织运行能力,既可以推进城乡档案记忆工程在更大范围和更深层次上的有序开展,也可以有效地降低成本、防范风险;同时通过组织能力的改进提高,可以倒逼档案领域改革,推进档案工作体制机制能够更好地顺应时代发展的需要。目前,两个层面的能力我们都还有待加强。

3. 社会力量的协调动员能力

如果说档案部门的组织运行能力是推进城乡档案记忆工程建设的内在能力,那么,对社会力量的协调动员能力则是一种外在能力。档案记忆工程总是在一定的社会之中,是社会整体环境的一部分,需要与各方面发生关联,产生多方面影响,档案部门能不能有效地与其他部门实施合作,联手打造记忆工程;能不能动员社会民众力量的广泛参与,形成记忆工程的良好氛围;能不能与相关部门及时沟通,获得必要的人财物支持,总之能不能形成有效的社会支持机制,也是档案部门能否持续推进城乡档案记忆工程的关键性能力之一。社会力量协调动员能力具体可以包括社会动员、协调、合作、沟通、风险监控等能力。

尤金·巴达赫在《跨部门合作——管理"巧匠"的理论与实践》一书的最后,特别谈到"建设跨部门合作能力",他认为"创造价值的合作之所以没有发生,一个重要的原因是合作本身是一项艰巨的任务,比表面看起来要复杂得多。它涉及协调观念和专业意识";"论及'协同工作'的行动时,我倾向于把它视为更具挑战性的创造性活动,即建设跨部门合作能力(ICC)。这样一种虚拟组织(或一些理论家所称的网络)甚至会拥有有形资源,如人员和资金;当其运行顺畅时,跨部门合作还会获得无形资源,如致力于同一任务的个人之间的相互理解,合作的意向或愿望";"幸运的是,由于许多人已经充分意识到,用后官僚制或重塑政府方式管理政府事务具有明显的优势,建设跨部门合作能力所需的创造性在今天比以往任何时候都有可能"。① 将巴达赫的"跨部门合作能力"稍作宽泛解释,我们就能够理解社会力量协调动员的重要性和意义。传统上档案部门的社会力量协调动员能力相比其他部门而言,由于社会资源的局限,我们还是一块"短板",近年来随着"三个体系建设"的推进,与社会各方面的联系合作得到一定加强,在城乡档案记忆工程建设中仍需要根据新任务、新特点、新需求加以持续强化。

4.记忆资源的积聚掌控能力

城乡档案记忆工程是在乡村历史文化资源遭受城镇化猛烈冲击而面临严

---

① ［美］尤金·巴达赫:《跨部门合作:管理"巧匠"的理论与实践》,周志忍、张弦译,北京大学出版社2011年版,第234—235页。

重破坏和流失的时代背景下开展的,档案部门实施城乡档案记忆工程的目的和手段就是通过拍摄、采集、归档等方式,将乡村历史文化资源转化为乡村记忆资源,为子孙后代留下能够理解自身根源的乡村历史记忆。正如冯惠玲所言,人类社会已经丢失了许多弥足珍贵的记忆,现代档案工作者没有理由再加重这种遗憾,我们需要以独特的专业方式为乡村记忆保护传承作出应有的贡献。因此,对乡村记忆资源的积聚控制是档案部门的第一要务,我们曾将其作为城乡档案记忆工程的首要战略。

档案部门对记忆资源的积聚掌控能力包括对乡村记忆资源的收集(征集、采集、拍摄、归档)抢救能力、整合集成能力、保管保护能力等。对档案资源的收集管理能力是档案部门的传统能力和基本经验,但在乡村加速城镇化的变迁过程中,乡村记忆资源并非传统的归档管理,而是要主动收集,存在诸多新形势和新特点:一是面临高风险高破坏,众多记忆资源正处于“濒危”状态或随着乡村改造而流失,抢救形势严峻;二是乡村记忆资源抢救量大面广,不是一地一时一物现象,而是带有一定普遍性的社会问题,抢救任务重、压力大;三是乡村记忆资源形态多样,需要采取不同的手段、方式加以收集和保管,难度增大,要求提高。面对正在流失的方言,我们能不能有效地采集留存;面对濒危的古建筑,我们能不能拍摄留影;面对即将走向生命终点的老人,我们能不能让他(她)们把往事留住;面对即将消失的村庄,我们能不能为它们“建档”留存;再有,面对各种收集来的记忆资源我们能不能有效地集成管理等等,都在考验着档案部门的能力。相对于传统的收集管理能力,我们在此更强调其积聚掌控能力,是对即将流逝记忆的掌控,也是对记忆资源累积的掌控。在新时期,对乡村记忆资源的积聚掌控能力也是档案部门档案资源体系建设能力的组成部分。

5.记忆资源的开发展演能力

在城乡档案记忆工程推进机制分析中,我们将乡村记忆资源的开发与展演作为两种不同机制加以剖析,旨在对记忆工程推进机制有更细致的观察和阐释；从档案部门的能力需求看，我们可以将其合称为记忆资源的开发展演能力，因为展演是开发的延伸，两者都关涉到乡村记忆资源的发掘、加工、展示和传达，是乡村记忆由隐性走向显性、由存储记忆转化为功能记忆的活化过程。

档案部门对记忆资源的开发展演能力包括对记忆资源的开发加工能力、乡村故事（历史）的叙事表达能力、乡村记忆的建构展演能力，以及对乡村历史、乡村文化、乡村变迁的反映能力等。前文我们将乡村记忆开发定位为"讲好乡村故事"，那么档案部门能不能把乡村故事叙述好，讲得生动、有历史感和亲和力，使记忆"重获光明和重新开始生命运动"；能不能把乡村记忆材料有效组织加工起来，通过多元叙事形式、现代传媒渠道有效地加以表达与传达；能不能建设乡村记忆场馆，让乡村记忆得以长久地展示和形象再现等，都需要档案部门在传统档案文献编纂能力、档案信息资源开发能力的基础上继续加以提升，以适应新环境下乡村记忆传达展现的需要。

乡村记忆的开发展演是乡村记忆建构、乡村记忆传承、乡村记忆再生产的表现形式，也是乡村记忆能量释放的形式。如果我们将乡村记忆资源的积聚掌控能力喻为记忆能量的采集储备能力，那么对记忆资源的开发展演能力就是对乡村记忆能量的释放能力，这种能力越大，说明乡村记忆资源这一"富矿"就越是可以得到有效"筛选""冶炼""加工"，越是能"制造"出具有"历史穿透力的产品"。

6. 乡愁记忆的情感满足能力

"实绩"是人能力高低的体现和确证。如果我们把上述五种能力理解为档案部门驾驭城乡档案记忆工程的本领，那么，乡愁记忆的情感满足能力则是旨在强调城乡档案记忆工程所要（能）达到的现实效果的能力需求，对乡愁情感的满足程度和满足水平是衡量城乡档案记忆工程的重要能力指标。

城乡档案记忆工程因乡愁记忆的需要而产生，其目的就是要纾解人们的乡愁眷念，增强人们的根源感、地方感、身份感和认同感，知道生我养我的这块土地的"前世今生"与"父老乡亲",从而获得继续前行的动力、勇气和能量。乡愁记忆的情感满足能力不仅表现为对乡村民众生产生活的表现力和反映力,这是在驾驭能力基础上的结果;更重要的是要表现为对乡村情感的传达力、思想的汲取力和文化的创造力,传送出对乡村"美"的赞誉、"爱"的高扬、思想的力量和历史的情怀。纪录片《记住乡愁》之所以获得巨大成功,就是以其感人的力量"勾起了我们的乡愁,勾起了深蕴于我们心灵深处和集体无意识中的那份记忆,也激起我们对这片可以栖居的大地的热爱"(中国美术馆馆长、南京大学教授吴为山语);"把蕴含在乡情乡愁中的文化基因,传承千年、跨越时空的历史文脉,情理交融、引人入胜地讲了出来,既入眼入耳,更入脑走心"(北京师范大学教授康震语)①。乡愁眷念深深扎根在土地上,浸润在传统文化里,埋藏在每个人的心目中,如何润物无声地表达传递出来,满足我们对"乡愁"的呼唤,档案部门有很多好的做法、经验和成果,但仍需追求更高的水准和更强大的力量。

三、档案部门推进城乡档案
记忆工程的能力培育

能力建设是"通过教育、培养、使用、激励等途径,开发人的潜能,提高人的素质,充分调动人的积极性,以增强人们认识、改造自然和社会的能力";其实质"就是对能力人的培育和对人的能力充分正确发挥所赖以进行的社会条件的创造"。② 因此,能力建设是一个能力培养、提高和发展的过程,一个"能力培育"的过程,是过程性与时代性、整体性与目的性的统一。一方面,无论是作为现实个体的人,还是作为历史个体的人,能力都是一个不断发展、不断提高的过程,能力培育不可能"一蹴而就",也不具有历史的终点,"人的能力

---

① 陈灿、陈苑:《文人学者谈〈记住乡愁〉,称其激发文化自信》,《人民日报》2016 年 3 月 8 日。

② 韩庆祥:《"能力建设":一项迎接时代挑战的宏伟工程》,《教学与研究》2002 年第 3 期。

是随着时代的发展而发展变化的,时代观决定人才观,人才观决定能力观"①,体现出过程性与时代性的统一。另一方面,能力是人综合素质行为外化的表现,能力培育需要从综合素质培养入手,不可能"单打一";但能力培育又不可能"面面俱到",需要根据现实的追求和目标有所侧重、有所倾斜,是一个有方向、有目的的过程,体现出整体性与目的性的统一。在思考城乡档案记忆工程推进中档案部门能力培育的方式与路径时,我们既要将其放到档案事业发展中,从过程性和整体性上加以分析把握;更要将其放到档案部门参与社会建设行动中,从时代性和目的性上加以分析把握,突出能力培育方式和路径的方向性。

（一）强化档案行政部门引领

"社会组织取得能力建设方面的成效,必须得到组织中高层领导的支持和重视。要想全面提高员工的能力从而提高整个机构的能力,不仅应改进技能,而且还应改进成员的态度和知识。"②档案行政部门(或称"档案行政管理部门""档案行政管理机构"),特别是省级以上档案局(包括国家档案局和各省、自治区、直辖市档案局)对全国或本地区范围内的档案工作负有监督、检查、指导等职责,需要对全国或本省(自治区、直辖市)范围内的档案工作进行统筹规划、组织协调、统一制度、监督指导,推动档案事业发展。对于档案部门的能力建设,既是各级档案行政管理部门的工作任务和工作内容,也是当前档案工作发展方向和工作重点,需要将其纳入档案事业发展的整体布局中,引领带动,强化"内功"。

1. 思想认识引领

档案行政部门是档案事业发展的"火车头""领跑者","火车快不快,全靠

---

① 韩庆祥、郭立新:《能力建设:当代中国发展新理念》,党建读物出版社 2005 年版,第114页。

② 马庆钰等:《社会组织能力建设》,中国社会出版社 2011 年版,第 15 页。

车头带"。火车头不仅解决动力问题,也关系到方向问题。档案行政部门特别是高层部门、高层管理者,一方面,要认识到当前档案事业发展面临的新情况新问题,认识到档案能力建设在档案事业发展中的战略地位;另一方面,也需要认识到档案部门参与社会建设、推进城乡档案记忆工程的时代价值和社会意义,将两者结合起来,思考档案部门内在主体力量提升问题,既能以档案事业发展(整体能力建设)推进城乡档案记忆工程、推进档案部门融入社会建设,又能以城乡档案记忆工程(重点能力建设)促进档案事业发展、促进社会融入。

在思想认识上有两点值得我们重视:一是拓展档案服务理念,将档案服务观引入服务社会建设整体发展中去,树立"大服务"意识,认识到档案工作不仅仅只是提供归档管理和信息利用服务,还需要在社会建设中把握机遇,及时"补位""抢位""占位",展示档案部门的实力、形象和智慧。二是要以党的十九大精神和习近平新时代中国特色社会主义思想为引领,深刻领会社会基本矛盾转变对档案事业发展提出的新形势和要求,深入思考档案事业在决胜全面建成小康社会的伟大斗争、伟大工程、伟大事业、伟大梦想征程中的作用和贡献,向各级(各类)档案部门和档案人员传达传递正能量,增强时代建设的使命感和责任感,"凝聚起同心共筑中国梦的磅礴力量"。

2. 政策规划引领

政策侧重对档案事业发展进行宏观控制和引导,而规划侧重对档案事业发展进行统筹计划和安排。政策和规划相互融合,共同发挥对档案事业发展的引领、管理、推动作用。政策与规划既是档案部门能力的体现,也是能力培育的推进措施。一项开创性工作的铺开和推进,首先要出台相关的政策和规划,我们能不能根据形势发展的要求和档案工作的实际,及时出台政策明晰、规划合理、具体可行、相辅相成的政策规划,是考验我们行动能力、决策能力的重要方面;同样,档案行政管理层面一项好的政策、好的规划,也会对各地区各单位工作推开、能力提升起到强有力的促进作用。

在城乡记忆工程建设的推进中,山东省文化厅等部门已结合乡村文化遗产保护、古村落保护、城乡规划等,制定形成多项"乡村记忆"工程政策,研制汇编出《山东省"乡村记忆"工程政策法规选编》,相比而言,档案部门在这方面还显得不够,需要我们加强政策规划的引领。一是要将《全国档案事业发展"十三五"规划纲要》中鼓励开展"国家记忆""城市(乡村)记忆工程"落到实处,制定出具体的鼓励政策,出台具体的行动计划,使各地开展城乡档案记忆工程有明确导向和行动纲领;二是国家和省(自治区、直辖市)档案行政管理部门需要增强对社会发展形势的研判,把握方向和大局,及时出台与社会建设对接的政策规划,"以上率下",增强对档案记忆工程的规划与组织运行能力;三是鼓励各地档案部门"先行先试",创新融入社会建设的对接方式,提高参与社会建设的对接能力。

3.舆论宣传引领

舆论宣传具有政策引导功能。舆论宣传在能力建设中具有重要意义,王煜章在探讨党的执政能力建设时曾指出:"舆论引导贯穿党的执政能力建设的各个方面,是全面推进党的建设新的伟大工程的有力武器。"[①]

在城乡档案记忆工程推进中,档案部门的能力培育也需要利用舆论宣传这一"有力武器",一要加大对乡村记忆保护传承社会意义与档案部门历史责任的宣传,让广大档案工作者认识到乡村记忆保护传承是自身使命,增强参与乡村记忆保护传承的自觉意识;二要加大对城乡档案记忆工程推进情况、推进成效的宣传报道,表明档案行政部门的态度,形成正确的舆论导向,引导社会支持和参与;三要加大城乡档案记忆工程推进经验的报道交流,促进各方学习借鉴。城乡档案记忆工程宣传报道不能"一阵风",而要持续跟踪、持续"发热"。

---

① 王煜章:《充分认识舆论宣传在执政能力建设中的重要作用》,《党的建设》2004年第12期。

（二）提高社会建设参与力度

能力培育有多种方式、多种途径，包括教育培训、自我学习、交流考察、实践锻炼等，其中根本的方式与途径是实践锻炼。俗话说"学游泳要到游泳池里去学"，意思就是只有进行实际操练，才能真正学会游泳。在干部培养中我们的惯常做法就是给年轻干部"压担子"，即将年轻干部放到关键岗位，给他们实际锻炼，让他们承担"超能力"的工作，调动其积极性、主动性和创造性，缩短年轻干部的成长过程；在高校人才培养中，我们也越来越强调学生参与专业实践和社会实践，培养实践能力和综合素质，以提升人才培养质量和水平。在城乡档案记忆工程推进中，档案部门的能力提高也要从参与社会建设的角度加以培育，以干促能、以干增能、以干显能。如一篇评论所言："提升能力，重在实践。只有在履职实践和社会实践中，多学习、多锤炼、多磨砺，才能积累更多的应对和处理问题的经验，增长得心应手做好执行各项方针政策、推进经济社会发展等工作的才干。"①

提高社会建设参与力度，对强化档案部门能力培育具有重要作用。一是增强档案部门对社会发展的感知程度。档案部门及其人员具有一定的封闭性和被动性，长期以来，我们一直将"甘于奉献"作为档案部门的职业操守，要求档案人员"耐得住寂寞、守得住清贫、坐得住'冷板凳'"，甘愿为他人作嫁衣裳。在此职业导向的牵引下，许多档案部门、档案工作者对社会的发展变化感知不明显，往往以一种"事不关自、高高挂起"的心态，专注于自身的日常管理工作，缺乏参与社会建设的动力、活力和能力，给人以清冷的感觉。要改变这种状态，我们需要积极地"走出去"，主动参与社会建设，在社会建设中感知"春江水暖"、感知时代变迁、感知社会需求，从而找准方向、找准定位、找准目标，由默默无闻的"潜性奉献"转向主动参与的"显性奉献"。如城乡档案记忆工程，档案部门主动参与乡村记忆保护传承这一时代重任，我们才能真正感知

---

① 《提升能力重在实践——"能力建设年"活动评论之三》，《湖北日报》2009 年 5 月 22 日。

到新型城镇化、新农村建设(乡村振兴战略)对传统乡村社会的影响,感知到社会对乡愁记忆的渴望,感知到参与乡村记忆保护传承对社会记忆守护、对档案事业发展的深远意义,从而发挥积极作用。二是积累参与社会建设的经验。经验是能力的体现,经验丰富的人,其分析处理问题的能力就越强,解决问题的效果也越好。档案部门参与社会建设需要讲求方式、途径、做法、手段,不同实践环境、不同角色担当需要我们有不同的能力和本领来应对,这些能力从哪里来?这就需要我们积极地参与多层次、多方面的实践,以此积累经验,应对变化。近年来,档案部门通过开展城市记忆工程,积累了保存城市历史原貌、维护城市历史文化底蕴、传承城市文脉和城市精神的经验;通过开展城乡档案记忆工程,为乡村记忆资源的收集、集成管理,为乡村记忆资源开发、展演,为乡村记忆场馆建设等积累了一定的经验;上海档案部门通过开展城市记忆工程,还为参与2010年"上海世博会"这样的重大活动建设提供了实践平台和实践范例。可以说,档案部门在城乡档案记忆工程中的各种能力需求,只有通过参与社会建设,才能最终得到满足。三是促进档案部门的改革创新。实践既是检验我们现有能力是否适应社会发展的标准,同时也是检验我们能力建设成效的标准。通过长期建设积累的能力是否符合社会发展的需要,能否应对社会变化的挑战;通过有目的的能力建设培育提高的能力是否起到应有的效果,都需要档案部门通过参与社会建设来检验。在实践检验中发现我们工作能力的不足,发现与社会不相适应的地方,才能为档案部门改革创新找到突破点、切入点和增长点,才能"痛下决心",迎难而上,以新的思维谋划事业发展,"增益其所不能"。韩庆祥指出:"中国共产党人从自己的切身实践中悟出一个真理:实践的公式高于书本的公式,应注重去研究由人民群众的实践生活所创立的生气勃勃的社会主义,应根据生活经验来认识正在建设的现实的社会主义,应根据新的实践不断纠正过时的结论,勇于突破原来的认识水平,从而不断作出新的结论。"①实践是管理创新的动力和源泉,也是能力培育的动

---

① 韩庆祥、郭立新:《能力建设:当代中国发展新理念》,党建读物出版社2005年版,第95页。

力和基础。

党的十九大提出统筹推进"五位一体"总体布局,协调推进"四个全面"战略布局,开启决胜全面建成小康社会、全面建设社会主义现代化国家新征程,为档案部门参与社会建设提供了广阔空间和时代机遇。档案部门需要紧紧围绕党和国家工作大局,积极参与社会民生工程、文化保护工程、重点建设项目、重大活动项目、重点中心工作,积极融入国家信息化发展战略、乡村振兴战略、新型城镇化战略、文化强国战略、科教兴国战略……在参与社会建设和社会发展中提升能力、培育才干,推动档案工作走向社会新格局。

(三)完善档案管理体制机制

管理体制是指管理系统的结构和组成方式,管理机制则是指管理系统运行中各要素之间相互作用的过程和方式。"管理体制机制"的内涵往往具有一定宽泛性,涉及组织机构或工作系统的构成及其运行各方面,是一个不断完善、不断发展的过程,也是人们探索改革创新的着力点和重要抓手。破除各方面体制机制弊端,建立与社会发展相适应的更为完善的体制机制,永远是人们改革中追求的目标和任务。完善档案管理体制机制关系到档案事业整体能力建设,也是推进城乡档案记忆工程建设能力培育的重要基础。《关于加强和改进新形势下档案工作的意见》(中办发〔2014〕15号)中,首要一条就是"完善档案工作体制机制",并为此提出五点意见:坚持统一领导、分级管理原则;切实提高档案行政管理部门依法履职能力;扎实推进各级国家综合档案馆建设;建立档案室工作新格局;规范并支持社会力量参与档案事务。① 从参与乡村记忆保护传承、参与社会建设的能力培育角度看,档案部门在管理体制机制方面还可思考完善以下工作。

---

① 中共中央办公厅、国务院办公厅:《关于加强和改进新形势下档案工作的意见》(中办发〔2014〕15号)。

1. 完善档案治理体系

党的十八届三中全会提出"全面深化改革的总目标是完善和发展中国特色社会主义制度,推进国家治理体系和治理能力现代化";党的十九大报告不仅肯定和继承了这一总目标,而且还强调"坚决破除一切不合时宜的思想观念和体制机制弊端","构建系统完备、科学规范、运行有效的制度体系,充分发挥我国社会主义制度优越性"。国家治理体系和治理能力是一个国家制度及其制度执行能力的集中体现,有学者认为"推进国家治理体系和治理能力的现代化,要求我们及时更新治理理念、深入改革治理体制、丰富完善治理体系、努力提高治理能力"。①

《全国档案事业发展"十三五"规划纲要》提出要"深入推进'三个体系'建设,加快完善档案治理体系、提升档案治理能力,为夺取全面建成小康社会决胜阶段的伟大胜利作出积极贡献";到 2020 年,"初步实现以信息化为核心的档案管理现代化,基本建成与全面建成小康社会相适应、有效服务国家治理和'五位一体'建设的档案事业发展体系"。② 现代档案治理体系涉及一系列的体制机制改革和法律法规安排,是一个系统性、前沿性的大课题,有待专门研究。档案部门参与社会建设,可以发现既有治理体系的缺陷,"倒逼"档案治理体系的完善提高;同时,现代档案治理体系建设也将进一步增强档案部门参与社会建设的能力。

2. 建立外部联动机制

田鹏颖指出:"实施社会工程显然不能仅仅依靠单一的、有限的政府资源和行政权能,也不能单纯依靠非政府、非营利的社会服务机构,而需要建立能够有效整合各方面资源,实现政府和非政府(特别是非营利的社会团体)共同

---

① 江必新:《推进国家治理体系和治理能力现代化》,《光明日报》2013 年 11 月 15 日。
② 《全国档案事业发展"十三五"规划纲要》(档发〔2016〕4 号)。

治理的制度安排,需要建立一套有利于非政府组织发育、发展的政策导向和法律规范,以及在社会分工原则下的政府与非政府组织间的合作互动机制。正是在这一背景下,政府与社会之间分工合作的社会体制日益完善。"①

档案部门推进乡村记忆保护传承需要社会支持,参与其他社会建设也需要社会支持。建立外部联动机制,是完善档案管理体制机制的重要内容,也是档案部门培育对社会力量协调动员能力的要求和举措。近年来,档案部门通过鼓励支持社会力量参与档案事务,档案工作的社会基础得到进一步夯实。其中一大批档案中介服务机构(商业性文件中心、档案事务所、档案代保管机构等)的出现,使体制外档案资源得到一定程度的管理,弥补了档案管理体制的不足。在参与社会建设中,档案部门还需要加强同地方政府、地方精英、企业、行业协会、家族,乃至普通民众的联系,多渠道多方式地搭建合作平台,建立有利于参与社会建设的联动机制,使记忆工程(或档案工程)这艘"作战航母"发挥更强大的作用。

3. 培育档案专家队伍

"科学技术是第一生产力","人才资源是第一资源"。改革开放以来,党和国家一直将人才队伍建设放在事业发展首位。江泽民曾指出:"历史和现实都表明,一个政党,一个国家,能不能培养出优秀的领导人才,在很大程度上决定着这个政党、这个国家的兴衰存亡"。② 江泽民的这番话虽然所指对象是中青年领导干部,但对于档案事业发展、档案专业人才队伍建设同样具有指导意义。

档案工作作为社会的一个专业领域,我们既需要一大批德才兼备、视野开阔的档案行政管理干部队伍,更需要一大批懂历史、懂文化、懂社会、懂技术、懂档案的专家队伍。在城乡档案记忆工程推进中,档案部门能否有效地保护

---

① 田鹏颖:《社会工程哲学引论》,人民出版社 2006 年版,第 217 页。
② 江泽民:《论党的建设》,中央文献出版社 2001 年版,第 517 页。

和集聚资源,能否有效地开发和展演乡村记忆,让记忆工程发挥现实效果,很大程度上需要依靠专家队伍来实现。2017年,国家档案局启动全国档案专家选拔工作,2018年选出首批全国档案专家和全国档案领军人才,这是一件具有重要历史意义的大事,需要持续开展,并注重专家队伍的能力提升。

4. 倡导能本管理思想

能本管理是一种以对人的能力管理为核心内容的人本管理,它把能力这种人力资源最重要的成分作为组织发展的推动力量,以实现组织发展的目标及其组织创新。能本管理以能力价值观为导向,要求组织特征、形态和目标能够消除"人情关系""权力本位"和"金钱本位"的影响,积极营建"能力型组织""学习型组织""创造型组织",使组织结构、组织形态、制度设计、运行机制和组织目标等有利于每个人能力的充分发挥,有利于组织的管理创新,使组织"适应持续不断的变化"(德鲁克语)。[1] 能本管理思想对于实现员工的能力价值、推动组织的管理创新、提高组织的社会适应能力具有重要意义,是知识经济时代组织管理的新趋势。在参与社会建设中,档案部门可以通过组织"学习型组织""创造型组织"来满足不同领域建设的能力需求,攻坚克难,推陈出新,保障档案工程的顺利推进。

(四)分享记忆工程建设经验

在中文语境中,经验多指从多次实践中得到的知识或技能。经验的积累过程实际上是锻炼智力和积累知识的过程,一般而言,人们的能力会随着经验的积累而不断增加(当然,片面强调和依赖经验也会导致经验主义,阻碍认识发展)。善于总结经验是我们党历史上最重要的一个优良传统,也是领导全国人民开创中国特色社会主义建设事业的重要法宝。城乡档案记忆工程建设

---

① 参见韩庆祥、郭立新:《能力建设:当代中国发展新理念》,党建读物出版社2005年版,第165—185页。

中,档案部门的能力培育需要注意建设经验的提炼、分享和借鉴。

1.善于提炼总结经验

习近平在主持召开中央全面深化改革领导小组第三十八次会议时强调,要"站在更高起点谋划和推进改革,坚定改革定力,增强改革勇气,总结运用好党的十八大以来形成的改革新经验,再接再厉,久久为功"。① 在城乡档案记忆工程建设实践中,我们有些省市档案部门能够及时总结和宣传记忆工程经验,发表记忆工程探索文章,对推进工程发展起到了积极作用;而有些省市除了记忆工程刚刚开始的几篇网站报道外,就未再看到下文,影响了人们对记忆工程的认识。在课题研究中,我们深切感受到档案实践部门在乡村记忆保护传承方面做了大量工作,但如有些工作人员所言:"工作是做了很多,但都没有很好总结";"我们水平有限,希望你们理论界能帮我们理理"。总结城乡档案记忆工程建设经验,可以深化我们对记忆工程的认识和思考,并由此进一步采取更积极的、更富有成效的行动措施。

2.善于交流分享经验

经验可分为直接经验和间接经验,它们是人们获得知识的两条途径。我们既要强调直接经验的重要性,同时也要认识到间接经验的重要性。间接经验包括前人创造积累的历史经验,也包括同时代人创造的新鲜经验。历史经验我们需要通过学习加以传承,新鲜经验我们更需要通过交流来分享。在城乡档案记忆工程推进中,各地在实践中提炼总结的经验属于我们这个时代创造的新鲜经验,可以通过现场直接交流(参观、考察、访问、挂职锻炼、参与建设等)和非现场间接交流(研讨会、交流会、报告会、文章、报告等)来交流共享。经验的交流分享一方面可以使实践单位了解彼此的建设情况、建设进展、

---

① 《加强领导总结经验运用规律,站在更高起点谋划和推进改革》,《人民日报》2017 年 8 月 30 日。

建设举措、有效做法;另一方面,也可以了解建设中存在的问题和解决的办法,可以取长补短,少走弯路。2007 年 11 月,《中国档案》杂志社和上海市档案局在上海市档案馆外滩新馆举办"档案与城市记忆"论坛,北京、天津、大连、青岛、沈阳、杭州等 14 个城市档案局(馆)负责人和档案学者、上海市部分档案工作者参加了论坛,与会代表交流了各地开展"城市记忆工程"的实践经验,对开展城市记忆工程起到极大的鼓舞和推动作用,与会人员表示"留住城市记忆,我们大有可为"。① 类似的活动在城乡档案记忆工程推进中我们还要总结经验,继续举办。

3.善于借鉴它域经验

在城乡档案记忆工程建设能力培育中,我们要"眼观六路、耳听八方",善于学习借鉴物质文化遗产保护工程、"非遗"保护工程、社会建设工程方面的经验,善于学习借鉴国外记忆工程、文化遗产保护、数字资源建设等方面的经验。敦煌研究院开展的"数字敦煌",运用现代 VR 技术,将传统的文化遗产保护与当代前沿科技完美结合起来,为中国文化遗产保护、传播提供了一种非凡的体验,也为城乡档案记忆数字资源采集组织、数字资源库建设、记忆资源开发展演、数字技术应用等提供了可资参考的经验,其自身也是一项社会记忆工程。瑞士洛桑联邦理工学院佛莱德里克·卡普兰(Frederic Kaplan)教授等发起的"威尼斯时光机",利用人工智能技术,以可视化方式让人们穿越威尼斯千年历史,以前所未有的细节展示欧洲这一文化与商业中心社交网络、贸易和知识在过去几个世纪的沿革演化。"将这些画面和那些看似平凡无奇的商业文书结合起来,这意味着历史学家们可以重建出威尼斯在历史上几乎任何时间点的城市细节。"②档案部门需要善于学习借鉴各方面先进、成功经验,"站

---

① 刘守华:《留住城市记忆,我们大有可为——"档案与城市记忆"论坛综述》,《中国档案》2008 年第 1 期。

② 郁风:《"威尼斯时光机"项目启动——机器学习重现古城历史》,《文汇报》2017 年 8 月 27 日。

在巨人的肩膀上",铸炼参与社会建设的本领,更好地承担起保护人类记忆的使命。

(五)深化档案记忆理论建设

理论研究与能力培育相辅相成。理论研究既是能力培育的内容,也是能力培育的助推器。城乡档案记忆工程"既是将社会记忆理论运用于实践,思考档案实践活动的鲜活案例;又是档案界开展社会记忆传承、建构与控制研究的实践载体,它从实践角度向传统档案学发出了理论挑战和时代呼吁"①。城乡档案记忆工程的广泛开展及其推进重任要求我们进一步加强档案记忆理论研究与建设,发挥理论的指导力和牵引力,以理论深化促进能力提升和实践发展。

一是强化理论思维与理论导向。经过学者的分析提炼,档案记忆观在档案领域已逐步确立,人们逐渐习惯将档案作为一种社会记忆形态并由此重新思考和探讨档案、档案工作、档案事业、档案馆、档案人员、档案行为等问题。但是在档案学研究和档案工作中,有些学者仍在强调档案只是社会记忆的载体,而不是社会记忆"实在";有些学者还停留于档案信息的思维框架,仅将"档案信息"替换为"档案记忆";有些实践部门也还未认识到档案记忆观的实践价值,没有从社会记忆保护传承的角度思考看待档案记忆工程的实施意义,等等,需要我们进一步强化档案记忆观的理论思维和理论导向,充分认识到社会记忆理论的价值关切和理论取向,真正将档案现象放置于社会记忆理论体系中加以思考,深化对相关问题的认识和阐释。

二是拓展研究题域与研究内涵。档案记忆研究以来,研究题域已经有了较大拓展,比如,由档案与社会记忆传承、社会记忆建构向社会记忆控制延伸,由档案记忆资源收集向档案记忆资源开发、展演延伸,由档案记忆属性(质性)向档案记忆能量延伸,由城市记忆工程向乡村记忆工程、数字记忆工程延

---

① 丁华东:《档案与社会记忆研究》,人民出版社 2016 年版,第 395 页。

伸。研究中关注到档案记忆与权力、情感、秩序、国家主权、民族(身份)认同等关系,也注意到档案记忆的真实性、客观性、合法性、公正性等问题。但档案记忆研究题域和研究内涵仍待进一步开拓深化,一方面,诸如档案记忆再生产、档案记忆伦理、档案与国家记忆争夺、档案记忆制度、档案记忆场等新的问题需要我们探讨;另一方面,已开展研究的问题还需深化,还要跟进。我们不能总是停留于"社会记忆视角下的档案资源收集""社会记忆视角下的档案资源开发""社会记忆视角下的档案工作者角色转变"等问题的研究,老问题固然需要新思考,但只有不断拓展题域,丰富思考,才能体现出理论的深度与厚度。

三是吸收社会记忆研究新成果。近年来,社会记忆(集体记忆、历史记忆、文化记忆)研究广受人文社会学科重视,国内外研究成果不断涌现。如前文提到的雅克·勒高夫的《历史与记忆》、阿维夏伊·玛格利特的《记忆的伦理》、扬·阿斯曼的《文化记忆》、阿莱达·阿斯曼的《回忆空间》、皮埃尔·诺拉(主编)的《记忆之场——法国国民意识的文化社会史》等都是新近翻译出版的国外名著,影响很大,而且这种译介的势头有增无减;同时,国内的研究著作和论文也日渐增多,为档案记忆研究提供了丰富的学术和思想资源。档案记忆研究只有在吸收借鉴其他学科理论成果和思想资源的基础上,才能不断丰富发展自己。档案学已经在"记忆"的殿廷中"登堂入室",建立了自己的阵地,但如何巩固和扩大阵地,还需要吸取各方面的智慧。

结　论

　　一百多年前,英国批判现实主义作家狄更斯就以敏锐的眼光揭露和批判工业革命后物欲横流、精神颓废的社会矛盾与社会危机,他说"那是最好的年月,那是最坏的年月;那是智慧的时代,那是愚蠢的时代……我们将拥有一切,我们将一无所有,我们直接上天堂,我们直接下地狱。"①改革开放以来,我国进入经济建设和社会发展的伟大时代,物质生产不断富足,科技进步日新月异,人们享受着越来越优裕便捷的现代文明成果,但同时也存在着一些令人震惊、令人遗憾的不和谐乱象,需要我们时刻警醒。今天,城镇化正"成为一个建构和摧毁同时并存的空间"②,它对乡村记忆的摧残与破坏,让民众承受着丢失家园般的痛苦和怀念。如何对待和保存我们的社会记忆,"不仅映现社会的内在机能,也彰显着时代的精神气质,更预示着未来的前途命运"。③ 在这个伟大时代,我们需要拥抱智慧,摈弃愚蠢,守护传承记忆,让时代更加美好、社会更加美好。我们已经开始努力,我们还要继续前进。

---

①　[英]狄更斯:《双城记》,石永礼、赵文娟译,人民文学出版社 1993 年版,第 1 页。
②　张满锋:《影像城市——20 世纪 80、90 年代中国城市电影研究》,山东大学现当代文学博士学位论文,2008 年。
③　陶宇:《社会记忆的功能反思与研究推进》,《社科纵横》2011 年第 10 期。

一、研究回顾

城乡档案记忆工程推进机制研究是档案记忆理论研究引发的现实性课题,既是对档案记忆理论研究的延伸,也是对乡村记忆保护传承的现实问题、档案记忆工程实践问题的关切和回应。课题研究中,我们以"城乡档案记忆工程"作为研究对象和核心概念,聚焦新型城镇化发展背景下档案部门开展的乡村记忆保护传承行动,运用档案管理、社会记忆、社会工程、文化遗产保护等多学科理论知识,同时吸收借鉴不同层次、不同领域开展的社会记忆工程建设经验和文化遗产保护经验,对城乡档案记忆工程的性质与特点、结构与功能,建设内涵与建设模式,推进的实践基础、现实基础与推进方向等进行全面分析,并重点就城乡档案记忆工程推进的资源集成机制、资源开发机制、记忆展演机制、场馆建设机制、管理运行机制和社会支持机制展开深入探讨,力求做到理论研究与实践探索相结合、解释性研究与施策性研究相结合,探索提出城乡档案记忆工程的推进思考。研究的主要内容如下:

1. 社会记忆工程的全球开展与启示展望。20 世纪 90 年代以来,在联合国教科文组织启动实施的国际性文献遗产保护行动计划——"世界记忆工程"的影响下,国际社会、各国政府及其基层社会都在积极行动,保护传承本国本民族本地区乃至人类记忆,社会记忆工程成为当代全球历史文化保护的重要事项和"靓丽风景"。本书对世界记忆工程及其在全球的影响、各国国家记忆工程与城市记忆工程的开展,以及我国乡村记忆工程的兴起等展开系统全面、点面结合的介绍与总结,从总体上反映社会记忆工程在全球的开展状况,同时了解把握社会记忆工程典型项目的建设内涵和建设特点,为城乡档案记忆工程推进机制研究提供实践基础和分析思考。社会记忆工程的全球开展,体现出人类对记忆遗产的普遍尊重,也反映出推进城乡档案记忆工程符合当今时代的发展趋势。

2. 城乡档案记忆工程推进的现实必要性。城镇化是我国社会发展的转型动力与主旋律,也是理解乡村社会转型变迁的切入点与关键点。本书立足我国国情,以城镇化发展为现实背景,对我国城镇化发展的历史进程、新型城镇化战略实施与发展方向,城镇化对乡村社会转型变迁的加速影响、对传统乡村历史文化的巨大冲击、乡村记忆流逝与民众的乡愁呼唤等进行探析,揭示城镇化建设发展与乡村记忆流失的内在矛盾关系及其解决方向。推进实施城乡档案记忆工程是对城镇化进程中漠视、摧残乡村记忆行为的"纠偏"和"补缺",更是推进"望得见山,看得见水,记得住乡愁"的城镇化、建设具有历史记忆美丽城镇的战略需求,对传承中华文化的基因与文脉、推进实现"以人为本"的城镇化、满足人们对故园情怀的眷念、践行档案部门保护传承社会记忆的使命担当、促进农业农村档案工作发展等都具有重要的现实必要和时代价值。

3. 城乡档案记忆工程的本体阐释与推进方向。城乡档案记忆工程作为档案部门开展的创新实践行动,需要我们对其进行本体论分析和阐释,认识把握工程的性质、功能和推进方向,以便"视其所以,观其所由,察其所安"(《论语·为政》)。本书在梳理总结现有城乡档案记忆工程实践内涵和建设模式的基础上,从社会工程的视角对其性质、结构与功能等进行了探析;并通过与文化遗产保护工程、非物质文化遗产保护工程的比较,揭示城乡档案记忆工程与"文遗"保护工程的互补互促关系以及城乡档案记忆工程存在的现实合理性,为推进机制研究提供理论分析基础。城乡档案记忆工程开展以来,已经产生了显著的现实成效和社会影响,但也存在诸多现实障碍,需要探索建立工程的长效推进机制,推动工程的可持续发展。

4. 城乡档案记忆工程推进的资源集成机制。乡村记忆资源的积聚集成是开展城乡档案记忆工程的首要任务,也是档案部门的突出优势。本书引入"记忆资源"概念,对记忆资源的内涵与本质、思想与理论基础等进行了分析,阐明记忆资源积聚在社会记忆保护传承和城乡档案记忆工程中的作用;通过对乡村记忆资源的构成表现、资源特征与形态转化的分析,阐明乡村记忆资源档案化保护的可行性,说明数字化集成是城乡档案记忆工程中记忆资源集成的重要抓手。城乡档案记忆工程推进中可以通过记忆资源调查、普查、收集、征集、采录、摄录等多种方式,并采取体制完善、主动建档、民众参与、资源多元(化)策略,将乡村记忆资源收集积聚起来,按照分布式实体集成、专题式数字集成、网络式区域共建集成等模式组织乡村记忆资源库,实现对乡村记忆资源的及时抢救和有效掌控,为乡村记忆保护传承和开发展演提供资源基础。

5. 城乡档案记忆工程推进的资源开发机制。记忆资源开发是在社会记忆档案化基础上对记忆信息的提取、加工与复活过程,也是乡村记忆的重建和再生产过程。本书将乡村记忆资源开发的方向定位于乡村叙事——"讲好乡村故事",从叙事学视角,结合运用档案文献编纂学理论,对乡村记忆资源开发的叙事形式、叙事技法、叙事策略等展开论述。乡村记忆资源开发的叙事形式直接表现为记忆资源开发加工所形成的"人工制品",包括资料汇编型、辑要编述型、纪志撰著型、图集音像型等成果形式;叙事技法涉及叙事选题、叙事选材、叙事加工、叙事表述等叙事过程中具体技巧和方法的运用;叙事策略是乡村叙事中在叙事艺术、叙事主体、叙事媒介和叙事品牌方面应体现出的特色和质量要求。乡村记忆资源开发中的乡村叙事需要充分调动乡村文化精英的力量、发挥数字影像的叙事优势,以增强乡村叙事的诗性和美感。

6. 城乡档案记忆工程推进的记忆展演机制。记忆展演是对社会记忆的形象展示、传达和感知,是对社会记忆的唤醒、重温、分享和扩散(传播)行为。城乡档案记忆工程中的记忆展演侧重于对乡村档案及其乡村记忆资源开发成果的展示与传播,通过展演可以促进乡村记忆的"活态"保护传承,增强对乡村记忆的形象感知与情感体验。本书在"档案记忆展演"概念解析基础上,对乡村档案记忆展演的本质、功能、价值进行了阐释,并运用传播学、展示设计等相关知识对城乡档案记忆展演的原则要求、方式途径、策划设计、新媒体策略等进行了探讨。乡村档案记忆展演需要遵循真实性、可达性、艺术性、可持续性、公平性等原则要求,通过书刊印刷、声像影视、数字网络、实体空间、仪式活动等方式和途径进行展演,注重内容、形式、过程、艺术与环境的策划与设计,并充分利用新媒体的展演优势,为城乡共同体提供身份认同和乡愁眷念的文化动能。

7. 城乡档案记忆工程推进的场馆建设机制。乡村记忆场馆是城乡(档案)记忆工程建设中出现的新现象新事物,是人为建构的"记忆之场"。本书运用皮埃尔·诺拉的记忆场理论对乡村记忆场馆的类型、性质、功能等进行了学术探视,对乡村记忆场馆建设的现状进行了实践考察,并对其影响力的提升提出了思考。乡村记忆场馆作为乡村记忆档案史料(包括物品)的收藏展示机构,与档案馆(乡村档案室)、纪念馆、博物馆等在馆藏对象与功能定位上互有差异,它具有乡村记忆存储、乡村记忆展演、生活世界象征、乡村历史叙事、社会变迁反映、乡村文化宣教等功能,旨在保存和传承乡村历史和乡村传统生活方式。乡村记忆场馆建设需要注重历史文化的记录性和表现性,突出历史感知和乡情回顾,通过完善场馆功能、强化日常管理、注重环境创设、展示"场所精神"、深化与旅游融合等方式,提升其影响力。

8. 城乡档案记忆工程推进的管理运行机制。城乡档案记忆工程作为一种有组织、有计划、有目标的社会工程,需要从社会行动角度缜密规划、精心组织、细心实施。本书重点从规划设计、组织建设、制度完善、技术支撑、资金投入五个方面对城乡档案记忆工程推进的管理运行机制进行理解和阐述。其中,规划设计是先导,需要注重合目的性、整体性、前瞻性、可操作性,并注意与城乡发展规划相协调;组织建设是基础,需要强化档案部门的主体地位与主管责任,并建立有效的组织运行规则与工作机制;制度完善是核心,需要整合乡村记忆保护传承的制度资源,并注重档案工作的制度创新,建立有利于推进城乡档案记忆工程的规范建设与良性运行的制度体系;技术支撑是手段,需要融合当代信息技术发展的前沿成果,推进工程建设内涵和模式创新;资金支持是保障,需要争取国家和社会等多方面资金支持,助推工程发展。

9. 城乡档案记忆工程推进的社会支持机制。工程行动总是处于一定的社会环境中,作为系统性工程,既要强调其内部协调运行——管理运行,也要强调其外部协调运行——社会支持。本书运用社会工程的相关研究成果,从利益关联性角度对"工程共同体"进行解析,将档案部门、乡镇社区和村落组织视为工程共同体的直接参与者、建设者,将政府其他部门(除档案部门)、社会机构和组织、乡村居民及其社会公众视为工程共同体中的"其他利益相关者",思考和探讨城乡档案记忆工程不同的社会支持对象与支持重点。其中政府及其他部门主要提供政策支持、社会机构和组织主要提供合作支持、乡村居民主要提供参与支持、社会公众主要提供志愿服务支持,四者分别从不同角度为城乡档案记忆工程提供资源、条件、制度、政策和精神支持,是推动城乡档案记忆工程开展的社会力量。

10. 档案记忆工程推进与档案部门能力建设。档案部门作为城乡档案记忆工程的推进主体和建设主体,能力建设既是工程推进机制的组成部分(能力提升机制),也是推进机制分析与完善的延伸,是工程推进的基础性、支撑性保障。本书将档案部门能力建设放到档案部门融入社会建设时代大局中加以分析和思考,将融入社会建设视为档案事业发展的"新常态",以参与乡村记忆保护传承为具体对象,对档案部门在推进城乡档案记忆工程建设中的能力需求与培育方式进行了探讨。在城乡档案记忆工程推进中,档案部门需要加强社会发展的研判把握、记忆工程的组织运行、社会力量的协调动员、记忆资源的积聚掌控、记忆资源的开发展演、乡愁记忆的情感满足等能力建设,通过强化档案行政部门引领、提高社会建设参与力度、完善档案管理体制机制、分享记忆工程建设经验、深化档案记忆理论建设等途径培育提升。

二、研究创新

本书是在新型城镇化建设的时代背景下探讨和思考城乡档案记忆工程推进问题,具有时代性、现实性、前沿性。研究中,我们以档案管理、社会记忆和社会工程理论为基础,引入新概念、新理论、新视野、新经验对城乡档案记忆工程及其推进机制展开深入系统的学术分析和理论阐释,努力探索提出一些具有创新见解的新观点、新论述、新思考。本书在研究内容、论证分析和观点论述上主要有以下学术创新：

1.构建城乡档案记忆工程推进机制分析体系

如何理解和剖析"推进机制"是本课题研究的立足点，也是关键点，这涉及对"推进"的理解，更涉及对"机制"的理解。一般来说，"推进"是指对事物的运动状态施加影响，使其朝着一定的方向持续加速向前运动；而"机制"则是指特定对象系统各结构要素之间的相互联结、相互制约以及依据特定目标实现整体功能的方式。"机制"分析具有灵活性、动态性和系统性特点，不同领域不同研究对象有不同解析。本书将"推进机制"理解为城乡档案记忆工程建设发展中各种构成与运行要素及其相互间作用关系，以及各要素在推进城乡档案记忆工程建设发展中发挥作用的要求、方式、手段和策略等。结合社会记忆理论和社会工程理论，我们对城乡档案记忆工程推进机制加以解析，将其解构为资源集成机制、资源开发机制、记忆展演机制、场馆建设机制、管理运行机制和社会支持机制六个主要方面。我们认为这六种机制由内而外，既涉及记忆的存储、调取、传达、记忆场建构，也涉及工程的运行（规划设计、组织建设、制度完善、技术支撑、资金投入）和社会（政策支持、部门合作、村民参与、志愿服务）要素，构成较为完整的逻辑分析体系和系统的工程运作过程，能够比较全面地反映城乡档案记忆工程建设发展中各种构成与运行要素间的相互作用关系。用社会拟剧论的观点看，资源集成如戏剧素材，资源开发如剧情编制，记忆展演如戏剧表演，记忆场馆如剧场，组织管理如剧团运作，社会支持如观众与环境，共同组成完整的戏剧演出。本书对城乡档案记忆工程推进机制的整体构建和系统分析在国内外尚属首次。

2.探讨阐释城乡档案记忆工程的基本理论问题

"（城乡）档案记忆工程"作为特定的研究对象和核心概念，在既有的学术研究中多倾向于对其活动背景、目的、内容、价值和手段的探讨，尚缺乏对其进行本体论的理论阐释。课题研究中，我们运用多学科相关理论，在总结城乡档案记忆工程建设内涵和建设模式的基础上,对其性质、结构、功能等基本理论问题及其与文化遗产保护的关系问题进行了深入探讨,为城乡档案记忆工程提供基本的理论认知。我们认为城乡档案记忆工程是由档案部门发起实施的,以乡村记忆资源保护为对象,以乡村记忆档案化管理(集成、开发、展演)为手段,以传承和重建乡村历史文化为旨归的有组织、有计划、有目标的社会行动。城乡档案记忆工程从本质上看是一项旨在保护传承乡村记忆的社会工程,具有文化保护、历史记录、民生关怀的性质。它存在复杂的社会工程系统结构,是由工程主体要素、记忆资源要素、建设条件要素、运行规则要素、社会环境要素等构成的工程统一体,具有社会改造、社会协调、资源聚合、记忆传承、乡愁纾解、经济促进等功能。城乡档案记忆工程与我国开展的文化遗产保护工程、非物质文化遗产相比,在社会工程行动、历史文化遗产保护、社会记忆传承上具有同质性,但在保护对象、保护层次、保护方式等方面具有互补性,同时在保护方法、制度规范、组织建制、学术研究上具有互促性。认识和揭示城乡档案记忆工程的性质、结构、功能及其与“文遗”保护的关系,便于我们将其作为一项独立性的社会工程,充分认识其存在的合理性,更好地把握其推进的要求和方向。

3.深度阐明城乡档案记忆工程推进的现实必要

分析阐明城乡档案记忆工程推进的现实必要,是课题研究的基础和前提,没有现实必要,也不存在所谓推进。今天,大力倡导和推进城乡档案记忆工程,有其深刻的实践基础和社会基础,本书从社会记忆工程在全球范围的延伸开展和新型城镇化战略实施两个方面加以分析和阐释。我们认为,社会记忆工程从国际社会延伸到中国乡村(这部分内容原可以安排在第三章,即城乡档案记忆工程建设内涵与建设模式前,作为实践进展来分析;但为了能够更全面更系统地体现社会记忆工程的普遍性和深刻性,特意单独开辟为一章加以考察)说明社会记忆工程不是某种偶然的社会现象和社会行动,它反映出人类在当今社会的共同理念和共同诉求,透视出全球范围内人类对记忆遗产的普遍尊重,也体现出推进社会记忆工程建设是当今人类社会发展的必然趋势。另一方面,新型城镇化战略的实施,是对传统扩张型城镇化损毁乡村记忆的矫正,更是对保护传承乡村记忆、建设具有历史记忆美丽城镇提出时代要求。档案部门作为社会记忆的守护者和传承者,在我国部分省市启动实施的乡村记忆工程中,已经充分展示出自身的历史担当和专业优势,在乡村记忆资源保护传承、档案工作影响力提升等方面发挥出积极作用。在新的社会背景下,我们有理由也有必要继续完善城乡档案记忆工程推进机制,充分利用这一"作战平台",在乡村记忆保护和新型城镇化建设中作出更突出贡献。

4.提出并探讨乡村记忆资源的档案化集成机制

在社会学、文化学、历史学等学科研究中,虽然注意到社会记忆的累积性,但并未从"资源"的视角来探视阐释社会记忆(社会学多强调社会记忆是在社会互动交往中对过去的回忆与建构;文化学多强调社会记忆即文化记忆的各种存在形态;历史学多强调历史记忆是对历史人物、历史事件的理解与重构)。本书引入"记忆资源"概念,在对记忆资源内涵、本质、积聚意义,乡村记忆资源的构成形态、特征、档案化与数字化转化等进行阐释的基础上,对乡村记忆资源的集成方式、集成策略和集成模式等进行探讨。我们认为记忆资源是特定群体、特定地区所拥有或沉积的社会记忆总和,是"复数记忆"的累积,具有积存性、累积性、现实性和再生产性,它借由各种记忆媒介表现出来,是记忆储存和累积的结果,也是人类记忆存储系统的存在物;记忆资源积聚既是对社会记忆自然衰退的控制,也是对社会记忆社会性破坏的拯救。乡村记忆资源包括口头传承、体化实践、文献记录、文物遗迹等多种记忆资源形式,具有乡土性与地方性、完整性与自洽性、弥散性与潜在性、同构性与异构性、内稳性与动态性等特点。乡村记忆资源积聚是在流动中把握永恒,发挥档案部门优势,通过档案化和数字化方式将乡村记忆资源积聚集成起来,是档案部门推进城乡档案记忆工程的首要任务。乡村记忆资源的档案化与数字化转化是开展城乡档案记忆工程资源集成的前提,因此城乡档案记忆工程推进中的资源集成机制也可以概括为"乡村记忆资源档案化集成机制"。

5.从乡村叙事视角诠释乡村记忆资源开发机制

乡村记忆资源开发是乡村记忆资源集成的延伸,是对社会记忆信息的提取、加工与复活。乡村记忆资源开发包括生活类开发、产业类开发和资料类开发等不同类型,也涉及记忆资源的发掘开发、描述开发、实用开发等不同层次,本书立足乡村档案(化)记忆资源形态,将乡村记忆资源开发定位为乡村叙事,把"讲好乡村故事"作为乡村记忆资源开发的方向,并运用叙事学理论对乡村记忆资源开发的叙事原则、叙事技法和叙事策略等进行了阐释和探讨。我们认为在城乡档案记忆工程中,乡村记忆资源开发是通过挖掘、提炼、整理乡村档案化记忆资源或资料来回溯并讲述乡村往事,从而"拨开历史的迷雾"把我们带进过去,也把过去带入现在,在过去与现在、历史与现实的交流中重建和传承乡村记忆。将乡村记忆资源开发定位于乡村叙事,既是乡村记忆工程经验的提炼,也是讲好中国故事的时代需要。不同于档案文献编纂和档案信息资源开发,一方面乡村叙事更切合社会记忆建构与社会记忆再生产的人文情感取向,如美国学者诺曼·K.邓金所言,"我们没法直接走入同样的经历,我们只能通过再现,通过讲述故事的方式,来研究过去的经历",使过去重新开始生命的运动;另一方面讲好乡村故事也是一门艺术,需要讲究叙事形式、技法和策略,以呈现乡村"美丽动人"的历史故事。

6.以记忆操演思维解析乡村档案记忆展演机制

保罗·康纳顿重点探讨了社会记忆通过仪式操演加以传送和保持,不过他所关注的是"非刻写实践",而在各种"刻写实践"中也同样存在着对社会记忆的操演、传送和保持。本书中,我们以保罗·康纳顿的记忆操演思维为引导,引入"档案记忆展演"概念,对乡村记忆特别是乡村档案记忆的展演机制进行了解析。我们认为档案记忆展演即是通过一定的方式和途径对档案记忆或者档案中所蕴含社会记忆的展示与演示,是档案记忆的一种动态性、直观性、有目的性的表现和传达,也是社会记忆的保持和传送行为。它不仅仅是对过去形象的呈现,还包含着对过去事件的解释、意义表达和信息传播,是对象展示、内容解读、意义表达、信息传播的统一。在乡村档案记忆展演中,通过对档案(原件或复制件)及其开发形成的人工制品的展示演示,一方面,档案记忆作为一种"触媒",可以唤醒我们心灵深处潜藏的记忆,"勾起我们对往事的怀念",让我们在"重温""咀嚼"中体会乡愁的韵味;另一方面,也使乡村记忆得以传播扩张,被广泛地参观观看、广泛地接受共享。乡村档案记忆展演作为乡村记忆的形象传达与形象感知,在对乡村过去生活精彩回放,为我们提供极具现实感的"生活世界"或"历史景象"的同时,也满足了新媒体时代出现的"记忆视觉化"需求,加速社会记忆的消费过程,为社会输送记忆能量。乡村档案记忆展演研究是对"档案记忆与现代传媒展演"研究的接续和深化。

7.运用记忆场理论探视乡村记忆场馆建设机制

传统上,我们习惯将档案馆称为"记忆宫殿"或"记忆的殿堂",视其为"记忆的保存场所"。在城乡记忆工程建设中,出现"乡村记忆馆""乡村记忆长廊""乡村记忆示范基地""乡村博物馆""乡村纪念馆""村史馆"等一类新型记忆空间,需要我们予以理论回应和阐释。本书将乡村记忆场馆建设作为城乡档案记忆工程推进的一种机制,引入法国历史学家皮埃尔·诺拉的记忆场理论,对其类型、性质、功能、实践状况和提升策略等加以探视和解释。诺拉指出:记忆场"是集体记忆的沉淀,之后成为历史性的记忆";是社会记忆"档案化"("一个档案性的记忆")、"物质化"的地方,它们"存储了大量有关我们(的)集体记忆";"记忆场所事实上有三层含义,物质的、象征的以及功能的含义"……我们认为记忆场理论对深化档案馆作为"记忆宫殿"的认识,延伸档案记忆形成机制的思考,重建与图书馆、博物馆、纪念馆的对话机制,以及推进乡村记忆场馆建设思考等都富有学术启发价值。乡村记忆场馆是在乡村记忆场域(村落)中人为建造的"记忆空间",它是实体性空间(具有馆舍或场地),也是功能性空间(具有乡村记忆保护传承功能),更是象征性空间(是乡村"记忆的具体化身"），它在"搜集着和它身份相符的东西，但同时它也在不断地深化着自己的含义"。记忆场理论让我们更深刻理解乡村记忆场馆所具有的"场所精神"和象征意义，推进乡村记忆场馆的建设管理与功能实现，使其成为人们心灵中的"故园"。

此外，课题在城乡档案记忆工程推进的管理运行机制和社会支持机制的论述中，也包含着一定的创新思维和创新见解。

三、政策建议

加拿大档案学家特里·库克说，档案工作者"是建构社会和历史记忆的积极因素"。在档案部门融入社会建设的"新常态"下，如何保护、建构、传承社会和历史记忆，我们认为城乡档案记忆工程是一种有效运作方式和最佳切入点。通过对城乡档案记忆工程的实践观察和理论阐释，我们认为档案部门在新型城镇化建设中需要抓住机遇，采取积极有效措施，推动城乡档案记忆工程的持续深化。

1.加大政策支持

政策作为政府协调社会利益、指导社会行动的重要工具和意志体现，具有导向、协调、控制、管理、分配、监督、中介、规范等多方面功能。在城乡档案记忆工程中，政策支持对于提高思想认识，鼓励人们在行动上自觉投入记忆工程建设；规范行为要求，有效防控乡村记忆破坏行为发生；提供资源条件支持，推动记忆工程在更大范围和更深层次上开展等，都具有重要作用，是乡村记忆工程的首要社会支持机制。新时期，随着国家新型城镇化发展战略、乡村振兴战略和可持续发展战略推进实施，我们有充分的现实理由和事实依据认识到城乡档案记忆工程推进的现实必要性与必然性，对城乡档案记忆工程给予政策上的大力支持。具体来说，一是要从对接国家发展战略、促进档案事业发展，满足"人民日益增长的美好生活需要"的高度，在政策上对城乡档案记忆工程给予积极的政策肯定和政策鼓励;二是要具有长远眼光,从社会转型发展、乡村社会变迁和乡村记忆传承保护长期性艰巨性的实际,做好城乡档案记忆工程建设的政策稳定、政策连续和政策协调;三是持续加大包括人财物在内的资源条件投入,为城乡档案记忆工程持续推进"铺路架桥",输送动能。

2.做好顶层设计

规划设计是社会工程活动开展的前提和条件,它不仅关系到群体行动方向与目标的确定,更关系到社会工程的总体布局、实施进程、资源配置、组织实施、管理控制、风险化解、系统评估、阶段验收等,是社会工程认知在"思维具体"中的体现。规划设计越是科学、合理、系统、细致,工程活动就越能得到有序的开展和推进。城乡档案记忆工程的规划设计涉及宏观和微观两个层面,具体包括顶层设计与底层设计。顶层设计是一种总体构想,是工程"整体理念"的具体化,具有全局性、整体性、方向性、决定性;底层设计是具体实践项目的规划设计,更具有具体性、操作性和实施性。俗话说,顶层决定底层,"不谋万世者,不足谋一时;不谋全局者,不足谋一域"。根据我国城乡档案记忆工程建设现状,我们认为我国当前亟待加强工程的顶层设计,特别是加强国家层面的顶层设计,需要在《全国档案事业发展"十三五"规划纲要》的基础上,统筹谋划世界记忆工程、国家记忆工程、城市记忆工程、乡村记忆工程、数字记忆工程、口述记忆工程的整体推进和协调发展,在积极总结现有城乡档案记忆工程建设成果,同时汲取文化遗产保护、非遗保护领域行动经验的基础上,研究制定全国性档案记忆工程推进实施行动方案,指导各地各层次档案记忆工程实践,真正将档案事业发展"十三五"规划提出的建设任务落到实处。

3.推动研究深化

城乡档案记忆工程作为档案部门的一种实践创新行动,既然以"记忆工程"命名,就必然潜含着深刻的社会背景、现实意义和学理意涵,需要我们加强对这一创新行动的理论关注和学术探讨,推动学术研究深化。通过学术研究,一方面运用相关理论阐释城乡档案记忆工程的背景、内涵和意义;另一方面也从理论上加强对城乡档案记忆工程的实践考察,总结和揭示其建设经验和发展规律;同时,也以学术研究催动学术交流和价值传播,提高认识,凝聚共识,为城乡档案记忆工程的推进提供认识和思想动力。2007年由《中国档案》杂志社和上海市档案局联合举办的"档案与城市记忆"论坛,就是一个很好的范例,来自不同城市档案局馆负责同志和部分档案学者汇聚一堂,共同探讨交流城市记忆建设经验和实际做法,既是对城市记忆工程的肯定,也表达了一种积极的姿态和意愿。本书虽然对城乡档案记忆工程推进机制进行了系统研究,但并不意味着研究的终结,而恰恰是研究的开始,还有许多深层次问题需要我们探讨,还有更多的新鲜经验需要我们提炼。为此,我们建议国家档案局、中国档案学会等能牵头组织相关学术会议,增强理论与实践的交流互动,推动城乡档案记忆工程研究的深入;建议国家档案局和各地方档案局,能增加对各类记忆工程研究项目的支持力度,鼓励开展档案记忆工程理论研究与实践探索。

4. 强化能力建设

党的十九大以来,我国进入"决胜全面建成小康社会、进而全面建设社会主义现代化强国"的新时代,我国社会各项事业建设正在蓬勃发展,全力推进。档案事业作为社会建设的组成部分,不能置身于社会建设之外,需要有勇气、有能力积极融入社会建设事业,在社会建设中有更多的作为和贡献。在此背景下,强化档案部门能力建设既是档案事业发展的战略性课题,也是推进城乡档案记忆工程的内在机制和基础性保障。档案部门需要从融入社会建设事业和社会发展的总体格局来思考城乡档案记忆工程推进发展中的能力建设,既要注重在思想认识、政策规划、宣传舆论上加以引领;也要不断改革完善档案管理体制机制,以能本管理思想为牵引,建立能够有效融入社会建设的档案治理体系、外部联动机制和档案专家队伍;同时,还要通过实际行动,积极参与社会建设事业,不断积累和总结建设经验,把城乡档案记忆工程打造成能有效对接社会建设的实践平台和"作战航母",为档案事业的创新发展提供实践动力。党的十九大提出"不断推进国家治理体系与治理能力现代化",并将其作为全面深化改革总目标之一,档案部门需要认真思考和回答这一现实课题。

四、研究展望

课题承担人在课题研究中虽然作出大量努力,但由于研究对象、研究问题的复杂性,及其自身认识水平、理论把握和研究能力的局限性,本书难免存在诸多不足和遗憾。具体来说:一是概念运用上还有些纠缠。课题研究的主要对象是档案部门开展的乡村记忆保护传承行动,但随着城镇化建设和城乡一体化建设的推进,许多记忆项目也在新建城市(镇)展开,因此称乡村记忆工程或城市记忆工程,都不能涵盖工程活动的范围;同时,除了档案部门开展乡村记忆工程外,文化部门、文物部门也在开展类似工程,如果在记忆工程前不加"档案"限定,则容易把这类工程包括进来。为便于研究对象的聚焦,所以我们用了"城乡档案记忆工程"这一概念,但它也摆脱不了与城市记忆工程、与文化文物部门乡村记忆工程的关联。"城乡档案记忆工程"表达起来有些冗长,为简便起见,在内容叙述中我们根据语境适当简称为"工程""记忆工程""档案记忆工程"等,不免给人以繁乱的感觉,如何更确切、更简便地表达档案部门开展的乡村记忆保护传承行动,有待学者和实践部门提供智慧。二是研究内容上还有些纠结。在对城乡档案记忆工程推进机制的解析上,我们由内而外将"推进机制"解构为资源集成、资源开发、记忆展演、场馆建设、管理运行和社会支持六种机制,能不能或需要不需要再剖析其他机制,如风险防控机制、绩效评估机制、监督评价机制等,还有些"拿捏"不准。我们重点是从"推进"角度开展的思考,暂未论及风险防控机制、绩效评估机制、监督评价机制,这是否合理,有待专家批评指正。三是理论阐释上还不够透彻。在推进机制分析上,我们力求从理论和实践两方面来把握,先做出理论阐释,重点阐明各机制对乡村记忆保护传承、乡村记忆再生产、对城乡档案记忆工程推进的价值和意义,提高课题研究对社会记忆理论、社会工程理论的运用力和解释力,但限于理论水平,有些问题解释可能还不够深透,还难以深刻揭示城乡档案记忆工程与乡村记忆保护、传承、建构、控制、再生产的内在逻辑关系与实践价值,有待持续深入的关注和探讨。

本课题研究虽告一段落,但课题所触及和引发的问题依然存在,值得我们继续探究。在今后的研究工作中,我们将重点着手开展以下三方面研究。

1.追踪乡村记忆保护传承的实践进展

在乡村发展、国家政策、理论研究、媒体宣传等推动下,可以预见,我国社会各层面对乡村记忆的重视程度和保护传承力度都将会进一步加大。在今后发展中,乡村记忆保护传承行动在工程名称、实施主体、组织形式、保护对象、实践方式等都可能出现新变化,但其作为乡村传统文化基因保护、乡村历史记录、乡村民生关怀的文化工程、历史工程、情感工程的性质不会改变。不久前我们注意到上海市金山区档案局创建"金山记忆"微信公众号,以"宣扬金山区具有历史文化底蕴和现实人文精神的人、事、物、景为己任,用心、用情发出'金山声音',讲好'金山故事',留住'金山记忆'",开启了乡村记忆保护传承的新媒体形式,受到各界好评。① 实践总是新鲜活泼、丰富多彩的,需要我们从乡村记忆保护传承的性质出发,持续追踪其实践进展,不断总结其蕴含的经验,并运用社会记忆前沿理论,阐发其存在的实践价值和社会意义,推动档案记忆工程研究的深入。

2.深化档案记忆再生产的理论研究

在课题研究中,我们越来越深刻地感觉到社会记忆再生产是一个有着重

---

① "档案那些事儿":《"金山记忆"为何稳坐全国档案微信号排行榜铁王座?》,搜狐网,[EB]http://www.sohu.com/a/195101142_734807[2017-09-28]。

要学术内涵和理论潜力的议题,凡涉及社会记忆延续、传承、建构、重塑、复活、展演、操演、再现、控制、利用等行为,都与社会记忆再生产有关。整合并运用社会记忆相关理论开展档案记忆再生产研究,既可以通过"再生产"统摄档案记忆传承、建构、控制、保护等主要研究题域,提高档案记忆理论的解释力和综合力;也可以从形式转化、内容重组和意义发掘等不同层次,以及档案记忆生产、传播、消费等不同环节对档案记忆再生产加以学术考察,拓展档案记忆研究内涵,构建档案记忆再生产理论。我们曾注意到这一议题,研究中我们也从社会记忆再生产视角对城乡档案记忆工程推进的资源开发机制、记忆展演机制等作了一定的阐释,但限于课题研究对象和内容安排,尚未能展开。在今后研究中我们将进一步挖掘社会记忆再生产的相关学术资源,围绕档案记忆再生产的思想基础、结构形式、制度保障、伦理道德、历史演变、能量释放、社会机制等问题展开探讨,丰富档案记忆理论研究成果。档案记忆再生产也许能开辟出一片社会记忆理论研究新空间。

3. 探索数字人文与档案记忆工程的融合

"数字人文"既是计算机技术与人文学科之间交叉融合生成的新交叉学科,也是一种新型学术模式、组织形式或文化模型。[1] 2006 年,美国国家人文社会科学基金委员会发布《数字人文行动计划》(Digital Humanities Initiative),使数字人文被广泛接受,也推动语言学、文学、历史、文艺学、民族学等学科为数众多的数字人文项目相继展开。档案领域数字人文项目也是其重要内容,如美国"影谷"项目等。"档案领域数字人文项目以历史原貌的真实完整记录和数字化呈现为目标,通过对特定对象本体及相关本体数字信息的采集、收集和组织,建立能为用户提供特定研究领域的多维度、深层次、智能化可信信息服务的数字资源仓储系统。"[2]档案数字人文(项目)与档案记忆工程密切关

---

① 冯惠玲:《数字人文:在跨界中实现交融》,《中国社会科学报》2017 年 12 月 21 日。
② 赵生辉:《国外档案领域数字人文项目的实践与启示》,《浙江档案》2015 年第 9 期。

联,利用数字人文的数据分析、数据关联、知识导航与可视化等手段,可以"处理跨越媒介、语言、地点、历史的不同问题",从而推动档案记忆工程发生质的跃升。如何推动两者的融合共建,是值得我们探讨的新课题。

主要参考文献

一、著作类

1.［德］阿莱达·阿斯曼：《回忆空间：文化记忆的形式和变迁》，潘璐译，北京大学出版社 2016 年版。

2.［德］哈拉尔德·韦尔策编：《社会记忆：历史、回忆、传承》，季斌、王立军、白锡堃译，北京大学出版社 2007 年版。

3.［德］扬·阿斯曼：《文化记忆》，金寿福、黄晓晨译，北京大学出版社 2015 年版。

4.［法］H.孟德拉斯：《农民的终结》，李培林译，社会科学文献出版社 2010 年版。

5.［法］保罗·利科等：《过去之谜》，綦甲福、李春秋译，山东大学出版社 2009 年版，第 186 页。

6.［法］莫里斯·哈布瓦赫：《论集体记忆》，毕然、郭金华译，上海人民出版社 2002 年版。

7.［法］皮埃尔·诺拉主编：《记忆之场：法国国民意识的文化社会史》，黄艳红等译，南京大学出版社 2015 年版。

8.［法］雅克·勒高夫：《历史与记忆》，方仁杰、倪复生译，中国人民大学出版社 2010 年版。

9.［古罗马］奥古斯丁：《忏悔录》，周士良译，商务印书馆 1963 年版。

10.［荷］路易斯·L.布西亚瑞利：《工程哲学》，安维复等译，辽宁人民出版社 2012 年版。

11.［荷］米克·巴尔：《叙述学：叙事理论导论》，谭君强译，北京师范大学出版社 2015 年版。

12.［美］D.盖尔·约翰逊：《经济发展中的农业、农村、农民问题》，林毅夫等译，商务印书馆 2004 年版。

13. [美]L.A.怀特:《文化的科学——人类与文明研究》,沈原等译,山东人民出版社 1988 年版。

14. [美]保罗·康纳顿:《社会如何记忆》,纳日碧力戈译,上海人民出版社 2000 年版。

15. [美]蒂莫西·J.克罗彭伯格:《现代项目管理》,戚安邦等译,机械工业出版社 2010 年版。

16. [美]凯文·林奇:《城市意象》,方益萍、何晓军译,华夏出版社 2001 年版。

17. [美]罗伯特·芮德菲尔德:《农民社会与文化》,王莹译,中国社会科学出版社 2013 年版。

18. [美]沃格林:《记忆——历史与政治理论》,朱成明译,华东师范大学出版社 2017 年版。

19. [美]尤金·巴达赫:《跨部门合作:管理"巧匠"的理论与实践》,周志忍、张弦译,北京大学出版社 2011 年版。

20. [挪]诺伯舒兹:《场所精神:迈向建筑现象学》,施植明译,华中科技大学出版社 2010 年版。

21. [以]阿维夏伊·玛格利特:《记忆的伦理》,贺海仁译,清华大学出版社 2015 年版。

22. [英]彼得·伯克:《图像证史》,杨豫译,北京大学出版社 2008 年版。

23. [英]卡尔·波普尔:《历史决定论的贫困》,杜汝楫等译,上海人民出版社 2009 年版。

24. 卜琳:《中国文化遗产展示体系研究》,科学出版社 2013 年版。

25. 曹喜琛主编:《档案文献编纂学》,中国人民大学出版社 1990 年版。

26. 陈平主编:《中国非物质文化遗产发展报告(2015)》,社会科学文献出版社 2015 年版。

27. 陈文海:《世界文化遗产导论》,长春出版社 2013 年版。

28. 丁华东:《档案与社会记忆研究》,人民出版社 2016 年版。

29. 费孝通:《乡土中国 生育制度》,北京大学出版社 1998 年版。

30. 冯骥才:《灵魂不能下跪》,宁夏人民出版社 2007 年版。

31. 冯亚琳、[德]阿斯特莉特·埃尔主编:《文化记忆理论读本》,余传玲等译,北京大学出版社 2012 年版。

32. 郭红解、邹伟农主编:《城市记忆与档案》,学林出版社 2011 年版。

33. 国家档案局、中央档案馆编:《第十三届国际档案大会文件报告集》,中国档案出版社 1997 年版。

34. 韩李敏主编:《浙江省档案学会论文集——浙江记忆理论与实践》,中国文联出版社 2013 年版。

35. 韩庆祥、郭立新:《能力建设:当代中国发展新理念》,党建读物出版社 2005 年版。

36. 谭君强:《叙事学导论》(第二版),高等教育出版社 2014 年版。

37. 李伯聪:《工程哲学引论——我造物故我在》,大象出版社 2002 年版。

38. 李伯聪等:《工程社会学导论:工程共同体研究》,浙江大学出版社 2010 年版。

39. 李永芳:《当代中国乡村变迁研究》,中国文史出版社 2003 年版。

40. 梁漱溟:《乡村建设理论》,上海人民出版社 2006 年版。

41. 龙迪勇:《空间叙事学》,生活·读书·新知三联书店 2015 年版。

42. 陆学艺等:《中国农村现代化道路研究》,广西人民出版社 1998 年版。

43. 潘杰:《展览艺术——展览学导论》,黑龙江美术出版社 1992 年版。

44. 戚安邦:《项目管理学》(第二版),科学出版社 2012 年版。

45. 沈成嵩:《记住乡愁》,中国农业出版社 2014 年版。

46. 沈承刚:《政策学》,北京经济学院出版社 1996 年版。

47. 宋俊华主编:《中国非物质文化遗产保护发展报告(2014)》,社会科学文献出版社 2014 年版。

48. 孙德忠:《社会记忆论》,湖北人民出版社 2006 年版。

49. 唐绪军主编:《中国新媒体发展报告(2016)》,社会科学文献出版社 2016 年版。

50. 田鹏颖:《社会工程哲学引论》,人民出版社 2006 年版。

51. 田鹏颖主编:《社会工程哲学教程》,社会科学文献出版社 2012 年版。

52. 汪欣:《传统村落与非物质文化遗产保护》,知识产权出版社 2014 年版。

53. 王宏波:《社会工程研究引论》,中国社会科学出版社 2007 年版。

54. 王明珂:《华夏边缘——历史记忆与族群认同》,社会科学文献出版社 2006 年版。

55. 王文章:《非物质文化遗产保护研究》,文化艺术出版社 2013 年版。

56. 温铁军主编:《中国新农村建设报告》,福建人民出版社 2010 年版。

57. 吴殿廷:《中国新型城镇化战略及其推进策略》,东南大学出版社 2014 年版。

58. 谢明:《公共政策导论》,中国人民大学 2015 年版。

59. 殷瑞钰、汪应洛、李伯聪等:《工程哲学》(第二版),高等教育出版社 2013 年版。

60. 张敦福主编：《现代社会学教程》，高等教育出版社 2001 年版。

61. 张占斌主编：《中国新型城镇化健康发展报告（2014）》，社会科学文献出版社 2014 年版。

62. 赵静蓉：《文化记忆与身份认同》，生活·读书·新知三联书店 2015 年版。

63. 中国（海南）改革发展研究院主编：《人的城镇化——40 余位经济学家把脉新型城镇化》，中国经济出版社 2013 年版。

64. 周耀林：《档案文献遗产保护理论与实践》，武汉大学出版社 2008 版。

65. 庄乾坤：《记住乡愁》，山东人民出版社 2014 年版。

66. Aido Rossi, *The Architerture of the City*, Cambridge：MIT Press，1982.

67. Boyer M.Christine, *The City of Collective Memory：Its Historical Imagery and Architectural Entertainments*, Cambridge：MIT Press，1994.

68. Jones O.Charles, *An Introduction to the Study of Public Policy*, 2ed., North Scituate, Mass., Duxbury Press，1977.

69. Young E. James, *The Art of Memory：Holocaust Memory in History*, New York：Prestel，1994.

70. Connerton P., *How Societies Remember*, New York：Cambridge Univ.Press，1989.

二、论文类

1. ［法］杰罗姆·特鲁克：《对场所的记忆和记忆的场所》，《国际社会科学杂志》2012 年第 4 期。

2. ［美］Brian O.欧文斯：《档案馆：记忆的中心和传承者》，李音译，《中国档案》2011 年第 4 期。

3. ［美］阿兰·梅吉尔：《记忆与历史》，赵晗译，《学术研究》2005 年第 8 期。

4. ［美］阿龙·康菲诺：《历史与记忆》，付有强译，《天津社会科学》2014 年第 6 期。

5. ［美］弗朗西斯·布劳因：《档案工作者、中介和社会记忆的创建》，李音译，《中国档案》2001 年第 9 期。

6. ［西班牙］埃米里奥·马丁内斯·古铁雷斯：《无场所的记忆》，冯黛梅译，《国际社会科学杂志》2012 年第 3 期。

7. 蔡永飞：《"三农"问题的由来、现状及对策》，《团结》2004 年第 4 期。

8. 崔媛：《打造"城市记忆工程"长效机制》，《中国档案》2015 年第 2 期。

9. 丁华东：《论社会记忆数字化与乡村档案记忆工程推进策略》，《档案学通讯》2015 年第 4 期。

10. 丁越飞等:《建设农民群众精神家园——浙江省乡村记忆示范基地创建工作综述》,《浙江档案》2013 年第 4 期。

11. 杜丁华:《试论纪念馆的性质及特点》,《湖南省博物馆学会会议论文集》,湖南省博物馆学会 1982 年编。

12. 樊友猛、谢彦君:《记忆、展示与凝视:乡村文化遗产保护与旅游发展协同研究》,《旅游科学》2015 年第 1 期。

13. 冯惠玲:《档案记忆观、资源观与"中国记忆"数字资源库建设》,《档案学通讯》2012 年第 3 期。

14. 冯骥才:《行动起来,盘点我们文明的家园》,《中国社会科学报》2014 年 7 月 11 日。

15. 韩若画等:《国内外"记忆工程"实施现状综述》,《档案学通讯》2012 年第 3 期。

16. 何力迈、夏振华:《呈现乡村记忆之美——浙江省开展创建乡村记忆示范基地活动》,《中国档案》2014 年第 1 期。

17. 贺学君:《非物质文化遗产"保护"的本质与原则》,《民间文化论坛》2005 年第 6 期。

18. 霍艳芳、陈可彦:《基于博弈论的"城市记忆工程"多方参与研究》,《档案学研究》2016 年第 2 期。

19. 廖永霞、韩尉:《中国记忆项目资源组织初探》,《国家图书馆学报》2015 年第 1 期。

20. 陆邵明:《拯救记忆场所,建构文化认同》,《人民日报》2012 年 4 月 12 日。

21. 陆益龙:《后乡土性:理解乡村社会变迁的一个理论框架》,《人文杂志》2016 年第 11 期。

22. 吕红:《浙江记忆工程视角下的档案收集工作》,《中国档案》2012 年第 7 期。

23. 彭兆荣:《民族志视野中"真实性"的多种样态》,《中国社会科学》2006 年第 2 期。

24. 沈坚:《记忆与历史的博弈:法国记忆史的建构》,《中国社会科学》2010 年第 3 期。

25. 孙江:《皮埃尔·诺拉及其"记忆之场"》,《学海》2015 年第 3 期。

26. 田苗、汤更生:《中国记忆项目的构想与实践》,《国家图书馆学刊》2015 年第 1 期。

27. 仝志辉、贺雪峰:《村庄权力结构的三层分析》,《中国社会科学》2002 年第 1 期。

28. 徐丽萍:《"社会记忆工程"档案文献资源整合研究》,《浙江档案》2015 年第 1 期。

29. 徐拥军:《建设"中国记忆"数字资源库的构想》,《档案学通讯》2012 年第 3 期。

30. 薛匡勇:《城市记忆工程及其走向探析》,《浙江档案》2012 年第 12 期。

31. 杨同卫、苏永刚:《论城镇化过程中乡村记忆的保护与保存》,《山东社会科学》2014 年第 1 期。

32. 尹雪梅等:《"城市记忆工程"开展现状的调查与分析》,《档案管理》2011 年第 5 期。

33. 袁领娣:《关于档案部门参与城乡一体化记忆工程的思考》,《北京档案》2012 年第 5 期。

34. 张秀华:《工程共同体的结构及维系机制》,《自然辩证法研究》2009 年第 1 期。

35. 赵静蓉:《怀旧文化事件的社会学分析》,《社会学研究》2005 年第 3 期。

36. 周耀林、宁优:《"世界记忆工程"背景下"中国档案文献遗产工程"的推进》,《信息资源管理学报》2014 年第 3 期。

37. 周耀林、王倩倩:《拉美及加勒比海地区世界记忆工程的进展与推进》,《2012 年全国档案工作者年会论文集》,中国档案学会编,2012 年 10 月 30 日。

38. 金铃:《"浙江乡村记忆"调研报告》,上海大学 2015 年图书情报专业硕士学位论文。

39. 邵鹏:《媒介作为人类记忆的研究》,浙江大学 2014 年传播学博士学位论文。

40. 张娅:《山东"乡村记忆工程"调研与思考》,上海大学 2016 年图书情报专业硕士学位论文。

41. Baker Kathryn Hammond, *Memory Practices in the Sciences*, American Archivist, 2007.

42. Bastian A.Jeannette, *Flowers for Homestead: A Case Study in Archives and Collective Memory*, American Archivist, 2009.

43. Cox J.Richard, *Making the Records Speak: Archival Appraisal, Memory, Preservation, and Collecting*, American Archivist, 2001.

44. Cox J. Richard, *Public Memory Meets Archival Memory: The Interpretation of Williamsburg's Secretary's Office*, American Archivist, 2005.

45. Craig L.Barbara, *Selected Themes in the Literature on Memory and Their Pertinence to Archives*, American Archivist, 2002.

46. Foote E.Kenneth, *To Remember and Forget: Archives, Memory, and Culture*, The A-

merican Archivist, 1990.

47. Foote E. Kenneth, *To Remember and Forget*: *Archives*, *Memory*, *and Culture*, American Archivist, 1990.

48. Jimerson C. Randall, *Archives and Memory*, OCLC Systems & Service, 2003.

49. Jimerson Randall, *Community Archives*: *The Shaping of Memory*, American Archivist, 2010.

50. Nesmith Tom, Archives, *Documentation*, *and Institutions of Social Memory*: *Essays from the Sawyer Seminar*, American Archivist, 2007.

51. Olick K. Jeffrey, Robbins Joyce, *Social Memory Studies*: *From 'Collective Memory' to the Historical Sociology of Mnemonic Practices*, Annual Review of Sociology, 1998.

52. Piggott Michael, *Archives Power*: *Memory*, *Accountability*, *and Social Justice*, American Archivist, 2010.

53. Schwartz B., *Memory as a Cultural System*: *Abraham Lincoln in World War II*, American Sociological Review, 1996.

三、文件类

1. 习近平:《决胜全面建成小康社会　夺取新时代中国特色社会主义伟大胜利——在中国共产党第十九次全国代表大会上的报告》,人民出版社 2017 年版。

2. 习近平:《在哲学社会科学工作座谈会上的讲话》,2016 年 5 月 17 日。

3. 中共中央办公厅、国务院办公厅《关于加强和改进新形势下档案工作的意见》(中办发〔2014〕15 号)。

4. 中共中央办公厅、国务院办公厅《关于实施中华优秀传统文化传承发展工程的意见》(中办发〔2017〕5 号)。

5.《国务院关于加强文化遗产保护的通知》(国发〔2005〕42 号)。

6.《国务院关于深入推进新型城镇化建设的若干意见》(国发〔2016〕8 号)。

7.《国家新型城镇化规划(2014—2020)》,人民出版社 2014 年版。

8.《国务院办公厅关于加强我国非物质文化遗产保护工作的意见》(国办发〔2005〕18 号)。

9. 住房和城乡建设部等《关于切实加强中国传统村落保护的指导意见》(建村〔2014〕61 号)。

10.《全国档案事业发展"十三五"规划纲要》(档发〔2016〕4 号)。

11.《浙江省档案局关于大力推进档案文化建设的意见》(2011 年 11 月 30 日),

《浙江档案》2011 年第 12 期。

12.《浙江省档案局关于加快推进乡村记忆基地建设的通知》,2014 年 11 月 13 日。

13.《关于开展"千村档案"建设工作的通知》(浙档发〔2016〕13 号)。

14.《关于公布"乡村记忆示范基地"试点单位名单的通知》(浙档发〔2012〕34 号)。

15.《关于实施"乡村记忆工程"的通知》(鲁文发〔2014〕61 号)。

16.《福建省档案局关于开展"乡村记忆档案"示范项目建设的通知》(闽档函〔2015〕89 号)。

17. 北京大学世界遗产研究中心编:《世界遗产相关文件选编》,北京大学出版社 2004 年版。

18. 由少平主编:《山东省"乡村记忆"工程政策法规选编》,中国建筑工业出版社 2016 年版。

19.《关于历史地区的保护及其当代作用的建议》,联合国教育、科学及文化组织大会第十九届会议于 1976 年 11 月在内罗毕通过。

后　记

　　国际档案理事会前任主席让-皮埃尔·瓦洛先生在第十三届国际档案大会上指出：档案是我们集体记忆的基础，我们档案界要生存、要发展、要拯救"世界记忆"，必须依靠于"生命之树"，即有若干分支和根系的记忆之树，为人类更好地呼吸和生活提供氧气之源。循着瓦洛先生的思想，我们是否可以说，城乡档案记忆工程即是为我们生命中记忆之树"育苗、培土、施肥、浇水"的养护行动，它让我们的记忆之树品类愈增繁富、根系愈益发达、枝干愈加健壮、花叶愈显茂盛，四季常青，光华绽放！

　　《城乡档案记忆工程推进机制研究》是本人主持完成的国家社科基金重点项目（项目编号：14ATQ009）的研究成果。城乡档案记忆工程研究是在档案记忆理论探索基础上提出的现实性课题。20世纪90年代以来，随着社会记忆理论的发展、后现代理论的兴起、电子文件的出现、"世界记忆工程"的实施，档案记忆理论研究日渐成为档案学的时代主题和发展方向，成为当代档案学发展的重要学术增长点和学术研究新范式。在此学术思维和学术成果的推动下，新的政策问题、实践问题、理论问题不能不引起我们的关注和探讨：第一，2014年国家发布《国家新型城镇化规划》，将新型城镇化作为国家建设新战略，提出"发展有历史记忆、地域特色、民族特点的美丽城镇"。以保护传承社会记忆为天职的档案部门和档案工作者，面对城镇化建设中乡村记忆的破坏和流逝，如何主动融入城乡社会建设，保护传承乡村记忆，需要我们积极行动。第二,自 2002 年青岛市档案局馆率先提出实施"城市记忆工程"以来,在其示范效应带动下,我国八十多座城市相继开展了"城市记忆工程",记录城市重大活动和城市面貌变迁,一些省市也随之推出"乡村记忆工程",抢救和保护濒临毁灭的乡村记忆资源,社会反响强烈。面对城镇化建设浪潮,档案部门如何发挥自身优势,提炼并推广城市记忆工程建设经验,推进城乡档案记忆工程的持续有效开展,需要我们及时回答。第三,档案记忆理论研究虽然取得显著进展,但其理论解释力和实践指导力还有待验证,以推动档案记忆理论研究的创新发展。如何将档案记忆理论贯穿于档案工作实践,为档案部门保护传承社会记忆提供更有力的理论支撑,需要我们继续发力。城乡档案记忆工程为档案记忆理论研究提供了实践载体,是将社会记忆理论运用档案工作实践的鲜活场域,开展城乡档案记忆工程推进研究,不仅可以有力推动档案部门自觉对接国家战略,积极融入新型城镇化建设,助力乡村振兴战略和乡村记忆保护传承,在新的社会建设中作出贡献,更重要的是推动档案记忆研究由理论探索走向实践关怀,在对现实问题的解释与解答中,检验理论的有效性,提高理论的生命力。

本书以档案领域为本位,聚焦新型城镇化背景下档案部门乡村记忆保护传承行动,运用档案学、社会学、(社会)工程哲学等多学科理论,借鉴吸收国内外社会记忆工程、文化遗产保护、非物质文化遗产保护等领域的实践经验,对城乡档案记忆工程推进的实践背景与社会背景、城乡档案记忆工程的基本理论与推进方向、城乡档案记忆工程的推进机制与能力建设等展开深入探讨,构建城乡档案记忆工程推进机制的分析框架,力求做到档案思维、记忆思维与工程思维相结合,解释性研究与施策性分析相统一,探索揭示城乡档案记忆工程推进的内在要求与实践策略。成果重点对城乡档案记忆工程"推进机制"进行剖析,将其解构为资源集成、资源开发、记忆展演、场馆建设、管理运行和社会支持六大机制,由内而外,形成相对完整的统一体,较为全面地反映出城乡档案记忆工程建设中的各种构成要素及其运行过程中的相互作用关系。我们始终认为城乡档案记忆工程是档案部门的实践创新,是"传承与建构社会记忆的亮点工程",在新型城镇化加速发展的今天,开展城乡档案记忆工程对传承中华文化基因与文脉、践行"以人为本"城镇化建设、深度实施美丽乡村战略、满足人们乡土情怀眷念、实现档案部门记忆保护传承的使命与责任等,都具有重大现实意义,需要档案部门抓住历史机遇,建立城乡档案记忆工程的常态化、长效化推进机制,持续推动城乡档案记忆工程的深入开展。

课题研究坚持理论与实践相结合,通过文献梳理,系统收集近年来有关社会记忆(历史记忆、文化记忆)、社会工程、新型城镇化建设等方面的前沿研究成果,为课题研究提供理论基础和分析思路;通过在线追踪,搜集国外"世界记忆工程"、国家记忆工程、城市记忆工程、乡村记忆工程开展的经验材料,把握国外社会记忆工程动态,为课题研究提供实践参照;通过实地考察,对我国乡村记忆工程开展成效突出的乡镇(如浙江省嘉兴市平湖市鱼圻塘村、龙萌村、乍浦镇,湖州市长兴县长中村、徽州庄村、高家墩镇等)进行实地调研,真切感知城乡档案记忆工程推行的时代背景和现实基础;通过实地调研、学术会议、学术研讨等,与有关专家学者进行交流访谈,开拓课题研究思路,不断提升课题研究的学术水准。同时,研究中坚持教学与科研相结合,将课题研究与研究生培养相结合,指导研究生参与课题研究,围绕课题研究内容开展课堂研讨、举办学术讨论会、撰写学术论文和学位论文,深化学术探索,提高问题分析力度。

基于分析性需要,成果参阅并引用了中外档案学、社会学、工程哲学等方面的大量科研成果,对各位学者的著作权笔者谨表尊重,对参考引用成果特表感谢!课题研究、书稿撰写和成果出版过程中,先后得到浙江省档案局(馆)、浙江平湖市档案局(馆)、长兴县档案局(馆)等单位提供的实践考察支持;得到课题结项评审专家提出的宝贵修改指导;得到课题参加人上海大学图书情报档案系金波教授、安徽大学社会学系杨雪云教授、东华大学档案馆张燕副研究馆员、上海大学图书情报档案系崔明老师等诸位同人的多方协助;得到我的博士研究生余厚洪,硕士研究生张盼、谢文群、金铃、王伟霞、陈静、夏文璐、王明杰、韩云惠、张夏、万恩德、赵月霞等诸位同学在资料搜寻、实地调研、文稿校核方面所做的大量细致工作;得到人民出版社编辑王怡石老师的精心审校和鼎力支持,付梓之际,一并表示衷心感谢!

成果完成于 2018 年 6 月,出版前根据评审专家意见对成果内容进行了部分修订调整,但内容涉及相关材料的截止时间未作改变,特作说明。城乡档案记忆工程推进机制研究是一个理论性、实践性、政策性较强的课题,成果提出的一些观点、看法尚属于探索性、分析性的认识与思考,由于学识水平有限,难免会存在不足和谬误,恳请专家学者批评指正。

丁华东

2019 年 12 月

责任编辑：王怡石
封面设计：石笑梦
版式设计：胡欣欣

图书在版编目(CIP)数据

城乡档案记忆工程推进机制研究/丁华东 著. —北京：人民出版社,2021.10
ISBN 978－7－01－022089－5

Ⅰ.①城… Ⅱ.①丁… Ⅲ.①城市化-档案工作-研究-中国 Ⅳ.①G279.2

中国版本图书馆 CIP 数据核字(2020)第 074237 号

城乡档案记忆工程推进机制研究

CHENGXIANG DANG'AN JIYI GONGCHENG TUIJIN JIZHI YANJIU

丁华东 著

人民出版社 出版发行

(100706 北京市东城区隆福寺街 99 号)

环球东方(北京)印务有限公司印刷 新华书店经销

2021 年 10 月第 1 版 2021 年 10 月北京第 1 次印刷
开本:710 毫米×1000 毫米 1/16 印张:41.5
字数:660 千字

ISBN 978－7－01－022089－5 定价:258.00 元

邮购地址 100706 北京市东城区隆福寺街 99 号
人民东方图书销售中心 电话 (010)65250042 65289539